ISBN 978-0-266-39126-5
PIBN 10472677

ZEITSCHRIFT

FÜR

DEUTSCHE PHILOLOGIE

HERAUSGEGEBEN

VON

Dr. ERNST HÖPFNER
PROVINZIALSCHULRAT IN KOBLENZ

UND

Dr. JULIUS ZACHER
PROF. A. D. UNIVERSITÄT ZU HALLE

ACHTZEHNTER BAND

HALLE,

VERLAG DER BUCHHANDLUNG DES WAISENHAUSES.

1886.

INHALT.

Seite

Der infinitiv nach *wellen* und den verba praeteritopraesentia in den epen Hartmanns von Aue. Von dr. Sylvius v. Monsterberg-Münckenau 1. 144. 301

Der monolog der Elisabet (M. St. IV, 10) und ein ausgefallener monolog Buttlers. Von Gustav Kettner 54

Über Körner und verwante erscheinungen in der mittelhochdeutschen lyrik. Von H. Giske 57. 210. 329

Untersuchungen über den altfranzösischen prosaroman von Tristan und Isolde. Aus Brakelmanns nachlasse. Von H. Suchier 81

Zu Tacitus Germania cap. XIII. XIV. Von Gustav Kettner 129

Veit Warbeck und das drama von der schönen Magelone. Von H. Holstein 186

Thümmels Cecilia. Von A. Koch 249

Ein deutsches puppenspiel: Alceste. Von Georg Ellinger 257

Zur Tirolischen sagenkunde. I. Von J. Zingerle 321

Das verbum und nomen in Notkers Aristoteles. Von J. Kelle 342

Ekkehards „excerptum de vita Alexandri magni“ und die Historia de preliis. Von Ad. Ausfeld 385

Eichen. Von K. Lucae 405

Dramen und dramatiker des sechszehnten jahrhunderts. 1. Das drama von Heli und seinen zwei söhnen. 2. Matthäus Schaarschmid. 3. Esther. Von Hugo Holstein 406

Der begriff der *kiusche* bei Wolfram von Eschenbach. Von K. Kinzel 447

Zu den Luzerner dorfspielen. Von Renward Brandstetter 459

Zu Christian und Friedrich Leopold von Stolbergs jugendgedichten. Von Carl Schüddekopf 477

Zu Thomas Naogeorgs geburtsort. Von Hugo Holstein 485

Zu Parzival 29, 9. Von J. Zingerle 487

Selbstbiographie des Johannes Nasus. Von J. Zingerle 488

Freiberger bruchstück von Jeroschins chronik. Von Rachel 490

Miscellen.

Ein druckfehler bei Koberstein und Gervinus. Von Hugo Holstein 128

Zu Andreas Gryphius. Von Hugo Holstein 250

Ein brief Lachmanns 380. 493

Lexikalisches. Erve, erven, unterven im altkölnischen. — Zur sprache der Hamburger im vorigen jahrhundert. — Nachträge zu bd. 16. 17. Von A. Birlinger 381. 491

Bericht über die verhandlungen der deutsch-romanischen section der XXXVIII. versamlung deutscher philologen und schulmänner in Giessen. 1885. Von A. Strack 370

Litteratur.

Seite
Corpus poeticum boreale. By Gudbrand Vigfusson and F. York Powell. 1. 2; angez. von B. Sijmons 95
Joh. Bolte, ein Spandauer weihnachtsspiel; angez. von Hugo Holstein 251
Georg Ellinger, Alceste in der modernen litteratur; angez. von G. Kettner 252
Jahresbericht über die erscheinungen auf dem gebiete der germanischen philologie, herausg. von der gesellschaft für deutsche philologie in Berlin. Sechster jahrgang. 1884; angez. von J. Zacher 382
Deutsche glossen in dem vocabular Niger abbas (Metzer hs. 293), von M. Flohr; angez. von G. Ellinger 383
Ullsperger, über den modusgebrauch in mhd. relativsätzen. I. II; angez. von O. Erdmann 384
Die vita Alexandri magni des archipresbyters Leo, herausg. von Landgraf; angez. von Ad. Ausfeld 493
Aug. Hettler, Schillers dramen. Eine bibliographie; angez. von G. Kettner 498
Ein deutsches handwerkerspiel, herausg. von Rich. Jonas; angez. von Hugo Holstein 502

Register von E. Matthias 505

DER INFINITIV
NACH *WELLEN* UND DEN VERBA PRÆTERITOPRÆSENTIA
IN DEN EPEN HARTMANNS VON AUE.

Die aufzählung aller fälle ist es aus der sich gesetze so wohl als ausnahmen ergeben.
G. F. Benecke, Wörterbuch zu Hartmanns Iwein, Vorrede.

Im 5. heft der von professor K. Weinhold, meinem hochverehrten lehrer, zu Breslau herausgegebenen germanistischen abhandlungen, „der infinitiv in den epen Hartmanns von Aue“, habe ich widerholt auf die wichtigkeit des verbum *wellen* und derjenigen mit verschobenem praeteritum (der praetoritopraesentia) für die entwicklung des infinitivs aufmerksam gemacht und eine eingehndere darstellung ihres verhaltens zu demselben, soweit es aus den epen Hartmanns von Aue hervorgeht, an dieser stelle angekündigt. Wie gerade nach ihnen die gleichstellung des infinitivs mit den finiten formen in bezug auf verbalrection, tempus- und genusunterscheidung am weitesten vorgeschritten ist, ist ebendaselbst gezeigt, hier aber bleibt der wichtigste einfluss jener interessanten verben auf die entwicklung des infinitivs zu untersuchen, der auf seine begriffliche erleichterung.

Wellen.

J. Grimm, (gram. IV, s. 90 ff.), und ihm folgend O. Erdmann, (untersuchungen über die syntax der sprache Otfrids, Halle 1874, I § 332), und wegen seiner ähnlichkeit mit *scal* auch R. Steig, (über den gebrauch des infinitivs im altniederdeutschen, im XVI. bande dieser zeitschrift s. 323), behandeln es zusammen mit den verbis praeteritopraesentibus. Erdmann allerdings vereint es einmal auch (§ 283) mit den verben des bestrebens, nur A. Denecke, (der gebrauch des infinitivs bei den althochdeutschen übersetzern des 8. und 9. jahrhunderts, Leipzig 1880, s. 14), trent es ganz von den verben mit verschobenem praeteritum. Zwar hat nun *wellen* in seiner bedeutungsentwicklung grosse ähnlichkeit mit lezteren, aber weder hat es dieselbe formale bildung, wenn auch eine ähnliche (vgl. K. Weinhold, mhd. gram. § 404—421 [2]), noch, und hierauf komt es doch bei einer behandlung des infinitivs vom historischen standpunkte allein an, nimt es dem infinitiv gegenüber in seiner von uns noch wahrnehmbaren ältesten bedeutung dieselbe stellung ein wie jene. Die reihe seiner verbindungen mit dem infinitiv weist ihn noch in seiner ältesten, volsten gestalt auf und zieht von da aus sich durch alle seine möglichen abblassungen hindurch bis zu der, welche nur den blossen wortbegriff enthält; die der praeteritopraesentia begint mit derjenigen bedeutung des infinitivs, welche in diesem falle zwar (K. Weinhold, germanistische abhandlungen heft 5 s. 21) keine fortentwicklung erst aus der volsten, sondern historisch betrachtet ihr parallel, aber doch um ein inhaltliches moment ärmer ist als jene, welche der sich mit *wellen* verbindende infinitiv ursprünglich hatte.

Beim infinitiv nach *wellen* haben wir es mit dem finalen infinitiv, bei allen praeteritopraesentibus mit dem der richtung zu tun, in dem nie der ethische anteil der person liegt. So stelt sich beider verhältnis für den, dem der infinitiv hauptgegenstand der betrachtung ist. Grimm, für den jene verben selbst ein hohes interesse hatten, wegen ihrer wunderbaren bedeutungsentwicklung, liess sich durch eben dieses interesse veranlassen, gründe, die bei einer behandlung dieser verben selbst für deren vereinigung sprechen musten, auch bei der behandlung des nach ihnen stehnden infinitivs für eine gemeinsame betrachtung gelten zu lassen, was doch wol nicht ohne ein unrecht gegen den infinitiv geschehen kann (J. Grimm, gesch. d. d. sprache, II. bd. s. 892).

Abgesehen aber von dem verschiedenen ausgangspunkt — ein für die beurteilung der natur des infinitivs aber wesentlicher und darum für die behandlung desselben allein massgebender unterschied — ist dann die weitere entwicklung des infinitivs sowol nach *wellen* wie nach den verben mit verschobenem praeteritum dieselbe und untrenbar gebunden an die dieser verben selbst, und seine untersuchung kann nur im verein mit einer untersuchung der lezteren erfolgen. Das wunderbare aber an *wellen* (und den meisten der verba mit verschobenem praeteritum) liegt in der unendlichen geschmeidigkeit, mit der es die einzelnen in ihm enthaltenen bedeutungsmomente im innigen bunde mit dem infinitiv zu entwickeln vermag, wie es durch almähliche verflüchtigung seines concreteren kernes in der bedeutung zum träger der feinsten gedankenunterschiede geschickt wird. Wie Grimm in dem capitel über die deutschen praeteritopraesentia (l. c.) ausführt, war die bedeutung aller dieser verba ursprünglich eine plastisch sinnliche; für *wellen* stelt Grimm keine bestimte auf, aber schwerlich ist das abstracte wollen die erste. Dieser unsern blicken hinter vorhistorischem dunkel sich entziehende anstoss sezte sich in der fruchtbaren entwicklung einer reihe von ideen fort, eine bewegung, die im mittelalter noch nicht zur ruhe gekommen war, und die nicht eher aufhören zu sollen schien, als bis alle in jenen verben enthaltenen begriflichen momente nach allen ihren seiten hin im dienste des nüanciertesten sprachlichen ausdruckes, namentlich für die feinsten psychologischen schattierungen, entwickelt worden wären. Unerschöpflich aber schien der reichtum dieser verba an begriflichem inhalt, den eine nicht weniger bewundernswerte feinheit und lebhaftigkeit des individuellen gefühls unserer vorfahren in feinfühliger auffassung und unterscheidung psychologischer momente zu entfalten vermochte.

Die einzige über diesen so dankenswerten stoff mir bekant gewordene arbeit, Karl Lucae, über bedeutung und gebrauch der mittelhochdeutschen verba auxiliaria I. Marburg 1868, beschäftigt sich nur mit einigen der uns angehnden verben (*kunnen* und *soln*) und auch mit diesen nur eklectisch, ohne einer entwicklung nachzuforschen. Ich war also genötigt für meinen zweck ihn wie einen noch unbearbeiteten zu behandeln. Nicht immer wird es mir dabei gelungen sein, alle vorhandenen nüancierungen und übergänge richtig zu charakterisieren oder auch nur zu bemerken, und noch weniger die oft unmerklich in einander verschwimmenden grenzen gehörig auseinander zu halten und festzustellen, noch auch ein jedes beispiel seiner gruppe richtig zuzuweisen. Ich darf aber bemerken, dass ich für den vorliegenden zweck auch nicht alle übergänge aufzusuchen hatte, sondern nur die feststellen muste, die auf die entwicklung des infinitivs von einfluss waren. In beziehung auf die anordnung der einzelnen fälle darf ich versichern, dass sie in einem jeden mit sorgsamster berücksichtigung des ganzen zusammenhanges erfolgte, dem er angehört. Wo ich mich trotz langen schwankens zulezt doch nicht für das richtige entschieden zu haben scheinen werde, wird man die gründe für meine wahl wol immer dem zusammenhange entnehmen können, eine genaue angabe derselben war wegen der häufigkeit solcher fälle nicht wol angänglich.

Nach *wellen* nun sehen wir in dem infinitiv denjenigen teil seiner entwicklung vereinigt, den er überhaupt als verbalkategorie durchlaufen hat. Wir werden daher zunächst ihn zwar in seinen manigfachen übergängen soweit verfolgen, als er noch eine spur seiner finalen bedeutung erkennen lässt und er also nach meiner einteilung in K. Weinholds germanistischen abhandlungen heft 5 in den ersten teil gehört, dann aber diese grenze überschreiten (vgl. das. s. 21) und auch denjenigen seiner entwicklungsstufen nachgehn, in denen er dem 2. und 3. teile zuzuweisen wäre. Nachdem nämlich einmal der infinitiv durch sehr häufigen gebrauch sich mit *wellen* eng verbunden hat, sondert er sein schicksal von dem dieses verbum nicht mehr, sondern wo dies den auch in ihm enthaltenen begriff des ethischen interesses, der sich in dem des zielens und strebens äussert, aufgibt und von der bedeutung wünschen, fordern und der von hier aus durch abschwächung entstehnden bedeutungsreihe in die eines blossen bereit- oder willigseins übergeht, da macht auch der infinitiv diese wandlung mit und enthält hier nur zwei momente seines casus: wortbegriff und richtung. Von hier ab ist die entwicklung des infinitivs nach *wellen* dieselbe wie nach den verben mit verschobenem praeteritum. Verflüchtigt sich nunmehr die bedeutung von *wellen* noch weiter, so kann es alleinstehnd überhaupt nicht mehr gedacht werden, seine vereinigung mit dem infinitiv wird eine verschmelzung beider zu einem ausdruck, in dessen momente beide sich so teilen, dass seine wortbedeutung vom infinitiv geboten wird, dessen einzigen inbegriff sie von jezt ab nur noch bildet, die form dagegen bestimt wird von *wellen*, so jedoch, dass der abstracte rest seiner ursprünglichen wortbedeutung sich noch darin äussert, dass er die handlung des infinitivs nicht einfach als wirklich, sondern nur als vorstellung bezeichnet, wodurch dieselbe denn in grammatischer beziehung einerseits temporal als futurisch, andererseits modal als conjunctiv in seinen manigfachen anwendungen bestimt wird. Über im got., bei Otfrid, den ahd. übersetzern und im andd. sich findende bedeutungsnüancen vgl. die schlussbemerkung zu *müezen.* Ich citiere den Êrec und armen Heinrich nach F. Bech, Leipzig 1867, den Grêgôrjus nach H. Paul, Halle 1873, und den Iwein nach K. Lachmann, Berlin 1868.

I. *Wellen* mit dem finalen infinitiv.

Wellen in finaler bedeutung bezeichnet ein streben als ausfluss entweder eines gefühls oder des entschlussvermögens des verstandes.

1. Es bezeichnet ein streben als ausfluss eines gefühls. Dann ist das gefühl in verschiedenen graden von stärke vorhanden und in demselben masse, als es zurücktritt, verliert auch der folgende infinitiv an finaler bedeutung.

A. *Wellen* bezeichnet in mancherlei nüancen den begehr, den wunsch, die forderung. Ich stelle die energischesten beispiele innerhalb der fälle eines jeden epos voran; hierher gehören fast alle verbindungen von *wellen* mit dem adverb *gern.*

E. 1051 *ich wil des haben ein gæbe phant.*
3040 *daz ich die rede wizzen wil.*

4751 *ich wil wizzen dînen namen.*
7151 *der doch gerne wolde jagen.*
1060 *wan daz er gerne wolde daz getwerc warnen mite.*
3728 *als er doch gerne wolde.*
569 *daz ich mir ze wîbe iwer tohter gerne nemen wil.*
3430 *ich wil iuch ze knehte hân.*
3813 *ze swederm er mich wil hân.*
6271 *ze wîbe wil ich iuch nemen.*
6349 *er wolde sî ze wîbe hân.* 830. 3085. 4221. 5514. 5961. 6340. 7015. 7021. 9341.

Im bedingenden vordersatz.

4376 *wert iuch, welt ir behalten den lîp.*
4999 *welle er in gesehen, daz müeze alsô geschehen.*
5936 *anders dan dû soldest, ob dû gedienen woldest.*
6495 *ir kestigent den lîp, welt ir wizzen, âne nôt.*
7177 *und wolde er den hasen jagen, der mohte vinden —*
9332 *welt ir eine wîle leben, sô volget guotem râte.*

G. 853 *daz wil ich wizzen, crêdê mich.*
969 *sô wil ich ez iemmer hân vil gerne an mînes kindes stat.*
1704 *ich wil ir soldenære sîn* (so Paul mit BGH p e, Lachmann und Bech mit A *gerne ir*).
1942 *die daz wolden schouwen.* 3751.

Im bedingenden vordersatz.

2352 *ob ir iemmer mîne vrouwen lebende welt beschouwen, sô geseht sî vil drâte.*

a. H. 1511 *sô wil ich sî ze wîbe hân.*
564 *ê ich in sihe verderben, ich wil ê vür in sterben.* 844. 1226.

Iw. 417 *vil gerne wold ich von dan.*
1436 *sô wolt ich harte gerne sehen ir gebærde.*
3889 *daz er daz gerne wolde jagen.*
2598 *ir woltet niuwan gerne sehn, welch vallen wære.*
6084 *die herbergen solden, als ouch sî gerne wolden.*
6236 *von den ellenden wolt er den portenære gerne vrâgen mêre.*
6898 *die gerne wolden nemen war, wie —*
8031 *ich wil in harte gerne sehn.*

Weniger gut hierher gezogen würden folgende fälle mit *gern:* 1341. 1481. 1774. 1981. E. 3420. 6207. 9841 s. u.

1218 *welt ir iht ezzen?*
1719 *sô wolder doch wider dar.*
2238 *sî wil iuch niuwan eine sehn* (oder bedeutet es: s i e s a g t, sie werde euch nur allein sehen?). 2532. 5496. 5879. 6954. 7086.

Im bedingenden vordersatz.

730 *wert iuch, ob ir welt genesn.*

1859 *welt ir den brunnen und daz lant niht verliesen âne strît, sô warnet iuch der wer enzît und lât iuwern swæren muot.*

4529 *welt ir ein vremde mære hœren, daz wil ich iu sagen.*

5089 *wander hete sich dâ niht ze sûmen mêre, ob er sîn êre an ir behalten wolde.*

5103 *welt ir mich geniezen lân, ob ich iu iht gedienet hân, sô tuot ein dinc.*

5959 *welt ir in schiere errîten, sone sult ir ouch niuwet bîten.*

1825 *irn wellet brunnen und daz lant und iuwer êre verliesen, sô müezt ir etswen kiesen.*

Die treue, mit welcher der ausdruck unserer älteren sprache den psychologischen zuständen des subjects gerecht zu werden sucht, zeigt sich ganz naturgemäss besonders hervortretend bei dem starken gefühl des begehrens. Die stärke dieser empfindung widerzuspiegeln erhält auch der sprachliche ausdruck bei *wellen* mehrfache verstärkungen.

I. Indem der wunsch doppelt bezeichnet wird.

1. Indem das adverb *gerne* hinzutritt. Die fälle sind aus jedem epos zusammengestelt.

2. Indem *wellen* in den conjunctiv des wunsches tritt, dieser also sowol durch die wortbedeutung des verbum als auch durch dessen modus bezeichnet ist.

E. 80 *mîn vrowe wolde in erkennen.*

4517 *daz ich wolde werden iuwer man.*

4823 *iuwern namen den wolde ich wizzen.*

4883 *jane lebt er niht, den ich vür in iezuo wolde sehen.*

Mit *gern*

E. 7615 *ich wolt sî gerne erkennen und kunnen genennen.*

G. 1251 *ich wold ê sîn, dâ niemen ist.*

Iw. 54 *ichn wolde dô niht sîn gewesn.*

Wie E. 4883 zeigt, steht dieser conjunctiv selbst in nebensätzen.

3. Indem *wellen* mit dem infinitiv des verbum *wünschen* selber verbunden wird.

G. 2845 *rehte als er wünschen wolde.*

4. Oder indem es negiert im abhängigen conjunctiv steht nach einem negierten verbum von selbst negativem sinn (*erlân, vergezzen, betrâget*).

G. 998 *eznlie sich niht betrâgen, ezn wolde dinglîchs vrâgen.*

981 *ouch lie der herre unmanegen tac, erne wolde selbe spehen.*

Iw. 2229 *und enwil mich doch des niht erlân, sîne welle iuch gesehn.*
3656 *diu vrouwe des niht vergaz, sîne wolte wizzen daz, wâ ir salbe wære.*

In diesem falle mag dem älteren sprachgebrauch die doppelung vielleicht gar nicht überflüssig erschienen sein, weil nebensätze im conjunctiv wol in grammatischer hinsicht immer noch in einer gewissen paratactischen selbständigkeit erschienen.

II. Zu demselben zweck scheint mir ein zweites auf andern principien beruhendes verfahren zu dienen. Der infinitiv der vergangenheit nach *wellen* hebt die intensität des begehrens dadurch hervor, dass er die erstrebte handlung in lebhafter vorstellung als bereits geschehen vorführt. Man vergleiche lateinisch: *volo id factum (esse).* Auch beim finiten verbum zeigt sich in gleichem falle das perfect, vgl. E. 5490 *dannoch wolde in Êrec mit güete überwunden hân, daz er den ritter hæte lân.* Die verbreitete erklärung, der gebrauch möchte dadurch entstanden sein, dass man den neu gebildeten perfecten der praeteritopraesentia die vergangenheitsbedeutung nicht recht zumutete, kann ich schon darum, zunächst wenigstens was *wellen* anlangt, nicht für genügend gelten lassen, weil ja in allen übrigen beziehungen die praeterita jener verba durchaus die volle vergangenheitsbedeutung haben, der infinitiv perf. also als ein bedeutungsloser ballast erscheint, den eine sprache nicht lange mit sich schleppen würde. Zum überfluss findet sich nun aber dieser infinitiv perf. auch nach einem praesens von *wellen*: Iw. 5001 (der) *wil sich vil wol an iu gerochen hân.*

Zunächst muss es auffallen, dass sämtliche beispiele in Hartmanns epen, in denen *wellen* mit dem infinitiv perf. verbunden ist, sich unter diese gruppe ordnen lassen, in der das gefühl des begehrens am stärksten ausgedrückt ist, sieht man sich aber die im folgenden volständig zusammengestelten fälle an, so wird man nicht umhin können zuzugestehn, dass der infinitiv perf. hier doch wol eine function habe. In den meisten fällen wird es auf den ersten blick klar, wo es sich um verben einer leidenschaftlichen tätigkeit handelt.

E. 3223 *sîn geselle in wolte gerochen hân.*
4072 *(er) wolte in hân erslagen.*
4440 *wand er wolt in erslagen hân.*
4710 *sô wolt er dem argen zagen die hant abe hân geslagen.*
6937 *und wolde in vol hân erslagen.*
Iw. 2045 *mîn herre wolt in hân erslagen.*
5846 *und woldes hân erhangen.* 5001 s. o. Einmal ist auch *gern* hinzugefügt:
6767 *(er) wolt in gerne hân erslagen.*

Auch wol noch, wo die innere leidenschaftliche ungeduld nach erreichung des begehrten geschildert werden sol,

E. 3679 *daz er dem guoten knehte sîn wîp wolde hân genomen.*
4032 *ob er sî wolde hân genomen.*
1112 *dô wolt der künec hân genomen sîn reht.*
Iw. 4292 *den woltens alle gelastert hân.*

oder ein eifriges, widerholtes bemühen.

E. 3129 *sî wolt imz mit gebâren gerne kunt haben getân* (mit *gern*).
3037 *nû wolde sis gelougent hân.*
G. 839 *(sî) wôlden imz entsaget hân.*
3245 *sus wolde er sich verborgen hân.*
Iw. 3243 *er wold in getrœstet hân.*

Wol auch noch kentlich

E. 5489 *dannoch wolde in Êrec mit güete überwunden hân.*
6161 *war umbe woltent ir den lîp selbe hân ersterbet.*

Vielleicht das ungeduldige drängen der sich verabschiedenden gäste gegenüber dem zu weiterem bleiben nötigenden wirt kann man finden in dem wol formelhaften ausdruck

E. 2211 *ouch wolden urloup hân genomen die vürsten.*
Iw. 6591 *dô wolter urloup hân genomen.*

Wenigstens vertragen doch alle diese stellen eine solche auslegung und gewinnen dadurch an plastischer anschaulichkeit der situation.

Nicht gerade die intensität des begehrens bezeichnet der infinitiv perf. zweimal nach *wellen* in der bedeutung eines periphrastischen futurum.

E. 4049 *und wolde wâfen hân geschrirn. „Nû sihstû wol, daz wirz birn.“*
Iw. 7436 *die rede, die ir habent getân, die wold ich gesprochen hân.*

Hier bezeichnet er, wie nahe die handlung daran war eine vollendete zu sein.

vgl. Iw. 1491 *irn wellent mir volgen, sô habt ir den lîp verlorn.*

Wirklich dagegen vergangenheitsbedeutung hat dieser infinitiv nach *wellen* in der bedeutung von wünschen im wünschenden conjunctiv.

Iw. 54 *ichn wolde dô niht sîn gewesn, daz ich nû niht enwære.*

Es sind also nicht alle diese fälle gleich zu beurteilen, sondern unterschiede zu machen. Vgl. germ. abh. heft 5 tempusausbildung.

B. *Wellen* bezeichnet nur die neigung, lust, das belieben. Im einzelnen ist aufmerksam zu machen auf die hierher gehörigen fälle, in denen *wellen* in algemeinen relativsätzen steht. Die verwantschaft zwischen diesen und dem begriff des beliebens zeigen ja auch andere sprachen. Ferner fallen hier die vielen negierten fälle auf. Die negation gehört immer zu *wellen*.

E. 1110 *daz er eine küssen solde, swelhe er wolde.*
3834 *iuwer geselle var, swar er welle.*
5219 *daz ir zouberlîch gewalt, swem sî wolde, gebôt.*
7181 *nû jage selbe, swaz dû wilt.*
7455 *wan sagen, swaz sî wellen.* 8739. 9588. Negiert 2382. 4245. 5285. 6882. 8668. 8674. 9483. 9813.

Im bedingenden vordersatz.
5834 *well iuwer ein, ez kume her.*

G. 1080 *ein zage swâ er wolde.* 1275. 2061. 2963. Negiert 1897. 1907.

a. H. 306 *sî wolte nie entwîchen von ir herren.*

Iw. 846 *nû muoz sî sprechen, swaz ez wil.*
2145 *(er) ruowe dar nâch swie lange sô er welle.*
2164 *ern lâze iuch nemen, swen ir welt.* 7380. Negiert 861. 876. 5720. 6281. 6632. 6904.

Im bedingenden vordersatz.
120 *des lâzen wir iu den strît, ob wir selbe wellen.*
802 *ob er nû welle, er sage daz.*
2570 *daz mugent ir kiesen, ob ir welt.*
7817 *die schande tuot uns ein man, swenne er wil.*

C. *Wellen* in einem nahezu mit geruhen gleichbedeutenden sinne hat nur noch einen schwachen finalen rest (vgl. *geruochen*, germ. abh. heft 5 s. 36) und verschmilzt mit dem infinitiv fast zu einer blossen umschreibung, in welcher lezterer kaum mehr als die wortbedeutung liefert.

E. 535 *nû hât got über mich verhenget, swes er wolde.*
600 *unz mirs got gunnen wolde.*
1140 *got welle in uns senden.* 6124.
6626 *herre, welt ir vür gân.*
8147 *die wîle und mich got wil in sîner huote hân.*
8857 *dem er genædic wolde wesen.*

Im bedingenden vordersatz.
540 *er mac den rîchen, swenner wil, dem armen gelîchen.*
2837 *im enwolde got genædeclîchen bî stân, sô vorhte si in unlange hân.*
6844 *im enwelle got genâde geben.*
8149 *und enwil er* (got) *mirs niht bîten.*

8858 *wil er, sô trûwe ich wol genesen.*
9046 *ir sprechet ‚niht', ob got wil.*

Einmal steht pleonastisch *geruochen* selbst dabei:

8510 *und welt irs geruochen, sô gibe ich iu den besten rât.*

Grêgôrjus und armer Heinrich nur im bedingenden satz.

G. 1249 *ich genise wol und wil ez got.*
518 *ezn wolde in got künden.*
748 *ezn welle got der guote mit sînen gnâden understân, sî muoz ouch die verlorn hân.*

a. H. 823 *wil ez got.*
204 *got enwelle dan der arzât wesen.*

Iw. 4503 *wold er* (got) *daz rihten über mich unde lieze den gerich.*

Im bedingenden satze.

1812 *ob got wil.* 2382.
5015 *und wil sîn unser trehten nâch rehtem gerihte pflegn.*
6343 *ober* (got) *imz enblanden wil.*
6421 *und wil mir got gnædec wesn.*
7992 *und sweme ir gnædec woltet sîn.*
7415 *got enwelle michs erlân.*
7994 *irn welletz danne baz enpfân.*

Pleonastisch in einem abhängigen satze.

751 *ern bôt mir nie die êre, daz er mich wolde ane gesehn.*

Wie nahe hier die wortbedeutung von *wellen* dem schwinden ist, zeigt der wechsel mit der finiten form Iw. 4503.

D. Mit entschieden noch finalem sinn sezt *wellen* in der bedeutung hoffen, gedenken an, verliert ihn aber durch den nahen übergang zu meinen, behaupten gerade wie das verbum *gedenken* selbst (germ. abh. heft 5 s. 41).

Ebenso auch der infinitiv nach ihm.

Hoffen, gedenken heisst es noch

E. 8124 *ern wolt der wîbe liezen engelten noch geniezen.*
9440 *oder welt irs lôn haben von gote.*

G. 2775 *und woldes geniezen wider got.*

Iw. 213 *ouch wil ich niht engelten, swaz ir mich muget schelten.*
1965 *daz wil ich wol mit iu gehaben.*
3192 *sî wil ouch ân iuch genesen.*
6263 *zwâre, wær ich dâ vor, ich wolde doch her wider in.*
6924 *sî wolte daz gewis hân..*

Verloren geht die futurische beziehung nur im Êrec einigemal völlig.

E. 538 *daz wil ich von gote hân.*

9061 *in ist daz ellen tiure, die sô griulîch wellen sîn.*
10087 *er tete sam die wîsen tuont, die des gote genâde sagent, swaz sî êren bejagent und ez von im wellent hân.*

Mit lezterem gebrauch ist zu vergleichen *velle* z. b. Cic. Lael. 13, 48 *qui virtutem duram et quasi ferream esse quandam volunt;* de or. I, 17, 74 *quae ego vellem non esse oratoris.*

2. Im zweiten fall ist das ethische interesse weniger durch das gefühl, als vielmehr durch den anteil der verstandeskräfte, namentlich des entschlussvermögens, des subjectes bedingt. *Wellen* bedeutet dann: beabsichtigen, vorhaben, entschlossen sein.

E. 94 *Êrec der wolt ouch vürbaz.*
865 *daz galt er, als jener tuot, der dâ mêre entnemen wil.*
2357 *als er wolde rîten.*
2542 *die turnieren wolden.* 3382. 3913. 4148. 4629. 4775. 5648. 5731. 6065.
6113 *als sî sich wolde ervallen dran.*
6169 *woltent ir selbe iu tuon den tôt?* 6546. 8023. 8655.
8664 *daz er wolde bestân den in dem boumgarten.*
9041 *wil dû vehten wider mich?*
9042 *(welt dan ir,) so wil ouch ich.*
9276 *er wolde in zuo im vâhen.*

Die negation gehört hier bald zu *wellen*, bald zum infinitiv: 2789. 4578.

Im bedingenden satze.

704 *esn wellen iu die liute jehen, ez muoz undr uns beiden diu ritterschaft scheiden.*
3682 *ob im ieman schaden wolde.*
4338 *als ein ritter sol, der ze deheinen stunden werlôs wil werden vunden.*
4689 *wan welt ir mich dar bringen, ir müezet mich es twingen.*
5669 *swer sô manheit üeben wil, —*
8517 *und welt irz danne selbe sehen, sô muoz iu alsam geschehen.*
9042 *welt dan ir, (sô wil ouch ich).*
9845 *und ob nâch sînen êren sî wolden vreuden walten, sô sæhers ungerne alten.*

Abhängig von ausdrücken oder eingeleitet von conjunctionen, die schon finalen sinn haben.

48 *diu maget enlie niht umbe daz, sine wolde rîten vürbaz.*
1751 *nu gedûhte ouch den künec zît, daz er den strît enden wolde.*
6015 *daz er gedâht hæte, daz er ir wolde warten.*

6980 *ich enschîne ie mitten ûf der vart, ich und mîne gesellen, daz wir im helfen wellen.*
8054 *ezn half kein widerstrîten, er wolde volrîten* (so Bech, Haupt [2] aber *ez half —, er enwolde —*).
8574 *ern wirdet des niht erlân, ich enwelle in bestân.*
9052 *die swuoren, daz sî wolden gewinnen in selben ein gezæmez kint.*
G. 211 *wes wil dû beginnen?*
358 *wir wellen dir entsliezen ein heimlîche sache.*
1899 *durch got und durch êre wold er verliesen den lîp ode daz unschuldige wîp læsen.* 28. 402. 1373. 1565. 1859. 1885. 2042. 2100. 2290. 2342 (Paul *wil*, Lachmann und Bech *muoz*). 2540. 2715. 3238. 3415.

Im bedingenden satze.
2464 *swer ir jâmer wolde an ein ende sagen, der müese wîser sîn dan ich.*
2895 *wil dû varn, guot man, sich, dâ sûmest dû dich an.* 3643. 3645.

Abhängig von einem finalen ausdruck.
2037 *sî hæte den muot erkorn, daz sî verbern wolde alle man.*
a.H. 613. 625. 636. 639. 648. 650. 707. 797. 798. 805. 1195. 1266.
1513 *sô wil ich sterben âne wîp.*

Abhängig von finalen ausdrücken.
528 *des einen sî sich gar verwac, daz si benamen ir leben wolte geben.*
850 *wan mir mac daz nieman erwern, ich enwelle ernern mînen herren.*
881 *sich bedâhte ir güete, daz sî niht enwolten sî wenden.*
842 *sô lâze ich iuch ê nâch mir geweinen, ich enwelle mir erscheinen, des —*
Iw. 808 *ich wil ouch varn den brunnen sehn.* 1248. 1341.
1481 *als er vil gerne hin vür zuo ir wolte gâhen und ir die hende vâhen.* Oder gehören 1481. 1341 besser unter 1 A?
1485. 2120. 3954. 4004. 4355. 4487. 4655.
4725 *und wil im næmelichen wider gewinnen sîn wîp ode verliesen den lîp.*
4777 *er welle durch uns tôt geligen ode dem risen an gesigen* (hängt von *geloben* ab). 4774. 4823. 5637. 6023. 6030. 6243. 6581. 6664. 6958. 7605. 7938. 8034. 8145. Negiert 386. 798. 1030. 1977. 2588. 4301. 4893. 7290.

Im bedingenden satze.

551 *wil dû den lîp wâgen, sone darftû niht mê vrâgen.*

2466 *zwâre, ober iuch rechen wil, sô sûmet er sich.*

5746 *wolt iemen strîten, daz er dâ zehant strîte.*

7670 *daz müezet ir ir wider gebn, welt ir nâch gerihte lebn.*

7676 *swer daz rechen wolde, der müese vil gerechen.*

7919 *welt ir nâch im senden, diu wort mit werken enden, sô sprechet* —

Abhängig von finalen ausdrücken.

903 *bî ime swuor er des, daz er zuo dem brunnen wolde komen.* 4777 vgl. s. 12.

910 *wand er sich hâte an genomen, daz er dar eine wolde komen.*

1504 *swes sin aber sô stât, daz er wil volbringen sînen muot.*

3849 *und bedâht sich, daz er wolde helfen dem edelen tiere.*

In der abhängigkeit namentlich nach *niht lân* wechselt *wellen* mit einfachen conjunctiven E. 352. G. 936. Iw. 5305. 5741, mit dem indic. Iw. 7928 (vgl. *swern*, K. Weinhold, germ. abh. heft 5 s. 75. 76).

II. *Wellen* mit dem infinitiv der richtung.

In den unter I. behandelten fällen bezeichnete *wellen* eine spontane äusserung der willenskraft, welche sich mit grösserer oder geringerer energie aussprach, und angeregt sein konte vom gefühle oder von dem entschlussvermögen des verstandes. Hier nahm das subject immer sowol an der tätigkeit des wollens selbst als auch an der von diesem erstrebten handlung als ausflüssen seines eignen innern anteil. Der infinitiv nach ihm war daher der finale mit allen in seinem casus möglicherweise liegenden begriflichen momenten. *Wellen* kann aber nun zweitens auch eine blosse reaction auf eine fremde initiative bezeichnen, die bereitwilligkeit einzugehn auf den willen einer andern person oder die anforderung der umstände. Die handlung ist nun nicht mehr gegenstand des eignen strebens des subjects, sondern auf fremde anregung hin nur zugestanden. Das ethische interesse ist daher hier weder bei *wellen* noch beim infinitiv vorhanden. Der infinitiv ist hier nicht der finale, sondern er gibt nur die richtung an, in welcher sich der im subject befindliche zustand der bereitwilligkeit, der nicht selbst eine handlung oder ein abgeschlossener zustand, sondern nur die vorbedingung zu denselben ist und also einer weiteren ergänzung bedarf, äussert. Von hier ab würde die behandlung von *wellen* in den 2. teil einer darstellung des infinitivs gehören, wo die der verba mit verschobenem praeteritum überhaupt erst anfängt.

Im einzelnen ist aufmerksam zu machen auf die naturgemäss hier auftretenden zusammenstellungen von *wellen* mit *müezen* und *soln.* In den negierten fällen gehört die negation immer zu *wellen,* und unter ihnen ist hinzuweisen auf die zahlreichen infinitive von verben mit negativer bedeutung.

E. 3266 *(,vergebet mirz') ,vrouwe, daz sî getân, ich wil ditz ungerochen lân'.*
4474 *herre, daz sî getân, ich wil iuch wizzen lân.*
7997 *nû wil ich iuch wizzen lân.*
9370 *doch ez sî wider dem site getân, sô wil ich iuchz wizzen lân.*
9367 *ich wil mich lâzen twingen.*
9382 *ich wil iuch mînen namen sagen.*
4569 *ich wil iuch wern.*
235 *der sich sîn ze gaste wolde underwinden, den kunde er niender vinden.*
1011 *nû wil ich iuch leben lân.*
1049 *ich wil mich ûz der ahte lân.*
1236 *ich wil mich schuldic ergeben.* 2767. 20. 8195. 9321. 2771. 3173. 3898. 3991. 4040.
7972 *wande ich wil unde muoz mich bieten an iuwern vuoz.*
9841 *nû wolt ern gerne urloup geben.*
726 *ich enwil ir niht wandel hân.*
1022 *des enwil ich niht enbern.*
4965 *swes er niht wil enbern.*
1044 *daz enwil ich niht vertragen.*
3275 *ichn wil iwer ze knehte niht entwesen.*
4129 *ich wils von iu niht lîden.* 43. 5454. 1364.
8000 *sît irs niht wellent haben rât.*
8478 *dies niht wolden haben rât.*
8811 *sît daz du es niht entwesen wilt.*
6058 *ichn wils ouch langer niht enbern.*
5271 *er ouch sîner vart durch niemen wolde abe stân.*
1888 *nune wolde in des niht erlân Artûs.*
877 *ir deweder wolte ez lâzen.* 1481. 3951. 5450. 1401. 7261. 5250. 6424. 4852.
4995 *daz Êrec niht erwinden welle.*

Im bedingenden satze.

3779 *welt ir, noch geschiht iu allez guot.*
3887 *swer bezzer mich dâ vone nâch êren læsen wolde, gern ich ims volgen solde.*

3830 *welt ir niht güetlîchen mîner bete entwîchen, sô geschiht ez under iuwern danc.*
4130 *und welt ir ez niht mîden, ez gêt iu an den lîp.*
5820 *wil abe dû mirs niht wider geben, sô wis gemant.*
7933 *ez wirt iu wol erscheinet, und welt ir niht erwinden.*
9450 *ich enwolde werden triuwelôs, sô muoste ich ez behalten.*

Pleonastisch steht *wellen* in sätzen mit *daz* nach *biten*; einmal (3631) tritt wechsel mit dem conjunctiv des einfachen verbum ein, der sonst häufig ist z. b. E. 1822. 3746. a. H. 569. 1518. Iw. 7329. Dennoch steht diesem die umschreibung mit *wellen* nicht völlig gleich, sondern ist nachdrucksvoller, wie namentlich Iw. 7329 zeigt (s. u.):

E. 3631 *er bat sî, daz sî ûf sîn hûs kêrten und daz sî wolden dâ bestân.*
6443 *swie vil der wirt gebæte, daz sî sichs wolde mâzen.*
6795 *(er) bat die tugentrîchen, daz si wolde vergeben.*
G. 2564 *ich wil im ouch ze buoze stân.*
2819 *die wil ich dir ze stiure geben.*
274 *daz mein, daz wir unz hiute der werlde haben vor verstoln, dazn wil niht mê sîn verholn.*
2416 *ich enkan iu vürbaz niht gesagen* (so Paul, Lachmann und Bech aber *ichn wilz*).
a. H. 996 *wir wellen ir durch iuch entwesen.* 438. 486. 836. 1289.

Pleonastisch abhängig von *biten.*

489 *dô ir vater aber tete manege drô unde bete, daz sî ez ime wolte sagen.*
Iw. 1774 *und wil iu gerne bewarn den lîp.*
1981 *wand ich sî gerne lîden wil* (s. 50).
3638 *ich wil mîn reise durch iuch lân.* 4756. 4800.
4789 *ich sol unde wil gedienen immer mêre.*
5183 *und sol sî dâ zuo kempfen hân, sô wil ich vehten vür sî.*
5181 *des wil ich in ir schulden stân.*
5590 *man mac den gast lîhte vil geladen, der belîben wil.*
7320 *ich wil ûf dich verkiesen.*
7713 *beide ich wil und muoz sî wern.* 181. 524. 1645. 4167. 5739. 5784. 7373.
244 *sît ir michs niht welt erlân.*
1227 *als si imz niht wolden vertragen.*
2228 *und enwil mich doch des niht erlân.*
3806 *desn wolte sî in niht gewern.*
7714 *sît daz irs niht welt enbern.* 5905. 7335. 7754.

Im bedingenden satze.

248 *ich sag iu deste gerner vil, ob manz ze rehte merken wil.*

250 *man verliuset michel sagen, man enwellez merken unde dagen.*

2043 *ouch stêt unschulde dâ bî, der ez ze rehte wil verstân.*

1006 *daz er sich weren solde, ob er niht dulden wolde —*

4444 *iedoch enwelt irs niht enbern, sag ich iu —*

Pleonastisch nach ausdrücken finalen sinnes.

5095 *der wirt begund in starke biten, daz er dâ ruowen wolde.*

5955 *ichn kunde in nie des überkomen, daz er hie langer wolde wesn.*

7329 *sî alle bâten, daz erz durch got tæte unde ir swester bæte, daz sî der jungeren doch das dritte teil ir erbeteiles wolde gebn.*

8095 *gedienen müez ich noch umb in, daz er mich lieber welle hân.*

Bisher wahrte *wellen* stets seine wortbedeutung, wenngleich sie in verschiedenen graden der energie hervortrat. Dennoch sahen wir das verbum auch hier schon in verhältnisse treten, in denen sich seine schwäche kundtat. So in dem umstande, dass es zur stärkeren hervorhebung des wunsches mancherlei unterstützungen bedurfte (s. 6. 7), dass es mit gleichbedeutenden worten im infinitiv sich verband (s. 10). Bedenklicher konnte sie in den fällen scheinen, in denen *wellen* überflüssig in der abhängigkeit von gleichbedeutenden ausdrücken stand, wo ja in der tat neben *wellen* mit dem infinitiv die finiten formen des sonst im infinitiv stehnden verbum gefunden wurden (s. 10. 13. 15). Jene abhängigen fälle sind:

für I, 1, A s. 6. 7: G. 998. 981. Iw. 2229. 3656.
für I, 1, C s. 10: Iw. 751.
für I, 2. E. s. 11: 48. 1751. 6015. 6980. 8054. 8574. 9052.
G. s. 12: 2037. a. H. s. 12: 528. 842. 850. 881.
Iw. s. 13: 903. 910. 1504. 3849. 4777.
für II. E. s. 15: 3631. 6443. 6795.
a. H. s. 15: 489.
Iw. s. 16: 5095. 5955. 7329. 8095.

Nicht finden sich dergleichen fälle
für I, 1, A im E. und a. H.
für I, 1, B, C, D überhaupt nicht (für C nur einmal).
für II nicht im G.

Indes ist für eine richtige beurteilung dieser erscheinung nicht zu vergessen, dass für den ältern autor *wellen* doch noch in allen diesen fällen seine bedeutung wahrt, insofern der logisch abhängige satz grammatisch der paratactischen selbständigkeit näher steht, als das uns scheinen will, so dass eine widerholung des begrifs des wunsches, der absicht usw. in dem zweiten satze nicht überflüssig war, ja, wenn die abhängigkeit noch gar nicht gefühlt würde, sogar notwendig wäre. So wirkt hier als nicht zu unterschätzender factor auf die bedeutungsentwicklung von *wellen* (cfr. auch die praeteritopraesentia) eine damals noch nicht abgeschlossene bewegung ein, die sich auf einem scheinbar von unserm thema ganz entfernt liegenden gebiete der syntax volzog, die ausbildung der abhängigkeit der sätze. Wie wichtig aber auf die entwicklung des infinitivs dann weiter diese entkleidung des *wellen* von seiner bedeutung war, werden wir bald sehen. Wir besitzen also in der grösseren oder geringeren häufigkeit, mit der dieses scheinbar pleonastische *wellen* gesezt ist, einen ziemlich feinfühligen gradmesser für die innigkeit, mit welcher die abhängigkeit der ursprünglich paratactischen sätze damals empfunden wurde, auf den es sich verlohnt aufmerksam zu machen. Je selbständiger der logische nebensatz noch war, um so nötiger war in ihm ein eigner ausdruck für das im hauptsatze in bezug auf ihn mit gesagte, je abhängiger, um so überflüssiger wurde er, weil der im hauptsatze für den diesem unterstelten satz mit galt, und wenn er auch dann stehn blieb, konte er es nur unter abschwächung seiner bedeutung. Es folgen nunmehr die fälle, in denen *wellen* seine wortbedeutung tatsächlich aufgibt.

III. *Wellen* mit dem appositiven infinitiv.

Ursprünglich hatte *wellen* auf den infinitiv ein recht nur vermöge seiner finalen oder doch auf eine richtung verweisenden bedeutung. Inzwischen ist ihre verbindung nun eine so feste geworden, dass man diesen grund vergessen und die casuelle beziehung, welche ursprünglich in beiden ihrer teile lag und die sie überhaupt zu einander geselte, nur noch in dem regierenden worte gefühlt haben muss: als *wellen* mit seiner wortbedeutung zugleich jene einer casuellen ergänzung bedürftige beziehung aufgab, empfand man es nicht mehr als einen misbrauch des infinitivs ihn mit jenem noch weiter verbunden zu lassen, als wenn er zugleich mit *wellen* jene casuelle beziehung hätte fallen lassen, während er doch nunmehr seiner natur nach mit ihm nichts mehr hätte zu tun haben sollen. Diese aber eben war bereits vorher vergessen, und durch die neue verwendung wurde es nur klar ausgesprochen, dass der infinitiv seine casuelle natur völlig verloren hatte. Mit dieser bedeutenden einschränkung seines begriflichen inhalts aber war dem infinitiv naturgemäss (vgl. germ. abh. heft 5 s. 20) die möglichkeit zu einer ansehnlichen erweiterung seiner verwendung geboten, einem ganz neuen, fast endlosen entwicklungsstadium die bahn gebrochen, das an sich in dem alten verbalnomen gar nicht zu liegen schien und das die hauptsächliche ursache war des wunderbaren und rätselhaften, das den philologen die erkentnis des wesens des infinitivs entzog, und wenn er selbst noch in Hartmanns epen vorerst schüchtern und massvoll die neuen wege betritt, so sind sie es doch, auf denen er in zukunft gebietseroberungen machen solte. Er enthält hinfort nicht mehr als die abstracte wortbedeutung, und diese sezt er ohne jede constructive abhängigkeit, die doch bisher der ausgangspunkt aller seiner verbindungen war, wenngleich sie früh aus dem sprachbewustsein auch bei diesen gekommen war, im freien verhältnisse einer apposition neben jeden einer ergänzung bedürftigen begriff. Nichts ist er mehr von hier ab als der absolute verbalbegriff, wie die alten grammatiker ohne genügende sonderung den infinitiv überhaupt nanten (vgl. germ. abh. heft 5 s. 104). Bin ich nun weit entfernt über den ersten grund und anlass zu dieser destructiven, doch für den infinitiv so fruchtbaren entwicklung irgend eine vermutung zu wagen, so viel glaube ich aussprechen zu dürfen: die wirksamsten vorarbeiter und verbreiter des infinitivs in seiner neuen function waren die verba praeteritopraesentia und *wellen*.

Wellen gibt aber keineswegs nun seine bedeutung so auf, dass sie spurlos verschwindet und *wellen* mit dem infinitiv dasselbe besagt, was die entsprechende finite form des im infinitiv folgenden verbum bezeichnen würde, indem *wellen* die formale, der infinitiv die inhaltliche seite bestimte, und das ganze nichts als eine schwerfällige umschreibung wäre, vielmehr weiss die sprache die in jener bedeutung enthaltenen momente auf dem wege der abstraction so zu vergeistigen, dass diese reste auf die im infinitiv folgende handlung gewisse nüancierungen der psychologischen auffassung zu übertragen im stande sind (vgl. s. 4). Die selbständige wortbedeutung fält nur in den fällen aus, in denen der übergang aus der absicht in die ausführung der handlung selbst unmittelbar eintreten kann, auch sonst nichts im zusammenhange liegt, das die erste als gesondertes moment vor der handlung selbst hervorhebt. *Wellen* bezeichnete nun bisher die abhängige handlung als nicht wirklich, sondern nur vom subject vorgestelt, zugleich aber als von diesem aus eigener initiative erstrebt oder auf veranlassung andrer ins auge gefasst. Fortwirkungen der zulezt erwähnten bedeutung von *wellen*, in welcher nach ihm der infinitiv der richtung steht, scheinen sich in seinem fast blos umschreibenden gebrauch nicht weiter geltend zu machen. Die beiden andern momente treten nunmehr gesondert auf: *wellen* verleiht der im infinitiv stehnden handlung ausser der finiten form den charakter bald einer vorgestelten, bald einer dem innern des subjects nahestehnden. Von jezt ab concurriert *wellen* mit organischen conjugationsformen viel häufiger als vorher, und von jezt ab solte daher auch erst die bezeichnung hilfsverb anwendung finden.

1. *Wellen* bezeichnet die handlung als vorgestelt und concurriert also grammatisch mit dem futurum sowol als mit dem conjunctiv. Das fehlende futurum ersezt es in hauptsätzen, den conjunctiv vertritt es nur in nebensätzen, für den selbständigen conjunctiv kann ich es aus Hartmanns epen nicht belegen.

A. *Wellen* umschreibt das futurum. In der auffassung der einzelnen fälle kann man nicht selten schwanken. Öfter wird man die absicht noch von der handlung unterscheiden und daher ausfall der wortbedeutung nicht annehmen wollen. Alsdann wäre der fall unter I. und II. unterzubringen, wie man umgekehrt dazu neigen kann einzelne beispiele aus jenen teilen, namentlich aus II, zumal sie meist in der ersten person wie die hier zu behandelnden grösstenteils stehn, hierher zu ziehen. Der zusammenhang allein vermag dann, und auch der keineswegs immer, die entscheidung zu liefern. Kann nun der plan in die ausführung zwar ohne hindernis übergehn, liegen aber beide zeitlich getrent, so umschreibt *wellen* die gewöhnliche zukunft, wobei es durch zeitadverbien häufig unterstüzt wird. Bisweilen liegt die ausführung dem plane so nahe, dass man geneigt ist, in ihr das praesens zu sehen, wie auch häufig *nû* dabei steht. Alsdann scheint auch der lezte rest der bedeutung von *wellen* dem ausfall nahe. Die person ist immer die erste, in indirecter rede nur die sie vertretende dritte (Iw. 1841. 4495. 4497), denn „nur wer von sich selbst redet, ist seines entschlusses und willens so gewiss, dass er eine künftige handlung zu melden vermag“ (Grimm, gram. IV s. 181). Wird dagegen die handlung als zugleich mit dem plane zu ihr beginnend vorgestelt, so umschreibt *wellen* das periphrastische futurum.

a. *Wellen* umschreibt das gewöhnliche futurum.

E. 69 *ich wil rîten dar.* 3594.
1130 *ich wil iu immer vremde sîn, ichn gereche* —
2531 *ich wil im immer guotes jehen.*
3420 *nû wil ich immer gerne dagen* (s. 5). 7454. 7830.
3783 *ich wil iu kumbers schaffen rât.* 8407. vgl. G. 1261.
4193 *ich wil si ir vriunden wider geben.* 6405. 9443.
7452 *des ichz lâzen wil.* 4531.
9550 *hie wil ich inne mich nieten iuwer minne.*
4869 *daz wil ich vor in allen hân.*
6207 *vil gerne wil ich immer daz umb iuch verschulden.*

4374 *die ich nimmer wil zebrechen* vgl. G. 371.
4533 *und wil es immer wesen vrô.*
916 *als ich iu nû sagen wil.* 1185. 1856. 2130. 2135 (vgl. germ. abh. heft 5 s. 120). 2622. 4270. 4343. 5132. 5223. 7276. 7499. 7591. 7664. 8013. 8788. 8862. 9180. 9458. 9574.
1450 *den lop ich iu enden wil.*
3864 *vil rehte wil ich iu bejehen.* 6291. vgl. a. H. 1126.
4302 *dâ von ich iu sî kürzen wil.*
4514 *vernemet, herre, als ein spil, daz ich nû reden wil.*
7488 *sô wil ich iuch wizzen lân.*
8004 *durch daz wil ichz bediuten.*
8538 *die rede i'u baz bescheiden wil.* 9562.
G. 1465 *nû wil ich dichs niht wenden mê.*
1560 *sun, sô wil ich dich niht mê sûmen vür dise vrist.*
1220 *daz ich unz mînes endes zil den dar umbe biten wil.* 1261. 371. a. H. 1126.
Iw. 3301 *ich wil im mînes brôtes gebn.* 4497.
4321 *daz ich immer wil den willen vür diu werc hân.*
5499 *sô wil ich mich iemer schamen mîns lebennes.* 7430.
5501 *ich wil mich niemer gevreun.*
258 *ichn wil iu keine lüge sagen.* 1135. 4529. 6361. 7470.
528 *daz wil ich dir bescheiden baz.* 7041.
6114 *unde ich wil iu des bejehen bî der rehten wârheit.* 1841. 2175. 1887. 4495. 5648. 5897. 6417.

b. *Wellen* bildet das periphrastische futurum.

E. 3082 *als er wolde buhurdieren.*
3401 *dô er wolde rîten, er sprach ze vroun Ênîten.*
7607 *sam ez* (ein bild) *wolde sprechen und bildes reht brechen.*
G. 204 *ir munt unde ir wangen vant sî im sô gelîme ligen, als dâ der tiuvel wil gesigen.*
843 *dô er die vrâge wolde lân, do erweint daz kint.*
2897 *mîn wirt wil varen ûf den sê.*
Iw. 2765 *dôs urloup nemen wolden, her Gâwein vuorte hern Îweinen dan.*

Zweimal findet sich *wellen* in diesem sinne auch mit dem infinitiv perf., um zu bezeichnen, wie wenig fehlte, dass die handlung geschehen wäre: E. 4049. Iw. 7436 cfr. s. 8.

B. *Wellen* umschreibt den conjunctiv. Dies geschieht in zwei fällen: 1) wenn das mit *wellen* umschriebene futurum aus grammatischen gründen in den conjunctiv des perfects gewandelt werden müste, 2) im vordersatz einer bedingungsperiode.

Diese so gesteckten grenzen überschreitet nur der Îwein in zwei beispielen.

a. *Wellen* umschreibt den das futurum vertretenden conjunctiv.

α. In der indirecten rede.

E. 3060 *er sprach, er wolde rîten ûz kurzwîlen.*
G. 2037 *daz sî den muot hæte erkorn, daz sî hæte verborn und verbern wolde alle man.*
a. H. 1467 *er seite in dô sînen muot: er wolte nâch sînen vriunden senden.*
Iw. 955 *vil stiller ime sagte, er wolt ze velde rîten und sîn bîten.*
3867 *dô heter zwîvel genuoc, daz in der lewe wolde bestân.*
6531 *und reiten, wie sî wolten guoter vreude walten.*

Hierher können auch mehrere früher genante abhängige fälle gezogen werden, vgl. s. 16. Wenn hierbei *wellen* selbst in den conjunctiv tritt, so könte man an völligen ausfall seiner wortbedeutung glauben, wie der nhd. conjunctiv impf. ja den conjunctiv des futurum vertritt. Richtiger aber wird man annehmen, dass der futurbegriff nicht blos ersezt, sondern durch *wellen* eben wirklich ausgedrückt sei.

β. Wenn er ein in den irrealen conjunctiv geseztes futurum vertritt.

Es ist dies in den hauptsätzen irrealer bedingungsperioden der fall. Dieser gebrauch scheint sich am ehesten im anschluss an das umschriebene futurum zu erklären und will man hier noch einen rest der wortbedeutung behaupten, so wird es nur in dieser auffassung möglich sein. Sezt man an stelle der irrealen bedingung, die übrigens mehrmals verschwiegen ist, einen realen grund, so könte in allen folgenden fällen im hauptsatze das futurum eintreten. Parallelen mit dem finiten verbum dürften sich viele bieten.

E. 1590 *vil gerne ich sî wolde loben: nû bin ich niht sô wîser man.*
4520 *daz ichz gerner wolde sîn, ob ich wizzen mehte —*
3816 *ich wolde erweln ê, daz ich wurde verbrant, ê daz ichz iemer getæte.*
5884 *ich hete umbe den versolt, daz im gevielc mîn lîp. dem wolde ich sîn ein stætez wîp.*
Iw. 2309 *stüende mir mîn ahte als ez andern vrouwen tuot, daz ich iuwer niht enwolde sô gâhes gnâde gevâhen.*
49 *und hulfez iht, ich woldez clagen.*

Ganz wie hier der conjunctiv des perfects von *wellen* mit dem inf. praes. zur umschreibung des organischen conj. perf., so dient er mit dem inf. perf. zweimal für die des organischen conj. plusquamperf.

E. 98 *ouch wolt er sich gerochen hân, wan daz er sînem zorne kunde entwîchen.*

Iw. 2402 *wan dûht siz alle missetân, sî wolt in doch genomen hân.*

b. *Wellen* umschreibt den conjunctiv in den nebensätzen der bedingungsperioden. *Wellen* hat mit bedingt ausgesprochenen sätzen das moment der vorstellung gemein. Es steht sowol im indicativ, als auch selbst im conjunctiv. Im lezteren falle kann man ausfall der ganzen wortbedeutung annehmen. In vielen beispielen aber wird man auch diese darin noch wieder erkennen und dann wird man nur sagen müssen, dass mit einer öfter widerkehrenden ungenauigkeit der nachsatz nicht von der handlung des vordersatzes, sondern von deren entwurf abhängig gemacht ist. Natürlich behält aber *wellen* seine volle bedeutung da, wo die haupthandlung wirklich von dem entwurf und nicht von der handlung des nebensatzes abhängt. Diese fälle gehören nicht hierher; es sind bei Hartmann folgende vier gruppen derselben wahrnehmbar: 1. wenn im nachsatze das mittel zur verwirklichung der im vordersatze als erstrebt bezeichneten handlung angegeben wird. Es steht dann im hauptsatze ein ausdruck des müssens oder der möglichkeit: *müezen* (doch nicht das in bezug auf das prädicat gesezte, vgl. *müezen*, wie G. 748. 2020. E. 8517. (s. 96). Iw. 6138. 4550), *soln*, ein imperativ, *durfen*, *mugen.* Vgl. unter I, 1, A aus E. 4376. 4999. 5936. 6495 (wo als nachsatz etwa zu ergänzen: *vernemet*). 7177. 9332. G. 2352 (s. 5); Iw. 730. 1859. 4529. 5089. 5103. 5959. 1825 (s. 6); unter I, 1, B aus E. 5834 (s. 9); unter I, 2 E. 4689. 5669. 704. 4338 (s. 11); G. 2464. 2895 (s. 12); Iw. 551. (2466). 7919. 5746. 7670. 7676 (s. 13); unter II s. 15 aus E. 9450, s. 16. Iw. 1006. vgl. *soln* B, I, 2, b; 2. wenn in beiden sätzen das nämliche verbum steht, im hauptsatz finit, im nebensatz nach *wellen* im infinitiv, so dass entwurf und verwirklichung einander gegenüber treten. Ähnlich wenn in beiden sätzen *wellen* mit demselben infinitiv steht; vgl. *soln* B, I, 2, c gegen ende. Vgl. unter I, 1, B (s. 9) aus Iw. 120. 802. 2570. 7817;

unter I, 1, C s. 9. 10 aus E. 540. 8858. 9046. G. 1249. a. H. 823; Iw. 1812. 2382; s. 11 unter I, 2 E. 9042; s. 13 Iw. 5746; aus II. s. 14 E. 3779; 3. wenn *wellen* bereit sein bedeutet. Vgl. unter II s. 15 aus E. (3779 gehört schon unter 2) 3830. 4130. 5820. 7933 (9450 gehört schon unter 1). Doch möchte man auch hier bisweilen das die haupthandlung bedingende lieber in der nebenhandlung als in der bereitschaft zu dieser erkennen; 4. wenn *wellen* blos eine höfliche umschreibung, also = geruhen ist, fals man in dieser rücksichtsvollen form nicht etwa überhaupt ausfall der wortbedeutung von *wellen* annehmen will. Vgl. unter I, 1, C s. 9. 10 aus E. 2837. 6844. 8149. G. 518. 748; a. H. 204; s. 10 Iw. 5015. 6343. 6421. 7415. 7992. 7994.

Auch ausserdem gibt es einige fälle, in denen die haupthandlung wirklich als von der blossen voraussetzung des nebensatzes bedingt aufgefasst werden kann, wie G. 3643. 3645 E. 9845.

α. Wellen steht im indicativ des praesens.

(E. 152 (aber in indirecter rede) *ouch gedâhte der juncherre, im wære daz ze verre, ob er ze den selben zîten hin wider wolde rîten.*

G. 3173 *sî gehiezen im daz, er mœhte vil deste baz komen von sînem meine, ob er sî zuo dem steine wolde wîsen.*

2020 *der zwîvel, daz in alsam müese ergân, ob sî wolde aber bestân dehein gewaltigiu hant).*

a. H. 209 *ir enwellent iuwer meisterschaft und iuwer reht ouch brechen und dar zuo versprechen mîn golt, ich mache iuch mir alsô holt.*

560 *zewâre, irn welt mirz danne wern, sô bin ich im zarzenîe guot.*

839 *welt ir mir wenden mîn heil, sô lâze ich iuch ê nâch mir geweinen.*

Iw. 5647 *wil dû mich mînes guotes und mîner êren behern, des wil ich mich mit kampfe wern.*

6138 *ir müezet vliesen den lîp, welt ir ûf die burc varn* (hier ist *müezen* blos = sicherlich wird geschehen (vgl. *müezen* B).

592 *wil dû danne niht verzagen, sone tuo dem becke niht mê* (trotz des imperativs im nachsatze gehört das beispiel hierher, weil dieser nicht das mittel zur verwirklichung des im vordersatz erstrebten angibt).

4570 *ir habet missetân, welt ir den ritter alsus lân.*

1490 *irne wellet mir volgen, sô habt ir den lîp verlorn.*
912 *ich mac daz niht bewarn, und wil der künec selbe varn, mir wirt mîn rîterschaft benomen.*
2864 *hât er sich êren verzigen und wil sich bî ir verligen und giht des danne, daz --, dâne gezich sî niemer zuo.*
7840 *irn wellet besorgen dise selbe sache, man enlât iuch mit gemache niemer mêre geleben.*

Bei den pluralen formen liess sich nicht erkennen, ob sie dem indicativ oder conjunctiv angehörten. Wechsel mit der finiten form findet sich Iw. 2864.

β. Im conjunctiv des praesens.

E. 6927 *ezn möhte ouch nieman gejehen, er enwelle in liegen an.*
G. 1530 *dês wâr ich kan sî wol erjagen, sine welle sich mirmê versagen.*
a. H. 1408 *dem meier und sînem wîbe den mac man wol gelouben, man enwelles rehtes rouben.*
Iw. 7966 *sîne welle brechen den ir eit, sô hân ich ouch volendet die rede.*

γ. Im conjunctiv des perfects.

E. 3887 (s. 14) *swer bezzer mich dâ vone nâch êren læsen wolde, gern ich ims volgen solde.*
432 *swen dise edelarmen niht wolden erbarmen, der was herter danne ein stein.*
5233 *von diu wær er niht wîser man, swer im wolde dar an nemen grôz laster.*
5237 *jâ wæn man iender vunde, swie sêre er wolde ersuochen, sô kreftecliche liste.*
6904 *wan er bereit sich ouch dar zuo, als er justieren solde, ob er niht verzagen wolde.*
8692 *und wolte er immer verzagen von geheizen und von starker drô, sô wære er verzaget dô* (dieses beispiel widerspricht nicht no. 2 s. 22, weil kein gegensatz zwischen entwurf und verwirklichung vorliegt; der gegensatz liegt hier vielmehr in dem verzagen vor drohungen überhaupt und dem damaligen im besondern).
3682 *dâ ern bevriden solde, ob in ieman schaden wolde* (vgl. zu Iw. 592 s. 23).
a. H. 967 *der die von dir nemen wolte, sô geriuwez dich vil lîhte doch.*
Iw. 4550 *sô müese iu daz missezemen, woldet ir iht ûz nemen* (vgl. zu Iw. 6138 s. 23).

3172 *sî ist iu ze edel, daz ir sî kebsen soldet, ob ir erkennen woldet, was rîters triuwe wære.*

δ. Im conjunctiv des perfects mit dem infinitiv des perfects.

E. 5260 *und heten es gerne vil getân, wolt ins Êrec gehenget hân.*

Iw. 3797 *und wolter lônes hân gegert, des wærer dâ gewert.*

7334 *daz hete sî lîhte getân, wolt es der künec verhenget hân.*

c. Die unter a und b angegebenen grenzen in seinem den conjunctiv umschreibenden gebrauch überschreitet *wellen* nur im Îwein. Hier steht es einmal, um die vorgestelte folge einer nicht wirklichen ursache zu bezeichnen mit dem inf. praes.

Iw. 2949 *ichn wart nie manne sô holt, dem ich ditz selbe golt wolte lîhen ode gebn.* und einmal in gleicher lage mit dem inf. perf.

8084 *mirn tete daz weter nie sô wê, ichn woltez hân geliten ê.*

2. *Wellen* bezeichnet die handlung als dem interesse des subjects nahestehend. Auch hier begegnet *wellen* einer alten function des conjunctivs (vgl. Rossbach, Vorlesungen über griech. Synt. und über Ilias W. S. 1880/81 zu Ilias A 26). Doch ist dies hier zufall und die hier zu behandelnde fähigkeit des verbum von dem in ihm enthaltenen ethischen interesse herzuleiten.

So bezeichnet es den innersten drang des herzens in ausdrücken, die so recht als unmittelbare ausflüsse des jeweiligen gemütszustandes hingestelt werden sollen: *ich wil ez gote klagen* E. 4777. G. 2388. Iw. 3976. 4728. 5906.

a. H. 608 *des ich got iemer loben wil.*

701 *des wil ich gote genâde sagen.*

G. 1357 *des wil ich iemer wesen vrô.*

Ein futurischer sinn liegt in diesen verbindungen nur insofern, als er in jedem praesens liegen kann, namentlich wenn zeitadverbien dabei stehn, die auf die zukunft gehn, wie Iw. 6956 *daz ich es gote immer klage.*

Oder es verleiht den worten den ton der treuherzigen überzeugung oder der gutmütigen besorgnis. Daher finden sich hier häufig beteuernde partikeln. Viele fälle derart wird man aus III, 1, A, a s. 19 fgg. hierher ziehen dürfen (*zwâre* steht bei E. 1185. 1856. 2622. 4343. 8862).

E. 3183 *sich ûf, lieber herre, ûf genâde verre wil ich dir durch triuwe sagen, dir sint ritter nâhen bî.*

E. 5165 *doch wil ich iu zwâre sagen, hât diser man ritters namen, sô möhtent ir iuch immer schamen.*
5681 *dâ ist ez alsô gewant, daz ich iu wil zwâre sagen, ezn mac ein ritter niht bejagen bezzer lop danne ouch dâ.*
5876 *sô wil ich hie verkiesen alle man immer mêre.*
5960 (in den dubitativen conjunctiv gesezt?) *nû was wolde ich tumbe ie reden dar umbe?*
6509 *vil kurze ich iu antwurten wil: ir mugt wol rede verliesen vil.*
9049 *ichn ahte ét niht ûf iuwer drô und wil sî wol genôzen zwein bergen grôzen.*
9066 *jâ, des wil ich dir verpflegen.*
9539 *ouch wil ich mich vermezzen.*
9682 *des swer ich wol und wil es jehen.*
9833 *wan sî dâ ze hûse nimmer wolden werden vrô.*
G. 1296 *nû wil ich dir vür wâr verpflegen.*
1626 *und verkoufe dîne kurze tage umb daz êwige leben. sun, den rât wil ich dir geben.*
1631 *ich geruowe niemer mê und wil iemmer varnde sîn.*
2361 *herre, des wil ich iu jehen.*
a. H. 1340 *ich wil iu geheizen unde sagen, daz —*
1517 *bî unsers herren hulden wil ich iuch biten alle, daz —*
Iw. 849 *ich wil iu daz zwâre sagen.*
1902 *sone wilz diu werlt sô niht verstân.*
4339 *zwâre, ich wil iuch trœsten wol.*
6708 *von swem iu leide mac geschehn, daz wil ich harte gerne sehn.*
6819 *jâ wærent ir dâ mite beswichen, daz wil ich iu sagen.*
7048 *sî hât aber underslagen ein want, als ich iu wil sagen* (durch *wellen* erhält hier die lösung der vorangehnden, auf erregung von spannung berechneten worte eine gewisse wichtigkeit).
8126 *nû wil ich iuch durch got biten, daz —*

Naturgemäss bei impersonalibus der affecte:

E. 4649 *sô wolde in niht genüegen.*
9005 *daz dûhte in tôrlîch getân und wolde im versmâhen und begunde gâhen.*
G. 3094 *desn wolde in niht verdriezen.*

Viel zur erhaltung der bedeutung von *wellen* trägt sein gegensatz zu verben mit verschobenem praeteritum bei.' Es steht verbunden mit

soln G. 28. a. H. 882. Iw. 386. 2309. 4788.
müezen E. 7971. Iw. 7713.
kunnen Iw. 8144.

Häufig steht der inf. nicht dabei, sondern ist zu entlehnen, nämlich

I. aus derselben periode

a) im relativsatze aus dem hauptsatze (vgl. R. Steig s. 325) E. 3728 (s. 5). Iw. 2145 (s. 9). 6084 (s. 5). Namentlich im algemeinen relativsatze E. 535 (s. 9). 1110. 7181. 7455. 8739. 3834. 9588. G. 1080. 2061. 2963. Iw. 846. 7380. 2164 (s. 9), der in den hauptsatz eingeschoben ist E. 540. 5219 (s. 9).

b) im bedingenden nebensatze G. 1249 (s. 10). Iw. 120 (s. 9). 1030 (s. 12). 2570. 7817. (s. 9). Er geht dem hauptsatz voran E. 5834 (s. 9). 8858 (s. 10). Iw. 802 (s. 9).

II. aus einer andern periode

a) in der antwort aus der frage E. 9042 (s. 11).

b) aus dem algemeinen zusammenhange E. 3779 (s. 14).

Über die ellipse und andere mit dem inf. nach *wellen* concurrierende constructionen vgl. germ. abh. heft 5 s. 51.

Die verba praeteritopraesentia.

Das verhältnis des infinitivs zu den verben mit verschobenem praeteritum ist ganz ähnlich wie zu *wellen* mit dem s. 2 angeführten unterschiede. Auch mit ihnen war er ursprünglich nur darum vereinigt, weil jene das bedürfnis nach vervolständigung ihres begriffes durch angabe einer richtung hatten und er eine solche angabe zu bieten vermochte. Sobald aber die vereinigung volzogen war und in folge von ihr entzog sich der infinitiv seiner aufgabe, weil der consecutive sinn nur noch in dem regierenden verbum gefühlt wurde. Daher erklärt es sich, dass er auch da ohne bedenken mit jenen worten in verbindung gelassen wurde, wo sie ihre bedeutung so geändert hatten, dass nach ihnen eine consecutive ergänzung nicht mehr nötig war. Der infinitiv hatte nach jenem gefühl nur soviel bedeutung einer richtung, als der ganzen verbindung vom regierenden verbum verliehen wurde.

So wurde die bedeutung des infinitivs sehr bald verdeckt durch die verwante der verba mit verschobenem praeteritum resp. von *wellen*, ein schicksal des infinitivs, das vermöge des so ungemein häufigen vorkommens jener verbindungen sicherlich nicht zum kleinsten teile dazu beigetragen hat, dass man sich gewöhnte denselben in abgeblasster bedeutung zu setzen.

Will man daher im einzelnen feststellen, auf welchem wege der infinitiv almählich seine casuelle bedeutung, die der richtung hier, nach diesen verben verloren hat, so ist man widerum genötigt, den wandel der bedeutung jener selbst zu verfolgen. So lange in ihnen noch ein rest ihrer ursprünglichen, eine fähigkeit oder bereitschaft zu einer tätigkeit bezeichnenden bedeutung nachzuweisen ist, werden wir annehmen müssen, dass der infinitiv nach ihnen noch vermöge seines casuellen ursprunges, dessen man sich freilich nicht mehr bewust war, zu stehn berechtigt war, wie aber jene durch zahlreiche übergänge almählich abnimt und ganz schwindet, so wurde auch das alte wesen des infinitivs immer verwischter, bis er da anlangte, bis wohin wir ihn schon nach *wellen* (germ. abh. heft 5 auch nach *wænen*, *gedenken*, *heizen*, *lâzen* und *geschehen*) begleitet haben: bis zum blos appositiven gebrauch, fast die lezte station, bis zu welcher der infinitiv bei Hartmann als verbalform überhaupt auf dem wege seiner entartung gekommen ist. Die wichtigste aufgabe bei der anordnung sämtlicher hierher gehörender beispiele muss es daher auch hier sein, die ursprüngliche bedeutung bis in ihre lezten spuren zu verfolgen, und hierbei sind auch die modi und gewisse adverbien, welche zur nüancierung des ausdruckes beitragen, zu berücksichtigen. Für das Got., das Andd., für Otfrid, die ahd. übersetzer und Berthold von Regensburg vgl. A. Koehler, der syntactische gebrauch des infinitivs im Gotischen, in Pfeiffers Germania XII, a. 1867, s. 425, R. Steig s. 317 fgg., O. Erdmann I § 332, A. Denecke s. 9 fgg., H. Roetteken, der zusammengesezte satz bei Berthold von Regensburg, Strassburg 1884, § 203.

1. *Mugen.*

A. Der ergänzung durch einen infinitiv ist *mugen* bei Hartmann nicht bedürftig

a. in der alten, in sich begrifflich noch völlig abgeschlossenen bedeutung von valere, kraft haben, gesund sein. Es findet sich so in einer schwurformel im Êrec.

E. 4683 *ich bringe iuch ze hûse oder ich enmac.*
4686 *ich wæne ir enmegt.* Vgl. Kaiserkr. 11823 *wie mac mîn wîp?*

b. in der transitiven von vermögen oder zu etwas beitragen. Statt des neutralen objects steht auch ein satz mit daz.

E. 2679 *wider sî niemen niht enmac.*
G. 3499 *nû maht diu grôze triuwe, daz im diu sêle genas.*

a. H. 1256 *wider den niemen niht enmac.*
Iw. 4058 *waz moht ich, daz ir an im missegie?*
Mit einem dativ der person zugleich.
E. 8319 *daz machete in der ougen regen.*
G. 2906 *diu liebe und diu leide, die mahten im daz, daz —*

B. In allen übrigen fällen bedarf *mugen* eines infinitivs (der bisweilen zu entlehnen, zuweilen zu ergänzen ist, s. u.), und zwar bezeichnet es dann entweder eine möglichkeit oder einen anlass haben.

A. *Mugen* bedeutet eine möglichkeit haben.

1. Das die möglichkeit gewährende liegt in der eignen kraft des subjects.

a. In der körperlichen stärke oder fertigkeit.

Im ind.
E. 887 *sine mohten noch enkunden ir mit kreften niht gelegen.*
6427 *sî enmohte im niht gestrîten.*
Iw. 6678 *(die risen) mohten ervehten wol ein her.*
Im conj.
E. 373 *daz bette ein man nie möhte erwegen.*
3118 *dem sî möhten hân gestriten.*
Iw. 2129 *sô snel ist dehein man, daz er hin und her widere möht komen in sô kurzer vrist.*
2232 *wie möhte iu den lîp genemen ein wîp.*

b. In der geistigen fassungskraft.

Im ind.
E. 3077 *der sich des mohte verstân.*
3130 *dône moht ers niht verstân.*
Iw. 7844 *mahtû mir nû rât gegebn?*
Im conj.
E. 338 *swes ein man möhte erdenken.*

c. In einer dem subject speciell zukommenden wesenhaftigkeit.
Das subject ist eine person.

Im ind.
E. 541 *got mac den rîchen dem armen gelîchen und den armen gerîchen.*
5177 *im lufte als ûf der erde mohte sî sweben, ûf dem wâge und drunder leben.*
5197 *sî mohte wunder machen.*
5999 *wes im zer sêle sî gedâht, des enmac ich* (ein mensch) *wizzen niht.*

dazu beigetragen hat, dass man sich gewöhnte denselben in abgeblasster bedeutung zu setzen.

Will man daher im einzelnen feststellen, auf welchem wege der infinitiv almählich seine casuelle bedeutung, die der richtung hier, nach diesen verben verloren hat, so ist man widerum genötigt, den wandel der bedeutung jener selbst zu verfolgen. So lange in ihnen noch ein rest ihrer ursprünglichen, eine fähigkeit oder bereitschaft zu einer tätigkeit bezeichnenden bedeutung nachzuweisen ist, werden wir annehmen müssen, dass der infinitiv nach ihnen noch vermöge seines casuellen ursprunges, dessen man sich freilich nicht mehr bewust war, zu stehn berechtigt war, wie aber jene durch zahlreiche übergänge almählich abnimt und ganz schwindet, so wurde auch das alte wesen des infinitivs immer verwischter, bis er da anlangte, bis wohin wir ihn schon nach *wellen* (germ. abh. s. ...) auch nach *wænen, gedenken, heizen, lâzen* und *geschehen*) begleitet haben: bis zum blos appositiven gebrauch, fast die lezte station, bis zu welcher der infinitiv bei Hartmann als verbalform überhaupt auf dem wege seiner entartung gekommen ist. Die wichtigste aufgabe bei der anordnung sämtlicher hierher gehörender beispiele muss es daher auch hier sein, die ursprüngliche bedeutung bis in ihre lezten spuren zu verfolgen, und hierbei sind auch die modi und gewisse adverbien, welche zur nüancierung des ausdruckes beitragen, zu berücksichtigen. Für das Got., das Ahdd., für Otfrid, die ahd. übersetzer und Berthold von Regensburg vgl. A. Koehler, der syntactische gebrauch des infinitivs im Gotischen, in Pfeiffers Germania XII, a. 1867, s. 425, R. Steig s. 317 fgg., O. Erdmann I § 332, A. Denecke s. 9 fgg., H. Roetteken, der zusammengesezte satz bei Berthold von Regensburg, Strassburg 1884, § 203.

1. Mugen.

A. Der ergänzung durch einen infinitiv ist *mugen* bei Hartmann nicht bedürftig

a. in der alten, in sich begrifflich noch völlig abgeschlossenen bedeutung von vlere, kraft haben, gesund sein. So findet sich so in einer schwurformel im Êrec.

E. 4683 *ich bringe iuch ze hûse oder ich enmac.*

4686 *ich wæne ir enmegt.* Vgl. Kaiserkr. 11823 *wie mac mîn wîp?*

b. in der transitiven von vermögen oder zu etwas beitragen. Statt des neutralen objects steht auch ein satz mit daz.

E. 2679 *wider si niemen niht enmac.*

G. 3499 *nû maht diu grôze triuwe, daz im din sêle genas.*

a. H. 1256 *wider den niemen niht enmac.*
Iw. 4058 *waz moht ich, daz ir an im missegie?*
Mit einem dativ der person zugleich.
E. 8319 *daz machete in der ougen rege.*
G. 2906 *diu liebe und diu leide, die muten im daz, daz —*

B. In allen übrigen fällen bedrf *mugen* eines infinitivs (der bisweilen zu entlehne, zuweilen zu ergänzen ist, s. u.), und zwar bezeichnet es dan entweder eine möglichkeit oder einen anlass haben.

A. *Mugen* bedeutet eine mölichkeit haben.

1. Das die möglichkeit gewährend liegt in der eignen kraft des subjects.

a. In der körperlichen stärke der fertigkeit.

Im ind.

E. 881 *sine mohten noch enkunden ir mit kreften niht gelegen.*
6427 *si enmohte im niht gestriten.*
Iw. 6678 *(die risen) mohten ervehten wol ...her.*

Im conj.

E. 373 *daz bette ein man nie möhte erwegn.*
3118 *dem si möhten hân gestriten.*
Iw. 2129 *sô snel ist dehein man, daz er hin und her widere möht komen in sô kurzer vrist.*
2232 *wie mohte in den lîp genemen ein wîp.*

b. In der geistigen fassungskraft.

Im ind.

E. 3077 *der sich des mohte verstân.*
3130 *dine mohl ers niht verstân.*
Iw. 7844 *mohtû mir nû rât gegebn?*

Im conj.

E. 83.. *s... ein man möhte erdenken.*

c. In einer dem subject speciell zukommenden wesenhaftigkeit.

Das subject ist eine person

Im ind.

E. 541 *got mac den richen dem armen gelîhen und den armen*
5177 *im lufte als ûf der erde mohte sî sweben, ûf dem wâge und drunder leben.*
5197 *si mohte wunder machen.*
5999 *wes im ... sêle si gedâ...* ... mensch)
wizzen niht.

G. 1905 *der im mohte gerrumen unde gewerren, dem oberisten herren.*
a. H. 399 *daz sî êre unde guot âne got mügen hân.*
505 *leider nû enmuge wir im ze keinen staten komen.*
753 *daz ir unlange doch mit mir iuwer vreude mügent hân.*
Iw. 3129 *daz mîn vrouwe ein wîp ist, daz sî sich gerechen niene mac.* 5013.
6342 *got eine mac iu helfen hin.*
Mit *wol* 1803 *nû mac iuch got wol stiuren.*

Inf. fehlt.

E. 3288 *des gevertes sî dô pflac, dar nâch als ein vrouwe mac.* 3442.
5768 *wan daz siz pflegent enblanden ougen unde handen, wan sî anders niht enmegen.*

Im conj.

a. H. 571 *daz sî geleisten möhte.*

Das subject ist eine sache.

Im ind.

E. 1567 *mit eime mantel langen, der im ze mâze mohte sîn.*
2609 *nune mohte sich gelîchen der schal von den scheften, wan —*
4698 *wande ez iu niht mac gewerren.* 4750. G. 1302.
6228 *ezn mag iuch niht vervân.* G. 298.
7569 *swaz er dinges begie, daz sagebære wesen mac.*
7662 *daz mohte sich gemâzen disem sateltuoch.*
8421 *dinge, diu uns sus gnuoc ringe die zît mugen gemachen.*
8437 *dâ von daz einer slahte bluot disen stein geweichen mac.*
a. H. 1155 *nôt, diu sich in eines tages vrist an mîme lîbe geenden mac.*
1345 *daz (schelten) enmohte ir niht vrum wesen.*
Iw. 761 *done mohten mir diu werc den muot an im niht volbringen.*
5339 *alles des, des im ze schaden mohte komen.* 7910.

Mit *wol.*

E. 90 *ez mac iu wol gewerren.*
8601 *als ez des wirtes rîcheit wol vürbringen mohte.*
G. 3644 *dazn mac der lîp niht wol vertragen.*

Im conj.

E. 3140 *waz möhte sich gelîchen sô nâhen gênder riuwe.*
6501 *wande ez möhte in niht gewerren, daz sî —*
a. H. 491 *waz möht uns mê gewerren?* 1062.
Iw. 7203 *nû sehent, wie selch gewin iemen gerîchen mege.*

Mit *wol.*

G. 3017 *daz meinde, daz eines mannes mint niht möhte erziugen wol —*

a. H. 908 *ez möhte in umbe ir herren vil harte wol gewerren.*
Iw. 6725 *ern mohte niuwet an getragen, daz im wol geschirmen möhte.*

2. In verhältnissen ausserhalb des subjects.

a. In zur verfügung stehnden mitteln.

Im ind.

E. 305 *sît mir willekomen zuo dem und ich nû haben mac.*
412 *sô vil was dem rîchen man niht verlân, daz er einen kneht mohte hân.*
8738 *des obzes moht er ezzen, swie vil od swaz er wolde.*
10020 *die ez haben mahten.* 9984.
G. 1078 *milte, des er mohte hân.*
a. H. 761 *daz ir mir alsolhez guot zeinem manne niht mugent geben.*
Iw. 7115 *diu sper, diu sî dâ haben mohten.*

Im conj.

E. 499 *möht ir mir umb îsengwant getuon deheiner slahte rât, sô wurder —*
1395 *der vater möhte ez niht erziuget hân.*
2276 *möhte er gehabt hân volle hant, —*
Iw. 2844 *möht ich dem hûse geringen.*
7985 *daz mir des guotes ode der tage ode beider zerinne, ê ich die grôzen minne umb iuch verschulden müge.*

b. In äussern umständen.

α) In der beschaffenheit des objects.

Das object ist eine sache.

Im ind.

E. 1434 *man moht ez vil gerîten.*
5161 *man mac diu wunder niht gesagen.*
7296 *mit volblanker varwe. ezn mohte niemen vaste keine wîle angesehen.*
8225 *man moht sô wünneclîcher schar nie glîches iht beschouwen.*
9287 *daz man îsengwant vil müelîchen mac begrîfen.*
G. 911 *deheinen list enmohter erdenken sô gevüegen.*
3088 *daz man gevüeren mohte.*
Iw. 2399 *sî mohtn ir willen unde ir heil ir lîhte gerâten.*
4887 *nune mag ichs beidiu niht bestân.*
5399 *ezn mohte her Îwein den lewen niht vertrîben.*

Inf. fehlt.

a. H. 591 *alsus sô wânde er sî dô gesweigen: dô enmohter.*

Im conj.

a. H. 553 *klage, die niemen doch enmöhte verenden noch gebüezen.*

Das object ist eine person (meist im dat.).

Im ind.

E. 1139 *ichn mohte in nie erwenden.*
2674 *sî niemen mohte erwegen.*
4887 *mag ich ins erbiten.*
5805 *wan dirn mac niht verborgen sîn.*
6398 *daz iuch nieman getrœsten mac.*
8025 *im mohte niht wider sîn.*
8121 *den (unverzagten) man niht lîhte entsprechen mac.*
8814 *dirn mac êt niemen des gewegen.*

Mit *wol.*

Iw. 1880 *man macs (diu wîp) ûz übelem muote bekêren wol ze guote.*

Mit *lîhte.*

5808 *ein gast, der alsô spâte und alsô müeder kumt geriten, den mac man lîhte des erbiten.*
5590 *man mac den gast lîhte vil geladen, der belîben wil.*

Im conj.

G. 2065 *sî gedâhte, wen sî nû nemen möhte.*
a. H. 901 *so man ir doch niht enmöhte benemen ir willen.*

β) In einem praepositionalen oder adverbialen ausdruck, der im zusammenhange meist eine nähere erklärung findet.

(Ich ordne: die localen, temporalen, instrumentalen, modalen.)

Das subject ist eine person.

Im ind.

E. 312 *dar an moht man schouwen.* 3620. 5278. 7164. 10078. Iw. 1162.
2601 *nune mohte er zwischen den scharn gejustieren mêre.*
3331 *als ich ez verre mac gespehen.*
4344 *ir muget hie den prîs bejagen.* 5682.
4855 *als ich ez dar an kiesen mac.* Iw. 2570.
6029 *michel graben unde mist mac man dar an verliesen.*
7884 *dâ man zuo mohte rîten.*
8531 *dâ ich lützel wider vil wâgen mac.*
8751 *dâ niemen durch mohte komen.*
a. H. 101 *des muge wir an der kerzen sehen ein wârez bilde geschehen.*
Iw. 764 *ichn moht niht imer dâ geligen.*

Das einfache verbum steht in gleichem falle G. 2748. 3592.

Iw. 2134 *daz einr in zwein (tagen) gerîten mac.*
2923 *done mohte sis niht wider komen.*
3794 *dô mohte man schouwen.*

3908 *ezn moht et dô niht wæher sîn.*

4099 *der dewedern mach ich ze disen zîten niht hân.*

E. 814 *sô sî meiste von ir sinnen ûz den rossen mohten gwinnen.*

5909 *und sî den Tôt mit ir bete enmohte überwinden noch —*

6284 *nu enmohte im diu guote vor grôzem unmuote und vor herzensêre geantwurten mêre.*

9179 *des enmohte er niht verzagen.*

G. 629 *dâ von enmac ich der vrouwen leit entecken noch mit worten errecken.*

1652 *unz sî sich vor dem breiten sê enmohten undersehen mê.*

1881 *mag ich nû disen herzogen ûf gotes gnâde bestân?*

Iw. 2059 *mit mîme lîbe mac ich den brunnen niht erwern.*

2908 *nû mugt ir mit dem guote volziehen dem muote.*

6500 *sî mohte nâch betwingen mite eines engels gedanc.*

E. 3917 *sô mugt ir âne sorgen mich genemen.*

3921 *sô enmach er iu niht geschaden.*

9379 *sô mugt ir dienest von mir hân.*

G. 448 *sô mac sî mit dem guote volziehen dem muote.*

Iw. 777 *daz ichz niht gênde enmohte getragen.*

7295 *dô sî mit minnen nieman gescheiden mohte.*

Mit *wol.*

E. 3196 *ir muget wol schouwen an ir geverte.* 6817. Iw. 5934.

G. 2812 *dâ maht dû dich dîner sünde wol beklagen.*

Iw. 3684 *der mac ich beider nû wol jehn.*

Der inf. fehlt.

E. 258 *er im gedâhte belîben dâ: wande ern mohte anderswâ.*

E. 142 *ich kum, ob ich vor siechtuome mac.*

G. 608 *alsus getruogen sî ez hin bî der naht: vor dem tage enmohtens ê.*

Iw. 7542 *ob ich möhte iuch gêren, nune mac ich anders, wan alsô, daz —*

Im conj.

E. 3409 *möht man dehein êre an iu wîben begân.* 5481.

8433 *ê man ez dem steine iender möhte erkiesen an.*

G. 471 *man möhte von in beiden dâ grôzen jâmer hân gesehen.*

Iw. 2000 *sine möhte dâ niht vinden niuwan zorn.*

Iw. 6157 *war möht ich nû gerîten?*

E. 6236 *möhtent ir im daz leben mit weinenne wider geben.*

G. 2945 *ern möhte der spîse vor dem hunger niht geleben.*

Iw. 1069 *sô er mit niemen enmöhte erziugen dise geschiht.* 1527.

6888 *ern möhte den kampf niht gesehn vor ander unmüezekeit.*

7447 *und möhtet ir vor der naht hân gesehn.*

E. 7943 *wan so möhtent ir haben wân* —
Mit *wol*.
E. 4187 *ez möhte an dirre vrouwen ein tôre wol schouwen.*
Iw. 1462 *der tôt möhte an mir wol hie büezen.*
Iw. 7429 *ir möhtent âne schande mir wol sagen iuwern namen.*

Das subject ist eine sache.

Im ind.
E. 1181 *ez mac iu dâ bî sîn erkant.*
Iw. 6685 *dane mohte niht vor bestân.*
E. 6732 *ez enmohte dô niht baz gesîn.*
E. 9345 *jâ enmac mir disiu schande von solhem manne nie geschehen.*
E. 4878 *sô mac mir liebers niht geschehen.* 9427.
G. 442 *nû waz mac danne ir muot gevrumen iemen âne guot?*
Iw. 2597 *ezn mohte iu anders niht geschehn.*
Mit *wol*.
G. 2808 *dâ mac dir wol werden wê.*
Im conj.
G. 1746 *ezn möht ze münster geschehen.*
2470 *sich möhte vil nâch der tôt gemâzet haben ze dirre nôt.*
G. 3719 *ob daz von gotes gebe immer möhte geschehen.*
Iw. 1402 *wand waz möht im von der geschehn?*
3448 *dâ mite es gnuoc möhte wesn.*
a.H. 370 *möht ez mit iuwern hulden sîn.*
Iw. 1735 *diu im alswâ möhte geschehn.*

γ. In einem andern satze.

aa. In einem übergeordneten.

αα. Der satz mit *mugen* ist ein consecutiver conjunctionalsatz.

Das subject ist eine person.

Im ind.
E. 490 *mirn gevüege got noch den tac, daz ich ez gerechen mac.*
1835 *man tet in alsô rîche, daz er sich mit in bejagen mohte.*
2961 *daz er beruochte sîn gesellen algelîche, daz sî vil vollelîche von in sèlben mohten varn.*
2971 *unz daz er sich sô gar verlac, daz niemen dehein ahte ûf in haben mahte.*
3021 *(der sunnen schîn) het die kemenâten liehtes wol berâten, daz sî sich mohten undersehen.* 1989. 2264. 3251. 3570. 5583. 6409. 6865. 9172.
G. 125 *ir bette stuonden sô nâ, daz sî sich mohten undersehen.*

G. 779 *der wint wart alsô grôz, daz sî kleine noch grôz mohten gevâhen.*

1268 *got hât dir vil vrîe wal gegeben, daz dû nû selbe dîn leben maht koufen unde kêren ze schanden ode ze êren.*

a.H. 609 *ez ist mir komen ûf daz zil, daz ich den jungen lîp mac geben.*

929 *sît ez alsus umbe iuch stât, daz man iu gehelfen mac.*

1147 *wan daz ich mich weste des muotes alsô veste, daz ich ez wol mac dulden.*

Iw. 2520 *daz hât im lîhte an dirre vrist ein selh unmuoze benomen, daz er niht mohte komen.*

3609 *er was bedwungen mit selher siecheite, daz er sô wol gereite niht ûf mohte gestân.*

4754 *daz uns der rise kume vruo, daz ich umbe den mitten tac dannoch hin komen mac.* 4798.

4945 *den wârn die zagele under in zesamene gevlohten, daz sî niene mohten ein ander entwîchen.*

5468 *unz ûf den tac, daz ich wider haben mac mîner vrouwen hulde.*

5909 *er und sîn lewe wâren wunt sô sêre, daz er mohte gevarn unverre.* 5612. 7355. 7412. 7667.

Mit *wol.*

Iw. 270 *sô vuor ich allen den tac, daz ich vür wâr wol sprechen mac.* 5034.

6849 *daz man ir dô vil schône pflac, daz sî wol mohten rîten.*

Mit *lîhte.*

Iw. 6945 *iu ist ê sô vil geseit, daz ich iu lîhte mac gesagen.*

Im conj.

E. 1596 *ouch hât sich sô manec munt in wîbes lobe gevlizzen, daz ich niht möhte wizzen, welhen lop —*

1769 *als ob die sterne wæren unverdaht, daz man sî möhte wol gesehen* (dies *wol* gehört zum inf.).

5426 *der ritter grôze quâle leit, daz nimer man möhte erlîden græzer nôt.* 7947. 9553. 9840. 9913.

Iw. 4027 *ein alsô armiu magt, daz deheiniu armer möhte lebn.*

6376 *sô sint sî ze manhaft, daz in iemer dehein man den sige müge behaben an.*

6625 *sone bin ich niender dem gelîch, daz ich ir möhte gezemen.*

Mit *wol.*

E. 6247 *sô enwas iuwer man weder sô edel noch sô rîch, irn müget wol werden ergetzet.*

G. 1326 *waz, ob mîne vordern sint von solhem geslehte, daz ich wol werden mehte ritter.*

Das subject ist eine sache.

Im ind.

E. 2306 *ein mouwe zobelîn, daz diu niht bezzer mohte sîn.* 7293.

5717 *nû het er sich ervohten, daz im niene mohten sîne wunden ganz bestân.* 8193. 8872. 9618.

G. 2862 *ein sô armez hiuselîn, daz ez niht armer mohte sîn.*

Iw. 1388 *dû hetest an in geleit die manheit, daz im von gehiuren dingen niene mohte misselingen.* 2237. 2898.

Mit *wol.*

Iw. 2939 *unser êre und unser lant vil gar ûf der wâge lît, enkumt ir wider niht enzît, daz ez wol geschaden mac.* 7241.

Der inf. fehlt.

E. 892 *nû hâten sî sich alsô gar erwüetet und ervohten, daz sî niht mêre mohten.*

Im conj.

E. 2389 *ern dûhte sich sô volkomen, daz ez im erloubet möhte sîn.*

9206 *von dem slage erglaste ein breitiu vlamme viurîn, daz dez viur möhte sîn gevangen mit eim schoube.*

G. 2270 *ob sîner swære alsô wære, daz mîn helfe ims benemen möhte.*

Mit *wol.*

E. 7353 *geschaffen dort unde hie, daz es iuch wol möhte lüsten.*

Beabsichtigt ist die folge.

E. 6432 *ir wart ein valtstuol vor gesat, durch daz er die vrouwen deste baz möhte schouwen.* 4218. 5266.

Iw. 5312 *sî liezen von ein ander gân, dazs ir punciz möhten hân.*

ββ. Der satz mit *mugen* ist ein consecutiver relativsatz.

Das subject ist eine person.

Im ind.

E. 3770 *solhem man, der enmac noch enkan iuch gêren ze rehte.* 7937. 8706.

G. 13 *zwei kint, diu an ir lîbe niht schœner mohten sîn.*

a.H. 411 *ein sus gewante siecheit, die niemen mag erlœsen.* 548.

Iw. 3765 *selhe rîterschaft, die nieman gevelschen mohte.*

Mit *wol.*

Iw. 864 *mit selher vuoge, die niemen wol gezürnen mac.*

Im conj.

E. 23 *ein maget begunde sî ûz weln, die sî möhte senden dar.*

272 *welher winkel im dar zuo töhte, da er inne belîben möhte.* 7082.

G. 1753 *daz er in bræhte ûf die stat, dâ er sî möhte gesehen.*
a. H. 11 *ob er iht des vunde, dâ mite er swære stunde möhte senfter machen.* 15. 202.
Iw. 1021 *ein strîten, daz got mit êren möhte sehn.* 3046.

Mit *wol.*

Iw. 1043 *sô vil, dâ von ich wol gemâzen mege die mâze ir stiche.*

Das subject ist eine sache.

Im ind.

E. 3191 *liebiu mære, dâ von uns wol mac geschehen.*

bb. In einem untergeordneten.

αα. Der satz mit *mugen* ist der folgesatz in einer bedingungsperiode.

Das subject ist eine person.

G. 435 *belîbt sî mit dem lande, ir sünde mac sî sô baz gebüezen.* 436.

Mit *wol.*

Iw. 5732 *tuot mîn swester wider mich gnâde, daz ist billich: sô mac sî mit minnen vil wol von mir gewinnen, swaz —*
7065 *und swennern überwindet, sone mac er niemer werden vrô.*

Im conj.

E. 4300 *man möhte vil dâ von gesagen, wan daz dâ wurde der rede ze vil.*
6451 *enwært ir niht ein kint, ir möhtet iuwer klage lân.* Iw 5261.
7453 *wan deiz niht rehte kæme, — sô möhte ich wunder von im sagen.*
8032 *enist ez niht wan ein man, des möhte werden guot rât.*
G. 3171 *er möhte vil deste baz komen von sînem meine, ob er sî zuo dem steine wolde wîsen.*
Iw. 7835 *irn möhtet schande merre niemer gewinnen, swenn er scheidet hinnen alles strîtes erlân.*

Das subject ist eine sache.

Im conj.

E. 8866 *enhet ich aller manheit niender eines hâres breit, wan der die ich von iu hân, mirn möhte nimmer missegân.*
9901 *wan daz vrou Sælde ir stiure lêch, sone möhte ez nimmer sîn geschehen.*
G. 2026 *heten sî einen herren, sone möhte in niht gewerren.* Iw. 3544. 3753.
3187 *hæt er der niewan eine, der er vil manege mit unrât erliten hât, ezn möhte dehein lîp erwern.*

ββ. Der satz mit *mugen* ist hauptsatz zu einem causalen conjunctionalsatz.

Im ind.

E. 112 *ichn mac des niht verlougen, wand ir ez selbe habt gesehen.*

G. 3241 *nû mohtr niht loufen drâte, wand er gebende hâte* (Lachmann und Bech besser mit handschrift A *ern moht*).

Iw. 5706 *ich enmac iu ze staten niht gestân, wand ich grôz unmuoze hân.*

Mit *wol.*

Iw. 6989 *sî mohten wol strîten, wand sis niht êrste begunden.*

γγ. Der satz mit *mugen* ist hauptsatz zu einem temporalen nebensatz mit conditionalem oder causalem sinne.

Das subject ist eine person.

Im ind.

E. 3257 *wan unz ez ir verboten wirt, sô mac sis langer niht verlân.*

Iw. 1121 *dô im daz ros tôt lac, done mohter niht vürebaz gejagen.* 1207. 1400. 6613.

Im conj.

Iw. 1281 *unz daz beslozzen wær ditz hûs, sone möht niht lebendes drûz komen.*

Das subject ist eine sache.

E. 8148 *die wîle und mich got wil in sîner huote hân, so enmac mir niht missegân.* Iw. 4267.

δδ. Der satz mit *mugen* ist hauptsatz zu einem relativsatz, der conditionalen oder causalen sinn hat.

Im ind.

G. 1361 *der im die mâzė kan gegeben, sone mac niemen baz genesen*

Iw. 6781 *jener, der dâ nider lac, dern moht im niht ze staten komen.*

Im conj.

E. 2385 *giudens urloup möhter hân, derz dicke vür in hete getân.* 6019.

Iw. 1318 *Ezn möhte nimmer dehein wîp gelegen an ir selber lîp selhe swære, der niht ernest wære.*

Mit *wol.*

E. 873 *einer ellenlanger wunden möhter vil wol sîn bekomen, der daz phantreht solte hân genomen.*

εε. Der satz mit *mugen* ist hauptsatz eines modalen relativsatzes mit *als, sô, dan.*

Das subject ist eine person.

Im ind.

Iw. 7144 *si entlihen kreftiger slege mê dan ich gesagen mege.*

Mit *wol.*

a. H. 559 *als uns mîn herre hât gesaget, sô mac man in vil wol ernern.*

614 *ich mag iuch eine wol bewarn, als ich iu nû bescheide.*

Das subject ist eine sache.

Im ind.

a. H. 1161 *iu enmac, als mîn muot stât, an mir niht gewerren.*

Im conj.

G. 3355 *sô hôhe sô mîn schulde stât, sô möhte boum unde gras dorren.*

cc. In einem gleichgeordneten,

αα. der mit dem andern durch eine coordinierende conjunction verbunden ist.

Das subject ist eine person.

Im ind.

E. 4670 *ich hân ze varne verre unde enmac ze disen zîten ûz dem wege niht gerîten.*

Mit *wol.*

Iw. 1928 *nû habent ir schœne unde jugent — und mugt ein alsô biderben man wol gwinnen.*

Im conj.

Iw. 210 *ichn möhte niht geniezen iwers lobes, wan iuwer rede hât niht kraft.*

Das subject ist eine sache.

Mit *wol.*

E. 1794 *ez moht wol âne haz sîn, wand Êrec was sîn künne.*

4623 *dar zuo ist iu daz lant unkunt und mac iu vil wol missegân*

ββ. Der asyndetisch neben dem andern steht.

Das subject ist eine person.

Im ind.

E. 8486 *sô vindet er sî (die porte) offen stân: er mac drin rîten oder gân.*

8743 *ez was dar umbe alsô getân, ezn mohte niemen ûz getragen.*

8949 *ouch mohtes Êrec niht gesehen. daz muoste dâ von geschehen, daz —*

Iw. 1038 *ir einer wart erslagen: dern mohte niht dâ von gesagen.*

7380 *wir haben et verlân unser häzlîchez spil: ich mac nû sprechen, swaz ich wil.*

Mit *wol.*

E. 962 *ichn hân dir sô herzenleide niht getân, dû maht mich wol bî lîbe lân.*

Iw. 2312 *ez ist mir sô gewant, ich mac verliesen wol mîn lant.*

Der inf. fehlt.

E. 1347 *er emphienc mich gester,— baz enmohter.*

G. 932 *vil wol gehielt er im daz, erne mohte baz.*

Im conj.

Iw. 2267 *ir möhtent sitzen nâher baz, ich geheize iu wol daz, mîn vrouwe enbîzet iuwer niht.*

Mit *wol.*

Iw. 174 *ichn habe iu selhes niht getân, ir möhtet mich wol leben lân.*

Das subject ist eine sache.

Im ind.

E. 1576 *sô guot was des schapels schîn, ezne moht kein borte bezzer sîn.*

5901 *ich bin an der besten tugent. dirn mac mit mir niht wesen ze gâch.*

Im conj.

Iw. 626 *ein alsô gelpfer rubîn, der morgensterne möhte sîn niht schœner.*

δ. Im zusammenhange.

Das subject ist eine sache.

Im ind.

E. 266 *sît ich niht wesen baz enmac* (nämlich wegen 232).

1040 *jan mugt irs niht gelougen* (wegen 1038). 2482 (vgl. vorher). 4484. 4572 (wegen 4575). 4625 (wegen 4575). 7179 (wegen 7154).

Iw. 5567 *dô er niht mêre mohte gân* (5564).

5719 *sît ich niht kempfen mac gewinnen* (5706).

6454 *sine mohten beidiu niht baz getân sîn noch gebâren.*

Mit *wol.*

E. 9570 *daz ich vil wol erziugen mac* (9572).

a. H. 950 *dû maht mich des niht wol gewern* (972).

Der inf. fehlt.

a. H. 1274 *„gesprechent mich.“ „jâ enmach ich.“* (1270).

Im conj.

E. 6553 *wâ sî die vreude möhte nemen* (6556).

G. 1516 *wie möhte erz baz gewenden.*

3295 *man möhte im sîn gebeine haben gezalt* (3281).

1436 *ders möhte hân genomen war* (1406).

Iw. 7558 *doch enmöhtent ir niht baz gerochen sîn an mir.*

Mit *wol.*

G. 3093 *er möhte ir wol geniezen* (3083).

Iw. 7429 *ir möhtent âne schande mir wol sagen iuwern namen* (7425).
Der inf. fehlt.
E. 7262 *und wære geriten, möhter, ê* (7233).

Das subject ist eine sache.

Im ind.
E. 5264 *des künec Artûses bete enmohte niht vrum gesîn* (5250). 3554. 9717.
G. 795 *diu state enmohte in niht geschehen* (793).
Mit *wol*.
E. 517 *ez mac wol mit êren sîn* (518).
Im conj.
E. 1205 *er gedâhte, wâ er baz erbeizen möhte.*
1800 *wâ möhte grœzer vreude sîn?* 2868. 5391 (wegen 5386). 7502. 8430.
Iw. 1239 *wâ mite möhte iu wesen baz?*
4482 *wem möhte leider geschehn?*

Bisweilen liegt der grund zur möglichkeit oder unmöglichkeit selbstverständlich in der situation.

E. 4851 *ichn moht sîn niht erkennen.*
6153 *wande er mohte sich vil nâch an der rede versûmet hân.*
9544 *als ir selbe muget warten.*
Mit *wol*.
G. 3729 *ir muget wol nemen war.*
Iw. 3398 *ir mugt wol schouwen, daz —*

3. In rücksichten auf willen, sitlichkeit, gefühl oder denken.

a. Die möglichkeit oder unmöglichkeit liegt in dem willen der redenden oder angeredeten person.

Das subject ist eine person.

Im ind.
Iw. 2525 *alsô gerne mac ein man übele tuon alsô wol.*
Im conj.
E. 4521 *ob ich wizzen mehte.*

Das subject ist eine sache.

Im ind.
E. 703 *nû wizzet rehte vür wâr, esn mac niht mêre geschehen.*
4952 *mac daz nû geschehen.*
6292 *ez enmac nimmer beschehen, daz ich iuwer wîp werde.*
Im conj.
E. 510 *seht, ob ez müge sîn.*

b. In einem gefühl.

Im ind.

E. 3184 *dînen schaden enmac ich niht verdagen.*
6434 *nunc mohts ab niht vergezzen ir lieben gesellen.*
6444 *sine mohtes doch niht lâzen.*
6515 *nune mohte der grâve mê im selben meister gesîn.*
6938 *dazn moht diu vrowe niht vertragen.*
9434 *wie ir mugt belîben, ein also wætlîcher man.*
G. 1650 *sine mohten der ougen ein ander niht verlougen.*
a.H. 1285 *jâ enmach ich ir tôdes niht gesehen.*
Iw. 4143 *swer sîme zorne niene mac gedwingen.*
5304 *doch enmohter des niuwet lân.*
5965 *sine mohte zeltens niht gehaben.*

c. In der moral oder dem charakter.

Das subject ist eine person.

Im ind.

E. 6458 *ich ensach wunder nie sô grôz, daz ir niht enkunnet gedagen und niht enmuget wol vertragen.*
9209 *wand ich niht drumbe geswern mac.*
10013 *son mac niemen des gejehen.*
G. 126 *man enmac im anders niht gejehen.* 2503.
Iw. 3223 *wan ern mohte die schulde ûf niemen anders gesagen.*
7904 *ichn mac iuch des niht erlân.* 188. 288. 812. 847. 1262.

Im conj.

E. 5466 *daz enmöhte ich niht verdagen.* 6926. Iw. 7271.
Iw. 1896 *möhte ich umben tôt mîn leben âne houbetsünde gegebn.*

Das subject ist eine sache.

Im ind.

Iw. 8032 *swie daz mit vuoge mac geschehn.*

Im conj.

Iw. 1435 *möht ez mit vuoge geschehen.*

d. Im denken.

(Durch eine überlegung wird die möglichkeit einer erklärung für eine tatsache gesucht). Vgl. H. Roetteken a. a. o.

Das subject ist eine person.

Im ind.

E. 2449 *wer mac disiu ros erledeget hân?*
7504 *wer mohte iuz doch rehte sagen?*
Iw. 7005 *sî mohten von rîterschaft schuole gehabet hân.*

Mit *wol.*

E. 2761 *daz mohte Êrec wol sîn.*

4329 *ir muget wol ein degen sîn.*

4537 *ich wæne ez vil wol an der geburte haben mac.*

G. 3232 *er moht wol wesen anderswâ.*

Im conj.

E. 14 *nû wundert die künegîn, wer der ritter möhte sîn.* 25. 1169. 4849.

4939 *dô nam uns wunder, wer ez möhte hân getân.*

G. 2167 *waz möhte er vernomen hân der mære?*

a. H. 485 *sî begunden sî vrâgen, waz ir wære und welher hande swære sî möhte klagen.*

Das subject ist eine sache.

Im ind.

G. 2190 *waz mac wesen daz?*

2234 *waz mac im danne werren?*

2250 *nû waz mag im ze weinen sîn geschehen?*

Im conj.

E. 448 *er vrâgen began, waz der schal möhte bediuten.*

1194 *nû jâhens, der eintwederz möhte sîn.*

5303 *michel wunder in des nam, waz diu rede möhte sîn.*

7939 *mich wundert, waz ez müge sîn.* G. 825.

G. 3144 *dô vrâgten in die herren, waz im möhte gewerren.*

a. H. 1016 *und zwîvelte vaste dran, weder ez bezzer getân möhte sîn oder verlân.*

Iw. 7596 *der künec unt tiu diet vrâgten unde rîet, waz diu minne möhte diuten.*

4. Die möglichkeit oder unmöglichkeit ist schliesslich eine algemeine.

Das subject ist eine person.

Im ind.

E. 1133 *ob ich mich errechen mac.* 3178. 3897. 4800. 6057.

G. 3747 *mag ichn gesehen, herre?*

a. H. 576 *du enmaht es niht vür bringen.* 849.

Iw. 911 *ich mac daz niht bewarn.*

1288 *erne mac des niht entwenken.* 1262. 1801. 1891. 2118. 2287. 3571. 4079. 5137. 5225. 6724. 6867. 7206. 7501.

Mit *wol.*

a. H. 973 *die enmugen dîn niht wol enbern.*

Iw. 2840 *jane mac niemen wizzen wol.*

Iw. 7861 *ez mac wol sîn, daz ez geschiht.*

Der inf. fehlt.

E. 1090 *ich kume morgen, ob ich mac.* 3186. 8580.

Iw. 7893 *daz ich im ir zornmuot vertrîbe, ob ich iemer mac.* 4958. 4972. 6117.

Im conj.

E. 2621 *ob er den prîs möhte bejagen.* 5343. 9843. G. 146. 1937. Iw. 7540.

E. 3004 *sî gedâhte, wie sî möhte erwenden alsô gemeinen haz.* 3673. 8400.

3861 *möhte ich mîne sache verwandeln, daz entæte ich.* 8165. Iw. 4879.

E. 6847 *ouwê möht ich im vor gesîn.*

8222 *wer möhte iu die beschrîben.* 8287. a H. 1037. Iw. 3736. 4028. 4080. 7279.

Iw. 2650 *sine möhtens im gemêren* —

3693 *des man niht wider müge hân.*

5020 *nû hâte dem risen geseit sîn sterke, wer im geschaden möhte.*

7276 *möhten siz in beiden nâch êren hân gescheiden, daz heten sî gerne getân.*

Mit *wol.*

E. 8095 *wie dû queltest dînen lîp, ob dû möhtest wizzen wol, waz* —

Der inf. fehlt.

a.H. 945 *möhtestû, dû hulfest mir.*

Iw. 2932 *er kœme wider, möhter, ê.*

6416 *ich benæme iun gerne, möht ich.*

Das subject ist eine sache.

Im ind.

E. 4772 *esn mac dehein rât sîn.* a. H. 925.

E. 5114 *die wîle und daz môhte sîn.* 10048. a. H. 221.

E. 6239 *desn mac doch leider niht geschehen.* 8795. 9322. Iw. 6160.

a.H. 188 *wie mac daz wesen?*

1512 *mac daz niht ergân.*

Iw. 51 *selch vreude niemer werden mac.*

1745 *wie mac sich daz gevüegen?*

5507 *wie mac daz komen?*

Mit *wol.*

G. 3750 *daz mac wol geschehen.*

Iw. 1978 *mir mac wol geschehn arbeit.*

Im conj.

E. 9510 *wie möhte diu gesellschaft haben deheiner liebe kraft?*

9564 *des enhete sî deheinen wân, daz ez immer möhte ergân od daz man in iender vunde.*

G. 513 *sî wurden ze râte, wie ez verholn möhte sîn.*

1732 *wie daz möhte geschehen âne missewende, des vrâgte der ellende.* 3735.

2514 *möht aber dehein buoze wesen.*

Iw. 1614 *od wie möhte sich gevüegen daz?* 4324.

4033 *daz ist unmügelich, daz iuwer kumber müge sîn des endes iender sam der mîn.*

4352 *und möht ez alsô sîn gewesn.*

6509 *möht die deheines wîbes güete iemer benomen hân.*

Mit *wol.*

Iw. 8059 *und möht iu daz wol wesen leit.*

Aus dieser bedeutung des algemein möglichen oder unmöglichen entwickelt sich die veralgemeinernde von *mugen* überhaupt, vermöge deren das wort seine stellung in algemeinen relativsätzen hat. Wir haben damit die eine bedeutungsreihe von ihrer geschlossensten, concretesten gestalt durch alle sprachlich erkenbaren abstufungen der fassbarkeit der eigentlichen bedeutung verfolgt, immer weiter trat der grund der möglichkeit zurück, bis diese wortbedeutung in den zulezt zu behandelnden gebrauchsweisen zu schwinden im begriff steht und *mugen* mit dem inf. widerum, wie wir es bei *wellen* sahen, nichts andres ist als eine modalität des im inf. stehnden verbum. Der modus aber, mit dem hier *mugen* sich berührt, ist der conjunctiv, der ja auch das algemein mögliche bezeichnet und in algemeinen relativsätzen steht, z. b. E. 1084 *swie sî iuch heize leben,* 3834 *er var, swar er welle.*

Tritt *mugen* hierbei selbst in den conjunctiv, eine leicht bgreifliche cumulation der bezeichnung, so ist im grunde jede bedeutung von *mugen* ausgefallen.

Das subject ist eine person.

Im ind.

E. 1893 *swar er mohte gereichen.*

2396 *an swelhen andern dingen er es niht mohte bringen.*

4316 *swaz er bî sînen zîten ir ie mohte errîten.* 6343. 7764. 8125. 9524. 9767.

G. 143 *swâ erz mac erwenden.*

2087 *swaz einem manne mac gegeben ein wünneclîchez leben.*

a.H. 803 *swaz man daz jâr alse lanc dar ûf gearbeiten mac.*
Iw. 214 *swaz ir mich muget schelten.*
5315 *swaz d' ors mohten gevarn.* 4808. 7115.

Mit *wol.*

E. 7638 *swes ein man wol al den tac sô rehte lîhte engelten mac.*

Der inf. fehlt.

E. 730 *sî wâfenten sich sâ, Êrec als er mohte.* 418. 2116. 2273. 2592. 5164. 6316. 10119.
G. 555 *dâ schreip des kindes muoter an sô sî meiste mahte.*
1476 *mahte in ritter, sô er schierest mohte.* 107. a.H. 329. 1029.
Iw. 737 *dô tete ich, daz ich mohte.*
2776 *doch ringet dar nâch allen tac manec man, sô er meiste mac.*
3875 *und erzeict im sîne minne, als er von sîme sinne aller beste mohte.* 5112. 5813. 8053.

Im conj.

E. 388 *swes ein man möhte erdenken.* 4862. 9503.

Das subject ist eine sache.

Im ind.

E. 5127 *swaz im dienest mohte sîn.*
8125 *swaz im getroumen mahte, dar ûf hât er kein ahte.*
G. 535 *daz beste, daz dâ iener mohte sîn.*
Iw. 6707 *von swem iu leide mac geschehn.*

Auch ansätze zu einer zweiten bedeutung finden wir bereits in den epen Hartmanns, in der *mugen* in das gebiet des conjunctivs eindringt. Wird die algemeine möglichkeit trotz eines vorschwebenden gegensatzes zugegeben, so geht *mugen* in die concessive bedeutung über und bezeichnet also auch hier nur dasselbe, was sonst der conjunctiv bezeichnen würde. Doch finden sich hierzu im Êrec und Îwein erst je zwei beispiele.

E. 6510 *ir mugt wol rede verliesen vil.*
7456 *wan sagen swaz sî wellen, sî mugen vil zellen und sprechen ir muot, ezn kom doch —*
Iw. 5264 *ir muget harte vil gedreun.*
7149 *sô mac er wol borgen.*

Der concessive conjunctiv wechselt mit *mugen* hier geradezu E. 7455.

Dies sind die schwachen ausgänge der einen entwicklungsreihe. Wir wenden uns zurück zu *mugen* in vollerer kraft, aber in seiner zweiten bedeutung, um auch sie bis in ihre lezten ausläufer zu verfolgen. Sie ist bereits an sich eine aus der ersten abgeleitete.

B. *Mugen* in der bedeutung „anlass, grund, gelegenheit haben."

1. Parallel mit 1, c von A (s. 29).

Das subject ist eine sache.

Im conj.

E. 6032 *und möht die werlt erbarmen mîn vil grôz ungeval.*

2. Mit 2, b, α von A (s. 31); von einer person.

Im ind.

E. 8280 *noch mohte er gerner schouwen die sibenzehende vrouwen.*
Iw. 26 *daz man gerne hœren mac.*
2354 *ein rât, des mugt ir wesen vrô.*

Mit *wol.*

E. 7508 *des mac ich wol erlachen.*
a.H. 1407 *dem meier und sînem wîbe, den mac man wol gelouben.*
Iw. 3993 *ich mac wol clagen mîn schœne wîp.*

Im conj.

E. 6499 *den selben wehsel möhtent ir immer gerne trîben.*

Das subject ist eine sache.

E. 6272 *des lebennes mag iu baz gezemen.*
7216 *der arzte mohte in wol gezemen.*

3. Mit 2, b, β von A (s. 32); von einer person.

Im ind.

E. 8554 *dâ von ich gerne wâgen mac mîne kranke êre.*

Im conj.

Iw. 2861 *durch wen möhte ein vrumer man gerner wirden sînen lîp.*

Mit *wol.*

Iw. 6091 *sî möhten wol erschricken von ir twerchen blicken.*

Das subject ist eine sache.

Mit *wol.*

Iw. 4499 *mac mir danne mîn lebn niht wol unmære sîn?*

4. Mit 2, b, γ, aa, αα (s. 34).

Das subject ist eine person.

E. 1544 *daz hemde sî bedahte, daz man ez loben mahte.*

Beabsichtigt ist die folge und es steht der conj.

E. 827 *daz tet er umbe daz, daz iemen des möhte jehen.*

Das subject ist eine sache.

E. 5558 *er sluoc sô manegen grimmen slac, daz uns wol wundern mac.* 8700. 9152.

Wol steht E. 5558. 9152.

5. Mit 2, b, γ, aa, $\beta\beta$ (s. 36).

Das subject ist eine person.

Mit *wol.*

Iw. 7440 *ein tac, den ich wol immer hazzen mac.* 7546. 8119.

6. Mit 2, b, γ, bb, $\alpha\alpha$ (s. 37).

Das subject ist eine person.

Iw. 1923 *ir mugt ez dannoch heizen guot, oberz willeclîchen tuot.*
3187 *mac sich der küncc iemer schamen, hât er iuch mêre in rîters namen.*

Im conj.

E. 5468 *hât dirre man ritters namen, sô möhtent ir iuch immer schamen.*

Mit *wol.*

E. 1352 *solt ich nû von im wenken, sô möht er wol gedenken.*

7. Mit 2, b, γ, bb, $\beta\beta$ (s. 38).

Iw. 7746 *ich mac wol iemer sîn unvrô, daz ich iu sus gedanket hân.*

8. Mit 2, b, γ, bb, $\gamma\gamma$ (ib.); im conj.

Iw. 135 *sît unser keiner sîne sach, dô möht ir ouch gesezzen sîn.*

9. Mit 2, b, γ, bb, $\delta\delta$ (ib.); im conj.

E. 6464 *swem alsô gelunge, er möhte baz singen danne weinen.*

10. Mit 2, b, γ, bb, $\varepsilon\varepsilon$ (ib.).

E. 8151 *ich mag ze disen zîten alsô mære sterben, sô der lîp doch muoz verderben.*

11. Mit 2, b, γ, cc, $\alpha\alpha$ (s. 39).

Das subject ist eine person. Mit *wol* oder *gern.*

Im ind.

E. 6554 *daz mugt ir gerne vernemen, wan slege tuont selten iemen vrô.* Iw. 1761. 4030.

Im conj.

E. 6532 *ez wære tœrlîch getân und möhtez gerne lâzen hân.*

Iw. 2026 *ich möhte wol verwâzen mîne zornige site, wan dâ gewinnet niemen mite niuwan schande.*

Das subject ist eine sache.

E. 2865 *des moht in dunken grôziu zît, wand er was —*

Mit *wol.*

G. 2240 *des mac mich lüsten wol, wand er daz wol verschulden kan.*

12. Mit 2, β, γ, cc, $\beta\beta$ (ib.).

Das subject ist eine person.

Iw. 257 *ir mugt mir deste gerner dagen, ichn wil iu keine lüge sagen.*
7988 *die angest mugt ir lân: ir gewinnet tage und daz guot.*

Im conj. mit *wol.*

Iw. 3580 *ich möhte mich wol ânen rîterlîches muotes, lîbes unde guotes der gebrist mir beider.*

Das subject ist eine sache. Im conj.

G. 3278 *er was sô glîche kleine, ez möhte got erbarmen.*

13. Mit 2, b, δ (s. 40); meist mit *wol* oder *gern.*

Das subject ist eine person.

E. 5360 *ouwê wie wol ich weinen mac* (vgl. 5357).
5854 *ir mugt mich gerne nemen* (vgl. 5898). G. 1362 (vgl. 1361). 2385 (vgl. das folgende).
2517 (Paul *muoz*, Lachmann und Bech *mag*, vgl. das folgende).

Im conj.

Iw. 7405 *nû seht, ob ich von dem tage niht grôzen kumber wol von schulden haben mege.* G. 1108 (909). a. H. 464 (vgl. vorher). 490 (491).

Das subject ist eine sache.

E. 7284 *ouch mohte sis vil wol gezemen* (vgl. vorher).
8780 (vgl. das folgende).

14. Mit 4 (s. 43). (Es wird jeder grund geleugnet.)

E. 3815 *waz mac ich sprechen mê?*
5076 *waz mac ich nû gesprechen mê?*
7970 *waz mac ich iu mêre sagen?*
a. H. 1439 *waz mag ich dâ von sprechen mê?*
Iw. 778 *nû waz mag ich mêre sagen?*
6980 *wes mugen sî iemer bîten?*

Im conj.

E. 2120 *wes möhtens langer bîten?*

Auch in dieser bedeutung geht die entwicklung von *mugen* in einer so grossen schwäche aus, dass es nur noch umschreibende function behält, so aber, dass durch dieses zurücktreten der ursprünglichen bedeutung raum gewonnen wird auch hier wider zur entfaltung von anfang an in *mugen* vorhandener oder im laufe seiner entwicklung erst entstandener ideenkeime. Wird nämlich eine person aufmerksam gemacht, dass eine gelegenheit, ein grund oder anlass zu etwas vorhanden sei, so schliesst das von selbst eine aufforderung in sich jene gelegenheit zu benutzen, jenem anlass folge zu geben. Im indicativ der angeredeten person zunächst umschreibt *mugen* daher den imperativ des einfachen verbum.

E. 395 *nû mugt ir hœren mære.*

6554 *daz mugt ir gerne vernemen.*

Iw. 4661 *ir mugt wol alle hie bestân, sît* —

Insofern die aufforderung aber nicht direkt ausgesprochen wird, sondern den hinweis auf die gelegenheit usw. zu benutzen oder nicht dem ermessen der angeredeten person überlassen bleibt, kann in dieser ausdrucksweise eine besonders höfliche zurückhaltung liegen, die noch dadurch an milde gewinnen kann, dass *mugen* in den potentialen conjunctiv tritt, wie da, wo Êrec bei seinem beruhigenden zuspruch eine besondere weichheit in seine worte legen will.

E. 8844 *ir möhtent beiten unz an die stunt, daz ir mich sæhent bluotvar.*

Umgekehrt aber könte man erwarten, dass die aufforderung an nachdruck gewinne, wenn *mugen* selbst in den imperativ tritt, doch finden wir diesen gebrauch auch in fällen, wo er entschieden besondere höflichkeit ausdrücken soll. Dieser schritt, so nahe er zu liegen scheint, spielt gleichwol das wort zu einer neuen bedeutungsentwicklung hinüber. Zunächst finden wir nämlich ganz verständlich den (pleonastisch gesezten) imperativ, der sich vom indicativ hier um so weniger unterscheidet, als das pronomen nie fehlt, so dass man in der tat zweifeln kann, ob es auch der imperativ und nicht eine frage im indicativ ist.

E. 75 *nû mugt ir mir gesagen.*

5437 *durch got mugt ir mich wizzen lân, — saget —*

5474 *mugt ir in durch got lân.*

6280 *muget ir noch iuwer weinen lân.*

7938 *mugt ir mir ouch durch got nû sagen.*

7986 *mugt ir mich lân bevinden.*

8007 *mugt ir warten.*

8323 *muget ir schouwen.*

G. 2398 *herre, muget ir mir des verjehen.*

2512 *muget ir mir sagen.*

3380 *muget ir doch mînen lîp sehen.*

Iw. 486 *mahtû mich danne wizzen lân.*

Wol die den imperativ vertretende 3. person des indicativs müssen wir in

Iw. 3187 *mac sich der künec iemer schamen.*

anerkennen, der gerade bei der energischen rede der erregten Lûnete von grosser wirkung ist.

Dieser lezte gebrauch aber muss zu dem misverständnis geführt haben, als habe *mugen* selbst eine optative bedeutung (wünschen, lust haben zu, geneigt sein zu, wollen, geruhen, mögen) in sich, was ja an sich gar nicht der fall ist. Das wesen des hier zu grunde liegenden vorgangs vermag ich nicht zu erkennen. *Mugt ir* heisst z. b. G. 2512 ich wünsche, will, dass ihr —, in dem gegenwärtigen falle dagegen (vgl. die unten folgenden stellen) wünschet, wolt ihr. Solte hier ein wechsel in der beziehung auf die subjecte anzunehmen und dadurch die neue bedeutung entstanden sein? Ganz unannehmbar scheint diese erklärung nicht, wenn man bedenkt 1) dass *mugen* in imperativer form nicht mehr träger einer wortbedeutung ist, und die sprache also wol eine neue in dasselbe zu legen geneigt ist. 2) dass als solche sich wünschen, wollen usw. darbietet, sobald man in: du solst = ich wünsche, dass du die übertragung von der grammatisch nicht ausgedrückten redenden person als subject auf die grammatisch zum ausdruck gelangte 2. oder angeredete als subject zulässt. *Mugen* steht nämlich nun nicht mehr blos in anzeigenden und befehlenden sätzen, sondern bereits auch in bedingungssätzen.

E. 40 *mugt ir mich daz wizzen lân, âne schaden ir daz tuot.*
7584 *mahtû dich nû erbarmen, sich, des ist zît.*
5802 *mahtû des, herre, bilde geben, daz tuo schîn.*
G. 2289 *muget ir des erbîten, sô vüer ich iuch dar.*

Und auch in andern als der 2. person, und zwar von neuem in den optativen conjunctiv gesezt.

Iw. 2503 *er möhte swîgen als ich.*
5515 *ich möhte mittem muote gevrumet hân die mære.*

So haben wir hier auch bereits den ansatz zu der noch heut so verbreiteten optativen verwendung von *mugen.*

Überblicken wir die bedeutungsentwicklung von *mugen,* wie sie sich in dem sprachgebrauch Hartmanns darstelt, so fanden wir noch reste der ältesten sinlichen bedeutung; deren concrete bestimtheit zerfloss immer mehr, je nachdem das, welches die ursache der möglichkeit oder des anlasses war, zurücktrat. Sobald sie auf diesem wege der abstraction bei der algemeinsten stufe angelangt war, war das verb mit gewissen functionen des conjunctivs zu concurrieren geschickt geworden und konte nun diese selbst übernehmen, und nunmehr war ihm ein neues feld zu seiner entfaltung eröfnet. Denn wie bei *wellen* fält seine bedeutung im indicativ niemals ganz aus, sondern äussert sich in der bestimmung der form, und zwar ist diese bestimmung nicht wie bei *wellen* eine temporale und eine modale, sondern nur eine modale: *mugen* umschreibt sowol den conjunctiv wie den imperativ, und zwar den conjunctiv nicht blos wie *wellen* in der abhängigkeit, sondern auch in selbständigen sätzen. Im algemeinen relativsatz hat *mugen* den einfachen conjunctiv zur seite E. 1084. 3834, im concessiven gebrauch E. 7455, im potentialen a. H. 483 (s. 43), und E. 14 mit 38 *mîn vrouwe weste gerne mære, wer der ritter wære.* Als blosse umschreibung des imperativs oder des adhortativen conjunctivs findet sich *mugen* schon bei Otfrid (O. Erdmann I § 78). A. Denecke s. 9 führt ein beispiel zur umschreibung eines futur an, Tat. 70, 34 *quomodo fiet istud, wuo mag thaz sîn.* Es ist wol freie übersetzung und nach A, 3, d zu beurteilen. Wie schwach aber die ganze bedeutung des wortes war, zeigt der umstand, dass es mehrmals in verbindungen, in denen es sonst zu stehn pflegt, ganz fehlt. Man vergleiche E. 1989. 2306 mit E. 1362 *ich enbringe in ûf die vart, daz er nie rîcher wart,* oder G. 540 *als rîchiu sîdîniu wât, daz niemen bezzer hât;* oder E. 4521 s. 41 mit 4472 *ichn muote, wan daz ich wizze, wer ir sît.*

Verhängnisvoll muste unter solchen umständen ein zusammentreffen mit dem conjunctiv werden. Denn *mugen* wurde dadurch träger eigentlich zweier bedeutungen und um so leichter konte, ohne vermisst zu werden, die schwächliche von *mugen* schwinden, während die vom sprachgebrauch einmal gebotene form nicht geändert zu werden brauchte. Diesen vorgang werden wir noch ganz ebenso bei *soln* und *müezen* sich widerholen sehen, die einmal überlieferte form bleibt, die bedeutung aber des verbum schwindet unbemerkt unter der decke der sich vordrängenden modusbedeutung. Bei *wellen* konte dieser zusammenstoss seine wirkung weniger deutlich äussern, weil jenes verbum in seiner auflösung schon weiter vorgeschritten und schon im indicativ oft nur noch umschreibung des conjunctivs war oder des futurum. Für *mugen* nun wird die gefahr des schwindens der bedeutung verwirklicht erst durch den übertritt in den conjunctiv und zwar in doppelter weise. Entweder es tritt *mugen* in einer seiner schwächeren anwendungen in den conjunctiv in irgend einer seiner functionen und die der verflüchtigung nahe verbalbedeutung fält einfach aus, da das wort nun der träger einer neuen bedeutung geworden ist. Es ist also ein verdrängungsprozess, wie man ihn bei *wellen* weniger annehmen darf. *Wellen* war in allen den fällen, in denen seine bedeutung beim übertritt in den conjunctiv ausfiel, dem conjunctiv selbst schon oder dem diesem verwanten futurum im indicativ nahe gerückt. *Mugen* aber steht wirklich in fällen, in denen es volständig ebenso gut fehlen könte und auch fehlt, wo es vielleicht nur einen grösseren nachdruck bezweckt (s. o.) und wo die gefahr nahe liegt, dass es zum unnützen ballast wird. Hier verbleibt ein rest der bedeutung nur, weil die vom sprachgebrauch, namentlich aus der nachdrucksvolleren directen form einmal überlieferte wortform an ihn erinnert, schwindet aber gänzlich, sobald *mugen* nicht mehr, auch wenn es sie aufgibt, als blosse schwerfällige umschreibung, sondern wider in einer function, der des conjunctivs, erscheinen kann. Es tritt dies bei allen den fällen ein, in denen aus irgend einer tatsache eine schärfer unterscheidende zeit nur eine möglichkeit für eine andre, eine spätere, im schnelleren denken diese als selbstverständlich übergehnde, weniger gewissenhaft die handlung bald selbst folgerte, d. i. namentlich in den fällen von A und B, 2, b, γ und in den folgerungssätzen der bedingungsperioden. Ob schon Hartmann hier blos den conjunctiv gefühlt hat, muss dahingestelt bleiben, doch sprechen dafür parallelen und selbst verbindungen mit dem organischen conjunctiv. Vgl. E. 9564 *des enhete sî deheinen wân, daz ez immer möhte ergân od daz man in iender vunde*, oder man vergleiche E. 5426 (s. 35) oder Iw. 4027 (ebd.) mit Iw. 6497 *ich wæne man an kinde niemer mêre vinde süezer wort* oder mit E. 7369 *alsô was sîn geschaft, daz doch ein werltwîser man niht bezzers betrahte* oder mit a. H. 217 *wære der arzenîe alsô, daz man sî veile vunde oder daz man sî kunde erwerben*, ferner E. 6451 (s 37), oder Iw. 5261 (ebd.) mit E. 709 *ob iu wære der lîp ze ihte mære, sô liezet ir iuwern kintlîchen strît* oder mit Iw. 6806 *wære iu daz erkant, sô hetent ir des gerne rât.* Seltner steht *mugen* so im bedingenden satz, vgl. E. 4521 (s. 41).

Oder aber es tritt *mugen* wie *wellen* in einer der bedeutungen, in welchen es an sich schon dem conjunctiv nahe steht, in den conjunctiv. Alsdann ist es ein verschmelzungsprozess. Dies tritt ein beim gebrauch von *mugen* in veralgemeinerndem (s. 45), concessivem (s. 46, wo aber übertritt in den conjunctiv sich nicht nachweisen lässt) und potentialem (s. 42) sinne. Auch hier findet sich parallel der conjunctiv des einfachen verbum, s. o.

Dieselbe gefährliche doppelung des ausdruckes tritt ein, wenn das den imperativ umschreibende *mugen* in imperative form gesezt wird, vgl. s. 50.

Immer aber behält *mugen* mehr oder weniger seine bedeutung, wenn es zu andern praeteritopraesentibus in gegensatz tritt. Das ist der fall

mit *kunnen* E. 887. 3288. 3770. 6458. Iw. 2286.

mit *soln* G. 2502. Iw. 5096. 8053.

ähnlich bei *tuon*, wo die ausführung zur möglichkeit in gegensatz trit, E. 3859. Iw. 7275.

auch bei *geschehen* E. 4878. 9344. 9427. Iw. 1402. 1735. 2597 G. 1746. 3719.

oder bei *sîn* E. 6732. a. H. 370. Iw. 3148.

oder wo der infinitiv zu entlehnen ist.

Zu entlehnen aber ist der infinitiv

I. innerhalb der nämlichen periode.

1) im relativsatze aus dem vorangehnden hauptsatze.

a. Ein superlativ steht im ersteren vor *mugen* G. 107. 555. 1476. a. H. 1029. Iw. 2776. 3875. E. 2116 steht *mugen* vor. Der hauptsatz folgt E. 2592. 5164.

b. Der relativsatz hat einen algemeinen sinn E. 418. 2273. 6316. 10119. a. H. 329. Iw. 5112. 5813. 8053.

c. Im gewöhnlichen relativsatze E. 730. 3288. 3442. Iw. 737.

2) Im bedingungssatze aus dem hauptsatze

mit *ob* E. 142. 1090. 8580. Iw. 7893; der hauptsatz folgt Iw. 4958.

ohne *ob* E. 3186. Iw. 6416; der hauptsatz folgt a. H. 945. Iw. 4972. 6117; der nebensatz ist eingeschoben E. 7262. Iw. 2932.

3) Im consecutivsatze aus dem hauptsatze E. 892.

II. aus einem andern satzgefüge, immer negiert,

E. 258. 1347. 5768. G. 608. 932. a. H. 591. 1274. Iw. 5096. 7542.

Über die ellipse bei *mugen* vgl. K. Weinholds germ. Abh. heft 5 s. 95.

(Fortsetzung folgt.)

DER MONOLOG DER ELISABET (M. ST. IV, 10) UND EIN AUSGEFALLENER MONOLOG BUTTLERS.

Am 16. januar 1800 teilte Körner an Schiller seine bemerkungen über den Wallenstein mit. Am schluss des briefes (IV, 166) äusserte er folgende ansicht über Buttlers charakteristik: „Nur eine bemerkung erlaube mir im ganzen über Buttler. Ich wünschte ihn finsterer und verschlossener. Dies würde mehr mit Wallensteins heitrer offenheit contrastieren. Auch scheint es nicht nötig, dass Buttler sich von seiner handlungsweise so deutlich rechenschaft gibt. Ich würde ihn daher wenig allein sprechen lassen, nur etwa den anfang des monologs im 3. [jezt 4.] act bis zu der zeile

Und hier an Böhmens Grenze muss er sinken."

R. Boxberger hat daran (in den Jbb. für Phil. u. Paed. 1873 II. abt. s. 384) die vermutung geknüpft, dass ausser dem veränderten actschluss vor allem diese bemerkung Körners für Schiller der anlass gewesen sei, den längeren monolog Buttlers,[1] wie ihn das bühnenmanuscript als abschluss des dritten actes von Wallensteins tod (hinter act IV sc. 8 der druckausgabe) enthielt, zu streichen.

Diese vermutung hat viel ansprechendes. Zwar antwortete Sch. auf Ks. aesthetische kritik des ganzen am 24. märz 1800 ziemlich ablehnend und nahm keine der von demselben vorgeschlagenen tiefgreifenderen änderungen vor; welchen wert er indessen doch auf Körners bemerkungen im einzelnen legte, beweisen die folgenden briefe. Dass K. am 26. juni desselben jahres einen ausdruck in Schillers Macbethübersetzung tadelt (IV, 174), bestimt ihn zur abänderung desselben. Auch erbittet er sich, bevor der druck seines nächsten stückes, der Maria Stuart, begint, wider — 13. jänuar 1801 (IV, 206) — Ks. bemerkungen; dieselben sind enthalten im brief vom 28. januar (IV, 209); am 5. märz (IV, 210) antwortet Sch., dass er sie benuzt habe, wie dies auch die ausgabe des dramas beweist.

Vielleicht aber möchte doch ein anderer grund entscheidender gewirkt haben! Sch. mochte sich nicht verhehlen, dass er in dem monolog der Elisabet (Maria Stuart IV, 10) wegen der in vieler beziehung ähnlichen situation der heldin mehrfache berührungen mit jenem früheren monolog Buttlers nicht vermeiden konte, und es muste ihm unlieb sein, in jenem an diesen zu erinnern.[2]

Man vergleiche nur einmal die beiden monologe mit einander! In beiden drehen sich die gedanken der redenden um denselben mittelpunkt, um das bewustsein eines dunklen fleckens an ihrem rufe, der ihre stellung zu vernichten droht; bei Buttler ist es der treubruch gegen seinen kaiser, bei Elisabet ihre uneheliche geburt.

Ich habe mir den reinen Ruf gespart
Mein Leben lang

begint Buttler; ganz analog sagt Elisabet zu anfang des ersten hauptabschnittes:

1) Abgedruckt in der histor.-krit. ausg. XII, 346, bei Hempel IV, 5.

2) Über widerholungen derselben gedanken, motive und wendungen in Goethes dramen vgl. D. Jacoby im Goethe-Jahrbuch V (1884) 313.

Warum hab' ich Gerechtigkeit geübt,
Willkür gehasst mein Leben lang.

Beide grollen dem gegner, dass er ihnen das höchste im leben genommen,

Buttler: die Arglist dieses Herzogs
Raubt mir des Lebens höchsten Schatz

Elisabet: Sie entreisst mir den Geliebten,
Den Bräut'gam raubt sie mir.

Beide meinen, nur durch das blut des gegners den flecken ihres rufes auslöschen zu können;

Nein, diesen Schandfleck tilgt nur Blut!
Du, Friedland, oder ich.

ruft Buttler, und ähnlich Elisabet:

Der Zweifel meiner fürstlichen Geburt,
Er ist getilgt, sobald ich Dich vertilge.

Dazu berücksichtige man, dass die drucklegung des Wallenstein und die arbeit an der Maria Stuart gleichzeitig verliefen. — Der druck des W. begann im februar 1800 (brief an Körner vom 5. januar, IV, 159), am 23. juni gieng das exemplar für Körner ab (Goedeke in seiner ausgabe der briefe II, 345 anm.). — Ende april 1799 hatte Sch. die vorarbeiten zur Maria begonnen (an Goethe II 3, 187), am 31. december war er bis zu Mortimers tod (act IV, sc. 4) gediehen (ebda s. 264); indessen eine schwere erkrankung und die übersetzung des Macbeth verzögerten die vollendung so, dass erst zu anfang des mai 1800 die vier ersten acte ihre schlussredaction erfuhren (ebda s. 279), in den ersten tagen des juni wurde dann auch der lezte act abgeschlossen (brief an Körner vom 16. juni, IV, 171), am 14. dieses monats das drama zum erstenmal aufgeführt.

Wenn man dies beides, das zusammentreffen im inhalt und in der zeit der abfassung resp. des druckes, zusammenhält, wird man es wahrscheinlich finden, dass neben jener tadelnden bemerkung Körners der monolog der Elisabet der hauptsächlichste grund gewesen ist, weshalb jener monolog Buttlers in W. T. IV, 8 gestrichen wurde.

SCHULPFORTE. GUSTAV KETTNER.

ÜBER KÖRNER UND VERWANTE METRISCHE ERSCHEINUNGEN IN DER MITTELHOCHDEUTSCHEN LYRIK.

Wilhelm Wackernagel (Altfranzösische Lieder und Leiche, s. 171) nent körner die widerkehr desselben reims in je einer zeile von system zu system.[1]

Wilhelm Grimm drückt sich in seiner bekanten abhandlung „Zur Geschichte des Reims" (Abhandlungen der Berliner Akademie 1851, s. 586) algemeiner so aus: „körner heissen die in verschie-

1) Körner ist ein kunstausdruck der Meistersinger, über welchen ihre tabulatur, d. h. die aufzeichnung der für ihre vers- und reimkunst massgebenden regeln, bestimte auskunft gibt. Joh. Christof Wagenseil hat in seinem „Buch von der Meister-Singer Holdseligen Kunst", (angehängt seiner „Commentatio de civitate Noribergensi. Altdorfi 1697. 4°. S. 433—576) aus den tabulaturen mehrerer meistersingergeselschaften, die ihm teils gedruckt teils handschriftlich vorlagen, eine verlässige und übersichtliche zusammenfassung der tabulatur gestaltet. Er erklärt in dieser, s. 523:

„Körner sind blosse und ungebundene Vers in allen Gesetzen, die sich aber, so man sie zusammen hält, mit einander binden und reimen. Als, wann zum Beyspiel, im ersten Gesetz der letzte Vers bloss und ungebunden stünde, so müste ihn der letzte Vers im andern, dritten, und so fortan, und also in allen Gesetzen binden; Zum Beyspiel:

1.

Diß arme Pilgram-Leben,
Ist aller Arbeit vol,
Und wird schon einem wol,
So hat er Müh darneben,
Biß er gerecht gestorben.

2.

Es ist ein Haus der Krancken,
Ein Mangel-volles Ort,
Das speiset Thränen-Wort,
Und traurende Gedancken,
So bleiben unverdorben.

3.

Deßwegen sich die Frommen,
Stets sehnen nach der Freud,
Die fern von allem Leid,
Dahin kein Schmertz kann kommen,
Ja GOtt selbst wird erworben.

Hie bleibt im ersten Gesetz das Wort, gestorben; im andern, unverdorben; und im dritten, erworben, bloß und (un-) gebunden; sie binden sich aber miteinander." Vgl. Hildebrand, in Grimms Wörterbuche 5, 1820. J. Z.

dene Strophen verteilten Reime." Als beispiele führt er indes ausser den beiden „Kunststücken" Gottfrieds von Neifen (11, 6 und 34, 26) nur solche gedichte an, in denen eine verszeile der ersten strophe in der entsprechenden aller folgenden strophen ihr reimwort findet.

Auch die gelehrten unserer zeit scheinen der ansicht zu sein, dass man unter körner die über alle strophen eines liedes verteilten reime zu verstehen habe. Wilmanns z. b. (Walther von der Vogelweide [2], s. 63) findet bei Walther nur in den gedichten 110, 13 und 119, 17 körner, während Bechstein (Ausgewählte Gedichte Walthers von der Vogelweide und seiner Schüler, s. 79, anm. zu 10, 30) auch in den beiden ersten strophen des liedes 45, 37 körner entdeckt und glaubt, dass der correspondierende vers der dritten strophe verderbt und entsprechend zu ändern sei.

Ich glaube mit andern, dass hier eine änderung durchaus nicht am platze ist. Auch die ansicht, die Wilmanns (Z. f. d. A. 13, s. 233) ausspricht, dass 46, 21 später als die beiden ersten strophen gedichtet und später nachgetragen sei, reicht meines erachtens nicht aus, das fehlen des korns zu erklären (vgl. zu I B 1).

Mir scheint es überhaupt richtiger, zunächst die frage aufzuwerfen: „Ist es rein zufällig, dass str. 1 und 2 des liedes *Sô die bluomen ûz dem grase dringent* körner aufzuweisen, str. 3 nicht, oder verfuhr der dichter hier mit bewuster absicht?" Diese frage bot mir veranlassung, die anwendung der körner in der mittelhochdeutschen lyrik genauer zu untersuchen.

Bei dieser gelegenheit stiess ich auf andere, mit den körnern verwante strophenbindungen, über welche meines wissens weder im zusammenhange noch im einzelnen ausführlicher gehandelt ist.

Man ist in unsern tagen verschiedentlich bemüht gewesen, die poetische technik der minnesinger zu erforschen und die resultate dieser forschung für die herstellung der ursprünglichen gestalt ihrer lieder nutzbar zu machen. Auch die im folgenden gesammelten metrischen erscheinungen bieten in dieser beziehung anhaltspunkte. Ich habe es daher für geboten erachtet, die in betracht kommenden reime überall auszuschreiben. Bei einigen gedichten habe ich angegeben, wie ich mir unter beobachtung der strophenbindungen die ursprüngliche zahl und reihenfolge ihrer strophen denke. Es hätten sich gewiss noch manche von den gedichten, welche die Minnesinger von der Hagens allein bieten, in dieser hinsicht bessern lassen, aber ich glaubte, dies lieber einem überlassen zu sollen, der mit einem genaueren kritischen apparat arbeiten kann, als es zur zeit möglich ist.

I. Gedichte, deren strophen durch körner gebunden sind.

A. Gedichte, deren sämtliche strophen durch körner gebunden sind.

a. durch ein korn.

1. Wachsmut von Mülnhausen (HMS I 327 III. B. L. LII 17)[1]
2str. 7 zeil. a b a b c K c
ir : mir

2. Die Winsbekin (HMS III 467 III)
2str. 21 zeil. a b c b c d a e f e f d g h g h i k i k K
trœstærinne : minne

3. In einem namenlosen Z. f. d. A. 4, 573. B. L. XCVIII 559 mitgeteilten liede.
2str. 11 zeil. a a b c c b d d d d K
cristenheit : streit

4. Christian von Lupin (HMS II 20 II)
3str. 15 zeil. a b b c a b b c K d d e f f e
Str. 1. 9 *ein munt rœter danne rôt*
„ 2. 9 *mir wære næter danne nôt*
„ 3. 9 *stürbe er tœter danne tôt*

5. Walther von der Vogelweide (WL 119, 17)
4str. 9 zeil. a b a b c c K d d
Siehe V A.

6. Heinrich von Veldeke (MF 59, 23)
3str. 9 zeil. a b a a b a b K b

Dies lied nimt insofern eine sonderstellung ein, als hier die körner in der widerholung ebenderselben worte bestehen:

Str. 1. 8 *swer hât r e h t e m i n n e*
„ 2. 8 *diu mir gap r e h t e m i n n e*
„ 3. 8 *diu mich durch r e h t e m i n n e.*

Die reime

Str. 1. 1 : 3 : 4 : 6 *jâre : klâre : offenbâre : mâre*
„ 2. 1 : 3 : 4 : 6 *êre : kêre : sêre : hêre*
„ 3. 1 : 3 : 4 : 6 *nîden : unblîden : lîden : vermîden*

zeigen in ihren vokalen die folge *â, ê, î*. Die vermutung, dass dem liede zwei strophen mit den vokalen *ô, û* in den reimen der entsprechenden verse fehlen, lässt sich leicht aussprechen, aber nicht beweisen. Dagegen scheint das mit ziemlicher sicherheit angenommen werden zu können, dass diese künstelei beabsichtigt ist und die ursprüngliche reihenfolge der strophen anzeigt. MF ist die leztere richtig hergestelt

1) Die aut die deutsche litteratur bezüglichen citate werden als verständlich vorausgesezt.

gegen die überlieferung der handschriften, von denen B die strophen in der folge 1. 3. 2 hat, C dieselben in der folge 3. 1. 2 bietet.

7. Walther von der Vogelweide (WL 110, 13)

2 str. 7 zeil. a b a b K R (c c)

enkan : gewan.

Auch dies gedicht weicht von den beispielen 1—5 in etwas ab: der zeile, welche das korn enthält, folgt ein zweizeiliger refrain, und diese drei zeilen bilden zusammen den abgesang.

8. Reinmar (MF 154, 32 fgg.)

Die überlieferung schwankt in anzahl und reihenfolge dieser strophen: A hat str. 1. 3. 4. 5, B 1. 2. 3, C 1. 2. 3. 4. 5, E 3. 5. 2. 1. In MF sind aus den fünf in C erhaltenen strophen zwei lieder (I = str. 1—3, II = str. 4. 5) gemacht. Regel (Germ. 19, 156) nimt 156, 8 die überlieferung von E an, verbindet diese strophe mit 154, 32—155, 26 zu einem vierstrophigen gedichte und trent 155, 27 als einstrophiges lied ab. Ihm stimt Paul (Beitr. 2, 519) bei. Burdach (Reinmar der Alte und Walther von der Vogelweide s. 200 fgg.) beweist, dass E eine völlige umarbeitung von 155, 38 gibt, gemacht, um die einzelne frauenstrophe in einen zusammenhang mit den drei vorhergehenden zu bringen. Ich stimme Burdach sowol in diesem punkte als auch darin zu, dass 155, 27 und 155, 38 von den voraufgehenden strophen abzutrennen, umzustellen und unter sich zu einem liede zu vereinigen seien. Darnach haben wir hier nur in betracht zu ziehen MF 154, 32—155, 26

3 str. 11 zeil. a b a b b W b W c K c

Str. 1. 10 *zît* : str. 2. 10 *strît* : str. 3. 10 *zît.*

b. durch ein seinerseits durch reim mit einem refrain gebundenes korn.

1. Albrecht von Johansdorf (MF 90, 16)

2 str. 8 zeil. a b a b c c K (d) R (d)

verlie : nie

Refr. *vröude und sumer ist noch allez hie.*

Beide strophen beginnen mit *Ich.*

2. Steinmar (HMS II 155 IV)

5 str. 9 zeil. a b a b c c K (d) R (W d)

gern : enbern : gern : wern : kern

Refr. *Mirst mîn lôn gên der vil süezen hiure unnâher, danne vern* mit geringer variation des anfangs der ersten zeile in den verschiedenen strophen.

3. Rost Kirchherr zu Sarnen (HMS II 133 VIII)

3 str. 12 zeil. a a b c c b K (d) e e b R (d d)

mac : maltersac : bejac

Refr. *Minne, minne, hilf mir werben umbe tac, al mîn nôt mir herter nie gelac.*

4. Markgraf Heinrich von Meissen (HMS I 13 IV. B. L. LIII 1)
2 str. 8 zeil. a b a b c K (d) c R (d)
ungemüete : glüete
Refr. str. 1 *des bite ich got ir reinen lîp behüete*
„ 2 *und bite got ir* usw.

Bartsch scheint das lied für volständig zu halten. Nach HMS ist in der handschrift für drei strophen raum gelassen, so dass wir nur die beiden anfangsstrophen besässen. Soviel scheint indes sicher zu sein, dass die fehlenden strophen denselben refrain und mithin dieselben körner aufwiesen.

5. Heinrich von Morungen (MF 127, 34)
5 str. 10 zeil. a b a b c c R (d) e e K (d)

Hier findet das umgekehrte von der in den beispielen I A b 1—4 beobachteten erscheinung statt: die durch die interjection *ôwê* gebildete refrainzeile geht voraus, es folgen die mit ihr reimenden körner in der lezten zeile der strophe
stê : ê : mê : mê : ergê

6. Ulrich von Lichtenstein (L 449, 11)
P(e)
3 str. 10 zeil. a ab ccb ddd K (e)

Hier reimt das erste wort jeder strophe, welches immer dasselbe *(wol)* ist, als pause mit dem lezten
hol : vol : sol (vgl. I A b 5).

B. Gedichte, deren strophen mit ausnahme einer einzigen durch körner gebunden sind.

1. Walther von der Vogelweide (WL 45, 37)
3 str. 11 zeil. str. 1 und 2 a b c a b c d d e K e
„ 3 e w e
Str. 1. 10 *getân* : str. 2. 10 *stân*
str. 3. 10 *sîn.*

Die handschriften stimmen in der stellung von str. 46, 21 nicht überein: in A B F folgt sie auf 46, 20, in C E hinter 47, 15. Wilmanns Z. f. d. A. 13, s. 233 schliesst aus dieser verschiedenen anordnung, dass diese strophe in der gemeinsamen quelle B C E F ursprünglich nicht vorhanden gewesen, dass sie später als die strophen 45, 37 und 46, 10 gedichtet, später nachgetragen, aber bestimt gewesen sei im anschluss an die erwähnten strophen vorgetragen zu werden.

Nehmen wir an, Wilmanns hätte darin recht, dass str. 46, 21 eine spätere nachdichtung sei, so müssen wir eine erklärung dafür finden, dass diese strophe nicht genau dieselben formen aufweist wie die beiden andern. Man solte doch meinen, der dichter würde sich bemüht haben, dadurch dass er die strophen volständig gleich baute, die nachdichtung als solche so wenig auffällig wie möglich zu machen. Da scheint nichts näher zu liegen, als mit Bechstein (vgl. oben s. 58) 46, 30 als verderbt aufzufassen. Aber bei dem einfachen klaren sinn, den die beiden schlusszeilen ergeben, ist eine änderung mehr als bedenklich. Man könte ferner die körner in den beiden ersten strophen als zufälligkeiten ansehen. Allein auch hiergegen erheben sich gewichtige bedenken. Wenn wir die unter I B gesammelten beispiele betrachten, finden wir, dass häufiger dreistrophige gedichte so gebaut sind, dass das korn der beiden ersten strophen in der lezten fehlt. Ziehen wir nun weiter das zu I B 3 und 6 sowie das am schlusse dieser arbeit über die dreiteiligkeit des liedes gesagte heran, so muss der gedanke, dass wir es hier mit einer zufälligkeit zu tun haben, volständig schwinden. Hiernach werden wir von selbst zu der annahme geführt, dass Walther mit absicht das korn in der lezten strophe fortliess. Ist dies aber richtig, dann ist es unmöglich, str. 46, 21 als nachdichtung aufzufassen. Und sieht denn diese strophe wie eine nachdichtung aus? Ich glaube, wenn die handschriften sie sämtlich an derselben stelle überliefert hätten, wäre kein mensch auf einen derartigen gedanken gekommen. Man muss nach einer andern erklärung für die abweichung der handschriften suchen.

2. Heinrich von Frauenberg (HMS I 96 IV)

3 str. 7 zeil. Str. 1 und 2 a b a b c K c
„ 3 c W c

Str. 1. 6 *minneclîchen* : str. 2. 6 *gelîchen*
Str. 3. 6 *twingen.*

3. Christian von Hamle (HMS I 112 II. B. L. XXXII 34)

3 str. 7 zeil. Str. 1 und 2 a b a b b K b
„ 3 b a b

Str. 1. 6 *süeze* : str. 2. 6 *müeze*
Str. 3. 6 *grüezen*

Str. 2 und 3 beginnen mit *Hêr Anger.*

Wenn Bartsch das von der handschrift str. 3, 6 überlieferte *grüezen* in *grüeze* ändert, so tut er dies jedenfals nur deshalb, um auch in dieser strophe ein korn zu erhalten. Wir werden aber im weiteren verlaufe unserer darstellung finden, dass die gedichte, in denen eine strophe kein korn aufweist, nicht minder zahlreich sind als diejenigen, welche in allen strophen körner haben. Die nötigung zu einer änderung fält somit weg. Ja, mir scheint dieselbe sogar falsch zu sein. Wenn wir die überlieferte lesart festhalten, so reimt zeile 6 der dritten strophe mit zeile 1 und 3, und es ergibt sich für die lezte strophe unseres gedichtes ein von dem der beiden ersten strophen abweichender bau. Dass eine oder die andere strophe eines liedes anders gebaut ist als die übrigen, finden wir nicht selten. Dahin gehören z. b. schon alle unter I B und II B unserer arbeit angeführten gedichte. Am auffälligsten aber wird öfter die schlussstrophe in dieser weise ausgezeichnet. Ich rechne dahin die erscheinung, dass der refrain der lezten strophe vielfach von dem der vorangehenden abweicht, z. b. NH XLVI 20, HMS I 151 XI (B. L. XXXVIII 1), HMS I 154 XVI (B. L. XXXVIII 71), HMS I 290 VIII (WR 221, 27), HMS I 291 XI (WR 229, 53), HMS II 25 VIII. (B. L. XCIII 13). Ich ziehe ferner die gedichte hieher, deren schlussstrophe im vergleich zu den übrigen um eine oder mehrere zeilen erweitert ist, z. b. MF 137, 10, WL 73, 23, L 428. 1, 431. 19, 447. 13, 456. 25, 518. 1.[1] Und endlich gibt es eine ganze anzahl von gedichten, in denen die schlussstrophe ähnlich behandelt ist wie in unserem liede, z. b. NH II 57. 24, HMS I 21 III, I 343 I, I 348 III (B. L. LVIII 1), H 147 II, III 401 XXIII. Nach all diesem scheint mir hier eine mit absicht verwante künstelei vorzuliegen und eine änderung durchaus nicht am platze zu sein.

4. Brunwart von Augheim (HMS H 75 III)

3 str. 10 zeil. Str. 1 und 2 a b c a b c d d K d
„ 3 d d W d

Str. 1. 9 *solde ich si al eine sehen*
„ 2. 9 *solde ich die vil lieben sehen*
(vgl. I A a 6)
Str. 3 *schîn*

5. In einem namenlosen in der handschrift der Basler universitätsbibliothek B. XI. 8 überlieferten liede.

(Altdeutsche Blätter 2, 129. HMS III 468^{cc} XIV. B. L. XCVIII 695)

3 str. 7 zeil. Str. 1 und 2 a b a b c K c
„ 3 c W c

Str. 1. 6 *liebe* : str. 2. 6 *herzelieben*
Str. 3. 6 *vinden.*

1) Ähnlich ist das geleit, das der provenzalischen lyrik so häufig und geläufig ist, und welches auch in der altfranzösischen begegnet; vgl. W. Wackernagel a. a. o. s. 175. Auch in der modernen deutschen dichtung findet sich bekantlich diese erscheinung.

6. Konrad von Kirchberg (HMS I 24 II. B. L. LXXXV 33)

5 str. 11 zeil. Str. 1. 2. 3. 4 a b c a b c K d e e d

„ 5 a b c a b c a d e e d

Str. 1. 7 *unvrô* : str. 2. 7 *jô* : str. 3. 7 *sô* : str. 4. 7 *zwô*

Str. 5. 7 *vollecl̂ich*.

Die beiden handschriften, welche diese strophen überliefern, schwanken in der reihenfolge derselben: C hat die von uns nach HMS beobachtete folge 1. 2. 3. 4. 5, B dagegen 1. 5. 2. 4. 3. Bartsch gibt der überlieferung in B den vorzug. Ich hann ihm nicht zustimmen. Zwar lassen sich die worte, welche Knod (Gottfried von Neifen und seine lieder, s. 5) im hinblick auf die gedichte Gottfrieds von Neifeu ausspricht: „Man kann die strophen eines liedes, abgesehen von der eingangsstrophe, meist in beliebiger reihenfolge lesen, ohne dass dadurch der gesamteindruck des gedichtes beeinträchtigt würde“ öfter auch auf produkte anderer mhd. dichter anwenden. Hier aber scheint mir soviel sicher zu sein, dass die mit *Hei, wenne sol ez sîn* beginnende strophe nicht durch die strophe *Mir wære wol gelîch* von der ersten getrent werden kann. Darnach dürfte wenigstens in diesem punkte die überlieferung von C vor der von B den vorzug verdienen.

Die handschrift B überliefert zeile 7 und 8 der strophe *Mir wære wol gelîch*

der an fröiden gar
vollecl̂iche mich beriet.

Bartsch sezt, um ein korn zu gewinnen, für *gar* ganz matt *dô*.[1] C überliefert

der mir vollecl̂iche
an die minnecl̂ichen riet,

also ebenfals kein korn an dieser stelle. Dasselbe durch conjectur herzustellen ist überflüssig, da zahlreiche gedichte, wie wir bereits sahen, in einer strophe das korn der übrigen strophen nicht aufweisen. In den bisher angeführten beispielen war die lezte strophe körnerlos. Beachten wir nun weiter, dass nach der überlieferung in C str. 5, 7 mit str. 5, 1 und 4 reimt, und rufen wir uns das zu I B 3 über den abweichenden bau der schlussstrophen gesagte ins gedächtnis zurück, so weist dies alles, wie mir scheint, darauf hin, dass die überlieferung von C der ursprünglichen gestalt unseres liedes näher steht als die von B.

7. Christian von Hamle (HMS I 112 I. B. L. XXXII 1)

a a
3 str. 11 zeil. Str. 1 b c b c d d e W e f f

a a
„ 2 und 3 b c b c d d e K e f f

1) Übrigens hatte v. d. Hagen a. a. o. III 587, 12 II schon einen ähnlichen gedanken. Aber IV 59, anm. 1 verwirft er ihn wider.

Str. 1. 8 *munde*
„ 2. 8 *ja enist ze der werlte niht bezzerre fröide*
„ 3. 8 *aldâ hât diu minne mit maneger fröide*
(vgl. I. A a 6 und I B 4).

Die änderung, welche Bartsch a. a. o. s. 347 mit str. 1. 8 in
sô lât diu liebe ir ietwederz vor fröide
vornimt, ist aus den zu I B 3 (vgl. I B 6) erwähnten gründen unnötig und verkehrt. Leicht komt man zu einer andern vermutung. Wenn wir uns die bisher unter I B mitgeteilten beispiele ansehen, so finden wir, dass immer der schlussstrophe das korn fehlt. Man möchte darnach auch diesem liede eine ähnliche gestalt geben und str. 1 an das ende setzen. Dieselbe könte in der vorlage von C am rande nachgetragen und vom abschreiber an eine verkehrte stelle des gedichtes gesezt sein. Der sinn spricht nicht gegen eine solche umstellung. Str. 2 schildert den *umbevanc*, str. 3 gruss und kuss, str. 1 fasst beides zusammen. Auch der strophische bau scheint str. 1 den lezten platz im liede anzuweisen. Ich denke nicht daran, dass im aufgesang dieser strophe je zwei verse mit dem abgesang von str. 2 und 3 durch reime gebunden sind. Str. 1. 1^a : 3^a *lîbe : wîbe*
„ 2. 7 : 9 *wîbe : vertrîbe*
„ 1. 2 : 4 *tuot : muot*
„ 3. 5 : 6 *gluot : tuot*

Das würde, selbst wenn es nicht zufällig wäre, doch noch nicht gegen die überlieferte strophenfolge sprechen. Wol aber möchte ich auf str. 1. 8 : 10 : 11 *munde : munt : kunt* hinweisen und dabei an das von uns zu I B 3 bemerkte erinnern.

C. Gedichte, in denen sämtliche strophen zu je zweien durch verschiedene körner gebunden sind.

a. Durch ein korn.

Gottfried von Neifen (H 34, 26)
4 str. 7 zeil. Str. 1 und 3 a a a a a a K^1
„ 2 und 4 a a a a a a K^2
Str. 1. 7 *want* : str. 3. 7 *steinwant*
„ 2. 7 *guot* : „ 4. 7 *guot.*

Haupt a. a. o. s. 58 anm. zu 34, 31) scheint mir recht zu haben, wenn er meint, dass str. 2 und 3 umzustellen seien. Ich stimme demselben gelehrten auch darin zu, dass dies gedicht vielleicht nicht volständig überliefert sei. Es fehlt wahrscheinlich eine strophe. Diese mag den erfolg von Gottfrieds werben enthalten haben und weder mit str. 1 und 3 noch mit str. 2 und 4 durch ein korn gebunden gewesen sein.

Wenn Knod (a. a. o. s. 8) gegen Haupts vermutung die Gottfriedschen lieder 11, 6 und 27, 15 anführt, so kann doch wol nur das erstere derselben in betracht kommen. Allein auch dort ist, wie wir sehen werden, die überlieferte strophenfolge nicht ganz sicher (vgl. I C b).

Darnach hätten wir etwa folgendes schema dieses liedes:

1 3   2 4   5

b. Durch soviel körner als die strophe zeilen hat.

1. Gottfried von Neifen (H 11, 6). 4 str. 7 zeil.

Str. 1. 1 *meigen* : str. 3. 1 *leigen*	Str. 2. 1 *alsus verderben* : str. 4. 1 *kus erwerben*
2 *heide* : str. 3. 2 *scheide*	2 *rôsen* : str. 4. 2 *lôsen*
3 *gesingen* : str. 3. 3 *gelingen*	3 *eigen* : str. 4. 3 *erzeigen*
4 *wîse* : str. 3. 4 *prîse*	4 *verdirbe* : str. 4. 4 *stirbe*
5 *alcine* : str. 3. 5 *meine*	5 *kinde* : str. 4. 5 *vinde*
6 *güete* : str. 3. 6 *gemüete*	6 *rîche* : str. 4. 6 *helfeclîche*
7 *hât* : str. 3. 7 *rât*	7 *hân* : str. 4. 7 *getân*

Wir haben hier eine ähnliche erscheinung wie in dem II D h 1 behandelten gedichte. Aber während dort jede strophe in dreiteiligem bau in sich abgeschlossen ist, ist dies hier nicht der fall. Hier ist jede zeile jeder strophe an sich eine waise und hört auf dies zu sein durch den hinzutritt einer folgenden strophe. Nennen wir die erste strophe hinsichtlich ihrer reime a, die zweite b, so erhalten wir für das ganze gedicht das schema a b a b. Es berührt beim lesen dieses liedes sonderbar, dass die reime der ersten und dritten strophe (a. a) durch die reime der zweiten (b) von einander getrent sind (I C b 2 ist doch verschieden). Aber das ist gefühlssache, und ich würde dies gar nicht erwähnt haben, wenn ich nicht der meinung wäre, dass noch andere momente vorliegen, welche die überlieferte strophenfolge in zweifel ziehen lassen.

Strophe 2 will dem sinne nach dort nicht recht passen, wo sie in der handschrift ihren platz hat. Zieht man das gedicht 27, 15 heran, so möchte man strophe 3 auf str. 1 folgen lassen, um so das schema a a zu bekommen. Str. 3 und 4 zu trennen wird keinem beifallen. So bleibt, da str. 1 mit ihrem natureingang anfangsstrophe sein muss, für str. 2 nur der platz zu ende des gedichtes übrig. Es ist ja sehr wol möglich, dass der schreiber von C die strophe *Owê, triutelehter lîp, sol ich alsus verderben* am rande seiner vorlage nachgetragen fand und sie an eine falsche stelle sezte. Nehmen wir die vorgeschlagene umstellung an, so hat jedes strophenpaar einen nach form und inhalt ähnlichen schluss:

H. str. 1 und 3 *ob des niht geschiht, sô wirt mir sender sorgen niemer rât,*

H. str. 4 und 2 *ob des niht geschiht, sô muoz mîn spilendiu fröide ein ende hân*

Wenn Wilhelm Grimm (a. a. o. s. 586) und nach ihm Knod (a. a. o. s. 55) in den reimwörtern 1, 1 *meigen* : 3, 1 *leigen* mit 4, 3 *erzeigen* : 2, 3 *eigen* auch körner sehen, so scheint mir das nicht richtig: körner müssen doch in den verschiedenen strophen an derselben strophenstelle widerkehren. Unbeabsichtigt brauchen diese gleichen reime deshalb doch nicht zu sein. Im gegenteil, Gottfried wolte durch dieselben die beiden strophenpaare binden, gerade ebenso wie durch den oben erwähnten gleichen schluss. Auch das *Owê* zu anfang jeder der beiden lezten strophen nach unserer vermutung ist wol nicht ohne absicht.

2. Ulrich von Lichtenstein (L 443, 1). 5 str. 7 zeil.

Diese *tanzwîse* bildet einen wechsel, dessen kunstvollen strophenbau Ulrich selber 444, 8 fgg. mit den worten rühmt

Diu liet vil maneger niht verstuont,
als noch die tumben ofte tuont:
swer aber was sô rehte wîs,
der si verstuont, der gabe in prîs.
si wârn getihtet wunderlîch
die rîme gesetzet meisterlîch:
diu wîs kund bezzer niht gesîn:
ich redet drinn mit der frowen mîn.

Der dichter spricht str. 1, str. 3, str. 5, 1—4, *diu frowe* str. 2, str. 4, str. 5, 5—7. Die männerstrophen haben das strophenschema aaaaaaa, resp. aaaa und in den stumpfen reimen (str. 1 und str. 5, 1—4) ein *â*, in den klingenden (str. 3) ein *a*. Die frauenstrophen bestehen aus körnern, und zwar finden die einzelnen verse von str. 2 in den entsprechenden versen von str. 4 ihre reimwörter. In gleicher weise ist mit str. 2, 5—7 und str. 4, 5—7 gebunden str. 5, 5—7.

Str. 2.	1 *bereit* :	str. 4. 1 *gemeit*	
	2 *reht* :	2 *jeht*	
	3 *daz* :	3 *baz*	
	4 *gestalt* :	4 *tûsentvalt*	
	5 *an* :	5 *dan* :	str. 5, 5 *man*
	6 *sî* :	6 *bî* :	6 *vrî*
	7 *geschehen* :	7 *sehen* :	7 *gejehen*

D. Gedichte, in denen nur einige strophen durch körner gebunden sind.

1. Otto zum Turme (HMS I 343 II)
11 str. 7 zeil. Str. 2 und 4 a b a b c K[1] c
„ 9 und 10 a b a b c K[2] c
Siehe V B 1.

2. Walther von der Vogelweide (WL 99, 6)
5 str. 7 zeil. a b a b c w c Str. 3 und 4 a b a b c K c
Str. 3. 6 *ougen* : str. 4. 6 *ougen.*

II. Gedichte, deren strophen dadurch gebunden sind, dass dieselben reime in mehreren ihrerseits mit einander gebundenen zeilen widerkehren.

A. Gedichte, deren sämtliche strophen gebunden sind.

a. Durch widerkehr derselben reime in zwei zeilen.

1. Heinrich von Rugge (MF 102, 27)
2 str. 7 zeil. a a a a a K K (b b)[1]
Str. 1. 6 : 7 *muot : entuot*, Str. 2. 6 : 7 *muot : guot.*

Es zeigt sich in diesem gedicht eine gewisse verwantschaft mit I A b 5 und 6 insofern, als jede erste der in betracht kommenden zeilen mit denselben worten schliesst:
Str. 1. 6 *der dur valschen muot*
„ 2. 6 *trüegen valschen muot* (vgl. ausserdem I A a 6).

2. Reinmar der Fiedler (HMS II 162 II)
2 str. 6 zeil. a b a b K K (c c)
Str. 1. 5 : 6 *list : ist*, Str. 2. 5 : 6 *ist : list*

3. Günther von dem Forste (HMS II 164 1)
2 str. 6 zeil. a b a b K K (c c)
Str. 1. 5 : 6 *tage : plage*, Str. 2. 5 : 6 *sagen : klagen*

4. Der Meissner (HMS III 109 XX)
2 str. 16 zeil. a b c d a b c d e e K (f) g g K (f) h h
Str. 1. 11 : 14 *lesterlîchen : gelîchen*
„ 2. 11 : 14 *lügelîchen : gelîchen*

5. Wachsmut von Mülnhausen (HMS I 327 IV)
2 str. 9 zeil. K (a) b K (a) b c d c d c
Str. 1. 1 : 3 *blüete : güete*, Str. 2. 1 : 3 *güete : gemüete*

6. In einem in dem anhange der Würzburger samlung der lieder Reinmars (e bei Lachmann) überlieferten liede (MF s. 314)
2 str. 8 zeil. a K (b) a K (b) c c d d
Str. 1. 2 : 4 *gar : war*, Str. 2. 2 : 4 *gar : bewar.*

1) Die binnenreime habe ich hier und auch anderswo unbezeichnet gelassen, wo mein zweck eine derartige bezeichnung nicht forderte. Für die in den verschiedenen strophen widerkehrenden reime habe ich die bezeichnung „K“ angewant.

7. Dietmar von Aist (MF 39, 30—40, 10)

2 str. 8 zeil. a b a b K K d d

Burdach (a. a. o. s. 77 fgg.) meint, dass diese beiden strophen vielleicht ein gedicht bildeten. Diese vermutung scheint mir um so sicherer, als die strophen durch die gleichen reime

Str. 1. 5 : 6 *flaht* (L *brach*) : *naht*, Str. 2. 5 : 6 *gedâht* : *brâht*

gebunden sind und ausserdem durch str. 1, 6 und 2, 1 in enge beziehung zu einander treten. Aber darin kann ich Burdach nicht zustimmen, dass 39, 30 der frau in den mund zu legen sei. Es ist das handschriftliche *swaz* (39, 32) und das komma am schluss von 39, 34 beizubehalten. Für *flaht* (39, 34) ist mit Lachmann *brach* zu lesen, denn *den bluomen vlehten* kann man doch wol schwerlich sagen. Der grund, den Burdach dafür anführt, dass unter *leides* (39, 32) nicht liebesleid zu verstehen sei, scheint mir nicht stichhaltig. Ich glaube darnach, dass wir hier einen wechsel haben.

8. Reinmar (MF 152, 15 + MF s. 291 E 338)

2 str. 10 zeil. a K a K c c d e e d

Str. 1. 2 : 4 *vergân* : *hân*, Str. 2. 2 : 4 *hân* : *getân*.

Ich verbinde diese strophen nach Burdach (a. a. o. s. 196 fgg.) zu einem wechsel und finde in den angemerkten bindungen eine bestätigung dieser ansicht.

9. Reinmar (MF 164, 12—29)

2 str. 9 zeil. a b a b c c K w K

Str. 1. 7 : 9 *geschach* : *sach*, Str. 2 7 : 9 *ensprach* : *sach*.

Ich glaube mit Burdach (a. a. o. s. 208), dass die in MF mit 164, 12 und 164, 21 zu einem liede verbundene strophe 164, 3 als selbständiges lied abzutrennen ist. Die anfangsworte 164, 12 *ich sach si* kehren am schluss des liedes 164, 29 *ich si sach* wider, und das *owê* aus dem schluss der ersten strophe (164, 19) wird am anfang der zweiten (164, 21) widerholt (vgl. Burdach).

10. Hartmann von Aue (MF 211, 35—212, 12)

2 str. 8 zeil. a b a b K d d K

Str. 1. 5 : 8 *wân* : *hân*

„ 2. 5 : 8 *undertân* : *gewan*.

Burdach (a. a. o. s. 100) macht darauf aufmerksam, dass das spiel mit dem worte *stæte* sich in diesen beiden strophen, nicht aber in der MF mit ihnen zu einem liede vereinigten strophe 211, 27 findet. Da diese strophe auch inhaltlich nichts mit den beiden andern gemein hat, so schliesst Burdach mit recht daraus, dass dieselbe als selbständiges lied abzutrennen sei.

11. Hesse von Rinach (HMS I 210 I)
3 str. 7 zeil. a K (b) a K (b) c c c
Str. 1. 2 : 4 *minne : sinne*, Str. 2. 2 : 4 *kinne : tinne*,
„ 3. 2 : 4 *sinne : brinne*

12. Heinrich von der Mure (HMS I 120 III)
2 str. 9 zeil. a b K (c) a b K (c) d d d
Str. 1. 3 : 6 *spehen : geschehen*, Str. 2. 3 : 6 *sehen : jehen*.

Es fehlt indes nach der andeutung in HMS eine strophe. Daher ist nicht zu ersehen, ob dies gedicht hieher zu rechnen oder zu den beispielen unter II B a α zu zählen ist.

b. Durch widerkehr derselben reime in drei zeilen.

1. Neune (HMS II 172 II)
2 str. 13 zeil. Str. 1. a W W a W W W a b K (d) b K (d) K (d)
„ 2. W a W a b W b W c K (d) c K (d) K (d)
Str. 1. 10 : 12 : 13 *verlorn : dorn : zorn*
„ 2. 10 : 12 : 13 *wolgeborn : zorn : dorn*

2. Rost Kirchherr zu Sarnen (HMS II 131 I)
3 str. 13 zeil. a b c K (d) a b c K (d) c a b c K (d)
Str. 1. 4 : 8 : 13 *vogelîn : in : sîn*
„ 2. 4 : 8 : 13 *fîn : pîn : dîn*
„ 3. 4 : 8 : 13 *trœstærîn : bin : wîn*.

Hier schliessen die gleichen reime jeden der beiden stollen sowie den abgesang.

3. Friedrich von Hausen (MF 51, 13)
2 str. 10 zeil. a K (b) a K (b) K (b) a a c c c
Str. 1. 2 : 4 : 5 *hân : getân : erlân*
„ 2. 2 : 4 : 5 *undertân : getân : enhân*.

Str. 1 begint mit *Mich*, str. 2 mit *Sich*.

4. Von Weissenlo (HMS II 144 III)
2 str. 11 zeil. a b c d a b c d K (c) K (c) K (c)
Str. 1. 9 : 10 : 11 *dan : lân : man*
„ 2. 9 : 10 : 11 *man : gewan : getân*.

In der handschrift ist nach HMS für eine dritte strophe raum gelassen, und wir können mithin nicht entscheiden, ob dies lied hier unterzubringen oder unter II B b α zu stellen ist.

5. Rost Kirchherr zu Sarnen (HMS II 132 VI)
3 str. 10 zeil. a b c a b c d d b c
Str. 1. 2 : 5 : 9 *mîn : pîn : schîn*, Str. 2. 2 : 5 : 9 *zît : nît : lît*,
„ 3. 2 : 5 : 9 *minneklîch : sicherlîch : sældenrîch*

Ich habe geglaubt dieses sowie das folgende gedicht hier anführen zu dürfen, wenn auch die drei einander entsprechenden verszeilen der verschiedenen strophen in ihren reimen nur assonanzen aufweisen.

6. Winli (HMS H 30 IV) 3 str. 10 zeil. a b c a b c W a b c

Str. 1. 3 : 6 : 10 *wîp : belîp : leitvertrîp,*

„ 2. 3 : 6 : 10 *sîn : mîn : schîn*, Str. 3. 3 : 6 : 10 *lît : strît : zît.*

Vgl. II D c 4.

c. Durch widerkehr derselben reime in vier zeilen.

Friedrich von Hausen (MF 49, 37)

2 str. 10 zeil. K (a) b K (a) b b K (a) b K (a) R (c c)

Str. 1. 1 : 3 : 6 : 8 *kan : getân : hân : ergân*

„ 2. 1 : 3 : 6 : 8 *man : verlân : gewan : bestân.*

Vgl. IV B 1.

B. Gedichte, deren strophen mit ausnahme einer einzigen gebunden sind.

a. Durch widerkehr derselben reime in zwei zeilen.

α. Die schlussstrophe nimt an den bindungen nicht teil.

1. Reinmar (MF 171, 32)

3 str. 6 zeil. Str. 1 und 2 a K a K c c, Str. 3 a b a b

Str. 1. 2 : 4 *hân : begân,* Str. 2. 2 : 4 *hân : getân,*

„ 3. 2 : 4 *dröun : vröun*

2. Reinmar (MF 162, 34)

3 str. 9 zeil. Str. 1 und 2 K b K b c c d W d, Str. 3 a b a b

Str. 1. 1 : 3 *wê : bestê,* Str. 2. 1 : 3 *mê : bestê,* Str. 3. 1 : 3 *wol : sol*

3. Dietmar von Aist (MF 40, 19)

3 str. 8 zeil. Str. 1 und 2 K K b c c b d d, Str. 3 a a b c c b' d d

Siehe VI A 1.

4. Neidhart von Reuenthal (H I 6, 1)

3 str. 6 zeil. Str. 1 und 2 K K b b c c, Str. 3 a a b b c c

Str. 1. 1 : 2 *grîse : îse,* Str. 2. 1 : 2 *rîse : wîse,* Str. 3. 1 : 2 *meien : reien*

5. Unter Neidhart von Reuenthal (H XLIV 25)

3 str. 6 zeil. Str. 1 und 2 a K a K c c, Str. 3 a . a . c c

Str. 1. 2 : 4 *vîretage : alle klage,* Str. 2. 2 : 4 *gesage : alle klage.*
Str. 3 ist unvolständig überliefert. Haupt weiss die reime nicht herzustellen. Das scheint aber sicher, dass str. 3. 2 : 4 mit den entsprechenden versen der beiden ersten strophen nicht durch dieselben reime gebunden war.

6. Otto von Botenlauben (HMS I 27 III)

3 str. 7 zeil. Str. 1 und 2 K b K b c c c, Str. 3 a b a b

Str. 1. 1 : 3 *sanc : danc,* Str. 2. 1 : 3 *sanc : twanc,*

„ 3. 1 : 3 *was : palas.*

Dies ist ein tagelied. Die beiden ersten strophen singt der wächter, die lezte der ritter. Der engere zusammenhang von str. 1 und 2 mag durch die gleichen reime bezeichnet sein.

7. Reinmar (MF 158, 1 — 30)

3 str. 10 zeil. Str. 1 und 2 a K a K c c d e d e, Str. 3 a b a b

Str. 1. 2 : 4 *gât : hât*, Str. 2. 2 : 4 *stât : hât*, Str. 3. 2 : 4 *hân : wân*.
Ich habe mich der von Burdach (a. a. o. s. 203) ausgesprochenen ansicht angeschlossen, dass die strophe 158, 31 in den zusammenhang der übrigen nicht hineinpasse und abzutrennen sei.

8. Unter Wolfram von Eschenbach in C. (LW vorrede XII. HMS I 287 VII)

3 str. 10 zeil. Str. 1 und 2 a K c a K c d e e d, Str. 3 a b c a b c

Str. 1. 2 : 5 *tage : klage*, Str. 2. 2 : 5 *klage : tage*,
„ 3. 2 : 5 *maht : brâht*

9. Der von Buwenburg (HMS II 262 V)

3 str. 11 zeil. Str. 1 und 2 a K c a K c d e e d c, Str. 3 a b c a b c

Str. 1. 2 : 5 *vogelîn : schîn*, Str. 2. 2 : 5 *în : sîn*,
„ 3. 2 : 5 *wegen : segen*

10. Der von Wildonie (HMS I 347 II)

3 str. 10 zeil. Str. 1 und 2 a b K a b K d e e d, Str. 3 a b c a b c

Str. 1. 3 : 6 *lanc : sanc*, Str. 2. 3 : 6 *umbevanc : kranc*,
„ 3. 3 : 6 *bî : vrî*

11. Der von Sachsendorf (HMS I 300 III)

3 str. 6 zeil. Str. 1 und 2 a b a b K K, Str. 3 c c

Str. 1. 5 : 6 *kan : man*, Str. 2. 5 : 6 *enkan : man*, Str. 3. 5 : 6 *gar : war*

12. Der Püller (HMS II 70 III)

3 str. 6 zeil. Str. 1 und 2 a b a b K K, Str. 3 c c

Str. 1. 5 : 6 *rôsenvar : war*, Str. 2. 5 : 6 *klâr : gar*,
„ 3. 5 : 6 *hübescheit : leit*

13. Der Püller (HMS II 70 V)

3 str. 13 zeil. Str. 1 und 2 a a b c d d b c K f f b K, Str. 3 e f f b e

Str. 1. 9 : 13 *kêret : mêret*, Str. 2. 9 : 13 *mêret : lêret*,
„ 3. 9 : 13 *entwîchen : minneclîchen*

14. Gottfried von Neifen (H 37, 2)

3 str. 13 zeil. Str. 1 und 2 a b c d a b c d K f K f a, Str. 3 e f e f a

Str. 1. 9 : 11 *unbekleit : herzeleit*, Str. 2. 9 : 11 *erebeit : leit*,
„ 3. 9 : 11 *sol : wol*.

Die handschrift lässt am schlusse dieses gedichtes raum für zwei strophen (vgl. Haupt vorrede V). Mir scheint dies lied so volständig zu sein, wie nur eins.

15. Markgraf von Hohenburg (HMS I 34 V. B. L. XIX 25)
3 str. 13 zeil. Str. 1 und 2 aabccbddKffKb, Str. 3 effeb
Str. 1. 9 : 12 *sîn : dîn*, Str. 2. 9 : 12 *schîn : mîn,*
„ 3. 9 : 12 *verlorn : horn.*

Dies ist ein tagelied. Str. 1 und 3 singt der wächter, str. 2 die frau. In str. 1 und 3 kehrt an derselben strophenstelle (z. 3. 6. 13) der vers wider *wecke in frouwe.* Str. 1 und 2 sind ausser durch die mitgeteilten reime auch noch dadurch gebunden, dass str. 2 zu anfang (1 : 2 *sîn : dîn*) die reime am schlusse von str. 1 widerholt.

16. In einem namenlosen HMS III 425 XXVIII mitgeteilten liede.
3 str. 10 zeil. Str. 1 und 2 aabccbKKR(ee), Str. 3 ddR
Str. 1. 7 : 8 *morgen : sorgen,* Str. 2. 7 : 8 *verborgen : sorgen,*
„ 3. 7 : 8 *müeze : süeze*

17. Heinrich Hetzbold von Weissensee (HMS II 25 VIII. B. L. XCIII 13)
3 str. 8 zeil. ababcdcd.

Str. 1. 5 *An ime mich gerechen*
seht sô wêr ich frouden rich:
daz stêt als ez welle sprechen
„jâ truz, wer tar kussen mich?“

Str. 2. 5 *Ein mundel alse freche*
sach ich nie sô sûverlich:
daz stêt alsam ez spreche [1]
„ja truz, wer tar kussen mich?“

Str. 3. 5 *Gar von gûtem wîbe,*
sô wêr ich in frouden ganz.
swie vil ichz an si getrîbe,
sôst siez doch der Schône Glanz.

In diesem liede sind in den beiden ersten strophen die in betracht kommenden verse mit den refrainzeilen durch überschlagende reime gebunden. Wir haben hier gleichsam eine verdoppelung der unter I A b 1—4 angemerkten erscheinung.

Dieselbe bildung des abgesangs nur mit dem unterschiede, dass die beiden schlusszeilen der strophe keinen refrain bilden, zeigt sich auch in den beiden ersten strophen eines liedes von

18. Wachsmut von Kunzich (HMS I 303 III)
3 str. 8 zeil. Str. 1 u 2 abab$K^1K^2K^1K^2$, Str. 3 cdcd
Str. 1. 5 : 7 *enscheide : leide,* Str. 2. 5 : 7 *leide : scheide,*
„ 3. 5 : 7 *wære : swære*

1) So die handschrift. Die änderung von Bartsch, der diese zeile mit str. 1, 7 gleich macht, ist nicht nötig.

Str. 1. 6 : 8 *sin* : *bin*, Str. 2. 6 : 8 *mîn* : *sîn*,
„ 3. 6 : 8 *rât* : *hât*.

Es findet sich hier die in den beispielen II B a α 1—16 beobachtete erscheinung verdoppelt.

Ähnliches tritt in den beiden folgenden gedichten hervor.

19. Meister Johannes Hadlaub (HMS II 298 XXXIX)

b e
3 str. 12 zeil. Str. 1 und 2 a a b K^1 d d e K^1 K^2 g g K^2
b e
„ 3 a a b c d d e c f g g f

Str. 1. 4 : 8 *lân* : *zergân*, Str. 2. 4 : 8 *man* : *entstân*,
„ 3. 4 : 8 *nôt* : *rôt*
Str. 1. 9 : 12 *mê* : *wê*, Str. 2. 9 : 12 *wé* : *ergê*,
„ 3. 9 : 12 *mir* : *dir*.

20. Heinrich von Morungen (MF 130, 31)

4 str. 8 zeil. Str. 1 und 3 a b a b K^1 K^2 K^1 K^2
„ 2 a b a b c K^2 c K^2
„ 4 c d c d

Str. 1. 5 : 7 *niht* : *siht*, Str. 3. 5 : 7 *niht* : *siht*
„ 1. 6 : 8 *sîn* : *mîn*, „ 2. 6 : 8 *sîn* : *mîn*, Str. 3. 6 : 8 *sîn* : *mîn*, Str. 4. 6 : 8 *gânt* : *slânt*.

Auffällig ist hier die gleichheit der reimwörter. Die beiden strophen dieses wechsels, welche der mann spricht (1 und 3), schliessen in ähnlicher weise:

Str. 1 *swenn aber si mîn ouge an siht,*
seht, sô tagt ez in dem herzen mîn.
Str. 3 *als aber si mîn ouge an siht,*
sô taget ez mir in dem herzen mîn.

(vgl. I A a 6, I B 4 und 7, II A a 1).

Die beiden strophen, welche der geliebten in den mund gelegt werden (2 und 4), beginnen mit *Owê*.

β. Die zweite strophe nimt an den bindungen nicht teil.

1. Meister Johannes Hadlaub (HMS II 291 XXIII)

3 str. 11 zeil. Str. 1 und 3 K K b c c b d e d d e, Str. 2 a a b c c b
Str. 1. 1 : 2 *beginnen* : *hinnen*, Str. 3. 1 : 2 *minne* : *sinne*,
„ 2. 1 : 2 *rîche* : *gelîche*

2. Ulrich von Singenberg, Truchsess von St. Gallen (HMS III 325 I. WR 223, 8)

3 str. 6 zeil. Str. 1 und 3 a K a K c c, Str. 2 a b a b
Str. 1. 2 : 4 *baz* : *daz*, Str. 3. 2 : 4 *baz* : *daz*, Str. 2. 2 : 4 *bin* : *hin*

3. Reinmann von Brennenberg (HMS I 335 I)
   3 str. 8 zeil. Str. 1 und 3 a K a K c d c d, Str. 2 a b a b
   Str. 1. 2 : 4 *jâr : gar*, Str. 3. 2 : 4 *gar : var*, Str. 2. 2 : 4 *lîp : wîp*
4. Walther von Metze (HMS III 328 III)
   3 str. 6 zeil. Str. 1 und 3 a K a K c c, Str. 2 a b a b
   Str. 1. 2 : 4 *zît : beste wîp*, Str. 3. 2 : 4 *beste wîp : lîp*,
   „ 2. 2 : 4 *sach : sprach.*
5. Winli (HMS II 30 V)
   3 str. 9 zeil. Str. 1 und 3 a K c a K c d d c, Str. 2 a b c a b c
   Str. 1. 2 : 5 *güete : blüete*, Str. 3. 2 : 5 *güete : gemüete*,
   „ 2. 2 : 5 *kleine : eine.*
6. Markgraf von Hohenburg (HMS I 33 III)
   3 str. 8 zeil. Str. 1 und 3 K b K b c d c d, Str. 2 a b a b
   Str. 1. 1 : 3 *gesach : ungemach*, Str. 3. 1 : 3 *verjach : sach*,
   „ 2. 1 : 3 *sol : wol.*

Schon v. d. Hagen bemerkt indes a. a. o. III 588: „str. 3 ist unverständlich und vielleicht aus zweien zusammengeschmolzen.“

Str. 1 und 2 beginnen mit *Ôwê daz.*

7. Brunwart von Augheim (HMS II 75 I)
   3 str. 7 zeil. Str. 1 und 3 a b a b K a K, Str. 2 c a c
   Str. 1. 5 : 7 *sîn : mîn*, Str. 3. 5 : 7 *sîn : mundelîn*,
   „ 2. 5 : 7 *lîp : wîp.*

Die zweite strophe weist in den entsprechenden reimen assonanz mit den beiden ersten auf. Somit hat dies lied ähnlichkeit mit den unter II A a 5 und 6 angeführten beispielen.

Dasselbe gilt von dem folgenden gedichte

8. Der von Wildonie (HMS I 348 III. B. L. VIII 1)
   3 str. 7 zeil. Str. 1 a b a b K W K, Str. 3 a b a b — W K[1]
   „ 2 a b a b c W c
   Str. 1. 5 : 7 *schîn : vogelîn*, Str. 3 5 : 7 *sîn : vogelîn*,
   „ 2. 5 : 7 *wîp : lîp.*
9. Heinrich von Morungen (MF 140, 11)
   3 str. 7 zeil. Str. 1 und 3 a b a b K W K, Str. 2 c W c
   Str. 1. 5 : 7 *schîn : mîn*, Str. 3. 5 : 7 *mîn : sîn*,
   „ 2. 5 : 7 *iemermê : owê.*
10. Reinmar (MF 196, 35)
   3 str. 6 zeil. Str. 1 und 3 a b a b K K, Str. 2 a b a b c c
   Str. 1. 5 : 6 *lân : gân*, Str. 3. 5 : 6 *getân : gân*,
   „ 2. 5 : 6 *leben : geben.*

1) In dieser strophe reimt b mit K, also a b a b — c b.

11. Heinrich von Frauenberg (HMS I 95 III)
3 str. 10 zeil. Str. 1 und 3 a b c a b c d d K K, Str. 2 a b c a b c d d c c
Str. 1. 9 : 10 *tuot : ungemuot*, Str. 3. 9 : 10 *guot : tuot,*
„ 2. 9 : 10 *undertân : erlân.*

12. Meister Johannes Hadlaub (HMS II 296 XXXIV)
3 str. 11 zeil. Str. 1 und 3 a b c a b c c c K K c, Str. 2 c d d c
Str. 1. 9 : 10 *lôslîche : rîche,* Str. 3. 9 : 10 *sunderlîche : rîche,*
„ 2. 9 : 10 *minne : inne.*

13. Steinmar (HMS II 157 IX)
3 str. 12 zeil. Str. 1 und 3 a a b c c b K K e e R (ff), Str. 2 d d e e R
Str. 1. 7 : 8 *enzunt : munt,* Str. 3. 7 : 8 *grunt : kunt,*
„ 2. 7 : 8 *schîn : mîn.*

14. Dietmar von Aist (MF 34, 19—35, 15)
3 str. 11 zeil. Str. 1 und 3 a b a b c K c K e W e, Str. 2 c d c d e W e
Str. 1. 6 : 8 *mîn : sîn,* Str. 3. 6 : 8 *sîn : schîn,*
„ 2. 6 : 8 *jehen : gesehen.*

Ich glaube, diese drei strophen bildeten zusammen ein lied. Es wird in denselben, wie schon Scherer bemerkt (Deutsche Studien II, s. 481), der trennungsschmerz durchgearbeitet. Jedenfals weisen auf die bestimmung dieser strophen für fortlaufenden vortrag die oben angemerkten reime und vielleicht auch die bindungen

Str. 1. 1 : 3 *frî : bî* Str. 2. 5 : 7 *frî : sî.*

15. Markgraf von Hohenburg (HMS I 34 VI)

Die handschrift C überliefert die ersten drei strophen und zwar in der folge, wie sie in HMS stehen (1. 2. 3), A dagegen 1. 3. 4. Ich glaube, dass die strophe

Swer sich so sêre an die minne verlât

nicht zu diesem gedichte gehört. Schon inhaltlich will sie zu den drei andern nicht recht passen. Entscheidend aber für meine ansicht scheint mir der abweichende bau der einzelnen verse zu sein. Darnach ist das gedicht

3 str. 8 zeil. Str. 1 und 3 a b a b K d K d, Str. 2 c d c d
Str. 1. 5 : 7 *bestân : verlân,* Str. 3. 5 : 7 *verlân : ergân,*
„ 2. 5 : 7 *tôt : nôt.*

16. Bruno von Hornburg (HMS II 67 IV)
3 str. 9 zeil. Str. 1 u. 3 K^1 b c K^1 b c K^2 K^2 c, Str. 2 a b c a b c d d c
Str. 1. 1 : 4 *wære : âne swære,* Str. 3. 1 : 4 *âne swære : vröudebære,*
„ 2. 1 : 4 *minneclîche : vröuderîche.*
„ 1. 7 : 8 *êre : mêre,* Str. 3. 7 : 8 *êre : verkêre,*
„ 2. 7 : 8 *güete : gemüete.*

In diesem gedichte tritt die in den beispielen 1—15 beobachtete erscheinung verdoppelt auf (vgl. II B a α 18—20).

γ. Die erste strophe nimt an den bindungen nicht teil.

1. Meister Johannes Hadlaub (HMS II 282 V)
   3 str. 14 zeil. Str. 2 u. 3 KKbcddbcefffef, Str. 1 aabc
   Str. 2. 1 : 2 *mir* : *zir*, Str. 3. 1 : 2 *ir* : *mir*,
   „ 1. 1 : 2 *wunderlîch* : *sich*.
2. Tannhäuser (HMS II 91 IX)
   3 str. 22 zeil. Str. 1 aaWbccWbdedeffeR(ggghihi)
   „ 2 KKbcddWcbebeffeR
   „ 3 KKWbccWbdedeffeR
   Str. 2. 1 : 2 *wân* : *hân*, Str. 3. 1 : 2 *Indiân* : *hân*,
   „ 1. 1 : 2 *guot* : *tuot*.

Die dritte verszeile jeder strophe, welche in str. 1 und 3 eine waise ist, findet ihren reim in einer andern strophe:

Str. 1. 3 *getân* reimt mit str. 2. 1 : 2 und str. 3. 1 : 2,
„ 2. 3 *zergê* „ „ „ 3. 13 : 14 *wê* : *Noê*,
„ 3. 3 lautet gleich mit str. 2. 7.

3. Ulrich von Singenberg, Truchsess von St. Gallen (HMS I 295 XXII 4—6. WR 243, 19)
   3 str. 6 zeil. Str. 2 u. 3 KbKbcc, Str. 1 ababcc
   Str. 2. 1 : 3 *sagen* : *bejagen*, Str. 3. 1 : 3 *klage* : *bejage*,
   „ 1. 1 : 3 *kan* : *an*.
4. Von Weissenlo (HMS II 143 I)
   3 str. 8 zeil. Str. 2 und 3 KbKbcddc, Str. 1 abab
   Str. 2. 1 : 3 *wîp* : *lîp*, Str. 3. 1 : 3 *lip* : *wîp*,
   „ 1. 1 : 3 *gepflegen* : *wegen*.
5. Reinmar (MF 180, 1—27)
   3 str. 9 zeil. aKaKccddc
   Str. 2. 2 : 4 *gert* : *gewert*, Str. 3. 2 : 4 *wert* : *gegert*,
   „ 1. 2 : 4 *lac* : *mac*.

Ich glaube, Burdach hat recht, der (a. a. o. s. 219 fgg.) diese drei strophen von den vier vorangehenden in demselben tone abgefassten als ein besonderes lied abtrent. Zu den von Burdach angeführten gründen treten die gleichen reime bestätigend hinzu.

6. Steinmar (HMS II 156 VI)
   3 str. 8 zeil. Str. 2 und 3 aKaKccR(dd), Str. 1 abab
   Str. 2. 2 : 4 *mîn* : *sîn*, Str. 3. 2 : 4 *mîn* : *schîn*,
   „ 1. 2 : 4 *gesehen* : *geschehen*.

7. Gösli von Esenhein (HMS I 347 II)

3 str. 13 zeil. Str. 2 u. 3 a a a K c c c K d e e e d, Str. 1 a a a b a a a b

Str. 2. 4 : 8 *vrouwen* : *schouwen*, Str. 3. 4 : 8 *vrouwen* : *schouwen*,

„ 1. 4 : 8 *gevilde* : *gewilde*.

8. Der Tannhäuser (HMS II 92 X. B. L. XLVII 131)

3 str. 18 zeil. Str. 2 und 3 a b a b c K c K c f c f K

Siehe VI A 2.

9. Otto zum Turne (HMS I 345 V)

a c d f g i k

3 str. 14 zeil. Str. 2 und 3 a b c b d K f K g h i h k h

Siehe VI A 3.

10. Ulrich von Lichtenstein (L 110, 5)

3 str. 12 zeil. Str. 2 u. 3 a b a c d b d c K b K c, Str. 1 e b e c

Str. 2. 9 : 10 *swære* : *wære*, Str. 3. 9 : 10 *gevære* : *lære*,

„ 1. 9 : 10 *mêre* : *êre*.

11. Walther von der Vogelweide (L 71, 35)

3 str. 11 zeil. Str. 2 u. 3 a b c a b c d d K w K, Str. 1 e w e

Str. 2. 9 : 11 *schîn* : *mîn*, Str. 3. 9 : 11 *sîn* : *mîn*,

„ 1. 9 : 11 *muoz* : *gruoz*.

12. Friedrich von Hausen (MF 42, 1—27)

3 str. 9 zeil. Str. 2 u. 3 a b b w a a K w K, Str. 1 c w c

Str. 2. 7 : 9 *bekomen* : *genomen*, Str. 3. 7 : 9 *gefromen* : *komen*,

„ 1. 9 : 7 *lîp* : *wîp*.

Durch alle strophen zieht sich der reim *lîp* : *wîp* (Str. 1. 7 : 9, Str. 2. 5 : 6, Str. 3. 2 : 3).

13. Bernger von Horheim (MF 115, 3)

3 str. 8 zeil. Str. 2 u. 3 a b a b c c K K, Str. 1 c c d d

Str. 2. 7 : 8 *mîn* : *sîn*, Str. 3. 7 : 8 *schîn* : *mîn*,

„ 1. 7 : 8 *muoz* : *buoz*.

14. Ulrich von Singenberg, Truchsess von St. Gallen (HMS I 290 IX. WR 222, 4)

3 str. 6 zeil. Str. 2 und 3 a b a b K K, Str. 1 c c

Str. 2. 5 : 6 *gewert* : *gert*, Str. 3. 5 : 6 *gert* : *wert*,

„ 1. 5 : 6 *gebe* : *lebe*.

Die von den herausgebern aus der handschrift A mit diesen drei strophen zu einem liede verbundene vierte strophe

Minne, minneclîche Minne

gehört schwerlich zu diesem gedichte. Schon inhaltlich passt sie nicht hierher, wovon jeder sich selbst überzeugen mag. Ausserdem ist sie nicht im tone der vorangehenden abgefasst. Man vergleiche die übergehenden reime *Minne* : *minne* (z. 1 : 2), *dich* : *mich* (z. 2 : 3), *sinne* :

minne (z. 3 : 4). Diese strophe wird ein lied für sich gebildet haben, in welchem der dichter mit dem worte *Minne* in ausgedehntester weise spielte.

In ähnlicher weise ist in A zu dem gedichte HMS I 34 VI eine strophe hinzugefügt, von der wir auch glaubten nicht annehmen zu dürfen, dass sie mit den drei vorangehenden zu einem liede zu vereinigen sei (vgl. II B a β 15).

15. Graf Konrad von Kirchberg (HMS I 26 VI)

3str. 8zeil. Str. 2 u. 3 aK^1aK^1K^2ddK^2, Str. 1 ababcddc

Str. 2. 2 : 4 *minneclîche* : *sî hât mich entwert gewalteclîche*

„ 3. 2 : 4 *rîche* : *sî hât mich entwert gewalteclîche*

„ 1. 2 : 4 *grîse* : *rîse*

Str. 2. 5 : 8 *sinne* : *gewinne.*

„ 3. 5 : 8 *unminne* : *verbrinne*

„ 1. 5 : 8 *âne* : *wâne.*

In diesem gedichte findet sich die in den beispielen 1—14 beobachtete erscheinung verdoppelt (vgl. II B a α 18—20 und II B a β 16). Ebendasselbe ist in dem folgenden gedichte der fall.

16. Von Obernburg (HMS II 225 III)

3str. 12zeil. Str. 1 abcabcddaeea

„ 2 abK^1abK^1ddeK^2K^2e

„ 3 abK^1abK^1ddWK^2K^2c[1]

Str. 2. 3 : 6 *hât* : *stât*, Str. 3. 3 : 6 *hât* : *lât*, Str. 1 3 : 6 *sî* : *bî.*

Str. 2. 10 : 11 *muot* : *tuot*, Str. 3. 10 : 11 *muot* : *guot*,

„ 1. 10 : 11 *sach* : *geschach.*

δ. Verbindung von II B a α und β.

1. Der Schenke von Limburg (HMS I 133 V)

3str. 9zeil. ababcdcdd

Str. 1. 2 : 4 *her meie* : *zweie*, Str. 2. 2 : 4 *der meie* : *maniger leie*,

„ 3. 2 : 4 *hiure* : *gehiure.*

Str. 1. 5 : 7 *schîn* : *sîn*, Str. 3. 5 : 7 *sîn* : *schrîn*,

„ 2. 5 : 7 *blanc* : *gesanc.*

2. Rost, Kirchherr zu Sarnen (HMS II 131 III)

3str. 10zeil. Str. 1 abcabcdacd, Str. 2 u. 3 abcabcdabd

Str. 1. 7 : 10 *gedingen* : *gedringen*, Str. 2. 7 : 10 *singen* : *gelingen*,

„ 3. 7 : 10 *wunne* : *brunne.*

Str. 1. 2 : 5 *belîben* : *vertrîben*, Str. 3. 2 : 5 *lîbe* : *schîbe*,

„ 2. 2 : 5 *wenden* : *enden.*

1) In dieser strophe reimt die lezte zeile mit der dritten und sechsten.

ε. Verbindung von II B a α, β und γ.

Dietmar von Aist (MF 38, 32—39, 17)

3 str. 10 zeil. W a W a b b W c R c

Str. 1. 8 : 10 *hât* : *tât*, Str. 2. 8 : 10 *rât* : *hât*,

„ 3. 8 : 10 *mîn* : *sîn*.

Str. 1. 5 : 6 *undertân* : *stiureman*, Str. 3. 5 : 6 *hân* : *getân*,

„ 2. 5 : 6 *zît* : *wîp*.

Str. 2. 2 : 4 *guot* : *muot*, Str. 3. 2 : 4 *fruot* : *tuot*,

„ 1. 2 : 4 *ranc* : *getwanc*.

Wie man sieht, habe ich die darstellung, die Scherer (a. a. o. s. 483) von diesem tone giebt, angenommen. Burdach (a. a. o s. 80) beweist die einheit dieser drei strophen aus dem refrain *sô hôh ôwî*. Zur bestätigung dieser ansicht kann ich noch auf die oben angeführten reime und die responsion

Str. 1. 3 *daz mich ein edeliu frouwe*

„ 3. 3 *daz mir ein edeliu frouwe*

aufmerksam machen.

b. Durch widerkehr derselben reime in drei zeilen.

α. Die schlussstrophe nimt an den bindungen nicht teil.

1. Winli (HMS II 28 II)

3 str. 10 zeil. Str. 1 u. 2 a a K K K a c d d c, Str. 3 a a b b b a

Str. 1. 3 : 4 : 5 *twingen* : *singen* : *dringen*

„ 2. 3 : 4 : 5 *twingen* : *gelingen* : *bringen*

„ 3. 3 : 4 : 5 *gelîchen* : *minneclîchen* : *berîchen*.

2. Der von Sachsendorf (HMS I 300 II)

3 str. 7 zeil. Str. 1 und 2 K b K b c K c, Str. 3 c a c

Str. 1. 1 : 3 : 6 *singen* : *entspringen* : *gedingen*

„ 2. 1 : 3 : 6 *misselingen* : *bringen* : *ringen*

„ 3. 1 : 3 : 6 *enthalden* : *walden* : *behalden*.

3. Der Taler (HMS II 147 II)

3 str. 9 zeil. Str. 1 u. 2 a a a b b b K K K, Str. 3 a a a a a a c c c

Str. 1. 7 : 8 : 9 *sîn* : *vröuwelîn* : *wîn*

„ 2. 7 : 8 : 9 *sîn* : *mündelîn* : *schrîn*

„ 3. 7 : 8 : 9 *wol* : *sol* : *kol*.

(Wird fortgesezt.)

UNTERSUCHUNGEN ÜBER DEN ALTFRANZÖSISCHEN PROSAROMAN VON TRISTAN UND ISOLDE.

[Der am 16. august 1870 in der schlacht bei Mars-la-Tour gefallene junge gelehrte Julius Brakelmann[1] hat unter andern arbeiten auch eine über den altfranzösischen prosaroman von Tristan und Isolde unvollendet hinterlassen. Diese arbeit, die ich zunächst ganz äusserlich beschreiben will, besteht aus notizen über die Pariser handschriften (22 bl.), analysen und auszügen aus denselben, von Brakelmann nach einer darin behandelten episode des romans *Escu vermeil* überschrieben (35 bl.), verschiedenartigen bemerkungen (15 bl. und 3 doppelbl.), einer ausgabe aller derjenigen lyrischen Lais, welche Brakelmann dem ältesten, im 12. jahrhundert verfassten Tristanroman glaubte vindicieren zu dürfen (es sind 17 Lais auf 22 bl.), einer einleitung hierzu über die klassification der handschriften (13 bl.) und endlich einem blatt mit der überschrift: Generalresultate durch welche die in dem ausgearbeiteten Theile ausgesprochenen Behauptungen über die inhaltliche Classification der Handschriften theilweise widerlegt werden, und darunter die bemerkung: Vorarbeiten vorläufig abgeschlossen am Himmelfahrtstage 1870, den 26. Mai.[2]

Die von Brakelmann behandelten fragen gehören zu den schwierigsten, aber auch zu den wichtigsten der französischen litteraturgeschichte. Nach der angabe des Helyes de Borron, von welcher ich freilich vermute dass ihr ein misverständnis zu grunde liegt, ist der Tristan der älteste französische prosaroman überhaupt, und in seiner ursprünglichen fassung ein werk des ritters Luce du Gast, der sich wegen seiner mangelhaften handhabung der französischen sprache damit entschuldigt, dass er bei Salisbury in England zu hause sei, sich aber nach der in seinem besitz befindlichen burg Le Gast, bei Vire in der Normandie, nent.[3] Ähnlich weist auch der familienname des Anglonormannen Philipp von Thaün auf die ortschaft Thaon unweit Caen zurück.

1) Ein nekrolog Brakelmanns findet sich in dieser ztschr. 1871. 3, 207—10.

2) Auf dem lezten blatt der notizen sagt Brakelmann: Die stelle die ich auf dem einliegenden grünlichen papiere notirt habe, und Escu 23^r: Eine wichtige stelle von 757 auf einliegendem blatte. Die hier erwähnten beiden blätter scheinen zu fehlen.

3) Tressan dachte vielmehr an die burg Le Gua bei Marennes, Dép. Charente inférieure.

Soweit wir bis jezt die handschriften dieses werkes überblicken, enthält ihrer keine dasselbe in seiner unverfälschten gestalt. Die magisch fesselnde kraft, welche nun einmal an diesem stoffe haftet und die ihre wirkung bis heute nicht eingebüsst hat, ist für das werk des Luce verhängnisvoll geworden. Dasselbe hat schon bis zum ende des 13. jahrhunderts mindestens vier verschiedenartige umarbeitungen erfahren, und diese haben, wie so oft in der ältern französischen litteratur, den verlust früherer fassungen herbeigeführt. So erklärt sich das starke auseinandergehen der erhaltenen handschriften, die schon durch ihren riesenumfang abschreckend wirken. Noch dazu sind mehrere handschriften aus bruchstücken verschiedener versionen zusammengebunden oder gar zusammengearbeitet, und in der mehrzahl der handschriften fehlt der anfang oder der schluss, oder beides zugleich. Es war eine äusserst mühselige arbeit, die abweichungen der Pariser texte von einander festzustellen, aufzusuchen wo die umfangreichen bruchstücke in volständigen handschriften beginnen und schliessen, die stellen herauszuschreiben wo in einer jüngern fassung auf die ältere verwiesen wird, und aus dem ermittelten auf das verhältnis der texte zu einander schlüsse zu ziehen. Brakelmann hat sich der ausführung dieser arbeit mit einem fleisse und einem scharfsinn unterzogen, welche den frühen tod des so reich begabten nur um so bedauernswerter erscheinen lassen.

Ich veröffentliche hier zunächst Brakelmanns untersuchung über das verhältnis der handschriften. Folgen sollen die 17 von Brakelmann bearbeiteten Lais, und die von ihm gesammelten stellen, an denen im Tristan auf andre bearbeitungen desselben romans oder auf andre romane verwiesen wird. Ich gedenke Brakelmanns arbeit meinerseits zu ergänzen durch eine übersicht und beschreibung der handschriften, sowie durch eine analyse, welche den roman in einzelne abenteuer gliedert und bei den einzelnen abenteuern vermerkt, in welchen handschriften oder redactionen dieselben hinweggelassen oder hinzugesezt sind. Brakelmann hat zwar den roman in mehreren exemplaren gelesen, allein den inhalt desselben nicht aufgezeichnet. Paulin Paris (Msc. franç. 1, 198) hat seine absicht, eine analyse zu veröffentlichen, nicht zur ausführung gebracht. Die alzu kurze bei Dunlop-Liebrecht s. 80—84 kann nicht in betracht kommen und die einzige einigermassen eingehende vom grafen Tressan (Oeuvres du comte de Tressan. Paris 1822. Tome III) wissenschaftlichen anforderungen nicht genügen.[1]

1) Von der Hagen und Büsching sind im Buch der Liebe I s. XX einfach Tressan gefolgt. Man vergleiche auch Von der Hagen, Minnesinger IV s. 571.

Die entfernung meines wohnortes von den grossen handschriftensamlungen möge zur entschuldigung dienen, wenn die von der logik geforderte reihenfolge in der veröffentlichung dieser untersuchungen nicht eingehalten wird.

Brakelmann wolte seine arbeit in Frankreich erscheinen lassen. Er hat sie daher zum teil in französischer sprache entworfen, aber freilich nicht der art ausgearbeitet, dass sie ohne veränderungen dem druck hätte übergeben werden können. Das zeigt auch seine überschrift auf dem lezten blatt: Generalresultate durch welche die in dem ausgearbeiteten Theile ausgesprochenen Behauptungen ... theilweise widerlegt werden. Beim redigieren von Brakelmanns entwurf habe ich diese endergebnisse an die stelle der von ihm wider aufgegebenen gesezt und an die stelle der französischen sprache die deutsche treten lassen, auch französische brocken, die Brakelmann mit rücksicht auf die beabsichtigte französische veröffentlichung zuweilen in deutschen sätzen gebraucht, durch deutsche worte ersezt. Ich habe nur die form des ausdrucks, nicht aber den inhalt von Brakelmanns darlegungen angetastet und, was ich meinerseits zusezte, in eckige klammern eingeschlossen.

Ich benutze die gelegenheit, um auf eine arbeit hinzuweisen, welche nicht die beachtung, die sie verdient, gefunden zu haben scheint, auf Harry Wards artikel *Romance, mediæval,* in der English Cyclopædia, London 1873. Ward hat hier in bezug auf die enge beziehung, welche zwischen Gottfrieds Tristan, der nordischen und englischen fassung und den sogenanten Thomasbruchstücken besteht, bereits volkommen klar gesehen, und überhaupt die beste zusammenfassende arbeit geliefert, die wir bis dahin über den ursprung der Artussage und die entwicklung der Artusromane besitzen. Seine gründlichen forschungen haben ihm manches wichtige resultat zugeführt, wie die erwähnung des romans Palamedes (sonst auch Guiron le Courtois betitelt) in einem briefe Friedrichs II vom jahre 1240, welche beweist dass die abfassung des Palamedes und um so mehr die des Bret vor diese zeit zu setzen ist. Freilich wird Wards vermutung, dass die person des Palamedes, der als Tristans nebenbuhler in dem Bret des Helyos de Borron eine bedeutende rolle spielt, eine schöpfung dieses autors sei, aus Brakelmanns mitteilungen widerlegt werden.

HALLE. HERMANN SUCHIER.]

1.

Bekantlich enthält der prosaroman von Tristan eine beträchtliche anzahl lyrischer stücke, welche als *lais* oder als *lettres en semblance de lais* bezeichnet und von denen die meisten im romane selbst für gedichte Tristans ausgegeben werden. Da nun der verfasser des romans, Luce du [Brakelmann schreibt stets de] Gast,[1] unter Heinrich dem II. von England schrieb und von seinem fortsetzer Helis de Borron ausdrücklich als ältester bearbeiter eines französischen prosaromans und als vorgänger des Gautier Map genant wird, so bilden die lyrischen Lais des Tristan die ältesten proben dieser dichtungsart und verdienen schon als solche die herausgabe.

Bis jezt sind nur geringe bruchstücke von den Lais abgedruckt bei Wolf, Über die Lais, Facsimile VII. VIII; der *Lai mortel* ganz, aber nach einem schlechten drucke von Michel Lenoir bei Francisque Michel, Tristan II, 212; ein stück bei Bartsch, Chrestomathie de l'ancien français, 1. ausg. sp. 117 [4. ausg. sp. 150; ferner ein Lai in Tressans Analyse s. 84, und einer in Paul Heyses Romanischen Inedita s. 169].

Auf die wichtigkeit dieser Lais machte schon Paulin Paris aufmerksam. Er sagt (Msc. franç. 1, 120): *Plusieurs lais de Tristan et d'Yseult sont conservés au milieu du texte en prose . . ., dont la date française remonte au moins à la fin du XIIe siècle.* Dem widersprach Ferdinand Wolf, Über die Lais s. 182, indem er sagte: der lezte teil dieser behauptung ist so offenbar übertrieben, dass er gar keiner ernsten widerlegung bedarf. Warum Wolf hier gegen Paris polemisiert, entgeht mir völlig. Die person des Luce du Gast und die zeit, in der er lebte, sind durch die ausdrücklichen und bei mehreren gelegenheiten widerholten angaben seines fortsetzers Helis so sicher gestelt wie nur überhaupt eine litterarische tatsache des mittelalters. Glaubte Wolf etwa, die Lais seien erst später in den text gebracht worden?

1) Die schreibung *Gast* findet sich nur in einer Pariser handschrift, français 103, wo *de Gast* steht, [ausserdem auch in der Genfer handschrift, vgl. Sénebier Catalogue raisonné des manuscrits . . de Genève s. 454 *Luce du Gast*]. Andre handschriften zeigen folgende formen: *du Gail* 756, *del Gait* 757, *du Gad* 97. 102, *du Gat* 99 (nicht *de Gast*, wie der gedruckte *Catalogue* angibt), ebenso 100, *dou Gat* die Edinburger handschrift, *del Galt* Ld. add. 23929, *de Gant* 104 (nicht *Gast*, wie Estlander druckt), *du Gant* die Wiener handschriften 2539. 2542 und die Londoner Egerton 989, *de Gaut* 750, *du Gaut* und *de Grant* die Wiener 2537, *del Gaut* 1463 und die Vaticanische Christ. 727. Im Palamedes steht *de Gau* 338, *du Gal* 356, *del Gay* Ld. add. 12228.

Da die Lais der viel spätern fortsetzung des Helis, welche wahrscheinlich von diesem in nachahmung der Lais des alten teiles gedichtet sind (auch sein roman Palamedes enthält *lais* und *lettres*), als nachahmungen ein weit geringeres interesse haben als ihre vorbilder, auch jedenfals nicht unter die gedichte des 12. jahrhunderts gehören, war ich in der lage, eine scheidung des alten teiles von der fortsetzung versuchen, mit andern worten feststellen zu müssen an welcher stelle das werk des Luce du Gast aufhört und die fortsetzung des Helis de Borron anfängt. Der einzige weg, der in dieser hinsicht erfolg versprach, war die vergleichung der mir zugänglichen handschriften. Auf einzelheiten der von mir angestelten untersuchungen kann ich hier nicht eingehen, und begnüge mich, die ergebnisse derselben kurz zusammenzufassen.

Die kaiserliche bibliothek zu Paris besizt 21 handschriften des prosaromans von Tristan.[1] Sieben gehören dem ausgehenden 13. jahrhundert an: 750 vom jahre 1278, 12599, 104,-759, 776, 1434, 1463 — eine ist zum teile im 13. jahrhundert geschrieben und im 14. vervolständigt worden: 758 — fünf stammen aus dem 14. jahrhundert: 94, 334, 755, 760, und aus dem ende dieses jahrhunderts die zweibändige handschrift 756/757 — sieben sind im 15. jahrhundert geschrieben: 335/336 im jahre 1400, die gleichfals zweibändige handschrift 100/101, 97, 349, 99 im jahre 1463, und gegen das ende des jahrhunderts die handschriften 102 und 103 — eine im 16. jahrhundert: 24400.

Ihrem inhalte nach lassen sich die handschriften in sieben klassen einteilen.

A. Der roman des Luce du Gast mit der fortsetzung von Robert de Borron:[2] *Le grant estoire de Tristan,* wahrscheinlich nur auszüglich erhalten. Dieser auszug wird repräsentiert durch die handschrift 756. 757 bl. 1—99 und ausserdem durch das bruchstück in 1434.

[Nach einer notiz Brakelmanns würde auch die handschrift 349 hierher gehören, die jedoch in ihrem schlusse mit der klasse D übereinstimt.]

B. Erste redaction von Helis de Borron: 750, 12599, 757 Bl. 99 bis 263, 760, 755 (?).

1) [Die handschrift 772, anc. 7185[6], hat Brakelmann nicht berücksichtigt. Vgl. Paulin Paris Msc. fr. VI. 129.]

2) [Weshalb Brakelmann den Robert de Borron für den ersten fortsetzer des Luce du Gast ansah, wird sich aus den von ihm gesammelten stellen ergeben.]

[Auch 104 wird hier einzureihen sein, da diese handschrift nach Brakelmanns notizen mit dem hierhergehörigen teil von 757 meist wörtlich zusammengeht.]

C. Zweite redaction von Helis de Borron, genant *li Bret.* Dies die vulgata. Hierher gehören: 334, 102, 776, 100 [diese handschrift kehrt unter D wider].

D. Erweiternde bearbeitung dieser zweiten redaction: 335/336, 100/101, 99[1], 94 (?), 97, 758 (sehr erweitert), 24400. In der vulgata reitet nach Tristans tode Sagremors über land, ein unbekanter ritter begegnet ihm und erzählt ihm den ausgang der *Queste del saint Graal.* Diese gelegenheit haben spätere bearbeiter (zumal in den handschriften 336. 101. 758. 24400) benuzt, um hier fast die ganze *Queste* einzuschalten.

E. Redaction der handschrift 103, welche der zweiten redaction des Helis am nächsten komt. Tristans ende wird hier wie in dem gedichte des Thomas erzählt, während er nach allen übrigen prosahandschriften von Marc mit einer vergifteten lanze getötet wird. Der unbekante bearbeiter war vielleicht aus Nantes. Seine fassung bildet die grundlage aller gedruckten romane.

F. Auszug von Rusticien de Pise, welcher die lyrischen stücke hinwegliess: 1463. Es ist dies mehr eine auswahl einzelner abenteuer, als ein fortlaufender auszug aus dem ganzen.

G. Von einem andern abgekürzte fassung: 759.

Als besonders nahe verwant erscheinen die handschriften 750 und 12599; 760 und 755; 758 und 24400.

Die umfangreiche cyclische verarbeitung verschiedener Artusromane in der handschrift 340 lasse ich bei seite.

Andre als die Pariser handschriften habe ich nicht eingesehen, kann ich also auch nicht in meine klassification einreihen. Die drei Wiener handschriften (Wolf, Über die Lais s. 240) und die Vaticanische (Keller, Romvart s. 134) scheinen den vulgatatext zu enthalten.

Ob auch die Londoner handschrift add. 23929, aus der Karl Estlander proben gegeben (Pièces inédites du Roman de Tristan, Helsingfors 1866, in quart), den vulgatatext enthält, kann ich nicht sagen. Die vermeintlichen ergebnisse Estlanders werden durch die handschriften selbst widerlegt, aus denen ich die beweiskräftigsten stellen anführen werde. Schon die annahme, von der Estlander ausgeht, dass näm-

1) Paulin Paris (Msc. franç. 1, 133) empfahl einer ausgabe des romans diese handschrift zu grunde zu legen.

lich die kürzeste form des romans die älteste sein müsse, ist das gegenteil vom richtigen: er hätte nur an die redaction Rusticiens denken sollen! Überhaupt ist es sehr gewagt, nach oberflächlicher einsicht dreier ziemlich junger handschriften (add. 23929, Harleyan 49 und Pariser handschrift franç. 94; von diesen scheint nur die Harleyanische eine beträchtlich altertümlichere version zu enthalten) sich über die überlieferung eines werkes zu äussern, das in vielleicht fünfzig exemplaren erhalten ist, von denen eine gute zahl noch dem 13. jahrhundert angehört.

Bei einer so verwickelten überlieferung muss es ein glück genant werden, dass wir über den Tristan eingehende litterarische angaben besitzen, welche von den autoren selbst herrühren. Wir haben nicht allein ein vorwort des ersten bearbeiters und ein nachwort des fortsetzers Helis de Borron: auch innerhalb des werkes findet sich, wenigstens in den älteren redactionen, eine anzahl gelegentlicher angaben verstreut, die bis dahin unbeachtet geblieben sind und in einer der folgenden untersuchungen mitgeteilt werden sollen.

Vielleicht hätte man dies reiche litterarische material volständiger ausgebeutet, wenn uns der Tristan des Christian von Troyes erhalten wäre. Seitdem durch Jonckbloets untersuchungen die abhängigkeit des Roman de la Charrette von Maps Lancelot nachgewiesen ist,[1] darf man glauben, dass Christian auch zu seinem Tristan den von Luce du Gast geschriebenen ältesten teil des prosaromans benuzte. Die sagenform des leztern muste dem höfischen stile Christians näher stehen als die in den gedichten des Berol und Thomas niedergelegte.

Auf eine untersuchung des verhältnisses dieser versionen unter einander gehe ich hier nicht ein, ebensowenig auf die nähern beziehungen, welche zwischen Eilhart und dem prosaroman zu bestehen scheinen. Ich muss mich hier darauf beschränken, den anteil des ältesten verfassers am Tristan abzugränzen, um hiernach zu entscheiden, welche von den zahlreichen Lais des Tristan zu den denkmälern der französischen lyrik des 12. jahrhunderts gezählt werden dürfen. Um der lösung dieser frage näher zu kommen, sind einige ausführungen über die composition des romans nicht zu umgehen; doch werde ich nach kräften bemüht sein mich kurz zu fassen.

Bis dahin hat man Helis de Borron nur für den fortsetzer des von Luce du Gast verfassten werkes gehalten: ich glaube, er hat das-

1) [Die annahme Jonckbloets ist von Gaston Paris in der Romania XII. 485 fg. widerlegt worden, welcher zeigt, dass ein teil des Prosalancelot auf Christians gedicht beruht.]

selbe auch umgearbeitet und partienweise sogar neu geschrieben. Und zwar glaube ich dass von Helis zwei verschiedene redactionen des Tristan herrühren. Den text des Luce enthält in seiner volständigen und reinen gestalt keine der von mir untersuchten handschriften. Daher würden wir über das verhalten des Helis zu seiner vorlage nicht urteilen können, wenn nicht Helis selbst uns ausdrücklich darüber aufschluss gäbe: er hat eine menge abenteuer unterdrückt, insbesondre solche die nur nebenpersonen betrafen. Dagegen hat er erst in seiner zweiten redaction den roman durch einführung neuer abenteuer Tristans bedeutend erweitert. Nach dieser meiner ansicht hat Helis in seiner ersten redaction das werk des Luce zwar an vielen stellen verkürzt, aber noch nicht durch zusätze vermehrt oder durch ausscheidung alter und einsetzung neuer abenteuer an stelle der ausgeschiedenen verändert; er hat sich zunächst auf die einfache weiterführung der von Luce unvollendet hinterlassenen erzählung beschränkt. Erst in der zweiten redaction machte er den versuch, die beiden teile zu verschmelzen und die lücken, welche könig Heinrich von England darin bemerkt hatte, auszufüllen. Nur dieser zweiten redaction gebührt der name *li Bret.* Gleichwol hat Helis auch hier noch den grösten teil von Luces roman wörtlich bewahrt, wie er selbst ausdrücklich sagt und wie auch aus dem vergleich der beiden redactionen hervorgeht.

Da diejenige redaction, welche ich die erste nenne, lange stellen enthält, welche die abenteuer des ritters *a la cote mal taillie* erzählen und in der zweiten ausgelassen oder durch abenteuer Tristans ersezt sind: so könte man auf den ersten blick geneigt sein, sich lieber für das umgekehrte verhältnis der beiden redactionen zu entscheiden; doch wird eine eingehendere prüfung der betreffenden abschnitte dartun, dass nur die annahme, für welche ich mich entschieden habe, zulässig ist.

Ich wähle als repräsentantin der ersten redaction des Helis die handschrift 750,[1] als die der zweiten die handschrift 334, eine der ältesten handschriften der vulgata. Der anfang der handschrift 750 entspricht dem untern teile von bl. 86[r] der handschrift 334. Zunächst gehen die beiden handschriften zusammen bis 750 bl. 35[b], 334 bl. 114[d]. Hier, mitten in einem absatze des textes 750, bricht 334 plötzlich die abenteuer des ritters *a la cote mal taillie* ab, um zu denen Tristans überzugehen: *Mais a tant se test ores li contes d'euls touz*, *et retourne a parler de Trystram*, *qui estoit encore en la Petite Bretagne.* In 750

1) 12599 enthält nur die erste hälfte der fraglichen episode; der rest fält in eine der zahlreichen lücken hinein, welche die handschrift dadurch anzudeuten pflegt, dass sie ein stück pergament unbeschrieben lässt.

und 12599 wird noch lange in den abenteuern des Brunor le Noir[1] fortgefahren, Lancelot spielt eine bedeutende rolle, die geschichte von Galehot und von dem *Destroit de Soreloys*, welche für die fortsetzung der abenteuer Lancelots und Brunors unentbehrlich ist, wird mit allen einzelheiten erzählt. Dies alles, das in der vulgata ausgelassen und durch eine andre erzählung ersezt ist, nimt in der handschrift 750 über 60 blätter ein (bl. 35ʳ—97ᵛ). Statt dessen erzählt die vulgata die abenteuer Tristans im walde des Darnantes[2] mit L'Amorat, mit dem ritter *a la beste glatissant,* Keux, Brandelis und Hector dem sohne des Arés, die befreiung Artus durch Tristan usw., was zusammengenommen in handschrift 334 nur 10 blätter einnimt (bl. 115ʳ—125ʳ). Für die spätern ereignisse des romans ist das hier erzählte ohne bedeutung; es war leicht, neue kämpfe Tristans mit verschiedenen helden der tafelrunde einzuschalten. Die verzauberung Artus im Darnanteswalde und seine befreiung durch Tristan ist eine blosse episode: für die fortsetzung des romans komt dieses liebesabenteuer gar nicht in betracht, welches ohne das eingreifen der Dame vom See dem könig Artus das schicksal Merlins bereitet haben würde. Als später Tristan von Lancelot an Artus hofe eingeführt wird, erwähnt der erzähler mit keiner silbe, dass der könig in ihm den ritter widererkant habe, der ihm einen so wichtigen dienst geleistet hatte, oder dass er sich jener dienstleistung erinnert hätte, so dass man das ganze abenteuer unterdrücken kann, ohne den zusammenhang im geringsten zu stören.

Ganz anders steht es um die erzählung, welche sich in 750 und 12599 an entsprechender stelle findet; hier werden abenteuer erzählt, die von der fortsetzung des romans bestimt vorausgesezt werden. Die geschichte von Galehot und dem *Destroit de Soreloys* wird erzählt bei gelegenheit der beschreibung von Brunors schild, dem *escu vermeil a la main blanche* (750 bl. 75ᵈ). Brunor hatte, auf die bitte der *demoisele mesdisant* hin, sich verpflichtet, das land Soreloys Plenorius und dessen brüdern, den söhnen Cerons, wider abzunehmen. Lancelot entschliesst sich Brunor zu folgen, um, wenn dieser nicht ans ziel gelangen solte, seinerseits die gefährliche aufgabe zu volbringen. Da dieses in der vulgata ausgelassen ist, so sah sich ihr bearbeiter gezwungen,

1) Dies ist der name des ritters *a la cote mal taillie;* den beinamen gab ihm der Seneschal Kex, als Artus jenen zum ritter schlug, vgl 750 bl. 40ᶜ, 12599 bl. 77ᵇ.

2) Dem wald Broceliande des Merlin entsprechend. [Über den namen, den Tressan *la forêt d'Arnant* schreibt, ist zu vergleichen Dunlop-Liebrecht s. 467 anm. 124, und s. 470 anm. 147.]

zur motivierung von Lancelots abreise von hofe den inhalt der langen stelle, die er hinwegliess, kurz referierend nachzuholen. Vgl. 334 bl. 144[d]: *Li chevaliers feisoit son escu porter covert d'une houce vermeille. Et se aucuns me demandoit qui li chevaliers estoit, je diroie que ce estoit Lancelot du Lac. Il s'estoit tout nouvelement departiz de court, car il avoit oï conter a la cort l'aventure de la demoisele mesdisant, et pour quele achoison ele estoit a la court venue, et comment li chevaliers a la cote mal taillie avoit seur lui emprise la besoigne pour mener la a fin. Pour ceste achoison s'estoit a icelui point Lancelot departiz de court au plus priveement que il pouoit, et s'estoit apenssez que il iroit aprés la damoisele, et se li chevaliers a la cote mal taillie n'i venoit avant de lui a l'aventure, il feroit tant lui meesmes que il acheveroit la besoigne se il pouoit* (nicht *porroit?*).

In dieser nachträglichen erklärung hat jedoch der bearbeiter die frühere auslassung keineswegs wider gut gemacht: wir erfahren gar nicht was es denn für eine sache war *que li chevaliers a la cote mal taillie avoit seur lui emprise,* und wodurch sich Lancelot bewogen fühlte ihm zu folgen. In der redaction, die ich für die ältere ansehe, ist dieses genügend motiviert.

Auch enthält die leztere eine begegnung zwischen Agravain l'Orguillex und Brunor, die zum verständnis der abenteuer von Agravains bruder Mordret nicht entbehrt werden kann. Der bearbeiter selbst betont diesen umstand (750 bl. 42[r], 12549 bl. 79[r]): *Por cestui fait que je vos ai devisé a cestui point aquesta li vallez a la cote mal tailliee la haïne de mon seignor Gr. [? Agravain] et de toz ses freres, que puis li torna mainte fois a anui et domage. Ceste fu la premiere achoison de la haïne, que dura puis dusqu'a pres de la grant bataille qui fu en la plaine de Salubieres, ou la flor* (12599: *de la chevalerie*) *du realme de Logres morut a duel et a martire, et plus por la felonie de Mordret que por autre chose.*

Noch eins spricht dafür dass die fassung der vulgata eine veränderung des ursprünglichen textes darstelt: das abenteuer Lancelots und Brunors ist bloss eine ungeschickte erfindung des bearbeiters, welche erklären soll, weshalb Lancelot sich hinter Brunor her auf den weg macht, und diese ihrem wesen nach bloss die widerholung, und noch dazu ungeschickte widerholung, einer andern begegnung derselben ritter, die unmittelbar nachher komt und in allen handschriften steht. Der bearbeiter hat geringes geschick an den tag gelegt, wenn er diese zweite begegnung neben jener ersten bestehn liess.

Nicht geschickter ist er da, wo er den übergang zu der aus der ersten redaction übernommenen partie von den abenteuern Tristans herzustellen sucht. Die anschauliche erzählung der ältern redaction, wie Tristan ohne vorwissen könig Marcs an dessen hof gelangt, wird von ihm durch eine bei ihm äusserst beliebte form der *praeteritio* ersezt, die an das lateinische *Quid dicam?* erinnert: *Que vos diroie je?*[1] *Tristan vint a cort, si que onques nus ne le sot, et quant la roïne le vit, ne demandez mie la joie qui entr' euls fu faite* (334 bl. 124[a]).

Etwas weiter unten (334 bl. 125[v]) tritt in der vulgata ganz plötzlich Fergus auf (*ne Fergus n'ot onques tant de hardement* usw.), ohne dass vorher von ihm die rede gewesen wäre. In der ersten redaction war erzählt worden, wie Tristan, als er sich von Kahedin und Yselt verraten glaubte und halb wahnsinnig im walde umherirte, mit Fergus zusammengetroffen war. Die erzählung der vulgata sezt also dieses erste auftreten des Fergus voraus, und so gibt uns ihr bearbeiter selbst die mittel an die hand, ihn der unterdrückung jener in der ersten redaction erhaltenen abenteuer zu überführen.

Die angeführten tatsachen liefern zur genüge den beweis, dass der text, den ich als die vulgata bezeichne, von Helis interpoliert worden ist, der zudem uns selber sagt, könig Heinrich habe seine erste bearbeitung unvolständig befunden (104 bl. 344[r] *por ce que il ai trouvé que assez choses faillent en cestui livre qui bien i seroient convenaubles a metre*).[2] Auch war Helis selbst der ansicht, Luce du Gast habe von den abenteuern Tristans nicht genug erzählt (Vorwort zu Palamedes, hs. 338: *Luces de Gau . . translata en langue françoise partie de l'istoire mon seigneur Tristran, et mains assez qu'il ne deüst. Moult commença bien son livre, mais il ne dist mie d'assez les oeuvres mon seigneur Tristan, ains en laissa bien la gregneure partie*). Daher entschloss sich Helis auf bitten könig Heinrichs, aufs neue an die arbeit zu gehen und alles nachzutragen, was weder Luce du Gast, noch Gau-

1) Dieselbe formel hat auch der verfasser derjenigen redaction häufig angewendet, welche Estlander für die älteste hielt. Auch da zeigt sie kürzungen und auslassungen an und liefert den beweis, das diese redaction den text der vulgata zu grunde legte.

2) Mit unrecht haben einige handschriften das nachwort der ältern redaction der vulgata angehängt, deren echtes Explicit das von Ferdinand Wolf, Über die Lais s. 240, aus der Wiener handschrift 2542 abgedruckte ist. Dieses selbe Explicit findet sich in der mehrzahl der Pariser handschriften der vulgata. Die schreiber, welche das ältere nachwort an die vulgata anfügten, liessen sich offenbar von demselben gesichtspunkt leiten, der auch Rusticien de Piso bewog, das längere nachwort aufzunehmen, nur wegen der ausführlichen angaben über die verfasser des romans, die es enthielt. [Der schluss der Wiener hs. 2542 ist fast wörtlich der schluss der Mort Artu; vgl. Furnivalls ausgabe der *Queste del saint Graal* s. 249, und Birch-Hirschfeld, Die Sage vom Gral s. 233.]

tier Map, noch Robert de Borron, noch er selbst gesagt hatten (hs. 104 *pour ce m'ai il requis par soy et par autres .. que je autre foiz me travaillasse de faire un autre livre ou toute la moitié fut contenue qui en cestui livre faut.* — Hs. 1463 Rusticiens text: *et pourverai de chief en chief, et de ce que je verai que faudra et que je trouverai en livre de Latin, je firai un livre entier ou je conpilerai, se diex plaist, tot ce que MS. Luces del Gaut que primieremant comance a treslaitier, et maistre Gualtier Map qui fist le primier livre de Lancelot, et M. Roubert de Boron, et je meïsmes que sui apellés Helyes de Boron, tot que nos n'avon menés affin, je acomplirai, se dex me done tant de vie que je peüsse celui livre mener a fin*).

Im vorwort zu Palamedes sagt er ferner, dass er den Bret auf bitten *mon seigneur de Borron* begonnen habe: *Je Helis de Borron par la priere mon seigneur de Borron et pour ce que compaignon d'armes fusmes longement, encommençai mon livre du Bret* (hs. 338). *Mon seigneur de Borron* gehört also wol zu den *autres*, die nach der so eben angezogenen stelle aus hs. 104 ihn ersuchten, den Tristan neu zu bearbeiten.

Aus den angeführten stellen ergibt sich, dass von Helis de Borron zwei bearbeitungen des Tristan herrühren; ich glaube diese mit wahrscheinlichkeit in den Pariser handschriften nachgewiesen zu haben. Auch bei seiner zweiten redaction befolgte Helis das princip, abenteuer, die mit den hauptbegebenheiten des romans in lockerem zusammenhange standen, zu unterdrücken, um sich in seiner erzählung ausschliesslicher mit Tristan zu beschäftigen. Man vergleiche folgende stelle: *Cel jor lor avint aventures aucunes que je ne voel pas deviser en mon livre; car anuis me sanlleroit de deviser toutes les aventures qui avinrent a chascun chevalier. Car je n'ai cure d'aconter alonges, ains vous dirai les aventures qui apartienent a ma droite matere, et au plus briement que je porrai, et vous dirrai comment il avint a Tristan et a Dynadam* (776 bl. 11[d]).

Wenn wir uns nun der schwierigen frage zuwenden, wie sich die erste redaction des Helis zu ihrer vorlage mag verhalten haben, so glaube ich dass Helis hier bereits nach demselben principe verfuhr, das er bei der zweiten redaction nur mit grösserer consequenz durchführte. Er selbst sagt dies an mehreren stellen, an denen er längen und abschweifungen in Luces roman hervorhebt, doch sollen diese stellen für eine der folgenden untersuchungen aufgespart werden. Hier führe ich nur eine stelle aus dem nachwort der hs. 104 an, die für unsere frage von belang ist. Hier sagt Helis: *de toutes ces flors fera je une corone a mon grant livre, en tel meniere que li livres de mon soingnor Luces de Gant et de maistre Gautier Maapp et ciz de mon soingnour Robert de Berron, qui est mes amis et mes paranz charnex, s'acourderont au miens livres, et li miens s'acorderont an meintes choses as lour.* Wenn Helis hier auch noch für seine zweite redaction übereinstimmungen mit Luce du Gast *an meintes choses* annimt, so müssen diese übereinstimmungen in um so höherem grade bei der ersten redaction vorhanden gewesen sein, wo Helis sich darauf beschränkt hatte, zu dem unbeendigten werke Luces die fortsetzung zu liefern ...

[PARIS 1870.] JULIUS BRAKELMANN.

[Jeder wird zugeben, dass der vorstehende aufsatz Brakelmanns manche für die geschichte des Tristantextes wichtige tatsache aufdeckt, die ihren wert behalten wird, auch wenn man an den schlüssen, die Brakelmann aus den tatsachen zieht, auf die dauer nicht solte festhalten können. Wäre es ihm vergönt gewesen, diese arbeit zum abschluss zu bringen, so hätte er vielleicht in einigen punkten noch seine ansicht geändert. So, meine ich, liest man fast zwischen den zeilen von Brakelmanns darlegung, dass die zweite redaction, welche Brakelmann Helis de Borron zuschreibt, nicht wol von diesem herrühren kann. Solte Helis sein eignes werk in so ungeschickter weise entstelt haben? Ich glaube fast dass Brakelmann auf dem wege war, einzusehen, auf wie schwachen füssen seine hypothese von den beiden redactionen des Helis steht, und dass nur der schluss der hs. 104 ihn verhinderte, diese hypothese aufzugeben. Brakelmann wolte diesen schluss zum abdruck bringen; er ist seitdem von Hucher Le saint Graal I, s. 35 (1875) veröffentlicht worden, so dass hier von einer ausgabe von Brakelmanns text abstand genommen werden kann. Hucher aber hat auf s. 156 auch das vorwort zum Palamedes herausgegeben, und ein vergleich dieses vorworts mit dem nachwort der hs. 104 genügt, um Brakelmanns hypothese ihre wichtigste stütze zu entziehen. Im nachwort der hs. 104, der einzigen welche dieses nachwort unverkürzt enthält, sagt Helis de Borron:[1] *li rois m'a requis par soi, et par autres et par sa bouche, et meïsment por ce qu'il ai trouvé que assés choses faillent en cestui livre qui bien i seroient convenaubles a metre, ne metre ne s'i porroient mie des or mais,*[2] *que je autre fois me tra-*

1) Ich unterdrücke in Helis worten was mir für den gegenwärtigen zweck entbehrlich scheint.

2) d. h. „weil der Tristan von mir bereits abgeschlossen ist, so wäre es jezt zu spät, das darin fehlende nachzutragen; ich kann dies nur in einem neuen werke tun." Besagt das nicht deutlich, dass Helis von einer zweiten redaction des Tristan abstehen will?

vaillasse de faire un autre livre ou toute la moitié fut contenue qui en cestui livre faut. Et je li promet que, tout meintenant que la grant froidure de cestui yver serai trespassee et nous serons en la douce saison que l'on apele le tens de ver, je qui adonc me sarai repousez aprés le grand travail que j'ai ehu de cestui livre, antour cui ai demoré cinc ans tous entiers et plus, me retournerai adonc ... et je ferai un autre grant livre.

Hiermit vergleiche man das Vorwort zu Palamedes, wo Helis sagt: *A Dieu qui m'a donné pooir et engien et memoire de finer hounoureement le livre du Bret, entour qui je ai travaillié moult lonc temps, merci je. Roi Henry d'Engleterre vueult, por ce qu'il li samble que je n'ai encore mie mis tout ce qu'il i apartenoit, que je encommence un autre livre de celle meïsmes matere, et vueult que en cestui livre soient contenues toutes les choses qui en mon livre du Bret faillent. Et pour ce que je voi que le tems est biaus et clers et li airs purs et la grant froidure de l'iver s'est d'entre nous partie, vueil commencier mon livre en tel maniere.*

Es ist völlig klar: wenn Helis im nachworte zum Tristan sagt, er wolle nur die winterkälte vorüber lassen und den frühling abwarten, ehe er dem wunsche des königs entsprechend ein neues grosses werk zu schreiben beginne, und dann im Palamedes sagt, weil das wetter schön und hell und die winterkälte vorüber sei, so schreibe er nun den Palamedes, so kann mit dem am schluss der hs. 104 versprochenenen werke nicht eine zweite redaction des Tristan, wie Brakelmann glaubte, sondern nur der Palamedes gemeint sein. Andrerseits aber kann das werk, für dessen endlichen abschluss Helis im eingang des Palamedes dem himmel dankt, nur dasjenige sein, zu welchem das in der hs. 104 erhaltene nachwort gehört, also der Tristan dieser handschrift. Denn dass das nachwort dieser handschrift zu einem andern als zu dem in ihr enthaltenen texte gehörte, wäre zwar denkbar, ist aber ohne triftigen grund nicht anzunehmen. Daraus aber ergibt sich weiter, dass der in der hs. 104 erhaltenen version des Tristan der name *li Bret* gebührt, also der klasse B, und nicht erst der klasse C, wie Brakelmann dachte.

Dagegen bleiben, auch wenn wir Helis de Borron nur éine redaction des Tristan zuschreiben dürfen, Brakelmanns beobachtungen über das sachliche auseinandergehen der verschiedenen bearbeitungen in ihrer ganzen wichtigkeit bestehen.]

LITTERATUR.

Corpus poeticum boreale. The poetry of the old northern tongue from the earliest times to the thirteenth century edited classified and translated with introduction, excursus, and notes by **Gudbrand Vigfusson**, M. A. and **F. York Powell**, M. A. Vol. I: Eddic poetry. Vol. II: Court poetry. Oxford, at the Clarendon Press, 1883. CXXX and 575; 712 pp. gr. 8°. M. 42.

Die besprechung des vorliegenden umfangreichen und bedeutenden werkes erscheint spät, später als es mein wunsch und meine absicht war. Nicht bloss äussere umstände haben sie verzögert. Ich habe mich vor ihr gescheut und es lange nicht über mich gewinnen können, einem manne von Vigfússons eminenter begabung in einer weise gegenüber zu treten, wie ich es um der sache und der wahrheit willen glaubte tun zu müssen.

Eine hervorragende leistung ist dies buch unzweifelhaft, ausgezeichnet durch die fülle des in ihm zum ersten male vereinigten materials, durch den reichtum der in ihm angeregten probleme, durch nicht altägliche gelehrsamkeit, durch combinationsgabe und scharfsinn, geschmückt durch stilistische vorzüge seltenster art und durch feinfühliges dichterisches nachempfinden, belebt durch den geist einer eigenartig ausgeprägten persönlichkeit. Man sieht überall, wenn man es nicht schon zur genüge wüste, dass Guđbrandr Vigfússon die altnordische litteratur, dichtung wie prosa, älteste wie spätere, und zugleich deren handschriftliche überlieferung in einem grade beherscht, wie kein anderer seit Jón Sigurđsson. Niemand unter den lebenden wäre wie er dazu berufen gewesen, uns ein quellenwerk der altnordischen poesie zu schenken als grundlage der weiteren forschung. Niemand wie er — wenn nicht eines ihm fehlte: die philologische methode! Das Corpus poeticum boreale erinnert in der tat in seinem völligen mangel methodischer schulung an die anfänge der germanischen philologie, hie und da an die zeiten der humanisten. Es wimmelt von wilkürlichkeiten und rücksichtslosigkeiten aller art, die flüchtigkeit und fahrlässigkeit, die inconsequenz und ungenauigkeit in der bearbeitung übersteigen jedes erlaubte mass. So kann das werk trotz aller jener glänzenden vorzüge nicht nur nicht die grundlage bilden für die studien, welche sich die altnordische poesie zum gegenstande wählen, sondern es muss als unbrauchbar für wissenschaftliche zwecke bezeichnet werden.

Ich werde den beweis für diese behauptung führen. Zuvor wird es aber notwendig sein, den reichen inhalt des Corpus poeticum boreale in umrissen zu skizzieren, um so notwendiger, als der herausgeber auch in der anordnung seines stoffes überall das hergebrachte verschmäht und nur ausnahmsweise sich und den leser mit verweisungen belästigt.

Die einleitung hebt an mit einigen interessanten §§ über die geschichte der altnordischen philologie auf Island. Der herausgeber weist nach, wie dort so gut wie anderswo die alte tradition einige jahrhunderte hindurch abgebrochen war.[1]

1) Zum beweise für diese behauptung weist Vigfússon s. XVIII u. a. auf das jezt von G. Cederschiöld unter dem titel *Allra kappa kvæđi* veröffentlichte gedicht (Arkiv I, 62 fgg.). In demselben (ca. 1500) werden aber ausser Skáld-Helgi — „Gunnaug Snake's-tongue“ findet sich nicht — doch noch einige andere isländische helden aufgeführt. Ich bemerke dies nur der genauigkeit wegen: Vigfússons verwendung des Akk. für seine ansicht soll damit nicht angetastet werden.

Er schildert dann das widerauflebe n der altnordischen studien: die wirksamkeit von Arngrímr Jónsson (1568—1648) und Bjǫrn Jónsson á Skarðsá (1575—1656), dann besonders von bischof Brynjólfr (1605—1675) tritt in anziehend gezeichneten bildern in ein helles licht. Es zeigt sich, dass Snorres Edda, vor allem Skáldskaparmál, in den zeiten des verfals das einzige werk der klassischen zeit, wovon man noch etwas wuste, die erinnerung an die skaldendichtung nicht ganz erlöschen liess. Der § 4, welcher die geschichte des wortes Edda vor und nach der entdeckung des Codex Regius der Eddalieder beschreibt, gehört zu den wertvolsten der einleitung. Ergänzt wird er (II, 560 fg.) durch die liste von anführungen des wortes Edda in den rímur. Bemerkenswert ist, dass bereits Magnús Ólafsson († 1636) den gedanken an „eine andere ältere Edda" fasste; seine theorie, der bischof Brynjólfr und andere sogleich lebhaft zustimten, ebnete den weg für die bezeichnung des neu aufgefundenen Codex Regius 2365, 4⁰ als Edda, während die phantasie des Bjǫrn Jónsson auf Sæmund führte. — Im folgenden (§§ 5. 6) wird von den handschriften, speciell den für die ausgabe benuzten, gehandelt. Der herausgeber zeigt hier dasselbe streben wie in den Prolegomena zur Sturlunga, die datierung der isl. membranen möglichst zu verfrühen. Ein urteil steht mir nicht zu. Der Codex Regius der Eddalieder, den man algemein mit Bugge gegen das ende des XIII. jahrhunderts sezte, soll nach Vigfússon zwischen 1220 und 1240 geschrieben sein, „but certainly not later than the latter date, and in all probability earlier" (s. XLII). Diese datierung steht in unlösbarem widerspruch mit der wolbegründeten annahme, dass die liedersamlung um 1240 oder 1250 abgeschlossen sei (Bugge Fornkv. s. LXVII. Müllenhoff, Deutsche Altertumsk. V, 1, 232).[1] — Bezeichnend ist die beschreibung der benuzten handschriften in § 6 für die arbeitsweise des herausgebers. Der abschnitt ist auf das sorgfältigste begonnen, indes — offenbar, weil das interesse erlahmte — in nachlässigster weise beendet.

Die folgenden seiten (§ 7) handeln im algemeinen von altgermanischer epischer dichtung, Die erzählungen bei Paulus Diaconus von Alboins jugend und ermordung gelten dem herausgeber für treue paraphrasierungen untergegangener longobardischer lieder. — Die untersuchung wendet sich den Eddaliedern zu (s. LVI —LXXX). Vigfússon sucht seine bekante hypothese über die heimat der Eddalieder durch neue argumente zu stützen, mit denen ich mich bald an anderer stelle auseinanderzusetzen haben werde (vgl. Edzardi, Beitr. von Paul und Braune 8, 349 fgg., sowie den lesenswerten aufsatz von E. Magnússon „On Hávamál verses 2 and 3" in den Proceedings of the Cambridge Philol. Soc. 1884, nr. IX). Die lieder werden auf eigentümliche weise klassificiert. Der herausgeber unterscheidet einen „Helgidichter", den er c. 950 ansezt, einen „tapeten"- oder „monolog"- oder „klaglied"-dichter (c. 1050), dem die lieder von Brynhild, Gudrun, Oddrun, nicht aber die älteren Atlamál (c. 1020), gehören sollen, einen „balladendichter" (c. 990), einen nordischen Aristophanes (Lokasenna, Skirnismál, Hárbarþsljóþ), einen „Sibyllendichter" (Vǫluspá), einen „christlichen dichter" (Sólarljóþ) usw. Doch sollen diese namen nicht immer bestimte dichter, sondern öfter nur die ähnlichkeit von inhalt und stil, die gleichzeitigkeit, kurz die schule andeuten (s. CXIII). — § 10 sucht das alter der liedersamlung zu bestimmen. Vigfússon gelangt zu 1150: diese datierung, schwach begründet und ohne rücksichtnahme auf ältere ansichten, ist aus den verschiedensten gründen unmöglich. Von der datierung der handschriften abgesehen, scheitert sie schon an dem umstande, dass Snorre die samlung nicht

1) Dagegen sezt Vigfússon dieselbe um 1150 (s. LXXII): s. unten!

gekant haben kann. § 11 sammelt die zeugnisse für die verbreitung der Eddalieder, namentlich die älteren: Eyvindr skáldaspillir (c. 970), der den „Helgidichter" geplündert haben soll (s. LXIV) und Úlfr Uggason (c. 980), der in der Húsdrápa (Sn. E. I, 268; Cpb. II, 24, z. 21) auf Hyndl. 35 (Bugge) anspielt (s. LXVIII), bieten die frühsten. Sodann: Arnórr jarlaskáld (c. 1064, vgl. Müllenhoff DA. V, 7 fg.), Ívarr Ingimundarson (Cpb. II, 261), jarl Rǫgnvaldr im Háttalykill, könig Sverrir (Fms. VIII, 409), der verfasser der Fóstbrœþra saga (ed. Gislason s. 83. Flat. II, 206). Auch stellen der Íslendinga sǫgur nimt Vigfússon als zeugnisse für die verbreitung der Eddalieder in anspruch (vgl. II, s. 501 fgg.). Paraphrasen findet er, abgesehen von Snorra Edda, Vǫlsunga saga usw., in Ynglinga s. c. 6—7. 21, Skjǫldunga s. (s. LXXV), Gisla s. Súrssonar (II, 331), Hrómundar s. Greipssonar (s. LXXVII fgg.) und Bósa s. c. 12 in Fas. III, 233: leztere stelle gibt aber nur die bekante erwähnung der Hjarrandahljóþ (vgl. meine ausg. der Kudrun s. 5).

Aus den abschnitten über die hofdichtung (§ 12. 13) und die Snorra Edda (§ 16) hebe ich hervor die hypothese des herausgebers über die überlieferung der strophen in Sn. E. und den königssagas, auf welche er selber offenbar grossen wert legt (vgl. s. LXXXII „the results here put forth are entirely new"). Die häufige nicht-übereinstimmung zwischen der prosa und den citierten strophen führt Vigfússon zu der ansicht, dass die verse sowol in Sn. E. als auch in Hkr., obgleich von deren verfassern (gleichviel ob Are oder Snorre) benuzt oder paraphrasiert, dennoch nicht von diesen selbst, sondern erst von späteren bearbeitern der Hkr. und Sn. E., und zwar nach verderbter (von Einarr Skúlason verflachter? s. LXXXVII, vgl. II, 258) vorlage, eingefügt worden sind.[1] Gegen diese hypothese „von der systematischen bearbeitung der älteren skaldenpoesie" hat bereits Heinzel Anz. f. d. A. XI, 48 fgg. sehr beachtenswerte einwände vorgebracht.

In § 14 sezt Vigfússon seine textkritischen grundsätze auseinander. Eine reihe von stellen wird behandelt. Ich führe sie an, um die prüfung zu erleichtern:[2] Guþr. II, 29⁷ (Cpb. I, 320). — Vǫls. s. B. 150, 28 (II, 538). — Hyndl. 24, 1 (I, 230). — Húsdrápa Sn. E. I, 250 (II, 23²). — Sonatorrek z. 49 (I, 279). — ebd. z. 2 (I, 277). — Grógaldr 13⁶ (I, 95). — Sonatorrek z. 50 (I, 279). — ebd. z. 94 (I, 280). — Guþr. III, 11⁶ (I, 323). — Hrafnsmál z. 60 (I, 258). — Helr. Brynh. 6 ¹⁻⁴ (I, 304). — Atlam. 65⁶ (I, 340). — Arinbjarnardr. z. 93 (I, 275). — Vspá 23⁷·⁸ (I, 196). — Sig. III, 64³·⁴ (I, 302). Auf einige dieser emendationen wird noch zurückzukommen sein.

Es folgen bemerkungen über „frühere ausgaben und commentare." Von einer zusammenhängenden bibliographie ist natürlich nicht die rede. Ich hebe einzelnes heraus. Woltuend berührt die warme verehrung für die unnachahmliche übersetzung der eddischen heldenlieder durch die brüder Grimm (s. XCIII), welche Hoffory soeben aufs neue herausgegeben hat. Der brief W. Grimms auf s. XCIV ist wol an H. W. Tydeman gerichtet. Von Bugges Norrœn Fornkvæði heisst es, dass diese ausgabe „has been the staple out of which subsequent editions have been, especially in Germany, manufactured." Als erwähnenswert werden dann angeführt die von Grundtvig und Hildebrand. Kent Vigfússon noch andere? Noch eine bemerkung

1) Damit im zusammenhange steht die ansicht, dass Vǫluspá nicht nach R, noch nach Hauksbók, sondern nach Sn. E. „restauriert" werden müsse (Introd. § 16. Dazu II, 642).

2) Ich citiere die Eddalieder stets nach Bugge, auch nach dessen kurzzeilen, ohne diese zu billigen.

muss mir vom herzen. Wenn der herausgeber s. XCVI Egilssons Lexicon Poeticum als „unsafely based“ bezeichnet wegen des völligen mangels an textkritik und vergleichender methode, so gebietet die gerechtigkeit darauf hinzuweisen, dass es an exactheit das Icelandic-English Dictionary bei weitem überragt.

Von der haupttendenz des § 16 über die prosaische Edda ist schon berichtet. Der verfasser der Gylfaginning soll älter als Snorre sein, der „glossator“, d. h. der einfüger der strophencitate nach einem verderbten und gefälschten text jünger, ebenso der verfasser des formáli und eptirmáli. Die klage, dass „no man of talent has ever really taken up and studied the Prose Edda“, wird vor Müllenhoffs untersuchungen wol verstummen. Am schluss dieses § wird die schon aus den Prolegomena zur Sturl. (s. C fg.) bekante ansicht widerholt, dass nicht Snorre, sondern Are der verfasser des grundstocks der Hkr. sei. — Der folgende abschnitt (§ 17) bespricht mythologische fragen. Der herausgeber versucht ältere und jüngere mythenschichten zu trennen. Nur für die lezte gibt er direkten einfluss des christentums zu, doch auch da nur in beschränktem masse. Die charaktere der Wall-religion sind alt, doch in neuer verbindung gebraucht und mit neuen personificationen vermengt. Dazu der erste excurs des ersten bandes (I, 401—431, s. unten).

Den schluss der einleitung (§ 18—20) bilden angaben über die orthographie, einrichtung, übersetzung, geschichte und zwecke der vorliegenden ausgabe, worauf noch zurückzukommen sein wird.

Der text zerfält in 10 bücher. Die 6 des ersten bandes umfassen die altn. gedichte im fornyrþislag, oder, wie Vigfússon mit unzweckmässiger erweiterung des begriffes sagt, die „Eddic poetry.“ Buch I („älteste nordische poesie“) enthält in fünf abteilungen die grosse masse der Hávamál, nämlich 1) „des gastes weisheit“ (82 str.); 2) „spruchgedicht“ (Háv. 81—83. 85—87. 89. 88. 90. 137. 74. 73, vgl. I, 400, dazu noch eine strophe aus prosa hergestelt nach Sn. E. I, 108); 3) „Loddfáfnis lehre“ (Háv. 112—117. 119—121. 44—46. 122. 123. 125—136. 162) — dazu Sn. E. I, 36; 4) „Odins liebeslehren“ (Háv. 102. 96—101. — 104—110. — 13. 14. 12); 5) die eigentlichen Hávamál (111. 138—164), dazu als appendix str. 80.[1] Es mag genügen dazu im algemeinen zu verweisen auf Müllenhoff, DA. V, 250 fgg. und die anzeige von Hoffory, Gött. gel. Anzz. 1885, s. 35 fgg. — Angefügt ist Sigrdrífumál 13^{4}—19. — Es folgt „das alte Völsungenspiel“, d. h. teile aus Reginsmál, Fáfnismál und Sigrdrífumál. Sodann „die ältesten epischen gedichte“: Atlakviþa, Hamþismál (vermischt mit Guþrúnarhvǫt 1—8, vgl. I, 375) und das „gedicht auf Theodorich den grossen“, d. h. die strophe, welche Bugge (Tolkning af runeindskriften på Rökstenen s. 40 fgg.) auf dem Rökstein gelesen hat.[2]

Buch II („älteste gedichte der westlichen inseln“) hebt an mit didaktischen dichtungen: Vafþrúþnismál (nebst Grimn. 40 fg.), Grimnismál, Alvissmál, Svipdagsmál (Grógaldr und Fjǫlsvinnsmál, im anschluss an Bugges schöne entdeckung) und die rätsel des königs Heiþrek aus der Hervarar saga. Aus Grimn. scheidet Vigfússon die strophen 18—20. 24. 36. 43. 45. 46. 47^{1-3}. 48^{5-7}. 49. 50. 54 als fragmente eines selbständigen gedichtes aus. Vgl. dazu meine bemerkungen Taalk.

1) Es fehlen Háv. 70^{4-6}. 78. 118, die der leser, wenn er sich das suchen nicht verdriessen lässt, Cpb. I, 216 fg. mitten unter den Sólarljóþ findet.

2) Weniger kritisch als Bugge a. a. o. s. 47 anm. bringt Vigfússon das *marika* = *mæringa* (zu *skati mæringa* vgl. Sn. E. I, 516) der inschrift gleich in verbindung mit Deors klage (Grein I, 520): *Þeóðric âhte þritig wintra Mǣringa burg.*

Bijdr. II, 105 fgg. und namentlich Müllenhoff a. a. o. s. 159 fgg. 236 fg. Andere strophen dieses gedichtes (44. 27. 28. 47⁴—48⁴) werden mit recht als memorialverse mythologischen inhalts gefasst. Dazu werden gestelt (s. 77—80): die zwergen-, nornen- und walkyrienverzeichnisse aus Vspá, sowie die strophen aus Sn. E. I, 480. 484 (Þorgrímsþula), I, 340. II, 431. 514. I, 482 (Kálfsvísa). II, 142, die sich alle auch bei Bugge s. 332 fgg. finden. — Den zweiten abschnitt dieses buches bilden die dichtungen des „Aristophanes der westlichen inseln": Lokasenna, Skirnismál, Hárbarþsljóþ und ein fragment aus der Skjǫldunga (Fas. I, 372¹⁷—373¹⁹), welches ein zankgespräch zwischen Odin und Ivar (Ívarr víþfaþmi) enthält. Der herausgeber hat demselben metrische form gegeben.[1] — Den schluss dieses buches bilden „mythische fragmente": Heimdallargaldr (Sn. E. I, 102), Njǫrþr und Skaþi (Sn. E. I, 92), Gná und Hofvarpnir (Sn. E. I, 116), Þǫkk (Sn. E. I, 180), Þórr und Geirrǫþr (Sn. E. I, 286) — alle auch bei Bugge Fornkv. s. 330 fg.

Buch III „alte epische gedichte von den westlichen inseln" enthält in drei abschnitten „die blüte der nordischen epik" und als vierten abschnitt die ältesten christlichen dichtungen des nordens didaktischen inhalts. 1) „der Helgedichter": a) „Helge und Sigrún" in drei teilen, welche die ganze erste Helgakviþa Hund. und von der zweiten str. 22—28 und von 30 an bis zum schluss bringen. Die prosa gilt dem herausgeber hier wie überall für jünger. — b) „Helge und Sváva" (Helg. Hjǫrv. 1—11. 31—43). — c) „Helge und Kāra" (H. Hu. II, 1—13), vgl. I, LXXVIII. — d) das fragment der Vǫlsungakviþa in forna (H. Hu. II, 14—18). — e) fragment eines dialogischen gedichtes von Helge und Sigrún (H. Hu. II, 29), vgl. Beitr. IV, 172 anm. — f) Atle und Hrímgerþr (Helg. Hjǫrv. 12—30). — g) „das westliche Welsungenlied", 8 fragmente eines jüngeren liedes von den Welsungen, welche sich, mit ausnahme des ersten (der halbstrophe in c. 8 der Vǫls. s.), in Reginsm., Fáfnism. und Sgrdrfm. zwischen den bruchstücken des älteren gedichtes über denselben gegenstand (buch I, § 4) vorfinden. — h) „Hjalmars todessang und Angantýrs erweckung" aus der Hervarar und Ǫrvar-Odds saga (Fas. I, 422 fgg. II, 212 fgg.), vgl. I, 495.

2) „der balladendichter": Vǫlundarkviþa, Þrymskviþa[2], Vegtamskviþa („Balder's doom"), Grottasǫngr, Bjarkamál (Fas. I, 110), ein kleines fragment eines verlornen liedes von Hrólfr kraki aus Sn. E. I, 396, endlich die fragmente eines Hildebrandsliedes aus Ásmundarsaga kappabana (Fas. II, 484 fgg.), vgl. die I, 387 mitgeteilte paraphrase Saxos und Müllenhoff in den Denkm.² 264.

3) „der Sibyllendichter": Vǫluspá, dazu I, 377. II, 621. 642.

4) „der christliche dichter": Sólarljóþ, als zwei gedichte (des elften jahrhunderts?) gefasst, nämlich a) die eigentlichen Sólarljóþ (str. 33—75. 81—83), b) „die weisheit des christen", fragmente einer parabeldichtung, zu denen Vigfússon auch Háv. 78. 70⁴⁻⁶. 118 stelt.

Buch IV bringt unter der zusammenfassung „alte historische gedichte" — die zu dem ersten abschnitte nicht passt — eine reihe von dichtungen aus dem X. und dem anfang des XI. jahrh. Auf die Hymiskviþa (dazu vgl. I, 511), welche wol hauptsächlich aus metrischen gründen hierhergestelt wurde, folgen genealogische

1) In v. 10 des so hergestelten fragmentes will Vigfússon statt *Hœner* lesen *Hǫþr* (I, 489). Vielmehr muss in v. 13 statt *Heimdallr* gelesen werden *Hǫþr*, wie Bugge Studien übers. von Brenner s. 37 anm. 1 bereits bemerkt hat. Auf Hœner passt die bezeichnung *es hræddastr vas Ása* nach Yngl. s. c. 4 ganz wol.

2) Dazu I, 501 die ballade *Thord of Hafsgaard.*

gedichte: Hyndluljóþ (vgl. II, 515. 629. 652), Rígsþula (vgl. I, 379), Ynglingatal von Þjóþólfr hvinverski (ein neuer text wird II, 655 gegeben), Hálcyjatal von Eyvindr skáldaspillir (neuer text II, 657); sodann die ältesten encomiastischen gedichte: Hornklofis „Rabensang" (als „Haraldsmál" herausgegeben in Möbius Edda s. 228 fgg.), Eiríksmál und Hákonarmál. Von dem zulezt genanten gedichte werden die strophen 5—8 abgetrent. — Den vierten abschnitt bilden die drei dichtungen von Egill Skallagrímsson: Hǫfuþlausn (950—954), dazu I, 379 der text des Wolfenbüttler Codex, Arinbjarnardrápa (c. 960), dazu I, 380 der text des Cod. AM 132 fol., und Sonatorrek (975—980), dazu ein neuer text I, 544. — Endlich „Sigtryggs dichter", d. i. Darraþarljóþ (nach 1014) aus der Njála c. 157.

In buch V sind namentlich die lieder zusammengestelt, welche sich in R nach der grossen lücke finden. Unter dem titel „die lezten epischen dichtungen" sind sie nach ihren stoffen geordnet, „which roughly gives the chronological order." 1) „Siegfrieds balladendichter", d. i. Grípisspá. — 2) „der Brynhilddichter": „das lange lied von Brynhild", welches Vigfússon zusammenfügt aus Sigurþarkviþa hin skamma und Helreiþ Brynhildar, — „fragment eines kurzen Brynhildliedes", d. i. Brot af Sigurþarkviþu, — Oddrúnargrátr — „fragmente verlorner lieder aus der lücke", d. h. die in Sverris s. c. 164 (Fms. VIII, 409) citierte halbstrophe und die strophen der Vǫls. s. c. 27—29 (auch in Bugges Fornkv. s. XXXVIII. 336 fg.) — 3) „der Gudrundichter": Guþrúnarkviþa in forna, wovon str. 37—44 abgetrent werden (s. unten) — „Gudruns gottesurteil", d. i. Guþrúnarkviþa III. — „Guđrúnarkviđa oder Gudruns erzählung", d. i. Guþrúnarkviþa I (zu str. 18. Guþrkv. H, 2 vgl. I, 381) — „Tregrof Guđrúnar", d. i. Hamþismál 1. Guþrúnarhvǫt 9—21 (vgl. buch I, § 5). — 4) „der Atlidichter": Atlamál — und Guþrúnarkviþa II, 37 —44 als besonderes bruchstück eines Atliliedes. — 5) „der hunnische cyclus": das lied von Hlǫþr und Angantýr nebst einem kleinen bruchstücke aus einem andern liede von Angantýr, beides aus der Hervar s. (Fas. I, 490 .... 508. 489). Dazu vgl. Cpb. I, 387 Saxo. — 6) „heldenkataloge": die liste der Hálfsrecken ans Hálfs s. c. 16 (Fas. II, 54) — aus Hjalmars todessang: Ǫrvar-Odds s. c. 14 (Fas. II, 220) — aus Ásbjǫrns lied (Fms. III, 220) — aus Gautreks s. c. 4 (Fas. III, 19) — dazu das bruchstück eines Starkaþliedes aus Sn. E. II, 407: das volständige lied hat Saxo gekaut, vgl. Cpb. I, 388 fgg.

Buch VI („Scholia") enthält eine blütenlese von volkstümlichen improvisationen, sowie kleine lyrische gelegenheitsverse in einem versmass, das Vigfússon ganz wilkürlich „Torf-Einar metre" nent, weil die strophen des Torf-Einarr aus der Orkneyinga in ihm verfasst sind. Vgl. Möbius Hátt. I, 54. — Nachträge zu diesem buche s. I, 400. 567. 572. Die neue lesung des Tune-steins am leztgenanten orte, der zufolge die sprache „rein gotisch" sein soll, ist entschieden mehr neu als gut.[1]

Die vier bücher des zweiten bandes umfassen die „hofdichtung": auch hier wäre wol als zusammenfassender name „dichtung im dróttkvæþr báttr" passender oder jedenfals richtiger gewesen. Ins einzelne dürfen wir bei unserer skizze des inhalts hier nicht eingehen.

Buch VII: heidnische poesie im dróttkvætt. 1) „mythologische höfische dichtung": Ragnarsdrápa — Haustlǫng, dazu ein paar lausavísur aus Hkr. — die Þórsdrápa von Eilífr Guþrúnarson, nebst einem fragmente desselben dichters aus einem

1) Vgl. jezt F. Burg, die älteren nordischen runeninschriften, Berlin 1885, s. 129 fgg.

gedichte auf Christus (Sn. E. I, 446) — die Húsdrápa von Úlfr Uggason (c. 975—980) — bruchstücke dieser gattung. Die quelle für diesen ganzen abschnitt ist die Snorra Edda. — 2) „lobgedichte", die ältesten historischen dichtungen im dróttkvætt, hauptsächlich aus den konunga sǫgur, einzelnes aus Sn. E.: Hornklofis Glymdrápa (vgl. Sn. E. III, 408) — Guthormr Sindri: drápa auf Hakon den guten — eine strophe aus Fagrsk. s. 15, welche der königin Gunnhild beigelegt wird — Kormaks Sigrœþardrápa (c. 960—970) — lausavísur von Eyvindr skáldaspillir aus Hkr. und Sn. E. — Glúmr Geirason: Gráfeldardrápa (c. 976) usw. — die dichter von Hákon jarl (976—995), unter denen hervorragen Einarr skálaglam (Vellekla u. a.), Tindr Hallkelsson und Eyjólfr dáþaskáld (Bandadrápa, vgl. G. Þorláksson, Udsigt over de norsk-islandske skjalde fra 9de til 14de århundrede, Kbh. 1882, s. 78 fg.). — 3) „gelegenheitsgedichte", nicht encomiastischer, sondern privater natur. Darunter ragen hervor die strophen des Hrómundr und seiner söhne aus Landnáma (Isl. ss. I, 161 fgg.) und die Máhlíþingavísur des Þórarinn svarti aus Eyrbyggja c. 18. 19. 22. — 4) lausavísur von Kormakr, Holmgǫngu-Bersi, Egill, Viga-Glúmr, dessen sohn Vigfúss und Hávarþr halti. Hauptquellen für diesen abschnitt sind natürlich die Kormaks, Egils und Viga-Glúms sagas. Ferner einige satirische strophen von isl. dichtern.[1]

Buch VIII („christliche hofdichtung") führt in sieben abschnitten die klassische zeit der skaldenpoesie vor. 1) die dichter Olafs Tryggvasons und Eirik jarls (995—1014): Hallfreþr vandræþaskáld, Halldórr úkristni, Skúli Þorsteinsson, Þórþr Kolbeinsson, Bjǫrn Hitdælakappi, Gunnlaugr ormstunga u. a. — 2) die dichter Olafs des heiligen (1014—1030) und Knuts von Dänemark (1008—1035): der vornehmste von diesen Sighvatr Þórþarson, nach Vigfússon (I, 118) der einzige unter den Skalden, welcher den namen eines dichters in unserem sinne verdient, zugleich derjenige, von welchem uns mehr erhalten ist als von irgend einem anderen (Cpb. I, 124—150), ferner Óttarr svarti, Þórarinn loftunga, Bjarni gullbrá, Skáld-Refr, Þormóþr kolbrúnarskáld u. a. Unter den kleineren stücken finden sich auch ein paar strophen, die dem h. Olaf selbst beigelegt werden (Fms. V, 178. 200. Flat. III, 241 fgg.). — 3) die dichter des Magnús góþi und des Haraldr harþráþi (c. 1040—1070): Arnórr jarlaskáld und Þjóþólfr Arnórsson die bedeutendsten, auch könig Harald selber ist vertreten, u. a. durch ein liebeslied (vgl. Þorláksson, Uds. s. 105). — 4) die dichter Eiriks des guten von Dänemark und des Magnús berfœttr und seiner söhne (1093—1130). Der haupskalde des dänischen königs, Markús Skeggjason († 1107? s. Sn. E. III, 348 fgg.) eröfnet diesen abschnitt. Unter den poeten des Magnús berfœttr ragen hervor Gísl Illugason, Bjǫrn krepphendi und Þorkell hamarskáld, auf Sigurd den kreuzfahrer bezieht sich namentlich die Sigurþardrápa von Einarr Skúlason. — 5) die dichter der prätendenten und späteren könige (1130—1200): Ivarr Ingimundarson, Halldórr skvaldri, Einarr Skúlason u. a., dann auch gelegenheitsverse aus dieser zeit. — 6) Gedichte des 12. jahrhunderts über frühere ereignisse: Geisli (drápa auf den h. Olaf) von Einarr Skúlason (c. 1154), überliefert in Bergsbók und Flateyjarbók — Rekstefja zu ehren Olafs Tryggvasons von Hallar-Steinn oder Steinarr (ob identisch mit Steinn Herdísarson? vgl. Þorláksson s. 118) —

1) Zur bequemlichkeit des benutzers vervolständige ich für diese zerstreuten strophen die ungenügenden quellenangaben Vigfússons: Cpb. I, 79—81 — str. **1—4**: Isl. ss. I, 248. 306. 308. 152. — **6—11**: Bisk. ss. I, 6. 10. 13. 14. 15. — **12**: Hkr. (Unger) 151. — **13**: Fms. XI, 81. — **14**: runeninschrift zu Karlevi auf Öland (s. Er. Jónssons Oldn. Ordb. XL fgg.).

die Jómsvíkingadrápa von bischof Bjarni Kolbeinsson (vor 1200) — Konungatal nach Flat. II, 520 fgg. und anderes. — 7) Allerlei kleinere reste der skaldenpoesie: darunter fragmente von encomien aus Snorra Edda und strophen, welche nach Vigfússon später in die Islendinga sǫgur interpoliert worden sind.

Buch IX: „epigonenpoesie“: 1) „der Ragnarcyclus“: Krákumál (Fas. I, 300 fgg.) — andere fragmente aus der Ragnars saga (dazu s. Edzardi, Helden-Sagen, Stuttgart 1880, s. L fgg.) — verse aus den Fornaldar sǫgur und einigen anderen sagas gleichen charakters: besonders poetisch die der Víglundar saga (ed. G. Vigfússon, Kph. 1860). — 2) Málsháttakvæþi (herausg. von Möbius in der Ztschr. f. d. phil., ergänzungsband s. 1 fgg.), nebst einem runenliede (vgl. Möbius Cat. s. 20. Verz. s. 94).

Buch X („buchpoesie“) bildet den schluss der samlung. 1) Merlínus spá, eine zu anfang des 13. jahrhunderts von dem mönche Gunnlaugr Leifsson gefertigte übersetzung nach Gottfried von Monmouth (herausgegeben von Jón Sigurđsson in den Breta sǫgur nach Hauksbók: AnO. 1849). — 2) „lezte gedichte in altem metrum“: Vǫlsa fœrsla, ein phalluslied (Flat. II, 331 fgg.). — Skaufhalabálkr (herausg. von Kolbing, Beitr. zur vergl. gesch. der romant. poesie und prosa des ma., Breslau 1876, s. 242 fgg., vgl. Germ. 21, 368) u. a. — 3) fragmente von tanzliedern und kehrreime von Island und den Faröer. — 4) Rímur, die zwei ältesten: Ólafsríma von Einarr Gilsson (Flat. I, 8 fgg.) und Skíđaríma von Einarr Fóstri (herausg. von K. Maurer, München 1869 [aus den Abhandl. der k. bair. akad. I cl. XII, 1], vgl. Möbius in dieser zeitschr. 3, 227, und von G. Cederschiöld in Wiséns Carm. norr., Lund 1880, s. 100—112), dazu 100 impromptus in demselben versmass. — 5) die Islendingadrápa von Haukr Valdísarson (ed. Möbius, Kiel 1874) nebst anderen katalogischen fragmenten. — 6) die þulur aus der Snorra Edda, manche in dróttkvætt. — Endlich 7) Skáldatal nach cod. Academ. und cod. Ups. (vgl. Catal s. 169 fgg. und Sn. E. III, 205 fgg.).

Ein anhang (II, 547—559) enthält „unächte“ verse aus den Fornaldar sǫgur, unter diesen auch den Vikarsbálkr aus Gautreks s. c. 3—7.

Dazu kommen noch einige texte zur erläuterung: doppeltexte, d. h. 7 mehr oder minder gleiche stellen, die sich zwischen je zwei Eddaliedern finden, und zwei gedichte Egils in doppelter überlieferung I, 375—380 — paraphrasierende liederfragmente aus Saxo Grammaticus I, 381—391 — die bereits angeführten reconsructionen von Vspá und Vspá in skamma (Hyndl.) II, 621—630, Hál. und Yngl. II, 655—657 und Sonat. I, 544—548 — die prosa von R vor und nach der lücke II, 524—532 — die paraphrase der durch die lücke verlornen lieder in Vǫls. II, 532—541, nebst englischer übersetzung I, 391—399 — paraphrasierende stücke aus Sn. E. II, 541 fg. — verzeichnisse von kenningar und ókend heiti I, 574 fg. II, 542—546. 618—620.

Unter dem texte steht eine englische prosaübersetzung, darunter die lesarten.[1] Ausführliche historische und litterarische einleitungen sind den einzelnen abschnitten und dichtungen vorangeschickt. Es folgen reichhaltige anmerkungen I, 459—574. II, 563—617.

Endlich hat Vigfússon beiden teilen eine reihe von wichtigen excursen beigegeben: 1) über den altn. gottesdienst I, 401—431 (tempel und opfer, orakel, ahnencultus, gelübde und eide, besessenheit, kalender). — 2) über germ. und altn.

1) „Final readings“ zum ersten bande I, CXXIV—CXXX, zum zweiten bande II, 657 fg. — Addenda, corrigenda, errata I, 400. 576. II, 710—712.

metrik I, 432—458. — 3) über die kenningar in der altn. poesie II, 447—486, nach kurzer einleitung eine klassificierte zusammenstellung derselben. — 4) über chronologie II, 487—500. — 5) über die spuren alter heldenlieder in einzelnen Íslendingasǫgur II, 501—508. — 6) „der schöpfungsmythus und die nordischen genealogien in Hyndluljóþ“ II, 509—523 (darin etymologien von *edda* und *ǫss*, nebst reconstruction von Hyndl.). — Indices (zur mythologie und sage, zur geschichte, zur grammatik, poetik, kritik usw., und zu den behandelten realien) beschliessen das werk II, 660—708.

Ein corpus poeticum norrœnum soll selbstverständlich keine poetische anthologie sein, sondern ein sprachliches und litterarhistorisches quellenwerk. Volständigkeit der texte ist erstes bedürfnis. Von nachweisbaren fälschungen, wie etwa Forspjallsljóð oder Gunnarsslagr, abgesehen, hat es alle altn. gedichte[1] bis zu einer gewissen zeitlichen grenze zu umfassen, volständige gedichte wie einzelne strophen bis zu den unbedeutendsten fragmenten, auch solche, die wertlos oder der schlechten überlieferung wegen fast unverständlich erscheinen. Als terminus ad quem wäre wol die mitte des vierzehnten jahrhunderts anzunehmen: Eysteins Lilja (1350) könte den schluss bilden. Vigfússon nimt das 13. jahrhundert als zeitliche grenze. Er hat s. CXI fg. der einleitung eine liste derjenigen gedichte gegeben, welche er absichtlich von seiner samlung ausgeschlossen hat. Die gründe sind nicht immer sehr stichhaltig. Es werden dort aufgeführt Háttatal und Háttalykill, lezteres gedicht, weil Möbius eine ausgabe desselben vorbereite, was jedoch keineswegs der fall ist, die dichtungen aus Sturlunga als „rein künstliche und nachahmende poesie“, die verse der Orkneyinga, mit ausnahme einiger besonders wichtigen von Rǫgnvaldr jarl. Ferner: Hugsvinnsmál (herausg. von Scheving 1831), obgleich Vigfússon selber sie dem anfange des 12. jahrhunderts zuschreibt, Harmsól, Leiþarvísan, Líknarbraut, die Placidusdrápa (lezteres gedicht aus Cod. AM. 673, 4° vermutlich der überlieferung nach das älteste altn. gedicht), die Guþmundardrápur und Lilja, endlich fragmente der Skálda aus gedichten legendarischen inhalts. Dagegen haben dichtungen aufnahme gefunden, die den selbstgesteckten grenzen des herausgebers gemäss hätten ausgeschlossen bleiben sollen: aus unserer inhaltsübersicht ergibt sich dies zur genüge. Ein princip ist dabei kaum zu entdecken. Wenn die Hugsvinnsmál, eine bearbeitung der Disticha Catonis, fortgelassen wurden als „buchdichtung“, so hätte dasselbe schicksal den grösten teil des X. buches treffen müssen. Der herausgeber hat sich eben mehr durch seine persönliche vorliebe oder abneigung leiten lassen, als man billigen kann. Man ist nun nach wie vor genötigt, wichtige gedichte an entlegenen stellen zu suchen: den Háttalykill z. b. in der selten gewordenen ausgabe der Sn. E. von Egilsson, Placidusdrápa und die anderen geistlichen stücke in isländischen programmen von 1833 und 1844. Es fehlt aber noch anderes, das Vigfússon nicht erwähnt. Eine ganze reihe von einzelnen vísur aus Fas. und Ísl. ss., namentlich viele lausavísur der lezteren, glänzen durch ihre abwesenheit. Ob absichtlich, weil sie dem herausgeber unächt erschienen oder misfielen, oder aus versehen, steht dahin. Heinzel hat A. f. d. a. 11, 46 einzelnes hervorgehoben. Ich bemerke noch folgendes, ohne erschöpfend sein zu wollen. Es fehlen die zwei strophen des Þorbjǫrn hornkloſi Fagrsk. c. 14 und Flat. I, 574 (Fms. X, 192), die drei strophen der Skálda saga (Fms. III, 68 fg.), vgl. Sn. E. III, 412. 415. 406, die verse des Sneglu-Halli Flat. III, 427 fg.;

1) Vgl. die kurze, aber vortrefliche übersicht der uns überlieferten norrœnen dichtung in Möbius Háttatal II, 85 fgg.

ferner alle verse der Hávarþar saga (bis auf die halbstrophe Sn. E. I, 232), weil sie dem herausgeber unächt erschienen (Cpb. II, 73 fg.). Cpb. II, 62 wird éine strophe des Þorvaldr Hjaltason gegeben (Flat. II, 73[1]): warum fehlt Flat. II, 73[2]? Cpb. II, 172 fehlt Flat. III, 241[5]. Ohne ersichtlichen grund werden in Buch IX, § 1 zwei strophen der Ragnars saga und fünf der Hervarar saga (Fas. I, 254. 262 fgg. 431 fg.) weggelassen. Cpb. I, 369, nr. 64 (= Sturl. I, 17 .... 19) fehlt der schluss. In demselben abschnitt (Cpb. I, 363, nr. 26) wird die zweite hälfte der lezten strophe aus der Egils saga (ausg. Reykjavik 1856, s. 226 fg.) angeführt, die erste hälfte aber fortgelassen. Weshalb fehlt unter den strophen der Gunnlaugs s. (Cpb. II, 111 fgg.) die strophe Ísl. ss. II, 271?

Es mag dabei sein bewenden haben. Freilich, es ist bereits mit recht von Heinzel a. a. o. s. 45 betont worden, dass es sehr schwer hält, sich zu überzeugen, ob eine strophe, die man im Cpb. sucht, auch wirklich darin steht. Die benutzung des werkes wird eine wahre qual. Eine genügende controle zwischen den altn. quellenwerken und dem Cpb. wird durch die ganze anlage des buches fast zur unmöglichkeit. Ich rede hier noch nicht von der anordnung: sie stand dem herausgeber frei, ist aber nicht consequent. Allein es fehlen die nötigen angaben über die herkunft der einzelnen strophen und fragmente, verweisungen auf frühere ausgaben und die unentbehrlichen indices. Beispielsweise: der leser wünscht sich zu überzeugen, ob die erhaltenen strophen des Halldórr skvaldri aufnahme gefunden haben. Nach einigem suchen findet er ihn an zwei stellen II, 248 fg. 266 fg. Von den 12 strophen an der zuerst genanten stelle erfährt er bloss, dass die beiden lezten „from Edda“ sind. Von den zehn ersten kann er natürlich voraussetzen, dass sie aus den konunga sǫgur herstammen. Aber wo stehen sie? Der geduldige leser wird ersucht, in Hkr., Fms. VII und Fsk. zu suchen, bis er sie hat. Von den 6 strophen, die sich II, 266 fg. finden, heisst es wörtlich: „Verse 5 from O. H. L. [d. i. die „legendarische“ Ólafs s. helga, herausg. von Keyser und Unger, Christiania 1849]; verse 6 from Morkinsk.; verse 5 from Fagrsk.“ Abgesehen von einem störenden druckfehler, leistet diese quellenangabe gewiss das mögliche an ungenauigkeit und rücksichtslosigkeit gegen den benutzer. Genaueres s. Sn. E. III, 369. — Eyvindr skáldaspillir steht an drei verschiedenen stellen des werkes: das Háleygjatal I, 251, die Hákonarmál I, 262, lausavísur II, 33. Über die überlieferung des Hál. heisst es kurz und bündig, dass die von Vigfússon als III. IV. VIII. IX bezeichneten fragmente in „the King's Lives“ vorkommen, fragment X in Fagrskinna, die übrigen in Edda und Skálda (W). Nun ist die überlieferung gerade dieses gedichtes sehr verwickelt, wenigstens stellenweise. Und mit diesen angaben soll man sich zufrieden geben, durch sie soll man in stand gesezt werden, sich ein urteil zu bilden über die von Vigfússon beliebte reihenfolge der fragmente und so manche andere frage! Von Eyvinds lausavísur erfahren wir, dass sie aus „the Lives of Kings“ stammen und dass „Snorri in Edda“ die zeilen 21—22, 25—26, 29—32 citiert. Nun suche du! Er hätte bei jeder aufgenommenen strophe die herkunft derselben angegeben werden müssen, unter genauer verweisung auf eine bestimte ausgabe. Schon für die Eddalieder ist das fehlen dieser angaben eine empfindliche erschwerung des studiums: für die Skaldenpoesie aber macht es die nutzbarkeit des werkes geradezu illusorisch. Der herausgeber hätte sich in diesem punkte die sorgfalt Jón Sigurðssons im dritten bande der Snorra Edda AM zum muster nehmen können. Die citate, die wirklich beigebracht werden, sind in ihrer ungenauen algemeinheit nutzlos, ausserdem noch häufig falsch. So heisst es II, 114 von den 1½ strophen der Gestr Þorhallsson

„from Cod. Worm. Appendix", allein nur die halbstrophe findet sich Sn. E. II, 628,[1] die strophe ist aus der Heiþarvíga s. (Ísl. ss. II, 299). Ganz irreführend ist die angabe zu Sighvats Togdrápa II, 135: str. 1 ist nicht aus der Ragnars s., sondern aus dem þáttr af Ragnars souum (Fas. I, 354), nicht str. 2 und 11, sondern 5 und 11 sind aus Fagrsk., nicht str. 2, sondern str. 12 aus Skjǫldunga s. (Fms. XI, 202). Die erste strophe der Knútsdrápa von Hallvarþr háreksblesi II, 161 stamt nicht aus den Konunga sǫgur, sondern aus Sn. E. I, 320. Die fünf halbstrophen von Ormr Steinþórsson II, 322 sollen der Sn. E. entnommen sein, allein die fünfte ist nirgends zu finden.[2] Die unmittelbar folgenden werden der „Ups. Edda" zugeschrieben: sie finden sich Sn. E. I, 468. 332. Dies sind einzelne beispiele aus vielen. Falsche angaben sind von mir u. a. noch bemerkt worden II, 54 (Norþrsetudrápa), 63 (Kormakr), 71 (Egill), 94 (Hallfreþr), 175 (þormóþr kolbrúnarskáld), 216 (Valgarþr á Velli), 218 (Grani skald), 239, III und V usw. — doch mag die liste hiermit geschlossen werden. — Die nutzbarkeit des werkes wird noch mehr beeinträchtigt durch das fehlen der unentbehrlichsten register. Neben acht indices von zum teil sehr problematischem nutzen fehlen unbegreiflicher weise die drei wichtigsten, nämlich 1) der dichter, 2) der benauten gedichte, vor allem aber 3) der werke (Sn. E. und sǫgur, nach bestimter ausgabe), aus denen die einzelnen gedichte und fragmente genommen sind. Nur auf diese weise, durch genaue angabe der herkunft einer- und den an dritter stelle genanten index andererseits, wäre die so notwendige controle zwischen der altn. litteratur einerseits und dem Cpb. andererseits ermöglicht.

Ich gebe zu, dass man die bisher gerügten mängel durch eigene nacharbeit beseitigen kann. Die register kann man sich anlegen, die citate am rande anmerken. Ich darf zwar versichern, dass lezteres gar nicht so einfach ist, aber mit unverhältnismässigem aufwand von zeit und mühe gelingt es in den meisten fällen doch.[3] Weit schlimmer ist, dass die textbehandlung ausserordentlich wilkürlich gehandhabt wird. Das schlimste, um gleich damit anzufangen, ist die unvolständige mitteilung der überlieferung. Bei den Eddaliedern und den anderen nicht encomiastischen volständigen gedichten lag offenbar angabe der varianten unter dem texte im plane der herausgebers. Am einfachsten war die sache, wo nur eine handschrift vorhanden ist, wie z. b. bei denjenigen Eddaliedern, welche bloss in R bewahrt sind. Allein sogar da werden nicht selten wilkürliche lesarten in den text gesezt, ohne angabe der handschriftlichen überlieferung. Ich wähle auf's geratewol wenige beispiele aus vielen.

Cpb. I, 146, z. 59 (Helg. Hjǫrv. 34 [2]) *Sagdir þú, Helgi, at Hrodmarr væri]* unter dem texte bemerkt der herausgeber „Hrodmarr] emend.; h', R." Nach Bugge liest aber R Heþinn; dagegen z. 64 (str. 35 [3]), wo Vigfússon ohne bemerkung *Heðin* in den text sezt, liest R h', d. i. *hann.* — Cpb. I, 148, z. 3 (Helg. Hund. II, 1 [5])

1) Vgl. Sn. E. II, 498.

2) Dagegen ist Sn. E. I, 502 [1] (Ormr) fortgelassen: s. Möbius Hátt. II, 130 s. v. *hálfhnept.*

3) Nicht in allen. So sollen die dritte (halb-) strophe des Snæbjǫrn Cpb. II, 55 [7–8] und die zeile des Skáld-Helgi II, 171 [46] hergenommen sein aus „AM 738." Über diese papierhs. AM 738, 4° wuste mir auch herr prof. Möbius weiter nichts mitzuteilen, als dass sie enthält „Edda eþur Samtok foruræfintyra og dæmesagna" (nach Rafus Krákumál, 1826, s. 87, vgl. Fas. I, XVIII, nr. 9). Die verse koute er nirgends auftreiben.

es ulf ungan inni haofđot] R hat *vlf grán*, und *ungan* ist eine conjectur. Nichts davon in den varianten.[1] — Cpb. I, 153, z. 41 (Helg. Hjǫrv. 22 [2]) *ef þú afli truir]* ohne bemerkung, aber R liest *ef afli treystiz.* — Cpb. I, 156, z. 31. 32 (Reg. 18 [1—4]) *Hnikarr hétomk þá-es hugin gladdak,* | *Vawlsungr ungi! ok vegit hafđak]* R hat nicht nur *hafđe*, sondern auch *gladde*, wie sich aus Wimmers Oldn. Læseb.[2] V bereits ersehen liess (vgl. ztschr. f. d. phil. 12, 368 und Bugge, Arkiv 2, 121). Vigfússon gibt keine bemerkung. Ebensowenig ist auf die lesart der Vǫls. s. und des Norn. þ. rücksicht genommen. — Cpb. I, 158, z. 83 (Sigrdrfm. B. 229ª, 7 fg.). *Agnarr hét Auđo bróđir]* dazu die bemerkung „Agnarr] Bugge; annarr, R." Man muss also annehmen, dass R lese *annarr hét Auđo bróđir.* In wirklichkeit aber liest R ᴀɴᴀʀ het Agnaʀ haþo broþir, und Bugge hat bloss nach Helr. Brynh. 8, 6 und Völs. s. *Auþo* hergestelt.

Das sind einige beispiele von wenigen seiten. Ich könte sie mit der grösten leichtigkeit — ausschliesslich was die lesarten von R betrift — verzehnfachen. Im texte der Lokasenna (Cpb. I, 101—110) z. b. finde ich 13 abweichungen von der handschrift, die nicht als solche kentlich gemacht sind: str. 11, 5 *inni] innar* R. — 14, 5 *hendi í] í hende mér* R. — 15, 5 *ef] ef þú* R. — 19, 6 *fiá] friá* R. — 27, 1 *ef inni] ef ek inni* R. — 29, 5 *hygg] hvg* R, *hygg* hss. der Sn. E. — 31, 2 *myni] mý* R. — 47, 2 *ert] er* R. — 47, 3 *„lezcaþu"] leztaþv* R, *lezkattu* W, *legskaþv* r. — 49, 2 *svá lengi] lenge svá* R. — 52, 4 *þess] slíks* R. — 58, 1 *burr]* fehlt R. — 59, 5 *á] ok á* R. Von rein orthographischen varianten sehe ich ab, denn dass der herausgeber diese nicht anführt, muss man billigen. Eben, weil der herausgeber mit den isländischen manuscripten auf so vertrautem fusse steht wie kein anderer,[2] wird man das peinliche gefühl der unsicherheit und des zweifels niemals los. Man wirft immer wider die frage auf: steht die lesart von Vigfússons text wirklich in der handschrift, oder versäumt er nur, wo sein text von Bugges angaben abweicht, die lesart der handschrift zu verzeichnen? Lezteres wird in hohem grade wahrscheinlich: Bugges sorgfalt in diesen dingen ist bewährt, und der ausgezeichnete norwegische gelehrte hat noch kürzlich die resultate einer erneuten lesung von R veröffentlicht (Arkiv II, 116 fgg.).

Anderen manuscripten gegenüber scheint die akribie des herausgebers nicht grösser gewesen zu sein. In dem texte des Grottasǫngr (I, 184—188) liest der herausgeber z. 48 *stóđom*, wo die hs. (cod. r der Sn. E.) *stoþv* hat, wenigstens nach Bugge (zu str. 11, 5) und der Sn. E. AM. I, 384; z. 79 *burr* statt *sonr*, z. 80 *Halfdanar* statt *Halfdana* — stets ohne angabe der handschriftlichen lesart, während sonst abweichungen von geringerer bedeutung in diesem gedichte verzeichnet werden. — In Rígsþula (I, 234—242, nach W) hat Vigfússon die namen der karlstöchter in str. 25 an eine spätere stelle (zwischen str. 41 und 42) versezt, da sie seiner ansicht nach eigentlich namen der jarlstöchter sind, während er die so entstehende lücke in str. 25 aus den þulur (Sn. E. I, 558) ergänzt. Die einleitung zu Rígsþula und die anmerkungen (I, 519) geben darüber auskunft, aber so, dass man meinen muss, die namen aus str. 25 seien einfach versezt und fänden sich nun,

1) [Nachträglich sehe ich, dass in den anmm. I, 494 die handschriftliche lesart mitgeteilt ist. Die conjectur wird dort gestüzt durch „Old. Wols. Pl. 311. Long Br. L. 46" (d. i. Sgrdrfm. 35 [6]. Sig. III, 12 [3. 4])].

2) Vgl. I, XLII: „though the Editor has had in hand and gone through probably every extant early Icelandic vellum or vellum fragment (save those at Wolphenbüttel) ...."

wie W sie bietet, zwischen str. 41 und 42. Das ist aber in wirklichkeit nicht der fall: statt *Víf* und *Ristill* W findet man bei Vigfússon *Kona* und *Ekkja* nach den þulur, und zwar ohne varia lectio.

Wo mehrere handschriften vorliegen, bleibt man stets im unklaren, ob die herstellung des textes auf einer philologischen untersuchung des handschriftenverhältnisses beruht. In einigen, allerdings seltenen fällen, ist die herbeiziehung kritischer hilfsmittel ganz unterlassen: für den text von Reginsmál 13 — 26 (I, 155 fgg. 34) und Helreiþ Brynh. (I, 304 fg.) sind z. b. die codices des Norn. þ. unbenuzt geblieben (vgl. diese ztschr. 12, 87 fgg.). Das macht wenig aus. Schlimm dagegen ist die unvolständige mitteilung der varianten wol benuzter handschriften. Ich verweise den leser beispielsweise auf die texte von Grimnismál, wo die lesarten von A und Sn. E. durchweg nicht angegeben sind, von Vǫluspá, wo bald die lesarten von H, bald die von R fehlen, von Ynglingatal und so manche andere. Den texten aus Snorra Edda, namentlich den wichtigen alten dichtungen in Buch VII, § 1, hat der herausgeber W zu grunde gelegt: die abweichungen der anderen handschriften werden gelegentlich angegeben, gewöhnlich aber nicht, zuweilen wird sogar die lesart von W ohne angabe verlassen. Dabei passieren denn allerlei flüchtigkeiten. So wird zu Cpb. I, 252, z. 3 (Háleygjatal): *þvi-at hans ætt i hver-legi* die lesart angegeben „þvi-at] W, meðan A“, während A = Hkr. ist und die strophe sich nur in Sn. E. findet. — Cpb. II, 23, z. 1 (Húsdrápa) liest Vigfússon *ték* ohne lesart. Keine von den handschriften der Sn. E. liest so: s. Sn. E. I, 250. II, 307. 522. Mogk Beitr. 7, 323. In demselben gedichte z. 19 ist *Við-gymir* ebenfals gegen alle handschriften eingesezt, und widerum fehlt angabe der lesarten (vgl. Mogk a. a. o. s. 327). — In den Máhlíþingavísur (II, 57 fgg.) aus Eyrbyggja wird zu str. 13, z. 51 angegeben, dass *hlœgi* eine conjectur ist, nicht aber zu str. 6, z. 22, dass es sich mit *rauk* ebenso verhält: s. Eyrb. 1864, s. 25. — Im texte des Skáldatal (II, 442 fgg.) finden sich zwei auslassungen, abweichend von beiden handschriften. Doch wozu beispiele anhäufen? Weit besser wäre es gewesen, gar keine lesarten zu geben als eine so wilkürliche auswahl.

Am empfindlichsten aber vermisst man die zuverlässigkeit der neuen ausgabe bei den texten aus den königssagas. Dass so viele strophen mehrfach überliefert sind, erfährt der leser in der regel gar nicht. Durchweg bleibt es bei der angabe „from the Lives of Kings“: welcher recension (Hkr., Morkinsk., Fagrsk., Flat. usw.) eine strophe entnommen ist, wird wenigstens noch hie und da, ob eine strophe sich aber in mehreren recensionen zugleich findet, so gut wie nirgends gesagt. Dem entsprechend fehlt die rücksicht auf die abweichungen der verschiedenen recensionen von einander.

Nach dem bisher gesagten braucht kaum hervorgehoben zu werden, dass der herausgeber die kritischen bestrebungen seiner vorgänger grösstenteils ignoriert. Dann und wann werden allerdings frühere ausgaben angeführt, doch benuzt sind sie fast gar nicht. Die meisten texte erscheinen als „nunc primum edita“, namentlich im zweiten bande. Eddalitteratur ist I, XCIII fgg. citiert: conjecturen Bugges werden nicht selten aufgenommen, mit und ohne nennung seines namens, ein einzelnes mal stöst man unter dem texte auch auf die namen Rask, Arne Magnússon, Egilsson, Grimm, Grundtvig, alles ohne system und ordnung. Für die texte des zweiten bandes wird s. XCVI ausschliesslich verwiesen auf Egilsson Skýringar im zwölften bande der Fms. Ausgaben einzelner werke werden dann in den speciellen einleitungen noch hin und wider angeführt, wenn es dem herausgeber gerade einfiel: vgl. II, s. 43. 284. 295. 301. 363. 372. 381. 390. 396. 442.[1] Von den kritischen beiträgen zu den Eddaliedern von Edzardi, Wisén, Richert u. a. ist nirgends die rede. Wiséns Carmina norrœna (Lund 1880), K. Gíslasons arbeiten zur altn. skaldendichtung (Aarbøger 1866. 1879. 1881. Njála II) sind weder erwähnt noch benuzt. Ich nenne noch einiges, indem ich bloss herausgreife, dessen benutzung man ungerne vermisst: die verschiedenen schwedischen arbeiten über Haraldsmál, Hákonarmál, Hǫfuþlausn, Arinbjarnardrápa, Vellekla u. a. (s. Möbius Verz. s. 66. 64. 73. 39. 108), Gröndals bemerkungen zu Haustlǫng in AnO. 1860, Mogks ausgabe der Húsdrápa Beitr. 7, 319 fgg., Jón Þorkelssons skýringar der visur in Gunnlaugs s. usw. 1868, in Njála 1870, in Grettla 1871 usw., O. Kyhlberg Om Skalden Sighvat Thǫrdsson, Lund 1868 und A. Ternström Om Skalden Sighvat Thordsson, Lund 1871, Möbius ausgabe der Íslendingadrápa, Kiel 1874, ganz abgesehen von den texten vieler saga-editionen und der lesebücher.

Wilkürlich und inconsequent ist auch die orthographie. Der herausgeber deutet in der einleitung s. CVII an, es sei für die älteren gedichte sein streben gewesen, die orthographie der ältesten handschriften durchzuführen. In wirklichkeit ist das aber nicht geschehen. Die schreibung des Cpb. schwankt planlos zwischen der orthographie der ältesten und der der jüngeren hss. und steht nicht selten mit beiden im widerspruch. Der raum verbietet mir, dies im einzelnen zu belegen. Wenige proben mögen genügen. In den ableitungs- und flexionssilben ist älteres *o* durchgeführt, nicht aber *e*: mit unrecht, wie der herausgeber s. CVIII selber zuzugeben scheint, ist hier die schreibweise von R zu grunde gelegt, während die ältesten hss. durchweg neben *o* auch *e* zeigen.[2] Die unterscheidung zwischen vocalischem und consonantischem *i* in der orthographie als *i* und *j* (also *fiall*, *iók*, aber *miđjom*, *dynja*) hat in den hss. keine stütze. Wenn *fiall*, *iók*, so auch *miþiom*, *dynia* und selbst „zwischen vokalen“ *deyia* u. ä. Der herausgeber unterscheidet natürlich zwischen *ǫ* und *ø*. Für das zeichen *ǫ* gebraucht er lieber *ao*, und das liesse man sich gerne gefallen. Statt des *ø* wird vorzugsweise *œ* gedruckt, was schon bedenklicher ist. Aber wie wird die unterscheidung im texte gehandhabt? Man findet bald *vœlo, vœlor* (I, 182, z. 14. 196, z. 79. 232, z. 141), bald *vaolo, vaolor* (I, 15, z. 20. 30, z. 19. 105, z. 97), nebeneinander *aorlaog* und *œrlaog* (I, 195, z. 44. 56). Den *u*-umlaut des *á* bezeichnet Vigfússon in der regel durch das zeichen *áo*, doch stehen auf éiner seite nebeneinander die formen *áotto, váro, kvómo* (I, 194). Vigfússons system für den gebrauch von *đ* und *d* im schwachen praet. vermag ich auch nicht zu erkennen. Überall vermisst man die consequente durchführung der aus den ältesten hss. und den skalden gewonnenen formen. Formen wie *or* statt *ór*, *hon* statt *hón*, dagegen *hána*, *íllr*, der artikel *inn* statt *enn*, *naokkođ* (I, 131 [20]) statt *nakkvat* oder *nekkvat*, und so manche andere müsten ver-

1) Diese anführungen sind zudem oft ziemlich unverständlich durch ihre kürze und ungenauigkeit. So ist s. 43 die rede von einer ausgabe der Jómsvíkinga saga nach cod. AM 510 [4°] „by Dr. Petersens, Lund 1880“, während s. 301 verwiesen wird auf die ausgabe der Jómsvíkingadrápa vom jahre 1880 „by Mr. Petersen, of Lund.“ Wer wird aus diesen angaben schliessen, dass in beiden fällen eine und dieselbe ausgabe gemeint ist? Ferner: genügt es für die leser, auf welche Vigfússon rechnet, wenn Cederschiölds ausgaben der Rekstefja und der Skíđaríma, Kölbings ausgabe des Skaufhalabálkr, Möbius ausgabe des Málsháttakvæđi u. a. bloss nach der jahreszahl citiert werden?

2) Vgl. Mogk im Literaturbl. für germ. und rom. phil. 1883, sp. 296.

schwinden. I, 62¹ wird *vil ek* beibehalten, dagegen I, 28¹¹³. 82²⁵ und sonst das überlieferte *vil* in *vilja* geändert. Unklar ist auch trotz der bemerkung s. CIX die behandlung des *vr*, wo der stabreim es erheischt: I, 176¹ *Reiðr*, aber I, 103⁶⁰ *vreiðr*, I, 37¹²⁶. 38¹⁷⁷. 42²⁷⁶ *vreiðir* usw. Die einführung des sg. bragarmál, die scheidung der adverbia *epter, fyrer, yfer, under* von den praepositionen *ept, fyr, of, und,* die einsetzung von *svát, þvít, hef, hefr* usw., die regelung der negation, die verkürzung von encliticis, das alles und vieles andere schwankt. Auch durch skaldenreime belegte formen wie *ísarn, brinna* und *rinna, hvaþarr* hätten in den älteren texten durchgeführt werden sollen. Endlich — denn ich kann hier nur andeuten — hätten bei den ältesten skalden manche formen eingesezt werden können, die ihre metrische technik fordert, mag die grammatische theorie sie nun stützen oder nicht. Bei Þjóþólfr hinn hvinverski wäre so nicht nur II, 17 in der lezten zeile zu lesen *Eþre* ∾ *veþr* (Hoffory Arkiv I, 45),[1] sondern z. b. auch II, 14⁴ *þeza* (∾ *vez*), statt des überlieferten *þjaza*, wenn auch die grammatische theorie zwar einen nom. **þeze*, aber einen gen. *þjaza* zu fordern scheint. E. Mogk, welcher mir brieflich eine gelungene etymologie von *þjazi* mitgeteilt hat, nimt wol mit recht an, dass zur zeit Þjóþólfs die brechung noch nicht volständig durchgedrungen war, und verweist auf eine strophe Egils aus dem jahre 976 (Egils. s. 1856, s. 208), wo die schlusszeile lautet *erþgroens mér verþa.*

Eine andere schattenseite des werkes will ich hier sogleich anschliessen. Für die erklärung der skaldischen gedichte ist viel zu wenig getan. Es fehlt die angabe der wortfolge und der kenningar, sowie deren erklärung. Hin und wider findet sich zwar in den „Notes“ einiges angedeutet, doch dürftig und ungenügend. Dass die feinsinnige aber sehr freie übersetzung, die vieles weglässt, z. b. in der regel die stál-sätze, diesem mangel nicht abhelfen kann, braucht wol nicht näher erörtert zu werden. Allerdings ist Vigfússon mit dem system der skýringar nicht besonders eingenommen, s. I, XCVI, und man muss gestehen, dass es nicht sehr anmutend ist. Allein die schuld trift nicht die interpretatoren, sondern die dichter, welche einen derartigen commentar erfordern. Glaubt Vigfússon in der tat, dass seine leser diese schwierigen texte des zweiten bandes verstehen werden ohne angabe der prosaischen wortfolge, dass sie im stande sein werden, jedesmal die vorkommenden kenningar zu erkennen und zu deuten mit hilfe der abdrücke aus Sn. E. (II, 542—546. 618—620) und des excurses II, 447—486, vgl. I, 574 fg.? Das studium der altn. poesie muss in England und Amerika einen hohen grad von volkommenheit erreicht haben, wenn der herausgeber dergleichen voraussetzen darf. Die überraschung wächst, wenn man I, CXXI die hofnung ausgesprochen findet, dass das Cpb. für manchen dilettanten eine quelle litterarischer erholung in seinen mussestunden sein werde.

In der k r i t i k müssen wir den schwerpunkt von Vigfússons ausgabe suchen. Ich nehme hier „kritik“ in der weitesten ausdehnung: textkritik, höhere kritik, anordnung, leztere überhaupt eng verbunden mit der höheren kritik.

Vigfússons textkritik hat einen Januskopf. Eine methodische handschriftenuntersuchung, wo mehrere handschriften da sind, sucht man bei ihm vergebens. Die scheu vor der überlieferung, welche sich zur emendation erst entschliesst, wenn alle versuche eine überlieferte lesart genügend zu erklären scheitern, ist ihm fremd. Wo aber scharfsinn und angeborene kritische begabung, unterstützt durch eindrin-

1) In derselben str. l. *Góðþr* statt *Goðræðr* (vgl. Bugge, Rökstein s. 41. Noreen, Altn. gr. § 215).

gende sprachliche, litterarische und palaeographische kentnisse, zum ziele führen können, erreicht er oft glänzende resultate. Vigfússon besizt die kritische intuition, welche so oft die heilung einer verderbten lesart in lezter instanz entscheidet, in hervorragendem masse. An treflichen textverbesserungen ist denn auch in den beiden bänden des Cpb. kein mangel. Manche werden von jedem künftigen herausgeber aufgenommen werden müssen. Einleitung s. LXXXVIII fgg. hat der herausgeber seine textkritischen grundsätze dargelegt und durch beispiele erläutert. Da er diese beispiele offenbar als besonders einleuchtende muster seiner textkritischen methode betrachtet, möge es gestattet sein, an einigen derselben die mängel und vorzüge von Vigfússons textkritik aufzuzeigen.

S. LXXXIX „In Hus-drapa[1] the MS. has „geð ni'þar", which is a simple mistake for „geð m'kar" (Wolf was thinking of Egils mun-strandar).[2] Yet all the difference in the MS. is the prolonging of a down stroke." Die besserung wäre äusserst einfach und empföhle sich schon durch diese einfachheit. Wie steht es aber mit der überlieferung? „The MS." ist hier cod. r der Sn. E., welcher nach Mogk Beitr. 7, 323 an der betreffenden stelle *geðniarþar* liest (s. auch Cpb. II, 564). Dagegen haben U (Sn. E. H, 307) *geþfiarþar*, W *geð fiarðar*, cod. AM 757, 4° (Sn. E. II, 522) *geðfiarðar*. Die übereinstimmung von UW 757 nötigt zur aufnahme der lesart *geþfjarþar*, wenn anders diese sich genügend erklären lässt. Dies nun ist ganz gewiss der fall (s. Lex. poet. s. v. und Mogk a. a. o.). Auch Vigfússon, der sonst W zu grunde legt, hätte nicht abweichen dürfen. In der tat finden wir im texte die lesart *geð-fiarðar*, aber in den anmerkungen II, 564 und in den „Final Readings" II, 658 will Vigfússon *geð-markar* lesen. Die conjectur ist überflüssig, zumal *geþmarkar lá* doch nichts anderes bedeuten würde als *geþfjarþar lá*: „der strom der brust (Odins)", denn *geþmǫrk* wäre wol „campus animi."

Helr. Brynh. 6^{1-4} (Cpb. I, 304, z. 309 fgg.) liest R: Let hami vára hvgfvllr konungr VIII. systra vndir eic borit.[3] Daraus macht Vigfússon (vgl. einl. s. XCI):

Sat-ek með Heimi í Hlym-daolom
átta misseri, unðak lifi.

Die angenommene corruptel wird zurückgeführt auf das bestreben des vortragenden sängers, ausdrücke, die er nicht verstand, in ähnlich klingende zu verwandeln. Den schlüssel zum verständnis fand Vigfússon in „einem der durch die lücke verlorenen lieder", also in der Vǫlsunga-paraphrase. Welche stelle der saga ihm vorgeschwebt hat, kann ich nicht entscheiden. Dass die halbstrophe bis zur unkentlichkeit entstelt ist, scheint auch mir sicher. Niemand hat sie noch zu deuten vermocht (s. zulezt Edzardi Germ. 23, 413 fgg.). Edzardis annahme, dass str. 8—10 interpoliert seien, scheint mir ebenso unbegründet, wie die meinung von Bugge und Grundtvig, dass str. 6. 8—10 aus einer andern fassung der Sgrdrm. fälschlich sich in unser lied verirt hätten. Zwischen str. 10 und 11 ist allerdings ein widerspruch unleug-

1) Vigfússon citiert natürlich nicht. Gemeint ist Sn. E. I, 250, 4^4. Cpb. II, 23^2.
2) Hǫfuþlausn z. 2 (Cpb. I, 267).
3) Nach den hss. des Norn. þ. lautet die halbstrophe:

Lét mik af harmi
hugfullr konungr
Atla systur
undir eik bua.

Die abweichungen des Norn. þ. sind ohne bedeutung für die textkritik (Ztschr. f. d. phil. 12, 88 fgg.).

bar, der aber bereits in der diesem liede zu grunde liegenden sagenfassung (Beitr. 3, 257 fg.) vorhanden gewesen sein muss. Vigfússons herstellung von 6 1—4 geht von der richtigen einsicht in den zusammenhang des liedes aus, ist aber unnötig rücksichtslos gegen die überlieferung. Eine befriedigende besserung der vierten halbzeile kenne ich nicht, doch übrigens lässt sich die strophe in engerem anschluss an die überlieferung von R folgendermassen herstellen:

Hét þar Heimer hugfullr konongr,
átte systor . . . .;[1]
vas'k vetra tolf, ef [þik] vita lyster,
at [ek] engom gram eiþa selþak.[2]

Vielleicht müssen die zweite hälfte von str. 6 und die (unvolständige?) halbstrophe 7 ihre stelle tauschen.

Atlm. 65 6 (Cpb. I, 340, z. 231) ändert Vigfússon das überlieferte dagmegir in *drótt-megir* nach Akv. 2 1. Die handschriftliche lesart wird aber gestützt durch *dags syner* Sgrdr. 3 2. Eine umschreibung wie „tagessöhne“ für „menschen“ ist dem stile der Atlm. nicht unangemessen. Auch sagt die Vǫls. s. c. 37 (B. 177 12) nur: *ok allir undruþust þrek hans.*

Vspá 23 7. 8 (Cpb. I, 196, z. 65. II, 624, z. 81) lesen RH übereinstimmend *eþa skyldo goþ [goðin* R, *guðin* H*] ǫll gilde eiga.* Das metrum macht einige schwierigkeit,[3] doch nichts berechtigt, mit Vigfússon (vgl. einl. s. XCI) unter berufung auf Yngl. s. c. 4 zu ändern *gíslar seljask, eðr gildi eiga.* Zur rettung der überlieferung genügt eine verweisung auf Müllenhoff DA. V, 98, wo die bedeutung des *goþ ǫll* (d. h. asen und vanen), den *æser* der vorhergehenden zeile gegenüber, erörtert wird. Vigfússons conjectur zerstört den zusammenhang.

Ein gutes beispiel kritischer intuition bietet die überzeugende herstellung der schlussstrophe von Egils Sonatorrek: Cpb. I, 280, z. 94 fg. 548, z. 94 fg., vgl. einl. s. XC.

Die textkritische behandlung der encomiastischen gedichte oder gedichtfragmente wird von der oben s. 97 berührten hypothese beherscht, dass dieselben, die älteren wenigstens, eine systematische überarbeitung erfahren haben, s. I, LXXXII fgg. XCI. II, 28 fg. In den meisten fällen hält der herausgeber eine befriedigende besserung nicht mehr für möglich und begnügt er sich die verderbte stelle durch anführungszeichen kentlich zu machen. Gegen diese hypothese und die aus ihr gezogenen schlüsse hat sich Heinzel Anz. f. d. a. XI, 48 fgg. in eingehender und überzeugender weise ausgesprochen. Ich will seine einwände nicht widerholen.

1) Es bezieht sich *átte systor* offenbar darauf, dass Heime mit Brynhilds schwester vermählt war, vgl. Vǫls. s. c. 23 (Bugge 135 17): *hann* [sc. *Heimir*] *átti systur Brynhildar, er Bekkhildr hét* . . .

2) Ich muss bemerken, dass ich auf die unvolständige besserung der ersten halbstrophe unabhängig von Vigfússon gekommen war. Dagegen verdanke ich Vigfússon die trefliche besserung in z. 4 a *engom* (*sva at ek ængom* Vigfússon) statt des überlieferten *ungom*. Sie ist entschieden notwendig. „Der junge könig“ könte nur Sigurd sein: von einer verlobung mit ihm kann aber erst nach str. 8—10 die rede sein. Mit recht versteht Vigfússon die lezte zeile „before I plighted my troth to any prince.“

3) Sievers Proben 1885, s. 21 denkt an *skolo* statt *skyldo*, was mir syntactisch nicht möglich scheint. Am wahrscheinlichsten ist die zeile als altertümliche licenz zu betrachten, sei es nun als fünfsilbler oder mit streichung von *skyldo* als dreisilbler.

An ähnlichen gebrechen leidet Vigfússons höhere kritik. Ich greife die behandlung der Helgelieder heraus, um an ihr auch algemeineres vorzubringen.

Vigfússon ordnet die in R bl. 20a—26a (vgl. Bugge Fornkv. s. 111) überlieferte Helge-trilogie folgendermassen: I. Helge und Sigrun. Ein lied in drei abschnitten, zwischen denselben grosse lücken. Der erste abschnitt umfasst Helg. Hund. I, 1—31. 32—35. 44. 36—43. 45. 46 (parallelstrophen Helg. Hund. II, 19—24). 47—56. Helg. Hund. II, 25—28; der zweite abschnitt Helg. Hund. II, 30—38; der dritte Helg. Hund. II, 39 .... 50. 40—42. 49. 51. 43—48. Daneben finden sich bruchstücke von paralleldarstellungen: a) fragmente der alten Vǫlsungakviþa (erste begegnung zwischen Helge und Sigrun): Helg. Hund. II, 14—18. — b) eine strophe im ljóþaháttr aus einem dialogischen gedichte, das ebenfals die sage von Helge und Sigrun behandelt hat: Helg. Hund. II, 29.

II. Helge und Svava. Fragmente eines liedes: Helg. Hjǫrv. 1—5. — 6—11. 31—43. Abgelöst werden die Hrímgerþarmál: Helg. Hjǫrv. 12—30.

III. Helge und Kara. Fragmente der Káruljóþ: Helg. Hund. II, 1—4 .... 5—13. — Zu III vgl. die auszüge aus der Hrómundar s. Greipss. in der algemeinen einl. s. LXXVIII fg.

Alle überreste der Helge-trilogie, vielleicht mit ausnahme von Helg. Hund. II, 14—18 (und 29?), sollen von demselben unbekanten dichter herrühren, dem auch anderes zugewiesen wird (Cpb. I, 155. 159).

Die erste Helgakviþa Hundingsbana ist ein wol zusammenhängendes gedicht aus éinem gusse. Helge, der sohn des Sigmund und der Borghild, wird in Brálund geboren. In tiefer nacht (2^1) spinnen ihm die nornen seinen schicksalsfaden ($1—5^4$). Hier nehme ich mit Vigfússon eine lücke an, denn str. 5 solte offenbar erzählen, dass eine böse fee, entgegen den bestimmungen ihrer schwestern, dem jungen helden einen frühen tod bescheert.[1] Es freuen sich seiner die raben und die krieger, der vater bringt ihm namen und geschenke dar ($5^5—8$). Er wächst empor zum helden, rächt seines vaters tod an Hunding und vernichtet dessen ganzes geschlecht (9—14). Dies ist die einleitung des liedes. Sein eigentlicher gegenstand ist die zweite grosstat der Helgi, welche auch Saxo neben der erschlagung Hundings hervorhebt: die besiegung seines nebenbuhlers Hǫþbrodd. Die liebe zur Sigrun steht in diesem liede nicht im vordergrunde des interesses. Sie ist mehr motiv als zweck. Die erzählung ist folgendermassen gegliedert: Erste begegnung mit der walkyrie (15—20). Helge bietet seine mannschaft auf zum kampf wider die Granmarssöhne (21—25). Sie stechen in see. Sturm. Sigrun bringt die flotte in den sicheren hafen (26—31). Dann eine episode: ein zankgespräch zwischen Guþmund und Sinfjǫtle, dem Helge ein ende macht (32—46). Guþmund bringt die nachricht heim, Hǫþbrodd bietet seine mannen auf (47—52). Die schlacht am Wolfsstein (53). Sigrun erscheint und begrüsst den siegreichen Helge als ihren verlobten. Dass Hǫþbrodd erschlagen ist, erfahren wir nur aus Sigruns worten (54—56). Der sänger schliesst ausdrücklich ab: *þá's sókn loket.*[2]

1) Die halbstrophe 5^{1-4}:

eitt vas at angre Ylfinga niþ
ok þeire meyjo es munugþ fødde

kann sich nicht auf das folgende beziehen. In den reden der raben liegt nichts beunruhigendes. Die nornenscene spielt in der tiefe der nacht, die rabenscene bei tagesanbruch (*nú 's dagr komenn* 6^4, Helge ist schon *døgrs eins gamall*).

2) Vigfússon übersezt „now the battle is ended“ und scheint die worte noch als worte Sigruns zu verstehen. Allein das wäre ein lahmer schluss, der geradezu unbe-

Der dichter dieses liedes enthält sich von den tragischen consequenzen des zweiten Helgeliedes. Hǫgne wird allerdings zur schlacht aufgeboten (52^{1}), doch von seiner teilnahme am kampfe, von seinem falle, von der vernichtung von Sigruns ganzem geschlecht mit ausnahme von Dag ist nicht die rede. Dem dichter kam es nicht darauf an, sondern auf die erschlagung des Hǫþbrodd. Man könte sein ganzes lied betrachten als eine dichterische ausführung von Saxos worten (ed. Müller s. 82): *Quo evenit, ut, cui nuper ob Hundingi caedem agnomen incesserat, nunc Hothbrodi strages cognomentum inferret.* Und diese auffassung erhält eine bestätigung durch die nur noch halb lesbare überschrift des liedes in R (Bugge Fornkv. s. 407 fg. Arkiv II, 122). Aus mehrfachen anzeichen geht hervor, dass das erste Helgelied nicht zu den älteren der samlung gehört. Die häufung von kenningar erreicht in ihm neben der Hymiskviþa ihren höhepunkt. Ich verzeichne die folgenden, indem ich von leicht verständlichen, wie sie allerwärts vorkommen, absehe: *móþakarn* „herz“ 53^{12}, *mánasalr* „himmel“ 3^{7}, *mistar marr* „luft“ (= nebelmeer?) 47^{7},[1] — *gjalfrdýr* 30^{7}, *brimdýr* 50^{7}, *stjórnmarr* (s. Cleasby-Vigfússon s. v. *stag*) 29^{7}, *rakka hjǫrtr* 49^{3} „schiff“ — *Æges dótter* 29^{6}, *Kolgo syster* 28^{3} „woge“ — *hjǫrþing* 50^{12}, *hjǫrstefna* 13^{2}, *valstefna* 19^{4}, *veþr grára geira* 12^{6}, *dolga dynr* 20^{3}, *alma þrymr* 16^{8}, *randa rymr* 17^{3}, *vígþrima* 7^{6} „kampf, schlacht“ — *blóþormr* 8^{7}, *benloge* 51^{9} „schwert“, *hugens barr* 54^{8} „leichen“, *Viþres grey* 13^{7} ‚wölfe“, *ógnar ljóme* 21^{6} „gold“ (anders, doch kaum richtig Edzardi Germ. 23, 165); endlich mehrere gesuchte antonomasien:[2] *almr ítrborenn* 9^{3}, *átstafr Yngva* 55^{3}, *nipt Nera* 4^{5}, *sárvitr fluga* 54^{6} usw.

Die metrik unseres liedes zeigt nur wenige abweichungen von dem viersilbler-schema, sobald man die durch tilgung überschüssiger pronomina und partikeln, sowie durch einsetzung älterer und kürzerer wortformen zu heilenden zeilen abzieht.[3] Mit recht hat J. Hoffory neuerdings angedeutet (GGA 1885, s. 27 fgg.), dass die häufigkeit und die art der vorkommenden licenzen ein wertvolles kriterium ist um das relative alter der verschiedenen lieder zu bestimmen, wenn ich ihm auch nicht nachsagen möchte, dass man nur mit hilfe der metrik zu einer annähernd richtigen altersbestimmung wird gelangen können. In der Helgakviþa Hund. I finden sich zwei dreisilbler: *iþgnógan* 21^{5}, *tolf hundroþ* 25^{1}, beide unverdächtig. Ob auch die beiden zeilen *en af geirom* 15^{9}, *en af heste* 17^{1} so zu fassen sind, scheint fraglich, da man sich wol die licenz vorstellen könte, dass ein kurzes einsilbiges wort im verseingang die hebung trägt. Dann wäre wol auch 15^{3} *en af [þeim] ljómom* zu schreiben. Schwerer ist es für die vorkommenden fünfsilbler zu bestim-

greiflich wird, wenn man unmittelbar so fortfährt, wie Vigfússon es tut. Wie ich fassen die schlussworte auch Zarncke Berichte der sächs. ges. der wiss. phil.-bist. cl. 1870, s. 194, Grundtvig, Hildebrand und Wimmer.

1) Dagegen ist *himenvangr* 15^{6} „himmelsaue“ nicht als kenning im technischen sinne zu betrachten (vgl. as. *hebanuuang*). Trotz 8^{6} wird *himenvanga* 15^{6} als acc. plur. eines appellativs aufgefasst werden müssen.

2) Altepische umschreibungen wie *baugbrote* 17^{7}, *hringbrote* 45^{7} kommen nicht in betracht, vgl. J. Grimm Andr. u. El. s. XXXVIII.

3) Den metrischen regeln für den kviþuháttr und málaháttr, wie E. Sievers sie zulezt formuliert hat (Proben einer metrischen herstellung der Eddalieder, Tübinger progr. 1885, vgl. Beitr. 10, 209 fgg.), wird wol niemand mehr seine freudige beistimmung versagen. Im folgenden bediene ich mich nach Sievers der bezeichnung × für eine unbetonte silbe gleichgültiger quantität.

men, wo metrische licenz, wo verderbnis vorliegt. Zweisilbige nicht verschleifbare mittelsenkung ist für den grundtypus ´ × | ´ × unbedingt anzuerkennen: *Hjǫrvarþ ok Hávarþ* 14^{5}, *gørþer þik frǽgjan* 41^{9}, *ok þeire meyjo* 5^{3}, *seg[þu] þat í aptan* 34^{1}.[1] In anderen fällen ist sie vielleicht durch einsilbige aussprache zu vermeiden: *þá kvaþ þat Sigrún* 54^{5}, (*kvaþat?*, Sievers Beitr. 6, 312, vgl. auch Noreen Altn. gr. § 209 a. 1), *kvǫ́mo þér ógǫgn (þer?)* 41^{6}, *hafþak þér móþre* 42^{5} *(þer?* oder eher mit Sievers Beitr. 6, 333 *hefk?), þykkjat mér góþer* 46^{1} *(mer?), þú vast brúþr Grana*, wo *þú* den ton hat, 42^{1} *(þú v'st?*, vgl. Sievers Beitr. 5, 494. 8, 57. Proben s. 14), *þa hafþe Helga* 1^{5}, *sa hafþe hilmer* 53^{11} (mit verkürzung der proclitica, vgl. Sievers Proben s. 10). In den steigenden typen × ´ | × ´ und × ´ | ´ × ist doppelte unverschleifbare eingangssenkung ebenfals sicher: *þó's í Hátúnom* 25^{3}, *ok viþ øþlinga* 33^{7}, *at sé Ylfingar* 34^{5}, *en meþ baugbrota* 17^{7}, wol auch *látt und stǫþom heima* 41^{2}, *deile grǫm viþ þik* 44^{8}, *láteþ enge mann* 51^{7}, *lídde randa rym* 17^{3}. Dagegen ist einsilbigkeit der senkung annehmbar in der halbzeile *fyr mun dolga dynr* 20^{8} *(m'n?)*. Auflösung der zweiten senkung im typus × ´ | × ´ käme nach der überlieferung zweimal vor: *of land ok of lǫg* 21^{3} und *sem bjǫrg eþa brim* 28^{6}. Im ersten beispiele wird das zweite *of* zu streichen sein, im zweiten ist *eþa* auch dem sinne nach anstössig und in *viþ* zu ändern, wie schon die Kopenhagener ausgabe vorschlug (s. auch Vigfússon Cpb. I, 491).

Die bisher angeführten halbzeilen mit mehrsilbiger unverschleifbarer senkung sind allerdings als licenzen, aber nicht als besondere altertümlichkeiten zu betrachten. In der Vǫluspá sind sie noch häufiger, auch in den echten teilen (Sievers Proben s. 14 fgg.), die Hoffory mit recht frühestens in die mitte des zehnten jahrhunderts gesezt hat. Aber auch die skaldische Hymiskviþa hat wenigstens zwei ganz sichere beispiele: *unz til Egels kvǫmo* 7^{4}, *drep viþ haus Hymes* 30^{5}, von unsicheren abgesehen.

Von wirklichen „fünfsilblern“ sind die folgenden durch einfache conjectur zu beseitigen: *ek vas einn faþer þeira* 39^{4}, l. *vask einn faþer; vǽre ykr Sinfjǫtle* 45^{1} und *en sé ónýtom* 45^{5} sind zu bessern nach Helg. Hund. II, $23^{1.5}$ (vgl. Sievers Beitr. 6, 340 fg.). Dann bleiben noch 4 übrig: *diser suþrønar* 16^{4}, *þó duger siklingom* (= Helg. Hund. II, 24^{3}), wo das betonte *þó* nicht mit Sievers Beitr. 6, 338 gestrichen werden darf, *rennirǫkn bitluþ* 51^{1}, *lǫ́tom Vǫlsonga* 52^{8}. Die halbzeile 51^{1} ist unsicher: die drei anderen wage ich nicht anzutasten. Es muss erwähnt werden, dass die meisten unregelmässigkeiten sich in dem zankgespräch zwischen Guþmund und Sinfjǫtle finden (str. 32—46), das meiner ansicht nach von dem dichter des liedes zum teil aus einem älteren liede aufgenommen wurde (vgl. unten und Beitr. 4, 170 fg.).

Für ein nicht hohes alter des ersten liedes von Helge dem Hundingstöter sprechen auch die vorkommenden, entschieden beabsichtigten endreime: *fara Viþres grey | valgjǫrn umb ey* $13^{7.8}$ und *varþ ára ymr | ok járna glymr* $27^{1.2}$.[2] Die zulezt angeführte halbzeile ist auch noch in anderer beziehung von bedeutung. Bekantlich hat sich die form *ísarn* lange gehalten und ist im 10. jahrhundert jedenfals noch die gebräuchliche: belege aus der skaldendichtung geben Gislason Njála II, 318 und Mogk im Literaturbl. für germ. und rom. phil. 1883, sp. 295. Auch

1) Hierher gehört wol auch *úte stóþ Hǫþbroddr* 48^{5}.

2) Reine endreime kommen auch vor Vspá 52^{5}. Hym. 24^{1} A. Unreine sind kaum, wie Edzardi Beitr. 5, 574 a. 1 meint, beabsichtigt, vielleicht mit ausnahme von *oxa : laxa* Þrkv. 24^{5}.

in den Eddaliedern lässt sie sich mehrfach ohne schädigung des verses einsetzen: z. b. Vspá 40² *i Ísarnviþe*, Guþr. II, 39² *es ísarn dreyma*, Hamþ. 25⁷ *eggjar né ísarn*, Hyndl. 37⁸ *ok Ísarnsaxa;* ja an zwei stellen muss sie sogar aus metrischen gründen in den text gesezt werden: Sig. sk. 23⁸ *kynbirt ísarn*, 68³ *egghvast ísarn.*[1] In unserer zeile *ok járna glymr* gienge aber der vers durch einsetzung der älteren form in die brüche.[2]

Zu diesen stilistischen, metrischen und sprachlichen eigentümlichkeiten stimt nun aufs beste, dass Helge in unserem liede 10⁴ seine heldenlaufbahn mit dem fünfzehnten lebensjahre begint. Wie K. Maurer in dieser ztschr. 2, 443 gezeigt hat, kam dieser erweiterte mündigkeitstermin nicht vor dem ende des 10. jahrhunderts auf. Noch der heilige Olaf zieht 1007 mit zwölf jahren auf die heerfahrt.

Der anfang des liedes *ár vas alda þats arar gullo* scheint der Vǫluspá 3¹ *ár vas alda þars Ymer bygþe* nachgebildet. Auf str. 47 hat möglicherweise Atlakviþa 13 einfluss ausgeübt. Die annahme Vigfússons, dass Eyvindr skáldaspillir die einkleidung der Hákonarmál den Helgeliedern nachgebildet habe (Cpb. I, LXV), ist an sich unnötig und bewiese jedenfals für die datierung des ersten Helgeliedes nichts.[3] Dagegen lässt sich nichts einwenden gegen die vermutung, dass jarl Rǫgnvald im Háttalykill (ca. 1150) unser lied gekaut und benuzt habe, s. Cpb. I, LXXVII. CXI.

So glaube ich mich zu der annahme berechtigt, dass die Helgakviþa Hundingsbana I nicht früher als im anfange des XI. jahrhunderts gedichtet sein kann. Sie ist eine aus éinem gusse hervorgegangene spätere behandlung der alten sage, richtiger eines abschnits der sage, und steht zu den fragmenten des sogenanten zweiten Helgeliedes in ähnlichem verhältnis wie die ungefähr gleichzeitigen, jedenfals nach 984 verfassten Atlamál zu der weit älteren Atlakviþa (vgl. Bugge in dieser ztschr. 7, 386 und meine bemerkungen in den Beitr. 4, 173 fg.).

Wie nun Vigfússon — um zurückzukehren zum Corpus poeticum boreale — mit diesem einheitlichen, in sich abgeschlossenen gedichte die strophen 25—28. 30—38. 39—51 des zweiten Helgeliedes zu bruchstücken éines liedes verbinden kann, ist kaum verständlich. Noch weniger lässt es sich begreifen, wie er unmittelbar an den schluss des ersten Helgeliedes str. 25—28 des zweiten als direkte fortsetzung fügt. Man urteile nur über diesen zusammenhang: Sigrun begrüsst Helge als ihren erretter und verlobten (schluss der H. Hu. I). Darauf wendet sie sich zu dem sterbenden Hǫþbrodd (H. Hu. II, 25), der nach H. Hu. I, 55, 4 fgg. schon tot ist. Jezt erst verkündet ihr Helge die traurige mähr, dass ihr vater und ihr ganzes geschlecht am morgen in der schlacht am Wolfsstein gefallen sind

1) *íarn* ist mir nicht wahrscheinlich.

2) Dass auch das *u* der *u*-stämme sowie die hysterogenen *i* und *u* in unserem liede bereits geschwunden sind, wird bewiesen durch verse wie 33⁵ *þar vas sundrǫrþr* (nicht mehr — *vǫrþuR*), 37⁷ *segg brynjaþan* (nicht mehr *seggi*). Viele beweisende formen kommen nicht vor. Es ist das verdienst von Julius Hoffory in der mehrfach citierten gehaltreichen recension von Müllenhoffs Deutscher Altertumskunde V, 1 (Gött. gel. Anzz. 1885, nr. 1) zuerst auf dieses wichtige kriterium für die altersbestimmung der eddischen lieder hingewiesen zu haben. An anderer stelle hoffe ich nachzuweisen, dass nicht alle kviþuháttr-lieder der samlung in allen ihren teilen bereits auf diesem sprachlichen standpunkte stehen.

3) Das wort *vígroþe*, auf welches Vigfússon wert legt, steht H. Hu. II, 19⁷ und ist bei Eyvind (Cpb. I, 266¹³) erst durch conjectur Vs. hergestelt.

(II, 26—28): im ersten liede war aber nirgends die rede von der teilnahme Hǫgnes am kampfe. Und hat Helge an diesem einen tage zwei schlachten geschlagen, aber beide *at Frekasteine* (I, 53⁴. II, 26⁶)? Denn eine und dieselbe schlacht kann nicht gemeint sein, da Sigrun dem Helge erscheint unmittelbar nach der schlacht, in welcher und offenbar auf dem schlachtfelde wo Hǫþbrodd gefallen ist, während ihr Helge von der vernichtung ihres geschlechts durch seine eigene hand erzählen muss. In der tat scheint Vigfússon I, 492 selber nicht mehr im stande die consequenzen seiner kritik zu verantworten.

Ich halte die strophen H. Hu. II, 25—51 (mit ausnahme von 29 und 39) für fragmente éines liedes. Sie gehören einem älteren liede von Helge Hundingsbane an, das dem samler nicht mehr volständig in der erinnerung war. Das ältere lied wolte dem anscheine nach den hauptnachdruck legen auf die leidenschaftliche liebe der schönen walkyrie und des jugendlichen, einem frühen tode verfallenen helden. Für die zusammengehörigkeit der genanten strophenreihe spricht die gleichartigkeit des poetischen stils: namentlich die schönen gleichnisse und bilder aus der tier- und pflanzenwelt (37. 38. 43. 50). Nur hier heisst Sigrun *frá Sevafjǫllom* (25¹. 42². 45², vgl. 36². 48⁴): in dem „herz- oder minneberge" (Müllenhoff Ztschr. f. d. a. 23, 169) weilt auch Helge bei ihr. Die nordische epik hat in diesen herlichen strophen ihre schönste frucht gezeitigt. Die umstellungen, welche Vigfússon in dem lezten abschnitte vornimt (s. oben und Cpb. I, 493), zerstören die dichtung.[1] Er ordnet 50. 40—42. 49. 51. 43—48, weil Sigrun in den armen des toten geliebten sterben müsse. Das kann aber die meinung des dichters nicht gewesen sein. Der samler, der sich der schlussstrophen nicht mehr entsinnen konte, wie er auch nach str. 41. 49 lücken durch prosa ausgefült hat, erinnerte sich doch ganz gut des ganges der handlung. Seine angabe *Sigrún varþ skammlíf af harmi ok trega* verdient glauben. Das vergebliche harren auf Helges widerkehr bringt der walkyrie den tod. Vigfússons kritik leidet in diesem falle, wie auch sonst sehr häufig, an überstürzung. Nach seiner anordnung spricht Helge die str. 42, welche der samler der *ambǫ́tt* beilegt. Gewiss könte Helge von sich in der dritten person als *Helge* und *folks jaþarr* sprechen, doch kann er auch sagen: *dǫglingr baþ þik?* Die übersetzung gibt freilich „the king *bids* thee come." Helge sezt bei Vigfússon seine rede fort in str. 49: *mál's mer at ríþa roþnar brauter* „it is time for me to ride along the reddening roads." Nach s. 493 soll die strophe aussagen, dass Helges zeit nur knapp bemessen sei. Es ist aber klar, dass die strophe den abschied vorbereiten soll und somit an der überlieferten stelle belassen werden muss.

Über str. 39, die Vigfússon da wo die überlieferung sie bietet, beibehält (doch vgl. s. 493) s. Beitr. 4, 171 fg. Sie ist fragment eines scheltgespräches mit Hunding und kann demselben liede angehört haben, dem str. 14—18[2] entnommen sind, also der Vǫlsungakviþa in forna. Diese strophen sind weit matter und dichterisch unbedeutender als der schluss unsres gedichtes. Ich möchte nun annehmen, dass auch die strophen 19—24 (= 22—27 bei Hildebrand) der Vǫlsungakviþa ursprünglich angehörten. In ihr folgte auf die begegnung zwischen Helge und Sigrun das aufbieten der mannschaft, die abfahrt, der seesturm, die rettung durch Sigrun, die kundschaft der Granmarssöhne. Der samler erinnerte sich jedoch die-

1) Überflüssig scheint mir auch die von Edzardi Germ. 23, 168 vertretene umstellung von str. 46. 47.

2) Ordne mit Grundtvig und Hildebrand 14. 17 + 15. 16. 18. Der samler hatte nur noch bruchstücke im gedächtnis.

ser strophen nicht mehr und ergänzte die lücken durch einen kurzen prosaauszug nach Helg. Hund. I, 22—32. Wol aber kante er noch strophen des scheltgesprächs zwischen Guþmund und Sinfjǫtle, welches in der Vǫlsungakviþa sich anschloss. Da aber eine abweichende recension dieser scene bereits im ersten Helgeliede stand, begnügte er sich mit der anführung der ersten halbstrophe und verwies im übrigen auf die Helgakviþa. Es ist klar, dass die citierte halbstrophe

hverr es fylker sá's flota stýrer
ok feiknaliþ fǿrer at lande?

nach dem gedächtnisse angeführt ist, denn die entsprechende halbstrophe des ersten liedes (33^{3-6}) hat in ihrer ersten langzeile anderen stabreim. Die anderen parallelstrophen aus der Vǫlsungakviþa mag der samler dann am rande angemerkt haben, und ein abschreiber hat sie später an falscher stelle eingereiht.[1]

Meiner ansicht nach müssen wir also im sogenanten zweiten Helgeliede bruchstücke von drei verschiedenen liedern über Helge Hundingsbane unterscheiden: 1. fragmente der Vǫlsungakviþa in forna: 14—18. 19—24 (= 22—27 Hild.), vermutlich auch 39. Der name des gedichtes ist etwas auffallend, doch ist zu beachten, dass nach meiner annahme auch Sinfjǫtle eine bedeutende, wenn auch episodische, rolle in ihm spielte.

2. fragmente eines liedes von Helge und Sigrun: 25—28. 30—38. 40—51.

3. fragment eines liedes im ljóþaháttr: 29. Die strophe enthält eine interessante anspielung auf die Hildesage. Die anspielung ist um so wichtiger, da die Hildesage, wie auch Bugge annimt (Studien übers. von Brenner s. 183), einen wesentlichen einfluss auf die dichtung von Helge Hundingsbane gehabt hat.[2]

Die strophen 1—13 habe ich bisher von der untersuchung ausgeschlossen. Bevor ich zu denselben übergehe, noch eine schlussbemerkung. Es wird jezt klar geworden sein, dass das erste Helgelied durchaus auf der nur fragmentarisch erhaltenen Vǫlsungakviþa in forna beruht. Bereits Müllenhoff Ztschr. f. d. a. 23, 134 fg. hat hervorgehoben, dass die ältere zweite Helgakviþa Hundingsbana der jüngeren ersten „durchaus zur richtschnur und grundlage diente." Der dichter des jüngeren liedes hat aus dem älteren einige strophen des scheltgesprächs in sein gedicht aufgenommen, und so erklärt es sich, dass gerade in dieser partie die meisten abweichungen vom strengen viersilblerschema angetroffen werden. Man darf auch Helg. Hund. I, 20 *ugge eige þú Ísongsbana* wol betrachten als eine nachbildung von Helg. Hund. II, 18 *hirþ eige þú Hǫgna reiþe né illan hug ǽttar þinnar.*

Die strophen Helg. Hund. II, 1. 2—4. 5—13 betrachtet Vigfússon als fragmente der Káruljóþ. Er vermutet (s. 494), dass der samler oder einer der lezten dichter, des ursprünglichen zusammenhangs nicht mehr eingedenk, das fragment fälschlich auf Helge und Sigrun bezogen und namen aus ihrem sagenkreise an die stelle der alten namen aus der sage von Helge Haddingjaskate und Kára gesezt habe. Vigfússon versucht die alten namen wider herzustellen. Ich hatte bereits Beitr. 4, 194 vermutet, dass die strophen 1—4 fragmente der Káruljóþ sind, und bin jezt auch für die strophen 5—13 davon überzeugt. Die erzählung der Hró-

1) Vgl. Beitr. 4, 170 fg. Mit recht ist Hildebrand zur anordnung der handschrift zurückgekehrt, von der die herausgeber seit Rask abgewichen waren, s. Zarncke in den Berichten der kgl. sächs. ges. der wiss. phil.-hist. cl. 1870, s. 193 fgg. und Hildebrand zu Helg. Hund. II, 22—27.

2) Da Bugge den nachweis dieser behauptung in aussicht gestelt hat, möchte ich ihm nicht vorgreifen. Zu str. 29 vgl. auch Edzardi Germ. 23, 166.

mundar saga Greipssonar c. 8 (Fas. II, 376 fg.) beweist zunächst deutlich, dass der samler die strophen 1—4 fälschlich auf Helge Hundingsbane bezog. Ob erst er oder bereits ein umdichter 1[8] den namen *Hundingr* eingesezt hat, wird sich schwer entscheiden lassen. Die zu grunde liegende sage kann ungefähr folgende gestalt gehabt haben. Helges vater ist erschlagen von einem könige. Wie der vater hiess, steht dahin. Vigfússon vermutet *Seve*, doch aus ganz unzureichenden gründen. Er fasst *sevu* 10[6]. 11[4] als eigennamen und will 12[6] statt *Sigmundar bur* lesen *Seva bur*, wogegen schon die metrik einspruche erhebt. Lieber wage ich eine andere vermutung. Fas. II, 10 wird ein Sigmund genant aus dem geschlechte der Siklinge, der gemahl der Hilde von Mœre, der vater des Sigar. Nun gibt 4[12] Hagal den in weiberkleidern mahlenden Helge für eine schwester des Sigar aus, und Beitr. 4, 190 fgg. wurde gezeigt, dass Saxo s. 341 fgg. von Hagbard, den könig Sigar töten liess, ähnliches erzählt wie unsere strophen von Helge und die saga von Hromund. Hiess der vater des Helge Haddingjaskate vielleicht in der tat Sigmund, hat str. 12[6] das richtige bewahrt, und führte diese zufällige namensgleichheit zu der verwirrung, nachdem einmal der Hundingstöter zum sohne des Vǫlsungs Sigmund gemacht worden war? — Den töter von Helges vater nent Vigfússon *Haddingr* und er sezt diesen namen 1[8] und 10[3] für *Hundingr* ein. Gewiss mit unrecht. Vigfússon betrachtet allerdings die lesart *haddingia scaþi* Haddingstöter" (Cpb. I, 130), die R in dem prosaischen schlussabschnitt von Helg. Hund. II bietet, als richtig. Allein, abgesehen davon dass *Haddingjaskaþe* doch nur „töter der Haddinge" bedeuten könte, ist *Haddingjaskate* „kämpfer der Haddinge" (Fas. II, 8. Sn. E. I, 482) die richtige form. Müllenhoff hat Ztschr. f. d. a. 12, 351 überzeugend nachgewiesen, dass der dritte Helge oder vielmehr sein prototyp ursprünglich der alten vandilischen dioskurensage angehörte. Er ist im norden an die stelle des einen der beiden Haddinge (Hartunge) getreten, und der anschluss des alten mythus an die beiden andern Helgen muss um die grenze des X. und XI. jahrhunderts volzogen gewesen sein, wie sich aus einer vom skalden Hallfreþ gebrauchten kenning (s. Beitr. 5, 192) zweifellos ergibt. Hadding kann der feind des dritten Helge also nimmermehr geheissen haben, Wie ihn die sage genant hat, lässt sich doch wol ermitteln. Der name lautete mit *H* an, denn er allitterierte mit *Hamal* und *Helga*. Bedenkt man nun, dass in der ersten zeile *Hęmingr* (d. i. *Hǽmingr*?) ohne nähere bezeichnung genant wird, so darf man vermuten, dass die angabe des samlers, Hæming sei ein sohn des Hunding gewesen, ein blosser versuch ist, die beiden namen, welche er vorfand oder selbst erst schuf, zu verbinden, und dass in wirklichkeit Hæming nicht der sohn, sondern der vater war. Ich halte demnach dafür, dass str. 1 ursprünglich lautete:

Seg Hǽminge, at Helge man
hverjan í brynjo bragnar feldo:
ér úlf graan inne hǫfþoþ
þars Hamal hugþe Hǽmingr konongr.

Nach der erschlagung seines vaters durch Hæming — so wird die erzählung gelautet haben — wurde Helge von seinem pflegevater Hamal gerettet. Er sendet ihn an den hof Hæmings, wo er unerkant, unter dem namen von Hagals sohn Hamal, erzogen wird. Da Helge zum mann gereift ist, verlässt er das haus seines feindes, nachdem er sich einem hirten [so die prosa] zu erkennen gegeben hat (str. 1). Hæming sendet einen spürer aus, Blindr inn bǫlvísi [vgl. Beitr. 4, 191 fgg.], um Helge bei Hagal zu suchen. Helge kann sich nur retten, indem er in weiberkleidern sich an die mühle stelt und mahlt. Diese scene ist fragmentarisch in str. 2—4 erhalten. Das lied muss weiter berichtet haben von Helges vaterrache. Dann folgte offenbar die begegnung Helges mit Kara, von welcher die Hrómundar saga c. 6 meldet, dass sie in schwansgestalt über ihm schwebte und durch ihren unwiderstehlich zauberischen gesang seine feinde lähmte. Diese begegnung nun scheint erhalten in den strophen 5—13. Zwar hat der samler und vielleicht schon der lezte dichter sie aufgefasst als begegnung zwischen Sigrun und dem Hundingstöter, doch der name *Hamall* 6[1], der angenommene name des dritten Helge, verbietet diese beziehung. Nach dieser auffassung wird 10[3] *Hæmingr konongr* und 13[9] *Halfdanar mær* zu lesen sein, lezteres in übereinstimmung mit Vigfússon nach dem prosaischen schluss der Helgakviþa Hund. II. Über *Sigmundar bur* 12[6] s. oben. — Den verlorenen schluss der Káruljóþ zu vermuten ermöglicht der bericht der Hrómundar saga c. 7, dass Helge im kampfe wider Hromund das schwert zu hoch schwingt und seine schirmende walkyrie tötlich trift. Da erkent er, dass sein heil gewichen ist, und Hromund spaltet ihm das haupt (vgl. Beitr. 4, 203).

Auf Vigfússons kritik der Helgakviþa Hjǫrvarþssonar brauche ich nicht näher einzugehen. Die ausscheidung der Hrímgerþarmál (str. 12—30) als besonderes gedicht oder bruchstück eines solchen ist unzweifelhaft richtig. Die übrigen strophen scheint Vigfússon als bruchstücke éines gedichts zu betrachten. Vgl. dagegen Grundtvig, Udsigt over den nord. oldtids heroiske digtning, Kbhv. 1867, s. 81. Beitr. 4, 168. 180 fg. Edzardi Germ. 23, 159 fgg. Die ausscheidung der prosa wirkt hier besonders störend, denn sie beruht zum grösseren teile auf strophen, die dem samler in ihrer metrischen form nicht mehr erinnerlich waren.

Vigfússon betrachtet den Hundingstöter als den ersten, Hjǫrvarþs sohn als den zweiten, den Haddingjaskate als den dritten Helge. Aus welchem grunde? Die meinung des prosaisten war dies nicht. Wenn derselbe sagt: *Helgi ok Sváva er sagt at væri endrborin,* so kann er nur meinen, dass sie widergeboren wurden in Helge und Sigrun, denn diese lässt er wider aufleben in Helge und Kara. Es kann sich natürlich nur um die frage handeln, welchem helden der name Helge ursprünglich zukam. Der glaube von der widergeburt des einen paares in dem andern wurde veranlasst durch die gleichartigkeit des inhalts der drei „sagen von der leidenschaftlichen liebe schöner valkyrien und jugendlicher, einem frühen tode verfallener helden.“ Dass der anschluss des Hartungenmythus die trilogie vollendete, wird durch die gewaltsame anknüpfung, indem Helge an die stelle des einen Hartungs getreten ist, deutlich genug. Der Hundingstöter, aus dem geschlecht der Ylfinge, aber scheint auf den namen Helge von haus aus geringeren anspruch erheben zu können als der sohn Hjǫrvarþs (Müllenhoffs Ztschr. f. d. a. 23, 128 a. 1). Dieser punkt ist jedoch von untergeordneter bedeutung, denn es ist klar, dass die sage von Helge Hjǫrvarþsson ihre uns vorliegende gestalt erst erhalten haben kann, nachdem Helge Hundingsbane an die Vǫlsungensage angeknüpft war (Beitr. 4, 197 fgg. Müllenhoff a. a. o. s. 139 fgg.).

Es wäre leicht, auch an anderen gedichten die unhaltbarkeit von Vigfússons höherer kritik aufzuzeigen. Ich verweise den leser beispielsweise auf die texte der Hávamál, der Grimnismál, der Vǫluspá (vgl. Heinzel a. a. o. s. 54 fgg.) u. a.

Die gruppierung der einzelnen lieder des ersten bandes hängt damit aufs genauste zusammen. Der „Helgidichter“ ist uns unter den händen in nichts zerflossen. Mit anderen geht es ebenso. Die Lokasenna, die Skirnismál, das Harbardslied nebst dem metrisch reconstruierten zankgespräch Fas. I, 372 schreibt Vigfússon, wie wir bereits sahen, éinem dichter zu, den er den „Aristophanes der westlichen inseln“ nent und als einen, vielleicht etwas älteren, zeitgenossen des

„Helgidichters“ (also erste hälfte des X. jahrhunderts) betrachtet. Er charakterisiert diesen dichter (s. LXVII, vgl. s. 101) als einen helden, der in ungezogener spottlust stets mehr sagt als er wirklich meint, der Thor und Odin mit einem ungezwungenen humor behandelt, aus welchem eher sympathie als hass oder abscheu spricht. Auf den dichter der Lokasenna passt diese charakteristik sehr wol. Dieser heidnische freidenker schwingt nicht die geissel der satire, sondern erzählt mit ketzerischer kritik die chronique scandaleuse des nordischen Olymps. Äusserlich betrachtet steht das Harbardslied der Lokasenna sehr nah. Allein es ist aus einer ganz anderen grundstimmung erwachsen, seine eigentliche tendenz ist nicht religiös, sondern social (Müllenhoff DA. V, 293 fg.). Der dichter des Harbardsliedes übt keineswegs wie der der Lokasenna seine frivole kritik an den asen insgemein, er hat es ausschliesslich auf Thor, den bauerngott abgesehen und stelt dem repräsentanten der rohen kraft den abenteuerlichen, leichtlebigen, gewanten freibeuter gegenüber, wie die Wikingerzeiten ihn gezeitigt hatten. Loke in der Lokasenna weicht allein vor Thor, das Harbardslied erreicht seine spitze mit der dreisten abweisung des Thor, welcher murrend abzieht. In metrischer beziehung steht der regelmässige ljóþaháttr der Lokasenna dem unregelmässigen strophenbau des Harbardsliedes, welches zwischen ljóþaháttr, kviþuháttr und stabreimender prosa schwankt, aufs schärfste gegenüber.[1]

Noch viel weniger kann davon die rede sein, die Skirnismál demselben dichter zuzuweisen wie die Lokasenna und das Harbardslied. Für mehr als einen einfall kann ich diese überraschende behauptung nicht halten. Wer möchte wol dem dichter der tolkühnen Lokasenna oder dem geistreichen, aber verwegenen verfasser des Harbardsliedes jene innige liebespoesie zutrauen, die Vigfússon selber (I, 110) stellenweise an Romeo und Julie gemahnt?

Vigfússon führt nun allerdings — ausnahmsweise — für seine „Aristophanes“-hypothese einige parallelismen des ausdrucks in den drei gedichten an (s. LXVII anm.). Prüfen wir dieselben. Zu Harb. 1^1 *hverr's [sá] sveinn sveina* (und 2^1 *hverr's [sá] karl karla*) stelt er Skirn. 14^1 *hvat's þat hlym hlymja*. Die stellen sind aber nicht parallel, denn *hlym* wäre dativ, ist aber von Bergmann mit recht gestrichen (vgl. Zupitza Ztschr. f. d. phil. 4, 117). Wirkliche parallelstellen zu Harb. 1^1. 2^1 finden wir anderwärts: Guþr. I, 1 *mær vask meyja*, vgl. Hyndl. 1^1. — Vigfússon führt ferner an die zusammensetzungen mit *gamban- : gambanreiþe* Skirn. 33^6, *gambanteinn* Skirn. $32^{3.4}$. Harb. 20^6, *gambansumbl* Lok. 8^6, auf welche er bereits Dict. 188^b die identität des dichters von Skirn. und Lok. stüzte. Sodann zwei weitere parallelen: Lok. 53

heill ves[þú] nú, Loke, ok tak viþ hrímkalke
fullom forns mjaþar

und Skirn. 37

heill verþ[u] nú heldr, sveinn, ok tak viþ hrímkalke
fullom forns mjaþar,

sowie Lok. 60^6 = Harb. 26^5 *ok þótteska þú þá þórr vesa.*

Die zeile Harb. 26^5, welche die strophe überfült, ist, wie schon Rask annahm, ohne zweifel in der tradition fälschlich aus Lok. 60^6 in die regelmässige kviþuháttrstrophe geraten. Die übereinstimmung zwischen Lok. 53 und Skirn. 37 ist natürlich nicht zufällig. Dass ein dichter sich selbst so ausschriebe, ist aber recht unglaub-

1) Andererseits weist auf grund des metrums Vigfússon dem dichter des Harbardsliedes das zankgespräch zwischen Ivar und Odin zu (I, 123). Wer kann aber entscheiden, wie stark die metrische form in der prosa-paraphrase entstelt ist?

lich. Nun ist zu beachten, dass in der Lokasenna mehrfach anklänge und mehr als anklänge an ältere gedichte sich finden. Gleich die erste strophe erinnert an Skiru. 40. Zu Lok. 11^{1-3}

heiler æser, heilar ásynjor
ok ǫll ginheilog goþ

vgl. Sgrdr. $4^{1,2}$. Zu Lok. 17^{1-3}

þege þú, Iþunn! þik kveþk allra kvenna
vergjarnasta vesa

stimt, sicher nicht zufällig, Þrkv. 13^{7}. Die wendung Lok. $21^{1,2}$ gemahnt an Helg. Hund. II, $34^{1,2}$. Ich möchte also eher an eine bewuste oder unbewuste reminiscenz glauben. — Das auftreten der composita mit *gamban-* ist in der tat merkwürdig. Doch wie viele alte wörter kommen nur in wenigen Eddaliedern noch vor! Ich fürchte, dass es auch mit dem „Aristophanes" nichts ist.

Ebensowenig — um noch éin beispiel aus vielen herauszugreifen — kann ich mir unter dem „balladendichter" etwas vorstellen. Einl. s. LXV fg. wird er als individuum behandelt und um 990 angesezt. Dagegen heisst es s. CXIII von diesem namen wie von andern, es seien passende bezeichnungen für verschiedene dichtungen von gleichem stil und plan und aus derselben zeit. Vǫlundarkviþa, Þrymskviþa, Vegtamskviþa, Grottasǫngr, Bjarkamál und das fragment des Hildebrandsliedes Fas. II, 484 fgg. werden dann diesem „balladendichter" zuerkant. Von Þrymskviþa und Vegtamskviþa wird I, 181 mit entschiedenheit behauptet, sie seien von demselben verfasser. Vermutlich gründet sich diese behauptung auf die übereinstimmenden zeilen Þrkv. 14, 1—6. Vegt. 1, 1—6. Sie können aber nur ersterem gedichte ursprünglich angehören (Edzardi Germ. 24, 58). Von ihnen abgesehen, ist nun zwischen beiden liedern eine besondere ähnlichkeit nicht zu entdecken. Die Þrymskviþa ist eine wirkliche ballade, die Vegtamskviþa eine mythologische unterhaltung mit episch erzählendem eingange. In der metrik sind grosse unterschiede nicht bemerkbar, doch s. Sievers Proben s. 30. 33. In sprachlicher hinsicht möchte ich hervorheben, dass für die Vegt. die form *vil*, nicht *vilja* in der 1. person sing. durch den vers gefordert wird: *þik vilk fregna* 8^{2}. 10^{2}. 12^{2}, *vilk enn vita* 8^{4}. 10^{4}. 12^{4}. Die annahme, dass der eingang (str. 1—5?) der Vegt. älter sei als das übrige, hat manches für sich. Bei der zusammenfügung des vorliegenden gedichts war die alte anfangsstrophe wol vergessen, und der umdichter half sich mit Þrymskv. 14, ohne sich an den abrupten eingang zu stossen, der dadurch herbeigeführt wurde. Dass der mythologische teil des gedichtes nicht alt sein kann und wilkürliche züge bietet, hat Jessen Ztschr. f. d. phil. 3, 75 fg. gezeigt. Ob derselbe freilich kentnis der Vǫluspá voraussezt, scheint mir nicht so sicher wie Jessen und Edzardi. Die strophe 11 der Vegtamskviþa gehört dieser jedenfals ursprünglich an und ist in die Vǫluspá 32 fg. erst interpoliert (vgl. Müllenhoff DA. V, 112).

Verfehlt ist auch die annahme, dass Vǫlundarkviþa und Þrymskviþa, wenn auch nicht demselben dichter, so doch derselben zeit und derselben schule angehören könten. Auch die einschränkung s. LXVI, die Vǫlundarkviþa sei ein älteres gedicht, das eine überarbeitung durch einen „bewunderer des balladenstils" erfahren habe, muss abgelehnt werden. Die überarbeitung würde sich doch am ersten in der form zeigen müssen, allein gerade in formeller hinsicht erweist sich die Vǫlundarkviþa als das älteste aller in kviþuháttr gedichteten Eddalieder und als beträchtlich älter als die Þrymskviþa. Vgl. Hoffory GGA. 1885, s. 30 fg. Aber auch sonst machen stilistische und sprachliche gründe, die ich bald in anderem zusammenhang zu erörtern hoffe, es höchst wahrscheinlich, dass die Vǫlundarkviþa unter allen eddischen heldenliedern das älteste ist. Wenn irgend eines, so hätte dieses lied von Vigfússon unter die „ältesten epischen gedichte“ (Buch I, § 5) gestelt werden müssen.

Die chronologische anordnung der Eddalieder, wie Vigfússon sie durchzuführen gestrebt hat, muss als ein verfrühter und voreiliger versuch gelten. Eine klassificierung der altnordischen gedichte kann überhaupt nicht rein chronologisch, sondern sie muss chronologisch-systematisch sein, d. h. die zeitlich nicht bestimbaren sind den zeitlich bestimten nach verwantschaft von inhalt und form beizuordnen. Im zweiten bande des Corpus ist das im algemeinen wol auch versucht, doch wechselt das princip der anordnung häufig genug. Bald entscheidet der verfasser, bald die chronologie, bald die gattung. Wenn z. b. Sighvats dichtungen sich an einer stelle vereinigt finden (II, 124—150), so solte man dasselbe auch bei andern namhaften skalden erwarten. Einarr Skúlason steht aber z. b. an vier verschiedenen stellen: II, 252 (drápa auf könig Sigurd den kreuzfahrer), II, 267 fgg. (die mehrzahl seiner dichtungen), II, 277 fg. (lausavísur), II, 283 (Geisl).

Auf die excurse näher einzugehen muss ich mir versagen, um diese anzeige nicht über gebühr anzuschwellen. Doch möchte ich im algemeinen auf eine charakteristische seite derselben hinweisen. Vigfússon zeigt überall das bestreben die altnordische prosa und poesie, auch die skaldendichtung, aus ihrer bisherigen mehr oder weniger isolierten stellung herauszulösen und sie der algemein germanischen einzufügen. Unleugbar ist diese tendenz berechtigt und, wo sie über das ziel hinausschiesst, ist der versuch doch nicht ohne interesse. Im dritten excurs des zweiten bandes (II, 501 fgg.) trachtet Vigfússon in den Íslendinga sǫgur spuren altgermanischer heldenlieder aufzudecken. Zu Grettir und Beówulf vgl. schon Prol. zu Sturl. und Gering Anglia 3, 74 fgg. Die neu beigebrachten parallelen haben nicht dieselbe überzeugende kraft. Der traum Þorsteins in der Gunnlaugs saga c. 2 und seine erfüllung im lezten tötlichen kampfe Gunnlaugs und Hrafns c. 12 erinnert Vigfússon an die Walthariussage in der fassung des Chronicon Novaliciense. Allein die ähnlichkeit läge in der lücke der überlieferung: s. Heinzel a. a. o. s. 66 fg. — Ebenso verhält es sich mit der angenommenen parallele zwischen dem abenteuer des jungen Þorsteinn in der Vatnsdæla und dem was Paulus Diaconus I, c. 23 fgg. von Alboin erzählt. Wo die ähnlichkeit anfangen müste — nimt Vigfússon eine lücke in der paraphrase des langobardischen liedes an. — Dass auf historische figuren verbreitete sagenzüge übertragen wären, wie Vigfússon u. a. annimt von Guþrún, Kjartan und Bolli der Laxdæla (Cpb. II, 506 fg.), ist an sich wol denkbar. Zuviel aber möchte ich auf solche motive, die an verschiedenen stellen in verschiedenem zusammenhange und verschiedener ausführung widerkehren, nicht geben. Wenn die Gudrun der Laxdæla ihre söhne dazu antreibt, den vater zu rächen, so kann ich an sich in diesem algemein menschlichen und also auch poetischen motive kein „deutliches echo“ der Hamþismál anerkennen. Und ebensowenig will es mir in den sinn, dass die schönen worte der Guþrún in ihrem gespräche mit ihrem lieblingssohne Bolli am schluss der saga „*þeim var ek verst er ek unna mest*“ ein nachklang sein sollen von Gudruns klagen um Svanhild, Sigurd und ihre brüder (Guþr. hv. 16 fg.). Doch muss man dankbar sein für die anregung, wie denn überhaupt alle excurse weniger reinliche ergebnisse der forschung als geistvolle und anregende aperçus bieten.

Auch in dem ausführlichen metrischen excurse (I, 432—458) stelt sich Vigfússon auf gemeingermanischen standpunkt. Auf seine metrischen theorien hier einzugehen liegt mir fern. Mit seinen vorgängern sezt sich Vigfússon auch hier nicht auseinander. Die arbeiten von Sievers sind ihm allerdings bekant, wie sich aus dem bitterbösen ausfall s. 432 fg. ergibt. Die ansicht, dass die an. metra auf festen bestimmungen über die silbenzahl beruhen, ist Vigfússon ein dorn im auge, ein verhängnisvoller irtum, eine „baseless fancy." Seine rechtfertigung hat Sievers selbst übernommen (Beitr. 10, 209 fgg.). Was andere, namentlich Jessen und Bugge, vor Sievers für die erkentnis der gesetze der altnordischen metrik getan haben, sei dankbar anerkant. Erst Sievers aber hat uns gelehrt die skaldenmetra zu skandieren. Und, wenn er im ersten entdeckungseifer die volkstümlichen metra zu mechanisch behandelte und die natürliche wort- resp. satzbetonung zu sehr vernachlässigte, so hat er durch seine neuesten untersuchungen diesen fehler selbst gehoben und den beweis geliefert, dass das viersilblerschema der kviþuháttr- (und wol auch der dróttkvætt-) kurzzeile mit der natürlichen betonung nirgends unvereinbar ist. Er hat endlich einen ersten anfang dazu gemacht, den inneren zusammenhang zwischen der altnordischen und westgermanischen allitterationszeile aufzudecken. Sievers metrische arbeiten[1] werden allezeit ihre geltung behalten als die grundlage für eine wissenschaftliche geschichte der entwickelung der nordischen metrik. Dies noch einmal ausdrücklich zu betonen, schien nicht bloss Vigfússon, sondern auch anderen skandinavischen gelehrten gegenüber,[2] angemessen.

Von K. Gíslasons metrischen untersuchungen „om helrim" ist bei Vigfússon nirgends die rede. K. Hildebrands erörterungen über die versteilung in den Eddaliedern (Ztschr. f. d. phil., ergänzungsband s. 74 fgg.) bleiben unberücksichtigt. E. Jessens regel, dass die vorlezte silbe im dróttkvætt lang sein müsse, wird nicht erwähnt, wol dagegen Bugges regel über den versausgang im ljóþaháttr (s. 439 fg.). Sonst finde ich nur in der einl. s. CXIX anm. 1 die arbeit Edzardis Beitr. 5, 570 fgg. über die skaldischen versmasse in ihrem verhältnis zur altirischen verskunst, und zwar mit beifall, angeführt. Auffallender scheint, dass Vigfússon auch nirgends einen versuch macht, sich mit Snorres Háttatal auseinanderzusetzen. Das bleibt auffallend, auch wenn er es ausdrücklich und mit recht ablehnt, von demselben als basis auszugehen, was übrigens auch Sievers nicht getan hat, wie man nach dem anhub von Vigfússons metrischem excurse glauben könte.

Wenn Vigfússon den anspruch erhebt, von der altgermanischen metrik auszugehen, so muss bemerkt werden, dass er weder von der westgermanischen verskunst noch von der litteratur über dieselbe eine leidlich eingehende kentnis besizt. Es mag genügen auf die beispiele s. 436 fg. zu verweisen, wo u. a. verse aus dem Heliand und den Merseburger sprüchen — und in was für einem texte! — unter Hildebrandslied und Wessobrunner gebet aufgeführt werden. Die behauptung s. 439, dass die form des ljóþaháttr — málaháttr möchte Vigfússon sie nennen — niemals in der ags. poesie oder in Deutschland entdeckt sei, hätte doch einer einschränkung bedurft: vgl. Müllenhoff de carm. Wessofontano s. 17. Denkm.[2] 278 fg. Beachtung hätte auch die ansicht verdient, dass sich im ersten Merseburger zauberspruch eine

1) Beitr. 5, 449 fgg. 6, 265 fgg, 8, 54 fgg. 10, 209 fgg. 451 fgg. (leztere abhandlung noch nicht erschienen). Proben einer metrischen herstellung der Eddalieder. Halle 1885 (abdruck aus dem Tübinger märzprogramm).

2) So verweist K. Gíslason Njála II, 542 anm. allerdings einmal auf die „verdienstliche skaldenmetrik" von Sievers, insofern sie ihn auf Jessen aufmerksam gemacht habe, nicht aber ebd. s. 345 und 433, wo die beispielsamlungen überhaupt erst auf grund von Sievers untersuchungen möglich waren.

spur des dróttkvætt auf deutschem boden finde (E. v. d. Recke Ztschr. f. d. a. 23, 408 fgg.), eine ansicht, die allerdings schwerlich viele anhänger finden wird.

Als einheit betrachtet Vigfússon die langzeile, und das ist ja für das fornyrþislag unzweifelhaft richtig, wie schon Jacob Grimm am ende seiner vorrede zu Andreas und Elene schön und treffend entwickelt hat. Die einheit der langzeile wird auch durch Sievers entdeckungen nicht, wie man wol gemeint hat, widerlegt, sondern im gegenteil gestüzt, da die erste hälfte keineswegs ganz so wie die zweite gebaut ist. Bedenklicher ist, dass Vigfússon auch die skaldischen metra in langzeilen druckt. Ich will nicht bestreiten, dass ursprünglich auch der dróttkvættvers als langzeile gemeint worden sei, doch die ansicht der „court-metrists“, der zufolge die kurzzeile als *vísuorþ* gilt, wird für die skaldenmetrik wol massgebend bleiben müssen. Unter allen umständen bleibt aber erwünscht, dass die cäsur kentlich gemacht werde, im dróttkvætt wie im fornyrþislag.

Vigfússon hat aber speciell bei den dichtungen in kviþuháttr[1] noch eine andere neuerung eingeführt, bei der ich endlich noch einen augenblick verweilen möchte. Er leugnet die strophische gliederung der epischen Eddalieder und druckt sie dieser ansicht gemäss nicht strophisch, sondern stichisch. Seine gründe sind ziemlich algemeiner natur. „In der einen ausgabe nach der andern“, heisst es s. 433, „sind die unglücklichen Eddalieder in strophen gezwängt worden, mit gänzlicher nichtachtung des flusses der dichtungen selbst, sowie der parallelen altenglischen und altdeutschen dichtungen, und trotz der furchtbaren wunden, welche die systematische anwendung dieser theorie so edlen werken wie der Vǫluspá und den Helgiliedern schlagen würde.“ Er macht sodann darauf aufmerksam, dass man viel kostbare zeit auf diese „chimaere“ verschwendet habe, indem man in dem plus oder minus der überlieferten strophe von vier langzeilen ein kriterium gegen ihre integrität zu finden glaubte. Es ist klar, dass diese bemerkungen nichts entscheiden. Die überlieferung wird auch hier wider in souverainer freiheit unbeachtet gelassen. Wie Vigfússon hat sich übrigens bereits Holtzmann: Die ältere Edda 1875, s. 16 geäussert. Die ansicht hatte viel ansprechendes, auch für mich, und wie ich weiss, auch für andere. Dennoch, glaube ich, ist sie unhaltbar.

Dass in den handschriften der Eddalieder — um mich auf diese zu beschränken — die strophische gliederung bei den epischen wie bei den dialogischen liedern durchgeführt ist, lässt sich u. a. bei Bugge s. II ersehen. In R und offenbar auch in anderen handschriften wird der anfang einer neuen strophe durch einen grossen anfangsbuchstaben bezeichnet, welcher, wenn er der erste buchstabe in der zeile ist, gerne ein wenig vorgerückt wird. Das ende der strophe wird gewöhnlich durch einen punkt bezeichnet, wie auch häufig das ende der halbstrophe. Nun ist diese strophenteilung nicht vom schreiber des Regius eingeführt, sondern treu aus seiner vorlage herübergenommen. Dies ergibt sich aus einer vergleichung des textes der Hymiskviþa[2] nach R und A. Die strophenteilung ist in beiden handschriften volständig dieselbe (nach Bugges angaben, die zutrauen einflössen), auch da, wo sie

1) Die auseinandersetzungen von Möbius Arkiv I, 288 fgg. über die ausdrücke *fornyrþislag*, *kviþuháttr*, *ljóþaháttr* halte ich zwar für durchaus unanfechtbar; ich sehe aber doch keine möglichkeit von der geläufigen bezeichnung der bloss stabreimenden versart überhaupt als *fornyrþislag* und der acht- resp. vierzeiligen epischen strophe als *kviþuháttr* zu lassen, bis man uns richtigere und gleich bequeme an ihrer stelle bietet.

2) Bekantlich ist Hymiskviþa das einzige gedicht in kviþuháttr, welches zugleich in R und A volständig erhalten ist.

entschieden unrichtig ist, hat also in ihrer überlieferten form bereits dem archetypus von RA angehört. Die „strophisierung" wäre also jedenfals alt. In der Snorra Edda, Vǫlsunga saga usw. stimt die teilung der angeführten strophen und halbstrophen durchweg mit der des Regius überein. Aber auch die strophen und halbstrophen, welche sich nur in der Vǫls. finden (Bugge Fornkv. s. 336 fg.) sind regelmässig vier- resp. zweizeilig.[1] Einen weiteren beweis, dass wenigstens im XIII. jahrhundert auch die dichtung im fornyrþislag strophisch geübt wurde, bietet, worauf mich herr prof. Möbius aufmerksam gemacht hat, Snorres Háttatal in den stophen 95 fgg. Es wird zugleich durch diese strophen bewiesen, dass das fornyrþislag damals auch kurzzeilig geübt wurde, denn Snorre hätte sonst in denselben nur halbstrophen gegeben, den ganzen strophen 1—94 gegenüber.

Behauptet man für die altnordischen kviþuháttr-lieder unstrophische form, so kann das demnach nur besagen wollen, dass die seit dem X. oder gar schon seit dem IX. jahrhundert herschende achtzeilige strophe des alüblichen dróttkvætt auf die tradition, zunächst die mündliche, dann die schriftliche, der alten epischen lieder umgestaltend eingewirkt habe. In einer zeit, wo alles nur strophisch gedacht und gedichtet wurde, wo strophische gliederung gleich dem stabreim als eine conditio sine qua non für alle poesie galt, dachte und reconstruierte man auch die alte dichtung strophisch. Möglich ist diese annahme gewiss, aber auch wahrscheinlich?

Die überlieferung der Eddalieder spricht nur scheinbar für sie. Betrachten wir einige der jüngeren.[2] Die Grípisspá zerfält ohne jegliche änderung in 53 × 4 langzeilen, d. h. in 53 vierzeilige strophen, welche nach einer einleitung (1—6) regelmässig zwischen Grípir und Sigurd verteilt sind, nur dass am schlusse der erstere einmal zwei strophen (51. 52) spricht. Vigfússon scheint hier (I, 285) die „regular four-lined stanzas" anzuerkennen, druckt das lied aber unstrophisch. — Die Vegtamskviþa, richtig abgeteilt, besteht aus 14 × 4 = 56 langzeilen. In der handschrift ist die strophenteilung diese: 1. 2 + 3^{1-4}. 3^{5-8} + 4^{1-4}. 4^{5-8} + 5^{1-4}. 5^{5-8}. 6 + 7. 8. 9. 10. 11. 12. 13. 14. Es ist also zweimal falsch abgeteilt, und einmal die bezeichnung der neuen strophe vergessen. Lücken sind nicht wahrnehmbar: das lied erscheint als die neubearbeitung eines älteren (oben s. 123). — Die Guþrúnarkviþa I hat 17 regelmässige vierzeilige strophen; in 3 strophen (4. 17. 18) steht die einführung der sprechenden (*Þá kvaþ þat Gjaflaug, Gjúka syster* usw.) offenbar ausserhalb der visa; daneben kommen 5 dreizeilige strophen (5. 7. 11. 15. 25) vor, die eine besondere kunstform zu bezeichnen scheinen; dann bleiben noch 2 strophen übrig (21. 24), die über das normale mass hinausragen, doch sicher erst in der tradition ausgeweitet sind.[3] — Die Hymiskviþa zeigt nach dem übereinstimmenden texte von RA bloss an fünf stellen eine abweichung von der vierzeiligen strophe. Von diesen kommen die dreizeilige strophe 26 und die fünfzeilige 27 sofort in abzug, da auch der sinn die verbindung von 27^{9-10} mit 26 fordert (Grundtvig[2] 194[a]): 26 + $27^{9.\,10}$ und 27^{1-8} bilden dann zwei vierzeilige strophen. Die

1) Die strophe in c. 30 (B. 156, 19 fgg.) ist bekantlich verderbt, vgl. Brot af Sig. 4. — Die nur in der Sn. E. vorkommenden strophen aus alten mythischen liedern sind meist in ljóþaháttr.

2) Ich citiere nach Bugges strophenteilung.

3) Streiche 21, 9. 10 und 24, 11. 12. Leztere strophe wird dann achtzeilig, plus der anfangszeile *Þá kvaþ þat Gollrǫnd, Gjúka dótter.* Vgl. dazu Grundtvig Edda[2] 232[a].

beiden unmittelbar vorhergehenden strophen 24. 25 bilden in den handschriften eine sechszeilige strophe. Es wird aber durch die vergleichung von Sn. E. I, 170^{1} deutlich, dass nach 24^{4} etwas fehlt, und vermutlich ist dasselbe vor 25^{1} der fall. Die zeilen 10^{5-8} + 11 bilden in den handschriften eine siebenzeilige strophe. Streicht man mit Grundtvig $11^{5.\,6}$, so erhält man zwei regelmässige strophen: 10. $11^{1-4.\,7-10}$. Dass endlich nach 36^{6} eine langzeile fehlt, ist gewiss keine gewagte annahme.

Bei den älteren kviþuháttr-liedern ist wegen der oft lückenhaften und ebenso oft überladenen überlieferung der nachweis der strophischen gliederung schwieriger. Unleugbar ist aber, dass abweichungen vom vierzeiligen strophenmasse in denselben vielfach zusammentreffen mit kritischen bedenken anderer art. Ich begnüge mich einstweilen mit einem hinweise auf zwei lieder, die der zweiten hälfte des X. jahrhunderts angehören werden. Das jüngere, die Vǫluspá, zerfält nach Müllenhoffs einschneidender kritik in 50 vierzeilige strophen: die überlieferung ist nur an fünf stellen gestört (Müllenhoff str. 16. 21. 45. 47. 49[2], vgl. dazu DA. V, 110. 118. 155 fg. 35). Man wird nicht behaupten wollen, dass die von Müllenhoff in den ächten teilen des liedes verworfenen zeilen [R $22^{3.\,4}$ = H $26^{10.\,11}$. — R 31^{9-12}. — R $38^{5.\,6}$ = H $35^{5.\,6}$. — R 44^{7-10} = H$37^{7.\,8}$. 38^{1-4}] bloss des strophenbaues wegen athetiert sind: sie müssten auch in einem unstrophischen gedichte notwendig ausgemerzt werden. Fraglich kann meiner ansicht nach nur die herstellung der strophen 39. 40 Mh. sein, die aber auf die algemeine gliederung des liedes ohne einfluss ist.

Die Þrymskviþa, das ältere, zeigt gleichfals an verschiedenen stellen, welche auch sonst bedenklich sind, abweichungen vom regelmässigen strophenmasse. Dahin rechne ich (vgl. Taalk. Bijdr. II, 304 fgg.) die metrisch und im zusammenhang entbehrlichen zeilen: $5^{3.\,4}$ und $9^{3.\,4}$ (lies mit Grundtvig *unz fyr innan kvam jǫtna heima* resp. *ása garþa*), $6^{5.\,6}$. $29^{9.\,10}$. Die erste halbstrophe zu 4 und zu 19 fehlt vermutlich. An anderen stellen dieses liedes bieten aber die überlieferten fünfzeiligen (13. 24) und dreizeiligen strophen (17. 20) keinen anstoss. Es erhebt sich die frage, ob nicht in manchen Eddaliedern strophen von ungleicher länge von haus aus abwechselten, ähnlich wie im deutschen Ludwigsliede, der Samariterin, dem Georgsliede und dem sogenanten „De Heinrico" (Denkm.² nr. XI. X. XVII. XVIII, vgl. s. 297 fg. 304. 327). Die nähere erörterung dieser frage, die innerhalb des rahmens einer anzeige zu viel raum beanspruchen würde, verspare ich mir für eine andere gelegenheit. Ich mache nur noch für diesen bestimten fall darauf aufmerksam, dass in der Þrkv. die drei- und fünfzeiligen strophen nicht wahllos zwischen die vierzeiligen eingeschoben scheinen. Es ergibt sich vielmehr eine überlegte gliederung, die sich folgendermassen veranschaulichen lässt, indem ich die normalen strophen durch *a*, die dreizeiligen durch *b*, die fünfzeiligen durch *c* bezeichne:

11 *a*. — [*c*. — 3 *a*. — *b*. — 3 *a*. — *b*. — 3 *a*. — *c*.] — 8 *a*.

1) Im algemeinen verweise ich für die beurteilung des verhältnisses der Hymiskviþa zu dem in der erzählung der Gylfaginning von Thors kampf mit der Midgardsschlange benuzten liede auf Edzardi Germ. 23, 421 fgg. und Mogk Beitr. 7, 277 fgg.

2) Müllenhoffs ergänzung der halbstrophe 49 [= H 58, fehlt in R] nach den papierhss. ist doch wol unrichtig. Nicht bloss *véskǫp setr*, sondern auch *ok sakar leggr* ist metrisch anstössig, während in dem allerdings volständigen verse *semr hann dóma* das *hann* verdächtig scheint. Ähnliche metrische verstösse bieten die jüngeren strophen der Vegtamskviþa sowie die Forspjallsljóþ (vgl. auch Sievers Beitr. 10, 214 anm. 522 anm.).

Die schlusszeile *sva kvam Óþens sunr* | *endr at hamre* steht ausserhalb der strophe. Auch R bezeichnet dies.

Es verdient ferner beachtung, dass die runeninschrift auf dem Rökstein vier zusammenhängende langzeilen im kviþuháttr enthält, die doch gewiss als volständige vierzeilige strophe aufgefasst werden müssen (vgl. Bugge, Tolkning af runeindskr. på Rökstenen s. 48. 90 fgg. Hoffory GGA. 1885, s. 23 fgg.). Damit wird schon für die grenzscheide des IX. und X. jahrhunderts strophische gliederung des kviþuháttr wahrscheinlich, also so früh, dass von einem einflusse des strophischen dróttkvætt noch nicht die rede sein kann.

Eine beobachtung algemeinerer art bestätigt dieses aus der überlieferung gewonnene resultat. Man darf annehmen, dass ein text, der mit solcher leichtigkeit und natürlichkeit in strophische gebilde zerfält wie der der Eddalieder, von haus aus strophisch gemeint sein muss. Der unterschied von den westgermanischen epen ist augenfällig. Jeder durchgeführte versuch, selbst kleinere gedichte wie das Hildebrandslied oder den ags. Waldere in strophen zu zerlegen, muss scheitern. Der scharfsinnige und gelehrte, aber wol algemein in seinen resultaten verurteilte versuch in dieser richtung von H. Möller (Das ae. volksepos in der ursprünglichen strophischen form, Kiel 1883) kann als probe gelten. In den epischen gedichten der Edda herscht das betreben, in vierzeiligen absätzen die erzählung vorzutragen, in ganz anderer ausdehnung, wie in den resten des ags. volksepos (vgl. Heinzel Anz. f. d. a. 10, 216), in einer ausdehnung, dass wir selbst bei unstrophischer überlieferung die grundlage strophischer compositionen anzunehmen genötigt wären. Und die gliederung geht noch weiter. Denn es herscht ferner das entschiedene bestreben, welches im ljóþaháttr und im dróttkvætt gesetzmässig wird, die halbstrophen durch die stärkste interpunction von einander abzuheben. Die kviþuháttr-strophen zerfallen durchweg, soweit die überlieferung nicht gestört ist, in zwei syntactisch getrente hälften.[1] Von den vierzeiligen strophen der Þrymskviþa, um bei diesem beispiele zu bleiben, verstösst gegen die regel nur str. 2, wo die zweite strophenhälfte sich als relativsatz auf die erste bezieht. Auch diese eigentümlichkeit sezt strophische gliederung voraus, ebenso das stef der Vǫluspá.

Die hier nicht abschliessend, sondern nur andeutend besprochene frage wird ihrer entscheidung näher geführt werden durch einen diplomatischen abdruck des codex Regius, dessen notwendigkeit Vigfússon mit recht s. XLII hervorhebt und die lecture seines buches widerholt bestätigt. Dem studium der wichtigsten urkunde des germanischen heidentums hätte schon längst die unentbehrliche grundlage geschaffen werden sollen, welche man dem Beowulf und der Chanson de Roland nicht vorenthält. Damit soll Bugges Eddaausgabe nicht zu nahe getreten werden: sie wird schon dadurch, dass sie die handschriftliche überlieferung mit getreuer volständigkeit bietet, die grundlage für alle nachfolgenden bleiben, allein eine diplomatische ausgabe ist neben ihr ein bedürfnis. Vielleicht findet dieser stossseufzer eines herausgebers, dem unter der arbeit manchmal das alte wort einfält: „non cuivis homini contingit adire Corinthum", im norden einen widerhall.

Ein zusammenfassendes urteil über das Corpus poeticum boreale ist nach dem gleich zu anfang dieser anzeige bemerkten überflüssig. Dass Vigfússons werk nicht die grundlage unserer weiteren forschung abgeben, dass es nur mit der grössten umsicht und kritik benuzt werden kann, erhelt aus dem vorstehenden wol zur

1) Vgl. auch Edzardi Germ. 24, 58. Beitr. 5, 583.

genüge. Ein wirkliches Corpus der altnordischen dichtung müste sich auf dem sicheren grunde der handschriftlichen überlieferung erheben und überall, wo Vigfússon sich mit unmethodischen einfällen und geistreichen aperçus begnügt, die ergebnisse der philologischen arbeit an deren stelle setzen. Ich habe im vorstehenden auf diesen empfindlichsten, alle vorzüge des werkes trübenden mangel den hauptnachdruck legen wollen. Hier aber ziemt es sich noch einmal dankbar hervorzuheben, dass Vigfússon durch die fülle von anregung, die er im verlaufe seines buches aus dem reichen schatze seiner kentnisse spendet, durch gelungene besserungen, feinsinnige übersetzungen, scharfsinnige combinationen, ja bereits durch die zusammenhängende vorführung des stoffes, unsere einsicht in die entwickelung der altnordischen poesie wesentlich gefördert und viele sich darbietende fragen zwar nicht gelöst, aber ihrer lösung näher geführt hat. Fast liesse sich auf den herausgeber des Corpus poeticum boreale das wort anwenden, das Goethe einmal von Sterne braucht (Hempel XIX, 115), er sei in nichts ein muster und in allem ein andeuter und erwecker.

GRONINGEN, 1. MAI 1885. B. SYMONS.

Ein druckfehler bei Koberstein und Gervinus.

Koberstein sowol als Gervinus haben sich eingehend mit A. W. Iffland beschäftigt. Freilich von der reichen litteratur, die über diesen grossen schauspieler und schauspieldichter vorhanden ist, erfahren wir nichts. Nur ein werk ist angegeben, und dies eine bei beiden falsch. Koberstein scheint mir hierbei den vorzug der priorität zu geniessen. Das buch, das beide anführen, hat nicht Dennecker, sondern Duncker zum verfasser. Es erschien unter folgendem titel: Duncker, Iffland und seine Schriften als Künstler, Lehrer und Director der Berliner Bühne. Berlin 1859. 8. Vgl. Koberstein (5. aufl.) 4, 209 anm. 67 und Gervinus (5. aufl.) 5, 600 anm. 131. Zudem verdient das angezogene werk, das keiner der beiden litterarhistoriker in händen gehabt zu haben scheint, als eine so hervorragende quelle, für die man es nach dem vielversprechenden titel zu halten berechtigt ist, durchaus nicht angeführt zu werden. Denn es enthält weder eine lebensbeschreibung Ifflands noch eine charakteristik seiner dramatischen oder künstlerischen verdienste, sondern es ist nichts weiter als eine samlung mehrerer in seinen theater-almanachen gedruckter aufsätze nebst einigen anderen dramaturgischen arbeiten und der krankheitsgeschichte von Formey. Das buch erschien 1859 zum gedächtnis von Ifflands hundertjährigem geburtstage (19. april) und der herausgeber, Carl Duncker, der seit 1803 bis zu Ifflands tode (1814) das beglückende los seines vertrauens und seiner freundschaft genossen hatte, glaubte seinem verewigten freunde in seinem buche, in dem ihm nichts gehört als die auswahl und anordnung der ausgewählten Ifflandschen aufsätze, ein würdiges denkmal stiften zu sollen.

GEESTEMÜNDE. HUGO HOLSTEIN.

Halle a. S., Buchdruckerei des Waisenhauses.

ZU TACITUS GERMANIA CAP. XIII. XIV.

Nicht ohne zagen wage ich es die schon unzählige male behandelte stelle *Insignis nobilitas — inter comites aspici*, die noch zulezt bei Waitz, Verfassungsgesch. I³, 283—290 die eingehendste und gründlichste erörterung erfahren hat, noch einmal zu besprechen. Ich wage es nur, weil ich eine interpretation vorschlagen möchte, die meines wissens überhaupt noch nicht versucht ist oder, wenn sie doch schon angeregt sein solte, dann jedesfals noch nie eingehender begründet oder bekanter geworden sein kann.

Ich glaube, dass alle wesentlichen schwierigkeiten der stelle schwinden, wenn man folgendermassen interpungiert:

Insignis nobilitas aut magna patrum merita principis dignationem etiam adulescentulis assignant: ceteris robustioribus ac iam pridem probatis aggregantur. Nec rubor inter comites aspici: gradus quin etiam ipse comitatus habet usw.

Diese interpunction, wonach bei *Nec rubor* ein neuer satz begint, ist zwar schon von Rudolph Köpke,[1] Anfänge des Königthums bei den Gothen s. 18 angenommen, derselbe folgt indessen einer ganz anderen interpretation der stelle, als ich sie im folgenden zu begründen versuchen will.

Ich entwickle zunächst in zusammenhängender darstellung meine auffassung und gehe dann erst auf die begründung derselben im einzelnen und die widerlegung der entgegenstehenden deutungen ein.

Tacitus hat in den vorhergehenden capiteln das öffentliche leben der Germanen in seiner militärischen, sacralen und administrativen gestaltung geschildert. Mit capitel XIII geht er nun zu dem über, was der Römer bei der schilderung des politischen[2] lebens noch vermissen muste, zu den honores; diese erörterung bildet ganz naturgemäss die spitze und den abschluss des ganzen. Und zwar begint er mit dem eintritt in das politische leben, mit der dem römischen brauche der togae sumptio entsprechenden wehrhaftmachung: *hic primus iuventae honos* sezt er hinzu. Die carrière des Germanen — man verzeihe mir den ausdruck — führt nun entweder zum principat

1) Über Phillips vgl. das s. 138 anm. 2 gesagte.

2) Vgl. hierzu auch den schluss derselben anm.

oder zum comitat. Um zum princeps gewählt zu werden, dazu gehört leibesstärke und sonst erprobter wert; aber auch jünglinge, die diese vorzüge noch nicht besitzen können, auch sie können doch schon den rang eines princeps erhalten mit rücksicht auf ihre edle geburt oder die hohen verdienste ihrer väter. Eine niedrigere stufe der honores ist der comitat, aber auch sie ist keineswegs verächtlich, vielmehr finden im comitat selbst noch weitere abstufungen statt. Die principes streben eifrig danach, möglichst viele und tüchtige comites zu besitzen: denn erst das macht ihre stellung zu einer wirklich bedeutenden, erst das gibt ihnen wahre dignitas und macht.

So etwa stelle ich mir den gedankengang der stelle vor. Ich gehe nun zur erörterung der einzelheiten des textes über.

Insignis nobilitas aut magna patrum merita principis dignationem [dignitatem Bb.] etiam adulescentulis assignant. ausgezeichneter adel oder grosse verdienste der väter weisen eines fürsten würde auch schon jüngeren männern zu. Die ausgaben schwanken noch immer zwischen *dignationem* oder *dignitatem*. In der tat ist es schwer, eine sichere entscheidung zu treffen. Da indessen 1) *dignitatem* eigentlich nur der Vaticanus 1861 bietet (denn der Leidensis kann bekantlich bei den correcturen, welche Pontanus selbst und der abschreiber des codex vorgenommen haben, keine selbständige geltung beanspruchen), alle anderen dagegen *dignationem* haben;[1] 2) da ferner wol erklärlich ist, wie aus *dignationem* ein abschreiber das in der classischen latinität übliche *dignitatem* machen konte, aber nicht umgekehrt; 3) da endlich, wie sich am schluss meiner besprechung zeigen wird,[2] gerade der ausdruck *dignationem* eine für den gedankenzusammenhang der stelle sehr charakteristische nuance in die bedeutung von *dignitas* einführt — so glaube ich aus allen diesen gründen die lesart *dignationem* doch unbedingt vorziehen zu müssen.

Was sodann die bedeutung des wortes betrift, so muss zunächst constatiert werden, dass es nur in passivem und nicht, woran Waitz noch immer festhält, in activem sinne (*würdigung eines fürsten* d. h. er befindet die adulescentuli für würdig, sie in sein gefolge aufzunehmen) genommen werden kann. Wenn nämlich, wie schon mehrfach hervorgehoben und zulezt noch durch die samlung aller stellen im Lex. Taciteum von Gerber und Greef zweifellos festgestelt ist, *dignatio*

1) Über den kritischen wert der handschr. C (Vat. 1518) vgl. G. Waitz, deutsche verfassungsgesch.[3] 1. 513 fgg. Steht C mit den übrigen handschriften gegen Bb, so bietet C in der regel die echtere überlieferung, und verdient deshalb den vorzug. J. Z.

2) Vgl. unten s. 142.

bei Tacitus niemals[1] in activer bedeutung sich nachweisen lässt, so ist es doch wol völlig ausgeschlossen, dass Tacitus gerade hier, wo nichts im zusammenhang den leser auf diese specielle bedeutung führen konte, das wort in so ganz singulärem sinne gebraucht habe. So hat denn u. a. O. Ribbeck[2] schon 1867 mit recht abschliessend bemerkt (Rhein. Mus. N. F. XXII, 158) *dass die passive bedeutung des wortes durch den sprachgebrauch des Tacitus unumstösslich erwiesen sei, wird kein strenger exeget mehr bestreiten.* Was dagegen zur aufrechterhaltung der activen bedeutung an dieser stelle geltend gemacht werden könte, bringt Baumstark, Urdeutsche Staatsalterthümer s. 601 vor, nämlich 1) Germania 26 *secundum dignationem* habe dign. activen sinn oder könne ihn doch wenigstens haben (!). Ich bemerke, dass auch Waitz, der, wie gesagt, c. 13 dignatio activ nimt, hier (Verfassgsch. I³, 145, vgl. auch s. 109) diese auslegung für „unmöglich" erklärt! 2) „rein sprachlich" sei dieser gebrauch des wortes der „berechtigtste." Für die interpretation komt es aber selbstverständlich nicht auf die bedeutung an, welche ein wort seiner ableitung nach haben kann, sondern nur auf die, welche sich im sprachgebrauch festgesezt hat! Worauf Baumstarks schlussbemerkung sich bezieht: *der gebrauch des wortes in dieser grundbedeutung .... ist so sehr in den quellen der latinität (??!) gesichert, dass eine art unverschämtheit dazu gehört, wenn jemand dagegen einsprache thut*, verstehe ich nicht.

Die passive bedeutung von *dignatio* ist ferner die einzige, die sich völlig ungezwungen und natürlich mit *assignare* = *zuweisen, anweisen, zuerteilen*, verbinden lässt. Diesen von Halm (Controverse stellen der Germania s. 4) betonten grund erkennen an G. Richter (Rhein. Mus. N. F. XXIV. 1869 s. 230), W. Sickel (Gesch. d. deutschen Staatsverfassung I. Halle 1879 s. 104 anm. a) und andere.[3]

1) Auch bei andern schriftstellern der kaiserzeit findet es sich kaum einige male an „nicht adäquaten stellen" activ verwendet; vgl. Halm, Controverse Stellen der Germania s. 3 des sep.-abdr.

2) Scharf betonen diesen sinn auch — worauf mich herr prof. Zacher aufmerksam macht — Leo Meyer in dieser ztschr. V. 1874 s. 263—265 und Louis Erhardt, Aelteste germanische Staatenbildung (Leipzig 1879) s. 60. Lezterer wäre von seiner auffassung des principats aus an sich sehr geneigt, die Waitzsche erklärung zu acceptieren, ist indessen doch unbefangen genug, um zu erkennen, es sei *unmöglich nach dem, was Waitz selbst zugesteht, dass nämlich dignatio nie in transitivem sinne bei Tacitus sich findet, trozdem an unsrer stelle diese interpretation des wortes anzunehmen.*

3) Auch Haupt hat nach einer gütigen mitteilung herrn prof. Zachers in seiner Germania-vorlesung 1855/56 erklärt, dass *assignare* bei *dignatio* in pass. sinne „ein verkehrter ausdruck wäre."

Welche weiteren schwierigkeiten sich aus der annahme der transitiven bedeutung für die interpretation der folgenden sätze ergeben, werde ich s. 133 fgg., s. 139 fgg. ausführen.

Die anwendungen, welche *dignatio* von jener intransitiven grundbedeutung aus bei Tac. findet, lassen sich etwa folgendermassen scheiden:[1] 1) zunächst bezeichnet es ganz algemein die *geltung*, das *ansehen* z. b. Hist. III, 80 auxit invidiam propria dignatio viri. 2) speciell drückt es aus die mit einem amte verbundene *rangstellung*, z. b. Annal. III, 75 consulatum ei acceleraverat Augustus, ut Labeonem Antistium isdem artibus praecellentem dignatione eius magistratus anteiret. II, 33 senatus et equites .... sicut locis ordinibus dignationibus antistent ... 3) daraus entwickelt sich dann der gebrauch, dass es den *blossen rang* auch ohne das wirkliche amt, oder auch wie Ribbeck es ausdrückt (nur durfte er hierin nicht die ausschliessliche bedeutung sehen) *nicht sowol eine reelle würde ... als die ideelle geltung der person oder des namens* bezeichnet. Am klarsten tritt diese bedeutung hervor. Hist. I, 52 Valens will den Vitellius zur empörung bestimmen, indem er ihm vorhält, Vitellio tres patris consulatus, censuram, collegium Caesaris et imponere iam pridem imperatoris *dignationem* et auferre privati securitatem, d. h. doch unbedingt: wenn er auch faktisch nur privatmann sei, so gelte er in den augen der leute gewissermassen schon als imperator,[2] sodass er dadurch dem kaiser verdächtig werden müsse, also nicht mehr ruhig als einfacher bürger leben könne. 4) Nur sehr selten bezeichnet es die ehrenstellung selbst (= dignitas, honos), wie z. b. Ann. XIII, 20 Fabius Rusticus auctor est, scriptos esse ad Caecinam Tuscum codicillos, mandata ei praetoriarum cohortium cura, sed ope Senecae *dignationem* Burro retentam (hier ist Ribbecks erklärung im sinne von 3 durch den zusammenhang ausgeschlossen).

Welche von diesen bedeutungen *dignatio* hier nun hat, warum Tacitus gerade diesen ausdruck für besonders geeignet erachten muste, um die stellung der jungen principes damit zu bezeichnen, das wird sich uns erst nach betrachtung der ganzen stelle und der erwägung des zusammenhanges, in dem sie zu den weiteren ausführungen des capitels steht, ergeben. Vgl. unten s. 141 und besonders s. 142.

1) Vgl. ausser Gerber und Greef, die aber die stellen nicht scharf genug sondern, Leo Meyer und Ribbeck a. a. o., gegen lezteren Richter im nachwort zu seinem obigen aufs. s. 238; beide fassen indessen die bedeutung zu einseitig auf.

2) Richter a. a. o. bestreitet diesen sinn, indem er selbst sehr ungenau übersezt: *Vitellius erscheine zum kaiserlichen amte berufen.* Dadurch wird u. a. völlig der gegensatz zu *privati securitas* verwischt.

Nach feststellung der passiven bedeutung von *dignatio,* nach feststellung der tatsache, dass man über das schwerwiegende sprachliche bedenken, welches der annahme einer activen bedeutung entgegensteht, nur leicht hinweggegangen und auch noch nicht den versuch gemacht hat, es ernstlich zu heben, fallen alle auf dieser bedeutung fussenden erklärungen der stelle eigentlich von selbst. Dennoch will ich wenigstens die beiden hauptsächlichsten derselben kurz erwähnen und hervorheben, zu welchen weiteren schwierigkeiten dieselben führen. Ich tue es namentlich deshalb, weil die eine derselben, welche Waitz vertritt, weit verbreitet ist, die andere, von Köpke vorgebrachte, wie ich schon oben erwähnte, dieselbe interpunction im folgenden annehmen will, welche ich vorschlage, sodass es mir also erwünscht sein muss, gleich zu anfang meine interpretation scharf von derselben abzugrenzen.

a) Köpke, Anfänge des Königthums s. 17, bezieht den satz auf die wehrhaftmachung: ausnahmsweise könne der princeps den noch nicht herangereiften jüngling unter die wirklich wehrhaften aufnehmen. Aber es erscheint mir doch kaum denkbar, dass Tacitus hier den ausdruck *adulescentuli* in gegensatz zu den vorher genanten mit frame und schwert bewehrten *iuvenes* gebraucht habe. Von dem alt römischen sprachgebrauch darf man dabei nicht ausgehen, weder auf *adulescentulus* noch auf *iuvenis* lässt er sich hier irgendwie anwenden; Tacitus denkt hier gerade bei *iuvenes* an die anlegung der toga virilis, welche im 15. oder auch 16. jahre erfolgte, genau so wie er dial. c. 34, wo er den in der republik befolgten brauch des *deduci* schildert, welcher bei dem e pueris egressus adulescens sumpta virili toga statfand, auch *iuvenis* gebraucht. Und wenn man diesen unterschied hier auch zugeben wolte — wie gross kann denn schliesslich bestenfals die altersdifferenz bei den Germanen hinsichtlich der wehrhaftmachung gewesen sein? Vor allem aber ist es durchaus unzulässig, in dem folgenden erklärenden satze *ceteris robustioribus ac iam pridem probatis aggregantur* nur die bezeichnung der wehrhaften finden zu wollen (= *quos civitas probaverit*), dabei wird das sehr wesentliche *iam pridem* ganz übersehen. Endlich würde dann der übergang zu dem gefolgswesen völlig unvermittelt sein; ich muss bei der voraussetzung dieses gedankenganges, den Köpke statuiert, Waitz durchaus beistimmen, wenn ihm dann der übergang mit *Nec rubor inter comites aspici* (Forschungen z. Deutsch. Gesch. II, 394) *weder an sich angemessen noch Taciteischer weise entsprechend erscheint;* wie gut sich dieser übergang mit meiner auffassung des gedankenganges verträgt, werde ich s. 137 bei der erörterung des betreffenden satzes zeigen.

b) Waitz selbst will bekantlich die *dignatio principis* von der aufnahme unter das gefolge verstehen: *hoher adel oder ausgezeichnete verdienste des vaters weisen auch jünglingen die würdigung (oder gunst) des fürsten zu: sie werden den kräftigeren* (ceteris!!) *und schon erprobten zugeselt, gleichgestelt, d. h. mit ihnen zugleich* (?) *ins gefolge aufgenommen.* Gegen diese erklärung ist der grund, den Richter a. a. o. 231 anführt, allein schon, wie ich glaube, durchschlagend, *ceteris auf die im folgenden erwähnten gefolgsgenossen zu beziehen .... wäre sprachlich unerhört, da die comites bisher mit keinem worte erwähnt sind.* In *dignatio* liegt dieser hier zu ergänzende begriff noch nicht (vgl. Waitz 286), vielmeht muss er zur aufhellung dieses an sich noch sehr dunklen begrifs erst selbst aus dem folgenden suppeditiert werden. Über diesen schwerwiegenden sprachlichen einwand wird von den interpreten viel zu leicht hinweggegangen, gewöhnlich wird er einfach ignoriert, Baumstark (Staatsalterthümer 607 anm.) weiss nur einige nichtssagende algemeinheiten dagegen vorzubringen, ein beispiel für einen solchen gebrauch von *ceteris* ist meines wissens nirgends angeführt (der vergleich von c. 26 *agri ab universis occupantur, quos pro numero cultorum inter se partiuntur* bei Baumstark passt natürlich gar nicht und beweist nur seine verlegenheit).

ceteris robustioribus ac iam pridem probatis aggregantur sie werden dadurch den übrigen (principes), welche doch stärkere und längst bewährte männer sind, zugeselt, mit ihnen auf eine stufe gestelt.

aggregari oder *se aggregare* hat bei Tacitus gewöhnlich die bedeutung: sich einer person oder mehreren so anschliessen, dass daraus ein einziger haufe wird; so wird es angewant auf das sich zusammenrotten der soldaten oder des pöbels, das zusammeneilen der truppen usw. Annal. XV, 50 steht das activ gleichbedeutend mit dem bald darauf gebrauchten *adsciscere* von der aufnahme neuer mitglieder in die verschwörung des Piso.

probatis nehme ich in dem sinne, den es so absolut gebraucht gewöhnlich im lat. hat (fast gleichbedeutend mit dem bei Cicero auch damit zusammengestelten *spectatus*) *erprobt, bewährt.* Es bildet den klaren, durch *iam pridem* gesteigerten gegensatz zu *adulescentuli,* die noch keine probe bestanden haben, sondern höchstens mit rücksicht auf die art ihrer väter die hofnung auf ähnliche leistungen erwecken können, durch die sie des principats einst wirklich würdig werden. — Gegen die gewöhnliche erklärung = *quos civitas suffecturos probaverit* (mit beziehung auf den anfang des capitels) spricht, dass dann *proba-*

tis neben *robustioribus* ein müssiger zusatz wäre, da ja bei jenem probare (= iudicare) es ausschliesslich auf das robustum esse ankam.

Dieser erklärung des satzes stehen hauptsächlich folgende erklärungen und einwände gegenüber.

1) Ziemlich nahe komt scheinbar meiner übersetzung die schon von J. v. Gruber in seiner mit unrecht vergessenen ausgabe v. 1832 aufgestelte, dann von Halm (Controv. Stellen d. G. s. 5) ausgeführte erklärung (von der auch Scherer ausgeht), sie erhält aber einen völlig verschiedenen sinn durch die auffassung des folgenden satzes, den ich deshalb gleich hier mit heranziehen muss. Die noch ganz jungen männer, welche eines häuptlings geltung und würde erhalten haben, *schliessen sich anderen fürsten an, die kräftigeren alters und schon als solche (als principes) bewährt sind und es ist keine schande, unter dem gefolge (den gefolgsleuten eines schon bewährten princeps) zu erscheinen.* Er meint also nicht, wie ich es oben betonte, dass diese jungen principes als völlig ebenbürtige den principes gleichgestelt wurden, als peers unter sie traten, sondern dass sie, gleichsam um eine lehrzeit durchzumachen, sich in der zwar nicht officiellen, aber doch tatsächlichen stellung eines comes einem älteren princeps anschlossen. Diese erklärung scheitert an folgenden bedenken:

a) vor allem an der bedeutung von *ceteris;* es müste dann unbedingt *aliis* heissen; Halm übersezt auch, als ob so dastünde, ganz algemein „anderen.“ *Ceteris (den übrigen)* könte in diesem zusammenhang nur den sinn haben, dass die robustiores usw. als ein geschlossenes corps zusammengefasst würden. Dem ganzen corps aber schliessen sich doch die jünglinge — nach jener auffassung — während ihrer probezeit nicht an, sondern einzelnen.

b) Man erwartet dann zum klareren ausdruck dieses gedankens ein *interim,* welches Ribbeck a. a. o. 159 consequenter weise auch einsetzen will, indem er meint *ceteri* sei aus *īterī* verderbt.

c) Was hätten die jungen principes dann überhaupt von ihrem pseudo-principat gehabt? anwartschaft darauf, dass sie *praestitis praestandis,* wie Ribbeck[1] sagt, später ein faktisches principat erhielten? Dann hätten sie vor den anderen nichts wesentliches vorausgehabt. Halm meint, sie hätten als gleichsam geborne principes

1) Wobei er *assignare* dann in der bedeutung *anwartschaft geben, designieren* nehmen muss, wogegen sich mit recht Richter wendet a. a. o. 237. — Histor. I, 30, auf welche stelle sich Ribbeck beruft, *transfugae et desertores, quos centurionem aut tribunum sibi eligentes nemo ferret, imperium assignabunt?* beweist schon die gleichstellung mit *eligentes*, dass *a.* nur den sinn von *attribuere* (die kaiserwürde verleihen) haben kann.

im comitat in der regel eine hervorragende stellung eingenommen, und beruft sich dafür auf die unmittelbar folgende erwähnung der gradus comitatus. Nur schade, dass die art, in der Tacitus diese einführt, es schlechterdings unmöglich macht anzunehmen, er habe bei *robustioribus aggregantur* schon an diese rangstellung gedacht: mit *quin etiam* führt er dieselbe vielmehr als etwas ganz neues ein.

d) Endlich wird dabei, wie Halm (mit sich selbst im widerspruch, wie Waitz Vfgsch. s. 285 u. richtig hervorhebt) s. 4 bemerkt, der bedeutung von *aggregari eine kleine zwangsjacke angelegt und der begriff „zugeselt“ in den von „untergeordnet“ erweitert.*

2) Die directen einwendungen gegen die oben befolgte übersetzung der stelle betreffen die beziehung von *ceteris robustioribus ac iam pridem probatis* auf die fürsten.

a) Die ergänzung von *principibus* bei *ceteris* soll (Waitz 285) *sprachlich wenigstens nicht schön* sein. — Wie so? Eben ist von einer bestimten art der principes die rede gewesen, die streng genommen zum principat noch nicht berechtigt erscheint; nun fährt Tacitus fort: sie treten trotz ihrer verdienstlosen jugend in die reihen der übrigen principes ein, die sonst alle würdiger (stärker und erprobter) sind. Es ist doch jedesfals das nächstliegende, *ceteris* im gegensatz zu der soeben genanten art der *principes* zu fassen. Noch viel weniger schön scheint es mir, es auf *comites* zu beziehen. Es ist bereits s. 134, b. darauf hingewiesen, wie unerträglich es ist, hier in ceteris einen begriff zu supplieren, der noch gar nicht vorschweben kann, der weder vorher erklärt noch auch nur genant wäre.

b) *robustiores ac iam pridem probati* soll *für fürsten eine nicht passende bezeichnung sein, weil es nichts von den eigenschaften ausdrückt, die man von einem solchen verlangen mag.* So Waitz 285; weiter unten 286 führt er noch an: *weil es eine ganz inhaltlose bemerkung wäre, dass die jungen fürsten den übrigen zugeselt werden* (Baumstark s. 607 nent es in seiner weise einfach „absurd“ ohne einen grund anzugeben). — Dem gegenüber könte man zunächst schon geltend machen, dass für die wahl eines fürsten ausser der rücksicht auf die familie schliesslich doch körperkraft und erprobte tüchtigkeit in erster linie massgebend gewesen sein werden.[1] Sodann aber — und dies muss hier vor allem betont werden — sollen hier nach meiner interpretation *robustioribus ac iam pridem probatis* gar nicht eine algemeine bezeichnung der fürsten sein, nicht die fürsten an sich werden

1) Vgl. Waitz s. 270.

so genant, sondern die älteren im gegensatz[1] zu den aus den adulescentuli erhobenen fürsten, der begriff *principes* liegt schon in dem auf *principis* zurückweisenden *ceteris* enthalten, *robustioribus ac iam pridem probatis* schliesst sich daran als ein grammatisch prädicativer, logisch adversativer (concessiver) zusatz an.

Wenn man den satz so fasst, wie ich vorschlage, *die doch alle sonst stärkere und längst erprobte männer sind,* so kann ich die bezeichnung weder unpassend noch den zusatz müssig finden.

Nec rubor inter comites aspici. Ich beginne also hiermit einen neuen abschnitt in der gedankenentwicklung. Tacitus hat von der höchsten dignitas, der der principes, gesprochen und geht nun zu dem zweiten range, dem der comites, über mit der ganz natürlichen anknüpfung: *Aber es ist auch keine schande,* oder um die lateinische litotes durch den dem sinne derselben im deutschen mehr entsprechenden positiven ausdruck widerzugeben: *aber es ist auch eine ehre, unter den comites zu erscheinen, zu den comites zu gehören.*[2]

Der folgende satz *gradus quin etiam ipse comitatus habet* (ja sogar der comitat hat selbst noch stufen) setzt mit notwendigkeit den gedanken voraus: der comitat ist eine stufe. Durch die ablösung des mit *nec* beginnenden satzes wird nun in einfachster, klarster weise die neue klasse selbständig eingeführt und bestimt der vorigen gegenübergestelt; jezt erhält jene steigerung mit *quin etiam* ihren vollen sinn.

Dass der übergang mit *nec* sprachlich ohne jeden anstoss ist, zeigt ein blick auf die samlungen bei Ph. Spitta, de Taciti in componendis enuntiatis ratione. pars I (Göttinger Diss. 1866) s. 122—124. Das blosse *nec* steht bei Tacitus sehr häufig adversativ für *neque vero, neque tamen.*

rubor is der persönlichere ausdruck für dedecus (vgl. Kritz z. st.) eigentlich *man braucht nicht zu erröten.* Dieser persönlicheren vorstellung, diesem sich hineinversetzen in die situation, wie es die ausdrucksweise des Tacitus überall kenzeichnet, hier also in die seele der comites, entspricht dann auch der poetische ausdruck *aspici inter* für das prosaischere abstrakte *versari inter, esse in numero.*

Wenn man sich zum bewusstsein bringen will, wie leicht und einfach sich alle schwierigkeiten der stelle durch diese lostrennung des satzes *nec rubor* usw. lösen, wie klar nun der zusammenhang

1) Darauf weist auch der comparativ, der sonst gar nicht zu seinem rechte komt.

2) Es liegt nahe, um die natürlichkeit des überganges — wenn es nötig wäre — zu beweisen, daran zu erinnern, wie Schiller Braut v. M. 1, 8 mit der schilderung des krieges einsezt: aber der krieg auch hat seine ehre!

erscheint,[1] so braucht man nur einen flüchtigen blick auf die hauptsächlichsten interpretationen zu werfen, zu denen die unmittelbare verbindung dieses satzes mit den vorhergehenden führte! Auch die meisten der mehr oder weniger gezwungenen auffassungen der vorhergehenden sätze, die wir früher besprachen, stammen daher.

1) Am besten fügt sich der satz in den gedankenzusammenhang, wenn man dignatio passiv genommen und mit Halm[2] erklärt hat (vgl. oben s. 135): *solche junge principes schliessen sich anderen fürsten an, die kräftigeren alters und schon als principes bewährt sind, und es ist keine schande unter dem gefolge (den gefolgsleuten eines schon bewährten princeps) zu erscheinen.* Doch fält diese erklärung mit den gegen

1) Unwilkürlich scheint auch Waitz sich früher (nach Baumstark s. 659 zu schliessen, da ich die älteren auflagen der Vfgsch. nicht besitze) dadurch zu dem referat haben verführen lassen, *das gefolgsverhältnis war ein dienst, aber ein ehrendienst. Er gereichte keinem zur schande.* Baumstark bemerkt von seiner und Waitzs auffassung aus mit recht dagegen: *wenn das leztere auch wahr ist, so geht es doch in dieser algemeinheit nicht aus den worten nec robur usw. hervor, denn diese besagen nur, für die hochgeborenen adolescentuli sei es keine schande, dem comitatus aggregiert zu sein.* In der dritten auflage führt Waitz s. 374 zu der obigen äusserung in anm. 3 das citat *nec rubor* usw. an und bemerkt dazu *mit rücksicht darauf, dass auch jünglinge von insignis nobilitas daran teil nahmen,* was zu der algemeinen fassung des obigen satzes *(keinem!)* doch nicht recht stimt. Oder meint er, durch den eintritt jener jünglinge sei gleichsam der ganze comitat geadelt worden? Das liegt doch schwerlich in Tacitus worten, und wenn Waitz es darin finden wolte, so würde er eben dadurch den satz *nec rubor* vom vorhergehenden trennen. — S. 288 fasst er ihn jedesfals anders. Genaueres hierüber weiter unten s. 140, c.

2) Im wesentlichen ebenso erklärt diesen satz der mann, welcher ausser Köpke (vgl. s. 129 anm. 1) wie es scheint, vor *Nec* einen punkt setzen wolte, Phillips in den Münchener Gelehrten Anz. 1846 nr. 44 s. 356; er geht aber von ganz anderen voraussetzungen aus. Die nicht gerade klare deduction gipfelt in dem satze *für jünglinge aus edeln geschlechtern, die den rang eines princeps einnehmen, ist es dennoch keine schande, auch unter den comites gesehen zu werden, d. h. unter der anführung eines gefolgsherren in den kampf zu ziehen* (während sie im frieden, so meint er, zu den principes gehören, qui iura per pagos vicosque reddunt). Der comitat bestand aber nicht bloss für den fall des krieges. [Vgl. *magno semper electorum iuvenum globo circumdari, in pace decus* usw. — auch C. 14 hebt ausdrücklich als etwas besonderes hervor *cum ventum in aciem* usw.] Die sonstigen bedenken, die Phillipps auffassung im wege stehen, zu erörtern würde hier zu weit führen, ich will nur hervorheben, dass wenn man annehmen wolte, dass Tacitus hiermit nun auf die kriegsführung durch die gefolgschaften übergeht, man ihm einen groben fehler in der gruppierung des stoffes zutrauen würde, und dass dann diejenigen ganz recht hätten, welche, wie z. b. noch J. Prammer in seiner schulausgabe, Wien 1878, meinen, dass man die schilderung des gefolgswesens bereits cap. 6—8 bei der darstellung des kriegswesens der G. erwartete.

die vordersätze oben s. 135 erhobenen schweren bedenken, vgl. namentlich die verwechslung des *ceteris* mit *aliis.*

2) Die andere auffassung des satzes geht von der activen bedeutung von *dignatio* aus. Ich will hier von den meiner meinung nach schon den ausschlag gebenden bedenken gegen die annahme dieser activen bedeutung einmal absehen und nur die consequenzen ins auge fassen, zu denen diese annahme für die erklärung dieses satzes führt.

Von dieser annahme aus ergäbe sich folgender gedanke: I. Die jungen adligen usw. werden von einem princeps der aufnahme in seinen comitat für würdig erachtet, II. sie werden den übrigen älteren und längst erprobten (ob man *probati* algemein nimt oder auf die wehrhaftmachung bezieht, ist hier ohne bedeutung) comites gleichgestelt, III. und es ist keine schande für sie zu den gefolgsgenossen zu gehören.

Mit recht ist schon widerholt hiergegen bemerkt worden, dass satz I und III sich widersprechen. Was in I als eine dignatio, eine auszeichnung seitens des fürsten bezeichnet wird, kann in III nicht eine schande sein oder genauer: nicht es nötig erscheinen lassen, dass ausdrücklich uns versichert werde, es sei keine schande.

So unwiderleglich dieser widerspruch scheint, so hat doch Waitz, Vfgsch. 288 ihn zu lösen versucht. Sickel, Gesch. d. d. Staatsvfssg. I, 104 anm. b. bemerkt kurz dagegen, diese entgegnung von Waitz reiche nicht aus, denselben zu heben. Ich glaube, dass man doch die pflicht hat, Waitzs gründe im einzelnen zu prüfen.

a) *Es schliesst sich nicht aus, dass bei auszeichnung oder gunst eines fürsten bemerkt wird, was sie gewährt sei keine schande; es erklärt vielmehr, dass als eine dignatio bezeichnet ist was zur aufnahme ins comitat führte.* Ich glaube Waitzs ansicht dahin präcisieren zu können, dass er *nec* = *neque enim* nehmen will: mit fug ist es eine dignatio zu nennen, wenn jemand unter die comites aufgenommen wird, denn comes zu sein ist eine ehre. Hierzu bemerke ich 1) ich weiss nicht, ob sich diese anwendung von *nec* bei Tacitus belegen lässt, ich bezweifle es, möchte es indessen doch auch nicht geradezu bestreiten. 2) Ich glaube, dass man auch auf dieses sprachliche bedenken gar nicht einzugehen braucht, da Waitzs erklärung schon daran scheitert, dass sie ganz den zwischensatz übersieht *ceteris robustioribus ac iam pridem probatis aggregantur*; nach diesem zwischensatz muss eine solche negative versicherung, „es sei keine schande“ mindestens überflüssig, ja sogar völlig zweck- und bedeutungslos erscheinen.

b) Waitz fügt als einen, wie er glaubt, analogen fall hinzu: *wie man heutzutage wol einem fremden sagen könte: prinzliche geburt verschaft auch ganz jungen männern die auszeichnung vom könig zum officier ernant zu werden, und* (= denn) *es ist keine schande [für sie] zu dienen.* Ich will nicht leugnen, dass man so sagen könte; schön wäre es aber gewiss nicht, jeder fühlt, dass der satzbau etwas tautologisches hat. Aber ich leugne durchaus die analogie dieses satzes mit dem Taciteischen. Denn 1) hat Waitz auch hier wider den zwischensatz *ceteris robustioribus* usw. vergessen; sezt man aber diesen ein, so springt das widersinnige sofort in die augen: *prinzliche geburt verschaft auch ganz jungen männern die auszeichnung, vom könig zum officier ernant zu werden [sie werden den übrigen älteren und tüchtigen, längst erprobten officieren gleichgestelt] und es ist keine schande für sie zu dienen.* Jeder fühlt sofort heraus, dass nun *nec* nicht mehr = *neque enim* ist, wie aus den bei a) angeführten worten Waitzs hervorgieng, sondern dass es dann vielmehr den sinn von *neque igitur* haben muss, oder, mit anderen worten, dass jezt nicht mehr satz III causalsatz zu I, sondern consecutivsatz aus II ist. Da Waitz satz II ganz wegliess, kann ihm dies leztere satzverhältnis, welches allein noch einen sinn gibt, nicht vorgeschwebt haben. 2) Kann aber *nec* dies ausdrücken? solte man nicht ein *ut non* oder *quo fit, ut non* usw. erwarten? 3) Aber auch abgesehen hiervon: der vergleich selbst ist ein wenig zutreffender! Die bei Tacitus erwähnten jünglinge sind doch kaum mit prinzen von geblüt zu vergleichen! bei diesen lezteren mag man wol nötig finden, noch besonders hinzuzusetzen: es ist keine schande für sie zu dienen, weil zwischen der ihnen durch die geburt gewordenen und der ihnen nun faktisch angewiesenen stellung ein widerspruch besteht: sie, die eigentlich geborene herscher sind, dienen. Wo fände sich bei jenen adulescentuli etwas analoges? Sie sind nach Waitzs eigener annahme keine gebornen principes — solche gab es überhaupt nicht — die aus dem verhältnis der gleichberechtigung in das der unterordnung sich begeben; wenn sie auch aussicht haben mögen, einmal princeps zu werden, so können sie es doch erst durch die wahl[1] des volkes. — Jener vergleich wird für Tacitus endlich noch mehr dadurch abgeschwächt, dass neben der insignis nobilitas die magna patrum merita erwähnt werden.

c) Wider anders fasst Waitz die bedeutung des *nec rubor* usw. an der von mir schon oben in anderem zusammenhang[2] kurz berührten stelle s. 374. *Der comitat war ein dienst, aber ein ehrendienst, er gereichte keinem zur schande* hat Waitz im text gesagt und fügt nun in der anmerkung hinzu *nec rubor* usw. *mit rücksicht darauf, dass*

1) Vgl. Waitz 269. 270.
2) S. 138 anm. 1.

auch jünglinge von insignis nobilitas daran teilnahmen. Hiernach scheint also Waitz anzunehmen, der comitat an sich sei durch die teilnahme jener jungen nobiles geadelt worden, etwa wie man früher sagen konte, bei uns in Preussen sei im gegensatz zu anderen ländern der militärdienst dadurch zu ehren gebracht, dass auch die söhne höherer geselschaftsklassen darin von der pike auf dienen musten. Dann würde also satz III wider consecutivsatz sein, aber nicht aus satz II eine den gedanken von satz I begründende folge ziehen, sondern aus satz I allein eine algemeine folge. Kann dies in *nec* ausgedrückt liegen? Wo bleibt dann wider der gedanke von satz II? Wenn die jungen nobiles sofort zu den robustiores ac iam pridem probati treten auch ohne eigenes verdienst aufweisen zu können, ist es dann noch für alle comites eine ehre, comes zu sein?

Es erübrigt noch, von der neu gewonnenen erklärung der vielumstrittenen hauptstelle aus ein paar stellen im folgenden zu betrachten, die, wie ich glaube, erst so das rechte licht erhalten und ihrerseits dann wider dazu dienen, die erstere noch schärfer zu beleuchten, insbesondere die bisher noch unbestimt gelassene bedeutung von dignatio nun aus dem weiteren zusammenhang heraus noch präciser zu bestimmen. — Ich muss mich aber hier kürzer fassen und kann namentlich nicht genauer auf entgegenstehende auffassungen eingehen.

Nachdem Tacitus kurz von dem gefolge gesprochen hat, kehrt er wider zu den principes zurück: *haec dignitas, hae vires, magno semper electorum iuvenum globo circumdari, in pace decus, in bello praesidium.* Die widerholung desselben wortes, wenn man *principis dignitatem,* eines eng verwanten begriffes, wenn man *dignationem* las, mit dem demonstrativpronomen an der spitze des satzes kann doch nur den sinn haben: *das erst ist wahre ehrenstellung, wahre macht.*[1] Dieser rückweis auf das vorhergehende sezt den gedanken voraus, dass der principat allein, ohne ein solches grösseres oder tüchtigeres gefolge, mehr eine blosse würde als ein factischer honos, mehr ein blosser rang, als eine stellung in der gemeinde von wirklicher bedeutung und macht sei. Und es wird wol in den meisten fällen in der tat das los jener jugendlichen principes gewesen sein, dass sie zunächst ziemlich isoliert dastanden, nur wenige und unbedeutende genossen (wol nament-

1) Beispiele hierfür scheinen kaum erforderlich, doch will ich Senec. Dial. 12, 19, 3 anführen. Er hat von verschiedenen solatia gesprochen, zulezt erwähnt er das maximum solatium, die liebe ihrer schwester: *hoc est, mater carissima, solatium, quo reficiaris.*

lich verwante und freunde) um sich sahen, dass sie erst almählich, indem sie durch steigenden ruhm tüchtige genossen anzogen, ein ansehnliches gefolge um sich sammelten und so zu der würde eines princeps auch einfluss und macht gewannen.[1]

So komt *dignatio* hier zu der ihm eigentümlichen bedeutung: *geltung*, *rang*. Wenn Tacitus auch nicht immer die synonyma streng scheidet und *dignatio* mitunter im sinne von *dignitas*, *honos* steht — wo es ihm darauf ankomt, begriffe gegenüber zu stellen und dem zusammenhang gemäss den schärfsten, bezeichnendsten ausdruck zu wählen, da achtet er, wie jeder sorgfältige stilist, sehr genau auf die nuancen der worte.

Durch das, was wir soeben über die stellung der jungen principes und die erwerbung eines comitats folgerten, werden wir zugleich auf eine stelle in cap. XIV geführt, die bisher ebenfals den erklärern viel not gemacht hat, deren sinn aber sofort ganz einfach, deren ausdruck ganz natürlich erscheint, wenn man sie in diesem zusammenhang betrachtet. *Si civitas, in qua orti sunt, longa pace et otio torpeat, plerique nobilium adulescentium petunt ultro eas nationes, quae tum bellum aliquod gerunt, quia et ingrata genti quies et facilius inter ancipitia clarescunt magnumque comitatum non nisi vi belloque tueare;*[2] *exigunt enim principis sui liberalitate illum bellatorem equum* usw. Man hat sich viel gestritten, ob unter den *nobiles adulescentes* principes oder comites zu verstehen seien. Für principes schien 1) der ausdruck nobiles adulescentes eine „ganz unpassende bezeichnung“ zu sein (Halm), 2) auch der zusatz *in qua orti sunt* muste bei ihnen als seltsam auffallen, man erwartete eine ihrer stellung entsprechendere bezeichnung. Verstand man anderseits comites darunter, so stelten dieser annahme die causalen nebensätze sehr erhebliche schwierigkeiten in den weg. 1) es muste auffallen, dass ganz algemein gesagt ist *facilius inter ancipitia clarescunt*, während man erwarten solte, dass etwa ausgedrückt wäre, dass die comites, die sonst *sua fortia facta gloriae principis assignant* am leichtesten durch selbständige teilnahme an auswärtigen kämpfen berühmt werden. 2) dass bei dem folgenden satze *magnumque comitatum — tueare* — auch in der algemeineren form, die er bei annahme der lesart von C. erhält — ein har-

1) Damit erledigt sich ein einwand, den Baumstark s. 609 so ausdrückt: *man wird es rein unmöglich finden, dass ein solcher junge ein gefolgsführer war, ein junge, der überdies noch keinen kriegsruhm besizt.*

2) Bb. tuentur, C. mit den übrigen *tueare*. Algemein ausgesprochenes urteil: „Man kann ja auch ein grosses gefolge nur durch gewalttat und krieg erhalten.“ Vgl. in demselben capitel die conjunctive: persuaseris, possis.

ter subjectswechsel statfinden und in dem daran sich schliessenden *exigunt enim* wider das frühere subject angenommen werden müste. Denn durch *tueare* wird eben nur die form des gedankens eine algemeinere, der ganze inhalt desselben bezieht sich doch speciell nur auf die principes; dies subject schwebt bei der unbestimten 2. pers. vor, wie sich dies aus dem gedanken des folgenden satzes klar ergibt: schon *principis sui* weist darauf hin, und das *exigere* sezt ein *dare,* resp. *dare velle* oder *posse* voraus. Dieser doppelte subjectswechsel würde meiner meinung nach ganz unerträglich sein; er lässt sich gar nicht vergleichen mit der von Halm als parallele herangezogenen stelle c. 19: *paucissima in tam numerosa gente adulteria; quorum poena praesens et maritis permissa. accisis crinibus .... nudatam .... domo expellit maritus. — publicatae enim pudicitiae nullā venia: non forma, non aetate, non opibus maritum invenerit,* denn hier schlägt der (nicht bloss der form nach) algemeine gedanke *publicatae pudicitiae* usw. eine brücke und vor allem findet nicht ein enger zusammenschluss der sätze statt wie an unserer stelle, wo die beiden sätze in einem einzigen subordinierten satze durch *que* coordiniert sind.

Alles löst sich auf das einfachste, wenn man den ganzen satz nicht auf die principes im algemeinen, sondern auf die in cap. XIII erwähnten jungen principes bezieht. Dann ist 1) der ausdruck nobiles adulescentes nicht im mindesten unpassend, ja er muss, wie auch Halm fühlte, notwendig den leser an die dort erwähnten adulescentuli von insignis nobilitas erinnern. 2) bei ihnen ist auch der zusatz *in qua orti sunt* ganz erklärlich, denn etwas bezeichnenderes liess sich ja von ihnen noch nicht aussagen. 3) sie müssen ferner vor allem sich ruhm zu erwerben suchen, damit andere es für rühmlich erachten, ihrer führung als gefolgsmannen sich anzuschliessen und 4) sie müssen endlich „durch gewalt und krieg reiche beute“ zu erwerben suchen, wie solche „zur haltung eines grossen gefolges erforderlich ist,“[1] sie müssen auch immer wider zu diesem mittel greifen, da ehrengaben, namentlich geschenke von auswärtigen völkern, ihnen natürlich viel seltener zufallen, als den älteren, weithin angesehenen principes.

1) Halm s. 8 berührt sich hier und auch sonst noch mit meiner auffassung, am nächsten komt ihr in der erklärung des einzelnen Baumstark s. 690; Halm denkt aber an comites, Baumstark schwankt ob er auch comites annehmen oder nobiles adulescentes ganz algemein fassen soll.

SCHULPFORTE. GUSTAV KETTNER.

DER INFINITIV
NACH *WELLEN* UND DEN VERBA PRÆTERITOPRÆSENTIA IN DEN EPEN HARTMANNS VON AUE.
(Fortsetzung.)

2. *Kunnen.*

Kunnen hat seine bedeutung durchweg mit geringen ausnahmen gewahrt. Es findet sich bei Otfrid selten (O. Erdmann I, § 332), bei den ahd. übersetzern gar nicht (A. Denecke s. 13).

A. Der ergänzung durch einen inf. ist *kunnen* nicht bedürftig, wenn es

a. die geschlossene bedeutung verständig sein hat.

Iw. 7684 *wirne kunnen leider baz.*

oder bei sich hat

b. eine präposition.

E. 3443 *sin kunde niht wol dâ mite.*

c. ein object.

E. 5188 *sî kunde êt zoubers die kraft.*
7368 *der aller dinge ahte kan.*
8748 *daz unmanec man den list kan.*
G. 954 *wie wol er sîne rede kan.*
Iw. 5318 *der sîne rîterschaft wol kan.*

Dies ist ein neutrales pronomen,

E. 5058 *dâ enkan ich nû niht zuo.*
5165 *waz sî kunde.*
G. 1365 *dune kanst ze ritterschaft niht.*
1372 *des ich niht enkan.*
1407 *swaz ich der buoche kan.*
1409 *ich kunde ir gerne mêre.*
Iw. 6201 *die des niene kunden.*
7301 *diu niuwan süezes kunde.*

das vertreter eines verbalbegrifs ist.

E. 5182 *ditz kunde diu vrouwe.*
7218 *sî heilten sîne wunden: wande siz wol kunden.*
G. 1406 *swelh ritter ie aller beste gesaz, sô kan ichz mit gedanken baz.*
1596 *vünvzec und hundert marke habe wir dir gewunnen, swie übel wirz kunnen.*

B. Einen inf. hat *kunnen* bei sich

a. in seiner ursprünglichen bedeutung wissen, verstehn.

α. Von verben einer denktätigkeit.

wizzen G. 2784. 3055. — *enstân* E. 6452. — *verstân* a. H. 811. — *bedenken* G. 1398. — *erdenken*, von einer sache Iw. 841. — *versinnen*

a. H. 736. — *râten* G. 375. — *errâten* E. 7509. — *gerâten* G. 322. Von einer sache a. H. 376. — *erkennen* E. 7602. Iw. 2859. — *kiesen* E. 1172. 3194. 3322. — *erkiesen* E. 923 *(witzige)*. 6241. — *ersehen* E. 3155. 7696. — *gesehen* Iw. 5522 (die handschriften: *han*, Lachmann: *kan*). — *gevüegen* E. 4650. — *sîne stunde bewenden* Iw. 24.

β. Von verben, die der ausdruck einer denktätigkeit sind.

wizzen lân E. 7491. — *den wîstuom und den sin erzeigen*, von einer sache a. H. 871. — *bescheiden* E. 1603. G. 2981. — *gesagen* E. 5001. 5572. 7481. 8328. 8454. G. 1028. 1130. 2468. 3043. Iw. 2096. 3629. 3632. 4429. 5881. 5889. 8165. — *genennen* E. 7616. 7618. 8497. — *gesprechen* Iw. 2264. — *geantwurten* Iw. 2973. — *genâden mit dem munde* G. 1215. — *helfen liegen unde triegen* Iw. 2183. — *kurzen die stunde* E. 8190. — *gedagen* E. 6457. — *verdagen* E. 9735. Iw. 797. — *geswîgen* G. 873.

γ. Von verben, die einen dem gemütsleben angehörenden begriff bezeichnen.

vürhten E. 8622. G. 865 *(gevürhten)*. — *Sich erbarmen* E. 9197. — *versagen* Iw. 5361. 7899. — *sich getrœsten* G. 668. — *einic wort gesprechen niht enkunnen* a. H. 893.

δ. Von verben, die sich auf moral und betragen beziehen.

sanfte leben E. 4791. *ze rehte* G. 3623. — *rehte mâze geben* G. 1360. 3651. — *ze rehter mâze tragen* G. 1076. — *ze rehter mâze mîden* a. H. 317. — *sich enthalten* Iw. 6580. — *stæte werden* Iw. 6808. — *tumbe gedanken verdenken* Iw. 1500. — *sich lasters schamen* Iw. 4965. — *vertragen* E. 5968. — *gebâren* a. H. 304. Iw. 3561. — *vriuntschaft erzeigen* Iw. 7768. — *gedienen* E. 1288. 4548. 4568 *(dienen)*. — *verschulden* G. 2241. — *lônen* Iw. 4195. — *gêren* E. 3771. — *geniezen lân* Iw. 4967. 6382. — *daz leben gelieben* Iw. 2423. — *betelîche biten* Iw. 4574. — *undersagen* Iw. 862. — *erbîten* E. 6326.

ε. Von verben, die eine körperliche fähigkeit oder geschicklichkeit bezeichnen.

draben E. 1962. — *gehœren* E. 7444 *(wîse)*. — *gebiegen* (*die schenkel*) G. 1428. — *geregen* (*die arme*) E. 888. — *grînen* Iw. 877. — *gewenden (daz ors)* G. 1443. — *ritter wesen* G. 1814. — *strîten* Iw. 7. 6992. — *vehten* Iw. 7001. — *vellen* Iw. 7090. — *slege gelegen* E. 887. — *entwîchen* E. 100. — *lesen* Iw. 6457. — *geprüeven* E. 5235. — *erzingen* E. 2300. — *pflegen* E. 3289. Iw. 2196. *gepflegen* E. 3709. Iw. 5536. — *binden* E. 8244. — *ezzen* (ironisch) G. 2766.

Das subject ist eine sache.

E. 5532 *sîn snelheit kunde in vür tragen.*

7672 *sî kunde wol gemachen des goltsmides hant.*

b. Weniger hervor tritt diese eigentliche bedeutung von *kunnen* und es unterscheidet sich wenig oder nicht von *mugen* in folgenden fällen:

vinden E. 236. a. H. 437. — *erjâgen* G. 1529. — *erwerben* a. H. 219. *gewerben* Iw. 2772. — *gewinnen* E. 3696. a. H. 72. 444. Iw. 1619. — *mit listen gevristen* Iw. 948. — *mit listen gesûmen und gevristen* E. 5010. — *mit listen sûmen* E. 5027. — *mit listen gevristen* E. 5530. *vristen* Iw. 5320 (oder von *muoser* abhängig?). — *mit sinnen an gewinnen* G. 2854. — *überwinden* E. 5848. 5926. Iw. 1999. — *überkomen* Iw. 5954. — *gemêren* a. H. 58. — *sich erholn* E. 9305. — *gevürdern* E. 5685. — *sich gewirden* G. 1517 (Bech *gevürdern*). — *bewarn* E. 8254. Iw. 920. 1775. 2978. 6137. — *behalten* Iw. 3973. 8145. — *bevriden* Iw. 1910. — *gehüeten* Iw. 1103. — *behüeten* Iw. 3162. — *engelten* Iw. 7458. — *geniezen* E. 3345. Iw. 3139. G. 1334 (Bech *enbîzen*). — *gên und gerîten* E. 8709. — *rîche wesen* Iw. 6397. — *âne herze leben* Iw. 3022. — *missetuon* Iw. 4064. — *bedecken* Iw. 2963. — *gerechen* Iw. 4462. — *swachen* Iw. 2486. — *handeln* E. 5258. — *schaffen* G. 1100. — *erziehen* E. 5544 (Conjectur Lachmanns). — *wider komen* Iw. 8117. — *werden* a. H. 905 *(âne)*. Iw. 3180. — *erwenden* G. 383. Iw. 4345. 6011. — *gerâten* Iw. 1899. 6124.

Das subject ist eine sache.

E. 593 *des kunde mich diu armuot noch nie betwingen noch ûf den zwîvel bringen.* 8439. 8440.

9436 *wie mich des wundern kan.*

Iw. 2063 *ob ez sich gevüegen kan.*

2093 *daz sî (diu werlt) mirz niht gewîzen kan.*

6345 *ezn kan ouch âne in niht geschehn.*

2638 *ez enkund im niht geschaden.*

a. H. 1186 *uns kan daz niht gewerren.*

In ganz ähnlichen verbindungen steht mehrmals auch *mugen*, vgl. E. 1139. 4855 s. 32; 1133 s. 43; Iw. 2650 s. 44 usw. *Erziehen* E. 5544, fals die conjectur Lachmanns richtig ist, würde sich als körperliche kraftäusserung sogar natürlicher mit *mugen* verbinden. Nur durch diese annäherung an *mugen* wol nimt *kunnen* auch an dessen schwäche teil, und so wie dies steht es zuweilen in verbindungen, in denen es ein andermal fehlt (vgl. s. 52). Vgl. mit E. 9436 a. H. 377 *des wundert mich*, eine verbindung, in der auch *mugen* gern steht, vgl. s 47 E. 5558. 8700. 9152, vgl. noch s. 30 und 31. E. 4698. 4750. 90. 6501. a. H. 908. 491. 1062. Und zwar lässt sich die beobachtung machen, dass das eindringen von *kunnen* in verbindungen, die im Êrec und Grêgôrjus noch fast ausschliesslich *mugen* vorbehalten sind, im Iwein zunimt. Da *kunnen* nun speciell ein geistiges, ein denkvermögen bezeichnet, trift es auf dem wege seiner annäherung an *mugen* zunächst auf dessen verwendung von A, 3, d s. 42 und G. 1762 *wand er iu wol gedienen kan* nähert es sich diesem potentialen sinne.

Im algemeinen aber ist die bedeutung von *kunnen* noch nicht erschüttert und wenn ich auf jene berührungspunkte aufmerksam mache, geschieht es nur, um auch die leisen anfänge eines bedeutungswandels nicht unbemerkt zu lassen, vermöge deren *kunnen* in unserer zeit bis zur modalen umschreibung herabsinken konte. Daher ist es mit *mugen* und andern verben mit verschobenem praeteritum oft genug verbunden, vgl. s. 53, mit *wellen* z. b. Iw. 8144, *turren* z. b. Iw. 7001, und wenn a. H. 219 *(daz man sî veile vunde oder daz man sî kunde mit deheinen dingen erwerben) kunnen* c. inf. einem organischen conjunctivus praeteriti. gegenüber steht, so sind darum beide ausdrücke doch nicht gleich: *veile vinden* ist von äussern verhältnissen, *erwerben* von der findigkeit des subjects abhängig. Lezteres soll *kunnen* bezeichnen.

Zu entlehnen ist der infinitiv

I. innerhalb der nämlichen periode.

1) im relativsatze aus dem vorangehnden hauptsatze.

a. Ein superlativ steht vor *kunnen* E. 1603. 7491. 8190. 8244. G. 375. Iw. 1775. 2962. Hinter *kunnen* E. 5258.

b. Der relativsatz hat einen algemeinen sinn E. 5027. Iw. 2486.

2) im bedingungssatze aus dem hauptsatze. Ersterer ist eingeschoben mit *ob* G. 1216. Ohne *ob* G. 1100.

II. aus einem andern satzgefüge, negiert E. 3289.

Wirkliche ellipse findet sich bei *kunnen* nicht.

3. *Soln.*

A. Der ergänzung durch einen inf. ist *soln* bei Hartmann in den Epen nicht bedürftig in der bedeutung nützen, taugen, angemessen sein, zweck haben (wo nicht die ellipse des inf. dieser verba oder *wesen* mit Grimm Gramm. IV s. 133. 134 anzunehmen ist, was auch bereits Lucae nicht tut in seiner s. 3 citierten abhandlung, sondern diese bedeutung hat *soln* selbst in sich aus der ursprünglichen eine verpflichtung haben entwickelt).

E. 125 *ichn weiz, zwiu mir daz leben sol.*
565 *waz solde mir iezuo der spot?*
1445 *waz sol des langiu mære?* 5905. 7460. 8806.
G. 1457 *und weiz niht, war zuo daz sol?* 1542.
a. H. 653 *waz solte uns lîp unde guot?*
654 *waz solte uns werltlîch muot, swenne wir dîn enbæren?*
Iw. 1466 *waz sol ich, swenn ich dîn enbir?* 1467. 1468. 2416. 4653.

B. In allen übrigen fällen hat *soln* den infinitiv bei sich und zeigt sich hier in einem hohen grade der auflösung, wie wir ihn nur bei *wellen* gefunden haben und bei *müezen* finden werden. Ich führe indes zunächst die fälle an, in denen *soln* in einer noch selbständigen bedeutung den infinitiv in seiner eine richtung bezeichnenden function bei sich hat, um später seinen umschreibenden gebrauch mit dem appositiven infinitiv zu behandeln. So unmerklich fliessen aber hier beide gebiete des infinitivs zusammen, dass ich genötigt bin zwischen beide teile einen dritten einzuschieben, in dem ich die stellen sammeln werde, in denen es zweifelhaft bleibt und auch nicht entschieden werden darf, ob Hartmann bei *soln* noch eine eigne bedeutung fühlte oder ob es mit dem infinitiv ihm nur noch eine einzige verbalform zu bilden schien.

I. *Soln* mit dem infinitiv der richtung.

Nach Grimm, G. d. d. Spr. II s. 892 fgg., bezeichnet *soln* ursprünglich ein schuldverhältnis. An diese bedeutung finden sich noch anklänge. Dieselbe lässt sich aber zerlegen in zwei begrifliche bestandteile, insofern sie gleich ist einem von der gerechtigkeit auferlegten zwangsverhältnisse. Jener erstere, moralische teil verflüchtigt sich nun in andern fällen und es bleibt nur der begriff eines zwanges übrig, der dann leicht übergeht in die eines anlasses, einer gelegenheit, ja einer möglichkeit.

1. *Soln* bezeichnet verpflichtet sein.

a. Am nächsten wol der von Grimm angenommenen urbedeutung, durch eine schuld verpflichtet sein, kommen die fälle, in denen *soln* mit verben der vergeltung verbunden ist.

engelten E. 1007 (*von rehte*). Iw. 4970 im conj. — *garnen* E. 1045 (*von rehte*). — *buoze enpfân* Iw. 4000 im conj. — *ze buoze stân* E. 7022 im conj. — *verschulden* E. 4990. — *dienen* E. 7941. — *gedienen* Iw. 4789. — *verdienen* Iw. 7761. — *lônen* E. 1048. Iw. 1197.

b. *Soln* bezeichnet eine aus dem verhältnisse zu den mitmenschen (freundschaft — feindschaft, gastlichbkeit, verwantschaft, stand, geschlecht oder algemeine gattung) entspringende verpflichtung.

E. 178 *dâ wart er emphangen wol, sô man ze vriundes hûse sol.*
1520 *als man lieben vriunt sol.*
3908 *nû râte ich iu wol, als ein vriunt dem andern sol.*
4559 *dan vriunt bî vriunde vinden sol.*
6214 *sô man den vriunt nâch leide sol.*
G. 382 *als man den vriunt nâch leide sol.*
Iw. 1003 *als vîent sînen vîent sol.*
E. 8408 *ich wil iu râten wol, als ich mînem gaste sol.*
Iw. 4766 *als man lieben gast sol.*
6476 *als ein wirt den gast sol.*
G. 128 *als ein getriuwer bruoder sol.*
1262 *als ich mînem lieben sol* (die hdschr. im Vatican und der prosaauszug in dem winterteil der heiligen leben, bei Paul A und F, haben *lieben chinde,* Lachmann und Bech *sune*).
a. H. 675 *der vater unde muoter sol leisten ir kinde.*
E. 16 *als ein guot kneht sol.*
G. 1234 *ich sol und muoz mich nieten nôt und angest (daz ist reht) als ein ellender kneht.*
E. 4155 *gewâfent, als ein guot ritter sol.*
4336 *gewâfent, als ein ritter sol.*
a. H. 35 *die ein ritter haben sol.*
1349 *als ein vrumer ritter sol.*
Iw. 2516 *als ein rîter sandern sol.*
2796 *als ein rîter solte.*
5345 *als guote rîter solten.*
5913 *swaz ein rîter haben sol.*
G. 3377 *die êre, die ein bâbest haben sol.*
3391 *der grôzes gwaltes pflegen sol.*
3631 *und sol doch (der bâbest) vrevellîche site erzeigen und die neigen, die —*
3640 *man sol dem sündære ringen sîne swære.*
E. 6302 *diu wîp sulen reden alsô.*
7781 *swâ mite ein wîp gedienen sol.*
G. 705 *als ein minne gerndez wîp sol.*
1784 *als einem manne ein wîp sol.*
2239 *als ich sol* (ein weib spricht).

E. 2038 *swaz ein habech vâhen sol.*
Iw. 206 *der humbel der sol stechen.*
209 *der hornûz sol diezen.*
E. 7826 *und sage ez sô ichz sagen sol* (als autor).

c. *Soln* bezeichnet eine aus geltendem recht, der sitte oder moral entspringende verpflichtung oder berechtigung.

E. 78 *ir soltet ez durch zuht lân.*
1109 *daz reht, daz er eine küssen solde.*
5332 *sît ich der wârheit sol jehen.*
8975 *daz nieman sol bieten ungetriuwen gruoz.*
G. 2103 *daz im dienen solde.*
Iw. 2811 *ez sî des hûses site, daz er sül weder rîten noch gebn.*
2812 *er sül dem hûse lebn.*
4466 *alles des ich solde hân.*
5432 *den selben tôt, den der man solte lîden.*

d. *Soln* bezeichnet ganz algemein, was recht und billig ist oder dafür gehalten wird.

Das subject ist eine person.

Im praes. ind.

E. 347 *man sol dem wirte lân sînen willen. daz ist guot getân.* 646. 733. 2912. 3069. 3330. 5072. 5826. 6785. 8120. 8607. 8626. 9396.
G. 16a *der gedenkt niht, als er z' rehte sol.*
629 *dâ von enmac ich, als ich sol, der vrouwen leit entecken.* 956. 2503.
a. H. 658 *jâ soltû, libiu tohter mîn, unser beider vreude sîn.*
829 *ouch sol ich mîne triuwe an mir selber niht brechen.* 949. 974.
Iw. 164 *ich enphâhe gerne als ich sol.* 4969. 6068. 6626.

Im conj.

Iw. 121 *iuch bedunkt, man süln iu lân.*

Im perf. ind.

E. 8653 *er wâfent sich als er solde.*
G. 735 *als erz versuochen solde.* 1079. 2846.
a. H. 882 *daz sî niht enwolten sî wenden noch ensolten.*
Iw. 1592 *sus solde sî zuo kêren.*

Im conj.

E. 1552 *dâ sîs in brîste beidenthalp sô man solde.* 1590. 3681. 5801. 5935.
G. 47. 48 *nû solt ich mit iu beiden alrêrst vreude walten und wünneclîchen alten.*

G. 2681 *den soldest dû enphâhen baz.* 2690.
Iw. 1667 *die marter, die sold ich billîcher enpfân.* 2016. 2030. 3005.

Das subject ist eine sache.

Im praes. ind.

E. 248 *als ez ze hôchzîten sol.*
4098 *swer sîne sache wendet gar ze gemache, dem sol êre abegân.*
Iw. 1214 *als ein bette beste sol.*

Im perf. ind.

E. 1444 *daz gesmîde sam ez solde von rôtem golde.*
1994 *daz gewürhte als ez solde.*
2293 *dar ûf ein mouwe ze der mâze und sî solde.*

Im perf. conj.

E. 5921 *dem nimmer solde leit geschehen.*
Iw. 4651 *iu solte versmâhen daz gemeine nâch gâhen.*
5638 *daz dienen solt in beiden.*
7083 *als ez wesen solde.*
7675 *des sî niht sprechen solde.*

2. *Soln* bezeichnet genötigt sein, anlass, gelegenheit, möglichkeit haben.

a. Der zwang usw. kann wie bei *mugen* liegen in äussern umständen.

α. In der beschaffenheit des objects.

E. 488 *daz sol mîn herze immer klagen.*
G. 1533 *sus sol man sî (die Saelde) erloufen.*

β. In einem praepositionalen oder adverbialen ausdruck oder einer apposition.

Das subject ist eine person.

E. 6303 *dâ von man irs niht wîzen sol.*
a. H. 687 *des sol ich ze iuwerem gebote iemer vil gerne stân.*
1176 *dâ von sô sol ich disen tôt hân vür eine süeze nôt.*
Iw. 1658 *dâ von sol sî mich niht lân als unbescheiden under wegn.*
1796 *nû sol man schouwen alrêrst iuwer vrümekheit.*
5723 *ouch ensol ich von diu mîn rehtez erbe niemen lân.*

Einmal ist die notwendigkeit auf das praedicatsverhältnis bezogen (vgl. *müezen*):

G. 2746 *dîne vüeze solden unden breit sîn und zeschrunden als einem wallenden man.*

Das subject ist eine sache.

Iw. 1813 *dâ von sol sich mîn senediu nôt nimmer volenden.*

γ. In einem andern satze.

aa. In einem übergeordneten.

αα. Soln steht in einem consecutiven conjunctionalsatze.

Im praes. ind.

E. 3792 *nu gevallet ir mir alsô wol, daz ich iuch gerne machen sol ze vrouwen.* 3938. 4460.

Iw. 191 *ez ist umb iuch alsô gewant, dazz iu niemen merken sol, sprecht ir anders danne wol.*

867 *mîn her Keiî der ist sô wîs, daz man in gerne hœren sol.* 2068. 4642.

Im perf. ind.

Iw. 323 *daz der wâfenriemen alsô rehte lützel ist, daz sî niht langer vrist mit mir solde umbe gân.*

Im conj.

Iw. 2309 *ir hât mir selh leit getân, daz ich iuwer niht enwolde sô gâhes noch ensolde gnâde gevâhen.*

ββ. Soln steht in einem consecutiven relativsatze.

E. 481 *mir ist ein leit von im geschehen, daz ich immer klagen sol.* 7921.

Iw. 1624 *nû weiz ich doch ein dinc wol, des ich mich wol trœsten sol.* 2799.

Im perf. conj.

E. 7949 *und wær sî danne sô getân, dar umbe ich solde erwinden, daz lieze ich an mir vinden.*

bb. In einem untergeordneten.

αα. Soln steht im folgesatze einer bedingungsperiode.

Im praes. ind.

Iw. 4343 *ob ich deheine triuwe hân, sone sol ich daz niht gerne sehn.*

5960 *welt ir in schiere errîten, sone sult ir ouch niuwet bîten.*

Im perf. conj.

Iw. 1005 *daz er sich weren solde, ob er niht dulden wolde.*

ββ. Soln steht im hauptsatze eines conditionalen relativsatzes.

Im praes. ind.

Iw. 7176 *swer gerne lebt nâch êren, der sol vil starke kêren alle sîne sinne nâch eteslîchem gwinne.*

cc. In einem gleichgeordneten.

Im praes. ind.

E. 3365 *daz sol mich geriuwen: wan sô muoz mîn sêle verderben.*

δ. Im zusammenhange.

Im praes. ind.

E. 6695 *suln wir nû ze vuoze gân?* (6693).

9422 *sô sol man wærlîchen den wîben doch entwîchen ze eteslîcher stunde* (9426)

a. H. 715 *gote müeze ez sîn geklaget, daz ich unz morne leben sol.* Iw. 1821. 7461.

Im perf. ind.

E. 1848 *daz er ze langern zîten ir minne solde bîten.* G. 179.

Iw. 386 *und dô ich niene wolde noch belîben solde.* 5096.

Im perf. conj.

E. 3373 *ich wæne ez solde verdagen.* 6982.

Iw. 2922 *daz solde ich ê bewarn.*

Wie bei *mugen* begegnet hier häufig das adverb *gerne* und *wol.*

b. Die notwendigkeit usw. wird überhaupt als eine solche gesezt in bedingenden sätzen. *Soln* verliert hier so lange seine bedeutung nicht, als der nachsatz eine angabe darüber enthält, ob einer bereit ist jener notwendigkeit zu genügen, oder ob er ihr genügt und wie oder welches mittel ihr zu genügen nötig wäre. Vgl. s. 22.

Im praes. ind.

E. 5055 *swer ze hove wesen sol, dem zimet vreude wol.* 8014.

G. 1393 *ez bedarf vil wol gewonheit, swer guot ritter wesen sol.*

a. H. 599 *swer ouch dann' die lenge mit arbeiten leben sol, dem ist iedoch niht zewol.*

Iw. 2272 *und sol man des genâde hân, dâ zuo hœret bezzer lôn.*

2839 *dâ hœret grôz kumber zuo, swer daz hûs haben sol.*

3417 *und sult ir ouch vor ime genesn, daz muoz mit sîner helfe wesn.*

4192 *swer den man erkennen sol, dâ hœret langer wîle zuo.*

4871 *ich darf wol meisterschaft, sol ich daz wægest erseln.*

5182 *und sol sî dâ zuo kempfen hân, sô wil ich vehten vür sî.*

5829 *und sol ich mîn arbeit iemer überwinden, sô muoz ich in vinden.*

6628 *ouch vind ich ein wîp wol, swenn ich wîp nemen sol.*

6936 *wand ezn tuot dem biderben man niht wol, der sandern tôt sehen sol.*

Im perf. ind.

E. 5208 *swaz sî haben solde, des nam sî genuoc.*

7192 *swaz dâ mêre solde sîn, vil lützel des dâ gebrast.*

Iw. 6083 *ein burc den liuten wol ze mâze, die herbergen solden.*

Sollen komt in diesen fällen der bedeutung von nötig haben, bedürfen nahe. Dieses ist nun einmal mit *soln* verbunden.

Iw. 7937 *dône was niht verswigen, des er bedurfen solde.*

Hân solde oder *bedorfte* allein würden genügen.

Im perf. conj.

E. 3457 *sô hæten dar an harte vil ze tuone vier knehte, solden sî ze rehte aht ros vüeren unde bewarn.*

6810 *solt ich daz langer lîden, dar umbe müeste ich doch mîn leben als schiere hân gegeben.*

9452 *sô muoste ich ez behalten und solde ich hinne alten.*

G. 3048 *solden sî imer vinden in, daz man in danne müeste suochen in der wüeste.*

a. H. 245 *daz in des aller meist verdrôz, ob er langer solde leben* (s. u.).

441 *mit der genist ich solte genesen, daz müeste ein solh sache wesen.*

Iw. 6637 *sold ich joch einen bestân, dâ müeze ich angest zuo hân.*

Mit dem inf. perf.

E. 2465 *swer im gewartet solde hân, der endorfte d' ougen ruowen lân.*

c. Der zwang usw. liegt in der absicht einer andern person, die ausgedrückt sein kann in einer aufforderung, einem wunsche, einer vorhergegangenen abmachung usw. oder bisweilen nur stillschweigend als bei einem andern vorhanden vorausgesezt wird.

Das subject ist eine person.

E. 621 *der tac, daz sî solden rîten.*

952 *als er solde erslagen sîn.*

1503 *sô wisten die knehte der zît, wenne er solde komen.*

2119 *der tac, daz Êrec solde nemen vrowen Ênîten.*

2640 *als er erkuolt solde sîn.*

4031 *er gedâhte, wenn er zer vrowen solde komen.*

4069 *wie lange sol ich dich vrâgen?* 7925. 8741. 8797. 9375. 9441. 10003.

G. 209 *hie verstuont sî sich mite, daz ez ein ernest solde sîn.*

340 *der uns dâ râten sol.* 1590. 2062. 2903. 3482.

a. H. 1482 *als ie die liute tâten, dâ sî dâ solten râten.*

Iw. 2526 *sît ez niemen reden sol.*

4241 *an den ich iuch rechen sol.*

4743 *ich sol komen an eine stat, dar mich ein vrouwe komen bat*

5090 *der er dâ komen solde ze helfe.*

5135 *mit ten ich dâ strîten sol.* 6198. 6649. 7374 (vgl. s. 52 E. 4521. 4472). 7911. 7917. 8034. 8053.

Mit dem inf. perf.

Iw. 6350 *und solte mit in hân gestriten.*

Im perf. conj.

E. 19 *Êrec sîne vrowen vrâgen began, ob erz ervarn solde.*

Das subject ist eine sache.

E. 582 *sît daz der strît sol wesen vruo.* 2239. 2351.

Iw. 6824 *er sol in sîme hove geschehn.*

6977 *sît daz der kampf wesen sol.*

Algemein man kann von mir nicht erwarten, fordern bedeutet *ich sol* in sätzen negativen sinnes mit *daz* und in der unwilligen frage.

E. 8035 *weder ist er berc od berges gnôz, daz man in alsô vürhten sol.*

G. 1140 *dînen vriunden zimet daz niht wol, daz ich daz laster dulten sol.*

Iw. 8080 *sol ich dem vürdermâle lebn, der —*

Die absicht des verfertigers ist es.

E. 2024 *daz daz gesmîde solde sîn.*

7685 *daz ez borten solden sîn, dazn wurde iu schîn ode —*

7713 *daz die vasen solden sîn.*

8914 *daz der knoph wesen solde.*

Ein specieller fall hiervon ist es auch, wenn das bestimmende der wille des schicksals ist.

Das subject ist eine person.

E. 3031 *daz ich mînem lîbe sô manegen vluoch vernemen sol.*

7279 *daz doch nie dehein man dehein schœnerz gewan noch solde beschouwen.* 7773. 8167. 8347. 9693.

G. 2729 *Ouwe deich diz an sehen sol.*

3106 *mir ist harte wol geschehen, sît ich hie solde sehen alsô guote liute.*

3801 *und ist, daz ich genesen sol.*

a. H. 493 *daz wir den suln verliesen.*

621 *die wîle daz er leben sol.* 1108. 1135. 1224. 1237.

Iw. 1893 *daz ich iemer keinen tac nâch mîme herren leben sol.*

3393 *daz eim alsô vrumen man diu swacheit solte geschehn.* 3677. 3978. 6975. 7313.

Im perf. conj. eines bedingenden satzes. *Soln* behauptet hier seine bedeutung, weil im hauptsatze verben stehn, die dem im inf. sinnähnlich sind.

Iw. 1294 *solden si in immer vinden, daz heten sî ouch dô getân.*

Iw. 5408 *soltens dâ von sîn behuot, sî wâren werhaft genuoc.*
Vgl. *wellen* s. 22 nr. 2.

Auch a.H. 245 s. 154 könte man hierherziehen. Die bedeutung aber verbliebe *soln* aus den s. 153 angeführten gründen, was mit *wellen* s. 22 nr. 1 zu vergleichen ist.

Das subject ist eine sache.

E. 4801 *nune mac doch daz nieman bewarn, daz im geschehen sol.*
8096 *ob dû möhtest wizzen wol, waz dir hie geschehen sol.* 8098. 8160.
Iw. 2561 *dô in got sô gêrte, daz erm solte gelten.*
3985 *daz mir daz solte geschehn.* 4987. 6567. 6617. 8101.

Auch *soln* kann schliesslich, wie *wellen* s. 10 von einer blossen behauptung oder mitteilung gebraucht werden, wodurch der inf. nach ihm dem appositiven gebrauch sehr nahe rückt.

a.H. 337 *swaz kinden liep sol sîn.*
934 *dâ soltent ir genesen mite.*
Iw. 4824 *der dâ komen solde.*
4829 *wâ ist, der dâ komen sol?*

Mit dem inf. perf.

E. 1753 *ir wizzet, daz er solde sîn reht hân genomen.*

Im conj.

E. 9636 *der des hete deheinen wân, daz der ritter Mâbonagrîn solde überwunden sîn.*

II. Fälle, in denen es unentschieden sein muss, ob *soln* blos umschreibende function hat.

Bei *soln* in seiner umschreibenden function kommen wider wie bei *wellen* beide in dem moment der vorstellung liegende begriffe, sowol der modale als der temporale, zur entwicklung. Dies geschieht aber zunächst noch im engen anschluss an die specielle bedeutung von *soln* und erst im weiteren verlaufe bleibt nur das wol allen verben mit verschobenem praeteritum und *wellen* gemeinsame moment der vorstellung als alleinige erklärende ursache der futur- und conjunctivbedeutung übrig, und erst von da ab ist ein unterschied zwischen dieser und umschreibungen mit andern ähnlichen verben nicht mehr aufzufinden. Natürlich lässt sich auch der inf. im ersteren falle noch nicht als blos appositiv betrachten. Unmittelbar aus der speciellen bedeutung von *soln* entwickelt sich nun aber sowol die verwendung, welche als eine umschreibung des imperativs als auch die, welche als eine solche des futurum betrachtet werden kann.

1. Die erwähnung einer verpflichtung oder einer gelegenheit usw. der angeredeten person pflegt die aufforderung in sich zu schliessen, derselben nachzukommen resp. sie zu benutzen. *Soln* dient daher zur widergabe des imperativs

der 2. person in allen fällen, wenn nicht ausdrücklich der zusammenhang (z. b. a. H. 658 s. 150) oder die irreale form des perf. conj. die erfüllung der verpflichtung negiert (z. b. E. 78 s. 150. G. 2681 s. 151),

der 3. person in gleichem falle,

der 1. pl., insofern sie gleich der 1. + 2. ist. So dass sie gleich der 1. + 3. ist, findet sie sich bei Hartmann nicht.

Parallel mit I, 1, a (s. 148).

2. sg. E. 5816 *des soltû mich geniezen lân.*

9945 *dû solt von schulden immer sîn geprîset unde geêret.*

2. pl. E. 1028 *des sult ir ze buoze stân.* Iw. 721.

3413 *ir sult mich des geniezen lân.* 4133. 4552.

3. pl. Iw. 1177 *des sol man iuch geniezen lân.*

1. pl. E. 1286 *nû suln wir in ze lône emphâhen vil schône.*

Mit I, 1, b (s. 149).

2. sg. G. 83 *die dînen solt dû êren, die vremeden zuo dir kêren, wis* usw.

a. H. 656 *dune (solt uns sus niht swæren).* Nach F. Pfeiffers ergänzung.

Mit I, 1, c (s. 150).

2. pl. Iw. 205 *irn sult iwer gewonheit durch nieman zebrechen.*

7686 *sô sult ir iuwer reht bewarn.*

Mit I, 1, d (s. 150).

2. pl. E. 532 *herre, disen spot sult ir lâzen durch got.*

3622 *ir sult sî schône emphâhen.*

7666 *ir sult mir des wol gunnen.*

7924 *des sult ir mir wol gunnen.*

Das subject ist eine sache.

3. sg. E. 698 *der sol er billîchen sîn.*

Mit I, 2, a, α (s. 151).

2. pl. E. 658 *ouch sult ir des gewis sîn, daz iuwer ellenthafter muot iu gevüeget allez guot.*

1530 *dirre kleider sult ir wandel hân.*

Iw. 2148 *ouch sult ir ein dinc niuwet lân.*

1. pl. E. 1289 *wir suln von rehte einem man, der ez sô wol gedienen kan, aller êren gunnen.*

Mit I, 2, a, β (s. 151).

2. pl. E. 3640 *ir sult ze disen zîten ze gemache uns lâzen rîten.* 4675. 4700.

3. sg. E. 4975 *er sol mich ze dirre vrist mit hulden lâzen rîten.*

6030 *des sol man bilde kiesen an mir vil gotes armen.*

G. 3793 *dâ ensol niemer an dehein sündiger man genemen bœsez bilde.*

3812 *dâ sol der sündige man ein sælic bilde nemen an.*

Mit I, 2. a, γ, bb, αα (s. 152).

2. sg. a. H. 669 *wiltû uns wesen guot, sô soltû rede und den muot lân.*

I, 2, a, γ, bb, ββ (s. 152). *Soln* steht im hauptsatze eines temporalsatzes mit causaler bedeutung.

2. pl. Iw. 6840 *sît ich hie gesiget hân, sô sult ir iwer gevangen lân ledec.*

3. sg. 4220 *sît diu selbe schulde niemens ist wan mîn, der schade sol ouch mîn eines sîn.*

1. pl. E. 1365 *sît ir mit mir niht wellet sîn, sô sulen wir bî iu bestên, mit iu ze herbergen gên.*

G. 961 *sît sî des gotes hûses sint, sô sule wir inz niht versagen.*

Soln steht im hauptsatze zu einem relativsatze mit causaler bedeutung.

2. pl. Iw. 8047 *als ich im geheizen hân, sô sult ir lœsen den eit.*

Mit I, 2, a, γ, cc (s. 152).

αα. Der eine ist mit einer coordinierenden causalconjunction angefügt.

2. pl. E. 3333 *ir herren, die sult ir mir lân: wand ichs von êrste ersehen hân.*

4359 *ir sult ez durch got tuon und mich mit gemache lân: wand ich enhabe iu niht getân.*

1. pl. E. 10073 *wir suln im sîn wol gunnen: wand er hât es wol begunnen.*

ββ. Beide sätze stehn asyndetisch neben einander; aber entweder ist der mit *soln* die logische folge des andern oder dieser die logische begründung des mit *soln.*

2. pl. E. 3632 *herre, des sult ir uns erlân, uns hât der lange wec getân unhovebære.* 576. 4679. 7006. 7524.

1. pl. E. 343 *wir sulns die juncvrowen erlân: ich wæn siz selten habe getân.*

Iw. 1586 *doch enhât sî hie niht missetân: wir sulen sî genesen lân.*

Mit I, 2, a, δ (s. 153).

2. pl. G. 1233 *nû sult ir mir gebieten.*

Iw. 2802 *ir sult mit uns von hinnen varn.*

1. pl. 2803 *wir suln turnieren als ê.*

Mit I, 2, c (s. 154).

2. pl. E. 3204 *waz wir under uns gelobet hân, und sult mir die wal lân.*

2. Gesteht der redende selbst eine verpflichtung usw. ein, so liegt darin ausgesprochen, dass er ihr nachkommen will. *Soln* bezeichnet daher in der 1. person sing. und in der 1. person plur. dann, wenn sie gleich der 1. + 3. ist, das futurum. Ebenso wenn die 1. person plur. für die 1. sing. steht (E. 6550) und in der 2. und 3. in dem falle, dass die erfüllung nicht von dieser, sondern von der redenden abhängt (E. 3252. 3559). Diesem ursprünglichen sinne gemäss hat diese umschreibung des futurum oft noch eine besonders nachdrucksvolle bedeutung, oft liegt noch vorsatz oder bereitwilligkeit und versicherung (versprechen oder drohung) in ihr.

Parallel mit I, 1, a (s. 148).

E. 1221 *des sol ich iu ze buoze stân.*
1346 *sô daz ich ez dienen sol.*
3559 *knabe, ir sult von rehte ettelîchen lôn emphân.*

Mit I, 1, b (s. 149).

E. 2018 *als ich iu sagen sol.* 7122. G. 2126.

Dass selbst dieser so farblos aussehende ausdruck nicht schlechthin futurum ist, zeigt E. 7826 (s. 150). Zu grunde liegt die pflicht des an sein original gebundenen autors.

Iw. 5111 *den ernst sol ich im niuwen.*

Mit I, 1, d (s. 150).

E. 1355 *ich sol mit im vil gerne sîn.*
a.H. 829 *ouch sol ich mîne triuwe an mir selber niht brechen.*
Iw. 6246 *iu sol hie iuwer reht geschehn.*
6250 *man sol iuch ê bereiten maneger unêren.*
6252 *man sol iuch ê lêren dise hovezuht baz.*

Hier steht einige mal die 3. person. Indess redet der pförtner von allem, was die burg bewohnt, sich selbst einschliessend.

Mit I, 2, a, α (s. 151).

E. 6550 *ir gebærde ensuln wir niht verdagen.*

Mit I, 2, a, β (s. 151).

E. 3252 *des sult ir laster lîden.*

Mit I, 2, a, γ, bb, ββ (s. 152).

Iw. 485 *swer mir niene tuot, der sol ouch mich ze vriunde hân.*

I, 2, a, γ, bb, γγ (s. 152). *Soln* steht im hauptsatze eines temporalsatzes mit causalem sinne.

E. 265 *wand ich in eime winkel sol belîben, sît ich niht wesen baz enmac.*

Mit I, 2, a, γ, cc (s. 152).

E. 5631 *herre, in iwer gewalt suln wir uns vür eigen geben: von iu sô haben wir daz leben.* Iw. 1201. 4223.

Mit I, 2, a, δ (s. 153).

E. 129 *sô sol ichz versuochen.* 3374 (vgl. 3366). 9457.

G. 3738 *wand ich iu vreude künden sol.* Iw. 3191.

Iw. 4338 *wir sulen beidiu genesn.*

Unpersönlich.

E. 7272 *des sol doch werden rât.* 8977.

Mit I, 2, c (s. 154).

E. 4535 *mîn geburt ich iu nennen sol.*

Iw. 7917 *nâch dem ich dâ rîten sol.*

Der wille des schicksals liegt zu grunde.

G. 1149 *und ist, daz ich nû leben sol.*

2527 *niht verzwîfelt ane gote: ir sult vil harte wol genesen.*

2568 *wir sulnz noch bringen dar zuo.*

Iw. 1952 *nû bin ich ie mit iu gewesn und sol ouch noch mit iu genesn* (Lachmann schreibt *muoz*, Handschr. A *sal*, c *wil*).

Der wille der redenden person ist es, oder doch ihre überzeugung oder hofnung.

E. 3177 *ez ensol mîn geselle daz leben sô niht enden.* 4194. 6265.

Iw. 4340 *wan ichz ouch bewæren sol.* 6833.

Das subject ist eine sache.

E. 365 *beide lîp unde guot unde willeclîcher muot sol iu dar zuo sîn bereit.*

3276 *herre mîn, daz sol wesen.*

4927 *daz sol iuch unverswigen sîn.*

5014 *daz sol mit guotem willen sîn.* 692. 6048. 9038. 9062. 9328.

Iw. 57 *dâ uns noch mit ir mære sô rehte wol wesen sol.*

919 *entriuwen, ez sol anders varn* 729. 4230. 4238. 4246. 4337. 4979.

III. *Soln* mit dem appositiven infinitiv.

Fallen die aus der ursprünglichen bedeutung von *soln* sich ergebenden gesichtspunkte ganz aus, so umschreibt *soln* nur eine tempus- oder modusform des im inf. folgenden verbum.

1. *Soln* umschreibt das futurum.

a. Das periphrastische.

E. 436 *des diu hôchzît solde sîn.*

2541 *als sis beginnen solden.*

E. 6903 *als er justieren solde.*
8642 *alsam ein ritter der sol varn kemphen.* 3209. 5732. 8851. 9630.
G. 682 *dô sî ze kirchen solde gân.*
a. H. 1169 *in des namen ez geschehen sol.*
Iw. 2766 *die dâ rîten solden.*

Im conj.

G. 3228 *als er ze tanze solde gân.*
a. H. 968 *sô manz danne enden solte.*
1152 *als ich ze tanze süle gân.*

b. Das erste.

Das subject ist eine person.

E. 4067 *entriuwen, daz ich daz sol.*
4137 *ich sol ez immer wol bewarn.*
5369 *wande ich benamen sol bî im belîben tôt oder ich hilfe im.* 5007. G. 2282.
a. H. 823 *ich sol von mînen schulden ûz iuwern hulden niemer komen, wil ez got.*
Iw. 914 *mir sol des strîtes vürkomen mîn her Gâwein.*
924 *wan ich sol des endes varn und niemen sagen.*
1170 *so ensol ich doch den lîp niht verliesen als ein wîp.*
5004 *wand ich daz schiere schaffen sol.*
6321 *unser lebn und unser burt diu suln wir iu vil gerne sagen.* 7601.
7971 *daz ir aber mîn herre werden sult in kurzer vrist.* 3176. 4228.

Das subject ist eine sache.

E. 7338 *daz sol iu werden gezalt.*
8791 *da sol iuwer houbet ûffe stân.*
Iw. 4173 *als ich des beitende bin, daz sich mîn lîp sol enden.*
4602 *ouch ensol mir niuwet wesen gâch.*

c. Das zweite, indem es sich mit dem inf. der vergangenheit verbindet.

Iw. 4650 *ich sol sim schiere hân benomen.*

Es steht hier ganz wie das perfectum, wenn es, namentlich mit *schiere*, entsprechend der vertretung des ersten futurum durch das praesens das zweite vertritt: vgl. Iw. 4988 *daz hât man schiere geschn.* 5016; ohne *schiere* 1491. Das praes. des inf. bei *soln* steht dagegen trotz *schiere* Iw. 5004 (s. 161), vgl. 513, bei *müezen* E. 3801. 4352. Iw. 4223 (s. 160). 7789. Vgl. K. Weinholds germ. Abh. heft 5 s. 162.

2. *Soln* umschreibt einen modus.

a. Den imperativ.

Von wirklicher umschreibung des imperativs kann erst die rede sein, wenn die in *soln* liegende forderung lediglich in dem willen des redenden beruht.

2. person.

E. 79 *iuwern herrn sult ir mir nennen.*
544 *durch got ir sult erbeten sîn.*
550 *doch sult ir mir gelouben wol.*
563 *daz sult ir ûz dem muote lân.*
1083 *in ir gwalt sult ir iuch geben und lebt.*
3201 *nû sult ir herren sîn gemant.*
9609 *nû sult ir ûf stân unde gân blâsen.* 130. 1021. 3572. 3589. 4570. 4808. 4981. 6265. 6966.

G. 399 *die iuwers landes walten, sult ir ze hove gebieten.*
401 *ir sult iuch wider sî enbarn.* (2398 hat Paul mit handschr. GE und Bartsch *muget*, Lachmann und Bech mit A *sult* s. 50). 2414. 2537. 2539.

a. H. 611 *nune sult ir mirz niht leiden.*
785 *dem sult ir mich geben.*
1290 *ir sult die maget lâzen leben.*

Iw. 768 *der unzuht sult ir mich verkunnen.*
830 *sô volget mir. slâft ein lützel dernâch, troume iu dan iht swâre, sô sult irs iu zwâre nemen eine mâze. ode vart und gebt mir niht — und enzelnt mir niht.*
2521 *ir sult die rede lân.* 8006. 4322. 4547.
4256 *ir sult iedoch gewis hân, ichn lâze iuch niht* vgl. E. 658 s.157.
5120 *herre, zuo dem rîtent ir unde grüezent in von mir und vüerent mit iu iweriu kint und daz ir swester mit in var und vüert ouch daz getwerc tar und sult im des gnâde sagen.*
5288 *den sult ir hôher heizen gân.*
6266 *vriunt, du solt mich wizzen lân.*
7863 *dû solt die rede lân.*

3. person.

E. 641 *des sol niht geschehen.*
3075 *man sol in baz riemen.*
9602 *nû sulen sî ir aber phlegen.* 1278. 3836. 6107. 7916.

G. 1556 *ditz sol der rede ein ende wesen.* 2566. 3793. 3812 (s. 158).

Iw. 220 *mîn vrouwe sol mich des gewern, daz —* 226. 520. 2942. 3194. 4346. 5302. 7554.

1. person plur.

E. 4581 *wir sulen rîten.*

E. 9919 *wir suln gên schouwen unser niuwekomen vrouwen und trœstens nâch ir leide.*

a. H. 1287 *wir suln sî wider ûf lân.*

Iw. 3685 *den schaden suln wir verclagen, des vrumen gote gnâde sagen.*

Durch diese umschreibung des imperativs wird auch eine irreale ausdrucksweise desselben möglich, indem der conj. perf. steht, wenn bezeichnet werden soll, dass eine aufforderung oder bestimmung blos unter einer gewissen, nicht wirklichen bedingung gelten würde.

E. 503 *sô soldet ir mich lâzen rîten.*

3410 *möht man dehein êre an iu wîben begân, ezn solde niht sô ringe stân —*

3735 *enwære ez iu niht leit, sô soldet ir mich wizzen lân.*

Mit dem inf. perf. ganz ebenso von der vergangenheit.

E. 1050 *ez soltz der magt niht haben getân.*

1082 *ir soldet nû geriten sîn.*

Iw. 4516 *ir soldet dar sîn geriten.*

Wechsel mit dem imper. ist häufig. Vgl. E. 1083 s. 162. G. 83 s. 157: *wis getriu, wis stæte, wis milte, wis diemüete, wis vrevele, wis dîner zuht wol behuot. die dînen solt dû êren, wis den wîsen gerne bî, vliuch den tumben. minne got, rihte wol.* Iw. 830, 5120 s. 162. Ferner ist zu vergleichen E. 3201 s. 162 mit E. 5821 *sô wis gemant* oder mit G. 74 *sun, nû wis gemant;* Iw. 5288 s. 162 mit Iw. 8045 *vrouwe, heizt in ûf stân;* a. H. 669 s. 158 mit E. 3263 *welt ir nû, daz ez mich riuwe, so vergebet mirz;* E. 9609 s. 162 mit Iw. 8132 *stêt ûf, sprach der herre;* Iw. 2521 s. 162. 8006 ib. mit Iw. 2162 *vrouwe mîn, die rede lât;* Iw. 4256 s. 162 mit E. 5226 *daz wizzet wærlîche.*

Durch die umschreibung wird ferner die beibehaltung des imperativs in abhängigen sätzen möglich.

E. 3239 *ja verbôt ich iu an den lîp, daz ir iht soldet sprechen.* 4009. 4631.

G. 569 *dannoch schreip sî mê, daz man ez toufen solde und ziehen mit dem golde.* 871.

Iw. 5677 *doch gelobet ez her Gâwein sô, daz si ez niemen solte sagen.* 5691. 6535.

Im relativsatze.

E. 6318 *und hiez im lieht gewinnen, diu ob im solden brinnen.*

G. 3018 *swaz grôze kraft haben sol.*

Wie auch in andern sprachen der imperativ nicht sowol eine aufforderung, als vielmehr ein zugeständnis enthält und dann conces-

siven sinn hat, so auch einmal der mit *suln* gebildete (vgl. *mugen* s. 46).
Iw. 122 *ouch solz mîn vrouwe dâ vür hân.*

Schliesslich tritt *soln* auch statt des im optativischen sinne gebrauchten imperativs ein.

E. 656 *got sol iu gelücke geben.*
G. 94 *got, dem ich erbarmen sol.*
a. H. 924 *als ez dir got vergelten sol.* 953.
Iw. 1814 *got sol mir den senden.* 4960. 5641. 6149. 8068.

In den irrealen conjunctiv gesezt.

E. 4426 *owê, solde ich ez vür iuch sîn!*
Iw. 1660 *ouwî wan solde sî nû pflegn gebærde nâch ir güete!*
3512 *sold ich dan nimmê slâfen!*

Der imper. oder conj. steht in gleichen fällen E. 8812. 9668 *gêret sî dîn lîp!* 9672 *wird gevreut unde geprîset!* 8890 *nu bewar êt in dîu gotes kraft!* 9748 *des êre got Êrecken!* 132 *der himelkeiser bewar, vrouwe, iuwer êre!* 3595 *got vergelte iu!* 3596 *iwer êre sî von im behuot!* G. 95 *got geruoche iuwer beider pflegen!* 2692 *sô helf dir got!* a. H. 1121 *got lône iu, lieber herre!* Iw. 5233 *daz vergelt iu got!* 6752 *got velle sî beide.* 6798 *des sî got iemer gêret.* Iw. 5531 wie E. 8813 vgl. unter *müezen.*

b. Den conjunctiv.

α. Wenn dieser den conjunctiv des futurum vertritt. Es ist nur der fall 1 in den conjunctiv gesezt. Wie dort (s. 161) kann bei *soln* hier der inf. perf. stehn, wenn es sich um die vorstellung der vollendeten handlung handelt.

E. 599 *ich behielt ez nâch dem wâne, daz ichz im lîhen solde.*
1057 *daz hâte der guote niht in sînem muote, daz er alsô tuon solde.*
2229 *des antwurt Gâwein zehant, die solden ouch sî vinden dâ.* 2840. 3727
G. 558 *wan sî hâte den gedingen, daz ez got solde bringen —*
a. H. 361 *wan sî vorhten, daz sîn tôt sî sêre solte letzen und daz herters muotes würde ein ander herre.*
Iw. 6673 *wand ez im ûf den wân geschach, daz ez in dâ solte bestân.*

Mit dem inf. perf.

E. 293 *wand er vorhte die gewonheit, er solt in ûz getriben hân.*
4036 *wand er des vorhte und hâte wân, er solde sich versûmet hân.*

Soln steht also hier in sätzen gerade wie der finale inf. nach verben mit finalem sinn. Vgl. K. Weinholds germ. Abh. heft 5 s. 32 fgg.

β. In finalen conjunctional- und relativsätzen, offenbar gleichfals noch mit dem futuren charakter des verbum zusammenhängend.

E. 2137 *dâ was alles des diu kraft, des liute und ors solden leben.*
6124 *den hete got dar zuo erkorn, daz er sî solde bewarn.* 7418. 8110.
G. 27 *er besande die besten, den er getrûwen solde sîniu kint.*
545 *ouch wurden zuo im dar in geleit zweinzic marc, dâ mite man ez solde ziehen.*
926 *und gab dem armen dô zwô marke, dâ mite erz ziehen solde; dem andern eine marke, daz er ez hæle starke.* 1277.
Iw. 3159 *unz sî iu gap ir lîp unde ir lant, daz ir daz soltet bewarn.*
3464 *und zôch ein pfert an der hant, daz er rîten solde.*

Wechsel mit einfachem conjunctiv findet sich G. 926. a. H. 361. Zu vergleichen ist auch E. 7207. 3044.

Ich halte die formen von *soln* in α und β für conjunctivische, hervorgerufen durch die subjective abhängigkeit. Die wortbedeutung von *soln* aber äussert sich noch in dem futuren sinne aller dieser fälle und erscheint nur darum ganz ausgefallen, weil in andern solchen fällen finalen charakters die zukunft nie bezeichnet zu werden pflegt. Vermöge des *wellen* wie allen verben mit verschobenem praeteritum eigenen momentes einer blossen vorstellung kann aber (vgl. s. 156) *soln* auch im indicativ an dem mit ihm verbundenen begriff einer tätigkeit dasselbe bezeichnen, was sonst an ihm der conj. ausdrückt. Dies geschieht wie bei *wellen* (s. 22) in bedingenden sätzen. Wenn die eben behandelten fälle α und β den s. 21 unter B, a, α von *wellen* parallel stehn, so sind die folgenden mit den unter B, b zu vergleichen. Mit den s. 21 unter β aufgeführten dagegen, wo *wellen* den conjunctiv in bedingten sätzen umschreibt, lässt sich nur

E. 3888 *swer bezzer mich dâ vone læsen wolde, gern ichms volgen solde: dar zuo vergulte ez im got.*
9579 *den solte ich mit iu hân bestat und iuwer houbet drûf gesat*

mit zu ergänzendem vordersatze, vielleicht auch E. 3410 s. 163 vergleichen. Ferner geschieht es in vorgestelten vergleichssätzen, in dubitativen oder potentialen fragen und einige male in algemeinen relativsätzen.

γ. Im vordersatze einer conditionalen periode.

1. *Soln* steht im indicativ des praesens.

aa. Mit dem infinitiv des praesens gleichbedeutend mit dem conjuntiv des praesens vom einfachen verbum.

E. 1357 *und suln wir leben halbez jâr, ich mache in rîche.*
3927 *und müet mich, sult ir dulden schaden.* 4766. 9793.
G. 1158 *sol er mîm kinde tuon wê, man dultet ez unlange vrist.* 1554.

Iw. 2806 *mir tuot anders iemer wê, daz ich iuwer künde hân, sol iuwer rîterschaft zergân.* 2881. 6150. 6698. 7401.

bb. Mit dem infinitiv des perfects gleichbedeutend dem conjunctiv des perfects vom einfachen verbum.

E. 5077 *sol ich iuch beswæret hân, daz ist doch durch guot getân.*

6842 *welch ein schade muoz ergân und sol den lîp verloren hân der beste ritter.*

2. *Soln* steht im conjunctiv des praesens. Es ist eine cumulation der die vorstellung bezeichnenden momente.

Iw. 7462 *swa ez mich niht süle krenken, dâ geschehe iu allez des ir gert.*

3. *Soln* steht im conjunctiv des perfects.

aa. Der fall 1 (s. 165) in den conjunctiv der indirecten rede gesezt.

E. 2224 *nû sprâchen daz genuoge, ez wære âne vuoge, ob ein alsô guot man solde scheiden von dan.* 2772.

a. H. 855 *jâ hôrte ich dich sprechen ê, ez tæte dîme herzen wê, soltest dû ob mîme grabe stân.*

Iw. 6530 *und reiten, wie sî beidiu wolten, ob sî leben solten, guoter vreude walten.* 7374.

bb. Nur um die momente, welche die handlung als vorstellung bezeichnen, zu häufen.

αα. Mit dem inf. praes. gleich dem conjunctiv des perfects vom einfachen verbum.

E. 1341 *wie tæte ich danne sô, solt ich mînen wirt lân?*

1351 *solt ich nû von im wenken, sô möht er wol gedenken,* — 1448. 4161. 7985. 7989.

G. 25 a *und wære aber er geborn von Adâme und solt mit im sîn sêle weren unz an den jungesten tac, sô hæte er niht ze vil gegeben.*

a. H. 708 (? andre lesart *unde würde ich alt*).

Iw. 512 *swer ouch anders under in solde sîn als ich bin, der wære schiere verlorn.* (vgl. s. 161).

1022 *daz got mit êren möhte sehn, solt ein kampf vor im geschehn.* 1142. 6606. 6698.

ββ. Mit dem infinitiv des perfects in der bedeutung eines conjunctivs des plusquamperfects.

E. 874 *einer ellenlanger wunden mohter vil wol sîn bekomen, der daz phantreht solte hân genomen.*

5726 *solt er iht vürbaz sîn geriten, sô müeste er beliben sîn.*

Wechsel mit dem organischen conjunctiv findet sich E. 3888. G. 25 a.

In welchen fällen *soln* im bedingenden satze seine bedeutung bewahrt vgl. s. 153 fgg. a. H. 855 wird man vielleicht besser eine nötigung durch die verhältnisse noch annehmen.

δ. In vorgestelten vergleichssätzen.

Es finden sich aber nur fälle, in welchen die schon berührte cumulation durch den conjunctiv eingetreten ist, und zwar dreimal im Îwein, einmal im Grêgôrjus.

Im praes. conj.

Iw. 2230 *ê des niht ensüle geschehn, ich lâze mir ê nemen den lîp.*
7319 *ich bin noch baz ein armwîp, danne ir deweder den lîp sül verliesen.*

Im perf. conj.

G. 3218 *einen harte schœnen man von zierlîchem geræte, daz niemen deheine (wât) bezzer haben solde, den envundens nicnder dâ.*
Iw. 3171 *sî ist iu ze edel und ze rîch, daz ir sî kebsen soldet.*

ε. In dubitativen oder potentialen fragen.

Im praes. ind.

E. 3156 *waz sol mir armen geschehen?*
7206 *wer sol nû sîn arzet sîn?* 7264. 8576.
G. 1611 *wie sol ich gotes hulde gewinnen nâch der missetât?*
a. H. 1301 *wie sol·ez mir nû ergân?* Iw. 5973.
Iw. 215 *war umbe solt ir michs erlân?*

Im conj. zur bezeichnung der irrealität.

E. 4071 *war umbe solte ichs iu versagen?* 4172. 6053. 7162. 7829.
G. 3797 *wie soldest dû verwâzen wesen?*
a. H. 684 *wem solte ich der genâden jehen?*
Iw. 2276 *wer solt iu des gnâde sagen?*

Von einem ausdrucke des nichtwissens abhängig.

Im praes. ind.

E. 4827 *und enweiz·niht, wiech iuch nennen sol.*
5938 *nune weiz ich, war ich armiu sol.*
Iw. 1944 *ichn weiz, waz ich dir tuon sol.* 2223.

Im perf. conj.

E. 3146 *dô sî in solhem zwîvel reit, ob sî imz torste gesagen oder solde gedagen.*
7682 *ê ir westent, wes ir soldent jehen.* 9649.

a. H. 1196 *er enwolte in niht schen lân, wie ir ende solte ergân.*
Iw. 3847 *hern Îwein tete der zwîvel wê, wederm er helfen solde.*

(Heisst *niht wizzen* wirklich in unkentnis über einen vorgang sein, so gehören von ihm abhängige conjunctive des einfachen verbum nicht hierher. G. 648 *sî enweste niht, wiez dem ergê*). Wechsel aber mit dem einfachen conjunctiv sehen wir E. 3146. Dieser steht in demselben falle Iw. 2837 *mîn wîp, diene weiz ich war ich tuo.* 4221 *ichn weiz, wem ich sî mêre gebe.* 4231 *ichn weiz, waz ich nû mêre tuo.* 5822 *ichn weiz, wie ichn iu nenne.* 7793 *sone weiz ich, wiech ir minne iemer gewinne.*

ζ. In algemeinen relativsätzen schliesslich, gleichfals blos wegen des momentes der vorstellung, bei weitem seltener als *mugen* (vgl. s. 45) und nur in dem gehäuften conjunctiv.

E. 7530 *von dem besten golde, daz ie werden solde.*
7583 *so er beste wesen solde.*

Geschützt in seiner bedeutung wird auch *soln* durch den gegensatz zu andern verben mit verschobenem praeteritum. Es ist verbunden mit *müezen* E. 8740. 8976. G. 1234. Iw. 6248.
mit *mugen* vgl. s. 53, mit *wellen* vgl. s. 27.
Zu entlehnen ist der infinitiv

I. innerhalb der nämlichen periode.

1. im relativsatze aus dem vorangehnden hauptsatze, namentlich mit *sô* angeschlossen (vgl. R. Steig s. 320).

E. 16. 178 (ein passiver). 248. 733. 1520. 1590. 1994. 2293. 2912. 3069. 3908. 4155. 4336. 5072 (ein passiver). 5935. 6214. 7941. 8120. 8408. 8607. 8653. 9396. G. 128. 382. 705. 956. 1262. 1590. 1784. 2239. a. H. 1349. Iw. 164. 1003. 1214. 2516. 2796. 4766. 5346. 6476. 7761.

Eingeschoben ist der relativsatz E. 1443. 1552 (ein passiver?).

2. im algemeinen relativsatze G. 1079. Iw. 8053.

II. aus einem andern satzgefüge, negiert.

E. 9038 in der antwort. Iw. 5096.

Oft steht dann bei *soln* die construction, welche eigentlich dem inf. zukomt: E. 178. 733. 1520. 2912. 3908. 6214. 8408. 8607. G. 382. 1262. Iw. 1003. 4766. 6476. 8053.
Vom einfachen verbum aufgenommen ist *soln* E. 5369 s. 161.
Über ellipse u. a. vgl. K. Weinholds germ. Abh. heft 5 s. 96.

4. *Müezen.*

Müezen hat stets den inf. bei sich, aber da es die bedeutung einer notwendigkeit nicht von anfang an hat, so ist sein verhältnis zu ihm ursprünglich nicht dasselbe wie das der schon behandelten verben mit verschobenem praeteritum und das von *wellen*. Noch bei Hartmann sind zahlreiche spuren der in dem verwanten gotischen *gamôtjan*, gleich begegnen, widerzufindenden alten bedeutung, nämlich der von sich treffen, ereignen, statfinden, der fall sein. In diesem falle hat *müezen* den consecutiven inf. als ein verbum des geschehens nach sich, vgl. K. Weinholds germ. Abh. heft 5 s. 78.

A. *Müezen* in der bedeutung eines verbum des geschehens.

Es finden sich weniger verwendungen dieser eigentlichen bedeutung, als begrifliche, durch abstraction entstandene weiterbildungen, die dadurch zu blossen umschreibungen des dann nur appositiven inf. herabsinken.

I. Mit dem consecutiven infinitiv.

1. *Muoz* bedeutet es trift sich, dass ich oder mir wird zu teil, nur im Êrec und Grêgôrjus. Zu vergleichen ist aus unserer kindersprache: ich muss eine reiche dame sein und du musst mich besuchen kommen u. ä.

E. 1390 *dâ muoste er geste âne zal schouwen.*
4016 *als ein man, der gewinnen muoz.*
G. 2369 *wande er muose schouwen an sîner lieben vrouwen ein swære ougenweide.*

2. *Ich muoz* bedeutet es ist über mich verhängt, mir ist beschieden oder vergönt, vgl. *soln* s. 155.

E. 4778 *ich wil ez gote klagen, daz ich mîn laster muoz sagen.*
5875 *sît ich dich muoz verliesen.*
G. 3702 *er was des herzenlîchen vrô, daz im diu sælde geschach, daz er sî vor ir ende sach und daz er sî alten muose behalten und rât geben.*
Iw. 1314 *sî muose tôten sehn ein den liebesten man.*
3986 *daz mir daz solte geschehn, daz ich muoz an sehn schaden unde schande!*

Mit dem inf. perf.

E. 6413 *sît daz mir mîn geselle alsô muoz sîn verlorn!*
a. H. 1302 *muoz ich alsus verlorn hân die rîchen himelkrône?*
G. 3702 ist *muoze* für *behalten* das, was für *sach geschach* ist.

3. *Ich muoz* bedeutet ich habe es so an mir, in meiner art.

Das subject ist eine person.

E. 5991 *ich muoz êt unsælic sîn.*

7651 *die des viures müezen leben.*

Iw. 140 *daz ist dîn site, daz dû den iemer hazzen muost,*

wo die bedeutung von *müezen* schon als zu schwach galt und durch einen synonymen regierenden ausdruck verstärkt, zugleich aber eben dadurch auch in seinem restbestande gefährdet ist, wie schon oben Iw. 3986.

Das subject ist eine sache.

E. 8152 *sô der lîp doch muoz verderben.*

G. 2490 *swâ mite aber diu sêle ist genesen, daz muoz des lîbes kumber wesen.*

3360 *dâ von diu werlt gestên muoz.*

a. H. 110 *unser bluome der muoz vallen.*

Iw. 2841 *waz ez (daz hûs) muoz kosten.*

2851 *daz hûs muoz kosten harte vil.*

II. Mit dem appositiven infinitiv.

Müezen dient bei Hartmann in seiner durch abstraction herbeigeführten auflösung nur zur umschreibung eines modus, nicht eines tempus. Iw. 1952 *nû bin ich ie mit iu gewesn und muoz ouch noch mit iu genesn. verriet ich iuch, waz wurde mîn?* liest Lachmann freilich *muoz.* Die alte Heidelberger handschrift (A) aber bietet *sal.* 1952 steht offenbar zu 1951 im gegensatz und zwar in einem temporalen. 1951 redet von der vergangenheit, demnach 1952 von der zukunft. Die zukunft aber wird von *soln* oft, von *müezen* würde sie wol nur hier umschrieben. Doch vgl. s. 179. Ich schreibe mit A daher lieber *sol.* Auch ist zu vergleichen Iw. 4338 s. 160. G. 2527 und 2568 s. 160, wo *soln* in ganz ähnlichem falle bei einer erhoften zukunft steht.

Aber auch mit der modalen umschreibung von *müezen* steht es nicht so, wie wir es bei *wellen, soln* und zum teil *mugen* gesehen haben. Der vorgang ist ein etwas andrer. Da, wo dem subject an dem eintreffen einer handlung viel gelegen ist, findet sich die zerlegung derselben durch einen algemeinen und einen speciellen verbalbegriff, um sie hervorzuheben, vgl. germ. Abh heft 5 s. 83. 86. 110, wo der algemeine *geschehen* und *tuon* war. Die stelle von *geschehen* kann nun in wünschen und finalen sätzen auch *müezen* einnehmen. Tritt nun *müezen* in den conjunctivus der wunsch- oder absichtssätze, so gewint es, da jene hervorhebung durch die begrifspaltung gewöhnlich unbeachtet gelassen wird, den anschein, als stehe *müezen* in conjunctivischer function.

1. Im wunsch.

E. 3796 *eine vrouwen müeze iu got geben.*
4676 *got müeze iuch bewarn.*
8813 *got sî dîn schilt und müeze dir der sêle phlegen!*
9669 *gêret sî dîn lîp! mit sælden müezest immer leben!*
9677 *mit heile muostû werden alt!* 5769. 6697. 4906.
G. 472 *niemer müeze mir geschehen alsô grôzer ungemach!*
1540 *sone müeze ich niemmer drîe tage geleben.*
a.H. 714 *got müeze ez sîn geklaget!*
1286 *gotes wille müeze an mir geschehen!* 1528.
Iw. 838 *her Keiî iwer zunge müez gunêret sîn!*
1888 *allez guot müez in geschehn!*
5530 *got müez iuch bewarn unde gebe iu sælde und êre!*
6719 *got müeze des gastes pflegn!* 4305. 5969. 6584. 7527. 7812. 8094.

Wechsel mit dem conjunctiv ist naheliegend.

E. 8813. 9669. Iw. 5530, vgl. auch Iw. 5854 *got pflege sîn* 6719. Vgl. E 3774. Der ind. von *muozen* steht E. 9677.

2. In finalsätzen.

E. 523 *lîp und allez daz ich hân mache ich ir undertân, daz sî des muoz walten.*
1116 *dô bat in diu künegîn, daz ez gevristet müese sîn.*
1407 *dô bat in ir œhein, daz er sî müeste vazzen baz.*
1467 *unsern herren got bater, daz er ir müeste walten.*
3095 *und gebôt sînem wîbe, daz sî muose vür rîten und verbôt ir, daz ir munt iht ûf kæme.*
7978 *daz ich des vil grôze angest hân, ez müeze iu alsam ergân.* — 3587. 3597. 4819. 4979. 5708. 7915.
G. 407 *mit bete gewinnet uns daz abe, daz wir der vrouwen hulde swern, daz sî des landes müeze pflegen.*
2019 *diu tægelîche vorhte, daz ez in sam müese ergân.*
3412 *ich vürht ze buoze müeze ich ir gestân.* 415. 1451. 2587. 2693. 2789. 3082.
a. H. 695 *lânt ez an iuwern hulden stân, daz ich ouch die beide (sêle unde lîp) von dem tiuvel scheide und mich gote müeze geben.*
Iw. 2339 *got ruoche mir daz heil bewarn, daz wir gesellen müezen sîn.*
7469 *ich wolde, daz ez wære alsô, daz dise juncvrouwen zwô heten, swaz sî dûhte guot, und daz wir dienesthaften muot ein ander müesen tragen.*
6559 *nû vürht ich aber, daz ich dise grôz êre vil tiure gelten müeze.* 2921. 4586. 5238. 6866.

Nach *vürhten* neigt *müezen* indess wol schon zu der bedeutung eines zwanges, Iw. 6559. G. 3412. 2019. Dass es aber auch wol hier ursprünglich nichts andres heisst als ich fürchte, dass ich in die lage komme, die freilich, da es sich hier immer um etwas unangenehmes handelt, hier nur eine zwangslage sein kann, zeigt noch E. 7978. Dagegen schon deutlich ausgebildet ist die bedeutung eines zwanges Iw. 2483. 2834. 5257. s. u.

Wechsel mit dem einfachen conjunctiv findet sich E. 3095 a. H. 695. Iw. 7469.

3. Im bedingenden satze. Hier steht gleichfals *müezen* nicht wegen des in ihm liegenden begrifs einer blossen vorstellung, sondern als verbum des geschehens. Daher kann es nur im conjunctiv stehn, nicht wie *soln* und *wellen* auch im indicativ, denn *ich muoz* würde bedeuten es ist der fall, dass ich, nicht es sei der fall, dass ich. Der conjunctiv ist also nötig, um den fall als einen gesezten oder vorgestelten zu bezeichnen. Die spaltung des begrifs aber steht hier mit demselben recht, wie in gleichem falle lateinisch *sit*, dem es genau entspricht, oder nhd. ist es der fall, dass, oder fals. Ausserdem durch *ob* eingeführt ist der bedingende satz nur im Grêgôrjus.

G. 38 *daz einem herten wîbe ze lachenne wære geschehen, ob sî sî müese an sehen.*

3728 *weder wære iu dâ mite lîp ode leit geschehen, ob ir in müeset sehen?*

3736 *mirn möht ze disem lîbe dehein sælde niht geschehen, wan ob ich in müese sehen.*

Iw. 6159 *mües ich iuch danne sehn her wider ûz kêren, des vreut ich mich.*

Mit negation.

E. 1258 *daz iu nieman ensagct, daz er ie schœner habe geschen, ern müeze der wârheite jehen.*

a H. 762 *und kumet in sô grôze nôt, daz ir mir alsolhez guot zeinem manne niht mugent geben, ich enmüeze alse swache leben.*

Iw. 1736 *daz im gar unmære elliu diu êre wære, ern müese sîne vrouwen sehen.*

Müezen in vordersätzen gehört nicht hierher, wenn der folgesatz nicht von der handlung des ersteren, sondern schon von der blossen notwendigkeit hierzu abhängt: E. 4825. 9331. G. 1494, oder allerdings ersteres der fall, sie aber durch *müezen* als eine ungern, nur aus zwang getane bezeichnet werden soll, vgl. Iw 4911.

4. Häufig steht *müezen* auch zur hervorhebung einer handlung, wo dieselbe schon durch die doppelte negation als sicher eintretend

bezeichnet ist, nämlich im abhängigen negierten conjunctiv nach einem regierenden satze, der ein negiertes prädicat von selbst negativem sinne enthält. Im abhängigen satze fehlt die negation E. 5989. G. 2518 (wo Bech *ichn* schreibt). *Müezen* bezeichnet hier allerdings schon die notwendigkeit des eintrits einer handlung und kann daher als übergang zu dem folgenden gebrauche angesehen werden, namentlich wo es daselbst die notwendigkeit in bezug auf die prädicative aussage bezeichnet, da es aber dies nur vermöge der durch die formelle zerlegung der handlung hervorgerufenen hervorhebung und betonung derselben vermag, so dürfte dieser gebrauch immer noch der ursprünglichen bedeutung eines eintreffens näher liegen als der folgenden abgeleiteten.

E. 1023 *des envil ich niht enbern, ezn müez mîn vrowe diu künegîn wider ir laster gêret sîn.*
2981 *ezn hete wîp noch man deheinen zwîvel dar an, ern müeste sîn verdorben.* 5333. 5989. 6866.
G. 45 *nu enist des niht rât, ichn müeze von iu scheiden.*
2518 *ob des nû ist dehein rât, ich müez die helle bûwen.*
a. H. 581 *daz des dehein rât ist, dû enmüezest sterben.*
Iw. 1289 *erne mac des niht enwenken, erne müeze her vür.*
1901 *ob ich des niht gerâten kan, ichn müeze mit eim andern man mînes herren wandel hân,* —
2829 *sone wart ich nie des über, ichn müese koufen daz korn.* 3968. 4638. 6337. 6600. 7226.

B. *Müezen* bedeutet einen zwang oder eine notwendigkeit.

Stathaben, eintreten in folge äusserer rücksichten geht in die bedeutung über in folge jener verhältnisse notwendiger weise stathaben, weil das verhältnis der folge eine notwendigkeit in sich schliesst. Hierbei ist aber folgender unterschied nicht zu übersehen. Jene notwendigkeit wird entweder auf das subject bezogen und das stathaben ist als ein dem subject durch seine lage abgenötigtes hingestelt, so dass es heisst gezwungen sein oder doch anlass haben, oder auf das prädicat und das stathaben ist sodann als ein durchaus bestimt eintretendes, nach lage der dinge als gewiss zu erwartendes bezeichnet. Im zweiten falle ist wechsel mit einfachen formen natürlich.

1. Die zwingenden rücksichten sind äussere verhältnisse.

a. Äussere vorhandene oder als vorhanden gesezte umstände.

α. Diese liegen in der beschaffenheit des subjects.

Es finden sich nur fälle für die notwendigkeit des prädicats.

E. 8285 *dô muoste im wol gevallen diu zweinzegest.*
9941 *ditz muoste im wol gevallen.*

G. 418 *daz muoz in wol gevallen.*
Iw. 2762 *sel êre, diu in allen muose wol gevallen.*

β. In der beschaffenheit des objects.

Es finden sich nur fälle für die zwangslage des subjects.

E. 5199 *wand ir muosten die trachen von den lüften bringen stiure.*
Iw. 6912 *den müese man wol iemer clagen.*

γ. In einem praepositionalen oder adverbialen ausdruck.

1. Die notwendigkeit auf das subject bezogen.

E. 992 *dô ich von iuwern schulden die schame muoste dulden.*
1447 *des muoz ich iuch vil verdagen.* 2627. 3469. 3882. 4392. 4788. 5059. 6477. 7255. 8873.
G. 1274 *nû muost dû disen selben strît in disen jârn, ze dirre zît scheiden.* 301.
a. H. 457 *des muoz ich schemelîche nôt tragen.*
Iw. 352 *dô muose ich rede und vreude lân.*
392 *seht, dô muose ich von ir.* 846. 1018. 1703. 2319. 4608. 5303. 6713.

Das subject ist eine sache.

a. H. 223 *dâ von muoz iu diu helfe mîn durch alle nôt sîn versaget.*

2. Die notwendigkeit auf das prädicat bezogen.

E. 1867 *dâ von muoz im wirs geschehen.*
3367 *wan sô muoz von untriuwen mîn sêle verderben.* 5853. 6487. 8950. 9380.
G. 524 *dô muose in wol gelingen.*
2558 *sô müezt ir got erbarmen.*
Iw. 762 *des muost mir misselingen.*
3818 *von deme sî müesen verderben.*
4236 *wand ez muoz doch mîn senediu nôt mit dem tôde ein ende hân.*

δ. In einem andern satze.

aa. In einem übergeordneten.

αα. Der satz mit *müezen* ist ein consecutiver conjunctionalsatz.

Die notwendigkeit auf das subject bezogen.

E. 64 *sô nâhen, daz siz muoste ansehen.* 1997. 3247. 5671. 6038. 6051. 6935. 7215. 9704.
G. 1455 *sun, dû hâst mir vil geseit, manic diutsch wort vür geleit, daz mich sêre umbe dich wundern muoz. crêde mich.*
2838 *und beheft dir dîniu bein, daz dû dâ muost alten und daz dû mich niemmer gedrangest.* 1528.
Iw. 3742 *er sluoc unde stach, daz jene muosen entwîchen.*
4481 *und hât ir zwêne erhangen, daz ichz ane muose sehn.* 4731. 5745. 6357. 6823. 6923. 7052.

Die notwendigkeit auf das praedicat bezogen.

E. 4660 *dâ verswachete er sich mite, daz er den liuten allen muoste missevallen und niemen was ze guote erkant.*

ββ. *Müezen* steht in einem vom *unz* eingeleiteten nebensatze.

Die notwendigkeit auf das subject bezogen.

E. 3642 *urloubes begunden sî dô gern, unz er sis muoste gewern.*

bb. In einem untergeordneten.

αα. *Müezen* steht im folgesatze einer bedingungsperiode.

Die notwendigkeit auf das subject bezogen.

E. 3436 *und wirt einez verlorn, ir müezet dulden den zorn.*

7988 *ich müeste mich wol immer schamen, solde ich vürhten neizwaz.* 8330.

G. 1349 *swer sich von pfaffen bilde gote machet wilde unde ritterschaft begât, der muoz mit maneger missetât verwürken sêle unde lîp.* 1369. 3351.

a. H. 624 *lâze wir den sterben, sô müezen wir verderben.*

Iw. 724 *daz kint, daz dâ ist geslagen, daz muoz wol weinen unde clagen.*

6136 *ir müezet vliesen den lîp, welt ir ûf die burc varn.* 6638. 7448.

7678 *swer daz rechen wolde, der müese vil gerechen.*

Mit dem inf. perf. (vgl. s. 161). E. 6812 vgl. s. 154.

Zu Iw. 6136 vgl. s. 23, zu Iw. 7678 vgl. s. 13. 22, zu Iw. 6638 s. 154.

Die notwendigkeit auf das prädicat bezogen.

E. 3929 *daz doch benamen muoz ergân, irn tuot, als ich gesprochen hân.*

4765 *mich hât ûf solhe schande hie brâht mîn zageheit, daz doch mir ein herzeleit von den dingen muoz geschehen, sol ich in mînes namen jehen.* — 5727 (s. 166). 6841 (s. 166). 8518 (s. 11. 22). 8737. 8986.

G. 1381 *mir saget vil maneges munt, swer dâ ze schuole belîbe, der müeze iemmer vür wâr gebâren nâch den pfaffen.*

a. H. 1314 *ob diz wære vollebrâht, sô wære ime der lîp genesen und müeste ich iemer sælic sîn.*

Iw. 1768 *vüer ich verstolne von hinnen, des müese ich wol gewinnen laster.*

2070 *ob ez anders umb in stât alsô rehte und alsô wol, sô muoz er mich mit triuwen ergetzen mîner riuwen und muoz mich deste baz hân.* — 2950. 4549 (s. 24). 7903.

Mit dem inf. perf. (vgl. s. 175. 161).

Iw. 7789 *in dûhte, ob in sîn vrouwe niene lôste, sô müeser schiere sîn tôt.*

ββ. *Müezen* steht im hauptsatze eines causalsatzes.

Die notwendigkeit bezogen auf das subject.

E. 9239 *dô êt im der wer zeran, dô muoste er vor im dan sînen slegen entwîchen.*

Iw. 2483 *er vorhte, wærer her komen, wand er sichz het an genomen, er müese de nôt vor bestân.*

3001 *er muoz verzagen als ein wîp, sît wîbes herze hât sîn lîp.*

5568 *dô er (der lewe) niht mêre mohte gân, dô muoser (Îwein) von dem rosse stân.* 3767. 4356. 7713.

γγ. *Müezen* steht im hauptsatze eines temporalen nebensatzes mit conditionalem sinne. Die notwendigkeit ist auf das subject bezogen.

G. 2342 *des gedingen muoz ich leben, unz ich die rede rehte ervar* (Paul *wil*, Lachmann und Bech mit handschr. A *muoz*).

Iw. 5946 *unz ich den niht vunden hân, sô muoz ich gnâde und ruowe lân.*

cc. In einem gleichgeordneten.

Die notwendigkeit auf das subject bezogen.

E. 374 *daz bette ein man nie möhte erwegen und selbe vierde muoste legen.*

1582 *wan sî was beraubet ir stat: sî muoste danne entwîchen.*

3103 *dise kumberlîche spæhe muoste sî geloben dô: wan sî vorhte sîne drô.* (4237, nach Bech). 5162. 5584. 9736.

G. 663 *do begunde er siechen und muose belîben sîn vart.*

a.H. 1346 *daz enmohte ir niht vrum wesen: sî muoste iedoch genesen.*

Iw. 2310 *nû muoz ich leider gâhen, wandez ist mir sô gewant, —*

4229 *mîn vrowe muoz doch den kampf gesehn, wander sol vor ir geschehn.* 4451. 4737.

Die notwendigkeit auf das prädicat bezogen.

Iw. 4100 *der dewedern mach ich niht hân und muoz mir an den lîp gân.*

a.H. 665 *dû muost von gotes hulden iemer sîn gescheiden: daz koufest an uns beiden.*

ε. Im zusammenhange.

Die notwendigkeit aufs subject bezogen.

E. 120 *daz ich im daz mnoz vertragen* (vgl. 102).

487 *grôz laster muostich dô vertragen* (vgl. 485).

E. 494 *râtes muoz ich iuch biten* (vgl. 495).
1403 *sîn unmuoze begunder zeln und sprach er müeste rîten und vüeren vroun Ênîten.*
6376 *ich muoz selbe dar.* 1600 (vgl. 1596). 3593. 4299 (vgl. 4301). 4546 (vgl. 4458). 4825. 4966 (vgl. 5051). 6809. 8489. 8666. 8741. 9261.
G. 475 *dô sî sich muosen scheiden.* 480. 1494. 2825. 2918.
a. H. 159 *er sente sich vil sêre, daz er sô manege êre hinder im müeste lâzen.*
628 *ez muoz wesen.* (vgl. E. 1282 u.)
Iw. 1081 *dâ muose man hin durch varn unde sich vil wol bewarn vor der selben slegetür.*
1375 *ouch muoser dicke wenken.*
1511 *herre, ich muoz iuch eine lân und vil drâte wider gân.* 2469. 2831. 2834. 2968. 3275. 3276. 4306. 4307. 4779. 4911 (vgl. s. 172). 5257 (vgl. 6141). 5316. 5320 (vgl. s. 146). 6158. 6385. 6793. 7150. 7413. 7912.

Die notwendigkeit auf das prädicat bezogen.

E. 3801 *ez müeste iuch harte schiere geriuwen und wære wider triuwen.*
6952 *wan dû es sünde haben muost.* 3429. 4352. 5990. 6259. 6463. 8977. 10111. G. 2517 (vgl. s. 49).
a. H. 151 *sîn hôchvart muoste vallen, sîn hônic wart ze gallen.*
Iw. 2169 *ouwî sî sint des vil vrô, daz sî der lantwer alsô über werden müezen.*
5262 *ir möhtet wol die rede lân, diu iu an den lîp muoz gân.* 6218. 6346. 6830. 8129.

ζ. Die nötigung ist ganz algemein gedacht.

Auf das subject bezogen.

E. 5895 *sît daz dû (Tôt) mich doch nemen muost.*
9331 *wan da ergienge ein wunder an, swenne sich der ober man müeste dem undern ergeben.*
G. 2688 *swelch man sich alle tage begên muoz von sîme bejage.*
a. H. 604 *sô muoz er lîden doch den tôt.*
1258 *sît dû benamen sterben muost.*
Iw. 2647 *die andern muosen alle hern Îwein wol gunnen sîns landes.* 938.

Auf das prädicat bezogen.

Iw. 53 *doch müezen wir ouch nû genesn.*

b. Äussere, erst noch beabsichtigte, zu erstrebende oder zu verhütende. *Müezen* rückt dann der bedeutung von bedürfen nahe.

α. Der zweck ist ausgedrückt in einem bedingungssatze mit *wellen* oder *soln*, vgl. s. 22 nr. 1 und s. 153.

E. 4690 (s. 11). 5000 (s. 5). 9451 (s. 15. Anders 5727 und 8518 s. 175). G. 2465 (s. 12). 3050, a. H. 442 (s. 154). Iw. 1826 (s. 6).

β. In einem temporalsatze mit *ê*.

E. 7681 *ir müesent daz werc wol beschen, ê ir westent, wes ir soldent jehen.*

Iw. 6391 *wir müezenz starke enblanden den armen, ê wir sô vil erwerben, daz —*

γ. Im zusammenhange.

E. 7495 *ich muoz gedenken ê dar nâch.*

7972 *ich wil unde muoz mich bieten an iuwern vuoz, daz ir erwindet.*

a. H. 224 *ir müestent haben eine maget.* 446.

1107 *ezn geschach nie kinde alsô wê, als dir muoz von mir geschehen.*

Iw. 2314 *daz (lant) muoz ich besorgen mit eim mane, der ez wer.*

5493 *ich muoz ir hulde ê haben baz.*

7161 *sî muosen vaste gelten vür des tôdes schelten.*

7708 *durch güete enhete siz nimmer getân. sî muose gewalt od vorhte hân.*

2. Die zwingenden rücksichten sind der befehl oder wunsch eines andern oder eine abmachung mit einem andern.

E. 190 *ditz muoste jærlîche sîn.*

3458 *da si eine muoste mite varn.*

8760 *ouch muoste mite rîten Guivreiz.*

G. 887 *die muosten im beide vil wol bestæten daz.*

a. H. 1089 *ob ir iht ir herre die rede hete ûz erdrôt. — swie dû den tôt lîden muost, ob dû daz niht vil gerne tuost, —*

Iw. 1636 *ezn ist nie sô unmügelich, geræt sî ir her ze mir, sî müese ir zorn allen lân.*

5631 *wand er muos im (dem tôde) ze suone gebn beide gesunt und sîn lebn.* 6366. 6605. 6821.

Der wille des verfertigers ist es (vgl. *sollen* s. 155).

E. 7543 *er mischte dar under golt, daz muoste dez werc zesamen haben.*

Ist es der befehl und wille der sprechenden person selbst, so bezeichnet *müezen* den energischen vorsatz in der 1. person, einen befehl, eine bitte oder bestimmung in der 2. und 3.

1. sg. E. 7934 *ich muoz ez benamen ervinden.*
2. sg. 6108 *dû muost noch mordes mê begân.*
Iw. 5657 *swester, dû muost mir mîn erbeteil lân oder einen kempfen hân.*
2. pl. E. 3041 *ir müezet mir benamen sagen.*
3272 *ir müezet der rosse phlegen.* 3835. 4571. 4811.
Iw. 1954 *nû müezt ir mîn rihtære sîn.*
5265 *ir müezet mich bestân ode die juncvrouwen lân.*
6812 *ir müezt sî nemen, sprach der wirt, ode ir sît gevangen.* 2239. 7649. 7669.
3. sg. E. 705 *ez muoz undr uns beiden diu ritterschaft scheiden.*
1282 *daz muoz ouch wesen âne strît* (vgl. s. 177. a. H. 628). 4702. 6299.
G. 3447 *des müeze er uns drin ein rehtez wortzeichen gebn* (so Paul; Lachmann und Bęch mit Handschr. A *muoz*).
3450 *er muoz mir wider senden den slüzzel.*

Im irrealen conjunctiv.
a. H. 508 *het ez iemen anders getân, der müese unsern vluoch hân.*

Hier dient also *müezen* bereits in seiner abgeleiteten bedeutung zur blossen umschreibung des imperativs. Auch in den früheren fällen wird man da, wo *müezen* nur die notwendigkeit der prädicativen aussage bezeichnet, dem inf. blos appositiven wert zuzusprechen berechtigt sein, wenn man jene durch *müezen* hervorgehobene bestimtheit und sicherheit der prädicativen behauptung, wie das bisweilen möglich ist, aufgibt. Alsdann entspricht das praesens oder perfect von *müezen* mit dem inf. dem einfachen praesens oder perfect des im inf. stehnden verbum, der conj. perf. ebenso dem einfachen conj. perf. (vgl. E. 4660 (s. 175). a. H. 151, E. 3801 (s. 177). a. H. 1314 (s. 175). Durch das futurum kann man das praesens von *müezen* nur in sofern widergeben, als dieses überhaupt jenes zu vertreten im stande ist und das praesens des hilfsverbum ist nur darum besonders dazu geeignet, als es die handlung als bestimt zu erwartende bezeichnet. Dieses leztere moment ist daher oft noch durch *wol*, *benamen, vür wâr* hervorgehoben.

Für die fälle, in denen die notwendigkeit auf das subject bezogen ist, ist aufmerksam zu machen auf den häufigen gegensatz von *müezen* zu dem negierten *mugen* oder *kunnen*.

3. Die zwingende rücksicht ist die auf recht und billigkeit (ich kann nicht umhin, fühle mich gedrungen). Hier steht oft *von schulden* dabei.

Auf das subject bezogen.

E. 1770 *sô müeste man von schulden jehen.* 6222. 8380. 8766.
5865 *ez müeste ir die swære ze jungest helfen weinen.*
6466 *ich muoz êt die rihte sagen.*
7359 *sît ich ez loben muoz.*
8930 *wan der muoste man êt jehen.*
a. H. 1433 *den Swâben muoz ieglich biderber man des jehen.*
Iw. 6248 *man muoz iuch ziuwer ûzvart anders beleiten* (ironisch).
7006 *zwâre man muose in lân von rîterschefte den strît.*

Auf das prädicat.

E. 7783 *swâ mite ein wîp gedienen sol, daz si gote und der werlde wol von schulden muoz gevallen.*
a. H. 1395 *von schulden muosten sî dô von den genâden vreude hân.*

4. Die zwingende rücksicht ist die logische notwendigkeit des schlusses.

a. Dieser wird nach dem satze vom grunde aus der folge auf den grund gezogen.

a. H. 415 *swie bœse er ist, der mich gesiht, des bœser muoz ich dannoch sîn: sîn unwert tuot er mir schîn.*
Iw. 2035 *jener der in dâ sluoc, der muose tiurre sîn dan er.*

b. Nach dem satze vom ausgeschlossenen dritten in der weise, dass der zusammenhang oder der wille des redenden nur zwei möglichkeiten zulässt, eine von ihnen negiert wird und daher nur die andre gelten kann. Formal ist der satz mit *müezen* entweder

α. Hauptsatz zu einem negierten bedingenden satz, der meist vorangeht,

E. 2658 *enwære er niht ze helfe komen, sî müesten schaden hân genomen unde enschumpfieret sîn.*
2675 *doch müestens sîn gevangen und wære daz ergangen, wan daz Êrec schône in geriten kam.*
2687 *noch muoste erz enblanden den handen, sîn wære anders niht geschehen.*
G. 750 *diu was ouch alsô besat, ezn welle got understân, sî muoz ouch die verlorn hân.*
1177 *wan daz ern dînem vater nam, sô müese er uns anders undertænic sîn.*
1179 *er müese uns rinder unde swîn trîben ûz unde in.*

2098 *enhæt erz niht durch got verlân, im müesen wesen undertân, swaz —*

2699 *sîn vart diu ist unsüeze, engezzent in die wolve niht, sô muoz er dâ ungâz ligen.*

Iw. 5301 *dô riefens alle, ern tæte sînen lewen hin, mit im envæhte niemen dâ und zwâre er müese ouch sâ die juncvrouwen brinnen sehn.*

7416 *got enwelle michs erlân, sô muoz ich aber bestân den aller tiuresten man.*

oder β. paratactisch neben einen negierten selbständigen satz gestelt, der vor oder nach steht,

E. 1396 *der vater vrowen Ênîten möhte ez niht erziuget hân: ez muoste an dem herzogen stân.*

4386 *zesamne riten zwêne man, der ietwederre nie gewan zageheit. ez muoste sterke unde heil an dem sige scheiden.*

G. 1958 *hie begunden strîten zwêne gelîche starke man, der dewederre nie gewan zageheit, unde ez muoste dâ den strît kunst unde gelücke scheiden.*

Iw. 1638 *vrou Minne muoz sî mir bewegen, ichn triut mit mîner vrümekheit ir nimmer benemen ir leit.*

oder γ. an den andern, welcher positiv ist, durch die disjunctive conjunction geknüpft, oder steht ohne diese doch in einem disjunctiven verhältnisse zu ihm. Im lezteren falle ist der satz mit *müezen* negiert. Der andere geht im Êrec und Grêgôrjus immer voran, im Îwein folgt er meist.

E. 4741 *daz mir daz ros hie bestê! oder ich muoz immer mê verswachet unde gehœnet sîn.*

9342 *ich wil ê werden erslagen, ir enmüezet mir sagen.*

G. 3449 *des müeze er uns drin ein rehtez wortzeichen gebn ode sich muoz mîn lebn ûf disem steine verenden.* Vgl. s. 179.

Iw. 2060 *mich muoz ein biderbe man nern, ode ich bin benamen verlorn.*

4347 *sî müezen iuch lâzen vrî, ode ich erslahe sî alle drî.*

4985 *zwâre er muoz iu widere iuwer süne gesunde gebn ode er nimt ouch mir daz lebn.*

5224 *heizt iuch drâte ledec lân, ode sî müezen von mir hân den strît.*

Wechsel mit den einfachen verbalformen findet sich E. 2675 s. 180. 4660 (s. 175). G. 2838 (s. 174). Mit Iw. 4481 (s. 174) vgl. E. 5486. Iw. 5850.

Durch den gegensatz zu andern verben mit verschobenem praet. wird die bedeutung von *müezen* hervorgehoben. Es steht zusammen mit

soln vgl. s. 168 *wellen* vgl. s. 27.

Über ellipse nach *müezen* vgl. K. Weinholds germ. Abh. heft 5 s. 97. Zu entlehnen ist der infinitiv bei *müezen* nie.

Für die umschreibung des futurs bei Otfrid durch *scal*, *willu*, *muaz* vgl. O. Erdmann I § 9, des conjunctivs durch *scal*, *mag*, *muaz* § 67; für die beider bei den ahd. übersetzern durch *mag* und *scal* vgl. A. Denecke s. 9. 10; für die des futurs durch *sol*, des conjunctivs durch *mac* (und *sol*) bei Berthold von Regensburg vgl. H. Roetteken § 203; für das andd. ist bei R. Steig über diese frage nichts angemerkt. Über die widergabe von μέλλειν durch *skulan* im Gotischen vgl. A. Koehler s. 428. Die noch übrigen verba mit verschobenem praet. (*darf*, *tar*, *weiz* und *touc*) können sich an vielseitigkeit der bedeutungsentwicklung mit *wellen*, *mugen*, *soln*, *müezen* ebenso wenig messen wie *kunnen*. *Gunnen* scheidet ganz aus dieser reihe aus, da es nie den infinitiv nach sich hat, vgl. germ. Abh. s. 71; ebenso *erbunnen* s. 72. Vgl. O. Erdmann I § 332. A. Denecke s. 13.

5. *Durfen.*

Durfen findet sich wie bei Otfrid (O. Erdmann l. l.) und im Heliand (R. Steig s. 329) nur in negierten sätzen, bei den ahd. übersetzern komt es mit dem inf. gar nicht vor (A. Denecke s. 13), in dem einen von H. Roetteken s. 118 aus Berthold von Regensburg gegebenem falle steht gleichfals die negation. Dem inf. gegenüber hat es durchweg seine selbständige bedeutung gewahrt.

A. Der ergänzung durch einen inf. ist *durfen* nicht bedürftig, wenn es ein object bei sich hat. Die handschriften aber bieten es nur

Iw. 2892 *diun darf niht mêre huote.*

So A D a, aber auch hier bieten B c d *bedarf.* Alle andern beruhen auf Lachmanns emendur.

Iw. 4583 *ouch endorfter mêre sicherheit.*

4870 *ich darf wol meisterschaft.*

4876 *ich darf wol guoter lêre.*

Die handschrift bieten alle: *bedorft*, *bedarf*.

B. Mit dem inf. steht es sowol bei personen als bei sachen.

Das subject ist eine person.

E. 515 *dar umbe endurfet irz niht lân.*

2991 *in dorfte durch vreude niemen suochen.* 1253. 2466. 4149. 4373. 4752. 5596. 7152. 7275. 8509. 8861.

G. 492 *ein wîp, diu beidiu sinne unde lîp in gotes dienst hâte ergeben: kein wîp endorfte bezzer leben.* 3188.
Iw. 1210 *irn durfet niht mê sorgen* 552. (s. 13). 1252. 2105. 4443.

Das subject ist eine sache.

E. 2901 *ezn dorfte vrouwen lîbe baz erboten werden nie.*
3713 *im wær der lôn bereit, daz in sîn arbeit niht dorfte riuwen.*
Iw. 1313 *ezn dorft nie wîbe leider geschehn.*

Im armen Heinrich findet sich das verbum gar nicht. Der inf. ist nie zu entlehnen. Zur blossen modusumschreibung ist es nirgend herabgesunken, und eine übersetzung durch nhd. potentiales *dürfen* ist ungenau, obgleich sie Benecke zu Iw. 1313 gibt im wörterbuche zum Îwein. Vielmehr heisst es hier wie E. 2901 und G. 492 genau: es war im höhern grade nicht nötig, weil es an dem vorhandenen nachgerade genug war. An allen drei stellen steht in diesem falle eine negation und ein comparativ. Dies spricht dagegen, dass

E. 6843 *der beste ritter der dars leben*

mit Haupt *darf* zu lesen sei. In einem exemplar der Bechschen ausgabe aus der königlichen und universitätsbibliothek zu Breslau findet sich, nach herrn professor Weinholds dafürhalten von der hand des verstorbenen herrn professor Lichtenstein, unter verweisung auf 1. Büchl. 1509. Trist. 307, 25 *der dar leben* corrigiert.

6. *Turren.*

Aus dem Heliand bringt R. Steig s. 330 13 fälle, alle negativ, aus Vulfila belegt A. Koehler, J. Grimm berichtigend, *gadaursan* mit dem inf. dreimal, ein fall ist negativ, von den 7 von O. Erdmann aus Otfrid angeführten beispielen sind 4 negativ, der eine fall aus den ahd. übersetzern (A. Denecke s. 13) ist positiv, von den zwei von H. Roetteken § 203 gegebenen beispielen aus Berthold von Regensburg einer negativ. Hartmann bietet unter 24 fällen 14 negative.

Praes. ind.

E. 123 *des scham ich mich sô sêre, daz ich iuch nimmer mêre vürbaz getar schouwen.*
2757 *den lâze ich vor den einen tac, vürbaz engetar ich.* 3850. 8443.
a.H. 1140 *ich getar ez wol erlîden,*
1332 *daz ich doch lîden getar.*
Iw. 1254 *ichn tar niht langer bî iu wesn.*
a.H. 1139 *geturrent ir mich snîden.*
1333 *dazn turrent ir niht dulden.*
1339 *geturrent ir einen vrömden tôt niht vertragen.*

Iw. 1853 *dern tar niemer dem brunnen komen ze wer.*
7001 *daz er getar unde kan baz vehten.*
Praes. conj.
Iw. 5212 *nune habe wir niemen mêre, der dâ umbe uns türre râten.*
Perf. ind.
Iw. 3020 *done torst ich vrâgen vürbaz.*
E. 215 *in getorste dâ nieman bestân.*
3010 *Êrecke getorste siz niht klagen.* 4248. 6681. 8470.
Perf. conj.
Iw. 4325 *sô torst ich iuch wol biten.*
E. 3145 *ob sî imz torste gesagen.*
5392 *daz er getorste sî bestân.* 5496.
a. H. 438 *der sich mîn underwinden getörste oder wolte.*

Zu entlehnen ist der infinitiv aus einem andern satz E. 2757.

Mit andern verben mit verschobenem praet. ist es zusammengestelt: mit *kunnen* Iw. 7001, mit *wellen* a. H. 438. Im Grêgôrjus komt es gar nicht vor.

7. *Tugen.*

Tugen hat nie in Hartmanns epen den einfachen, nur je einmal im Êrec und Îwein den praepositionalen inf. nach sich. Ahd. folgt nie ein inf. weder bei Otfrid noch den ahd. übersetzern (A. Denecke s. 13).

E. 9504 *swaz mir ze tuone töhte.*
Iw. 5814 *daz ir ze nemenne tohte.*

Doch finden sich öfter stellen, in denen ein inf. zu entlehnen ist, doch auch nur in den genanten zwei epen und zwar immer im relativsatze.

E. 729 *unde wâfenten sich sâ, der ritter, als im wol tohte.*
836 *sî vâhten, als den liuten touc.*
1836 *daz er sich mit in bejagen mohte, als sînem adel tohte.*
2274 *er entweich sîner milte, als sîner schame tohte.*
Iw. 7296 *dô tete sî als ir tohte.*
7540 *ob ich möhte iuch gêren, als ez töhte.* 3876. 7986.

Über anderes vergleiche K. Weinholds germ. Abh. heft 5 s. 97.

8. *Wizzen.*

Im got. steht nur einmal der blosse inf., einmal der acc. u. inf. (A. Koehler s. 440), bei Otfrid überhaupt keiner (O. Erdmann I § 332), bei den ahd. übersetzern einmal mit und zweimal ohne *zi* (A. Denecke s. 13. 60), im Heliand nur einmal der blosse inf., einmal der acc. u. inf. (R. Steig s. 335. 480), bei Berthold von Regensburg gar nicht der inf.

Keiner verbalen ergänzung bedarf *wizzen*,

1. wenn es absolut steht, wie z. b. das eingeschobene *ich weiz wol* G. 2259. Iw. 1392. 5519, oder in der beteuerung *wizze krist* Iw. 815. 3127. 4786. 5485, oder *weizgot* E. 4742. G. 1329. 2944. Iw. 338. 887. 2062. 4647. 5918. 6582. 7419. 7464. 7832.
2. wenn es ein nominales object bei sich hat, z. b. G. 3010 *den enweste niemen dâ.* Iw. 477. 1623. 3025. 4087. 4096. 4409 (*dâ umbe*). 4883. 5879. 5892. 7094. 7848. 7868.

Bedarf es einer solchen, so wird sie im inf. nur da gegeben, wo *wizzen* eine fähigkeit zu der im inf. gegebenen handlung ausdrückt, so dass dieser nicht bloss appositiven wert hat, *wizzen* also verstehn bedeutet. Dies ist nur einmal der fall, und da steht der praepositionale infinitiv.

E. 7138 *als ich iu ze sagen weiz.*

Ausserdem findet sich der inf. und zwar ohne praeposition in einer eigentümlichen verwendung, nämlich von *gebâren* nach *wie*, wenn *wizzen* negiert ist.

a. H. 1420 *si enwesten wie gebâren.*
Iw. 2252 *er enweste wie gebâren.*

Dieser inf. ist indess lediglich als aus der directen rede beibehalten zu verstehn. Dort aber stand er einzig nur den abstracten wortbegriff enthaltend, auf dessen fixierung es in aufgeregter situation allein ankomt. Die aufregung ist in unserm falle speciell durch die verlegenheit des subjects hervorgerufen, vgl. was tun? usw., und diese lebhaftigkeit des ausdrucks wolte man in der abhängigkeit nicht verloren gehn lassen. Wir haben also den inf. hier in einem gebrauche, in dem er völlig dem appositiven gleichsteht, beidemal enthält er lediglich den abstracten begriff, nur dass er im appositiven übrigen gebrauche als specialisierende apposition zu einem begriflich unvolständigen worte tritt und in unserm falle völlig absolut, nur scheinbar von *wizzen* abhängig steht. Vgl. Eilhart, alt. Ged. VI, 37 *ich ne weiz was ir inbietin mê,* dagegen bei subjectswechsel der conjunctiv. IX, 103. Über anderes vergleiche K. Weinholds germ. Abh. heft 5 s. 98.

(Schluss folgt.)

VEIT WARBECK UND DAS DRAMA VON DER SCHÖNEN MAGELONE.

Der roman von Peter von Provence, dem ritter mit den silbernen schlüsseln, und der schönen Magelone, welcher die trennung und widervereinigung zweier liebender darstelt und die beständigkeit der treue verherlicht, ist fast allen litteraturen bekant. Ziemlich erschöpfend behandeln den betreffenden gegenstand und die beziehungen der dichtung zu andern ähnlichen v. d. Hagen, Gesammtabenteuer (Stuttg. und Tüb. 1850) I, CXXXIII—CXL, Holland, Crestien von Troies (Tüb. 1854) s. 77—99 und Freiherr v. Tettau in den Abhandlungen der königl. Akademie gemeinnütziger Wissenschaften zu Erfurt 1870 s. 306 fgg. Dazu hat Reinhold Köhler in Pfeiffers Germania XVII, 62 fgg. zur vergleichung das altdeutsche gedicht „Der Busant" herangezogen und auf die von Alessandro d'Ancona in Bologna 1867 herausgegebene italienische bearbeitung der Magelonsage: „La storia di Ottinello e Giulia, poemetto popolare in ottava rima riprodotto sulle antiche stampe," sowie auf ein altfranzösisches gedicht L'Escouflé (mitgeteilt in der Histoire littéraire de la France bd. 22, s. 807—817), das in einer wahrscheinlich dem 13. jahrhundert angehörenden handschrift erhalten ist, aufmerksam gemacht.

Es handelt sich für uns nur um das deutsche volksbuch von der schönen Magelone, das nach v. d. Hagen „eingeständlich durch den sonst nicht bekanten magister Viten Warbeck aus dem Französischen übersezt" worden ist. Die erste ausgabe ist aber nicht vom jahre 1535, sondern von 1536. Ihr folgten nach Goedeke, Grundriss I, 121, bis zum jahre 1744 noch neun ausgaben. Auch im Buche der Liebe 1587 erschien die schöne Magelone. Dichterisch erneuert hat die erzählung Ludw. Tieck in den volksmärchen 1797 („Wundersame Liebesgeschichte der schönen Magelon und des Grafen Peter aus der Provence"), Simrock, Schwab, Marbach haben sie in ihre samlungen aufgenommen, Morgenroth und Lyser haben sie bearbeitet. Die grosse zahl dieser ausgaben und bearbeitungen entkräften die äusserung eines unberufenen kritikers, der in der Berlinischen monatsschrift bd. 6 (1785), s. 300 bei der anzeige einer neuen ausgabe schreibt: „Nr. 6. Die schöne Magelone. Ein langweiliges Ding, das jedoch Jungfern und Frauen in vielen kleinen Städten mit grosser Geduld lesen, vermuthlich weil sie nichts anderes zu lesen haben. Draudius führt eine ausgabe von 1593 an."

Den genanten bearbeitungen liegt die übertragung Veit Warbecks zu grunde, in deren vorrede bemerkt wird, dass die historie von der schönen Magelone im jahre 1453 in französischer sprache niedergeschrieben sei.[1] Ihre heimat ist die Provence. Aber die existenz eines vor dem 12. jahrhundert verfassten provenzalischen werkes ist nicht zu erweisen.[2] Allem anschein nach knüpft sich auch der inhalt an eine wirkliche begebenheit an, deren schauplatz die Provence ist. Denn eine insel bei Marseille, die der heldin des romans zuflucht gewährte, heisst noch jezt Maguelone, und in der Provence zeigt man noch ihr grab. Die erste bearbeitung in einem provenzalischen gedichte wird denn auch einem stiftsherrn zu Maguelone, Bernard de Treviez, der im 13. jahrhundert lebte, zugeschrieben. (Holland, Crestien v. Troics s. 98, weist darauf hin, dass die Pariser handschrift der arsenalbibliothek nr. 245 le Roman de Pierre de Province et de la belle Magelone enthalte.) Weder von jener bearbeitung des Bernard de Treviez, noch von der Petrarcas, der die erstere verbessert haben soll, hat sich etwas erhalten. Aber 1453 wurde eine prosaübersetzung in das Nordfranzösische gemacht, die zuerst 1480 zu Lyon gedruckt, oft widerholt, namentlich 1490, 1492, 1524, 1625 und in der Bibliotheque bleue volksbuch geblieben ist.[3]

Erwähnt sei noch, dass der so beliebte stoff von der Magelone[4] in einer „Historie von Philoconio“ (o. o. u. j. 4°.) auf einen königssohn von Portugal und in Valentin Schumanns Nachtbüchlein 1559 auf einen grafen Christoph von Mümpelgart und eine englische herzogstochter Veronica übertragen worden ist.[5] Die zuerst genante historie ist mir nicht bekant geworden, die erzählung Schumanns in nr. 22 seines Nachtbüchleins nennt Goedeke I, 376. Schumann, der in der vorrede unter seine lectüre auch Peter von Provence und Magelona rechnet, bemerkt, seine erzählung sei vormals nie gedruckt worden, er erzähle sie nach einem geschriebenen buche, das er 1548 zu Basel

1) Also nicht erst 1457, wie v. d. Hagen und nach ihm Frhr. v. Tettau behaupten.

2) Diez, Die Poesie der Troubadours s. 206.

3) v. d. Hagen a. a. o. s. CXXXV.

4) Der concertmeister am herzoglichen hofe zu Weissenfels und epigrammendichter Johann Beer (geb. 1652) schreibt in seinem „Ursus vulpinatus“ 1697 s. 5: „Wann nun der Geburts- oder Namenstag der Geliebten meines Mitschülers kam, musste ich Verse machen; davor gab er mir funfzehn Kreuzer, vor welche ich mir Historienbücher kaufte und lase, wie Graf Peter aus Provincia mit den silbernen schlüsseln, so tapfer auf dem Turnierplatze zu Neapolis gefochten.“

5) Gervinus II⁵, 354, anm. 431.

gelesen habe. Erweitert erschien seine erzählung 1605 in einer besondern schrift:

Eine schöne Historia, | Von einem jungen | Graffen aus Mümppel- | gart, genant Herr Christoffel, vnd | eines Hertzogen Tochter aus Engel- | landt, mit Namen Veronica. | Wie sie das Glück erhebet, vnnd | darnach jhnen so hefftig zu wider ist, durch | das Vnglück, doch sich das Glück zu | letzt wieder zu jhnen wendet, vnd | in guten fried kamen. | Jetzo auffs new vbersehen, vnd mit | schönen Figuren gezieret. (Holzschnitt: Die liebenden reichen sich die hand.) Im Jahr M. DC. v. Am schluss: Leipzig, | Bey vnd in verlegung | Nickel Nerlichs. 88 Bl. 8°. — In Berlin.

Begint mit einer poetischen widmung „an den leser“:

Mein lieber Leser, liss mich,
Ein schöne History bin ich.
Darinnen findest du glück vnd vnglück,
Wie sich die zwey in allem stück
Stets wieder einander streiten,
Das Glück frölich zu allen zeiten,
Mit frewd vnd auch mit wollust viel
Zu aller lieb vnd frewden spil usw.

Beim abschied erhält Christoph von seiner mutter eine kette mit drei schönen in gold gefassten steinen. Auf seinen schild lässt er den heil. Christophorus mit dem Christuskind malen.

Das unglück der vom geliebten verlassenen Veronica veranlasst den verfasser, andere beispiele aus der bibel und aus der geschichte anzuführen; so von einem sohn aus Gallia, Tristant, Fortunatus, ritter Galmi aus Schottland, auch von dem ritter Peter von Provincia und der schönen Magelona, einer königstochter aus Engelland, vom kaiser Octavian, den sieben weisen Meistern. (Bl. H 5[b].) Das buch gehörte zu den gelesensten unterhaltungsbüchern jener zeit.

Veit Warbecks übersetzung des französischen romans erschien 1536[1] mit folgendem titel:

Die schön Magelona. || EIn fast lustige vnd kurtzweilige Hi- | stori, von der schönen Magelona, eines Künigs | tochter vonn Neaples, vnnd einem Ritter, genannt Peter mitt den | silberin schlüsseln, eins Graffen son auss Prouincia, durch Magister | Veiten Warbeck, auss Frantzösischer sprach in die teütschen ver | dolmetscht, mit einem Sendbrieff Georgij Spalatini. (Grosser holz-

1) So richtig Goedeke I, 121, 21. Unrichtig Koberstein-Bartsch I[5], 399, v. d. Hagen s. CXXXVII und v. Tettau s. 307 (1535), Gervinus II[5], 353 (1539).

schnitt: Peter und Magelona, im hintergrunde zwei schlösser.) — Am ende: Gedruckt zů Augspurg durch Haynrich Stayner | am xxj. Aprilis, des M. D. XXX vj. jars. 50 Bl. 4⁰. — In Berlin.

Spalatins „Sendbrief“ mit „Datum am ascherigen mitwoch“ (10. februar) Anno 1535 begint mit einer widmung, die „der Ernuesten vnd tugendthafften Frawen Elisabeth von Einsidel, zum Gnanstayn, meiner lieben geuattern“ gilt. Nachdem er zu mehrmalen gebeten worden sei, die lustige und züchtige historie vom grafen Peter und der schönen Magelona, die sein lieber herr und freund magister Veit Warbeck in die deutsche sprache gezogen, im druck ausgehen zu lassen, so habe er endlich solcher bitte statgegeben, nicht allein darum, dass es ein sehr lustig und lieblich büchlein, sondern auch dass es fast züchtig gehe und dass ein exempel daraus genommen werden solle, deutsche bücher für frauen und jungfrauen zu schreiben; denn es sei gewiss ein wahres altes sprichwort: Man darf den teufel nicht malen, denn er findet sich selbst wol.

Wiewol nun in dieser historia von messe, walfahrten, ablass, anrufung der lieben heiligen stehe, so wolle er doch in keinen zweifel stellen, ein jeder, der zu ziemlichem verstande des wortes gottes gekommen sei, werde sich darin wol dermassen richten, dass er seine seligkeit in keinem der genanten stücke, sondern allein und einig in gottes lauterer gnade und barmherzigkeit und im glauben an Jesum Christum suche. Sonst sei es wahrlich wol eine solche schrift, die alle frauen und jungfrauen zu ehrlicher kurzweil ohne alles ärgernis lesen und hören mögen. Zudem diene dies büchlein auch dazu, dass die eltern auch ein fleissiges auge und achtung auf die kinder, besonders auf die töchter haben; denn die jugend, besonders ein mägdlein, sei fast vorwitzig, und man erfahre täglich an vielen orten viel unrats, wenn man übel zusähe, wie denn diese historia mit der schönen Magelona auch fein anzeige. Denn wiewol sie je rein und züchtig gehe, so werde sie doch entführt und folge dem ritter mit den silbernen schlüsseln in gottes und ihrer eltern ungehorsam wider das vierte gebot gottes, welches denn sehr gefährlich sei, gerate auch selten wol. Wo also zwei leute zusammen kämen, so seien die eltern auch nicht entschuldigt ihrer unachtsamkeit, dass also billig beide, eltern und kinder, verwarnet sein sollen. Überdies so diene diese historia auch dazu, dass man daraus lernen möge, dass keine lust noch freude auf erden ewig sei, sondern leichtlich zu trübsal und unglück geraten könne.

Zulezt bemerkt Spalatin, er habe dies büchlein der frau v. Einsiedel, seiner lieben gevatterin, „von euch mir offt geschehener Wolthat halben“ mehr zu einem denkzeichen als um einer vergleichung ihres gemahls willen zuschreiben wollen, und schliesst mit den worten: „Bitte derohalben, Ihr wollets von mir aufnehmen, achten, dass in aller Wolmeinung solches geschehen sey, ich bin erbietig, solches zu verdienen, in welcherley Fürnemung dienstlicher Weise das in Ewigkeit sey mit Euch, alle den Euren und uns allezeit, Amen."

Spalatins „Sendbrief" ist in mehrfacher beziehung wichtig. Zunächst sehen wir, wie der gerühmte mitarbeiter an dem werke der reformation, der freund alles gelehrten wissens, bemüht ist, ein deutsch geschriebenes buch seines lieblichen inhalts wegen bekaut zu machen und dem weiblichen geschlecht als eine lehrreiche lectüre zu empfehlen. Deutsche bücher solte das volk in die hände bekommen, das erstrebten die reformatoren, voran Luther, der schon 1516 sagte: „Ich danke Gott, dass ich in deutscher Zunge meinen Gott also finde und höre, wie ich und sie [die deutschen theologen] anher nicht funden haben, weder in lateinischer, griechischer, noch hebräischer Zunge." [1] Sodann solte das weibliche geschlecht, das lange zeit hindurch in unwissenheit erhalten war, der bildungselemente des volkes ebenso teilhaftig werden, eine ebenso eingehende belehrung finden, als das mänliche.

Der frühere caplan und geheimschreiber des kurfürsten Friedrich des Weisen, der seit 1525 oberprediger in Altenburg, seit 1528 superintendent daselbst war, widmete das buch der edlen frau Elisabeth v. Einsiedel auf Gnandstein, [2] gebornen v. Haugwitz, der gemahlin Heinrichs v. Einsiedel, des freundes Luthers und eifrigen beförderers der reformation, dem sie 1517 die hand zum ehelichen bunde gereicht hatte. Zur Einsiedelschen familie stand Spalatin in sehr innigen beziehungen. 1536 widmete er den beiden brüdern Heinrich und Abraham v. Einsiedel seine deutsche übersetzung von Melanchthons christlicher erinnerung von den lieben engeln, die dieser am Michaelstag an die studenten zu Jena gerichtet hatte, [3] und sante ihnen ein exemplar mit

1) Vorrede zur „deutschen Theologie."

2) Gnandstein, dorf, zur sächsischen kreishauptmannschaft Leipzig gehörig, mit der stamburg des geschlechts v. Einsiedel. Vier söhne Heinrichs v. Einsiedel, der am 6. december 1557 im 60. lebensjahre starb, wurden die stifter der Einsiedelschen linien zu Sahlis, Scharfenstein, Gnandstein und Syhra. Die Scharfensteinsche linie zweigte sich in die zu Scharfenstein und in die Wolkenburger; die leztere wurde 1745 in den reichsgrafenstand erhoben. — Elisabeth v. Einsiedel starb am 26. october 1556 (Kapp, kleine Nachlese. Leipz. 1727, I, 320). — Luthers briefe an Heinrich und Abraham v. Einsiedel s. de Wette-Seidemann VI, 492 fg. 659. Burkhardt Briefwechsel 38. 41. 466. — Spalatins briefe an die v. Einsiedel in Kapp, kleine Nachlese, t. I. Vgl. auch Seidemann, Beiträge zur Reformationsgeschichte I, 103 fg.

3) M. P. Melanchthons Christliche Erinnerung von den lieben Engeln, an S. Michaels-Tage zu Jena an die Studenten gethan, verteutscht durch G. S. cum

einem briefe vom 9. januar 1536.[1] Und als Heinrich v. Einsiedels sohn Wolfgang zu Paris, wo er den studien oblag, starb, da sante Spalatin den betrübten eltern einen trostbrief (19. januar 1541).[2] Ebenso widmete er den beiden brüdern einen tractat vom sacrament des wahren leibes und blutes Christi (Nürnb. 1543. 4°.)[3]

Der widmung Spalatins vom aschermittwoch 1535 folgt eine vorrede, in welcher, wie wir schon sagten, bemerkt wird, dass diese historie von dem Peter und der schönen Magelona im jahre 1453 in französischer sprache niedergeschrieben sei. Als mit andern ländern das südliche Frankreich, so heisst es weiter, auch die Provence zum christlichen glauben gekommen war, da beherschte dieses land der graf Johann Cerise, dessen gemahlin eine tochter Alvaros von Dalbara war.[4] Dieser hatte einen einzigen sohn, genant Peter, der alle ritter in waffen und ritterlichen spielen übertraf, also dass er sich mehr göttlich denn menschlich zeigte. Der adel und das ganze land hielten ihn lieb, die untertanen dankten gott solches künftigen oberherrn. Auch hatte sein vater, der graf, und die mutter keine andere freude, denn an ihrem sohne, weil er so tapfer, freundlich schön und weise war.

Dieser einleitung folgt die erzählung in 31 kapiteln, von denen 22 mit holzschnitten versehen sind. Jedes capitel ist durch eine überschrift gekenzeichnet, z. b. cap. 1. Wie einsmals ein Thurnier gschach, durch die edlen Freyherrn des Grafen, auf befelch desselbigen.

Über Veit Warbeck, den übersetzer des französischen romans von der schönen Magelona, von dem den litterarhistorikern bis jezt nichts weiter als der name bekant ist, und den Spalatin in seiner widmung seinen lieben herrn und freund nent, haben wir folgendes erforscht.

Er stamte aus Gemünden in Unterfranken (Baiern) und studierte, nachdem er in Paris zum magister artium promoviert war, von 1514 an in Wittenberg.[5] Hier war er schüler und tischgenosse des dr. Valentin Mellerstadt und nahm an der grossen reformatorischen bewegung lebhaften anteil, welche Luthers auftreten gegen den ablass hervorrief.

praef. ejusd. et dedic. Henrico et Abrahamo ab Einsiedel in Gnandstein und Scharffenstein fratribus. Witteb. 1536. 4°.

1) Kapp, kleine Nachlese I, 274.

2) Kapp a. a. o. I, 320. Kapp erwähnt auch Spalatins widmung von Veit Warbecks übersetzung der historie der schönen Magelone (I, 394).

3) C. Schlegel, historia vitae Georgii Spalatini. Jenae 1693, s. 198.

4) K. Simrock, Die deutschen Volksbücher. Frankf. a. M. o. j. I, 40 nent sie irtümlich eine tochter Alvaros von Dalborn.

5) Album Acad. Viteb. 51ª zum jahre 1514: Vitus Warbeck gemundianus Dioc. Augusten. Arcium Magister Parisien.

Auf Spalatins anlass bewarb er sich 1517 um eine domherrnstelle am Georgenstift in Altenburg; er erhielt dieselbe 1518 und trat gleichzeitig als rat in den dienst des kurfürsten, dem er von Spalatin besonders wegen seiner kentnis der französischen sprache empfohlen war. 1519 reiste er vor den tagen der kaiserwahl im auftrag des kurfürsten nach Frankfurt, wie Spalatin am 26. mai schrieb, „illic auditurus quid abs te fieri cupiat." Über die Leipziger disputation scheint er einen längeren bericht verfasst zu haben, wie er auch dem herzog Johann über den einzug Luthers in Worms berichtete,[1] wohin er den kurfürsten begleitet hatte.[2] Am 20. juli 1525 sante ihm Spalatin von Wittenberg aus für den kurprinzen herzog Johann Friedrich ein verzeichnis französischer bücher und bat ihn, wenn er es übergebe, ihn der gnade des fürsten zu empfehlen. Überhaupt scheint Veit Warbeck an der staatswissenschaftlichen ausbildung des herzogs Johann Friedrich und auch der beiden neffen des kurfürsten, der herzöge Ernst und Franz von Braunschweig und Lüneburg, welche am kurfürstlichen hofe erzogen wurden, tätigen anteil genommen zu haben.[3] 52 briefe Spalatins an ihn aus der zeit von 1517—1526 sind bis jezt bekant, die alle von der innigsten freundschaft zeugen, die beide mit einander verband. Spalatin machte ihn zum vertrauten mitwisser seiner wichtigsten angelegenheiten, er teilte ihm mit, dass seine berufung nach Altenburg als oberpfarrer volzogen sei und dass er zu seiner verheiratung mit Katharina Heidenreich schreiten wolte usw. Auch von Melanchthon ist ein brief vom 2. januar 1526 (Magistro Vito Warbeck amico suo) erhalten, worin er ihn bittet, ihm bei beschaffung eines im Franziskanerkloster zu Wittenberg befindlichen geräts behilflich zu sein.[4] Ebenso wird er in Luthers briefen häufig genant, einmal in scherzhafter weise M. Vitus Victor Scacaticus.[5] Der lezte brief Spalatins an ihn ist vom 23. december 1526. Veit Warbeck scheint im jahre 1527 gestorben zu sein. Als Spalatin seine lebensgeschichte Friedrichs des Weisen schrieb, gehörte Warbeck schon nicht mehr zu den lebenden. Er sagt von ihm bei dem bericht über die bevorstehende kaiserwahl in Frankfurt 1519: „So war auch Magister Veit Warbeck

1) Sein bericht in Luthers werken von Walch XV, 2182. Seckendorf, Gesch. des Luthertums s. 347, teilweise auch bei Lingke, Luthers Reisegeschichte s. 94.

2) Schlegel, Vita Spalat. s. 26.

3) Spalatini Annales bei Mencke Scr. rer. Germ. II, 663 fg.

4) Corp. Ref. I, 781. Der herausgeber bemerkt dazu: Canonico Altenburgensi, qui familiarissimus erat Spalatino.

5) De Wette I, 172. II, 333. 519. 521. Burkhardt Briefwechsel s. 14. 39. 85. 116.

seliger etliche male bei ihm"[1] (dem kurfürsten von Sachsen), um ihn zur annahme der kaiserkrone zu bewegen.

Die von mir angestelten untersuchungen über das leben Veit Warbecks, die ich aber als noch nicht abgeschlossen ansehe, ergeben, dass derselbe mehr der reformationsgeschichte angehört als der litteraturgeschichte, denn für diese hat er keine andere bedeutung als dass er der übersetzer des französischen romans von der schönen Magelona ist und dass seine arbeit drei dramatischen bearbeitungen als unterlage gedient hat. Sie erschienen 1539, 1555 und 1566 und gehören zu der zahl der wenigen dramen des 16. jahrhunderts, denen kein biblischer stoff zu grunde liegt. Von den litterarhistorikern erwähnt Kurz H, 114^b zwei dramatische bearbeitungen von 1539 und (irrig) 1570, ohne etwas weiteres hinzuzufügen; Koberstein-Bartsch I^5, 379 sagt: „Man benuzte den inhalt berühmter romane und novellen, wie die schöne Magelone, die 1539 ein student und später Sebastian Wild dramatisierte, und mehrere derartige romantische stoffe, die Hans Sachs seit 1545 behandelte." Goedeke nent mit rühmlicher genauigkeit alle drei (I, 308, 145. 146. 321, 280. 351, 271).

I.

Das drama von 1539 erschien unter folgendem titel:

Historia mage- | lonae. Spiel weiss In Deudsche | reimlein gebracht Durch | einen Studenten, | Mit einem nutzlichen vnterricht, | Georgij Spalatini. | (Holzschnitt.) Am schluss: Gedruckt bey Michael Blum, 1. 5. 39. 40 bl. 8°. — In Weimar.

Der holzschnitt stelt Peter und Magelona dar; er ist eine verkleinerte nachahmung des Warbeckschen holzschnittes. Der druckort ist nicht angegeben. Er ist Leipzig, denn Michael Blum war seit 1531 buchdrucker daselbst.[2] In diesem jahre (im september) druckte er des Crotus Rubeanus Apologia qua respondetur temeritati calumniatorum etc.[3] und 1549 Georg Majors Colloquia familiaria Erasmi Roterdami selecta pro pueris scholae Magdeburgensis.

Auf Leipzig dürfte auch die lateinische empfehlung des Leipzigers Johann Gigas hinweisen, die sich auf der kehrseite des titels

1) Neudecker u. Preller, Spalatins historischer Nachlass und Briefe. Jena 1851. I, 57.

2) Seidemann, Beiträge zur Reformationsgeschichte I, 8. — Er ist wol auch der Michael Blume, der unter den 105 bitstellern erscheint, die am 2. april 1524 den rat zu Leipzig um berufung des mag. Andreas Bodenschatz ersuchen. Seidemann I, 79.

3) Am schluss: Lipsiae Michael Blum excudebat. G. L. Schmidt, Justus Menius. Gotha 1867. s. 22.

befindet. Gigas hatte 1537 den tod des prinzen Johann, des sohnes des herzogs Georg, in einem Carmen lugubre beklagt[1] und befand sich 1539 noch in Leipzig.[2] Das epigramm lautet:

Joannes Gigas.

Si quis avet dubios fortunae noscere casus,
Si quis amat certa pectora iuncta fide,
Haec videat tenui quae sunt disposta libello,
Atque aliquo studio et dexteritate legat,
Haec quem non tangunt, lapis est truncusque asinusque
Cordaque habet duris asperiora Getis.

Der verfasser des dramas stand offenbar in freundschaftlichen beziehungen zu Gigas; er nent sich student und machte seine studien wahrscheinlich in Leipzig. Zu bedauern ist, dass uns sein name nicht erhalten ist. Spalatins einfluss scheint kein directer gewesen zu sein; vielmehr mag wol dem unbekanten verfasser des dramas das Warbecksche buch in die hände geraten sein und ihm so gefallen haben, dass er ohne weiteres zur abfassung des dramas schritt. Aus Spalatins „Sendbrief“ nahm er dann diejenigen stellen wörtlich auf, welche von dem nutzen der Historia von der schönen Magelona handeln, und gab dies auch im titel zu erkennen, indem er die worte hinzufügte: „Mit einem nutzlichen vnterricht Georgij Spalatini.“ Bl. Ajj lesen wir: „Georgius Spalatinus. Wiewol das in dieser Historia, von der mes, walfarten, ablas, anruffung der lieben heilgen steet“ usw. bis zu den worten „Vber das, so dienet disse historia auch darzu das mahn daraus lernen mag, das kain lust, noch freude auff erden ewig ist, sundern leuchtlich zu trübsal, vnd vnglück geraten kan.“

Bl. Ajjj werden die Personae angeführt. Es sind ausser dem gefolge des königs von Neapel (servi) und der gräfin (pedissequae) 16 personen. Die handlung spielt sich in 5 acten ab, von denen der vierte in 4 scenen abgeteilt wird, während die andern in 1—3 scenen zerfallen. Sehr häufig vermisst man einen scenenwechsel, wo er durchaus notwendig erscheint.

Der Morio praecursor leitet das spiel in sehr heiterer weise ein (prologium recitat):

Gluck ins haus vnd vngluck hinaus,
Hier lebt man warlich recht im sauss.
Zu rechter zeit wir kommen hehr,
Gleich wie vns doch geruffen wehr.

1) Seidemann, Beiträge zur Reformationsgeschichte I, 163.

2) Gigas wurde 1540 rector in Joachimsthal, 1541 in Marienberg, 1543 in Schulpforte.

Gott grues euch all, ihr liben hern,
Dem fest zu gfaln, ewr freud zu mehrn,
Hab ich mich vberreden lassen,
Nechst da wir beim trunck sassen,
Mit ihnen zu gehn an diesen orth,
Das ich solt halten ihr aller wort,
Dan wo herr hans von Gehn [1] nicht ist,
Daselbst man aller freuden vorgist.
Es ist kein spil so gering oder klein,
Ihn welchem gar kain nar must sein,[2]
Narn, dhoren, liben herren mein,
Die mussen hinden vnd forne sein.

Darauf kündet der narr das spiel an:

Es ist ein zuchtig Christlich spiel.

Argumentum gibt die fabel des stückes mit folgender lehre:

Wier lernen, wie in diser welt
Das gluck so gar keinen glauben helt,
Auch mag man lernen auss disem spiel,
Wan man mit vleis auffmerken will,
Was an der iugent gelegen sey,
Die ane sorgen lebet frey
Vnd ledig, zuuor junckfraulein,
Wilche dan gemeinlich furwitzig sein [3] usw.

I, 1 (einzige scene). Johan Cerise dankt gott für die gnade, die er ihm so mannigfaltig erzeigt habe, besonders dafür, dass er ihm ein züchtig weib und einen sohn gegeben habe, an dem er seine lust und freude habe.

1) Zu Hans von Gehn (personification des narren) bemerkt Seidemann in Luthers briefen von de Wette-Seidemann VI, 669: Hans von Jene ist also gleicher Sippe mit Goldschmidts Jungen, Hans Dampf, Hans Tappinsmuss, dem dummen Jungen von Meissen, Kurt Knieriemen, Peter Meffert usw. und vergleicht Quevedos Visita de los chistes. Obras, Madrid 1772. I, 174 fgg. Hierher gehört auch Matz von Zeitz (Gädertz, Gabriel Rollenhagen, Leipz. 1881. s. 80. 129. und Schnorrs Archiv IX, 586).

2) Fast ebenso in Greffs Aulularia (1535), prolog des Morio:

Man spricht, Es ist kein spiel so klein
Es mus ein Münch aber narr drin sein.

und in desselben Mundus (1536), prolog des narren:

Ir wist es ist kein spiel so klein
Es wil ein alt weib oder Münnich drin sein.

3) Ganz nach Spalatins Sendbrief: „Dan die jugent, beuor ein meidlein, ist fast fürwitzig."

Es lust mich doch im herzcen mein,
O got, wie ists so ein gross gab,
Wann einer doch mag kinder hab,
Gezirt mit kunst vnd tugenden,
Die willig folgen auch den Eltern.

Peter beschliesst die schöne Magelone aufzusuchen und um ihre liebe zu werben.

Ich hab gehört von der Magelon,
Wie sie sol sein so mercklich schon,
So mercklich schön wie ein Christal,
Vnd ihr kain Jungfrau gleich sein sol,
Ihr Vater kunig zu Neapolis ist
Vnd helt Tornier zu aller frist.

Er trägt nun den eltern die bitte vor, sie möchten ihm gestatten, die welt zu besehen, denn

Wilcher nimmer kummet auss,
Der ist gleich wie ein stadtmauss,
Auch lernt der keine sitten nicht,
Der nicht zuweilen aussbricht,
Vorsucht sich vnter fremden leuten,
Leydet bös vnd gutes vnterzeiten.

Graf und gräfin suchen ihn von seinem vorhaben abzubringen; mit traurigem herzen trägt er seine bitte noch einmal vor.

Her vater vnd frau mutter mein,
Bit abermals, wan es kundt sein,
Wolt mir Erlauben ein kleine zeit,
Ich wil nicht reisen fast weit,
Vorwar eim jungen gesellen kan
Auff erden nichts bessers widerfaren,
Dan das ehr land vnd leut beseh,
Wie es auch in landt zugehet.
Ihr wist, liber her Vater mein,
Wer nihe ausquam, der quam nihe heim,
Der lernet nichts, das ist ihe war,
Sundern vordirbt mit haut und har,
Der vnter die leut nicht kumet auss
Der ligt doheim wie ein schneck im hauss.

Endlich wird die erlaubnis erteilt und der sohn mit herzlichen ermahnungen zur gottesfurcht und zur vermeidung böser geselschaften entlassen.

Khum auch herwider in der zeit,
Mit dir nim gold vnd auch geschmeidt,
Nim harnisch, wapen als mit dir,
Vorgiss auch nicht der langen wehr.

Die gräfin entlässt ihn, indem sie ihm drei ringe mitgibt.

Auffs erst kum wider zu vns heim,
Vorlass vns nicht lang so allein,
Gedenck ahn vns auch all zeit,
Nu zeuch hindan jhn gottes geleidt.

II, 1. Der Herold ruft zum turnier auf. Henrich von Crapana fordert Peter mit hohn heraus.

Wil dir wol brechen deinen muth
Vnd deinen grosen federhut,
Du scheinest ein rechter metzen knecht,
Du solt mir itzunt komen recht,
Du wirst mir komen, was gilts? belan,
Es wird sich heben ein wedlich schlan.

Furchtlos entgegnet ihm Peter, indem er ihn an ein sprichwort erinnert:

Wer sich mit trawen lest erschrecken,
Den sol man mit Esels förtzen decken,
Viel waschen thut gar nichts darbey.

Im zweikampf siegt Peter. Der könig lobt den unbekanten ritter und lässt ihn zum nachtmahl einladen.

2. Magelona bittet Peter das ritterspiel oft zu üben, Peter dankt freudig und, als sie sich zur mahlzeit begibt, preist er sie:

So hab ich all mein tage nicht
Gesehen solchs freundlich angesicht,
Als eben die schöne Magelon,
Ich ihr nimer vergessen kan,
Hat mir mein hertz so gar entzundt,
Ihr lieb hat mich so gar verwundt,
Hat mir mein hertz so gar besessen,
Ich kan, ich kan ihr nicht vergessen,
Welchen Magelona nicht bewegt,
Derselb ein steiners hertze tregt.[1]

Er sezt sich auf eine bank.

O liebe, O lieb, O rechte liebe,
Du kaust einen rechtschaffen treibe.

1) Man vergleiche das Propemptikon des Johann Gigas.

Magelona wünscht mit dem ritter zu sprechen und gewint ihre amme.

Es ligt ein herr im hertzen mein,
Welcher mit tugent ist geziert,
Das er von menniglichen wirt geehret,
Zu dem ich solch lieb trag,
Das ich weder rast noch rug hab,
Vnd so er wer eines hohen geschlecht,
Vorwar, vorwar ich ihn gedecht
Zu einem lieben gemahel zu han.

Nutrix warnt die herrin vor der gefahr und erinnert sie an das sprichwort

Was balt geschicht, wirt selten gut.

Magelona bricht in klagen aus:

Kan ich den erlangen nicht,
O herr Gott, mir mein hertz bricht,
Ich weis vor pein nicht, wo ich bin,
Der Edle ritter ligt mir jm sinn,
Ich bit, wollest mein elend ansehen.

Endlich wilfährt Nutrix ihren bitten und ersucht Peter, ihr namens des königs, der königin und Magelonas seinen stand und seine herkunft anzugeben. Peter versagt ihr erst die bitte,

Doch weil Magelona die schöne (l. schöuste) ist,
Die liebst, die ich auff erden wist,
Begert zu wissen meinen stand,
Solt ihr ihr sagen alzusandt,
Das ich eins grossen geschlechts sey.

Als zeichen seiner liebe übergibt ihr Peter einen ring für Magelona. Diese erwartet ungeduldig die rückkehr der amme. Als sie den ring erhält, jubelt sie.

All iomer ist aus meinem hertzen,
Nun stet zu im mein zuuersicht,
Vorhoff, sol mich betriegen nicht,
Ihnen (l. Ihn) hab ich mir auserkoren,
Mich deucht, ich sey gar new geboren,
Den ring wil ich hier wickeln ein,
Das sol mein gluck vnd heil sein.

Die amme wird noch einmal abgeschickt, um Peter zu holen, da sie sonst sterben würde. Peter bekent, dass ihm Magelona stets im herzen liege, dass sie sein herz so gar umfangen habe.

Ihr schönes klares angesicht
Alzeit mich engstet vnd anficht.

Seine liebe sei züchtig und rein, wie ohne zweifel auch Mageloucus. Mit einem zweiten ringe für Magelona kehrt die amme zur herrin zurück. Peter teilt dann der Magelona mit, dass er aus Provincia sei, der sohn eines grafen, ein ohm des königs von Frankreich; er habe sich vorgenommen, ihre gunst und huld zu erlangen. Magelona verlobt sich ihm heimlich.

Ich hab euch begert ein lange zeit,
Ihr mir auff erden der liebst seidt,
Drum wan ir mich gleich wie ich euch
Von hertzen liebet weren beide gleich,
So seht ihr an eur getrewes gemall,
Doch solchs verschwigen bleiben sol
Bis zu eim offen kirchgangk,
Drauff nemet diese ketten zu danck,
Dadurch ich euch mein trew vnd pflicht
Zusag vnd keinen andern nicht.

Hic Magelona Petrum amice ampleclitur, lautet die bühnenweisung. Peter erklärt sich flexis genibus der danksagung unwürdig, er werde allezeit ihr williger diener sein. Sie nimt ein geschenk von ihm.

3. Friedrich von der Kron fordert zum kampf um Magelona auf. Peter besiegt ihn. Der könig ladet alle zum abendmahl ein.

III, 1. Friedrich von der Kron und Henrich von Crapana beschliessen, da sie ihren wunsch nicht erfült sehen, den königshof zu verlassen.

2. Peter nimt abschied von Magelona. Diese weint. Wenn sie mit ihm reisen möchte, so wolle er sie in aller zucht führen. Sie willigt in die flucht, da ihre eltern sie einem andern zu vermählen willens seien. Um mitternacht, „wan man im ersten schlaff noch leidt,“ wolle er sie erwarten.

IV, 1. Flucht der liebenden.

2. Nutrix vermisst ihre herrin.

O we, ach we, ach lieber Got,
Da wirt sich heben iamer vnd not,
Das frewlein ist komen hienwegk,
Der karn der stet nun gar im dreck,
Die backen werden mir werden schmal,
Hab sie gesucht itz vberal,
O wan ich wer im Dhuringer walt,
Ich wolt mich hencken also balt.

Sie fält dem könig, den ihr klagegeschrei herbeigerufen hat, zu füssen, indem sie ihre unschuld versichert.

So ich hierin schuldig wer,
Wolt ich nicht hier itz bliben sein,
Ich schwer euch hier auch stock und bein,
Das mir solchs gar verborgen ist.

Der könig will sie auf den Rabenstein bringen, er sendet die knechte aus, Magelona zu suchen und den ritter, der sie entführt, gebunden auf das schloss zu bringen.

3. „Peter hat Magelonam schlaffende im schos."
Ist das nicht ein schön angesicht?
Auff erden ist ihrs gleichen nicht,
Ach, welchen Magelon nicht bewegt,
Derselb von Eysen ein hertz tregt.
Was hat sie hie bein brüsten stecken?
Ach, das ich sie nicht thet auffwecken.

„Hic rapiuntur Annuli." Peter klagt über den verlust der ringe.
Ach lieber got, erbarm dich mein,
Ich weis nu nicht wo aus oder ein,
O Magelon, du liebste mein,
Wie wirt dir doch zu mutte sein — —

Er sieht leute kommen.
Wil sehen, ob ich mich mag verberg,
All har die sten mir itz zu berg.

Die beiden kaufleute beschliessen Peter nach Alexandrien zu führen und dem sultan zu schenken.
Wollen wir vns den vber die köpffe dresch?
Du machst auch sehr viel vnnütz gewesch. —
So wollen wir itzundt fristen dich.

Sie nehmen ihn gefangen und schleppen ihn fort.
Nun immer fort, nu immer fort
Ihe lenger hie ihe spöter dort.

Sofort wird der „auffen möhr" gefangene Peter dem „Soldan" vorgestelt und von diesem gegen ein geldgeschenk angenommen.

4. Magelona erwacht.
Wie hab ich doch so wol geschlaffen!
Ich hoff nicht, das euch hab verdrossen.

Sie vermisst Peter und klagt.
O Peter, Peter, höre mein stim,
Sunst kum ich balt von allen meinen sin.
Wo ist dein glaub vnd adel gros,
Do du mich aus meines vaters schlos

Hindannen brachts in fremde landt?
Du hast ein hertz von Adamant,
Medea nit so grausam war,
Du bist ein ander Jason zwar — —
Ich wil suchen an allen enden
Vnd wan ich ihn ia nit werd finden,
Wil ich mich in ein spital geben,
Wil furen ein keuschs fromes leben.

Einer pilgerin teilt sie ihren entschluss mit, in ihren orden zu treten. Und als sie fragt, wie es in Provincia gehe, erfährt sie, dass der herr des landes in grosser trauer sei um den in fremdem lande lebenden sohn.

Hilff Got, nun ist mir wolbekandt,
Das ehr mit willen nit von mir bleibt.
Ich bit nun, gebt mir euer kleidt,
Ich wil nun furen ein fromes leben;
Ach Got, wer kann dir widerstreben?

V, 1. Die gräfin klagt der Magelona den verlust ihres sohnes. Er sei in ferne lande gezogen und die drei ringe, die sie ihm mitgegeben, habe ein fischer in einem fische gefunden, „gleich also zu hauff gewunden.“ Magelona tröstet sie und verspricht Peters in ihrem gebet gedenken zu wollen. Dann betet sie zu gott um die rückkehr Peters.

Drum wil ich ziehn an einen ort,
Welchen man nennet der heiden port,
Daselbst wil bauen ein spital,
Den armen wil dienen vberal,
Wil drey altar auffrichten lan,
Welcher Sanctus Peter ehren sol haben (l. han),
Wil loben Got, im danckbar sein,
Wil ewig pleiben so allein.

2. Peter dankt gott für die glückliche führung.

Wer hat geglaubet immermehr,
Da ich war mitten auf dem möhr,
Das ich ein herr hie werden solt,
Erlangen des grossen Soldanes huldt?

Aber die sehnsucht nach Magelona und den eltern ist zu gross.

Drum wan ich meines herrn laub
Erlangen kundt, so wolt ich schaub,
Ob ich Magelon in Prouincia
Ausfragen möcht oder anders wo.

Der sultan entläst ihn mit geschenken und mit dem beding der rückkehr. Peter erkrankt auf der reise und begibt sich in das spital der Magelona. Hier erzählt er ihr sein geschick. Sie erkent ihn.

O Gott, der ist der liebste mein,
Ich wil vergessen aller pein —
O Gott, du hilffts zu aller stundt,
Wer dir allein vertrawen kundt.

Sie will arznei holen und kehrt „regio vestitu" zurück.

Aller liebster gemael mein,
Sich an hie dein getrewes hertz,
Das deinethalben so gros schmertz
So lange zeit erlitten hat.

Es folgt nun die erkennungsscene. Magelona sendet Peter zu dem grafen, um ihn in das spital zu bitten. Johann Cerise erkent seinen sohn.

Wilkomen liebster son mein,
Ich mein, das mag ia freude sein,
Ach Peter, du mein einiger trost,
Du hast vns gantz vnd gar erlost
Von allem iamer angst vnd pein,
Das mag, das mag ia freude sein.

Auch die gräfin äussert ihre freude.

Mein freud nieman ermessen kan,
Der liebe Got hats so wollen han.

Peter entdeckt seinen eltern, dass Magelona eine königstochter sei. Der graf freut sich über die gute mär und lobt gott.

Kompt her, wir wollen nun gehn hienein
Nun wollen wir ersten frölich sein.

Finis Historiae.

Morio recitat Epilogium.

Ich kum nun wider, lieben hern,
Ich weis, ihr hört mich vber aus gern,
Dan ich zu Pareis hab gestanden,
Wer besser, het zuzeiten gangen,
Sie wolten aus mir ein Doctor machen,
Nun bin ich, des die leute lachen,
Doch narren pflegen die warheit zusagen
Vnd fur niemant schew zutragen,
Drum lieben herren allzumall,
Ihr habt itzt mögen sehen wol,

Wie hier auff dieser welt das glück
So gar ist voller böser tück,
Vnd wie wir sollen in aller not
Vertrawen dem ewigen got,
In keiner not sollen vorzweiflen,
Sünder ihn lassen die scheiben treiben,
Auch wie souiel daran ligt,
Das man die jugent wol erziecht.
Drum lieben herren, dencket dran,
Nempt solchs von einem narru an,
Es wer wol viel daruan zusagen,
Die zeit wil aber solchs nit tragen,
Wir müssen fort an ein andren ort,
Ihr habts auch zwar genug gehort.

Ad personas.

Nun schickt euch zu vnd trefft die thor,
Doch wart, ich mus ia trincken for,
Nun geth von stad, wie steet ihr so?
Geth fort, das euch der donner schlag.

Hierauf folgt eine lateinische strophe:

De fortuna hendecasyllabum.

Fortuna ambiguo vagatur axe
Vultu lubrica iam sereniore
Blanditur, modo colligit tenebras
Certis nescia passibus teneri.

Gedruckt bei Michael Blum, 1. 5. 39.

Eine zweite ausgabe erschien 1540 bei demselben buchdrucker, der Warbecks buch gedruckt hatte.

Historia Mage- | lone, Spilweiss in Teütsche | reimlein gebracht, Durch einen Studenten. | Mit einem nutzlichen vnderricht | Georgij Spalatini. | (Holzschnitt.) M. D. XXXX. — Am ende: Getruckt zů Augspurg durch Haynrich | Stainer im̄ 1540, Jar. 35 bl. 8°. — In München, Wien (hofbibl.) und Zürich.

Unter Gigas' versen auf der kehrseite des titelblattes befindet sich ein holzschnitt. Der oberdeutsche druck ist dem inhalt nach nicht verschieden von der ersten ausgabe. Orthographische verschiedenheiten sind dagegen zahlreich vorhanden, wie klain, dyser, anzaigt, zweyffel, ausskam (für klein, dieser, anzeigt, zueifel, ausquam). Wenn in A (ausgabe von 1539) vorstand, vorgist, vorhoff, an allen vorzug, vorzeich sich findet, liest man in B (ausgabe von 1540): verstand, vergist, verhoff, on allen verzug, verzeuch. Lesarten von A wie: hinforder mehr, im Dhuringer walt, Pareis (B hinfurt der mehr, im Düringer wald, Pariss), druckfehler in A: vbertrit (B vbertrifft), erzeicht (B erziecht), leibst (B liebst), sowie auch das fünfmalige „belan“ (B wolan) lassen darauf schliessen, dass B kein nachdruck von A ist, sondern ohne vorlage von A gedruckt wurde. Dagegen könte man A als nachdruck von B ansehen, wenn feststände, dass Michael Blum unter die nachdrucker jener zeit zu rechnen ist. Auffallend ist immerhin das fehlen des druckortes in A, weniger auffallen würde die änderung der jahreszahl 1540 in 1539. Zu bemerken ist noch, dass die ziemlich häufigen bühnenweisungen in A in lateinischer, in B in gotischer schrift gedruckt sind.

Für den sprachschatz sind anzumerken:

I, 1 Es lust mich doch im herzen mein.
IV, 2 Der karn der stet nun gar im dreck.
Ich schwer euch hier auch stock und bein.
IV, 3 All har die sten mir itz zu berg.
Wollen wir vns den vber die köpffe dresch?
So wollen wir itzundt fristen dich.
V, 2 Drum wan ich meines herrn laub
Erlangen kundt, —
So bit ich, gnediger fürst vnd herr,
Das ich mit euer laub zuhandt
Besuchen möge mein vaterlandt.

In der handhabung des reimes zeigt der verfasser nur eine sehr geringe fertigkeit. Wir notieren: gestanden — gangen, not — hat, gut — not, sagen — widerfaren, gemahel — wol, das — kraftlos, solt — huld, hab — trag, verzagt — tag, nidder — federn, dich — streich, tugenden — eltern, finden — gelingen, knyen — fortgehen, zeit — ligt, zihen — besehen usw. Sehr häufig findet sich der auch andern dramatikern des 16. jahrhunderts geläufige reim zart — auf der fart, ist — zu dieser frist. Widerholungen desselben wortes zur aushilfe finden sich nicht selten:

Lasst vns immer daruan, daruan.
Das glaub ich nicht furwar, furwar.
Das mag, das mag ia freude sein.
Ich mus furbas gehn bas herbey.
Alzeit volauff volauff geben.
Die tragen grosse grosse pein usw.

Die versbildung zeigt viele schwächen. Der achtsilber wird um eine silbe bald gekürzt, bald verlängert. Die tonsetzung ist gleichfals öfter mangelhaft.

Nechst dá wir beím trunck sássen.
Seim hérr vatér Ceríse lieb wáhr.
Doch líebt ihr dér rittér vor állen.
Furet síe zu seínes herrn váters schlós.
Sie wólt bleibén ein júnckfrau reín.
Die wíllig folgén auch dén Eltérn.
Wílcher nímmer kúmmet áuss usw.

Immerhin ist das drama des unbekanten verfassers als ein beachtenswertes erzeugnis aus der ersten zeit der dramatischen litteratur des 16. jahrhunderts anzusehen.

II.

Der zweite bearbeiter des sagenstoffes von der schönen Magelona ist Hans Sachs. Zuerst hat er denselben als erzählung behandelt.

Historia der schönen Magelona, eins königs tochter zu Neapolis. Anno salutis 1554, am 28 tag Februarii. Keller II, 251—261.

Der anfang des gedichtes lautet:

In der Frantzosen cronica
List man, wie in Provincia
Ein mechtig reicher grave sass,
Johan Ceriso genendt was.

Am schluss werden drei lehren aufgestelt:

Auss dem man die drey stück sol lern:
Erstlich, das man auff zucht zu ehrn
Die eltern ziehen ihre kind
Und haben acht auff ihr gesind,
Auff das ir töchter behüt seyen
Vor cuplerey und bulereyen;
Zum andern, das jungkfrawen fliehen
Sollen manssbilder, sich einziehen,
Hüten, das nicht die wütend lieb
Sie hinderschleich gleich wie ein dieb,
Die sie verwegen durch vil dück
Stürtz inn schand, schad und ungelück;
Zum dritten, wenn auch der unfal
Mit gwalt ist reyten uberal,
Das er darundter nit verzag,
Wann Gott als unglück wenden mag,

Wer ihn anrüfft und ihm vertrawt,
Derselb auff einen felsen bawt.
Das glück wider grün, blü und wachs,
Das wünschet zu Nürnberg Hans Sachs.

Schon im nächsten jahre gestaltete der Nürnberger meister den stoff zu einem drama. Dasselbe wurde z. b. 1585 in Frankfurt von einer geselschaft Nürnberger bürger gespielt.[1]

Comedi mit 19 personen, die schön Magelona, vnnd hat 7 actus. Am ende: Anno salutis 1555, am 19 tag Novembris. Keller XII, 451—487.

Dass Hans Sachs Warbecks übersetzung benuzte, geht aus den worten des ehrnholts hervor, den er im anfang sagen lässt:

Ein comedi zu recedirn,
Welchs gschicht in teutsch thet transferirn
Magister Veit Warbock, hoch erfarn,
Auss französischer sprach vor jarn.

Hans Sachs nent seine quelle Veit Warbock, den ritter am hofe des königs von Neaples Heinrich von Trepona (st. Crapana). Die falsche schreibung dieser namen bestätigt Goetzes mahnung (Schnorrs Archiv VIII, 312), dass die falsch gelesenen eigennamen nach der quelle, der der dichter seinen stoff entnommen hat, berichtigt werden müssen.

Die handlung volzieht sich in 7 acten. Zuerst Peters bitte, abreise und ankunft in Neapel. Dann turnier und Peters sieg. Er wird von der schönen Magelona bekränzt und zur tafel geladen. Er entbrent in liebe zu ihr.

Ach Gott, wie überschön und zart
Gelidmasirt englischer art
Ist Magelona, die jungkfraw her,
Artlich und höflicher geber!
Auss ir scheint aller tugent güt
Beide an leib und an gemüt.
Sie hat mit irn freundlichen blicken
Mein hertz in liebe zu verstricken,
Das ich mit tieffen seufzen sencken
Nichts kan, denn ir allein gedencken.

Act III. Verhandlungen zwischen der amme, Peter und Magelona. IV. Flucht der liebenden, gefangennahme Peters. V. Magelona im spital „der heiden pfort“ als spitalmeisterin. VI. Eintreffen Peters

1) E. Menzel, Geschichte des Theaters in Frankfurt a. M. Frankfurt a. M. 1882. s. 195.

im spital. VII. Erkennung und widerfinden. Ehrnholt beschliesst das ganze mit zwei lehren; die erste betrift eine mahnung an die eltern, ihre kinder in guter hut zu halten, voraus aber auf die töchter und jungfrauen zu schauen, die andere ist an die söhne und töchter gerichtet, die ursachen der liebe zu fliehen und den lehren der eltern in gehorsam zu folgen.

Eine vergleichung dieses dramas mit dem von 1539 lehrt, dass Hans Sachs in jeder beziehung über dem verfasser jenes dramas steht. Besonders zeigt sich das offenbar dramatische geschick des Nürnberger meisters in der scene, in der der raub der drei ringe durch einen raben geschildert wird (in der französischen quelle geschieht der raub durch einen „vogel, der lebet von dem raub, derselb ersah den zendel und vermainet es wär fleisch“, in der historia von Hans Sachs durch einen falken). Während nämlich im drama von 1539 die bühnenweisung: „hic rapiuntur annuli“ den raub einfach meldet und es dem zuschauer überlassen bleibt, zu erraten, auf welche weise der raub vor sich geht, lässt Hans Sachs seinen helden den vorgang erzählen.

Zwischen ihru brüsten ich ergrieff
Ein zendel roth, darinn ich schawt
Drey ring, darmit ichs het vertrawt.
Diese drey ring die knüpffet ich
Wider in zendel fleissigklich,
Legt sie neben mich auff ein stein.
Mein wun und freud die war nit klein
Ob der schlaffenden schön jungkfrawen.
Der schön thet ich mit wunder schawen.
Da kam im luft geflogn ein rab,
Sah den zendel und schoss herab,
Zuckt den zendel, meint, es wer ein ass usw.

III.

Als der dritte bearbeiter der Magelonsage erscheint der Augsburger dramatiker Sebastian Wild, der auch unter den meistersängern der Augsburger schule genant wird.[1] Von den 12 dramen, die er verfasste, sind die meisten biblisch; zu denen, welchen novellistische stoffe zu grunde liegen, gehören ausser der „schönen Mageloна“ noch

1) Schnorr v. Carolsfeld, Zur Geschichte des deutschen Meistergesanges. Berlin 1872. s. 22. — Wagenseil führt s. 534 die kurze Nacht-weiss, s. 535 die Jungfrauweis an. Wilds lieder stehen in dem dritten der Kolmarer Liederhandschrift (herausgegeben von K. Bartsch 1862, Bibl. d. litt. vereins in Stuttgart nr. 68) beigegebenen manuscripte (Münchener Cod. germ. 4999).

„Kaiser Octavianus“ und „die sieben weysen Maister.“ Orientalischen ursprungs ist seine tragödie „vom Doctor mit dem Esel vnd dem Spiegel der Welt.“ [1] Seine sämtlichen dramen erschienen 1566 in einer samlung:

Schöner Co- | medien vnd Trage- | dien zwölff: Auss heiliger | Göttlicher schrifft, vnd auch auss etlichen Historien gezogen. | . . . Auffs new [2] in Truck | verfertiget, | Durch | Sebastian Wilden. | M. D. LXVI. Am ende: Gedruckt zu Augspurg, | durch Mattheum | Francken. 483 bl. 8°. — In Celle.

Nr. 10 behandelt die schön Magelona vnd Ritter Peter. Der volständige titel ist:

Ein schöne Tra- | gedj, von dem Ritter Peter, | dess Graffen Son auss Prouincia, | vnd von des Königs Tochter auss Ne- | aples, die da genandt wirdt | die schön Magelona. 48 bl.

Es treten 20 personen auf. Das spiel ist auf 5 acte verteilt. Der herold kündigt das spiel an.

Drumb bitt ich euch, seyt still vnd züchtig,
Die Historj ist schön vnd wichtig,
Sehr kläglich vnd tröstlich dar neben,
Drumb thut fleissig auffmerken eben,
So wöllen wir das Spiel anheben.

Im 4. act finden wir die beiden liebenden im walde. Die bühnenanweisung lautet: Sie legt sich auf seinen Schoss nieder vnd schläft. Peter preist sie ein wenig auf, findet die Ringe in ihrem Busen in Zendel eingewickelt. Er legt sie neben sich, indem lässt er ein Vogel fliegen und spricht:

Sich, diser verfluchter Vogel
Hat mir die Ring weg zucket schnell,
Halt, ich will jm eylend nachlauffen,
Dieweyl sie also sanfft thut schlaffen.

Diese probe wird genügen, um den geringen dramatischen wert des dramas zu kenzeichnen. Wir fügen nur noch hinzu, dass Wild sich von seiner vorlage sclavisch abhängig macht. Wenn es bei Veit Warbeck bl. J 4ª heisst: „Gnädige Frau, ihr sollt euch nicht bekümmern .. Es kann und mag doch wol sein, dass er die Ringe hat verloren oder einer andern Person geben, darumb ich euch bitt, ihr wollt euch nicht mehr betrüben oder bekümmern. Darin werdet ihr eurem Herrn thun zu gefallen, denn ihr mehret ihm seinen schmerz, alsbald

1) Gedruckt bei Tittmann, Schauspiele aus dem sechzehnten jahrhundert I, 201—245.

2) Goedeke I, 321, 280: Auffs neue d. h. zum erstenmale.

er euch sicht betrübt und traurig. Darum kehret euch gegen Gott den Allmächtigen und danket ihm um alles, das er euch erzeiget hat," lässt der verfasser Magelona also sprechen:

Mein herr vnd liebste frawe zart,
Bekümmert euch dess nicht so hart,
Es ist nit gwiss, das er ist todt,
Hoff, es komm noch ein andrer Bott,
Er mag sie wol verloren han,
Oder einer andern person
Gegeben, darumb lassend hin
Den unmuth aus ewerem sinn,
Vertrawet Gott dem Herrn allein.

Als sie sich zu erkennen gibt, sagt sie (bei Veit Warbeck bl. L 2ᵇ): „Ich bin dieselbige, die ihr allein schlafend liegen verlassen habt in dem holtz und wilden wald, und ihr seid derjenige, der mich hat geführt aus dem haus meines vaters, des Königs von Neaples. Ich bin die, der ihr verheissen habt alle ihre Ehre und Zucht bis zu Beschluss unserer Ehe, ich bin auch diejenige, die diese guldne Kettin hat gehenkt an eueren hals mit übergebung der Gewalt meines Lebens, ich bin die, deren ihr habt gegeben die drei Ringe, die also köstlich sind gewesen." Aus diesen worten macht Wild folgende verse:

Ich bins die jr habt ligen lassen
Schlaffend in dem Wald aller massen,
Ich bin des Königs Tochter von
Neapels, ewer liebste schon,
Ich bins, der jr verheissen thet
Ihr Ehr in zucht zu halten stet,
Ich bins, die euch die Ketten gab
Mit vbergab meins Leibs vorab,
Ich bin die, welcher jr habt eben
Die drey köstliche Ring gegeben.

Nachdem die eltern den bund der liebenden gesegnet, schliesst der herold mit dem bericht von der hochzeit, die 14 tage lang „mit tantzen, springen ohne zil" gefeiert worden ist, und mit einer mahnung, dem glück nicht zu trauen,

Dann es ist rundt vnd schlüpfferigk,
Zu hand hats ein gworffen zurück,
Dann ist sein Gsell der vnfal da,
Der regt jn biss in den todt, wa
In Gott nit wider begnadet,
Also es in der Wellt zugeht,

Glück vnd vnglück ist alles anders
  Nur ein tag vnd nacht von einander — —
Gott wöll all denen, dies begeren,
  Auss dem vnglück helffen zu Ehren,
Durch sein Barmhertzigkeit so mildt,
  Spricht vnd wünscht Sebastian wildt.
      Ende diser Tragedj.

Gedicht vnd zusammen | getragen, durch | Sebastian Wilden, zu halten | mit 20. personen.

Es leidet wol keinen zweifel, dass Wilds drama unter den drei angeführten das unbedeutendste ist. Seine übrigen dramen teilen die mängel des dramas von der schönen Magelona, so dass sich über Sebastian Wild dasselbe urteil fällen lässt, das W. Scherer[1] über Joachim Greff gefält hat: „Er ist für die litteraturgeschichte eher eine unbequemlichkeit als eine freude.“

GEESTEMÜNDE. HUGO HOLSTEIN.

ÜBER KÖRNER UND VERWANTE METRISCHE ERSCHEINUNGEN IN DER MITTELHOCHDEUTSCHEN LYRIK.

(Fortsetzung.)

4. Reinmar (MF 191, 7—33)[2]

Die handschrift überliefert diese drei in demselben tone abgefassten strophen in der folge 1. 3. 2. In MF sind aus denselben zwei lieder gemacht, dergestalt, dass die strophe

ze fröiden nâhet alle tage

ein lied für sich bildet. Richtig scheint mir erkant zu sein, dass str. 1 und 2 nicht durch die dritte getrent werden dürfen, aber str. 3 ganz abzutrennen halte ich für verkehrt. Ich glaube vielmehr, dass diese strophe mit ihrer winterklage und frühlingshofnung den anfang des dreistrophigen liedes bildete. Es besteht dann allerdings kein ganz enger zusammenhang zwischen str. 3 und 1. Allein zwischen 1 und 2 ist derselbe auch kein so enger, und wie viele lieder Reinmars und anderer gleichzeitiger dichter sind denn so abgefasst, dass ein enger logischer zusammenhang klar zu tage trete? Darnach scheint dies gedicht

1) Deutsche Studien III, 60.
2) Burdach (a. a. o. s. 228) zweifelt an der echtheit dieser strophen.

3 str. 9 zeil. Str. 3 u. 1 (1 u. 2) K b K b K b c c b
„ 2 (3) a b a b a b c c b

Str. 3 (1). 1 : 3 : 5 *tage* : *klage* : *verzage*
„ 1 (2). 1 : 3 : 5 *sage* : *trage* : *klage*
„ 2 (3). 1 : 3 : 5 *man* : *kan* : *bekan.*

5. Wizlav (HMS III 84 XV)

3 str. 16 zeil. Str. 1 u. 2 a a a b c c c b K K K e f f f e
„ 3 d d d e f f f e

Str. 1. 9 : 10 : 11 *guot* : *bluot* : *tuot*
„ 2. 9 : 10 : 11 *muot* : *guot* : *tuot*
„ 3. 9 : 10 : 11 *zît* : *gît* : *gebît*

Str. 1. 11 *daz ez den ougen s e n f t e t u o t*
„ 2. 11 *einer, diu mir s e n f t e t u o t.*

β. Die zweite strophe nimt nicht an den bindungen teil.

1. Graf Rudolf von Fenis (MF 80, 1)

3 str. 8 zeil. Str. 1 u. 3 K b K b c c K c, str. 2 a b a b c c a c

Str. 1. 1 : 4 : 7 *wân* : *hân* : *kan,* Str. 3. 1 : 4 : 7 *lân* : *hân* : *ban,*
„ 2. 1 : 4 : 7 *gewant* : *erkant* : *hânt.*

Ich habe die reime nach der herstellung des gedichtes in MF gegeben. Mag man auch im übrigen über die gewagten änderungen in dem verderbt überlieferten liede abweichende ansichten hegen, das reimschema scheint richtig gefunden zu sein.

2. Winli (HMS II 30 VI)

3 str. 11 zeil. Str. 1 u. 3 a b c K e b c K e a K, str. 2 a b c d e b c d e a d

Str. 1. 4 : 8 : 11 *bluot* : *vruot* : *tuot*
„ 3. 4 : 8 : 11 *guot* : *tuot* : *bluot*
„ 2. 4 : 8 : 11 *bôt* : *nôt* : *rôt.*

Die gleichen reime schliessen jeden der beiden stollen sowie den abgesang (vgl. II A b 2).

3. Albrecht Marschall von Raprechtswyl (HMS I 342 II)

aa b dd e cc K ff K
3 str. 10 zeil. Str. 1. b b c e e c c K K c, Str. 3. K K c
ff g
„ 2. g g c

Str. 1. 8 : 9^1 : 9^2 *dâhin* : *mündelîn* : *bin*
„ 3. 8 : 9^1 : 9^2 *pîn* : *mîn* : *sîn*
„ 2. 8 : 9^1 : 9^2 *vuoz* : *gruoz* : *muoz.*

4. Heinrich von Rugge (MF 109, 9)[1]
3 str. 9 zeil. Str. 1 u. 3 ababccKKK, Str. 2 ababccddd
Str. 1. 7 : 8 : 9 *getân* : *wân* : *hân*
„ 3. 7 : 8 : 9 *man* : *gewan* : *began*
„ 2. 7 : 8 : 9 *niht* : *geschiht* : *gesiht.*

γ. Die erste strophe nimt an den bindungen nicht teil.

1. Der Schenk von Limburg (HMS I 133 VI)
3 str. 9 zeil. Str. 2 u. 3 ababKKddK, Str. 1 ababccddc
Str. 2. 5 : 6 : 9 *munt* : *gesunt* : *verwunt*
„ 3. 5 : 6 : 9 *stunt* : *wunt* : *gesunt*
„ 1. 5 : 6 : 9 *twanc* : *ranc* : *sanc.*

2. Rubin (HMS I 313 VII)
3 str. 11 zeil. Str. 2 u. 3 abcabcdKdKK
„ 1 abcabcdedee
Str. 2. 8 : 10 : 11 *arebeït* : *leit* : *gekleit*
„ 3. 8 : 10 : 11 *stætekeit* : *arebeit* : *treit*
„ 1. 8 : 10 : 11 *niht* : *geschiht* : *übersiht.*

c. Verbindung von H B a β und b β.

Der von Buwenburg (HMS II 261 I)
3 str. 13 zeil. abcdabcdeffce
Str. 1. 1 : 5 *sich* : *wunneclich*, Str. 3. 1 : 5 *minneclich* : *dich.*
„ 2. 1 : 5 *wil* : *spil.*
Str. 1. 3 : 7 : 12 *vogelîn* : *in* : *gesîn*
„ 3. 3 : 7 : 12 *darin* : *pîn* : *in*
„ 2. 3 : 7 : 12 *lebet* : *swebet* : *strebet.*

d. Durch widerkehr derselben reime in vier zeilen.

α. Die schlussstrophe nimt an den bindungen nicht teil.

1. Albrecht von Johansdorf (MF 87, 5)
3 str. 8 zeil. Str. 1 u. 2 KbKbbKbK, Str. 3 ababbaba
Str. 1. 1 : 3 : 6 : 8 *scheiden* : *leiden* : *heiden* : *beiden*
„ 2. 1 : 3 : 6 : 8 *kleide* : *beide* : — : *leide*
„ 3: 1 : 3 : 6 : 8 *sêre* : *êre* : *sêre* : *kêren.*

2. Meister Johannes Hadlaub (HMS II 289 XIX. B. L. LXXXVII 321)
3 str. 11 zeil. Str. 1 u. 2 aKaKcKcKddd, Str. 3 ababcbcddd
Str. 1. 2 : 4 : 6 : 8 *fîn* : *dâhin* : *tohterlîn* : *sîn*

1) Wilmanns im Anzeiger f. d. Altert. I, s. 155 fgg. und Burdach a. a. o. s. 190 fgg. und s. 224 fgg. nehmen, wie mir scheint, mit recht an, dass Reinmar der verfasser dieses liedes sei.

Str 2. 2 : 4 : 6 : 8 *dâhin* : *gewin* : *sin* : *in*
„ 3. 2 : 4 : 6 : 8 *leit* : *geseit* : *gemeit* : *arbeit.*

β. Die erste strophe nimt an den bindungen nicht teil.

Friedrich von Hausen (MF 47, 9)
3 str. 8 zeil. Str. 2 u. 3 a K a K K a a K, Str. 1 a b a b b a a b
Str. 2. 2 : 4 : 5 : 8 *nan* : *verban* : *man* : *ergân*
„ 3. 2 : 4 : 5 : 8 *lân* : *enpfâ* : *ergân* : *getân*
„ 1. 2 : 4 : 5 : 8 *zît* : *wîp* : *sît* : *strît.*

C. Verbindungen von II A und B.

Heinrich von Rugge (MF 109, 36—110, 7. 110, 8—25)
3 str. 9 zeil. a b a b c c d d d
Str. 1. 1 : 3 *wol* : *sol*, Str. 2. 1 : 3 *sol* : *wol*,
„ 3. 1 : 3 *wol* : *sol.* (Vgl. II A a.)
Str. 2. 7 : 8 : 9 *bî* : *sî* : *vrî*, Str. 3. 7 : 8 : 9 *bî* : *sî* : *vrî*,
„ 1. 7 : 8 : 9 *rât* : *stât* : *hât.* (Vgl. II B b *γ*.)

Die handschriften überliefern diese strophen an verschiedenen stellen und unter verschiedenen dichtern. MF ist richtig erkant, dass sie einem dichter gehören. Burdach (a. a. o. s. 198) nimt dieselben für Reimar in anspruch.

109, 36 ist von den beiden folgenden strophen als besonderes lied abgetrent. Dies scheint mir nicht richtig. Die angemerkten gleichen reime weisen darauf hin, dass alle drei strophen für fortlaufenden vortrag bestimt waren. 109, 36 bildete die einleitung zu dem nachfolgenden wechsel und eine engere beziehung zwischen 110, 6 *swes muot iedoch zer werlte als der mîne stât*, *ich wæne er menege sorge umb êre hât* und 110, 20 *mir ist der muot von grôzen sorgen komen* ist doch auch wol anzunehmen.

D. Gedichte, in denen entweder sämtliche strophen oder alle mit ausnahme einer einzigen zu je zweien oder dreien in verschiedener weise gebunden sind.

a. Durch widerkehr derselben reime in zwei zeilen.

1. Kraft von Toggenburg (HMS I 21 III)
5 str. 10 zeil. Str. 2 a a b c c b d e e d, Str. 1 u. 3 d K^1K^1 d
„ 4 u. 5 d K^2K^2 d
Str. 1. 8 : 9 *sunder wân* : *hân*, Str. 3. 8 : 9 *wunder hân* : *begân.*
„ 4. 8 : 9 *alsô* : *vrô*, Str. 5. 8 : 9 *vrô* : *sô.*

Str. 1 enthält den bekanten natureingang: der dichter beklagt den winter mit seinen leiden und sagt, dass er mit der natur *kumber* leidet. Str. 2, welche mit sommerhofnung begint und mit liebeszuversicht schliesst, will vor str. 3 nicht passen. Wol aber schliesst str. 3 sich treflich an str. 1 an. Vergleichen wir nun str. 3, 10

wil si niht schiere mînen kumber wenden

mit str. 2, 4

und daz diu liebe vrouwe mîn
noch wende mînen senden pîn
diu guote unt diu vil hêre,

dann wissen wir auch, wo str. 2 wol ursprünglich ihren platz gehabt hat. Diese vermutung scheint mir um so sicherer zu sein, als str. 4 in ähnlicher weise mit str. 2 (vgl. str. 2, 10 mit str. 4, 4), str. 5 mit str. 4 (vgl. str. 4, 9 mit str. 5, 1) in verbindung steht. Schliesslich mag noch auf den abweichenden bau der fünften strophe (a a b c c b d **a a** d) aufmerksam gemacht sein.

1 3 2 4 5

2. Gottfried von Neifen (H 15, 6)
   5 str. 8 zeil. Str. 1 u. 2 a K^1 a K^1 c d d c, Str. 3 u. 5 a K^2 a K^2 c d d c
   Siehe VI B a 1.

3. Ulrich von Singenberg, Truchsess von St. Gallen. (HMS I 289 V. WR 225, 17)
   5 str. 8 zeil. Str. 4 a b a b c c d d, Str. 1 u. 5 a K^1 a K^1
   „ 2 u. 3 K^2 b K^2 b

Str. 1. 2 : 4 *bescheiden* : *erleiden*, Str. 5. 2 : 4 *erleiden* : *scheiden*·
„ 2. 1 : 3 *leit* : *widerseit*, Str. 3. 1 : 3 *werdecheit* : *bereit.*

1 2 3 4 5

4. Konrad von Altsteten (HMS II 64 I)

K^1 K^2
5 str. 7 zeil. Str. 1 u. 5. b c b c d d K^1, Str. 2 u. 3 b c b c d d K^2
a
„ 4 u. 5. K^3 c K^3 c d d a

Str. 1. 1^1 : 7 *mîn* : *sîn*, Str. 5. 1^1 : 7 *in* : *sin.*
„ 2. 1^1 : 7 *mir* : *dir*, „ 3. 1^1 : 7 *mir* : *ir.*
„ 4. 1 : 3 *schouwen* : *frouwen*, Str. 5. 1 : 3 *touwe* : *frouwe.*

1 2 3 4 5

5. Hartmann von Aue (MF 207, 11 fgg.)

A überliefert MF 207, 11; 207, 23; 208, 20; 208, 32; B 208, 8; 207, 11; 207, 35; 207, 23; 208, 20; C 208, 8; 207, 11; 207, 35; 208, 32; 207, 23; 208, 20. In MF sind 207, 11—208, 31 zu einem fünfstrophigen liede vereinigt, 208, 32 ist als einstrophiges lied abgetrent. Burdach (a. a. o. s. 53) sondert auch noch 207, 11 ab und meint die richtige reihenfolge der vier strophen sei: 207, 35; 208, 8; 207, 23; 208, 20. Ich stimme Burdach bei sowol in der abtrennung von 207, 11 als auch in der anordnung der strophenfolge. Nur glaube ich, dass 208, 32 mit den vorhergehenden strophen zu einem fünfstrophigen liede zu vereinigen ist.

„Sie, der ich in treuen diente, will mich nicht erhören. Das quält mein herz. Aber ich will sie nicht durch böse worte kränken (207, 35). Ich kann ja auch in der tat nichts böses von ihr sagen. Die tatsache liegt freilich zu tage, dass ich ohne erfolg nach ihrer liebe geworben habe. Aber sie trift keine schuld: hätte sie mich ihrer liebe wert erachtet, so würde sie mich erhört haben (208, 8). Wenn ich mich nun aber doch einmal rächen soll, so will ich es in der weise tun, dass ich ihr das grösste erdenglück wünsche (207, 23). Trotz meines miserfolges will ich mich der süssen hofnung auf eine glückliche zukunft getrösten. Eine solche hofnung ist schon manches mannes lebenslänglicher trost gewesen (208, 20). Hat mir mein treues werben auch wenig genüzt, so will ich doch nicht traurig sein. Wer sein lieb verlassen will, mag es tun; er ist aber ein treuloser mann. Mir ists unmöglich von ihr zu lassen (208, 32)."

Mit den worten *mîn muot stêt baz: von ir ich niemer komen wil* kehrt der schluss des liedes zu dem anfang *Ich was untriuwen ie gehaz* zurück. Die im folgenden verzeichneten reime dürften zur bestätigung meiner oben ausgesprochenen ansicht dienen.

(MF 207, 35; 208, 8; 207, 23; 208, 20; 208, 32)
5 str. 12 zeil. Str. 2. 3 u. 4 aK^1aK^1ccdeffde
„ 1 u. 5 aK^2aK^2
„ 3 u. 4 ababccdK^3ffdK^3
„ 3 u. 5 ababccdeK^4K^4de

Str. 2. 2 : 4 *hân : lân*, Str. 3. 2 : 4 *hân : ergân*,
„ 4. 2 : 4 *hân : wân*.
„ 1. 2 : 4 *sîn : mîn*, Str. 5. 2 : 4 *sîn : mîn*.
„ 3. 8 : 12 *alsô : frô*, Str. 4. 8 : 12 *alsô : frô*.
„ 3. 9 : 10 *gan : man*, Str. 5. 9 : 10 *kan : man*.

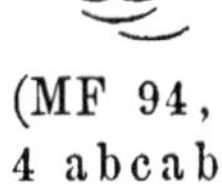

6. Albrecht von Johansdorf (MF 94, 15)
4 str. 10 zeil. Str. 1 u. 4 abcabcK^1K^1ee
„ 2 u. 4 aK^2caK^2cddee
„ 3 u. 4 K^3bcK^3bcddee

Str. 1. 7 : 8 *nôt : tôt*, Str. 4. 7 : 8 *nôt : tôt.*
„ 2. 2 : 5 *lân : hân*, Str. 4. 2 : 5 *kan : gewan.*
„ 3. 1 : 4 *wîp : lîp*, „ 4. 1 : 4 *wîp : lip.*

1 2 3 4

Burdach (a. a. o. s. 78) sondert 94, 15 und 94, 25 von den beiden lezten strophen ab. Dass er dies sehr mit unrecht tut, beweisen, wie mir scheint, die oben mitgeteilten reime.

7. Friedrich von Hausen (MF 52, 37 — 53, 30)

4 str. 8 zeil. Str. 4 ababccdd, Str. 1 u. 2 ababccK^1K^1
„ 2 u. 3 aK^2aK^2ccdd

Str. 1. 7 : 8 *guote : muote*, Str. 2. 7 : 8 *guoten : ruoten.*
„ 2. 2 : 4 *erbunde : funde*, „ 3. 2 : 4 *stunde : erfunde.*

C überliefert die ersten beiden strophen an einer andern stelle als die beiden lezten, in B stehen nur str. 3 und 4. In MF sind aus den vier strophen zwei zweistrophige lieder gemacht. Ich glaube, dass alle vier strophen ursprüglich e i n lied bildeten. Der innere zusammenhang ist vorhanden, und die angemerkten bindungen deuten auf bestimmung dieser strophen für fortlaufenden vortrag.

1 2 3 4

8. Derselbe (MF 45, 37)

5 str. 10 zeil. Str. 1. 2 u. 4 aabbccddK^1K^1, Str. 2 u. 3 K^2K^2bbccddee
„ 3 u. 5 aabbK^3K^3ddee

Str. 1. 9 : 10 *versan : vernan*, Str. 2. 9 : 10 *hân : getân,*
„ 4. 9 : 10 *hân : kan.*
„ 2. 1 : 2 *strît : zît*, Str. 3. 1 : 2 *lîp : zît.*
„ 3. 5 : 6 *muot : tuot*, Str. 5. 5 : 6 *guot : tuot.*

Ich kann Müllenhoff (Z. f. d. A. 14, s. 137) nicht beistimmen, der die drei lezten strophen dieses liedes als ein gedicht für sich betrachtet. Diese strophen hängen inhaltlich, wenn auch freilich nur lose, mit den ersten beiden zusammen. Ausserdem weisen die angemerkten metrischen erscheinungen darauf hin, dass alle fünf strophen zu einem liede zu vereinigen sind.

1 2 3 4 5

9. Ulrich von Lichtenstein (L 555, 21)

5 str. 6 zeil. Str. 2 ababcc, Str. 1 u. 4 aK^1aK^1cc
„ 3 u. 5 ababK^2K^2

Str. 1. 2 : 4 *rât : stât*, Str. 4. 2 : 4 *missetât : stât.*
„ 3. 5 : 6 *unvrô : hô*, „ 5. 5 : 6 *vrô : hô.*

1 2 3 4 5

10. Derselbe (L 584. 1)
7 str. 6 zeil. Str. 3 ababcc, Str. 1 u. 5 ababK^1K^1
„ 2 u. 7 aK^2aK^2cc, Str. 4 u. 9 bK^3bK^3bcc
Str. 1. 5 : 6 *tuot : guot*, Str. 5. 5 : 6 *guot : tuot.*
„ 2. 2 : 4 *mîn : schîn*, „ 7. 2 : 4 *mîn : sîn.*
„ 4. 1 : 3 *ougen : lougen*, Str. 6. 1 : 3 *ougen : tougen.*

1 2 3 4 5 6 7

11. Derselbe (L 512, 7)
P(d)
7 str. 7 zeil. Str. 6 abab c cd, Str. 1 u. 3 aK^1aK^1
K^2 K^3
„ 1 u. 5 abab c cK^2, Str. 2 u. 7 abab c cK^3
„ 3 u. 4 K^4bK^4b
Str. 1. 2 : 4 *mîn : vensterlîn*, Str. 3. 2 : 4 *mîn : gesîn.*
„ 1. 5^1 : 7 *wie : hie*, Str. 5. 5^1 : 7 *wie : nie.*
„ 2. 5^1 : 7 *der : ger*, „ 7. 5^1 : 7 *er : wer.*
„ 3. 1 : 3 *dich : ich*, „ 4. 1 : 3 *mich : ich.*

1 2 3 4 5 6 7

12. Konrad der Schenke von Landegge (HMS I 356 XI)
5 str. 10 zeil. Str. 1 u. 3 abK^1abK^1deed
„ 2 u. 4 abcabcdK^2K^2d
„ 4 u. 5 aK^3caK^3cdeed
Siehe VI B a 2.

13. Derselbe (HMS I 351 II)
dd f
5 str. 9 zeil. Str. 5. ababc c R (eef)
K^1K^1
„ 1 u. 3 ababc c R
dd
„ 2 u. 4 aK^2aK^2c c R
Str. 1. 6^1 : 6^2 *dœne : schœne*, Str. 3. 6^1 : 6^2 *krœne : schœne.*
„ 2. 2 : 4 *kunt : munt*, Str. 4. 2 : 4 *kunt : vunt.*

1 2 3 4 5

14. In einem namenlosen HMS III 468^{dd} mitgeteilten liede
8 str. 10 zeil. Str. 1 u. 8 K^1K^1bbcddeec
„ 2 u. 5 K^2K^2bbcddeec, Str. 2 u. 6 aaK^3K^3
„ 7 u. 8 aaK^4K^4, Str. 3 u. 6 aabbcK^5K^5
„ 4 u. 7 aabbcK^6K^6
Siehe VI B a 3.

15. Dietmar von Aist (MF 37, 30—38, 31)

Dass diese vier strophen für den fortlaufenden vortrag bestimt waren, darauf weisen die unten angemerkten bindungen. Allerdings ist die reihenfolge derselben in der handschrift wol nicht die ursprüngliche. Ich glaube, an die winterklage und zusicherung beständiger treue in str. 1 schloss sich (str. 4) die bitte an den herrn der welt, der geliebten den sinn zu geben, dass sie ihr herz ihrem getreuen verehrer zuwende. Dann folgte str. 3, in welcher der dichter seinen boten sprechen, der geliebten sein ungemach klagen und sie um endgiltigen bescheid ersuchen lässt. In str. 2 gibt dann die geliebte erwünschte antwort.

4 str. 9 zeil. Str. 3 WaWabbcWc, Str. 1 u. 4 WaWabbK^1WK^1
„ 2 u. 4 WK^2WK^2bbcWc

Str. 1. 7 : 9 *gedienet hân : gegân*
„ 4 (2). 7 : 9 *begân : gedienet hân.*
„ 4 (2). 2 : 4 *sinne : und mich von rehtem herzen minne*
„ 2 (4). 2 : 4 *sinne : in sîme herzen minne.*

1 4 3 2

b. Durch widerkehr derselben reime in drei zeilen.

Ulrich von Lichtenstein (L 563, 1)

5 str. 6 zeil. Str. 3 ababab, Str. 1 u. 2 aK^1aK^1aK^1
„ 4 u. 5 K^2bK^2bK^2b

Str. 1. 2 : 4 : 6 *sanc : gelanc : twanc*
„ 2. 2 : 4 : 6 *gedanc : wanc : kranc.*
„ 4. 1 : 3 : 5 *munde : stunde : vunde*
„ 5. 1 : 3 : 5 *vunden : gebunden : verswunden.*

Str. 1 und 4 beginnen mit *Wol*, str. 2 und 3 mit *Man*.

Wenn Ulrich 564, 1 von diesem gedichte rühmt

Diu liet diu wâren meisterlîch
unde ir rîm gar sinnenrîch

so denkt er doch wol nicht allein daran, dass durch alle strophen hindurch die reimworte von demselben wortstamme abwechselnd klingend und stumpf gebildet sind. Er wird jedenfals auch die künstliche bindung der strophen durch die angemerkten reime im sinne gehabt haben. Die so gebundenen strophen gruppieren sich um die mittelstrophe des gedichtes, welche an den bindungen keinen anteil nimt.

1 2 3 4 5

c. Verbindung von II D a und b.

1. Ulrich von Lichtenstein (L 322, 1)

5str. 7zeil. Str. 2 u. 5 K^1bK^1bccc, Str. 1 u. 5 $ababK^2K^2K^2$
„ 2 u. 4 $ababK^3K^3K^3$

Siehe VI B b 1.

2. Rubin (HMS I 311 II)

Die handschriften überliefern eine verschiedene anzahl und reihenfolge der strophen: A bietet str. 1—7, B 6. 5. 3, C 2. 5. 6. 3. Sicheres über die ursprüngliche strophenfolge zu sagen bin ich nicht im stande. Nur soviel scheint mir festzustehen, dass str. 1. 2. 3 in A in richtiger ordnung überliefert sind (vgl. str. 1, 12 mit str. 2, 1; str. 2, 12 mit str. 3, 1). Die vierte strophe steht vielleicht nicht am richtigen platze. Für den fortlaufenden vortrag scheinen die sieben in A zusammengestelten strophen wegen der mannigfachen bindungen derselben unter einander bestimt gewesen zu sein.

7str. 12zeil. Str. 1 u. 7 $K^1bcK^1bcdedede$, Str. 2 u. 4 K^2bcK^2bc
„ 1 u. 4 aK^3caK^3c
„ 1. 6 u. 7 $abcabcdK^4dK^4dK^4$
„ 1 u. 5 $abcabcK^5eK^5eK^5e$

Siehe VI B b 3.

3. Friedrich von Hausen (MF 54, 1)

5str. 9zeil. Str. 2 u. 5 $ababbK^1ddK^1$, Str. 2 u. 3 $ababbcK^2K^2c$
„ 1 u. 4 $aK^3aK^3K^3cddc$, „ 3 u. 5 $aK^4aK^4K^4cddc$

Siehe VI B b 2.

4. Steinmar (HMS II 157 XI)

5str. 11zeil. Str. 1 u. 3 $aabK^1K^1bddeee$
„ 2 u. 5 aaK^2ccK^2ddeee
„ 1 u. 3 $aabccbK^3K^3eee$
„ 2 u. 3 $aabccbddK^4K^4K^4$

Str. 1. 4 : 5 *vogelîn : sîn*, Str. 3. 4 : 5 *lîn : schrîn.*
„ 2. 3 : 6 *dienærîn : sîn*, „ 5. 3 : 6 *mîn : gesîn.*
„ 1. 7 : 8 *swære : sældenbære*, Str. 3. 7 : 8 *swære : mære.*
„ 2. 9 : 10 : 11 *strousak lân : strousak lân : getân*
„ 3. 9 : 10 : 11 *strousak lân : strousak lân : gân.*
[„ 1. 9 : 10 : 11 *lât : lât : hât*
„ 4. 9 : 10 : 11 *tragen : tragen : erwagen*
„ 5. 9 : 10 : 11 *varn : varn : sparn.*]

1 2 3 4 5

5. Walther von Breisach (HMS II 140 I)

7 str. 15 zeil. Str. 1 u. 2 K^1K^1bcddbcoefggfc
„ 5 u. 7 aabcddbcK^2K^2fggfc
„ 4 u. 6 aabcddbcee$K^3K^4K^4K^3$c
„ 2 u. 3 aabK^5ddbK^5eefggfK5

Siehe VI B b 4.

d. Durch widerkehr derselben reime in vier zeilen.

Gottfried von Neifen (H 50, 7)

5 str. 10 zeil. Str. 5 abcabcdddd
„ 1 u. 2 abcabc$K^1K^1K^1K^1$
„ 3 u. 4 abcabc$K^2K^2K^2K^2$

Str. 1. 7 : 8 : 9 : 10 *blüete* : *gemüete* : *güete* : *behüete*
„ 2. 7 : 8 : 9 : 10 *süeze* : *grüeze* : *müeze* : *büeze.*
„ 3. 7 : 8 : 9 : 10 *underwunden* : *befunden* : *wunden* : *unverbunden*
„ 4. 7 : 8 : 9 : 10 *stunde* : *munde* : *gunde* : *enbunde.*

Es bestehen die bindungen in diesem gedichte allerdings nur in unreinen reimen. Aber für zufälligkeiten sind sie deshalb doch wol kaum anzusehen. 1 2 3 4 5

e. Verbindung von II D a und d.

Heinrich von Morungen (MF 126, 8)

4 str. 8 zeil. Str. 2 u. 3 K^1bK^1bbccb
„ 1 u. 4 aK^2aK^2K^2ccK^2. Siehe VI B c 1.

f. Verbindung von II D b und d.

Friedrich von Hausen (MF 45, 1—36)

In MF haben wir zwei in demselben tone verfasste lieder. Allein schon Müllenhoff (Z. f. d. A. 14, s. 135) meint, dass man fragen könne, ob Friedrich die beiden lezten strophen nach seiner rückkehr aus Italien gedichtet oder den ersten beiden in Italien verfassten als geleit mitgegeben habe. Ich kann die strophen sehr wol verstehen, wenn sie in Italien verfasst sind, ein jahr (vgl. 45, 29) nach dem aufbruche Friedrichs nach süden, also 1186 (vgl. Müllenhoff a. a. o. s. 135). Wegen der weiter unten anzuführenden körner scheinen alle vier strophen für den fortlaufenden vortrag bestimt.

4 str. 9 zeil. Str. 2 u. 4 aK^1aK^1aaK^1cc
„ 1 u. 3 K^2bK^2cK^2K^2bcc

Str. 2. 2 : 4 : 7 *wære* : *swære* : *mære*
„ 4. 2 : 4 : 7 *jære* : *wære* : *swære.*
„ 1. 1 : 3 : 5 : 6 *zît* : *lît* : *lîp* : *wîp*
„ 3. 1 : 3 : 5 : 6 *zît* : *lîp* : *nît* : *wîp.*

1 2 3 4

g. Durch widerkehr derselben reime in je drei und sechs zeilen.

Ulrich von Gutenberg (MF 77, 36)

6 str. 9 zeil. a b a b b b b a b

Str. 4. 1 : 3 : 8 *belîben : vertrîben : vermîden*

„ 5. 1 : 3 : 8 *vermîden : lîden : belîben.*

Str. 1. 2 : 4 : 5 : 6 : 7 : 9 *enstân : wân : ergân : undertân : missetân : zergân*

„ 2. 2 : 4 : 5 : 6 : 7 : 9 *getân : getân : enkan : undertân : man : enkan*

„ 4. 2 : 4 : 5 : 6 : 7 : 9 *begân : wân : gân : verban : man : gestân.*

„ 5. 2 : 4 : 5 : 6 : 7 : 9 *ergât : gât : bestât : rât : hât : missetât*

„ 6. 2 : 4 : 5 : 6 : 7 : 9 *gât : hât : lât : stât : vervât : hât.*

„ 3. 2 : 4 : 5 : 6 : 7 : 9 *geranc : gedanc : underwant : erkant : sanc : betwanc.*

In MF sind aus diesen in gleicher anzahl und folge von den handschriften überlieferten sechs strophen sechs lieder gemacht. Auch Scherer (Deutsche Studien I, s. 335) spricht sich dahin aus, dass Ulrich von Gutenberg neben seinem leich nur einstrophige minnelieder gedichtet habe. Burdach hingegen macht (a. a. o. s. 89) auf die responsion zu anfang dreier dieser strophen (78, 15 *i c h w i l i e m e r mê wesen holt mînem muote,* 78, 24 *i c h w i l i e m e r mit genâden belîben,* 78, 33 *ich wil niemer durch mînen kumber vermîden*) aufmerksam. Er glaubt, dass diese strophen hierdurch als e i n lied gekenzeichnet werden, und dass hiernach Scherers bemerkung zu berichtigen sei. Eine weitere berichtigung wird derselben bemerkung durch die oben verzeichneten reime dahin zu teil, dass alle sechs strophen für den fortlaufenden vortrag bestimt waren und zu einem ganzen zu vereinigen sind. Str. 1. 2. 4 sind an denselben strophenstellen durch dieselbe anzahl der körnerzeilen mit einander gebunden wie ihrerseits str. 5 und 6. Die beiden körnergruppen reimen assonierend mit einander, und dasselbe gilt von den entsprechenden zeilen der dritten strophe. Ausserdem sind str. 4 und 5 in abweichender weise durch körner, str. 4 und 5 durch die oben erwähnte responsion gebunden, so dass sich der kunstvolle metrische bau dieses liedes etwa so darstellen liesse

1 2 3 4 5 6

h. Durch widerkehr derselben reime in allen zeilen.

1. Gottfried von Neifeu (H 27, 15)

4 str. 10 zeil. a a b a a b c d d c

Str. 1. 1 *zungen* : str. 2. 1 *entsprungen*

„ 1. 2 *gesungen* : str. 2. 2 *gelungen*

Str. 1. 3 *walt* : str. 2. 3 *gewalt*
4 *betwungen* : str. 2. 4 *erklungen*
5 *verdrungen* : str. 2. 5 *jungen*
6 *kalt* : str. 2. 6 *alt*
7 *stât* : str. 2. 7 *rât*
8 *mîne* : str. 2. 8 *pîne*
9 *schîne* : str. 2. 9 *dîne*
10 *gât* : str. 2. 10 *ergât.*

Str. 3. 1 *stunde* : str. 4. 1 *gunde*
2 *munde* : str. 4. 2 *enbunde*
3 *rôt* : str. 4. 3 *gebôt*
4 *enkunde* : str. 4. 4 *underwunde*
5 *wunde* : str. 4. 5 *erwunde*
6 *nôt* : str. 4. 6 *nôt*
7 *gân* : str. 4. 7 *hân*
8 *übergulde* : str. 4. 8 *schulde*
9 *hulde* : str. 4. 9 *dulde*
10 *stân* : str. 4. 10 *getân.*

Jede strophe besteht nach dem oben mitgeteilten schema aus auf- und abgesang. Die zweite hat dieselben reime in den entsprechenden zeilen wie die erste, die vierte wie die dritte. Bezeichnet man die erste strophe hinsichtlich ihrer reime mit a, die dritte mit b, so ergibt sich für das ganze gedicht das schema a a b b. Die vorlezte zeile der drei lezten strophen begint mit *frouwe.* Dass dies beabsichtigte künstelei ist, muss man bei diesem dichter wol annehmen. So ist denn auch a a mit b b gebunden.

Auch eine andere wahrnehmung will ich hier mitteilen: Str. 1, 1—3 + str. 2, 1—3 + str. 3. 7. 8 + str. 4, 9. 10 ergeben eine singemässe strophe, die in form und inhalt dem ganzen liede entspricht.

Lop von mangen zungen
wart dem meigen hiure gesungen
von dien vogelen dur den grüenen walt.
mir was fröide entsprungen,
leider nu ist mir niht gelungen
an der lieben diu mîn hât gewalt.
Minne, sich, du lâst mich trûric gân.
trôst, der sælden übergulde,
frouwe, sende nôt ich dulde
nu dur got, waz hân ich iu getân?

E. Fünf- und mehr als fünfstrophige gedichte, in denen nur einige, jedoch mehr als zwei strophen zu je zweien oder dreien in verschiedener weise gebunden sind.

a. Durch widerkehr derselben reime in zwei zeilen.

1. Neidhart von Reuenthal (H I 7 11)
5 str. 8 zeil. a b b a c d d c
Str. 1. 1 : 4 *ê : klê*, Str. 3. 1 : 4 *ergê : stê.*
„ 1. 2 : 3 *von dem touwe : frouwe*
„ 2. 2 : 3 *von dem touwe : schouwe.*
1 2 3 4 5

2. Konrad der Schenke von Landegge (HMS I 350 I)
5 str. 16 zeil. a b b c c a d d e e f f g g h h
Str. 1. 15 : 16 *kraft : schadehaft*, Str. 3. 15 : 16 *kraft : meisterschaft.*
„ 2. 11 : 12 *hât verwunt : kunt*, „ 3. 11 : 12 *kunt : hât verwunt.*
1 2 3 4 5

3. Reinmar (MF 186, 19) 5 str. 10 zeil. a b c a b c W d W d
Str. 1. 8 : 10 *sêre : êre*, Str. 2. 8 : 10 *mêre : bekêre.*
„ 2. 3 : 6 *hôchgemüete : behüete*, Str. 3. 3 : 6 *güete : müete.*
1 2 3 4 5

4. Walther von der Vogelweide (L 97, 34)
5 str. 10 zeil. a b c a b c d e e d
Str. 1. 8 : 9 *minnen : sinnen*, Str. 2. 8 : 9 *sinne : inne.*
„ 2. 3 : 6 *ergât : hât*, Str. 5. 3 : 6 *hât : bestât.*
1 2 3 4 5

5. Reinmar (MF 183, 33)[1] 5 str. 7 zeil. a b a b c c c
Str. 1. 1 : 3 *stân : getân*, Str. 4. 1 : 3 *widerstân : hân.*
„ 2. 2 : 4 *mîn : sîn*, Str. 4. 2 : 4 *sîn : mîn.*
1 2 3 4 5

6. Meister Johannes Hadlaub (HMS II 284 IX)
5 str. 12 zeil. a b b c a d d c e f f e
Str. 2. 1 : 5 *sinne : minne*, Str. 3. 1 : 5 *minnen : gewinnen.*
„ 3. 9 : 12 *bî : vrî*, Str. 5. 9 : 12 *vrî : bî.*
1 2 3 4 5

1) Nach Burdach (a. a. o. s. 21) unecht.

7. Konrad der Schenke von Landegge (HMS I 353 II. B. L. LXXII 1) 5str. 10zeil. a a b c c b d e e d
Str. 2. 7 : 10 *tuot* : *guot*, Str. 4. 7 : 10 *guot* : *gemuot.*
„ 2. 1 : 2 *twingen* : *singen*, Str. 5. 1 : 2 *singen* : *erklingen.*
1 2 3 4 5

8. Derselbe (HMS I 358 XIV) 5str. 10zeil. a b c a b c d e e d
Str. 2. 8 : 9 *belîben* : *wîben*, Str. 4. 8 : 9 *wîbe* : *lîbe.*
„ 4. 1 : 4 *lîp* : *sælik wîp*, „ 5. 1 : 4 *sælik wîp* : *lîp.*
1 2 3 4 5

9. Steinmar (HMS II 156 VII. B. L. LXXVI 51) 5str. 10zeil. a b a b c c d d R(e e)
Str. 3. 5 : 6 *muote* : *huote*, Str. 4. 5 : 6 *huote* : *muote.*
„ 3. 7 : 8 *wol* : *sol*, Str. 5. 7 : 8 *sol* : *wol.*
1 2 3 4 5

10. Jakob von Warte (HMS I 65 I) 5str. 8zeil. a b a b c d d c
Str. 3. 2 : 4 *nôt* : *alde ich bin an vröuden tôt*
„ 5. 2 : 4 *alde ich bin an vröuden tôt* : *rôt.*
„ 4. 5 : 8 *gewaltic mîn* : *sîn*, Str. 5. 5 : 8 *gewaltic mîn* : *sîn.*
1 2 3 4 5

11. Derselbe (HMS I 66 III) 5str. 10zeil. a a b c c b d e e d
Str. 1. 4 : 5 *singen* : *dringen*, Str. 4. 4 : 5 *gedingen* : *gelingen.*
„ 1. 8 : 9 *mære* : *sældenbære*, „ 4. 8 : 9 *swære* : *sældenbære.*
„ 4. 1 : 2 *gemüete* : *güete*, Str. 5. 1 : 2 *güete* : *ungemüete.*
1 2 3 4 5

12. Der tugendhafte Schreiber (HMS II 148 I) 5str. 6zeil. a b a b c c
Str. 1. 2 : 4 *hêre* : *mêre*, Str. 3. 2 : 4 *sêre* : *mêre*,
„ 5. 2 : 4 *sêre* : *hêre.*
1 2 3 4 5

13. Walther von der Vogelweide (L 52, 23) 5str. 8zeil. a b a b c d d c
Str. 3. 6 : 7 *kleine* : *aleine*, Str. 4. 6 : 7 *gemeine* : *aleine*,
„ 5. 6 : 7 *deheine* : *kleine.*
1 2 3 4 5

14. Steinmar (HMS II 158 XII) 5str. 9zeil. a b a b c c R(d W d)
Str. 3. 1 : 3 *sîn* : *dîn*, Str. 4. 1 : 3 *sîn* : *bî dîr mîn trœstærîn*,
„ 5. 1 : 3 *sîn* : *bî dir mîn trœstærîn.*
1 2 3 4 5

15. Tannhäuser (HMS II 93 XI)
5 str. 12 zeil. Str. 1. 2. 3 aabcddbceeff, Str. 4 u. 5 eeee
Str. 3. 4 : 8 *minne : sinne*, Str. 4. 4 : 8 *sinne : minne*,
„ 5. 4 : 8 *küniginne : keiserinne.*

1 2 3 4 5

Vgl. ausserdem VI C a 1—5.

---

16. Ulrich von Lichtenstein (L 134, 5) 6 str. 12 zeil. aabccbddefef
Str. 2. 10 : 12 *twanc : kranc*, Str. 4. 10 : 12 *kranc : habedanc.*
„ 2. 9 : 11 *swære : zwîvelære*, „ 5. 9 : 11 *swære : bewære.*
„ 4. 3 : 6 *sî : bî*, Str. 5. 3 : 6 *sî : vrî.*

1 2 3 4 5 6

17. Neidhart von Reuenthal (H II 44, 36) 6 str. 10 zeil. abcabcdeed
Str. 1. 2 : 5 *zergân : stân*, Str. 5. 2 : 5 *getân : ergân.*
„ 2. 7 : 10 *sol : wol*, Str. 5. 7 : 10 *wol : sol.*

1 2 3 4 5 6

18. Rubin (HMS I 317 XX) 6 str. 9 zeil. aabccbddd
Str. 2. 4 : 5 *sîn : mîn*, Str. 3. 4 : 5 *bin : hin.*
„ 3. 3 : 6 *dîn : mîn*, „ 4. 3 : 6 *in : hin*,
„ 5. 3 : 6 *sîn : mîn.*

1 2 3 4 5 6

19. Wachsmut von Kunzich (HMS I 302 H) 6 str. 6 zeil. ababcc
Str. 2. 2 : 4 *hân : widertân*, Str. 5. 2 : 4 *wolgetân : umbevân.*
„ 2. 5 : 6 *mære : herzeswære*, Str. 5. 5 : 6 *swære : wære.*
„ 3. 5 : 6 *beider : leider*, Str. 4. 5 : 6 *beide : ougenweide.*

1 2 3 4 5 6

Vgl. ausserdem VI C a 6—9.

---

20. Neidhart von Reuenthal (H II 92, 11)
7 str. 14 zeil. abcdabcdeefgfg
Str. 2. 9 : 10 *strît : nît*, Str. 3. 9 : 10 *zît : sît.*
„ 2. 4 : 8 *began : man*, Str. 4. 4 : 8 *dorfman : gan.*
„ 6. 4 : 8 *wol : dol*, Str. 7. 4 : 8 *wol : sol.*
„ 2. 2 : 6 *mîn : sîn*, „ 7. 2 : 6 *sîn : mîn.*
„ 4. 1 : 5 *Rîn : kreizelîn*, Str. 6. 1 : 5 *mîn : Adelwîn.*

1 2 3 4 5 6 7

21. Unter Neidhart von Reuenthal (H LI 1)
7 str. 13 zeil. a b a b c d e d e c c f f
Str. 2. 6 : 8 *wân* : *umbevân*, Str. 7. 6 : 8 *man* : *gan*.
„ 3. 6 : 8 *ich* : *mich*, Str. 6. 6 : 8 *ich* : *mich*.
„ 6. 1 : 3 *sprach* : *swach*, Str. 7. 1 : 3 *sprach* : *ungemach*.
1 2 3 4 5 6 7

22. Neidhart von Reuenthal (H H 82, 3)
7 str. 12 zeil. a W a b c W c b d e e d
Str. 1. 10 : 11 *mâze* : *lâze*, Str. 5. 10 : 11 *gelâze* : *strâze*.
„ 6. 4 : 8 *hân* : *verstân*, „ 7. 4 : 8 *hân* : *getân*.
1 2 3 4 5 6 7

23. Ulrich von Lichtenstein (L 456, 25) 7 str. 6 zeil. a a b c c b
Str. 1. 1 : 2 *schouwen* : *vrouwen*, Str. 6. 1 : 2 *schouwen* : *vrouwen*.
„ 2. 1 : 2 *schilde* : *milde*, Str. 5. 1 : 2 *schilde* : *wilde*.
1 2 3 4 5 67

24. Derselbe (L 545, 3) 7 str. 7 zeil. a b a b c W c
Str. 1. 1 : 3 *güete* : *hôchgemüete*, Str. 4. 1 : 3 *güete* : *hôchgemüete*.
„ 1. 5 : 7 *guot* : *muot*, Str. 5. 5 : 7 *guot* : *gemuot*.
1 2 3 4 5 6 7

Vgl. ausserdem VI C a 10 und 11.

b. Durch widerkehr derselben reime in drei zeilen.

1. Walther von der Vogelweide (WL 36, 11)
5 str. 10 zeil. a a b b c c d d d c
Str. 3. 5 : 6 : 10 *grüezen* : *süezen* : *swære büezen*
„ 4. 5 : 6 : 10 *füeze* : *süeze* : *swære büezen*.
„ 4. 7 : 8 : 9 *sach* : *sprach* : *ungemach*
„ 5. 7 : 8 : 9 *stach* : *ensprach* : *brach*.
1 2 3 4 5

Dass die drei lezten strophen dieses tones durch ihren inhalt sowie durch die angemerkten reime zusammenhängen, hat schon Wilmanns (s. 195) bemerkt und gleichfals, dass alle fünf strophen vielleicht ein lied bildeten.

2. Neidhart von Reuenthal (H I 26, 23) 9 str. 6 zeil. a a b b W b
Str. 3. 3 : 4 : 6 *val* : *zal* : *nahtigal*
„ 9. 3 : 4 : 6 *verhal* : *al* : *Riuwental*.
„ 5. 3 : 4 : 6 *wolgetân* : *hân* : *dan*
„ 7. 3 : 4 : 6 *man* : *enkan* : *gestân*.
1 2 3 4 5 6 7 8 9

c. Verbindung von a und b.

1. Hugo von Werbenwag (HMS II 67 I. B. L. XLIX 1)
7 str. 7 zeil. a b a b c c c
Str. 1. 1 : 3 *mêre : êre,* Str. 7. 1 : 3 *sêre : êre.*
„ 2. 2 : 4 *leit : mir verseit,* Str. 6. 2 : 4 *leit : ir geseit.*
„ 1. 5 : 6 : 7 *bekant : ermant : vant*
„ 6. 5 : 6 : 7 *zehant : lant : vant.*

1 2 3 4 5 6 7

2. Gottfried von Neifen (H 44, 20) 5 str. 5 zeil. a b a b b
Str. 1. 1 : 3 *büttenære : minnebære,* Str. 2. 1 : 3 *mære : büttenære.*
„ 1. 2 : 4 : 5 *lant : vant : bant*
„ 4. 2 : 4 : 5 *hant : heilant : gesant.*

1 2 3 4 5

Vgl. ausserdem VI C b.

d. Durch widerkehr derselben reime in je zwei und vier zeilen.

Meister Johannes Hadlaub (HMS II 278 I. B. L. LXXXVII 1)
7 str. 12 zeil. Str. 1 u. 4 a b a b c b c b d K^1 d K^1
„ 2. 6 u. 7 a K^2 a K^2 c K^2 c K^2 d e d e
Siehe VI C c.

F. Vier- und mehr als vierstrophige gedichte, in denen nur zwei strophen gebunden sind.

a. Durch widerkehr derselben reime in zwei zeilen.

α. In vierstrophigen gedichten.

1. Neidhart von Reuenthal (H II 71, 11) 13 zeil. a b b c a d d c e f e f e
Str. 3. 4 : 8 *kan : man,* Str. 4. 4 : 8 *man : getân.*
„ 3. 10 : 12 *lachen : gemachen,* Str. 4. 10 : 12 *machen : sachen.*
2. Kaiser Heinrich[1] (MF 5, 16) 7 zeil. a b a b c c c
Str. 1. 2 : 4 *enmac : tac,* Str. 4. 2 : 4 *tac : enmac.*
3. Heinrich von Rugge (MF 103, 3) 8 zeil. a b a b c d c d
Str. 2. 1 : 3 *rât : begât,* Str. 4. 1 : 3 *stât : rât.*
4. Heinrich von Morungen (MF 143, 22) 8 zeil. a b a b c c c R
Str. 1. 1 : 3 *mê : snê,* Str. 2. 1 : 3 *mê : engê*
Jede strophe begint mit *Owê.*
5. Reinmar (MF 176, 5) 11 zeil. a b c a b c d d W e e
Str. 1. 7 : 8 *dîn : mîn,* Str. 4. 7 : 8 *mîn : dîn.*

1) Ich schliesse mich der ansicht Scherers (a. a. o. s. 444) an, dass dies gedicht von dem Staufer Heinrich, dem sohn Friedrichs I, sei.

Burdach (a. a. o. s. 95 und 218) macht darauf aufmerksam, dass die lezte zeile der ersten (176, 15) und die lezte zeile der lezten strophe (177, 9) das wort *frouwe* enthalten, während die zweite und dritte strophe übereinstimmend mit *frouwe ich hân* beginnen. Dass der anfang der zweiten und dritten strophe mit bewuster absicht gleich gebildet ist, steht ausser allem zweifel. Dagegen möchte ich in dem *frouwe*, das sich in der lezten zeile der anfangs- und schlussstrophe findet, eher zufälligkeit als beabsichtigte responsion sehen. Das wort steht gar nicht einmal an derselben versstelle. Gebunden sind str. 1 und 4 indes doch und zwar durch die oben vermerkten reime, so dass Burdachs schema abba nichtsdestoweniger zu recht bestehen bleibt.

6. Derselbe (MF 179, 3—38) 9zeil. ababccddc
   Str. 2. 2:4 *hât : stât*. Str. 3. 2:4 *gât : stât.*
   Vgl. Burdach a. a. o. s. 219 fgg. und oben zu II B a γ 5.
7. Derselbe (MF 197, 15) 7zeil. ababcWc
   Str. 1. 5:7 *enmac : slac*, Str. 3. 5:7 *mac : tac.*
8. Hartmann von Aue (MF 216, 1) 7zeil. ababccc
   Str. 1. 1:3 *stât : rât*, Str. 3. 1:3 *rât : hât.*
9. Walther von der Vogelweide (WL 40, 19) 8zeil. ababcddc
   Str. 3. 2:4 *mê : wê*, Str. 4. 2:4 *widerstê : engê.*
10. Neidhart von Reuenthal (H II 52, 21) 13zeil. abcdabcdWeffe
    Str. 1. 1:5 *war : missevar*, St. 4. 1:5 *var : Engelmâr.*
11. Derselbe (H II 41, 33) 10zeil. abcabcddee
    Str. 2. 1:4 *dar : Adelmâr*, Str. 3. 1:4 *jâr : wâr.*
12. Unter Neidhart (H XXXVIII 19) 9zeil. ababcdddc
    Str. 1. 2:4 *singen : twingen*, Str. 2. 2:4 *ringen : singen.*
13. Ulrich von Lichtenstein (L 113, 13) 8zeil. ababcdcd
    Str. 1. 5:7 *gewinnen : minnen*, Str. 4. 5:7 *brinnen : minnen.*
14. Schenk Ulrich von Winterstetten (HMS I 172 XLV)[1] 10zeil. ababcddcR(ee)
    Str. 1. 2:4 *sanc : kranc*, Str. 2. 2:4 *kranc : sanc.*
15. Rubin (HMS I 312 III) 11zeil. abababcddcd
    Str. 2. 7:10 *niht : zuoversiht*, Str. 4. 7:10 *iht : siht.*
16. Derselbe (HMS I 316 XVII) 10zeil. abcabcdede
    Str. 1. 8:10 *mê : ê*, Str. 4. 8:10 *stê : mê.*
17. Konrad der Schenke von Landegge (HMS I 356 X) 13zeil. ababcdcdeefef
    Str. 1. 2:4 *zît : lît*, Str. 4. 2:4 *lît : zît.*

1) In der handschrift ist raum gelassen für eine strophe.

18. Wilhelm von Heinzenburg (HMS I 305 VI) 8 zeil. a b a b c d d c
Str. 1. 6 : 7 *kleine : aleine,* Str. 3. 6 : 7 *gemeine : aleine.*
Vgl. ausserdem VI D a.

β. In fünfstrophigen gedichten.

1. Von Singenberg, Truchsess von St. Gallen (HMS I 299 XXX. WR 254, 13) 8 zeil. a b a b c c d d
Str. 1. 1 : 3 *hân : getân,* Str. 5. 1 : 3 *getân : lân.*
„ 1. 2 : 4 *versinne : minne,* Str. 5. 2 : 4 *versinne : minne.*
2. Wolfram von Eschenbach (LW 7, 11) 6 zeil. a b a b c c
Str. 1. 5 : 6 *sanc : enklanc,* Str. 4. 5 : 6 *twanc : lanc.*
3. Der tugendhafte Schreiber (HMS II 148 II) 10 zeil. a b a b c c d e e d
Str. 2. 1 : 3 *kan : an,* Str. 3. 1 : 3 *kan : an.*
4. Neidhart von Reuenthal (H I 25, 14) 8 zeil. W a a b b c W c
Str. 1. 2 : 3 *rîchen : tîchen,* Str. 3. 2 : 3 *wünneclîchen : tîchen..*
5. Derselbe (H I 28, 1) 7 zeil. W a a b b c c
Str. 1. 6 : 7 *meien : zweien,* Str. 3. 6 : 7 *reien : meien.*
6. Derselbe (H I 28, 36) 6 zeil. a a b b c c
Str. 1. 3 : 4 *schal : al,* Str. 5. 3 : 4 *bal : Riuwental.*
7. Derselbe (H II 43, 15) 10 zeil. a b c a b c d e e d
Str. 2. 7 : 10 *jâr : dar,* Str. 3. 7 : 10 *bewar : var.*
8. Derselbe (H II 97, 9) 14 zeil. a b a b c d e d e c f g g f
Str. 3. 12 : 13 *bat : trat,* Str. 5. 12 : 13 *hât : wât.*
9. Derselbe (H H 99, 1) 14 zeil. a a b b c d d e e c f g g f
Str. 3. 8 : 9 *hân : getân,* Str. 5. 8 : 9 *hân : wân.*
10. Unter Neidhart (H XIV 1) 9 zeil. a b a b c d d d c
Str. 2. 1 : 3 *maget : unverzaget,* Str. 3. 1 : 3 *gesaget : behaget.*
11. Unter Neidhart (H XLVIII 24) 10 zeil. a b c a b c d d e e
Str. 3. 3 : 6 *gogelheit : geseit,* Str. 4. 3 : 6 *gemeit : bereit.*
12. Unter Neidhart (H L 6) 4 zeil. a a b b
Str. 2. 3 : 4 *jâr : hâr,* Str. 4. 3 : 4 *war : hâr.*
13. Ulrich von Singenberg, Truchsess von St. Gallen (HMS I 297 XXV. WR 249, 17) 8 zeil. a b a b c c d d
Str. 2. 7 : 8 *gan : an,* Str. 5. 7 : 8 *an : kan.*
14. Ulrich von Lichtenstein (L 97, 9) 8 zeil. a b a b c d d c
Str. 1. 2 : 4 *vogelîn : schîn,* Str. 4. 2 : 4 *mîn : sîn.*
15. Derselbe (L 406, 1) 6 zeil. a b a b c c
Str. 2. 5 : 6 *leit : werdikeit,* Str. 4. 5 : 6 *werdikeit : seit.*
16. Ulrich von Lichtenstein (L 407, 27) 7 zeil. a b a b c c c
Str. 2. 2 : 4 *stât : ergât,* Str. 4. 2 : 4 *stât : begât.*
17. Derselbe (L 444, 24) 6 zeil. a b a b c c
Str. 4. 5 : 6 *lîp : wîp,* Str. 5. 5 : 6 *wîp : lîp.*

18. Derselbe (L 533, 13) 6 zeil. a b a b c c
Str. 2. 2 : 4 *man* : *zergân*, Str. 4. 2 : 4 *kan* : *dan*.
19. Derselbe (L 549, 17) 6 zeil. a b a b c c
Str. 2. 5 : 6 *an* : *zergân*, Str. 3. 5 : 6 *gân* : *an*.
d
20. Derselbe (L 553, 21) 7 zeil. a b a b c c d
Str. 3. 2 : 4 *vrowen mîn* : *sîn*, Str. 5. 2 : 4 *mîn* : *vrowen sîn*.
c d
21. Burkart von Hohenfels (HMS I 202 II) 6 zeil. a b a b d c
Str 1. 1 : 3 *êre* : *sêre*, Str. 2, 1 : 3 *bêre* : *lêre*.
22. Derselbe (HMS I 203 V. B. L. XXXIV 71) 8 zeil. a b a b c c d d
Str. 1. 1 : 3 *tuot* : *hôher muot*, Str. 3. 1 : 3 *hôher muot* : *guot*.
23. Derselbe (HMS I 203 VI) 11 zeil. a a b c c b d e d d e
Str. 1. 3 : 6 *sîn* : *mîn*, Str. 3. 3 : 6 *sîn* : *mîn*.
24. Derselbe (HMS I 207 XIII) 10 zeil. a b c a b c d d e e
Str. 3. 7 : 8. *rât* : *hât*, Str. 4. 7 : 8 *rât* : *gât*.
25. Gottfried von Neifen (H 23, 8) 10 zeil. a b c a b c d e e d
Str. 1. 7 : 10 *geleit* : *leit*, Str. 4. 7 . 10 *gemeit* : *meit*.
26. Gottfried von Neifen (H 29, 36 — 31, 15).

Haupt (vorrede VI) vermutet, dass str. 31, 16 eine erweiterung des liedes sei. Knod (a. a. o. s. 8) will sie nicht streichen, da sie „in eigentümlicher weise mit der zweiten strophe in verbindung stehe.“ Diese eigentümliche verbindung besteht darin, dass aus der dritten zeile der zweiten strophe das wort *einmüetic* herausgenommen ist und nun der preis dieses „*lieplichen wortes*“ die ganze sechste strophe fült, dergestalt, dass von den elf zeilen derselben sieben mit *einmüetic* beginnen.

Gesezt Knod hätte recht, dann müste man doch billiger weise annehmen, dass str. 6 auf str. 2 ursprünglich folgte. Diese annahme scheint um so mehr berechtigt zu sein, als str. 31, 16 dort, wo sie in der handschrift ihren platz hat, durchaus nicht passt. Aber auch an 30, 20 schliesst sich 31, 16 nicht passend an. Ausserdem dürfen str. 2 und 3, die mit einander in engster verbindung stehen (vgl. 30, 20: *dâ tuo diu Minne ein wunder* mit 30, 21 *sît daz diu Minne wunder kan*) nicht getrent werden. Hiernach will mir Haupts vermutung höchst wahrscheinlich erscheinen. Nur eins könte bedenken erregen: str. 30, 32 und 31, 16 weisen an denselben strophenstellen dieselben reime auf.

Str. 4. 8 : 9 : 10 *munt* : *gesunt* : *stunt*
„ 6. 8 : 9 : 10 *stunt* : *funt* : *munt*

Allein diese wahrnehmung fält um so weniger ins gewicht, als eine andere mit gröster deutlichkeit darauf hinweist, dass die strophen 29, 36 — 31, 15 zu einem dreiteiligen liede zu vereinigen sind. Str. 1 und 5 beginnen mit *Nu*, str. 2 und 4 mit *Wâ wart ie*. Darnach ergibt sich für das ganze lied das schema a b x b a. Ausserdem sind a und b gebunden durch

Str. 1. 7 : 11 *swære* : *unwandelbære*
„ 4. 7 : 11 *wære* : *swære*

27. Schenk Ulrich von Winterstetten (HMS I 155 XVII. B. L. XXXVIII 136) e f f
11 zeil. a b a b c d c d d R (e f)
Str. 1. 5 : 7 *fruht* : *zuht*, Str. 2. 5 : 7 *zuht* : *fruht*.

Jede der vier lezten strophen begint mit *Mîn klage*.

28. Rudolf von Rotenburg (HMS I 89 XV) 10 zeil. a b a b c c d e d e
Str. 2. 2 : 4 *stât* : *herzen gât*, Str. 5. 2 : 4 *herzen gât* : *bestât*.
29. Derselbe (HMS I 89 XVI) 7 zeil. a b a b c a c
Str. 1. 2 : 4 *vrô* : *alsô*, Str. 3. 2 : 4 *vrô* : *hô*.
30. Von Scharfenberg (HMS I 350 II) 9 zeil. a b a b c c d d c
Str. 1. 1 : 3 *mære* : *swære*, Str. 2. 1 : 3 *swære* : *mære*. d
31. Heinrich von Stretelingen (HMS I 111 II) 10 zeil. a b b a c c R (d d e e)
Str. 1. 5 : 6 *tôt* : *nôt*, Str. 4. 5 : 6 *rôt* : *tôt*.
32. Konrad der Schenke von Landegge (HMS I 352 III)
12 zeil. a b b c a d d c e f f e
Str. 3. 4 : 8 *wê* : *verstê*, Str. 4. 4 : 8 *verstê* : *mê*.
33. Derselbe (HMS I 357 XII) 12 zeil. a a b b c c d d e e f f
Str. 2. 11 : 12 *lîp* : *wîp*, Str. 3. 11 : 12 *wîp* : *lîp*.
34. Derselbe (HMS I 359 XVII) 11 zeil. a b c a b c d d e e d
Str. 4. 3 : 6 *kan* : *an*, Str. 5. 3 : 6 *man* : *gan*.
35. Heinrich von Breslau (HMS I 10 II. B. L. LXXXI 1)
11 zeil. a b c a b c d d e W e
Str. 1. 9 : 11 *wesen* : *genesen*, Str. 5. 9 : 11 *wesen* : *genesen*.
36. Meister Johannes Hadlaub (HMS II 301 XLV)
10 zeil. a a b c c b d e e d
Str. 1. 3 : 6 *entstân* : *gân*, Str. 3. 3 : 6 *wolgetân* : *gân*.
a c a c f
37. Der Dürner (HMS II 336. B. L. XC 1) 8 zeil. b d b d e e e f
Str. 1. 2 : 4 *schîn* : *sîn*, Str. 2. 2 : 4 *mündelîn* : *mîn*.
38. Konrad von Altstetten (HMS II 64 II) 11 zeil. a b c a b c d d e e c
Str. 2. 9 : 10 *diu reine* : *die ich da meine*.
„ 5. 9 : 10 *diu reine* : *die ich da meine*.
Jede strophe begint mit *Wol*.
39. In einem namenlosen HMS III 422 XXII mitgeteilten liede
10 zeil. a b c a b c d e d e
Str. 3. 8 : 10 *zwâr* : *gar*, Str. 5. 8 : 10 *bar* : *var*.
Vgl. ausserdem VI D b.

γ. In sechsstrophigen gedichten.

1. Hermann der Damen (HMS III 162 II) 7 zeil. a b a b c W c
   Str. 1. 2 : 4 *ein sælik man* : *teil vergan*
   „ 5. 2 : 4 *teil gewan* : *ein sælik man.*
   „ 1. 5 : 7 *zagen* : *von in sagen*
   „ 5. 5 : 7 *von im sagen* : *tragen.*
2. Ulrich von Lichtenstein (L 420, 16) 7 zeil. a b a b c c W
   Str. 2. 1 : 3 *vinden* : *erwinden*, Str. 6. 1 : 3 *vinde* : *underwinde*
   „ 2. 5 : 6 *êre* : *mêre*, Str. 6. 5 : 6 *êre* : *mêre.*
3. Reinmar (MF 195, 37)[1] 6 zeil. a b a b c c
   Str. 1. 2 : 4 *benomen* : *komen*, Str. 3. 2 : 4 *benomen* : *komen.*
4. In einem in B hinter Reimars gedichten überlieferten liede (HMS III 320) 9 zeil. a b a b c c d d c
   Str. 2. 2 : 4 *hât* : *stât*, Str. 3. 2 : 4 *gât* : *stât.*
5. Neidhart von Reuenthal (H II 59 36) 10 zeil. a b c a b c d e d e
   Str. 4. 2 : 5 *trat* : *hât*, Str. 5. 2 : 5 *gestât* : *gât.*
6. Burggraf von Lüenz (HMS I 211 I. B. L. XXXV I) 10 zeil. a b a b c d c d e e
   Str. 5. 6 : 8 *ergie* : *umbevie*, Str. 6. 6 : 8 *gie* : *lie.*
7. Wernher von Teufen (HMS I 109 IV) 7 zeil. a b a b c c c
   Str. 3. 1 : 3 *zît* : *lît*, Str. 5. 1 : 3 *nît* : *lît.*
   Vgl. ausserdem VI D c.

δ. In siebenstrophigen gedichten.

1. Neidhart von Reuenthal (H I 11, 8) 7 zeil. a b b a c c a
   Str. 2. 2 : 3 *vogelîn* : *mîn*, Str. 5. 2 : 3 *mîn* : *sîn.*
2. Derselbe (H II 95, 6) 9 zeil. a b c a b c d d d
   Str. 2. 3 : 6 *tac* : *mac*, Str. 7. 3 : 6 *mac* : *vîretac.*
3. Ulrich von Lichtenstein (L 447, 13) 8 zeil. a b a b c c d d
   Str. 3. 7 : 8 *schîn* : *sîn*, Str. 7. 7 : 8 *mîn* : *dîn.*
4. Derselbe (L 507, 11) 8 zeil. a b a b c d d c
   Str. 1. 6 : 7 *sunne* : *wunne*, Str. 7. 6 : 7 *wunne* : *sunne.*
   Vgl. ausserdem VI D d.

b. Durch widerkehr derselben reime in drei zeilen.

α. In vierstrophigen gedichten.

1. Friedrich von Hausen (MF 50, 19) 8 zeil. a b a b a b c c
   Str. 1. 2 : 4 : 6 *sinne* : *minne* : *willen*
   „ 4. 2 : 4 : 6 *wille* : *sinne* : *minne.*

1) Burdach (a. a. o. s. 229) behauptet von diesem gedicht, wie mir scheint, mit recht, dass es sicher unächt sei.

2. Hildbold von Schwanegau (HMS I 280 I) 8zeil. a b a b b a a a
Str. 3. 2 : 4 : 5 *rât* : *güetlîchen stât* : *hât*
„ 4. 2 : 4 : 5 *ergât* : *rât* : *güetlîchen stât.*

β. In fünfstrophigen gedichten.

1. Rudolf von Fenis (MF 81, 30 — 82, 25) 7zeil. a b a b b a b
Str. 2. 1 : 3 : 6 *êren* : *kêren* : *versêren*
„ 4. 1 : 3 : 6 *mêre* : *sêre* : *kêre.*

Burdach (a. a. o s. 91) will aus den fünf strophen dieses tones zwei lieder machen, dergestalt, dass einerseits 81, 30 — 82, 4, andererseits 82, 5 — 25 je ein lied bilden. Er hebt die responsion in den drei lezten strophen hervor: es korrespondiert 82, 9 mit 82, 16 u. 12, desgleichen 82, 13. 14 mit 82, 20. 21 sowie 82, 15 mit 82, 22. Zwischen den beiden ersten strophen besteht ein ähnlicher enger zusammenhang. Beide teile scheinen mir mit einander gebunden zu sein durch die reime, die ich oben angab. Darnach ergibt sich für das ganze lied etwa folgendes schema
c c
a a b b b

2. Der tugendhafte Schreiber (HMS II 149 III. B. L. XXIV 1)
c c c
7zeil. a b a b d d d
Str. 3. $5^1 : 6^1 : 7^1$ *gebunden* : *entwunden* : *wunden*
„ 4. $5^1 : 6^1 : 7^1$ *bunden* : *kunden* : *überwunden.*

3. Ulrich von Lichtenstein (L 419, 1) 7zeil. a b a b c b c
Str. 1. 1 : 3 : 6 *êre* : *lêre* : *mêre*
„ 4. 1 : 3 : 6 *hêre* : *nimmermêre* : *immermêre.*

4. Gottfried von Neifeu (H 7, 15) 9zeil. a b c a b c d d c
Str. 2. 3 : 6 : 9 *sîn* : *schîn* : *dîn*, Str. 5. 3 : 6 : 9 *schîn* : *sîn* : *pîn.*

5. Walther von Klingen (HMS I 72 III. B. L. LXIV 1)
7zeil. a b a b c c b
Str. 2. 2 : 4 : 7 *daz herze mîn* : *sîn* : *pîn*
„ 5. 2 : 4 : 7 *pîn* : *daz herze mîn* : *sîn.*

6. Konrad der Schenke von Landegge (HMS I 358 XV)
11zeil. a b c a b c d e e d e
Str. 1. 8 : 9 : 11 *schîn* : *blüemelîn* : *sîn*
„ 4. 8 : 9 : 11 *sîn* : *mîn* : *schîn.*

7. Heinrich Frauenlob (HMS III 396 XVI) 10zeil. a b c a b c d d d c
Str. 1. 3 : 6 : 10 *mîn* : *in* : *sîn*
„ 4. 3 : 6 : 10 *sîn* : *schîn* : *rubîn.*

8. In einem namenlosen HMS III 428 XXXIII mitgeteiltem liede.
13zeil. a a a b c c c b e f f f e
Str. 1. 5 : 6 : 7 *gedanc* : *kranc* : *lanc*, Str. 2. 5 : 6 : 6 *sanc* : *klanc* : *spranc.*

γ. In sechsstrophigen gedichten.

1. Ulrich von Lichtenstein (L 57, 25) 7 zeil. a b a b c b c
Str. 3. 2 : 4 : 6 *mîn* : *sîn* : *schîn*, Str. 4. 2 : 4: 6 *mîn* : *sîn* : *schîn*.
2. Derselbe (L 403, 25) 7 zeil. a a b b c c c
Str. 1. 5 : 6 : 7 *reine* : *aleine* : *gemeine*
„ 6. 5 : 6 : 7 *aleine* : *meine* : *deheine*.
3. Tannhäuser (HMS II 95 XIV) 9 zeil. a b a b c c d d d
Str. 2. 7 : 8 : 9 *winde* : *kinde* : *vinde*
„ 4. 7 : 8 : 9 *vinde* : *winde* : *swinde*.
4. Walther von Klingen (HMS I 72 IV)
7 zeil. Str. 1. 2. 3 5 a b a b b a a, Str. 4 u. 6 a b a b W c c
Str. 1. 2 : 4 : 5 *schîn* : *nâch der lieben vrouwen mîn* : *sîn*
„ 5. 2 : 4 : 5 *nâch der lieben vrouwen mîn* : *sîn* : *fîn*.

c. Verbindung von a und b.

Reinmar (MF 199, 25)[1] 6 str. 11 zeil. a a b c c b d d e e e
Str. 1. 4 : 5 *gemüete* : *güete*, Str. 6. 4 : 5 *güete* : *behüete*.
„ 1. 9 : 10 : 11 *sêre* : *mêre* : *êre*
„ 6. 9 : 10 : 11 *mêre* : *sêre* : *herzesêre*.

d. Durch widerkehr derselben reime in vier zeilen.

1. Walther von Klingen (HMS I 73 V. B. L. LXIV 36)
4 str. (nach der andeutung in HMS fehlt indes eine strophe)
7 zeil. a b a b b a b
Str. 2. 2 : 4 : 5 : 7 *zît* : *lît* : *vröude gît* : *wît*
„ 3. 2 : 4 : 5 : 7 *nît* : *lît* : *vröude gît* : *zît*.
2. Derselbe (HMS I 71 I) 5 str. 7 zeil. a b a b b a b
Str. 2. 2 : 4 : 5 : 7 *mündel rôt* : *nôt* : *mir gebôt* : *vröuden tôt*
„ 5. 2 : 4 : 5 : 7 *vröuden tôt* : *nôt* : *mündel rôt* : *mir gebôt*.

III. Verbindung von I und II.

A. Verbindung von I A und II A.

Unter Walther von der Vogelweide (WL 166, 21)
2 str. 12 zeil. a a b c c b $K^3K^1K^3K^2K^3K^2$
Str. 1. 8 *sô rehte an allen dingen*
„ 2. 8 *sô stæte an allen dingen* (vgl. I A a)
„ 1. 7 : 9 : 11 *tuot* : *behuot* : *guot*
„ 2. 7 : 9 : 11 *muot* : *guot* : *tuot* (vgl. II A b).

1) Burdach (a. a. o. s. 230) schliesst mit recht aus form und inhalt dieses liedes auf seine unächtheit.

B. Verbindung von I A und II B.

Von Sunecke (HMS I 349 III. B. L. LIX 1)

3str. 7zeil. ababcR(cc)

Str. 1. 5 *grunde* : Str. 2. 5 *funde* : Str. 3. 5 *bunde*

Refr. *wand âne got nieman erdenken kunde*
sô lieplîch lachen von sô rôtem munde

(Vgl. I A b.)

Str. 1. 2 : 4 *minneclîchen* : *slîchen*, Str. 2. 2 : 4 *rîchen* : *gelîchen*,
„ 3. 2 : 4 *wære* : *swære*.

(Vgl. II B a α.)

C. Verbindung von I B und II B.

Markgraf Heinrich von Meissen (HMS I 13 III) 3str. 7zeil. ababcWc

Str. 1. 6 *tât* : Str. 2. 6 *hât*, Str. 3. 6 *hô*.
„ 2. 5 : 7 *gar* : *bewar*, Str. 3. 5 : 7 *var* : *adelar*,
„ 1. 5 : 7 *mîn* : *sîn* (vgl. II B a γ).

D. Verbindung von I D und II D.

1. Unter Hartmann von Aue (MF 320) 5str. 7zeil.

Str. 1 u. 4 $ababcK^{1}c$, Str. 3 u. 5 $ababcK^{2}c$
„ 1 u. 3 $aK^{3}aK^{3}cWc$, Str. 2 u. 5 $aK^{4}aK^{4}cWc$
„ 1 u. 5 $ababK^{5}WK^{5}$

Str. 1. 6 *sî* : Str. 4. 6 *bî*, Str. 3. 6 *niht* : Str. 5. 6 *niht*.
„ 1. 2 : 4 *wol* : *sol*, Str. 3. 2 : 4 *wol* : *sol*.
„ 2. 2 : 4 *wil* : *vil*, Str. 5. 2 : 4 *wil* : *vil*.
„ 1. 5 : 7 *stât* : *hât*, „ 5. 5 : 7 *lât* : *hât* (vgl. II D a).

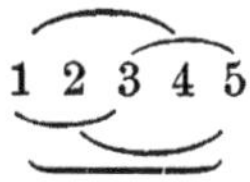

2. Reinmar (MF 166, 16—167, 30).

Die handschriften überliefern diese sechs in demselben tone abgefassten strophen in verschiedener anzahl und reihenfolge. A bietet 1. 2. 3. 4. 5, b 1. 2. 3. 4. 6, C 1. 2. 3. 6. 5. 4, E 1. 4. 2. 3. 6. 5. In MF sind unter beobachtung der strophenfolge in A mit hinzufügung der in A fehlenden strophe aus den sechs strophen drei lieder gemacht (I = str. 1—4, II = str. 5, III = str. 6).

Dass alle strophen sich in derselben weise mit demselben liebesverhältnis beschäftigen, ist klar. Burdach (a. a. o. s. 211) meint, dass MF 167, 4 eine später nachgedichte und mit den übrigen zusammen vorgetragene strophe sei. Diese vermutung scheint mir sehr wahrscheinlich. Wenn sich nun weiter ergibt, dass MF 167, 13 mitteilt, worin der spott bestand, von welchem MF 166, 26 die rede ist, so dürfte sich von dieser strophe dasselbe behaupten lassen, was Burdach von 167, 4 vermutet. Ja noch mehr: ich glaube, dass beide strophen zu gleicher zeit verfasst sind und zwar gieng 167, 13 167, 4 voran. Was 167, 22 anlangt, so fält die ähnlichkeit zwischen 167, 22 fgg. und 166, 25 fgg. sofort in die augen. Ich halte auch 167, 22 für eine spätere zudichtung, die dann aber mit den anderen fünf strophen zusammen vorgetragen wurde. Denn auf bestimmung aller sechs strophen für fortlaufenden vortrag deuten die unten angemerkten reime. Vielleicht war die ursprüngliche reihenfolge:

MF 166, 16; 166, 25; 167, 13; 167, 4; 166, 34; 167, 22.
1 2 3 4 5 6

9zeil. Str. 3 u. 6 ababccdK^1d, Str. 2 u. 4 aK^2aK^2ccdWd
„ 1 u. 6 ababK^3K^3dWd, „ 3 u. 4 ababK^4K^4dWd
„ 2 u. 5 ababccK^5WK^5

Str. 3. 8 *wîp* : Str. 6. 8 *wîp*.
„ 2. 2 : 4 *solte* : *wolte*, Str. 4. 2 : 4 *wolte* : *solte*.
„ 1. 5 : 6 *gesach* : *ungemach*, Str. 6. 5 : 6 *ungemach* : *geschach*.
„ 3. 5 : 6 *bî* : *sî*, Str. 4. 5 : 6 *bî* : *sî*.
„ 2. 7 : 9 *minne* : *inne*, Str. 5. 7 : 9 *gewinnen* : *minnen*.

1 2 3 4 5 6

E. Verbindung von I D und H E.

Ulrich von Lichtenstein (L 582, 4)
7str. 7zeil. Str. 2 u. 6 ababcK^1c, Str. 5 u. 6 aK^2aK^2cWc
„ 6 u. 7 ababK^3WK^3
Siehe VII A.

F. Verbindung von I D und H F.

1. Konrad der Schenke von Landegge (HMS I 355 IX)
4str. 9zeil. Str. 4 abcabcddW, Str. 1 u. 2 K^1
„ 1 u. 3 K^2bcK^2bcddW
Str. 1. 9 *mîn* : Str. 2. 9 *dahin*. Str. 1. 1 : 4 *kalt* : *gewalt*,
„ 3. 1 : 4 *wolgestalt* : *balt* (vgl. II F a).

1 2 3 4

2. Unter Neidhart von Reuenthal (H XL 7)
5str. 18zeil. Str. 4 u. 5 ababccddeeffK^1gghhg
„ 1 u. 5 ababccK^2K^2eeffW
Siehe VII B.

IV. Gedichte, deren strophen paarweise durch an verschiedenen strophenstellen widerholte reime dergestalt gebunden sind, dass durch diese bindungen die strophen zu einander in ein bestimtes verhältnis treten.

A. Dreistrophige gedichte.

1. König Wenzel von Böhmen (HMS I 9 II) 10zeil. abcabcdeed
Str. 1. 2 : 5 *sanc* : *danc*, Str. 2. 1 : 4 *umbevanc* : *kranc*.
„ 1. 1 : 4 *getân* : *hân*, Str. 3. 2 : 5 *hân* : *lân*.
1 : 2 = 3 : 1

2. Meister Johannes Hadlaub (HMS H 300 XLII) 7zeil. ababccc
Str. 1. 2 : 4 *dienestman* : *kan*, Str. 2. 5 : 6 : 7 *kan* : *man* : *gran*.
„ 1. 5 : 6 : 7 *wunderlîch* : *ungelîch* : *sich*
„ 3. 2 : 4 *gelîch* : *sich*.
1 : 2 = 3 : 1

a d f
3. Derselbe (HMS II 300 XLIII) 10zeil. abcdbcefef
Str. 1. 3 : 6 *war* : *gar*, Str. 3. 8 : 9^1 : 10 *dar* : *gar* : *klâr*
„ 2. 8 : 9^1 : 10 *schîn* : *mîn* : *pîn*, Str. 3. 3 : 6 *sîn* : *hin*.
1 : 3 = 3 : 2

4. König Konrad der Junge (HMS I 4 H. B. L. LXV 1) 7zeil. ababcWc
Str. 1. 6 *tage*, Str. 2. 2 : 4 *tage* : *trage*.
„ 2. 6 *an*, „ 3. 2 : 4 *hân* : *began*.
1 : 2 = 2 : 3.

B. Vierstrophige gedichte.

1. Hartmann von Aue (MF 205, 1 — 206, 9) 9zeil. ababbcccc

Burdach (a. a. o. s. 100) macht darauf aufmerksam, dass sich das wort *wandel* oder seine zusammensetzung durch die drei strophen 205, 10 — 206, 9 widerhole, und glaubt, dass dadurch diese als e i n lied erwiesen werden, 205, 1 — 9 aber abzusondern sei. Dass das wort *wandel* in den angeführten strophen mit absicht verwant ist und auf zusammenhang derselben unter einander deutet, ist klar. Dass aber 205, 1 — 9 deshalb abzusondern sei, weil in dieser strophe sich jenes wort nicht findet, möchte ich bezweifeln. Ich will nur an die unter I B und II B mitgeteilten beispiele erinnern. Dass eine betrachtung des inhalts Burdachs ansicht bestätige, habe ich nicht gefunden, wol aber verschiedene metrische erscheinungen, die für die zugehörigkeit von 205, 1 — 9 sprechen. Dahin gehören

Str. 1. 2 : 4 : 5 *guot* : *muot* : *tuot*, Str. 2. 1 : 3 *tuot* : *muot*.
„ 3. 1 : 3 *gie* : *erlie*, Str. 4. 2 : 4 : 5 *liez* : *verstiez* : *gehiez*.
1 : 2 = 4 : 3

Auch die assonanzen

Str. 1. 6 : 7 : 8 : 9 *hân* : *wân* : *lân* : *getân*

„ 2. 6 : 7 : 8 : 9 *man* : *gewan* : *kan* : *an*

„ 3. 6 : 7 : 8 : 9 *entsaz* : *daz* : *haz* : *baz*

sind vielleicht nicht unbeabsichtigt.

2. Von Stadegge (HMS II 74 I) 7 zeil. a b a b c W c

Str. 1. 2 : 4 *getân* : *wân*, Str. 2. 5 : 6 *man* : *understân*.

„ 3. 2 : 4 *mê* : *wê*, Str. 4. 5 : 6 *gê* : *mê*.

1 : 2 = 3 : 4

3. Reinmar (MF 175, 1) 7 zeil. a b a b c W c

Str. 1. 6 *niht*, Str. 4. 2 : 4 *siht* : *niht*.

„ 2. 2 : 4 *klagen* : *sagen*, Str. 4. 6 *klagen*.

1 : 4 = 4 : 2.

C. Fünfstrophige gedichte.

1. Reinmar (MF 170, 1) 7 zeil. a b a b c W c

Str. 1. 5 : 7 *tage* : *trage*, Str. 2. 2 : 4 *sagen* : *tragen*

„ 4. 5 : 7 *gât* : *lât*, Str. 5. 2 : 4 *missetât* : *hât*.

1 : 2 = 4 : 5.

2. Schenk Konrad von Landegge (HMS I 353 VI) 10 zeil. a b c a b c d e d e

Str. 1. 8 : 10 *wil* : *fröidenspil*, Str. 2. 1 : 4 *vil* : *kindespil*.

„ 4. 8 : 10 *wîp* : *lîp*, Str. 5. 1 : 4 *wîp* : *lîp*.

1 : 2 = 4 : 5

3. Der tugendhafte Schreiber (HMS II 149 IV) 10 zeil. a a b c c b d d e e

Str. 1. 4 : 5 *güete* : *behüete*, Str. 5. 7 : 8 *güete* : *gemüete*.

„ 2. 4 : 5 *müezen* : *grüezen*, Str. 4. 7 : 8 *süezen* : *grüezen*.

1 : 5 = 2 : 4

4. Meister Johannes Hadlaub (HMS II 299 XLI)

16 zeil. a a b b c d d c e c f g g h h f

Str. 1. 3 : 4 *zît* : *gît*, Str. 4. 14 : 15 *sumerzît* : *lît*.

„ 2. 14 : 15 *guot* : *tuot*, Str. 5. 3 : 4 *guot* : *tuot*.

1 : 4 = 5 : 2.

5. Geltar (HMS II 173 IV. B. L. LVII 20) 5 zeil. a a b b b

Str. 1. 1 : 2 *breit* : *gekleit*, Str. 3. 3 : 4 : 5 *geleit* : *bekleit* : *meit*.

„ 2. 1 : 4 *lân* : *man*, Str. 3. 3 : 4 : 5 *man* : *kan* : *getân*.

1 : 3 = 2 : 5

---

6. Günther von dem Forste (HMS II 164 H) 6 zeil. a b a b c c

Str. 3. 2 : 4 *sagen* : *verdagen*, Str. 5. 5 : 6 *bejagen* : *klagen*.

„ 4. 5 : 6 *gewar* : *rebar*, Str. 5. 2 : 4 *tar* : *hâr*.

3 : 5 = 5 : 4

7. In einem namenlosen HMS III 423 XXIV mitgeteilten liede
6zeil. ababcWc
Str. 1. 6 *enkan*, Str. 4. 1 : 3 *man* : *an*.
„ 3. 1 : 3 *wil* : *vil*, Str. 4. 6 *vil*.
1 : 4 = 4 : 3

8. Heinrich von Sachs (HMS I 93 III) 7zeil. ababccc
Str. 1. 1 : 3 *lît* : *strît*, Str. 4. 5 : 6 : 7 *strît* : *lît* : *zît*.
„ 1. 5 : 6 : 7 *schar* : *war* : *dar*, Str. 4. 1 : 3 *dar* : *var*.
1 : 4 = 4 : 1

---

9. Meister Johannes Hadlaub (HMS II 283 VII. B. L. LXXXVII, 188)
a c f
7zeil. abcbefe
Str. 1. 1 : 2[1] *man* : *hân*, Str. 4. 6 : 7[1] *man* : *enkan*.
„ 3. 6 : 7[1] *hâr* : *gar*, Str. 5. 1 : 2[1] *jâr* : *gar*, Str. 4. 5 : 7 *dar* : *war*.
„ 1. 5 : 7 *ê* : *wê*, „ 4. 1 : 2[1] *wê* : *mê*.
1 : 4 = 5 : 3, 1 : 4 = 4 : 5

10. Jakob von Warte (HMS I 67 IV) 7zeil. ababcWc
Str. 2. 5 : 7 *wol* : *dol*, Str. 4. 6 *wol*.
„ 2. 6 *mîn*, Str. 4. 5 : 7 *mîn* : *sîn*, Str. 5. 2 : 4 *mîn* : *sîn*.
„ 3. 6 *sô*, Str. 4. 2 : 4 *sô* : *unvrô*.
2 : 4 = 4 : 2, 2 : 5 = 3 : 4

11. Rubin (HMS I 317 XVIII) 10zeil. ababcdcdee
Str. 1. 2 : 4 *geben* : *leben*, Str. 3. 6 : 8 *gebe* : *lebe*.
„ 2. 2 : 4 *bereit* : *geseit*, Str. 4. 6 ; 8 *senftekeit* : *arbeit*.
„ 2. 9 : 10 *wol* : *sol*, Str. 3. 2 : 4 *wol* : *sol*.
„ 4. 2 : 4 *brâht* : *verdâht*, Str. 5. 9 : 10 *gedâht* : *brâht*.
1 : 3 = 2 : 4, 2 : 3 = 5 : 4

12. Heinrich von Morungen (MF 123, 10) 12zeil. abbcaddcccecc
Str. 1. 4 : 8 : 9 : 12 *mê* : *bestê* : *wê* : *gê*, Str. 2. 6 : 7 *mê* : *ê*.
„ 3. 6 : 7 *gruoz* : *muoz*, Str. 5. 4 : 8 : 9 : 12 *gruoz* : *muoz* : *vuoz* : *buoz*.
„ 1. 2 : 3 *wîp* : *lîp*, Str. 4. 4 : 8 : 9 : 12 *zît* : *widerstrît* : *lît* : *gît*.
„ 2. 4 : 8 : 9 : 12 *baz* : *daz* : *vergaz* : *haz*, Str. 5. 2 : 3 *gehaz* : *baz*.
1 : 2 = 5 : 3, 1 : 4 = 5 : 2

13. Ulrich von Lichtenstein (L 397, 1) 6zeil. ababcc
Str. 1. 2 : 4 *sælikeit* : *leit*, Str. 5. 1 : 3 *sælikeit* : *geleit*.
„ 2. 2 : 4 *man* : *kan*, Str. 4. 1 : 3 *kan* : *man*.
„ 2. 1 : 3 *mîn* : *sîn*, „ 4. 2 : 4 *mîn* : *dîn*,
„ 3. 5 : 6 *schîn* : *mîn*.
„ 2. 5 : 6 *tuot* : *muot*, Str. 5. 2 : 4 *tuot* : *guot*.
1 : 5 = 2 : 4 = 4 : 2, 2 : 5 = 3 : 4

a a c c d d
14. Derselbe (L 394, 16) 5 zeil. b b b b b

Str. 1. $5^1 : 5^2$ *meine* : *reine*
„ 4. 1 : 2 : 3 : 4 : 5 *algemeine* : *eine* : *bescheine* : *meine* : *reine*.
„ 2. 1 : 2 : 3 : 4 : 5 *fruote* : *hôchgemuote* : *behuote* : *muote* : *guote*, Str. 4. $5^1 : 5^2$ *muote* : *guote*.
„ 2. $5^1 : 5^2$ *hüete* : *güete*
„ 3. 1 : 2 : 3 : 4 : 5 *füeze* : *müeze* : *grüeze* : *büeze* : *süeze*.
„ 2. $1^1 : 2^2$ *wære* : *swære*, Str. 3. $4^1 : 4^2$ *gebære* : *swære*.
„ 2. $4^1 : 4^2$ *dingen* : *singen*, „ 5. $1^1 : 2^1$ *dinge* : *gelinge*.

1 : 4 = 4 : 2 = 2 : 3, 2 : 3 = 5 : 2

D. Sechsstrophige gedichte.

1. Neidhart von Reuenthal (H II 38, 9) 10 zeil. a b c a b c d e e d

Str. 1. 8 : 9 *val* : *nahtigal*, Str. 4. 1 : 4 *al* : *tal*.
„ 3. 8 : 9 *gân* : *lân*, Str. 6. 1 : 4 *gân* : *understân*.

1 : 4 = 3 : 6

E. Siebenstrophige gedichte.

1. Ulrich von Lichtenstein (L 520, 25) 6 zeil. a b a b c c

Str. 1. 5 : 6 *sô* : *vrô*, Str. 4. 2 : 4 *sô* : *vrô*.
„ 2. 2 : 4 *wil* : *spil*, „ 7. 5 : 6 *vil* : *spil*.
„ 2. 5 : 6 *sol* : *wol*, „ 5. 2 : 4 *wol* : *vol*.
„ 5. 5 : 6 *grunt* : *wunt*, Str. 7. 2 : 4 *munt* : *stunt*.

1 : 4 = 2 : 5 = 5 : 7 = 7 : 2

2. Unter Neidhart von Reuenthal (H XVI, 1) 9 zeil. a b c a b c d d d

Str. 1. 2 : 5 *überwinden* : *kinden*
„ 2. 7 : 8 : 9 *kinden* : *vinden* : *linden*.
„ 3. 2 : 5 *liute* : *triute*, Str. 6. 7 : 8 : 9 *Kiute* : *gebiute* : *triute*.
„ 4. 7 : 8 : 9 *Hildebolden* : *Adelolden* : *Herolden*
„ 5. 2 : 5 *Berhtolden* : *Gotebolden*.

1 : 2 = 3 : 6 = 5 : 4

3. Neidhart von Reuenthal (H I 14, 4) 8 zeil. a W a a b b c c

Str. 1. 5 : 6 *lât* : *rât*, Str. 7. 1 : 3 : 4 *rât* : *hât* : *ergât*.
„ 3. 1 : 3 : 4 *gevar* : *war* : *dar*, Str. 4. 5 : 6 *getar* : *offenbâr*.

1 : 7 = 4 : 3

4. Derselbe (H II 36, 18) 10 zeil. a b c a b c d e e d

Str. 2. 2 : 5 *winkelsehen* : *geschehen*, Str. 4. 3 : 6 *sehen* : *geschehen*.
„ 2. 3 : 6 *getân* : *hân*, Str. 6. 2 : 5 *getân* : *gân*.

2 : 4 = 6 : 2

5. Meister Johannes Hadlaub (HMS II 286 XIII) 5zeil. a a b b b
Str. 3. 1 : 2 *baz* : *was*, Str. 6. 3 : 4 : 5 *haz* : *was* : *gesaz*.
„ 6. 1 : 2 *gesîn* : *pîn*, „ 7. 3 : 4 : 5 *sîn* : *hin* : *pîn*.
3 : 6 = 6 : 7

6. Ulrich von Lichtenstein (L 416, 28) 7zeil. a b a b c c c
Str. 1. 2 : 4 *guot* : *gemuot*, Str. 7. 5 : 6 : 7 *missetuot* : *muot* : *guot*.
„ 2. 5 : 6 : 7 *spil* : *wil* : *vil*, Str. 6. 2 : 4 *wil* : *vil*.
1 : 7 = 6 : 2

7. Derselbe (L 440, 19) 7zeil. a b a b a c c
Str. 1. 2 : 4 *stunt* : *funt*, Str. 4. 6 : 7 *kunt* : *munt*.
„ 3. 2 : 4 *hât* : *rât*, Str. 7. 6 : 7 *lât* : *stât*.
1 : 4 = 3 : 7

Jede strophe begint mit *Hôher Muot*. Auf diese künstelei macht Ulrich selber 442, 8 mit den worten aufmerksam

Diu liet von reht si dûhten guot,
daz ieslich liet sprach Hôher muot
dâ ez sich huop, des smielte sie,
wan siz gehôrt het dâ vor nie.

V. Verbindung von I und IV.

A. Verbindung von I A und IV.

Walther von der Vogelweide (WL 119, 17) 4str. 9zeil. a b a b c c K d d
Körner (siehe I A a 5):
Str. 1. 7 *sît* : Str. 2. 7 *lît* : Str. 3. 7 *nît* : Str. 4. 7 *zît*.
Verhältnisse (IV B):
Str. 1. 1 : 3 *tac* : *mac*, Str. 4. 2 : 4 *pflac* : *mac*.
„ 2. 1 : 3 *getân* : *hân*, „ 3. 2 : 4 *hân* : *lân*.
1 : 4 = 2 : 3.

B. Verbindung von I D und IV.

1. Otto zum Turne (HMS I 343 II) 11str. 7zeil. a b a b c W c
Str. 2. 6 *reine*, Str. 4. 6 *kleine*,
„ 8. 5 : 7 *meine* : *alterseine*, Str. 11. 1 : 3 *beweinen* : *erscheinen*.
„ 9. 6 *hulde*, Str. 10. 6 *schulde*, Str. 4. 5 : 7 *hulden* : *schulden*.
„ 1. 6 *sterben*, Str. 2. 1 : 3 *sterben* : *verderben*,
„ 5. 2 : 4 *verderben* : *sterben*, Str. 9. 5 : 7 *verderbe* : *sterbe*.
„ 8. 6 *wunne*, Str. 1. 1 : 3 *wunne* : *sunne*,
„ 9. 2 : 4 *gewunne* : *zerrunne*.
„ 11. 6 *gedinge*, Str. 1. 5 : 7 *twinget* : *gedinget*.
„ 2. 5 : 7 *kumber* : *sumber*, str. 4. 1 : 3 *tumber* : *sumber*.
„ 8. 2 : 4 *kumber* : *krumber*.

Str. 7. 1 : 3 *güete : gemüete*, Str. 11. 2 : 4 *güete : gemüete.*

1 2 3 4 5 6 7 8 9 10 11

2 9
4 : 8 = 10 : 4 = 1 : 9 = 11 : 1
2
1 : 2 = 4 : 11 = 8 : 1
8 : 11 = 9 : 2 = 2 : 4 = 8 : 2
2 : 5 = 1 : 9 = 4 : 8 = 7 : 11
1 : 5 = 8 : 9

VI. Verbindung von II und IV.

A. Verbindung von II B und IV A.

1. Dietmar von Aist[1] (MF 40, 19) 3str. 8zeil. aabccbdd
Widerkehr derselben reime an denselben strophenstellen (siehe II B a α 3):
Str. 1. 1 : 2 *wîp : lîp*, Str. 2. 1 : 2 *wîp : lîp.*
Verhältnisse (IV A):
Str. 3. 7 : 8 *kîp : wîp.* Str. 1. 7 : 8 *begân : undertân,*
„ 3. 1 : 2 *man : getân.*
1
2 : 3 = 3 : 1

2. Tannhäuser (HMS II 92 X. B. L. XLVII 131)
3str. 18zeil. ababcdedefefR(ggghhh)
Widerkehr derselben reime (siehe II B a γ 8):
Str. 2. 6 : 8 *ger : sper,* Str. 3. 6 : 8 *her : ger.*
Verhältnisse (IV A):
Str. 1. 1 : 3 *mir : ir,* Str. 3. 5 : 7 *ir : mir.*
„ 1. 5 : 7 *Rîn : mîn,* Str. 2. 1 : 3 *schîn : mîn.*
1 : 3 = 2 : 1

3. Otto zum Turne (HMS I 345 V)
a c d f g l k
3str. 14zeil. abcbdefeghihkh
Widerkehr derselben reime (siehe II B a γ 9):
Str. 2. 6 : 8 *ir : mir,* Str. 3. 6 : 8 *ir : zwir.*
Verhältnisse (IV A):
Str. 1. 2 : 4 *hant : bant,* Str. 2. 10 : 12 : 14 *hant : gemant : gepfant.*
„ 2. 2 : 4 *tuot : muot,* Str. 3. 10 : 12 : 14 *muot : tuot : gluot.*
1 : 2 = 2 : 3

1) Nach Scherer a. a. o. s. 503 unecht.

B. Verbindung von II D und IV.

a. Verbindung von II D a und IV.

1. Gottfried von Neifen (H 15, 6) 5 str. 8 zeil. a b a b c d d c

Was die überlieferte strophenfolge anlangt, so glaube ich, dass str. 2 ursprünglich nicht auf str. 1 folgte: man weiss nicht, worauf sich das *ir* 15, 15 bezieht. Die sache wird sofort anders, wenn wir str. 2 und 3 umstellen. Dann erhalten wir guten zusammenhang. Der anfang von str. 3 schliesst sich an den schluss von str. 1, str. 2 an str. 3 passend an.

Widerkehr derselben reime (siehe II D a 2):

Str. 1. 2 : 4 *zît : gît,* Str. 2 (3). 2 : 4 *lîp : wîp.*
„ 3 (2). 2 : 4 *mîn : sîn,* Str. 5. 2 : 4 *pîn : mîn.*

Beachtenswert ist die assonanz.

1 3 2 4 5

Verhältnisse (IV C):

Str. 4. 5 : 8 *mîn : sîn.*
„ 1. 5 : 8 *sanc : kranc,* Str. 4. 2 : 4 *sanc : ranc.*

3(2)
4 : 5 = 1 : 4

2. Konrad der Schenke von Landegge (HMS I 356 XI) 5 str. 10 zeil. a b c a b c d e e d

Widerkehr derselben reime (siehe II D a 12):

Str. 1. 3 : 6 *muot : wan si ist vür trûren guot*
„ 3. 3 : 6 *behuot : wære ein kus vür trûren guot.*
„ 2. 8 : 9 *meine : aleine,* Str. 4. 8 : 9 *reine : meine.*
„ 4. 2 : 5 *sinne : minne,* „ 5. 2 : 5 *küniginne : gewinne.*

1 2 3 4 5

Verhältnisse (IV C):

Str. 1. 1 : 4 *zît : lît,* Str. 5. 7 : 10 *zît : lît.*
„ 2. 1 : 4 *mac : sumertac,* Str. 3. 7 : 10 *mac : tac.*
„ 4. 1 : 4 *dir : mir,* Str. 5. 3 : 6 *dir : mir.*
„ 4. 3 : 6 *wîp : lîp,* „ 5. 1 : 4 *wîp : lîp.*

1 : 5 = 2 : 3, 4 : 5 = 5 : 4

3. In einem namenlosen HMS III 468[dd] mitgeteilten liede 8 str. 10 zeil. a a b b c d d e e e

Widerkehr derselben reime (siehe II D a 14):

Str. 1. 1 : 2 *begin : sin,* Str. 8. 1 : 2 *mîn : în.*
„ 2. 1 : 2 *vluot : gluot,* „ 5. 1 : 2 *guot : durwuot.*
„ 2. 3 : 4 *bant : bekant.* Str. 6. 3 : 4 *ungenant : unbekant.*

Str. 7. 3 : 4 *iht : niht*, Str. 8. 3 : 4 *iht : niht.*
„ 3. 6 : 7 *mat : stat*, „ 6. 6 : 7 *stât : wât.*
„ 4. 6 : 7 *wît : lît*, „ 7. 6 : 7 *zît : mit.*

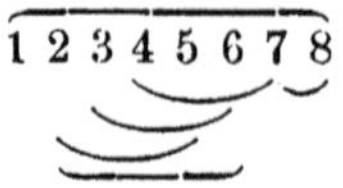

Verhältnisse:

Str. 1. 5 : 10 *gebar : wâr*, Str. 6. 1 : 2 *klâr : gar.*
„ 8. 5 : 10 *vluot : guot.*

$1 : 6 = 8 : \overset{2}{5}$

b. Verbindung von II D c und IV.

1. Ulrich von Lichtenstein (L 322, 1) 5 str. 7 zeil. a b a b c c c

Widerkehr derselben reime (siehe II D c 1):

Str. 2. 1 : 3 *wîp : lîp*, Str. 5. 1 : 3 *lîp : wîp.*
„ 1. 5 : 6 : 7 *muot : tuot : guot*, Str. 5. 5 : 6 : 7 *guot : muot : tuot.*
„ 2. 5 : 6 : 7 *schîn : mîn : sîn*, Str. 4. 5 : 6 : 7 *keiserîn : sîn : mîn.*

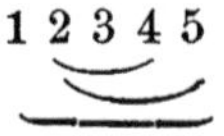

Verhältnisse (IV C):

Str. 3. 2 : 4 *muot : guot.* Str. 5. 2 : 4 *mîn : sîn.*

$3 : \overset{1}{5} = 5 : \overset{2}{4}$

2. Friedrich von Hausen (MF 54, 1) 5 str. 9 zeil. a b a b b c d d c

Widerkehr derselben reime (siehe II D c 3):

Str. 2. 6 : 9 *wîp : lîp*, Str. 5. 6 : 9 *wîp : lîp.*
„ 2. 7 : 8 *mîn : sîn*, „ 3. 7 : 8 *sîn : mîn.*
„ 1. 2 : 4 : 5 *gewan : man : gan*
„ 4. 2 : 4 : 5 *gewan : man : enkan.*
„ 3. 2 : 4 : 5 *ungemach : geschach : gesach*
„ 5. 2 : 4 : 5 *mac : jach : gepflac.*

Verhältnisse (IV C):

Str. 1. 1 : 3 *wîp : lîp*, Str. 4. 7 : 8 *wîp : leitvertrîp.*
„ 3. 1 : 3 *gert : ungewert*, Str. 5. 7 : 8 *gewert : gert.*
„ 4. 1 : 3 *sîn : bin*, Str. 4. 6 : 9 *sîn : mîn.*

$1 : 4 = 3 : 5 = 4^a : \overset{2}{3},\ \overset{2}{3} : 4^b = 4 : \overset{2}{5},\ 1 : \overset{2}{5} = 4^a : 4^b$

3. Rubin (HMS I 311 II) 7 str. 12 zeil. a b c a b c d e d e d e

Widerkehr derselben reime (siehe II D c 2):

Str. 1. 1 : 4 *wol : sol*, Str. 7. 1 : 4 *wol : dol.*
„ 2. 1 : 4 *danc : sanc*, „ 4. 1 : 4 *danc : twanc.*
„ 1. 2 : 5 *singen : bringen*, Str. 4. 2 : 5 *twingen : dingen.*
„ 1. 8 : 10 : 12 *undertân : hân : began*
„ 6. 8 : 10 : 12 *stân : verlân : hân*
„ 7. 8 : 10 : 12 *stân : hân : wân.*
„ 1. 7 : 9 : 11 *wîbe : vertrîbe : belîbe*
„ 5. 7 : 9 : 11 *belîben : vertrîben : wîben.*

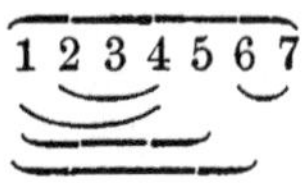

Verhältnisse (IV E):

Str. 4. 8 : 10 : 12 *sol : wol : dol.*
„ 2. 8 : 10 : 12 *gesigen : verzigen : geligen*
„ 3. 1 : 4 *gelige : gesige.*
„ 6. 7 : 9 : 11 *gedingen : bringen : gelingen.*
„ 2. 2 : 5 *hôchgemüete : güete*
„ 3. 7 : 9 : 11 *hôchgemüete : güete : hüete.*

$$2:3 = 4:6^{1}, \quad 2:3 = 4:7^{1}.$$

4. Walther von Breisach (HMS II 140 I)
7 str. 15 zeil. a a b c d d b c e e f g g f c

Widerkehr derselben reime (siehe II D c 5):

Str. 1. 1 : 2 *eine : ungemeine*, Str. 2. 1 : 2 *gemeinen : erscheinen.*
„ 5. 9 : 10 *klage : trage*, „ 7. 9 : 10 *trage : sage.*
„ 4. 11 : 14 *muot : behuot*, „ 6. 11 : 14 *muot :* —
„ 4. 12 : 13 *spil : wil*, „ 6. 12 : 13 *wankelspil : wil.*
„ 2. 4 : 8 : 15 *eigenlîche : gelîche : rîche*
„ 3. 4 : 8 : 15 *sinnerîche : gelîche : gelîche.*

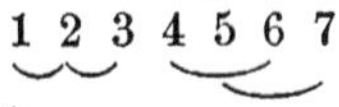

Verhältnisse (IV E):

Str. 1. 9 : 10 *stât : hât*, Str. 2. 12 : 13 *hât : rât.*
„ 2. 9 : 10 *breit : treit*, „ 3. 12 : 13 *treit : widerleit.*

$$1:2 = 2:3$$

c. Verbindung von II D e und IV.

Heinrich von Morungen (MF 126, 8) 4 str. 8 zeil. a b a b b c c b

Widerkehr derselben reime (siehe II D e 1):

Str. 2. 1 : 3 *mîn : sîn*, Str. 3. 1 : 3 *schîn : mîn.*

Str. 1. 2 : 4 : 5 : 8 *entsên* : *rên* : *stên* : *zergên*
„ 4. 2 : 4 : 5 : 8 *sên* : *zergên* : *stên* : *geschên.*

1 2 3 4

Verhältnisse (IV B):

Str. 4. 6 : 7 *mîn* : *vogellîn.*
„ 1. 6 : 7 *sich* : *mich*, Str. 4. 1 : 3 *sich* : *mich.*

2
3 : 4 = 4 : 1

C. Verbindung von II E und IV.

a. Verbindung von II E a und IV.

1. Ulrich von Lichtenstein (L 104, 9)
5 str. 7 zeil. a b a b c W c. Str. 3 a b a b a W c
Str. 1. 2 : 4 *vogelîn* : *sîn*, Str. 2. 2 : 4 *sîn* : *schîn*,
„ 5. 1 : 3 *mîn* : *dîn.*
„ 1. 5 : 7 *leit* : *widerseit*, Str. 4. 5 : 7 *leit* : *treit*,
„ 2. 1 : 3 *gemeit* : *bereit.*
„ 1. 1 : 3 *zergân* : *stân*, Str. 4. 2 : 4 *ergân* : *wân.*
„ 3. 1 : 3 *zît* : *lît*, Str. 3. 5 : 7 *strît* : *lît*, Str. 5. 6 *zît.*
„ 1. 6 *muot*, Str. 5. 5 : 7 *muot* : *guot.*

1 2 3 4 5

1 1
2 : 5 = 4 : 1, 4 : 2 = $3^b : 3^a$, 3^b : 5 = 5 : 1.

2. Derselbe (L 414, 3) 5 str. 10 zeil. a a b c c b d d e e
Str. 2. 9 : 10 *ich* : *mich*, Str. 4. 9 : 10 *mich* : *sich.*
„ 3. 3 : 6 *zît* : *strît*, „ 4. 3 : 6 *wîp* : *lîp.*
„ 1. 4 : 5 *tage* : *klage*, „ 2. 3 : 6 *tage* : *klage.*
„ 4. 3 : 6 *wîp* : *lîp*, „ 5. 4 : 5 *lîp* : *wîp.*

1 2 3 4 5

1 : 2 = 5 : 4.

3. Steinmar (HMS II 154 I. B. L. LXXVI 1)
5 str. 10 zeil. a a b c c b d d e e, Str. 3 a a b c c b d d c c
Str. 5 a a b c c b d d a a
Str. 1. 3 : 6 *prîsen* : *rîsen*, Str. 5. 3 : 6 *spîse* : *prîse.*
„ 2. 7 : 8 *ingesinde* : *bevinde*, Str. 5. 7 : 8 *slinde* : *ingesinde.*
„ 1. 4 : 5 *rât* : *wât*, Str. 5. 1 : 2 *gât* : *rât*, Str. 5. 9 : 10 *stât* : *hât.*
„ 2. 1 : 2 *mîn* : *sîn*, „ 3. 4 : 5 *swîn* : *sîn*, „ 3. 9 : 10 *sîn* : *wîn.*
„ 2. 9 : 10 *wol* : *vol*, Str. 4. 1 : 2 *wol* : *sol.*

1 2 3 4 5

1 : 5^a = 3 : 2, 1 : 5^b = $3^a : 3^b$
$5^a : 5^b$ = 2 : 3^b = 4 : 2.

Jeder zehnte vers jeder strophe begint mit *wâfen.*

4. Meister Johannes Hadlaub (HMS II 297 XXXVI)
5 str. 12 zeil. a b c a b c c d d e e W
Str. 1. 10 : 11 *mich : ich,* Str. 4. 10 : 11 *dich : mich.*
„ 3. 1 : 4 *sî : vrî,* Str. 4. 1 : 4 *sî : bî.*
„ 1. 1 : 4 *vogellîn : schîn,* Str. 2. 3 : 6 : 7 *pîn : sîn : mîn.*
„ 2. 1 : 4 *zît : widerstrît,* „ 4. 3 : 6 : 7 *zît : lît : gît.*

1 2 3 4 5

1 : 2 = 2 : 4.

5. Heinrich von Sax (HMS I 92 II) 5 str. 11 zeil. a b c d a b c d e e e
Str. 1. 3 : 7 *getân : gelân,* Str. 2. 3 : 7 *undertân : wân.*
„ 2. 2 : 6 *strît : nît,* Str. 3. 2 : 6 *gît : lît.*
„ 2. 9 : 10 : 11 *niht : siht : jiht,* Str. 4. 4 : 8 *zuoversiht : niht.*
„ 3. 4 : 8 *leitvertrîp : kîp,* Str. 4. 9 : 10 : 11 *lîp : wîp : trîp.*

1 2 3 4 5

2 : 4 = 4 : 3.

---

6. Hartmann von Aue (MF 209, 25—211, 19)
6 str. 12 zeil. a b a b c d c d e e f f
Str. 1. 11 : 12 *wât : hât,* Str. 5. 11 : 12 *hât : stât.*
„ 2. 2 : 4 *muot : guot,* „ 6. 2 : 4 *muot : guot.*
„ 1. 6 : 8 *man : kan,* „ 3. 1 : 3 *an : man.*
„ 4. 1 : 3 *hât : gestât,* „ 6. 6 : 8 *stât : hât.*

1 2 3 4 5 6

1 : 3 = 6 : 4

7. Ulrich von Lichtenstein (L 428, 1) 6 str. 6 zeil. a b a b c c
Str. 1. 1 : 3 *man : kan,* Str. 3. 1 : 3 *man : an,*
„ 6. 1 : 3 *hân : an.*
„ 2. 5 : 6 *hât : herzen gât,* Str. 3. 5 : 6 *herzen rât : missetât.*
„ 1. 2 : 4 *wert : gert,* Str. 6. 5 : 6 *gert : gewert.*
„ 1. 5 : 6 *leben : gegeben,* Str. 6. 2 : 4 *vergeben : leben.*
„ 2. 2 : 4 *hôchgemuot : tuot,* Str. 4. 5 : 6 *muot : tuot.*

1 2 3 4 5 6

1 : 6 = 6 : 1 = 2 : 4

8. Derselbe (L 429, 11) 6 str. 6 zeil. a b a b c c
Str. 1. 1 : 3 *meien : zweien,* Str. 2. 1 : 3 *zweiet : meiet.*
„ 5. 1 : 3 *vindet : swindet,* „ 6. 1 : 3 *vinden : überwinden.*
„ 2. 2 : 4 *gît : zît,* Str. 5. 5 : 6 *gît : zît.*

Str. 4. 5 : 6 *sîn : mîn*, Str. 6. 2 : 4 *sîn : mîn.*

1 2 3 4 5 6

2 : 5 = 6 : 4

8. Goeli (HMS II 78 I) 6 str. 11 zeil. a b c a b c d e d e c

Str. .1 1 : 4 *gezelt : velt*, Str. 5. 1 : 4 *welt : gezelt.*
„ 2. 1 : 4 *treit : breit*, „ 6. 1 : 4 *vermeit : versneit.*
„ 1. 3 : 6 *weide : heide*, „ 6. 3 : 6 *scheide : leide.*
„ 2. 7 : 9 *ôsterspil : vil*, „ 5. 2 : 5 *wil : vil.*
„ 3: 7 : 9 *gar : dar*, Str. 4. 2 : 5 *ar : dar.*

1 2 3 4 5 6

2 : 5 = 3 : 4

9. Unter Wolfram (LW 9, 3) 6 str. 11 zeil. a b c a b c d e e W d
Str. 5 a b c a b c c e e W c, Str. 6 a b c a b c d e e c d

Str. 4. 8 : 9 *ir minne : brinne*, Str. 5. 8 : 9 *ir minne : gotinne.*
„ 4. 7 : 11 *grunt : wunt*, Str. 6. 7 : 11 *munt : kunt.*
„ 2. 10 *nôt*, Str. 5. 2 : 5 *rôt : tôt.*
„ 3. 2 : 5 *hôch : noch*, Str. 5. 10 *noch.*

1 2 3 4 5 6

2 : 5 = 5 : 3

---

10. Ulrich von Lichtenstein (L 524, 14) 7 str. 6 zeil. a b a b c c

Str. 1. 2 : 4 *sanfte tuot : muot*, Str. 5. 2 : 4 *hôchgemuot : sanfte tuot.*
„ 6. 2 : 4 *muot : sanfte tuot*, „ 2. 5 : 6 *hôchgemuot : guot.*
„ 3. 2 : 4 *mich : sich*, Str. 7. 5 : 6 *ich : mich.*

1 2 3 4 5 6 7

1
5 : 2 = 3 : 7
6

11. Meister Johannes Hadlaub (HMS II 283 VIII)
7 str. 13 zeil. a a b c d d b c e f f e f

Str. 1. 3 : 7 *schœne vrouwen : geschouwen*,
„ 2. 3 : 7 *schœne vrouwen : schouwen*,
„ 3. 3 : 7 *vrouwen : schouwen.*
„ 3. 1 : 2 *kan : an*, Str. 5. 5 : 6 *lobesan : kan.*
„ 4. 1 : 2 *ir : mir*, „ 7. 5 : 6 *mir : ir.*

1 2 3 4 5 6 7

3 : 5 = 4 : 7

12. Derselbe (HMS II 281 IV. B. L LXXXVII 85)

a c e a c b
9 str. 7 zeil. abcbded, Str. 3 abcbdbd

a c e
Str. 7 abcbaea

Str. 3. $3 : 4^1$ *lanc : sanc*, Str. 5. $3 : 4^1$ *lanc : ganc.*
„ 4. $3 : 4^1$ *mich : ich*, „ 6. $3 : 4^1$ *sich : ich*,
„ 7. $3 : 4^1$ *sich : mich*, „ 8. $3 : 4^1$ *sich : ich.*
„ 7. $2 : 4$ *dô : vrô*, „ 8. $2 : 4$ *dô : vrô.*
„ 4. $6 : 7^1$ *gar : dar*, „ 6. $6 : 7^1$ *klâr : gar*,
„ 1. $2 : 4$ *klâr : war*, „ 9. $3 : 4^1$ *var : gar.*
„ 5. $6 : 7^1$ *sîn : in*, „ 7. $6 : 7^1$ *kindelîn : sîn*,
„ 1. $5 : 7$ *hin : schîn*, „ 4. $2 : 4$ *sîn : mîn*,
„ 6. $1 : 2^1$ *kindelîn : mîn.*
„ 5. $1 : 2^1$ *lân : gân*, „ 7. $1 : 2^1$ *getân : umbvân*,
„ 7. $5 : 7$ *verlân : hân*, „ 1. $3 : 4^1$ *ergân : man*,
„ 3. $2 : 4$ *umbvân : plân*, „ 3. $6 : 7^1$ *ergân : wân.*
„ 8. $1 : 2^1$ *ir : mir*, Str. 9. $1 : 2^1$ *îr : mir*, Str. 3. $5 : 7$ *mir : ir.*
„ 2. $5 : 7$ *sî : vrî*, „ 4. $1 : 2^1$ *sî : vrî*, „ 5. $2 : 4$ *sî : vrî.*

4 5
$1 : 9 = 3 : 1, \quad 6 : 1 = 3^b : 3^a = 7 : 4$

4 5
$6 : 9 = 3^b : 1, \quad 7 : 1 = 3^b : 7^b$

5 8
$1 : 4 = 7^b : 3^a = 2 : 5, \quad 7 : 7^b = 6 : 1 = 9 : 3 = 4 : 2$

5 5
$7 : 3 = 6 : 4 = 4 : 5, \quad 6 : 7 = 7^a : 3^b.$

(Schluss folgt.)

THÜMMELS CECILIA.

Durch eine correspondenz mit der familie des jovialen reisenden, der sich in der vorclassischen periode unserer litteratur doch immerhin einen ehrenvollen namen erworben hat, bin ich in den stand gesezt, für die freunde der heiteren muse die historischen motive zweier poetischen improvisationen Thümmels zu enträtseln. Die beiden gelegenheitspoesieen Pygmalion und Das entflogene Haar basieren auf einer neigung des greises zu einer jüngeren verwanten. Die Cecilia war die nichte des autors und stamte mütterlicherseits aus der auch in der Goethelitteratur hervorragenden familie v. Ziegesar. Sie war mit einem herrn v. Werthern verheiratet und wurde witwe. Der einzige biograph des dichters, Gruner, dem zugleich in einem auszuge die den gesamtwerken beigefügte lebensbeschreibung entnommen ist, nent aus schonung trotz aller redseligen mystik den namen noch nicht.

NEUSES. A. KOCH.

MISCELLEN UND LITTERATUR.

Zu Andreas Gryphius.

Die wissenschaftliche beilage zum programm des stadtgymnasiums zu Halle a.S. vom jahre 1883 enthält eine abhandlung des gymnasiallehrers dr. F. W. Jahn: „Über Herodis Furiae et Rachelis lachrymae von Andreas Gryphius. Nebst einigen weiteren Nachrichten über den Dichter.“ 32 s. 4°. Es sei mir gestattet, über den inhalt dieser abhandlung, welche mehrere wichtige historische festsetzungen enthält, kurz zu berichten.

Sie zerfält in vier abschnitte. Der erste behandelt den geburtstag des dichters. Derselbe ist nicht der 11. october, sondern, wie auch Palm in der Allg. deutschen Biographie X, 73 angibt, der 2. october 1616. Der verfasser bespricht eingehend die entstehung und weiterführung des irtums unter angabe der hauptquellen für das leben des dichters.

Im zweiten abschnitt wird die erstlingsarbeit des dichters, das lange für verloren gehaltene, in heroischem versmass geschriebene lateinische gedicht „Herodis Furiae et Rachelis lachrymae“ besprochen, das 1634 zu Glogau im druck erschien. Dies gedicht verfasste Gryphius, als er noch zögling der unter der leitung des mag. Jacob Rollius stehenden Fraustadter schule war. Hieher kam er am 3. juni 1632, aber nicht schon 1631. Denn bis zum grünen donnerstag 1631 wurde er von seinem stiefvater, dem pfarrer Edner in Driebitz unterrichtet, nachdem ihn dieser von der Glogauer schule genommen hatte. Gryphius begab sich am grünen donnerstag 1631 nach Görlitz, um sich daselbst auf der schule anzumelden. Aber hier war nicht einmal raum in der herberge zu finden, und der obdachlose suchte nun seinen bruder Paul auf, der pastor in Rückersdorf war. Von diesem wurde er dann wider auf die Glogauer schule gebracht. In folge eines grossen brandes aber wurde die schule geschlossen. Dieser brand fand am 24. juni (nicht 24. januar) 1631 statt. Den sommer hindurch studierte Gryphius für sich. Gegen ende des jahres wante er sich, von not getrieben, mit einer elegie an seinen stiefvater, der ihn bereitwillig wider in sein haus aufnahm und ihn am 3. juni 1632 nach Fraustadt brachte. Diese auf den quellen ruhende darstellung weicht von der herkömlichen, auch von der Palmschen ab.

Im dritten abschnitt behandelt der verfasser das zweite epos des dichters: „Dei Vindicis impetus et Herodis interitus“ (1635).

Der vierte abschnitt bespricht eine Gryphius-aufführung am stadtgymnasium zu Halle im jahre 1665. Dieselbe fand zur hundertjährigen jubelfeier der stiftung des gymnasiums statt. Das Gryphiussche stück, das bei dieser feier aufgeführt wurde, war das schauspiel „von der beständigkeit der königin Catharinen von Georgien in Armenien,“ dessen verfasser nicht genant war. In der einladungsschrift waren auch die namen der 17 auftretenden schüler verzeichnet, darunter 14 Hallenser.

GEESTEMÜNDE. HUGO HOLSTEIN.

Ein Spandauer Weihnachtsspiel. 1549. Herausgegeben von **Johannes Bolte.** (Märkische Forschungen 18, 109—222.)

Am 2. februar 1549 wurde, wie Schulze in seinen handschriftlichen „Materialien zur Beschreibung und Geschichte von Spandow“ berichtet, in der kirche zu Spandau ein drama von der geburt Christi, den unschuldigen kindern und Herodes gespielt und am 7. mai 1562 abermals gespielt. Gemeint ist mit diesem drama des magister und Spandauer pfarrherrn Christophorus Lasius „gar schön herrlich new Trostspil von der Geburt Christi vnnd Herodis Bluthundes,“ dessen drucklegung erst 1586, 14 jahre nach dem tode des verfassers, erfolgte. Auf dem titel wird Lasius „weyland Pfarrherr zu Spandow“ genant. Der herausgeber dieses weihnachtsspieles gibt zunächst den text nach dem einzigen, im besitz der grossherzoglichen bibliothek zu Weimar befindlichen, ursprünglich Gottsched angehörigen exemplare (s. 111—163). Das spiel enthält 1850 achtsilbige verse und ist in 5 acte zerlegt. Die bühnenanweisungen sind in lateinischer sprache gegeben. Dem in der schreibweise des originals gegebenen textesdruck folgen anmerkungen (s. 164—178), die in metrischen, sachlichen und sprachlichen erklärungen bestehen. In einem dritten abschnitt folgt eine biographie des verfassers (s. 179—194), zu deren abfassung die umfassendsten nachforschungen angestelt sind. Christophorus Lasius (Rauch) wurde am 6. juli 1504 zu Strassburg geboren, studierte 1522 und 1527 in Wittenberg, wurde von Nicolaus Gerbelius an Luther und 1533 von Melanchthon an Jacob Sturm in Strassburg empfohlen, übernahm 1537 das rectorat der schule in Görlitz und erhielt 1540, nachdem er in Wittenberg zum pfarramt ordiniert war, das diaconat zu Arnstadt und 1543 das zu Greussen. In Spandau, wo er 1546 pfarrer wurde, verlebte er die friedlichste und glücklichste periode seines lebens. In folge antinomistischer lehrstreitigkeiten mit Johann Agricola wurde er am 21. august 1555 seines amtes entsezt und lebte von da ab unstät an verschiedenen orten, wie Schmiedeberg, Lauingen, Strassburg, Augsburg, Monostabium (vielleicht Ensisheim = Einsheim?), Zeitz, Küstrin und Cottbus. 1570 fand er in Senftenberg ein obdach, starb aber schon nach zwei jahren (2. august 1572). Er ist der verfasser von 8 theologischen schriften, die meist einen apolegetischen charakter aufweisen.

Der vierte abschnitt behandelt das Lasiussche weihnachtsspiel (s. 194—211). Er zeugt von Joh. Boltes liebevoller und eingehender beschäftigung mit der geschichte des dramas besonders der reformationszeit und enthält eine fülle von wertvollen nachträgen zur geschichte verschiedener dramen, namentlich von der Susanna, vom verlornen sohn, von Isaak und Rebecca, Sodom und Gomorra, von der opferung Isaaks. Dabei werden sämtliche Spandauer dramatische aufführungen von 1546—1602 aufgezählt. Alle nachweise sind mit grosser bibliographischer genauigkeit unter angabe des fundortes der einzelnen ausgaben der besprochenen dramen geliefert. Auch der anhang (s. 211—221) darf als eine hervorragende leistung Boltes gerühmt werden: er führt 72 weihnachtsspiele auf und vervolständigt Weinholds verzeichnis. Auf s. 221 und 222 folgen nachträge.

Wir hätten gewünscht, dass die verdienstliche arbeit Boltes entweder als selbständige schrift oder wenigstens in einer fachzeitschrift erschienen wäre, wo sie einen würdigeren platz gefunden haben würde.

Zulezt geben wir noch einige druckfehler. S. 165 z. 5 v. u. lies kommt st. kompt. S. 197 z. 11 v. u. lies 2, 104 st. 2, 93. 484. S. 204 z. 9 v. u. Vanderhaeghen st. Vandahaeghen. S. 206 z. 11 v. u. Carmina st. Carminae. S. 219, nr. 55 ist hinter Jehna 1671 zu setzen: s. 161—164 (Dresden). Zu s. 214, nr. 21 ist zu bemerken, dass, wie Bolte mir selbst nachträglich bestätigt, die in der Wiener handschrift nr. 9838 enthaltene Weihnachtscomödie Edelpöcks in der tat nur die abschrift seines 1568 dem erzherzog Ferdinand von Tirol gewidmeten Weihnachtsspieles ist, das Weinhold nach der Wiener handschrift nr. 10180 abgedruckt hat.

GEESTEMÜNDE. HUGO HOLSTEIN.

Georg Ellinger, Alceste in der modernen Litteratur. Halle a. S. Verlag der Buchhandlung des Waisenhauses. 1885. Preis 80 pf.

Schon Wieland hatte das bedürfnis gefühlt, das verhältnis seiner Alceste zu früheren bearbeitungen desselben stoffes zu behandeln. Neben der selbstgefälligen rechtfertigung seiner abweichungen von Euripides Alkestis, die ihm die derbe verspottung in Goethes farce „Götter, helden und Wieland“ zuzog, berichtete er mit behaglichem selbstgefühl über drei ältere deutsche opern dieses namens, von denen die eine nach Aurelio Aureli, die beiden anderen nach Quinault von Matsen und König bearbeitet waren. — In umfassender und gründlicher weise hat nun Ellinger in der oben genanten schrift alle verzweigungen und verästelungen der Alkestisfabel in der modernen litteratur verfolgt.

Er bespricht zunächst die Alcestis des Hans Sachs, welche noch ohne jede beziehung zu dem drama des Euripides steht, und versucht mit erfolg die quelle derselben zu bestimmen. Dann werden die französischen, auf Euripides zurückgehenden stücke Hardys und Quinaults behandelt, bei der oper des lezteren wird die durch dieselbe hervorgerufene querelle des anciens et des modernes gestreift. Es folgen die deutschen bearbeitungen des stoffes, zuerst die selbständig nach Euripides entstandene Spangenbergs, dann die von Quinault abhängigen von Matsen und König. Daran schliessen sich die italienischen, die stark barocke von Aurelio Aureli, die schon auf Quinaults oper einfluss gehabt hatte, dann von Händel seinem Admet zu grunde gelegt wurde und endlich in mehreren deutschen puppenspielen erst in unserem jahrhundert ausklang, sowie die ganz rationalistische von Martello. Nachdem der verfasser im zusammenhang mit der lezteren gleich die ebenfals modernisierte dichtung Thomsons erörtert hat, schliesst er die italienischen bearbeitungen zunächst mit Calsabigis von Gluck componierter oper ab. Ausführlicher wird nun Wielands singspiel, die abweichungen desselben von Euripides, die mängel seiner technik usw. beurteilt, die kritik, welche er gegen Euripides richtete und Goethes gegenkritik in seiner farce eingehend gewürdigt, auf den einfluss, den das geschmähte drama später auf Goethes Iphigenie ausübte, nach dem vorgang von Herm. Grimm, Scherer und Seuffert kurz hingewiesen. Endlich wird die allegorie des St. Foix, die Alceste seconda Alfieris, die tragoedie von François Ducis, die, wie der verfasser vermutet, gegen Calsabigi-Gluck sich wendende satire Ayrenhoffs und Herders drama, bei dem der verfasser ebenfals den einfluss Calsabigis wahrscheinlich macht, analysiert.

Man sieht, ein reicher stoff ist in dieser kleinen litterarhistorischen monographie verarbeitet. Und man muss dem verfasser das lob spenden, dass es ihm gelungen ist, denselben im ganzen übersichtlich, klar und lebendig vor dem leser zu entwickeln. Man gewint ein sehr deutliches bild von den wandlungen, welche die alte fabel im laufe der jahrhunderte erfahren hat: der gang der handlung in den einzelnen stücken wird so anschaulich skizziert, dass auch derjenige, der sie nicht kent, sofort völlig orientiert ist; die composition wird kurz, aber ausreichend analysiert, so dass man mit leichtigkeit erkent, wie immer mehr fremdartige bestandteile an den ursprünglichen stoff anwachsen und ihn überwuchern, wie es den einzelnen dichtern nicht gelingt die disparaten elemente zu vereinigen, wie sie sich in einzelnen motiven ungeschickt widerholen usw.

Die anordnung, in der der verfasser die einzelnen dramen vorführt, scheint mir einigemale nicht glücklich gewählt zu sein: namentlich gegen den schluss hin verliert man den faden aus den händen. Auch wäre es doch wol das zweckmässigste gewesen, in der einleitung, wo ohnehin auf das Euripideische drama bezug genommen wird, sogleich eine ausreichende orientierung über dasselbe zu geben, die fruchtbaren keime, welche es enthält, genauer aufzuzeigen, die wirkungsvollen motive in den charakteren, die scenischen effecte durch wolberechnete contraste, durch das einmischen phantastischer elemente usw. Bei der würdigung des dramas, welche der verfasser später im anschluss an Wielands kritik gibt, berücksichtigt er ferner die von ihm in der einleitung angedeutete eigenartige stellung desselben als viertes stück einer tetralogie nicht mehr — vielleicht weil er sich auf den standpunkt Wielands stellen wolte, der die notiz des Vatic. noch nicht kante. Übrigens irt der verfasser, wenn er meint, dass die litterarhistoriker mit ausnahme Kleins bis jezt nur lebhaften tadel über das stück ausgesprochen hätten; es genügt, die namen von Bernhardy, Steinhart, Rapp und den jüngst verstorbenen Paul de St. Victor, dessen geistreiche und feinsinnige, wenn auch nicht mit philologischer akribie gearbeitete geschichte des antiken dramas[1] in Deutschland wenig bekant zu sein scheint, zu nennen.

Möchte es dem verfasser gefallen, der skizze, die er jezt nur veröffentlicht hat, bald die in aussicht gestelte systematische litterarhistorische untersuchung folgen zu lassen und darin nicht blos die veränderungen der fabel zu schildern, sondern auch die wechselnden interessen der einzelnen zeiten, die wandlungen in der auffassung und dem ausdruck der empfindungen, die verschiedene art der behandlung der charaktere näher ins auge zu fassen, kurz, möchte es ihm gefallen in den metamorphosen der Alcestedichtung, uns von der naiven freude am stofflichen und der grob holzschnitartigen zeichnung der figuren bei Hans Sachs bis zu der purificierten, sentimentalen antike Wielands mit ihrem lyrischen auskosten rührender situationen — der verfasser sieht jezt darin nur einen dramatischen fehler — uns einen ausschnitt aus der culturgeschichte zu geben. Gerade stoffe, wie der vorliegende, an dem fast alle zeiten und völker gearbeitet haben, ohne dass ein einziger genialer dichter ihn mächtig mit seiner individualität durchdrungen und massgebend gestaltet hätte, bieten für solche untersuchungen den günstigsten boden. Und dass gerade der verfasser dazu berufen sei, hat er in seiner schrift über das verhältnis der öffentlichen meinung zu wahrheit und lüge im 10., 11. und 12 jahrhundert gezeigt, auf die ich bei dieser gelegenheit die aufmerksamkeit der leser dieser zeitschrift hinlenken möchte.

1) Les deux masques. Tragédie-comédie. Première série: les Antiques II, 281—297. Paris 1882.

Es sei mir gestattet an dieser stelle noch auf eine nachwirkung der Alceste Wielands auf ein hauptwerk unserer litteratur hinzuweisen, welche, wie es scheint, bis jezt der littorarischen forschung gänzlich entgangen ist. Jenes singspiel hat nicht blos, wie Seuffert in seinem aufsatz „der junge Goethe und Wieland“ Z. f. d. A. XXVI, 276—279 im einzelnen nachweist, auf Goethes Iphigenie einfluss geübt: in noch viel evidenterer weise zeigt das zweite grosse antikisierende drama der Weimarer dichter, Schillers Braut von Messina, die spuren dieses vorbildes.

Die beiden ersten acte der Alceste, deren schönheit jezt wol algemein anerkant ist, schwebten Schiller bei der composition der ἔξοδος seines dramas vor. Es liegt auf jenen acten eine eigentümlich ergreifende weihevolle stimmung, aus der uns auch die nicht seltenen Wielandschen platheiten (z. b. I, 2 Du willst jeder Freude Des Lebens, jedem schönen Blick In wonnevolle Tage, die dir winken Entsagen? — Schrecklich! Nein! du sollst es nicht!) und banale opernphrasen (wie II, 3 Grosse Götter! welche Liebe! Welch ein Beispiel reiner Triebe! Nein! die Erde sah es nie! . . . Bestes Weib! dein eignes Leben Für den Gatten hinzugeben usw.) nicht zu reissen vermögen. In wirkungsvoller steigerung lässt Wieland seine heldin ruhig schmerzlich ihren todesentschluss gegen alle gründe der confidente Parthenia, die sie an freunde, vaterland und kinder mahnt, dann weiter gegenüber dem heissen flehen ihres gatten, endlich auch bei dem herzzerreissenden anblick ihrer kinder festhalten. — Ganz analog ist die situation in der ἔξοδος der Braut von Messina. Auch hier hält erst der chor dem zum tode fest entschlossenen Don Cesar alle vernunftgründe entgegen, die ihn etwa von seinem entschluss abbringen könten: er zählt ihm die pflichten auf, die er gegen den engeren kreis des hauses, wie den weiteren des staates habe. Auch hier muss der held sich sodann wapnen gegen die bitten seiner mutter; auch hier muss er endlich drittens den schwersten kampf bestehen bei dem unverhoften widersehen seiner schwester — wie dort die kinder wird sie hier zu hilfe gerufen, als die bitten der andern sich ohnmächtig erweisen.

So spiegelt der aufbau dieser scenen die grundlinien der composition von act I und II der Alceste wider; freilich weiss Schiller dieselben viel lebendiger und kräftiger auszugestalten, er versteht es die empfindungen viel ernster und leidenschaftlicher zu entwickeln, die stimmung ganz anders zu vertiefen und festzuhalten, die steigerung straffer und mächtiger durchzuführen, so dass ein kenner wie Laube einmal von dieser ἔξοδος gesagt hat, dass ihr an tragischer wucht nichts zu vergleichen sei.

Und wie hier im entwurf der ganzen scenen sein schaffen durch das vorbild des älteren stückes, vielleicht unbewusst, beeinflusst war, so wirkten die reminiscenzen aus demselben unwilkürlich auch im einzelnen auf den sprachlichen ausdruck ein. Wenn irgendwem das von mir behauptete verhältnis beider stücke zu einander bisher noch zweifelhaft, die übereinstimmungen als zufällige oder aus der ähnlichen situation mit notwendigkeit sich ergebende erschienen sind so wird durch die vergleichung folgender stellen die abhängigkeit der Braut von Messina von der Alceste wol unwiderleglich bewiesen.

Alceste sagt II, 5 zu Admet, der selbst den tod erleiden will:

Ach, Admet, die Todesgötter
Sind unerbittlich. Eines von uns beiden
Muss fallen! — — —
Lass mich, lass mich allein das Opfer sein!

Fast wörtlich ebenso Beatrice IV, 10:

Ein Opfer fordert der geliebte Todte;
Es soll ihm werden, Mutter — Aber mich
Lass dieses Opfer sein!

Wie Admet II, 3 den gemeinsamen tod sich ausmalt:

Unsre Seelen hat
Die Liebe unauflöslich in einander
Verwebt, und ewig, ewig unzertrennbar
Vereinigt, sollen sie ins Land der Schatten gehn!

So auch Cesar IV, 9:

friedlich werden wir zusammen ruhn
Versöhnt auf ewig, in dem Haus des Todes.

Wenn Parthenia I, 2 betet:

O gute Götter, höret nicht
Was in der Angst der zärtlichen Verzweiflung
Ein liebekrankes Herz euch angelobt! — — —
— — — — — Die Götter haben Mitleid
Mit unsrer Schwachheit; hören nicht
Gelübde, von Verzweiflung
Der Liebe ausgepresst.

so widerruft ganz ähnlich Isabella ihre flüche IV, 9:

Ich rufe die Verwünschungen zurück,
Die ich im blinden Wahnsinn der Verzweiflung
Auf Dein geliebtes Haupt herunterrief. — — —
Nicht hört der Himmel solche sündige
Gebete.

Die worte der Parthenia in derselben scene:

(du willst) dieses goldne Licht
Der Sonne mit der ew'gen Nacht
Des Tartarus vertauschen?

klingen wider in Cesars rede IV, 10:

(Du willst) Das Licht der Sonne mir noch teuer machen
Auf meinem Wege zu der ew'gn Nacht?

Wie Herkules am schluss von act III den an den göttern verzweifelnden Admet tröstet:

Der Ausgang soll mit ihnen dich versöhnen
— — — Die Götter walten!

so weist auch der chor IV, 4 Isabella auf die himmlischen hin, deren macht sie verkent:

Der Ausgang wird die Wahrhaftigen loben
— — — — Die Götter leben.

Die gewalt seiner liebe schildert Admet IV, 3:

Ich will an Sie allein
Nur denken; wachend, träumend Sie, nur Sie
Vor meinen Augen sehn.

und Cesar bekent der Beatrice II, 2 fast wörtlich dasselbe:

Dich hab' ich
Gesucht, nach Dir geforschet; wachend, träumend
Warst Du des Herzens einziges Gefühl.

Der ankommende Herkules wird von Parthenia V, 2 geschildert:

Admet, sich Deinen Freund!
Und Freude blitzt aus seinen Augen!

genau so, wie der zurückkehrende bote vom chor I, 6

Freue Dich,
Don Cesar! Gute Botschaft harret Dein,
Denn fröhlich strahlt der Blick des Kommenden.

Wie Admet II, 4 die lezten bitten der Alceste abweist

Grausame! Höre auf mein Herz zu foltern!

ähnlich begint Don Cesar, als Isabella zulezt die Beatrice herbeiruft:

Arglistge Mutter! also prüfst Du mich!

Das nahen der todesgötter vernimt Alceste I, 2 visionsartig:

Ich höre das Schweben
Der schwarzen Gefieder.
Sie steigen hernieder!

Dies erinnert an die vision des chors (auch im metrum) IV, 4:

Eherner Füsse
Rauschen vernehm' ich — — —
Ich erkenne der Furien Schritt!

Allenfals liesse sich auch noch anführen Alc. III, 4:

Sieh her! Da, siehst Du diesen Aschenkrug?
Bald wird er alles, alles was von ihr
Mir übrig ist, verschlingen!

Br. v. M. IV, 5: O blick her und sieh — — — —
— — — Ja, das ist alles,
Was Dir noch übrig ist von Deinem Bruder!

Man mag einzelnen dieser stellen geringe beweiskraft beimessen: im zusammenhang mit den übrigen gewinnen auch leichtere anklänge bedeutung. — Wielands Alceste muss übrigens Schiller schon in Dresden, in Körners musikliebendem hause näher getreten sein, lezterer citiert in einem briefe vom 8. juli 1785 eine stelle aus dem fünften acte.

SCHULPFORTE. GUSTAV KETTNER.

Übersehene fehler!

S. 131 z. 2 v. u. st. pass. lies activen.
S. 137 z. 14 v. u. st. is lies ist.

Halle a. S., Buchdruckerei des Waisenhauses.

EIN DEUTSCHES PUPPENSPIEL: ALCESTE.

Die puppenspieldichtung ist bis jezt von der litterarhistorischen forschung in ungebührlicher weise vernachlässigt worden; und doch sind es die texte der puppenkomödien allein, welche uns bedeutsame aufschlüsse über ein uns völlig unbekantes gebiet, das volksdrama des 17. und 18. jahrhunderts geben und uns wichtige rückschlüsse gestatten. Einzelne puppenspiele sind zwar gedruckt; aber selbst die notwendigsten bemerkungen über den litterarhistorischen zusammenhang, über die quellen usw. hat man zu machen unterlassen. Ich will nur ein beispiel statt vieler anführen. In dem puppenspiel: Don Juan (gedruckt bei Engel, Puppenkomödien, Br. III) findet sich eine scene zwischen Don Juan und zwei gerichtsdienern (a. a. o. s. 35 fgg.), die ziemlich bekaut ist, da sie aus dem puppenspiel auch in Mozarts oper aufgenommen worden ist, wie ich sie selber denn in meiner kindheit auf einer kleinen opernbühne habe mit aufführen sehen. Auch Grabbe kante die scene und hat sie im „Don Juan und Faust“ nachgebildet. Sieht man sich diese scene nun genauer an, so erkent man auf den ersten blick, dass dieselbe der gerichtsscene aus: „Viel Lärm um nichts“ nachgebildet ist, worauf bis jezt, so viel ich weiss, noch niemand aufmerksam gemacht hat.

Besonderes interesse verdienen diejenigen puppenspiele, die antike stoffe behandeln. Es würde sich wol verlohnen, diese eigenartige renaissancedichtung einmal völlig zu behandeln und sie auf ihre quellen zu untersuchen. Eine ganze reihe antiker stoffe, Medea, Oedipus usw. ist von den puppenspieldichtern bearbeitet worden. Ein merkwürdiges stück dieser art will ich auf den nachfolgenden blättern mitteilen. Dasselbe ist in mehr als einer hinsicht interessant. Auf die existenz desselben hat mich herr dr. Reinhold Koehler aufmerksam gemacht; er hatte auch die freundlichkeit, mir eine genaue abschrift desselben zu besorgen.

Das stück behandelt die Alceste-sage und die hauptzüge des inhalts sind schon von mir in meinem buche: Alceste in der modernen Litteratur, Halle, Verlag der Buchhandlung des Waisenhauses, 1885, s. 20 fg. mitgeteilt worden: „Nachdem Alceste sich geopfert hat, wendet Admet sich sofort einer andren schönen zu, er verliebt sich in die schäferin Dorinde und will dieselbe seinem diener Hännswurst, der sich ebenfals in das mädchen verliebt hat, entreissen.“ — Fragen wir, woher der dichter diese seltsame umgestaltung der antiken sage entnommen, so werden wir auf einen eigentümlichen zusammenhang geführt.

Es existiert nämlich unter allen den dramen der modernen litteratur, welche den Alceste-stoff zum gegenstand haben, nur ein stück, welches mit dem puppenspiel ähnlichkeit hat. Es ist das drama per musica des Italieners Aurelio Aureli: Antigona delusa d'Alceste.[1] (um 1664 entstanden; von mir analysiert in meiner angeführten schrift, s. 15 fgg., ausführlicher in der vierteljahrsschrift für musikwissenschaft, bd. I s. 201 fgg.). Auch in dem stück des Aureli wendet sich Admet, nachdem Alceste gestorben, sofort einer andren schönen zu, nämlich der trojanischen prinzessin, Antigona, um welche er sich früher schon beworben, allerdings ohne sie zu sehen, und die sich jezt unter der maske einer schäferin Rosilda in Thessalien aufhält. Admet verliebt sich in das mädchen und will sie heiraten; aber auch sein bruder Trasimede und sein diener Orindo sind in Antigona verliebt. — Man erkent leicht, wie das hauptverhältnis des puppenspiels dem italienischen stück nachgebildet worden ist; aber auch in den einzelheiten lässt sich die einwirkung erkennen. Wie Casper der statue des gottes schimpfworte zuruft und dieselbe schliesslich von ihrem tron herunterwirft, so fährt auch der spassmacher des italienischen stückes, Lillo, das bildnis des gottes an, nachdem es den orakelspruch getan und ruft ihm zu: o statua maledetta! Wie bei Aureli Trasimede die Antigona zum ersten mal trift, als er zum jagen auszieht (I, 18.), so begegnet auch Admethes im puppenspiel der Dorinde bei der jagd. Noch weiter im einzelnen würde sich die vergleichung durchführen lassen. — Noch wahrscheinlicher wird die einwirkung des italienischen stückes, wenn wir daran denken, dass auch in ein anderes puppenspiel: Alceste (das wir nicht mehr besitzen, dessen inhalt uns aber durch einen bericht Matthissons bekant ist, vgl. meine angeführte schrift, s. 19 fg.) motive aus Aurelis drama übergegangen zu sein scheinen. Das stück des Aureli muss um die wende des 17. und 18. jahrhunderts in Deutschland verhältnismässig bekaut gewesen sein, wie denn eine übersetzung desselben 1693 von einem gewissen Thiemich verfasst wurde[2] und auch Händel aus Aurelis drama sich den text für seine oper: Admet gesaltete.

Wir können demzufolge die abfassung unsres stückes etwa in den anfang des 18. jahrhunderts setzen. Die form freilich, in der es

1) In einem sammelband auf der königlichen bibliothek zu Berlin: opere di Aurelio Aureli X g 6018.

2) Die übersetzung kante schon Wieland; er hat sie analysiert im Deutschen Merkur, 1773. St. I, s. 37—55.

jezt noch vorliegt, stamt wol aus dem anfang des 19. jahrhunderts. Nicht allein dass die handschrift, wie mir herr dr. Reinhold Koehler mitteilt, aus dem 19. jahrhundert stamt, auch anspielungen auf zeitverhältnisse (schlacht bei Austerlitz, v. 818) und litterarische verhältnisse (Kotzebue v. 807) haben sich eingefunden.[1] — Auch situationen aus andren puppenspielen scheinen benuzt worden zu sein: das benehmen des Kasper, der, da Herkules anklopft, aus furcht nicht fragen will, wer draussen ist und der dann, als Herkules eintritt, unter den tisch kriecht, erinnert lebhaft an Hannswurst beim erscheinen des comthurs im puppenspiel: Don Juan. (Engel, Puppenkomödien, bd. III s. 62 fg.) Wenn Kasper, nachdem Herkules die Alceste befreit und mit ihr abgegangen, nun die zauberformeln, welche er von Herkules gehört, widerholt, um die geister zu beschwören, so gemahnt das lebhaft an die gleiche situation im puppenspiel Faust. (Engel, bd. I s. 15 fgg.)

Bei meiner herausgabe habe ich die verse abgesezt, die in der handschrift ziemlich wilkürlich geschrieben und zuweilen falsch abgesezt sind; auch habe ich sie mit regelmässiger zählung versehen. Zu anfang tritt der Alexandriner auf; nachher schwankt das versmass meist in den knittelvers um, einzelne stellen sind dann wider in Alexandrinern abgefasst. Die verse sind sehr roh und regellos. — In der orthographie folge ich durchweg der handschrift, interpunktion habe ich nur in den seltensten fällen zugefügt; wo ich die interpunktion der handschrift verändert habe, ist die betr. interpunktion des manuscripts meist in klammern zugefügt.

Eine scheidung der mutmasslichen bestandteile, des ursprünglichen kerns und der zusätze, welche sich nach und nach angesezt haben, mochte ich nicht durchführen, trozdem die versuchung dazu nahe genug lag.

Alzeste oder: **Der Höllenstürmer.**

Lustspiel in 4 aufzügen.

Personen:	Decorationen.
Alzeste.	Erster act:
König Admethes von Thessalien.	Ein zimmer mit einem Bett.
Ein seneschall.	Zweiter act:
Herkules.	Der tempel des Aeskulabs.
Aeskulabius.	Dritter act:
Dorinde, eine hirthin.	Ein finstrer wald.
Casper, hofnarr.	Vierter act:
Truttscherl, seine braut.[2]	Garten.
Furien.	

1) Diese anspielungen verraten sich deutlich, da sie so nahe nebeneinander stehen, während sonst im ganzen stück sich ähnliches nicht findet, als späteren zusatz.

2) Im puppenspiel selbst wird diese figur als: Gretel bezeichnet.

Erster act. Erste scene.

König im Bett liegend. Alzeste. Seneschall am Bett stehend.

König matt:

O Himmel! Himmel! ach! was grosse Leibesschmerzen
Empfind mein schwacher Geist, mich quält schon in dem Herzen
Mortunas schwarze Hand, und raubet mir die Kraft,
Schon nagt der Todeswurm an meinem Lebenssaft. (,)
Sofern die Götter noch mit ihrer Hülf' verweilen, (!)
So muss ich ganz gewiss ins Reich der Todten eilen.

Alzeste:

Admethes, ob du gleich in Krankheit bist gefallen,
So werd ich helfen dir gewiss vor Andern Allen!
Und sollt es auch gleich sein mit meinem eignen Leben,
So glaub nur sicherlich, dass ichs für dich werd geben.

Seneschall:

Der Götter Aug wird stets für seine Bürger wachen,
Beschützen Kron und Thron, und dessen Kostbarkeit.
Vergebens sucht der Tod das Grabe schon zu machen,
Als wie ein Phönix wird die Lebens-Kraft erneut; (,)
Gesetzt auch, wenn ein Sturm die Sonne wollt vertreiben,
So wird sie sicherlich nicht lang zurücke bleiben —
Sie bricht die Wolken durch, mit ihrem hellen Schein —
Erfreut des Menschen Herz —

König. Ach, lasset mich alleine,
Ich bin sehr schwach und'matt, ich fühl's, bald werde ich erblassen
Und Weib, und Reich und Tron trostlos zurücke lassen.

Alzeste.

Nein! nein! Gemahl, noch nicht, es ist noch Rettung da,
Ich eil zum Tempel hin (,) des Aeskulabia!
Bring reiche Opfer ihm, Weihrauch in goldnen Schalen,
Lass einen Purpur ihm von Gold und Perlen malen,
Misch meine Tränen drein, die gleich Rubinen glanzen
Lass alle Grazien vor seinem Trone tanzen.
Er lässt mich sicher nicht trostlos von hinnen gehn,
Wo eine Königin bitt, wer wird da widerstehn —?
Gemahl, ich gehe schon, lebt wohl, lebt wohl, mein König,

(ab.)

Seneschall.

Das flehn aus einem Mund ist wahrlich noch zu wenig.
Ich selbst will mich begeben
Zum Aeskulabius, zu bitten um Ew. Leben.

König.

Wohlan, so geht, doch lasst mich nicht alleine,
Schickt meinen Hofnarrn mir. —

Seneschall.

Ich meine,
Der macht Euch zu viel Lärm, doch wie ihr wollt, mein König,
Ich schick ihn zu Euch her, vielleicht schaft er ein wenig
Durch seine Schwänk Euch Ruh,
Lebt wohl, ich eil' anjetzt dem Göttertempel zu.

(ab.)

König. (allein.)

Ach! ach! es ist vergebens,
Verlöschen wird gar bald die Lampe meines Lebens.

(dazu) Casper.

Ey sagt mir Leutchen doch, wer ist nun Koch und Keller?
Der eine sauft den Wein, der Andre leckt die Teller.
Das machts, der Meister König liegt im Bett,
Als wenn Ern Rhevmatism am linken Absatz hätt.
Prosit, Prosit! (geht ans Bett.)
Herr König, was Teufels liegt ihr denn im Bett, den ganzen Tag im Nest
Pfoui Teufel, was ist das, ihr stinkt ja wie die Pest,
Was habt ihr denn beim Blitz für Teufelszeug genommen,
Was habt ir denn für Zeug von Eurem Arzt bekommen,
Das was so garstig riecht?

König.

Ach, ich hab eingenommen
Aquavis mortia, und dulzis lubis ender,
Auch Wasser musst ich trinken, von Sellerie gekocht.

Casper.

Potz Tausend! fresst doch Schinken, sauft Malaga dazu, das giebt mehr Kräfte,
Als alle Schmiererey und Apothekersäfte.

König.

O schweig, wie kann ein Kranker denn noch Schweineschinken essen,
Hast du denn, dass ich krank bin, ganz und gar vergessen?

Casper.

Vergessen hab ichs nicht, ich spürs an meinem Magen,
Das (sic) krank ihr seid — —

König.

wie? — — sollte man es wagen,

Und dir nicht so wie sonst, recht satt zu essen geben?
Das hoff ich wahrlich nicht —

Casper.

Ich sags, in meinem Leben
Hab' ich nicht so gefressen, sonst musst ich Morgens laufen
Und für drei Pfennig Brod zu meinem Frühstück kaufen,
Jetzt steht mir Alles auf, ich kann zu Kist und Schränken
Und kann mir, wenn ich will, vom besten Wein einschenken.

König.

Mein Diener, gehe fort, du kannst mit deinen Scherzen
Mir dennoch helfen nicht, ich fühle heftge Schmerzen,
Ich glaub, ich werde wohl nicht lang mehr bey euch bleiben.

Casper.

Hört, ich will Euch einmal ein guts Rezept verschreiben,
Das hilft Euch sicherlich —

König.

O Himmel, lass es bleiben,
Was hilft dein Schreiben mir, da alle grossen Männer
An mir nichts ausgericht —

Casper.

Drum hört, gekrönter Gönner,
Ein kleines Männchen an, es giebt bey kleinen Leuten,
Oft auchn gescheuten Kopf, drum nehmet nur bey Zeiten
Ein tücht'gen Aderlass ein, drauf nehmt's Olium Babolium, Audium et Gugulorum exgrugulus Puckulorum. Das ist ein pucklicher Maikäfer. Kornikulum Kornua Rumosa. Simplizia. Camura. Rekurva. Konvulata. in Muctonem Dosinenti.

Dieses an die Stirn gerieben, und drauf eingenommen — —
Füuf Zentner ungelöschten Kalk, 3 Zentner Wagenschmier,
Das hilft Euch auf der Stell, Herr König, glaubt es mir. —

König.

Ach Thor, das Zeug kann Niemand nehmen.

Casper.

Das wollt ihr nicht einnehmen?
So könnt ihr Euch bequemen
Und Euren Schnappsack nehmen,
Und beisa huckepack
Reisen in's Teufelssack.
Es hat's doch eingenommen
Mein alter Ziegenbock,
Und ist ihm wohl bekommen —

König.

O schweig, du dummer Stock,
Ich bin ja keine Geise.

Casper.

Es hilft auf alle Weise
Den andern Böcken auch.

Vorige und Gretel.

Gretel.

Da lauf ich überall rum und such den Wechselbalg,
Den Tölpel, den Dickkopf, den Ochs, den Narr, den Stier —
(sieht Casper.) Ha find ich dich einmal, bist du denn einmal hier?

Casper. (für sich.)

Pfui Teufel! kommt das Mensch auch noch hierhergegangen,
Nun wirdsn rechten Lärm vorm König hier anfangen.
(laut) Sag an, was willst du denn? —

Gretel.

Nun, wie der Mensch noch fragen kann,
Ich will dich halt heirathen! —

Casper. (langsam.)

heirathen? —

Gretel.

Nun ja, ich back dir Hochzeitsfladen, und geb dir rothen Wein,
Da wollen wir mal recht tanzen und wacker lustig sein.

Casper.

Nun sag mal, dummes Thier, was bildst du dir denn ein,
Dass so ein Kerl, wie ich, ein Mann für dich sollt sein?

Gretel.

Nun hast mirs nicht versprochen,
Es sind nun schon 4 Wochen,
Da hab ich dir gekauft 4 Maass Tiroler Wein
2 fette Gäns und Schöpsenkeil, mein Herze gab ich drein,
Du wirst's doch jetzt wie viele junge Herrn nicht machen?

Casper.

Wie machen's die?

Gretel.

Das Mädel angeführt und hinterher auslachen,
Das ist die Mode so.

Caspar.

Nun wenns jetzt Mode ist, so wollen wirs auch mitmachen.

Gretel.

Du hartes Felsenherz, du bist von Holz und Stein,
(weinend.) Wenn du mich nimmer willst, spring ich in Fluss hinein.

Casper.

O pfui, ein kluges Weib muss sich in Alles finden —
Wer wird sich wohl an solche Kleinigkeiten binden,
Wer sich deswegen gleich ersäufen wollte,
Das wär ja nicht das Weib, wies sein sollte.

Gretel. (zum König)

Mein. Hörts mal, Meister König, ihr seid son wackrer Mann,
Sagt's, was fang ich mit dem Schlankerl, mit dem Casper an?

König.

Warum mein Kind? was hat er dir gethan?

Gretel.

Ja, schaut, es sind jetzt grad 4 Wochen,
Da hat er mir das heirathen versprochen,
Ich hab'm alle Tag Speckklösse müssen kochen,
Und 4 Pfund Fleisch frass er auf bis auf die Knochen,
S' Herz im Leib that mir oft vor Freuden pochen,
Wenn ich ihn so fressen sah, und nun will er mich sitzen lassen.
(weinend.) Huhu, nun soll ich allein Abends gehn auf der Strassen —
Soll hiesten und husten, bis über mich Armen,
Sich wieder ein Andrer einmal thut erbarmen.
Du lieber Himmel, wie hält es so schwer,
Bis einer zu uns armen Mädchen kommt her.
Ja wenn man könnt gehn in Haub und Saluppen,
So wie sie zu Leipzig, wohl gehen in Truppen —
Oder zu Dresden auf der Brücken,
Ach, ich möchte vor Jammer ersticken.

König.

Mein liebes Kind, sey still, und schreie mir nicht so,
Er muss heirathen dich —

Gretel.

Juchhe nun bin ich froh,
(zu Casper.) Nun musst du mich heirathen,
Nun will ich kochen und braten,
Rebhündl, Enten, Tauben,
Rosin, Apfelsinl, Trauben,
Auch Mohnkuchen nach schlesischer Manier
Und Kaffee mit Zigory gebe ich dir.

Casper.

Und ich geb dir nach jetzger Manier
Den Absatz aufm Puckel dafür.
(zum König) Pfui Teufel, Herr König, was habt ihr gedacht,

Das (sic!) ihr das Thier zu meiner Braut habt gemacht.
Was thu ich mit dem Wechselbalg dann,
Was soll ich mit ihr fangen an?
Das Mensch ist nichte aestaitisch, nicht poetisch,
Sie schreit den ganzen Tag wie toll.
Kurz, es ist nicht das Weib, wies sein soll.

König.

Ach Gott, aestantsche Weiber sind nicht theuer,
Und langweilig, wie das Leben im Fegefeuer,
Ich bitte dich, jag sie hinaus,
Ich halt das schrein nicht länger aus,

Casper.

Ha ha! Herr König, nun seh ich's ein,
Ihr habt's versprochen mir aufn Schein,
So wies die grossen Herrn oft machen,
Das Wort zu halten sind nicht ihre Sachen.
Nu gebt nur acht, ich will sie gleich nausfegen,
Grad oder krumm, mir ist nichts dran gelegen,
Mein Absatz ist so grob wie Eure Politik,
Ich brech ihr, wenn ihr wollt gleich auf der Stell das Gnick.
(zu Gretel mit aufgehobnem Fusse.) Ich frag dich, wirst du gehn,
Oder willst du meinen Absatz sehn?

Gretel.

Geh, geh und sey kein Narr mein Lieber,
Du hast wol gar das gelbe Fieber?

Casper.

Ja, ja mein Kind, mein Absatz ist schon mobil,
Drum bitt ich dich recht schön und viel,
Mach, dass du kömmst zur Thür hinaus.

Gretel.

Nun sey gescheidt, komm mit nach Haus.

Casper.

Du dummer Balg, marsch, pack dich fort.
Du Thier g'hörst nicht an diesen Ort.
Ein Mädchen, das nach Hofe geht,
Muss seyn, wie der Hahn, der aufm Schlosse steht. (stösst sie ab.)

Gretel. (von aussen.)

O weh, er hat mirn Arm verdreht.

Casper (gegen die Seite, wo Gretel abgegangen.)

Du Narr, bey jetzger Zeit,
Wo so rar die Mannsleut,

Wo man so viel zum Streit
Und Krieg gebraucht, da leiht
Man solchem Madel gar kein Ohr,
Da kriegt man eine mit viel Louisdour.
(zum König) Nicht wahr Meister König? Was sagt ihr dazu?

König.

Ach! ach! mein Diener, geh und lass mir Ruh,
Doch willst du seyn ein frommer Heyd,
So geh und mache dich bereit,
Nimm Weirauch, Myrthen, Edelstein,
Und geh in unsern Tempel ein (,)
Zum grossen Aeskulapius,
Beug deine Knie am heilgen Dreifuss,
Und bitt um deines Königs Leben,
Vielleicht, dass dir die Götter Gnade geben.

Casper.

Den Dreifuss soll ich schmieren,
Mit Weirauch und lacieren?
Mit Myrthen und Edelstein,
Nein, mein Herr König, mein,
Man muss nicht so gar spendabel sein.
Erst soll er helfen Euch, der Doctor Schnipselabius,
Dann kriegt ers Honorar, und wird Leibmedikus; (,)
So ists bei grossen Herren jetzt der Brauch,
Und so, Herr König, macht ihrs auch,
Und schnurrt ihr ab, und müsst ihr mit der Haut bezahlen,
So wird man dem Herrn Schnippselabius ein Honorarium malen. (ab.)

Actus:

Zweiter act. Tempel des Aesculap.

Priester machen Zeremonien, eine Sinfonie beginnt. Priester singen, räuchern etc. Ein kleiner Altar, worauf das heilige Feuer brent, im Hintergrund ein prächtiger Altar, mit goldnen Franzen, worauf Aeskulabius zu sehn, mit erhabnen Stufen. Nach der Zeremonie erscheint

Alzeste.

(mit zerstreuten Haaren, wirft sich auf die Knie.)

Ach grosser Aeskulap, du Helfer aller Heiden,
Ach sag, wie lange soll mein theurer Admeth leiden?
O, kannst du helfen ihm, so hilf ihm doch bei Zeiten,
Lass ihn genesen schnell, ich mach alsdann die Freuden (,)
Dem ganzen Land (,)
Und allem Volk bekannt. Pause.

Ich bitt zum zweiten Mal, lass mich den Ausspruch hören,
Das ganze Volk wird dann die Gottheit willig ehren,
Sag, wird mein Gemahl genesen?

Pause.

Wie? — Unbegreiflich Wesen,
Orakel, du sagest nix?
Du reissest mir ihn fort, du ziehst in übern Stix?
Sieh meine Tränen an, sieh, wie sie häufig rollen —
Ich will dem Tempel auch die reichsten Opfer zollen,
Nur sag die Wahrheit mir. (es donnert.)
Ich hör den Donner rollen,
Die Götter sind erzürnt, sie wollen mirs nicht sagen,
Ha! soll ich ihn so bald zu Grabe lassen tragen?
So nehmt mich auch mit hin, mit ihm will ich erblassen,
Ich werd mich auch mit ihm sogar verbrennen lassen.

Donner und Blitz.

Das Orakel.

Der, so am meisten liebt, erhält des Königs Leben,
Wenn er sich willig wird dem Tod zum Opfer geben.

Alzeste.

Der, so am meisten liebt? Ha? hab ich recht verstanden?
Wer liebt den König mehr in allen seinen Landen —
Als ich?? — Ich will dem Volke geben
Den König wiederum, mein Leben
Ist ja doch ohne ihn nur so ein leerer Traum,
Ein Nichts, ein Schattenbild, der leere Feigenbaum, —
Und um dasselbe gleich zu enden —
Ermord ich mich mit eignen Händen. (ab.)

Seneschall.

So wag ichs denn, mit Zittern und mit Beben,
Mich in den geheiligten Tempel zu heben,
Zu bitten mit Bescheidenheit
Um unsers Königs Gesundheit.
(kniet.) Sich grosser Aeskulap, du Doctor ohne Gleichen,
Sieh meine Tränen an, ach lass dich doch erweichen,
Hilf unserm Könige nur diesmal aus der Noth
Sonst machen ihn gewiss die Schmerzen heut noch tot.

Pause.

Potz tausend sapperlot, dass (sic!) kann ich nicht begreifen,
Die Gottheit spricht kein Wort? ich muss das Messer schleifen,
Und dem Orakel gleich 5 feiste Rinder schlachten,

Das Aeskulabius, wirst du sicher nicht verachten. (,)
Bevor ich aber geh, so sag mirs nur ein wenig,
Todt oder Leben dann? wie stets mit unsrem König??

Pause.

Kein Wort! Kein Wort! Kein Wort! Das ist doch gar zu toll —
Ich geh und mache dir die Räucherfässer voll,
Wachholderbeer und Kümmel,
Myrthen und Johannis-Blümmel
Rauten, Pomeranzenblüth
Werd vor seinem Tron verglüht. (ab.)

Alzeste. (mit einem dolch.)

Hier bin ich, Aeskulab, mich selbsten nun zu schlachten —
Doch muss ich noch einmal das Messer selbst betrachten —

(besieht das messer, oder den dolch.)

Es ist doch gar zu scharf, jedoch ich muss hinein,
Als Wittwe leben, ach! das ist die grösste Pein.
Nunmehro, kalter Stahl, durchbohre diese Brust,
Die, so am meisten liebt, dieselbe stirbt mit Lust.
(ersticht sich.) Ach! ach! ich habs getroffen
Gerad ins Herz hinein, die Wunde steht noch offen —
Ich fühl's! ich sterb! — Gott!
Ach! welche Noth —
Admethes — gute Nacht!
Ich fall — es ist vollbracht. — (fällt in die scene.)

Casper.

Da lauf ich überall rum und such den Tölpel auf
Von Schnippselabius, und find ihn nirgends nicht,
Doch den von dem Herrn Bachius,
Den hab ich gleich gefunden
Und den von dem Merkurius
Potz Blitz! der steht dort unten,
Der ist den ganzen Tag recht voll,
Die Kaufleut laufen heut wie toll,
Reissen den geflügelten Patron
Mit ihrem Beten bald vom Tron.

(er sieht Aeskulab.)

Was Teufels ist denn das für ein Politikus?
Was gilts, das ist der Meister Schnipselabius,
Das ist gewiss der Doctor aller Finken,
Der curirt die Menschen nicht mit Malaga und Schinken.

(kniet.)

Schmirakel? Bockheit?
Wie stehts mit der Gesundheit
Von unserm guten König?
O sagt mir's[1] doch ein wenig.
Wird er bald wiederum gesund?
Nun, hörst du nichts, du tauber Hund? —
Pause.
Der Kerl ist stumm als wie ein Fisch,
Nu — Doktor Schnippselabius — frisch —
Machs Maul auf, sags geschwind einmal,
Wie geht's mit unserm Prinzipal?
(Pause, für sich.)
Der Kerl ist taub, bey meiner Ehr,
Der hört kein einzigs Wörtle mehr. (,)
Wart, ich steig hier auf die Stufen,
Und werd ihm in die Ohren nein rufen.
(Er steigt hinauf, und schreit entsetzlich.)
Bockheit! Schnippselabius,
Schmirakel! Parazelsus! —
Bist du dann taub? Hörst dann nichts mehr?
Nun sag mirs doch, hörst du denn nix?
Machs Maul auf, und sag mirs fix —
Wird unser König wieder aufstehn?
Oder wird er den Weg alles Fleisches gehn? — —
(Pause.)
Der Kerl, der sagt kein Wortle nicht,
Ich schlag dir gleich ins Angesicht.
Mach's Maul mal auf, und sags mal her —
Ich stoss dich sonst, wie ä Tanzbär.
(Pause.)
Kein Deutsch versteht er, wie ich seh.
Parlewu franze, Musje?
Parlatti Italiani?
Rossoni popolski?
Intellius Latyni?
O du dummes Rindvieh. —
(giebt ihm Orfeigen und steigt herab.)
Kein Wörtle geht ihm aus der Goschen,
Ich muss mehr plaudern um 4 Groschen.

1) In der handschrift steht: mit.

Wenn ich auch so ä stummer Götz wollt sein,
Da käm kein Mensch ins Komödie hinein.

(Pause.)

Wart, ich will ihn schon zum reden bringen,
Ich will mal meine Sachen singen,
Vielleicht hat er nur musikalische Ohren,
Und ist ohne alle andern Organe geboren.

(singt knieend.)

Schnippselabius, mach mal auf dein Maul,
Und sey nicht stumm wie ein alter Gaul,
Sag, wie wird's dem König gehn?
Wird er gesund vom Bett aufstehn?

(Donner und Blitz.)

Orakel.

Der König wird gesund
Und zwar in dieser Stund,
Dir aber Bösewicht, wird zum Lohn,
Die Galgen in 3 Tagen schon.

(Casper springt zornig auf.)

Was? der König wird gesund? Und ich soll an den Galgen?
Wart Kerl, ich muss mich ä bissel mit dir rumbalgen.

(er stösst ihn hinunter.)

Du 4ecktger Quatemberlümmel,
Ich prügel dich bis in den Himmel,
Und wieder runter in die Höll,
Du verdammter Maulesel.

(er stellt sich auf den Altar.)

Potz tausend Flikerment noch mein,
Ich sollt so ein Abgött sein,
Ich wollt plaudern, ich wollt reden,
Und gleich helfen aus den Nöthen.

(er sieht den Seneschall kommen.)

Ey, seht, da kommt der Seneschall,
Der Freund von unserm Prinzipal,
Der hat die Augen sich verbunden,
Und hat den Weg doch hergefunden; (,)
Er will gewiss andächtig sein,
Drum kommt er heut so blind herein,
Der wird mir gleich sein Herz entfalten,
Den will ich recht fürn Narren halten.

Sechste scene:

Seneschall: (kniet mit verbundenen augen.)
Sieh, grosser Aeskulab, sieh meine Demuth an,
Du bist der Gott allein, der uns noch helfen kann,
Ich will das Tageslicht nicht eher wieder sehen,
Ich will von deinem Tron nicht wiederum aufstehen,
Bis dass ich Antwort hab, bis dass ich dich erweichet,
Und du mir deinen Trost und deine Hülf gereichet.
O sag es doch geschwind, wird unser Herr genesen?

Casper.
Ja a! —

Seneschall.
Wie? hab ich recht gehört? es ist mir fast gewesen,
Als hätt die Gottheit mir ein tröstlich Wort gesagt?

Casper. (quetschend.)
Ja a a —

Seneschall.
Ha! welch ein Ton! wär's nicht zu viel gewagt, (?)
Dich, grosser Aeskulab, submissest zu befragen? (,)
Was du anjetzt gesagt, es noch einmal zu sagen —
Bitt ich dich, o Orakel!

Casper: (sehr laut.)
Ja a.

Seneschall.
Ha! nun hab ich's vernommen,
Das Ja hab ich ganz laut von deinem Tron bekommen.
Was soll für Freud ich thun? Erlaube mir zu küssen,
O grosser Aeskulab, die Spitzen deiner Füssen.

Casper. (reicht ihm den fuss.)
Da küss, so lang du willst —

Seneschall.
O wie so zuckersüsse schmeckt dieser liebe Kuss.

Casper.
Grad wie Haselnuss.

Seneschall.
Erlaube noch einmal, o Aeskulabius,
Dass ich dir geben darf solch einen Freudenkuss.

Casper.
Da küss du nur drauf los, das Ding gefällt mir wohl.

Seneschall. (entzückt.)
Ich weiss vor Freuden nicht, was ich beginnen soll,

Der süsse Kuss der Lieb kann nicht so reizend sein,
Als wie der Göttermund.

Casper: (lacht.)

Und wie mein hölzern Bein,
O Asino! Asinone!

Seneschall.

Erlaub nun, dass ich geh,
Und meine Augen öffne,
Um sehend meinen Dank zu bringen
Und dir ein Freudenliedchen singen. (steht auf und geht ab.)

Casper.

Pfui Henker, wenn der nun hingeht
Und mir ein Freudenliedchen kräht,
Und mich erblickt auf dem Altar,
Ich glaub, der fällt in Andacht gar.
Doch wart, ich weiss nun was ich thu,
Erst hat er mir geküsst die Schuh,
Nun muss er mir den Puckel küssen,
Sonst tret ich ihn mit meinen Füssen,
Beleg mit Flug (sic!) und Bannstrahl ihn,
Und sonst mit scharfer Disciplin,
Denn wen der Himmel so hochgestellt,
Der schert sich den Teufel um die ganze Welt.

Seneschall (kommt.)

Voll Demuth komm ich nun, o Aeskulab zu dir,
Zu danken für die Gnad,

(sieht Casper:)

Was Schurke machst du hier?
Wirst du herunter gehn! Ich schlag dich gleich zu Brei.
(giebt ihm eine Ohrfeige.)

Casper.

O weh! o weh! o weh! die Gottheit ist vorbey,
Ich hab's ja gleich gedacht,
Wer sich zu hoch erhebt, der wird ganz klein gemacht.

Seneschall.

Sag Schurke, sag, wo ist die Gottheit hingekommen?
Hast du den Aekulab vom Tron hinweg genommen?

Casper.

Genommen? Ey, bei Leib, ich hab ihn weggestossen.

Seneschall. (laut aufspringend.[1])
O Jupiter! Saturn!

Casper.
O Schiffer und Matrosen!

Seneschall.
Könnt ihr die Bosheit sehn, habt ihr den Donner nicht?
Warum zerschmettert ihr nicht gleich den Bösewicht?!
Warum lasst ihr nicht gleich vom Himmel fallen Feuer? (!)

Casper.
Sie sparen halter auch, der Calfony ist gar theuer.

Seneschall.
Sag Bösewicht, sag an,
Warum hast du denn hier die Frevelthat gethan? —

Casper.
Das will ich Euch gleich sagen, sperrts Eure Ohren auf,
Ich kam daher gerennt, und zwar in vollem Lauf
Zum Schnippselabius, und wollte höflich bitten
Für unser Königle, weil er schon lang gelitten
An Podagra und Gicht,
Und wie die Krankheit heisst, ich weiss es selber nicht.
Da hat er nichts gesagt,
Das hat mich gleich crepirt und fast in Harnisch bracht,
Drauf steig ich zu ihm rauf, und hab ihn brav gerüttelt
Und hab den stummen Kerl ä bissel grob geschüttelt. (,)
Das hat ihn gleich gerührt, da hat er Antwort geben,
Und hat zu mir gesagt: der König bleibt beim Leben,
Dir aber Bösewicht wird zum Lohn,
Der Galgen in 3 Tagen schon.
Das hat mich gleich verdrossen,
Da hab ich ihn denn bald vom Thron hinabgestossen.

Seneschall.
O Jupiter, grosser Zews! du Vater aller Götter,
Kannst du den Frevel sehn? Hast du kein Donnerwetter,
Die Bosheit zu bestraffen?

Casper.
Er hat ja grad geschlafen.

Seneschall (geht an die Seite und sieht Alzeste.)
Potz tausend sapperlot,
Wer liegt hier an der Erd? ein Frauenzimmer todt! —

1) Wol: aufschreiend.

Sag Bösewicht, sag an,
Wer hat das hier gethan?
Wer hat das Weib durchbohrt (?)
Hier an dem heil'gen Ort?
Und wer mag sie wohl sein?
Sag kennst du sie vielleicht.

Casper.

Herr Seneschall, nein, nein!
Wer kennt die Frauenzimmer all, die an der Erd oft liegen,
Betrachts Euch recht genau.

Seneschall.

Ob mich die Augen trügen?
Oh Himmel, seh ich recht — Alzeste, ach ihr Götter!

Casper.

Was wollt ihr mit dem Bäcker?

Seneschall.

Hier liegt Alzeste todt, und schwimmt in ihrem Blut.
Ha, wer hat das gethan? welch eine freche Wuth!! —

Casper.

Was? Die Frau Königinn todt — gehts weg, das muss ich sehn,
Wie kann denn das nur sein? Ich sah sie erst noch gehn. —

(er geht zu Alzeste.)

He! He! Frau Königin!! Sagt, seid ihr wirklich todt?
He! sagt ihr weiter nix? Potz Blitz, sie ist ganz roth
Von Blut an ihrem Kragen.
He, he! (pfeift.) Frau Königin! Wollt ihr denn gar nichts sagen?
Gebt nur ne Antwort mir.
Was liegt ihr denn dahier?
Geschwind! steht auf!
Und geht hinauf,
Allons frisch!
Auf dem Tisch
Steht der Kaffee fertig,
Man ist Euch gewärtig.
Sie ist maustodt bey meiner Ehr,
Sie spricht kein einziges Wörtle mehr,
Denn lässt sich ein Weib nicht mit Kaffee erwecken,
So muss ihr der Tod schon im Halse drin stecken.

Seneschall.

Wie Bösewicht, du kannst dich erfrechen, (?)
Mit dieser, die du mordetest zu sprechen?

Wer anders hat die Frevelthat als du, o Schelm, begangen?
Drum sagt die Gottheit auch, du Bösewicht, wirst gehangen! —
Nun geh ich zum Senat, die Bosheit vorzutragen,
Ha! heute noch wird dir das Haupt herabgeschlagen.´(ab.)[1]

Casper. (hebt den Fuss auf.)

Verdammter Schmeichler, ha!
Verdammter Speichellecker, du krummer Seneschall!
Nun lauft er gewisslich hin zu unserm Prinzipal,
Er ists im Stand und sagt,
Ich hätt sein Weib umbracht,
Sie hängen mich, verflucht!
Und dann wird's untersucht. (,)
Auweh! ich vergeh!
Ach mir droht grosse Noth!
Ach, ich soll unschuldig sterben,
O! heiliger Branntwein, lass mich nicht verderben!

Eine Furie. (Donner und Blitz.)

Alzestes Leib und Seel gehöret in die Höll,
Hier steht der Zerberus schon wirklich auf der Stell.
Ich greif Alzeste an mit meinen grimmigen Klauen,
Und du Casper! —!

Casper. Rond vorbey! — —

Furie.

Darfst mir auch nicht lang mehr trauen,
Was gilts, ich hol dich bald mit Haut und auch mit Haar!
Geschieht es heuer nicht, geschieht's doch übers Jahr.

(fährt unter Donner und Blitz mit Alzeste ab.)

Casper.

I nun, da hab ich doch noch Zeit fürwahr. (,)
He! he! lass die Frau Königin da.
Du schwarzer, lass sie da! du Teufel, lass sie hier.
Potz Tausend Sapperment, was ist das für Manier.
Das ist ja Teufelszeug, das sind verfluchte Sachen.
Was wird der König nicht für grosse Augen machen.
Wenn er das Ding erfährt, wenns ihm nun wird gesagt,
Dass seine liebe Frau eine Luftfahrt hat gemacht
Mit einem schwarzen Peter,
Mit Sturm und Donnerwetter,
Ohne Sänfte und ohne Luftballon,
Ich glaub, er kriegt vor Schreck das Zipperle davon.

1) Im manuscript ist das abgehen des Seneschall nicht bezeichnet.

Ja, mancher Mann wär froh und voller Liberität,
Wenn ihm der Teufel nur sein Weib abholen thät. —
(sieht den König kommen.)
Da kommt der König her, der macht ja ein Gesicht
Als wie ein böser Drach, als wenn die Katz im Kindbett liegt.
Ich werde lieber Beiseiten gehn,
Denn der thut heut keinen Spass verstehn,
Das sind ihm kleine Sachen,
Er lässt mich Gingerle gang gleich machen.
(macht die Pantomime des Hängens.) (ab.)

Admethes.

Den Göttern sei anjetzt der grösste Dank gebracht,
Dass sie mich wiederum gesund und wohl gemacht.
Mein erster Gang soll sein, den Göttern Dank zu bringen,
Und in dem Tempel auch zu beten und zu singen.
Sieh grosser Aeskulab —
(er sieht den Altar leer.)
Ihr Götter, welches Schrecken!
Der Tempel ist zerstört — wer kann mir das entdecken?
Wo ist die Gottheit hin? Wer hat sie hier verjagt?
Ist denn kein Priester da, der mir die Wahrheit sagt?

Seneschall: (kommt)

Die Götter wollen dich, mein König, reich beglücken
Es soll nur Freud und Lust dein Herze stets entzücken,
Das Volke jubelt laut vor Übermaass der Freuden,
Nur ich, mein König, ach! nur ich muss bitter leiden!
Der Tempel —

Admethes,

Ist zerstört! — Ich sehs! mein Herze bricht —
Sag, was bedeutet das? Sag's frey, verhehl mirs nicht —

Seneschall.

Ach! — ! —

Admethes.

Weswegen seufzest du? Woher entsteht das Zagen?
Gib deutlichen Bericht —

Seneschall.

Ich kann nichts weiter sagen,
Als was du selbsten hier bereits gesehen hast.
Der Tempel ist zerstört! Doch mache dich gefasst,
Was Schrecklichers als diess, mein König, anzuhören,
Dein Tischrath wagte es, den Tempel zu zerstören,

Noch mehr, Gott, welche Pein, Jupiter, welche Noth! —
Alzeste, die Königin, die stach der Bösewicht todt.
Ich sah die Edle hier, sie schwamm in ihrem Blute,
Die Tränen fliessen mir, ach! haltet mirs zu Gute —

Admeth.

Was sagt ihr?! Ihr Götter, hör ich recht?
Alzeste, (!) mein Gemahl, ermordet durch den Knecht:
Des Weibes-Mörder Herz soll mir hier Rache schaffen,
Ich kann die Lasterthat nicht schleunig guug bestrafen.
Geht, treuer Seneschall, und holt den Bösewicht.
Hier fliess des Schurken Blut, hier werd er hingericht.

Seneschall.

Mein König! tröstet Euch! es ist einmal geschehen,
Betrübt Euch nicht zu sehr, ich werde jetzt gleich gehen,
Und so, wie ihr befohlen,
Den Meuchelmörder holen. (ab.)

Admeth: (allein.)

Ich dank Euch Götter nicht, dass ihr mich leben liesset,
Indem Ihr mir durch sie das Lebenslicht ausblieset.

Seneschall (hinter der Scene.)

Fort Bösewicht hinein, in den Tempel zu dem König.

Casper.

So lasst mich doch nur los, so wartet nur a wenig,
Und stosst mich nicht so rum, potz tausend flickerment.

Seneschall.

Marsch fort, marsch fort hinein, und gleich die That bekannt.

(Casper wird hineingestossen.)

König.

Ha komm nur Teufels-Brut, verdammter Höllenriegel.

Casper. (zum Seneschall.)

Herr, habt ihrs angehört? ihr seid ä Wellenprügel —

König.

Du Mörder! — Bösewicht! du Monstrum sonder Gleichen.

Casper. (zum Seneschall.)

Herr Seneschall, Ihr seid ein Mannsstrumpf von nem Reichen.

König.

Nein Bösewicht mit dir, Verräther, reden wir.

Casper.

Mit mir sprecht ihr so höflich? Herr König saget an,
Was hab ich denn verschütt, was hab ich denn gethan —?

König.

Wie? du unterstehst dich noch? du kannst es auch noch wagen?
Was du für Gräuelthat allhier gethan, zu fragen?
Sieh diesen Tempel an, sieh diesen heilgen Ort,
Wer hat ihn so zerstört? Wer hat Alzest ermord?
Bekenne, sage an?
Hast du es nicht gethan?
Verdammtes Ungeheuer!
Ha! Galgen! Schwerdt und Feuer
Ist für dich noch zu wenig.
Du Natternbrut —

Casper.

Herr König,
Ihr seid noch nicht gesund, ihr fabelt gar im Frost.
Ich hatt bey eurem Weib die allerbeste Kost.
Nein nein! ich wills Euch besser sagen,
Sie wollt hier das Schmirakel fragen,
Das hat ihr wohl sone Antwort geben,
Das (!) sie sich selber hat bracht ums Leben.

König.

Was sagst Du! wie? was hör ich hier?

Casper.

Die Wahrheit, Herr König, glaubt es mir.

König.

Woher kannst du aber dieses wissen?

Casper.

Schauts, wie ich ihn hab runter gerissen,
Den stummen hölzernen Patron,
Da war Alzeste Maustodt schon,
In die Brust hatt sichs gestochen ä grosses Loch,
Denns Messer hats ja in Händen noch.
Ich selbsten habs gesehn, doch könnt ihr etwas sparen.

König. (zornig.)

Was red ich mit dem Narren?
He! ist denn keine Wache hier?

Casper.

Nee! sie sind beim Doppelbier.

König.

Nun wohl, so sage an,
Was Dein König sparen kann.

Casper.

Ihr brauchts kä Tischler nicht
Zum Leichensarg, kein Wachlicht
Für die Träger, auch keine Zitronen,
Um ihre Nasen zu schonen,
Kein Räucherfass, keine Kohlen,
Denn der Teufel thät sie holen.

König.

Ihr Götter, wie? ists wahr?

Casper.

Nun ja! — er sagt ja, übers Jahr
Da wollt er mich auch bald kriegen
Und in die Höll hinabziehen.

König.

Die Götter konnten sich an mir nicht ärger rächen,
Sie wollten mir mein Herz durch dieses Unglück brechen.
Ich glaubte, für Alzeste, da ständen jederzeit
In dem Elysium die Felder stets bereit.
Ich war so froh, dass ich dem Grabe war entrissen.

Casper.

Nun hat der Teufel gar das Weib in die Höll geschmissen.

König.

Ach, dieses kostet mich viel 100 tausend Tränen.

Casper.

Verdriesslich muss es sein, wenn man sich so thut sehnen
Nach seinem schönen Weib.

König.

Wer hätte diess gedacht.

Casper.

Das (!) der Teufel aus der Hochzeit hat ä Fasttag gemacht.

König.

Da ich bereits gesund, da wir im Hafen waren,
Das (!) unser liebes Schiff —

Casper.

Zum Teufel sollte fahren.

König.

O ungemeine Noth!

Casper.

O Schmerz! der allzusehr —

König.

Geh Hofnarr, gehe fort, ich höre dich nicht mehr,

Dein Schmerz macht mir nicht Freud, es findet meine Brust
Im weinen und nunmehr im Klagen seine (!) Lust.

Casper.

Was nützt das klagen denn, was todt ist, kömmt doch nimmer.
Es hat die weite Welt mehr als ein Frauenzimmer. —

König.

Ich werde meine Gluth beständig rein bewahren,
Alzeste soll von mir den Meineid nie erfahren.
Die Bande, die sie mir geknüpft, sind allzufest.
Drum, wenn der Unglücksstern mir sonst nichts übrig lässt,
So will ich, ob ich gleich damit nichts kann erwerben,
Dennoch beständig sein, und voller Treue sterben.

Casper (lacht.)

Der kann recht närrisch thun, recht klagen und recht weinen,
Die muss nach ihrem Tod auch wirklich noch erscheinen.

(es wird geklopft.)

König.

Es klopfet Jemand an, sieh zu, wer draussen ist.

Casper.

Es könnt der Teufel sein, oder der Antikrist.

König. (zornig.)

Kennst du nicht deine Pflicht? Sogleich geh vor die Thür,
Und sieh wer draussen ist.

Casper.

O weh! wer ist denn hier?
Gleich sag, wer draussen ist.

Hercules (hinter der scene.)

Ein Held!

König.

Nun hast du es gehört? sag an wer ist's.

Casper.

Die Welt.

König.

Ey, ey, wie kann denn dieses sein,
Wie käme denn allhier die ganze Welt herein?
Gleich sehe nochmals zu.

Casper.

Mir wird ganz angst und bang;
Vielleicht sind in der Höll die Jahre nicht so lang;
Und käm der schwarze Kerl mich jetzt schon abzuholen —

König.
Nun wirst Du wohl bald gehn und thun, wie ich befohlen?
Casper.
Ja, ja, ich geh ja schon, sag Kerl, wer bist du draussen?
Doch sag mirs, bitt ich recht, sonst will ich dich zerzausen
Als wie mein Stiefelknecht. Nun sag, wer bist du denn?
Herkules.
Ein unüberwindlicher Held.
König.
Hast du es nun gehört? Sag an, wer ist es? nun?
Casper.
Ihr seht, dass ichs vor lachen gar nicht sagen kann,
Er hat gesagt, er wär ä unüberwindlicher Schneidergesell.
König (ärgerlich.)
Ach geh zum Teufel in die Höll,
Was soll denn bei mir ä Schneidergesell.
Casper.
Er will halt Eure Beutel flicken,
Hört, ihr könnt ihn zu Eurem Finanzier schicken.
König.
Du bist ein Narr, geh, frag zum 3ten und letzten mal
Casper.
Ja, Herr Prinzipal.
(er geht an die scene:)
Hör, sag es kurz und gut, wie heisst du?
Herkules.
Herkules.
König.
Nun hast Dus recht gehört? wie heisst er?
Casper.
Sperlingsnest.
König.
O Thor! o närrscher Mensch wie kann ein Sperlingsnest
Denn mit Dir Narren reden? Doch geh, es ist das Best,
Dass dieser Mensch selbst zu mir komme und sage wer er sey.
Geh, lass ihn nur herein.
Casper.
He! Du! komm mal herbey.
Herkules (tritt auf.)
Casper (schreit.)
Auwey! auwey! auwey! wie sieht der Kerl da aus.

Das ist ein wahrer Graus.
Der Kerl ist gar zu fürchterlich.
Herr König, ich verstecke mich. (versteckt sich.)

Herkules.

Mein König und mein Herr! Ich hab sogleich vernommen,
Was Deine Frau gethan, und bin drum hergekommen,
Dir alles ganz haarklein was sich nur zugetragen,
Dass sie sich selbsten hat ermordet, dir zu sagen,
Und zwar aus Liebe zu Dir hat sie die That gethan,
Damit ihr König und Gemahl noch länger leben kann;
Doch ist sie durch den Mord in Pluto's Reich verfallen.
Nur ich kann helfen ihr vor andern Göttern allen.
Du sollst Dein treues Weib, mein König, wieder haben,
Ich führ sie aus der Höll kraft meinen starken Gaben.

König.

Sag an, wer bist du denn? das (!) du es traust zu wagen,
Alzeste aus der Höll, aus Plutos Reich zu tragen.

Herkules.

Ich nenne mich, Herkules, der starke Jophis Sohn.

Casper.

Ha ha, bist du des Stoffels Sohn? —

König.

Er ist des Jophis Sohn, sein Vater war —

Casper.

Ein Schlosser,
Ein krummer, pucklichter, und auch zugleich ein grosser
Und dummer Hörnerträger!

König.

O grosser Herkules, o starker Göttersohn,
Geh, hole sie heraus, ich geb Dir dann zum Lohn
Das halbe Königreich.

Herkules.

O pfui, wer wird sogleich
Sich so bezahlen lassen.
Ich geh nun meiner Strassen,
Doch eh ich geh, hab ich an Euch, mein König, eine Bitt,
Gebt mir doch an die Pfort der Hölle einen Zeugen mit.

König.

Der verlangte Zeug, mein König, sey Euch gewährt,
Doch saget, wers dann sey, und wen Ihr wohl begehrt.

Herkules.

Es muss ein wohlbeherzter Zeuge sein,

Denn er muss mit mir selbst in die Hölle hinein.
Mein König, gieb mir diesen da nur her,
Der scheint mir kuragirt, und herzhaft wie ein Bär.

König.

Mein treuer Tischrath, hast du wohl gehört,
Was Herkules, der Gott der Stark von mir begehrt?

Casper.

Ne, ne, ich habe nichts gehört.

König.

Du sollst ihn in die Hölle begleiten.

Casper.

Er kann allein zum Teufel reiten,
Das wär ä schöner Spass,
Nein in die Höll, da geh ich nicht.

König.

Warum?

Casper.

Ey wenn mich da mein Grossmutter sieht,
Potz Flickerment, die krieget mich beym Schopf,
I, ging ich in die Höll, da wär ich wol ä Tropf.

König. (zu Herkules.)

Er fürchtet sich gar sehr,
Und glaubt, er kommt nicht wieder her.

Herkules.

Er soll sich fürchten nicht, in meinen jungen Tagen,
Hab ich schon so viel Stärk, die Teufel all zu schlagen.

König (zum Kasper.)

Mein Diener, er verspricht, bey seiner vielen Stärke,
Das (!) dir nichts soll geschehn, drum geh nur mit und merke,
Was er dich lehren wird.

Casper.

Ey, wenn er so viel Stärke hat, so kann ers ja verkaufen
An die Waschweiber, das Geld dann zu versaufen.
Da bin ich mit dabey.

König.

Er ist der Stärkste von den Göttern.

Casper.

So, der Stärkste von den Bäckern.
Ey, da kann er nur ins Commiss gehn,
Da braucht man starke Leut, die gut aufn Füssen stehn.

König.

Wirst Du Herkules begleiten, mein Sohn,
So bekommst Du 100 Silberstück zum Lohn.

Casper.

100 Silberstück, potz 1000 Flickerment,
Da geh ich wahrlich mit, bis an die Welt ihr End.

König.

Nun lebt indessen wohl, mein treuer Herkules. (ab.)

Herkules.

Mein König, lebet wohl, und hoffet nur das Best.

Casper.

Hör mal, Du Sperlingsnest,
Wie viel mal bist du denn schon in der Höll gewest?

Herkules.

Schon 3mal war ich dort, wohl in dem Höllenrachen
Und habe dort gekämpft mit Teufeln und mit Drachen.

Casper.

Schon 3mal? Flickerment!
Und hast dein haargen Wamms noch niemals dort verbrennt?

Herkules.

O diesen Pelz verbrenn ich niemals nicht.

Casper.

Was hast denn in der Hand?

Herkules.

Da schlag ich ins Gesicht dem Teufel und den Faunen.

Casper.

Haha! damit schlagst du die Hahnen und Kapaunen.

Herkules.

Nun, komm nur mit, nun sollst du sehn,
Wie schlimm es den Teufeln in der Höll wird gehn. (ab.)

Casper.

Nun geh ich in die Höll, bey Sturm und Nacht und Graus,
Und jag die Teufel all sammt ihrer Mutter raus. (ab.)

Ende des 2. actes.

Dritter act:

Ein finstrer Wald. Auf der einen Seite der Eingang zur Hölle.

Erste Scene. Casper. Herkules.

Casper.

Lauf, dass du gleich crepirst, verdammter Sperlingsnest,
Du laufst ja so drauf los, als wenn Dus Laufen hättst.

Ich kann fast nimmer nach, ich geh nicht von der Stell,
Sag Sperlingsnest, sind wir denn noch nicht an der Höll?

Herkules.

Nun sind wir da, mein Sohn, an Pluto's Höllenreich.
Nun werd ich zitiren die Teufel allzugleich.
Doch du bleibst still an meiner Seite stehn,
Und von derselben darfst Du nicht 3 Schritte gehn.
Nun sprich mir Alles nach.
Sise! Sise!

Casper.

Schmisse! Schmisse!

Herkules.

Flegerouissia Stix!

Casper.

Flegel Hundsvott fix!

Herkules.

Hejus! Hejus!

Casper.

Hexefus! Hexefus!

Herkules.

Alceste male Spiritus!

Casper.

Alter Maler! schmier mirn Fuss!

Herkules.

Herkules videridet zitra!

Casper.

Casperlibus videridet zitra!

(man hört die Geister brummen.)

Sperlingsnest, was schreit denn so, was ist denn das? — auweh!
Das thut ja fast so arg, als wie das Männchen an der Spree.

Herkules.

Das sind die Geister, die auf mein Zitiren
Sich in dem Höllenpfuhl vor Angst und Schrecken rühren.

Casper.

Mir wird ganz wunderlich. O weh! ich krieg das frieren.
Komm, gehn wir doch nach Haus. Mir ist es dort viel lieber,
Hier krieg ich wohl noch gar zuletzt's Kanonenfieber.

Herkules.

Schweig still, und sey beherzt, was hilft das lange Zagen,
Damit wird nichts gethan, komm, lass uns nochmal wagen,

Die Höll zum 2ten mal zu necken und zu plagen.
Drum thu mir nur getrost das, was ich sprech, nachsagen.
(die vorige Beschwörung.)
(Das Geschrei wird stärker, Casper zittert, fällt hin und schreit.)

Casper.

Sperlingsnest! hör auf, ich krieg das Frieren,
Krieg auch wol noch das Fieber, das gelbe, das rothe,
Das hitzige, das kalte, das Liebes-Fieber nach der Mode.
Ach, lieber Sperlingsnest, es friert mich fast zu Tode.

Herkules.

Ey was zittern, ey was frieren,
Ich werd gleich zum 3ten mal zitiren.
Minos! Eratus! Rhatamantus!

Casper.

Mühlfluss! Rachtuss! Rottermanfluss!

Herkules.

Ich beschwöre Euch!

Casper.

Ich beschmiere Euch!

Herkules.

Per Stix et Acheron!

Casper.

Herr Stix! ich lauf davon.

Herkules.

Per Pluto et per Proserpina!

Casper.

Per Blutwurst und Broserwilla.

Herkules.

Dass mir sogleich erscheinen soll
Die Furien aus dem Höllenpfuhl.

Casper.

Dass mir sogleich erscheinen soll
Ein Fass voll Wein bis oben voll! — —

Zweite Scene. Vorige. Eine Furie.

Furie.

Verwegner Herkules, du wagst es noch zu kommen
Vor unser Höllenhaus?
Sag an, was willst du hier?

Herkules.

Gebt mir Alzest heraus.

Furie.

Die kannst du nicht bekommen,
Denn sie ist aufgenommen
Zur Qual ins Höllenreich.
Entferne dich sogleich,
Sonst wirst du noch zerrissen,
Und sammt dem bösewicht
In Tartarus geschmissen.

Herkules.

Und ich werd, trotz eurer Gewalt,
Die Höll bestürmen allsobald.

Furie.

Ich werd es gleich den Höllenrichtern sagen,
Dass sie dich, Herkules, zu Staub und Pulver machen.
(fährt ab und stösst an Casper.)

Casper. (schreit.)

O weh! o weh! ich bin todt, mausetodt!
O lieber Sperlingsnest — (fällt um.)

Herkules.

Steh auf und sey beherzt, es hat noch keine Noth.
(man hört einen Teufel rufen.)
Vater Pluto! Vater Pluto!

Pluto (hinter der Scene.)

Ho! ho! was giebts? wer schreit denn so?
Giebts etwann wieder Krieg? Nun, nun, da bin ich froh.
Oder gar eine Revolution?
Drauf freu ich mich im Voraus schon,
Da werden die Menschen an Mordsucht uns gleich.
Es wird auch bevölkert das höllische Reich.

Furie. (hinter der Scene.)

Nein, Vater Pluto, es ist vor unsern Pforten
Der Herkules dahier, mit stolzen, stolzen Worten
Verlanget er Alzest, die Königin von Admeth,
Die sich aus Liebeswuth heut selbst ermorden thät.

Pluto.

Ha, lass die Teufel los, den frechen Bösewicht
Zerreisst in 1000 Stück und schonet seiner nicht.

Casper.

O weh! Da bleib ich auch ganz dabey,
Sie schlagen mich in 1000 Stück entzwei.

Herkules.

Courage! nun schlag zu,
Sowie der Neid der Dichter auf den Kotzebue.

Dritte scene. Die Vorigen. Furien erscheinen, sie streiten.

Casper.

(schreit immer dazwischen.)

Courage! verlass uns nicht.

(Die Furien werden zurückgeschlagen, Casper schlägt immer von hinten auf Herkules und ruft)

Schlag zu Sperlingsnest, schlag zu aufs allerbest.

(ruft:)

Victory! Cigory! Gregory!

(Herkules geht in die Hölle.)

Casper (allein.)

Ey ey, wenn man doch Curage hat und Muth
Da schlägt man alle Feinde, und wenns auch Teufel wären, todt.
Aber wie wirds dem armen Sperlingsnest jetzt gehn, (?)
Wenn er die vielen Teufel erst in der Hölle wird sehn?

Vierte scene. Casper. Herkules. Alzeste.

Casper.

Was seh ich? er bringt sie, nun, das geht über Menschenwitz.
Der hat mehr Curage, als mancher Held bei Austerlitz.
Sag Sperlingsnest, könnt ich nicht aus den Kohlen,
Mir auch son schönes Weibchen holen.

Herkules.

O ja, bey dieser Verwirrung im höllischen Reich,
Da kannst du so etwas, drum geh nur sogleich,
Setz alle höllische Schönheiten in Requisition,
Und nimm dir dann Casper die Schönste davon.

(geht mit Alzeste ab.)

Casper.

Nun ich will's ä mal probiren,
Und die höllischen Geister citiren,
Die müssen mir bringen bey meiner Ehr,
Die Schönste von allen Schönen daher.

(beschwört.)

Schmisse: Schmisse:
Flegel Hundsvott fix:
Hexefuss! Hexefuss!

Ältester Maler, schmier mir'n Fuss.
Casperlibus videridet citra.

Fünfte Scene. Eine Menge Teufel erscheinen.

Casper.

O das ist nicht Garnison,
So viel über einen schon —
Nun Curage, verlass mich nicht,
Curage, Curage! verlass mich nicht!
Ein Held wie ich, der fürcht sich nicht,
Curage! Curage! verlass mich nicht!
(er treibt die Teufel fort und geht ab.)

Sechste Scene. Das Theater verwandelt sich in einen Wald.

Dorinde. (allein.)

Vergnügter Schäferstand, ich preise mein Geschicke,
Das mir das Schicksal gab, ich nehm es für ein Glücke,
Das willige Lämmervolk aufs fette Klee zu führen,
Hier lässt sich Freud und Lust auf Feld und Auen spüren.
Wo mag doch nur mein Freund, mein Philemon, jetzt sein?
Man lebt doch nicht vergnügt, ist man so ganz allein,
Der Männer Gegenwart peitscht unser Blut viel schneller,
Auch unser Frohsinn wird bey Männern täglich heller,
Und find ich ihn nicht dort, an jenem hellen Bach,
So geh ich ihm noch heut in seine Wohnung nach.

Siebente Scene. Dorinde. Casper.

Casper.

Verschwunden ist die Höll, verschwunden sind die Teufel,
Sie fürchten sich vor mir, daran ist gar kein Zweifel.
(Er sieht Dorinde.)
Was ist das für ein Kind? Potz 1000 Flickerment,
Das mir so unverhofft hier in die Hände rennt.

Dorinde.

Mein Freund, habt ihr auf eurem Wege nicht einen Schäfer
geschn?

Casper.

Nein, mein schönes Kind; Schäfer sah ich keinen gehn;
Aber muss es denn just ein Schäfer sein?
Ist denn ein Schäfer nur ganz allein
Im Stande dein schönes Herz zu rühren?
Kanns nicht auch ein Jäger, ein Soldat, ein Ritter verführen?

Dorinde.

Nein, mein lieber Freund, nein,
Es muss absolut ein Schäfer sein.

Casper.

Nun, könnt ich denn nicht deinen Schäfer machen?

Dorinde.

Du? ha ha ha, sag, welch närrsche Sachen,
Du hast ja keine Hoerden nicht, keine Rindvieh, keine Schaafen.

Casper.

Mein Kind, das schadet Alles nicht, ich kann doch bei dir schlafen.

Dorinde.

Das ist noch nichts und hast du denn auch Geld und auch Vermögen?
Hast du ein Haus, wo sicher sind die Schaaf vor Sturm und Regen?
Hast du ein Amt und kannst du auch wohl eine Frau ernähren?
Hast du 300 Schaaf so will ich deine Bitt gewähren.

Casper.

Mein Kind, das ist zu viel begehrt bey diesen schweren Zeiten,
Jetzt heisst es blos, Kind liebst du mich? und kannst du mich wohl leiden?
Jetzt kuckt man blos in Mond hinein,
Man seufzt, man spricht von Tod und Pein,
Macht Verse und auch Stanzen,
Macht keine Resonanzen,
Macht Reisen nach Paris,
Und über alles diess
Schreibt man ein grosses Buch,
Ist das noch nicht genug?

Dorinde.

O nein, mein Freund, nein,
Das mag ein schöner Ehstand sein,
Ohne zu leben zu haben,
Muss man die Liebe lebendig begraben.
Wie lange dauert denn in eurem Land
Bey euch so ein neumodscher Ehestand.

Casper.

4 Wochen, mein Kind, das ist schon bekannt,
Dann gehen beide einen andern Weg,
Dann giebt es schon Prügel und Schläg.
Ich bin aber ein Mann von Stand,
Hochzuverehrender Herr Tischrath werd ich genannt,

Von Hohen und Niedern als Narr venerirt, (.)
An jedem Hofe von mir ein Brüderchen existirt.

Dorinde.

Da ist deine Familie ja entsetzlich gross?

Casper.

Ja, mein Kind, und mit gelehrten Narren,
Da ist gar der Teufel los.
Die bilden sich oft ein,
Die König auf dieser Welt zu sein,
Sitzen in einem ganz kalten[1] Kämmerlein,
Und haben statt Licht nur Mondenschein.

Dorinde.

Aber du bist doch wol reich? Sag an, was du hast?

Casper.

O ich hab einen gar schönen Palast,
Gar herrlich ausstaffirt,
Nach der neusten Mode garnirt,
Schöne Vorhänge, (beiseit) Aber kein Bett,
Eine Kanapee, gar zierlich und nett,
(beiseit) Mit Stroh und Lumpen ausgestopft,
Einen Stall voll Vieh,
(beiseit) Die Wände mit Wanzen ausgestopft,
(beiseit) Auch mit Mäus und Ratten angepfropft.
Schöne Hemden, schöne Cravatten,
Mein Haus ist gar herrlich bestellt,
(für sich) Und Schulden hab ich, wie ein Mann nach der Welt.

Dorinde.

Nun, das lässt sich Alles wohl hören,
Da könnt ich dir bald deine Bitte gewähren,
Doch sag mir zuvörderst, wie heissest du dann?

Casper.

Ich nenne mich Casper, nun, werd ich dein Mann?

Dorinde.

Ich muss es erst meinem Vater sagen,
Denn so darf ich es ja gar nicht wagen.
Doch sieh? was kömmt denn doch dort?

Casper. Wo?

Dorinde. Dahier.

Casper.

Zum Teufel, das ist ein vornehmer Cavalier.

1) Im manuscript: + kalten. / ganzen.

Achte Scene. König. Vorigen.

König.

Die Jagdlust kann mich nicht ergötzen,
Alzeste kann mir nichts ersetzen.
Wenn Andre sich der Lust erfreun,
So geh ich einsam in den Hain.
Vor lauter Kummer, der mich quält,
Hab ich nunmehr den Weg verfehlt.

(sieht Casper:)

Doch sieh, da treff ich auf dem Plan
Wohl gar schon meinen Tischrath an.
He Casper, sag, was machst du hier?

Casper.

Herr König, ich wills Euch sagen, ich Karmesier.

König.

Ey, ey! Das ist auch ein schönes Kind.

Casper.

Sie ist mein, sie heisst Dorind,
Ich werde ihr Mann,
Euch geht sie nichts an,
Ihr könnt nur Eure Mühe sparen.

König.

Ey was, ich muss sie sprechen. Weg mit dem Narren.

(er geht zu Dorinde.)

Mein schönes Kind, wer bist du? Und wie nennst du dich?

Dorinde.

Ich bin eine Hirthin, Dorinde nennt man mich.

König.

Wo wohnst du? mein liebes Kind?
Und wer ist dein Vater? sag an geschwind.

Dorinde.

Mein Vater heisst Damon, und wir wohnen
Auf der Insel Amoris, unter den heissen Zonen.

Casper. (stösst den König an.)

Herr König,
Pfui, schämts euch doch ein wenig,
Mit einem Hirthen-Mensch Euch abzugeben,
Das ist ä Schand für Euch in Eurem ganzen Leben.

König.

Ey was, die Götter haben sich schon selbsten wohl verliebt
In schöne Schäferinnen, ich bin jetzt sehr betrübt,

Ich such mich zu zerstreuen,
Vielleicht kann mich das Kind, die Schäferin erfreuen.

Casper.

Pfui Teufel, schämts Euch doch,
Es giebt Eurem ganzen Respekt ein Loch.
Und (winkt ihm) wisst ihrs denn noch nicht?
(spricht leise mit ihm)
Das Mensch, das hat ä Schaden.

König.

Wo?

Casper.

Im Gesicht.
Die Augen sind so schwarz als wie Kohlen.
Auch hat das Mensch mich heut noch bestohlen.

König.

Was kann sie dir denn nehmen? Du hast ja nichts, du Narr?

Casper.

Sie hat mir heut gestohlen mein Herz, den Kopf sogar.

König.

Schweig, mit dem dummen Plaudern,
Das Mädel ist gar schön, was nützt das lange Zaudern.
Alzeste ist nun Tod sie kommt nicht mehr zurück.
(er geht zu Dorinde.)
Mein Kind, sag, willst du mit? Ich mach noch heut dein Glück.
Ich nehm dich mit nach Hofe, da sollst du sehn,
Wie gut es dir bei Hofe wird gehn.

Dorinde.

Im Hofe find ich kein Vergnügen,
Da kann ich, wenn ich will, mich hin verfügen,
Da sind aber nichts als Gänse und Schwein,
Pfui, was kann auf dem Hof für ein Vergnügen sein?

König.

Das ist kein solcher Hof, worinnen nur Schwein
Oder solche wilde Bestien sein.
Nein, es ist des Königs Hof, den ich mein.

Dorinde.

Des Königs Hof? Hab ich vielleicht das Glück zu sehn,
Meinen grossen König vor mir zu stehn?

König.

Ja, mein Kind, ich bin Admethes, dein König,
Und kannst du mich lieben, Dorinde, ein wenig,

Und willst du mir dein Herze geben,
So sollst du an meiner Seite als Königin leben.

Dorinde.

Ach! welches Glück, mein Vater mir oft gesagt hat,
Kind, wirst du deinen König sehn, so fleh um Gnad. (kniet.)

Casper.

(kommt zu Dorinde gelaufen und sagt ihr ins Ohr.)

Halt dich nicht mit ihm auf, er hat ä Fehler, der Mann.

Dorinde.

Einen Fehler? wo fehlts ihm dann?

Casper.

Er hat ä Fehler! er hat — er hat — (lacht) ich kanns nicht sagen,
Ich aber bin ä ganzer Mann, mit mir kannst dus schon wagen.

König.

Mein schönes Kind, halt dich nicht auf mit dem Narren,
Komm, du sollst gleich mit mir nach Hofe fahren.
Ich werde dir geben, was ich habe, Scepter und Kronen.
Du sollst bey mir als Königin trouen.
Ich werde dich zu meiner Gemahlin machen.

Casper. (für sich.)

Das wären ja verfluchte, teuflische Sachen,
Wart, ich werd ihm gleich einen Strich durch die Rechnung machen.
(laut.) Heisa. Victory! Zigory! Gregori. Herr König, Juchhey.

König.

Was hat der Narr für ein Gelächter, was hast du für Geschrei?

Casper.

Lachts, Herr König, lacht,
Alleweil hat der Sperlingsnest Euer Weib nach Haus gebracht.

König.

(erschrocken.) Wie? was sagst du da?

Casper.

Die Wahrheit, Herr König, glaubt es ja!

Dorinde.

Und ich werd eilen,
Meinem Vater die frohe Botschaft ertheilen,
Und ihm sagen, dass ich den König gesehn. (ab.)

Neunte Scene. Casper. König.

Casper.

Wart a bissel, ich werd mit gehn.

König.

Hast du sie denn wirklich gesehn?

Casper.

Ey freilich, ich war ja dabey, sie hat recht gelacht.
Wie sie der Sperlingsnest aus der Höll hat gebracht.

König.

Nun, so sey still, halte verschwiegenen Mund,
Und sage mir, war denn meine Gemahlin noch frisch und gesund?

Casper.

O, sie blühte, wie eine Rose; aber ich muss fort. (will ab.)

König.

Casper, warte, noch auf ein Wort:
Sage, ist denn meine Gemahlin noch so schön?

Casper. (für sich.)

Jetzt hält er mich nur auf, dass ich nicht soll zum Madel gehn?
(laut.) Freilich, sie ist noch viel schöner geworden im Feuer.
Sie kann jetzt viel sparen, denn der Karmin ist so entsetzlich theuer.
Aber ich muss meinem Madel nach. (will fort.)

König.

Nun warte noch ein wenig.

Casper.

Zum Teufel, nun hält er mich wieder auf, Herr König,
Was wollt ihr denn immer, ich muss eilen.

König.

Nun, nun, thu nur noch ein wenig verweilen.
Sage mir, wird mich meine Gemahlin auch noch so lieben?

Casper. (heulend.)

Was das für Fragen sind — um mich nur zu betrüben,
So hält er mich mit solchen Fragen auf und an,
Damit ichs Madel nimmer finden kann:
Warum sollt sie euch nicht lieben, in der Höll
Verliebt sie sich gewiss nicht in son schwarzen Junggesell.
Lebt wohl, ich muss meinem Madel nach. —

König.

Ha, hast du nicht vernommen,
Wird meine Gemahlin hieher oder nach Hofe kommen?

Casper.

Hol der Teufel das verdammte Fragen.
Ich muss meinem Madel nachjagen,
Sie wird freilich nach Hofe gehn, denn hier im Wald,
Wird sie Euch nicht finden sobald. (will ab.)

König. (ruft.)

Casper, so höre!

Casper.

Ich hab nicht Zeit, lebt wohl.

König. (allein.)

Der Kerl ist ganz rasend und toll,
Doch was wundre ich mich über ihn,
Ich selbst wünsche ja meine Gemahlin zu sehn.
Wenn nur der Narr nichts sagt,
Und meiner Gemahlin keinen Aerger macht.
Dass ich mich mit Dorind in Liebe eingelassen,
Ich weiss, sie würde vor Schrecken erblassen,
Doch hat der Narr keine Zeugen.
Und ich — ich — kann ja gut läugnen.

(Ende des dritten Acts).

Vierter Act.

Garten.

Erste Scene.

König. (allein.)

Schon eine Stunde bin ich hier und warte auf Alzest,
Die wiederum aus der Höll befreit durch Herkules.
Ach! liebte sie mich noch, wie wollt ich sie verehren.
Für diese schöne That,
Da sie aus Lieb für mich sich selbst ermordet hat.

Zweite Scene.

König. Alzeste. Herkules.

Alzeste.

Gemahl, Admeth, ich lebe, lebe nur für dich,
Sag, kannst du mir verzeihen? Admeth und liebst du mich?
Kann ich die vorge Gunst und Liebe noch geniessen,
So soll mein Blut für dich Admeth allein nur fliessen.

König.

Alzeste, liebstes Weib, lass mich Verzeihung bitten,
Du hast, o Theuerste, für mich so viel gelitten,
Dein Herz soll weder Zank noch Untreu je betrüben.

Alzeste.

Damit bin ich vergnügt, doch Herkules, sagt an,
Womit ich Euch anjetzt genug bedienen kann,
Seyd ihr nunmehr vergnügt mitm halben Königreich?

Herkules.

Was ich Admeth gesagt, das sage ich auch Euch,
Mich reizt kein Gut noch Gold, mich reizt kein Königreich.
Lebt wohl und liebet Euch, ich ziehe meiner Strassen.

Alzeste.

Freund Herkules — bleibt hier, geniesset erst der Ruh!

Herkules.

Verzeiht, ich eile jetzt dem Fluss Zendaures zu,
Dort muss ich aus den Ketten
Der Faunen heute noch ein schönes Kind erretten.
(gegen das Parterre.)
Ihr Menschen, sehet doch, was wahre Treue kann,
Das Weib liebt öfters noch viel stärker als der Mann,
Doch ist die Höll bestürmt, die Teufel sind verjagt,
Pluto wird sauer sehn, wenn man ihm dieses sagt. (ab.)

Dritte Scene. Alzeste. König.

Alzeste.

Das ist ein wahrer Freund, ein ächter Göttersohn,
Er will für diesen Dienst nicht den geringsten Lohn.

König.

Es ist fürwahr recht gross und königlich gedacht.

Alzeste.

O sag mir doch Admeth, was Herkules gesagt.
Er sprach, man sieht, was wahre Treue kann,
Das Weib liebt öfters noch viel stärker als der Mann.
Was meint er wohl damit? wen ging wohl dieses an?

König.

Es thut mir leid, Alzest, dass ichs nicht sagen kann.
Wer kann die dunkle Red der Götter all verstehen.
Kommt, lasst uns nun hinauf in unser Zimmer gehen.

Vierte Scene. Vorigen. Casper. (schreit.)

A. u. u. a!!!
uu. u. e!!! u. u. u. i!!!
u. u. u. u.
(stellt sich an die Wand.)

Alzeste.

Was hast du Casper dann, was schreist du jmmer zu?

Casper.

A. u. a. u. u. u!!!
Mein Herz thut mir so weh, wenn ich nur nicht sterben muss.

Alzeste.

Wo fehlt es dir mein Freund, was hast du für Verdruss?

Casper.

Au. u. a. Wenn ich nur nicht sterben muss.

Alzeste.

Weswegen willst du sterben?

Casper.

Aus lauter Liebe muss ich verderben.

Alzeste.

Aus Liebe?

Casper.

Ja aus lauter Liebe, u. u. a.
Mein Herz schlägt und wackelt wie ein Lämmerschwanz.
Nun ist sie fort, nun wird nichts aus dem Hochzeitstanz.
Nun muss ich sterben u. u. a.

Alzeste.

Nun? ist das Mädchen nicht mehr da?

Casper.

Nein, die ist fort, pritscht verlohren, weggeflogen,
Und ich bin ums Mädel betrogen.

Alzeste.

Wer hat sie dir denn weggenommen?
Sage, warum ist denn deine Brust so sehr beklommen.

Casper.

Nun schauts, Frau Königin, Euch will ich Alles wohl erzählen,
Ihr seid ä braves Weib, Euch werd ich nichts verhehlen.
Seht, wie ich kam in Wald, dort an dem Höllenloch —
Fand ich Dorind — (der König hustet stark.)
Ja hust nur, ich sags doch!.
Ein Mädchen, ach! so schön! so schlank, so weiss und roth;
Und Alles war Natur, nich Farb nach jetzger Mod,
Kein falsches Augenbraun bedeckte ihr Gesicht,
Sie trug ihr eignes Haar, auch sah man bey ihr nicht
Den Busen ausgestopft, kein falscher Zahn,
Ich weiss es selber nicht, was wohl in unsern Tagen
Die Frauenzimmer all für fremde Reize tragen,
Kurzum, sie war so schön! so schön fast als wie ihr,
Ich glaub, der König zög Dorinde Euch noch für.

Alzeste.

Das glaub ich wohl, doch sage mir,
Wie du darum gekommen,

Und warum hat man dir
Dein Mädchen abgenommen.

Casper.

Ach nein, es ist ein anderes Apropos
Am ganzen Handel ist Niemand schuld als der da.
(deutet mit dem Fuss nach dem König.)

Alzeste.

Wie so? — Was hör ich? mein Gemahl? wie käm der zu deiner Braut?

Casper.

O, wo kommt ä junger Wittwer nicht hin, schaut!
Wie ich im besten Carmesieren bin gewesen,
So kommt Euer Maler, vermaledeytes Wesen,
Nimmt mir gleich mit Feldesherrn Kraft
Das Mädel, und mich hat er auf die Seit geschaft.
Drauf hat er mit ihr geredt vom Fluchen, Vermaledeyn!

Alzeste.

Wie vom Vermählen?

Casper.

Ja Vermaledeyn,
Und vom Beyliegen obendrein,
Er hat gesagt, er wollt sich mit ihr nach Hof begeben,
Und sie als Königin auf den Thron erheben,
Ja, sie sogar mit Kron und Scepter schmücken,
Und so that er dem Madel den Kopf verrücken,
Und als ich sagte, ihr wärt wieder auf der Welt,
So ist das Mädel geschwind fortgeschnellt,
Und ich armer Teufel bin ums Mädel geprellt. (weint.)

Alzeste.

Was hör ich, theuerster Gemahl,
Kaum war ich der Oberwelt entflohn,
So lässet sich Admeth in andre Liebe schon,
Wer hätte diess gedacht, das hätt ich nicht geglaubt,
Dass sich Admethes schon solch einen Schritt erlaubt.
O Herkules, mein Freund, nun kann ich dich verstehn! —

König.

Alzeste! theures Weib, komm, lass uns weiter gehn,
Wer wird des Narren Wort wohl glauben, was er sagt,
Und wenn er so nach Art der Narren ein Bonmot macht?!

Casper (zornig.)

O ja, ihr könnt es mir nur jmmer sicher glauben,
Die Wahrheit ist die Wahrheit, und die Wahrheit

Ist und bleibt die Wahrheit, von nun an bis in Ewigkeit
Bleibts immer noch die Wahrheit.

Alzeste.

Nun tröste dich, mein Freund, ist diese gleich verlohren,
So ist vielleicht für dich ein anderes Kind geboren.

Casper.

Nein, nein, Frau Königin, nein!
Es muss absolut Dorinde sein.
Und krieg ich diese nicht, spring ich in Fluss hinein.

König.

Nun nun, erwähl dir eine Gnad für ausgestandne Pein.

Casper.

Juchhey, o könnt ich nicht auch einmal ä König sein?
O gebt, ich bitte Euch,
Mir doch einmal so ein zerrissnes Königreich.

König.

Das haben wir nicht mehr, das können wir nicht geben.

Casper.

So gebt mir so ä Dienst, wo ruhig ich kann leben.

Alzeste.

Kein Dienst ist ohne Müh, und ohne die kein Brod,
Drum wähl dir was du willst, du sollst nicht leiden noth.

Casper.

Der Dienst, wo man ruhige Tage hat, ist ausgedacht,
Wenn ihr mich zum Nachtwächter macht.

Alzeste.

Hat denn ein Nachtwächter ruhige Tage? sag an?

Casper.

Natürlich, weil er den ganzen Tag schlafen kann,
Wenn er nachts seine Ronde hat gemacht,
So wird der ganze Tag in Ruhe hingebracht.

Alzeste.

Nun, nun! gewährt sey deine Bitte.
(zu Admeth.) Die Angst, die ich erlitten,
Lass uns nunmehr versüssen
Durch Liebe und durch

Casper.

Küssen –

König.

Vorbey ist nun der Sturm, vorbey ist Alles Leiden,
Kommt, lasst uns lustig sein, mit 1000 reinen Freuden. (ab.)

Alzeste.

Das Unglück ist vorbey, der Sturm ist überstanden,
Mit Freuden kann ich nun am Liebesufer landen. (ab.)

Casper.

Ich wünsch Euch Ochsen, Küh, und lauter gute Sachen,
Und dass bald ohne Müh ein junger Prinz mög lachen.
(Gegen das Parterre.)
Das Schauspiel ist vorbey, der letzte Act ist aus,
Und die ein Liebsten hat, die nehm ihn mit nach Haus,
Die aber Keinen hat, und kein bekommen kann,
Die komm zum Kasper rauf, so hat sien hölzern Mann.

Ende.

SONDERSHAUSEN. GEORG ELLINGER.

DER INFINITIV NACH *WELLEN* UND DEN VERBA PRÆTERITOPRÆSENTIA IN DEN EPEN HARTMANNS VON AUE.

(Schluss.)

Das prafix *ge-* beim infinitiv in den epen Hartmanns von Aue.

Bei gelegenheit meiner beschäftigung mit dem infinitiv in den epen Hartmanns von Aue glaubte ich auch allen innerhalb dieser begrenzung zur frage nach dem historischen gebrauch des praefixes *ge-* gebotenen stoff sammeln zu sollen, um so zur kentnis dieses schwierigen gegenstandes, der zu seiner behandlung ja ein viel umfangreicheres material erfordert, meinen bescheidenen beitrag zu liefern. Von hierher gehörender litteratur ist mir bekaut geworden: Stalder, die Landessprachen der Schweiz oder schweizerische Dialectologie, Aargau 1819, s. 52 fgg. — Schmeller, die Mundarten Baierns, München 1821, § 982. 984. — J. Grimm, deutsche Grammatik, 2. Teil, Göttingen 1826, s. 832—850. 868 fg. — K. Ferdinand Becker, ausführliche deutsche Grammatik, Frankfurt a. M. 1842, I s. 109 fgg. 150 fg. 258 fgg. — Frommann, deutsche Mundarten, Nürnberg 1854, I s. 123. 143. II s. 79, 12; 190, 9; 277; 430, 14. III s. 124. — K. Regel, die Ruhlaer Mundart, Weimar 1868, s. 100. — Vilmar, curhessisches Idioticon, Marburg und Leipzig 1868, s. 120. — H. Martens, Kuhns Zeitschrift XII s. 31—41. 321—335 die verba perfecta in der Nibelungendichtung. — L. Tobler, ebd. XIV s. 108—138 über die Bedeutung des deutschen *ge-* vor Verben. — K. Weinhold, alemannische Grammatik, Berlin 1863, s. 281. — id. mittelhochdeutsche Grammatik, Paderborn 1877, § 285. — Bernhardt, über die Partikel *ga-* als Hilfsmittel bei der gotischen Conjugation, Zeitschrift für deutsche philologie II s. 158 fgg. — Benecke-Müller-Zarncke, mittelhochdeutsches Wörterbuch I s. 490. — Lexer, mittelhochdeutsches Handwörterbuch s. 745. — W. Wackernagel, Wörterbuch zum ahd. Lesebuch, Basel 1861. — Benecke, Wörterbuch zu Hartmanns Iwein s. 84 [2]. — Alexander Reifferscheid, über die untrennbare Partikel *ge-* im Deutschen. I. *ge-* bei infinitiven 1. Abteilung, Breslau 1871, und Zeitschrift für deutsche philologie, ergänzungsband s. 319—446. — C. Dorfeld, über die Function des Praefix *ge-* in der Composition mit Verben. 1. Theil: Das Praefix bei Ulfilas und Tatian. Halle 1885 (konte nicht mehr bennzt werden).

Unter den in Hartmanns epen sich findenden 598 verschiedenen infinitiven sind mit dem praefix *ge-* componiert 129. Hierunter sind, was L. Tobler und Al. Reifferscheid mit recht fordern, vor allem die mit *ge-* nur aus syntactischen gründen gelegentlich verbundenen zu trennen von denen, welche mit ihm als einem notwendigen, ihren wortbegriff mit bildenden teile beständig componiert sind. Das erste ist das syntactische, das zweite das lexicalische *ge-*. Es zeigen

1. das syntactische *ge-* 52 blos im inf., nicht zugleich in finiten formen (d. h. von mir wenigstens bei Hartmann und in den grösseren wörterbüchern so nicht gefunden), so dass man hier im algemeinen wird voraussetzen dürfen, es sei durch erst beim inf. zutreffende umstände hervorgerufen. Von diesen 52 haben aber andererseits im inf. immer das *ge-* 12.

2. das syntactische *ge-* 53 auch, jedoch nicht immer, in finiten formen, so dass es hier dahingestelt bleiben muss, inwieweit die stellung des verbum als inf. das *ge-* herbeigezogen hat. Von diesen 53 haben andrerseits immer das *ge-* 6.

3. das lexicalische *ge-* 24.

Die übrigen 469 haben das praefix nicht und zwar

4. sind 218 mit andern tren- oder untrenbaren partikeln verbunden, und in diesem fall nehmen nur einige mit den trenbaren *an*, *ûf*, *ûz*, *vol*, *vor* und *wider* componierten *ge-* an.

5. sind 251 einfache verba.

Ich gebe im folgenden ein volständiges, alphabetisch geordnetes verzeichnis aller inf., die stellen aber nur für die gruppen 1, 2, 5, da die 3. und 4. über *ge-* beim inf. keinerlei auskunft geben kann. Bei der 5. konte ich mich mehrmals mit angabe der summe begnügen. *ge-* der 1. art ist durch fetteren, *ge-* der 2. durch cursiven druck ausgezeichnet;

ahten E. 67. 6177. H. 869. — alten, *soln E. 9452. G. 48.* Iw. 7401; G. 2838. 2918; E. 9846; Iw. 8146. — ânen, *mac Iw. 3580.* — anden E. 9231. — gunnen. — gearbeiten, *mac H. 803* (a). — garnen. — enbarn. — gebâren. — erbarmen. — beiten E. 8844; *wil 9483.* — erbeizen. — entbern. — verbern. — betten E. 7082, *heizen 3949.* — gebiegen, *kan* G. 1428. — bieten, *wil* und *sol E. 7972*; 8975. — *gebieten*, *mac* u. *kan Iw. 2287*; *sol* G. 399. *1233*; *heize H. 1470.* — verbieten. — birsen G. 2290. 2300. — biten Iw. 4574; *wil G. 1220.* H. 1517. *Iw. 7290. 8126*; E. 494; Iw. 4325; E. 8893; *beginne Iw. 5093.* 6008. 6917. *7898*; *heize H. 1470.* — erbiten. — bîten, *mac* E. 2120. *Iw. 6980. wil E. 8149. Iw. 956; sol* E. 1848. *Iw. 5960*; 7052. 6158; E. 6681; 3083. 3537. 4776. 5306. 5714. — erbîten. — (enbîzen, *kan G. 1334*, so Bech, Paul *geniezen*). — enblanden. — blâsen E. 8797; Iw. 5797; E. 9623; 8808; 9611. — bluoten Iw. 1360. 1362. — urborn. — borgen Iw. 7148. *mac 7149.* — bôzen H. 1268. — brechen, *wil E. 7608. H. 209.* 636. Iw. 7966; *sol H. 829*; G. 3558. 5521. H. 894; E. 3240. — zebrechen. — bresten E. 9261. — bringen, *mac* E. 2396. *9503. 9767*; 4689; G. 558; E. 5199; G. 1212. — gebringen, *mac Iw. 2898.* — vollebringen. — vür bringen. — wider bringen. — brinnen E. 6318; Iw. 5301. — briuten E. 6340; 1886. — büezen, *mac Iw. 1462*; *muoz* G. 2587. *2789*; 3770. — gebüezen, *mac G. 435. H. 553.* — buhurdieren E. 3082. — bûwen G. 2518; 2684. Iw. 7815. — dagen, *mac Iw. 188. 257*; *wil E. 3420. Iw. 250*; E. 44. — gedagen, *kan E. 6457*; *wil* 7454; *sol 576. 3146. 7006*; *ruochen* Iw. 182. — verdagen. — entecken. — denken E. 930. 3022. — bedenken. — erdenken. — *gedenken*, *mac E. 1352*; *sol Iw. 7461*; *muoz E. 7495* (?); *beginne H. 1010.* — verdenken. — verderben. — dienen E. 1346. G. 2103. Iw. 5638; E. 6568; G. 1185; *kan E. 4568.* — *gedienen*, *kan E. 1288. 4548. G. 1762*; *wil E. 5936* (e). *Iw. 4789*; *sol E. 7781. Iw. 4789*; *muoz 8094.* — verdienen. — diezen Iw. 209. — gedingen. — diuten Iw. 7596; H. 16. — bediuten. — dorren G. 3355. — draben, *kan E. 1962*; *beginne Iw. 5966.* — gedrewen, *mac Iw. 5264. 6258. 6867.* — erdriezen. — verdriezen. — dulden, *mac H. 1147*; *wil* Iw. 1006; E. 3927. G. 1140; E. 992. 3436. 4788. 6935. G. 1369; H. 1333. — dunken E. 2865. — bedurfen. — enden E. 1450. 1751; *sol E. 3177.* H. 968. Iw. 2942. 4173. — geenden, *mac H. 1155.* — volenden. — verenden. — êren G. 83. — *gêren*, *mac E. 3770. Iw. 7501.* 7540; *kan E. 3770.* — enterben. — ezzen E. 8738; *kan G. 2766*; Iw. 1218; G. 2727; E. 3662. Iw. 363; E. 6433; 6357. 6379. 6410. 6421. 8359. Iw. 351. 6545; 6351. — vâhen, *wil E. 9276. Iw. 1343. 1482*; *sol E. 2038*; *muoz Iw. 3275.* — empfân. — *gevâhen*, *mac G. 779*; *wil* und *sol Iw. 2309.* —

(undervân G. 749, nach Lachmann und Bech[1], wo Paul mit handschrift A *understân*). — vervân. — vallen H. 110; *sihe usw. G. 3176*; E. 2611. — ervallen. — gevallen (= placere). — *gevallen* (= accidere), *sol Iw. 6617* (e); *muoz H. 1528* (e). — missevallen. — varn, *mac E. 2961*; 5648. G. 402. 2895. 2897. H. 613. Iw. 808. 912. 6138. *sol* E. 8642. *Iw. 924. 919.* 2802. 3005. 7911; *muoz* E. 3458. Iw. 1081. 2921. *4306*; E. 1817; E. 8129. Iw. 5529; E. 254; Iw. 8038; E. 4675. Iw. 1465. 2977; *heize Iw. 1773*; E. 7869; 4668; 9978. — ervarn. — *gevarn*, *mac Iw. 5315. 5909.* — vol varn. — wider varn. — zuo varn. — vazzen E. 1407; 639. — vegen, *heize E. 2409.* — vehten Iw. 7412; *kan 7001*; E. 9041. Iw. 4774. 5183; 6337; *getar Iw. 7001*; *sihe usw.* E. 833. *Iw. 407.* 7626; E. 4403; Iw. 2477. 5218; E. 4378. 9021; 4224. 5568. 8512. — ervehten. — gevehten, *mac Iw. 5013.* — bevelhen. — vellen Iw. 7090; 7086; *sol 4960*; E. 3397. 6436. 6943. — zevellen. — gevelschen, *mac Iw. 3765.* — vinden, *mac* E. 4484. *5910.* 7179. Iw. 2000. *5612*; *kan E. 236. H. 437*; *sol* E. 2229. 4559. *G. 3048. Iw. 1294*; E. 7950. — bevinden. — ervinden. — vischen G. 775. 2833. — vliegen E. 761. 9079. G. 1427. — vliehen, *wil H. 798*; *sol G. 2538*; *beginne E. 6643*; Iw. 1059; E. 6663. — vluochen E. 2992. 6073. — volgen, *wil* H. 836. Iw. 1490. *7335*; *sol E. 3888. 3938.* G. 2414; *lâze G. 1314.* — vrâgen, *wil* G. 998. *Iw. 6236*; E. 4069; *getar Iw. 3020*; *darf 562*; *beginne* 12mal; Iw. 6265; 519; E. 9317; 5448. — *gevrâgen*, *getar E. 8443* (e?). — gevreun, *wil Iw. 5501.* — bevriden. — vristen, *wil G. 1897.* H. 625; E. 3940. 4410. — *gevristen*, *mac* E. 5266; *kan 5010. 5530. Iw. 948*; *wænen* E. 5458. — *gevrumen*, *mac G. 442. 1905.* — vüegen, *muoz Iw. 6584.* — *gevüegen*, *mac* Iw. 1614. 1745; *kan E. 4650.* Iw. 2063. — vüeren E. 3457. G. 2903; *muoz E. 1404.* 3587. Iw. 4586; 4623. — gevüeren, *mac G. 3088* (a). — gevürdern, *kan E. 5685* (a). — vürhten, *kan E. 8622*; *sol* E. 7989. 8035. *8626.* — gevürhten, *kan G. 865.* — gâhen, *wil Iw. 1341. 1481*; 2310; E. 2554. H. 866. Iw. 3718. 7732; *beginne* 12mal. — ergâhen. — zuo gâhen. — geben, *mac* E. 5802. 6236. H. 609. *753*; *kan* G. 1360. 3651; *wil* E. 6405. 6844. 9443. *9841.* G. 1626. 2819. *H. 528.* 648. 1289. Iw. 1645. 3301. 4496. 7329. *8084*; *sol* E. 656. 1083. 5631. H. 785. *Iw. 2811*; *muoz E. 2627.* 3796. *G. 3447.* 3449. *3703.* H. 695. Iw. 4985. 5631. 6366. 6605. 6793. 6866; H. 246; G. 950; Iw. 6412; E. 840. — ergeben. — gegeben, *mac G. 2087* (a). *Iw. 1896* (e). *6613. 7844* (e). — vergeben. — wider geben. — gellen G. 3119. — gelten Iw. 2561; 6559. 7161; G. 3117; Iw. 7996. — engelten. — vergelten. — gên, *mac E. 8488.* 9913. *Iw. 5567*; *kan E. 8708*; *wil* E. 8195. Iw. 6417; *sol* E. 6695. *9611. 9919.* G. 682. 3228. H. 1152;

muoz E. 3470. 8486. Iw. 1512. 4100. 4638. 5262; *sihe* E. 4805. 8750. G. 2210. 3246. *Iw. 474.* 1242. 1701. 1747. 4374. 5592; E. 3952. Iw. 6425; 765. Ausserdem noch 13mal. — abe gân. — begân. — ergân. — vol gân G. 1451. — vür gân. — missegân. — ûf gân. — umbe gân. — ûz gân. — vergân. — zergân. — zuo gân. — gern, *sol* E. 4570. *H. 949. 974*; *darf G. 3188. Iw. 4443*; E. 3641. *7143.* Iw. 3805. — engesten. — ergetzen. — vergezzen. — beginnen. — giuden E. 2385. — begraben. — begrîfen. — grînen Iw. 877. — grüezen G. 436; E. 9704. — hân, *mac E. 1989. 9840. H. 753. Iw. 3693. 4099.* 5468. *7115.* Ausserdem 12mal; *wil E. 726. 8000. 8478. G. 969. Iw. 4321.* Ausserdem 15mal; *muoz H. 508.* Iw. 1901. *5657. 7903.* Ausserdem 10mal; G. 2216. Iw. 5287; 7278. 7377; E. 2838; *wæne Iw. 691*; *lâze 4155.* — behaben. — gehaben (= sich bequemen, sich benehmen, behaupten.) — gehaben (= haben), *mac E. 2972.* — zesamme haben. — halten G. 2539; E. 6897. Iw. 2558. — behalten. — enthalten. — gehalten. — gehandeln, *mac E. 3570* (e). — hangen Iw. 629. 2530. 4691; E. 418. — hazzen, *mac Iw. 7440*; *muoz 140.* — heben Iw. 5376; G. 857. — ûf heben. — heften Iw. 6756. — beheften. — heilen Iw. 7775. — heizen, *mac Iw. 1923. 8119. 7546*; 5288; E. 2790. — geheizen (= verheizen). — heln, *helfen G. 493*; E. 3068; Iw. 6884; G. 566. — verheln. — helfen Iw. 6342; 2183; 3849. E. 69. 4040; Iw. 3847; E. 5865; 566. G. 3553. Iw. 7933. — gehelfen, *mac H. 929* (e). — herbergen Iw. 6083. — behern. — hôren, *mac* E. 395. *Iw. 26*; 4529; *867*; G. 370. — *ge*hôren, *kan E. 7444.* — erholn. — houwen E. 6308. — hüeten G. 179. — behüeten. — gehüeten, *kan Iw. 1103.* — îlen E. 3062. — jagen, *wil E. 7151.* 7177. *Iw. 3889*; E. 7174. — bejagen. — erjagen. — gejagen, *mac Iw. 1121.* — nâch jagen. — jehen, *mac* E. 827. *Iw. 3684*; *wil* E. 704. *2531.* 9321. 9682. G. 2361. Iw. 1887; E. 4766. 5332. 7682. H. 684; *muoz* E. 1258. 1770. 6221. 8380. 8766. 8930. *H. 1433.* Iw. 6357. 7448; *hôren* E. 7298. 7892. G. 2252. *H. 1324.* Iw. 800. 6887; *beginne* 7mal. — bejehen. — gejehen, *mac E. 10013. 6926. G. 126. 2503.* Iw. *7271* (doch vgl. K. Weinholds germ. abh. heft 5 s. 100. 160); *sol G. 2503.* — verjehen. — justieren E. 2767. 2771; 6903; 9101. G. 1839; E. 2573. — *ge*justieren, *mac E. 2601.* — kebsen Iw. 3171. — kempfen Iw. 4823. 6958; 6975; E. 8642. — erkennen. — kêren, *mac* Iw. 4808. *G. 1268*; *sol 84.* Iw. 1592. *7176*; H. 1442. Iw. 3750. 7282; H. 814; Iw. 4668. — bekêren. — ûz kêren. — verkêren. — kiesen E. 4855. Iw. 2570; E. 1172. 3194. 3322; 3991; 646. 6030; *muoz* Iw. 1826. *2319*; E. 259. — erkiesen. — verkiesen. — klagen, *mac* H. 490. 985. Iw. 1801. *3993*; *wil* 6mal; *sol E. 481. 488*; *muoz Iw. 724.* 2831. *6912*; *getar E. 3010*; *darf 8861*; *sihe* usw. *H. 853. Iw. 5426.* Ausserdem

3 mal; *helfen* E. 5748. 5752. *6237*; *beginnen* *E. 7057. 8080. 3044* (e). Ausserdem 10 mal; Iw. 4294; *gân* usw. *E. 5129.* G. 2143. 2279. — beklagen. — geklagen, *darf E. 5596. 7150. 7275.* — verklagen. — klingen E. 7753. — komen, *mac E. 8751. G. 3171. H. 505. 845. Iw. 1281.* 2129. *2520. 6781. 7241.* Ausserdem 7 mal; *kan 8117*; *wil E. 4245. Iw. 4301.* 903. 1840; *sol H. 823.* Ausserdem 10 mal; *getar Iw. 1853*; *sihe E. 5841. Iw. 4825* u. 3 mal; *lâze E. 944*; Iw. 2604. 4744; E. 1499. — überkomen. — ûf komen. — vor komen. — wider komen. — zesamne komen. — bekorn. — kosten Iw. 2841. 2851. — koufen, *mac G. 1268.* Iw. 2829. — kratzen, *sihe Iw. 6690.* — kreuken, *sol Iw. 7462.* — bekumbern. — künden, *wil G. 518*; 3738; *beginne 3588.* — kunnen, *wil E. 7616.* — erkunnen. — verkunnen. — kürzen E. 4302. — kurzwîlen E. 3061. G. 807. — küssen E. 1109. — quelen E. 6140. — lachen E. 8235; 8441; 8103; G. 37. — laden Iw. 2030. — geladen, *mac Iw. 5590.* — belangen. — lân, *mac E. 962. 5437. 5474. Iw. 174. 4030. 5261. 5304* und 8 mal; *kan 4967. 6382*; *wil* 23 mal (negationen usw. gehören zu *wil*); *sol E. 7007. 4360* und 36 mal (ebenso); *muoz E. 3469. 4392. Iw. 1511. 5266. 5657* und 17 mal; *getar* 4888; E. 515. 2466; 8459; 1005. 9352; E. 146. 4124. 9492. H. 1269. Iw. 4978. 5223. 7315. — (*gelâzen*, *mac E. 6479*). — erlân. — ûf lân. — verlân. — leben, *mac E. 7764. Iw. 4027*; *kan* E. 4791. *G. 3623.* Iw. 3022; *wil E. 5961.* 9332. Iw. 7676; *sol E. 4194. H. 599* und 11 mal; *muoz* E. 3593. 3597. 7651. 9669. G. 2342. *H. 762. Iw. 2950*; *darf G. 492*; E. 2628. Iw. 3403; H. 96. 1255. Iw. 706; *lâze* 10 mal; E. 1084. 5819. — *geleben*, *mac G. 2945. Iw. 7501* (= erleben); *muoz G. 1540*; *trûwen E. 6338*; *lâze Iw. 7843.* — überleben. — ledegen, *sol* Iw. 4642. — legen, *muoz* E. 374. — *gelegen*, *mac E. 887. Iw. 1318*; *kan E. 887.* — leiden, *wil H. 650*; *sol 611.* — leisten H. 675; E. 1015; 945. 3902. Iw. 4581. — geleisten, *mac* H. 571. Iw. 5225. — beleiten. — lêren Iw. 6252; G. 991. — lesen Iw. 6457. — letzen *H. 361.* — belîben. — lîden, *wil E. 4129.* Iw. 1981; E. 3552. 6810. Iw. 5432; H. 604. 1089. Iw. 6385; H. 1332; E. 3759. 9932. Iw. 1453; 3881; E. 4271. H. 141. 293. Iw. 7855. — erlîden. — lieben, *beginne* G. 233. — *gelieben*, *mac* H. 15; *kan* Iw. 2423. — liegen, *hilfe Iw. 2183.* — liehten Iw. 672. — ligen, *sol* Iw. 4223; *muoz* G. 2699; *wil* Iw. 4777; *sihe* 8 mal; *lâze* Iw. 99. 747. 6290. — bîligen. — *geligen*, *mac* Iw. 764; *wil 4777.* — verligen. — lîhen, *wil Iw. 2944*; E. 599; 4795. — gelîhen. — gelingen. — misselingen. — verliesen. — liuten *G. 3587.* — liutern E. 6786. — loben E. 1544; *wil E. 1590*; *H. 608*; E. 7359; *beginne Iw. 1272*; E. 9494; 2484. 1291. 2399. G. 1095. — *geloben* (vovere), *muoz* E. 3103. 4811. — lœsen,

wil E. 3887. *G. 1901*; Iw. 8047; G. 2070. — erlœsen. — lônen Iw. 4195; E. 1048. Iw. 1197. — gelouben. — loufen, *mac G. 3241*; E. 7165. — erloufen. — lougen E. 9214. — gelougen, *mac E. 1040.* — verlougen. — lüsten, *mac E. 7353. G. 2240.* — machen E. 5197. H. 11; *sol E. 3792*; Iw. 5464; E. 8131. — *ge*machen, *mac E. 8421*; *kan 7672.* — sich ûf machen. — mânen Iw. 6050. — sich mâzen E. 6443. — gemâzen, *mac Iw. 1043.* — mêren Iw. 6954; 7445; E. 1310. 9752; Iw. 6057. — *ge*mêren, *mac Iw. 2650*; *kan H. 58.* — merken, *wil* Iw. 248. *250*; *sol 191.* — vermezzen. — mîden, *kan H. 317*; E. 4130; 3882. 6809; *beginne E. 3249.* — vermîden. — muoden E. 885. 2631. — genâden. — neigen, *beginne* E. 5730. *6909.* — nemen, *mac E. 5854.* 6553. G. 2065. *3729*; *wil E. 569.* 3913. 5233. 6271. H. 967. Iw. 2765. *6898*; *sol* 7 mal; *muoz* 3 mal; Iw. 5814; H. 1218; E. 3720. 7283; Iw. 2164. 2231. G. 2061; 2057; E. 468. — an nemen. — benemen. — entnemen. — *ge*nemen, *mac* E. 3917. *Iw. 2232* (e); *sol G. 3793.* — ûz nemen. — vernemen. — genenden. — nennen, *wil E. 4852*; 79. 4535. 4827; 4820. — *ge*nennen, *kan E. 7616. 7618.* 8497. — nern. Iw. 2060; 416. — ernern. — genesen. — nieten E. 9550; *sol* und *muoz 1234.* — *ge*nieten, *wæne* Iw. 5642. — geniezen. — nîgen G. 874. — niuwen Iw. 5111. — genôzen. — genüegen. — ougen E. 5167. — erougen. — pflegen G. 2100; E. 9602. G. 3391. Iw. 1660; E. 3272. 8813. G. 407. Iw. 6719; 2188; E. 1461. 2499. 9129. G. 95; Iw. 2196. 5159. 6423. — *ge*pflegen, *mac* Iw. 4879; *kan* E. *3709.* Iw. 5536. — verpflegen. — prîsen, *muoz E. 1997*; *beginne H. 1462.* — *ge*prîsen, *mac G. 1108.* — geprüeven, *kan* E. 5235. — gerasten, *lâze G. 724.* — râten E. 8407. G. 1261; 340. H. 1482; Iw. 5212; *beginne* E. 9825. *H. 1462.* Iw. 7323; 7852. — errâten. — *ge*râten (= rat geben), *mac Iw. 2399*; *kan G. 322. H. 376.* — gerâten (= entraten). — rechen, *wil E. 4221.* Iw. 2466. *7676*; 4241; *beginne E. 9249.* — errechen. — gerechen, *mac E. 490* (e). *Iw. 3129*; *kan 4462*; *muoz 7678.* — durchrecken. — reden E. 4514. 5960; *sol* 6302. *Iw. 2526*; E. 6543; 4120. — *ge*reichen, *mac E. 1893* (a). — bereiten. — rihten Iw. 4503; E. 3661. — rîchen, *beginne* H. 252. — gerîchen, *mac Iw. 7203.* — riemen E. 3075; *heize 2409.* — ringen G. 3640; Iw. 407; 7884; *lerne E. 9283.* — geringen, *mac Iw. 2844* (e). — entrinnen. — rîsen Iw. 5380. — rîten, *mac* E. 7884. *8486. Iw. 6849*; *wil Iw. 955* und 10 mal; *sol 2811* und 6 mal; *muoz* E. 3095. *1403.* 8760. *8874*; *sihe* 11 mal; 799. 3600; *lâze Iw. 5138* und 5 mal; E. 5031. Iw. 5898; E. 1414. 7747. 7804. Iw. 3367; E. 1458. 2862; Iw. 5548. — berîten. — errîten. — *ge*rîten, *mac E. 1434. 4670.* Iw. 2134 (= errîten). *6157*; *kan E. 8708*; *wil 6882.* — ûz rîten. — vol rîten. — zuo rîten. — riuwen, *mac E. 8789*; 4352.

Iw. 8129; *darf E. 3713*; 3667. 4216. 4638. — *geriuwen*, *sol* E. 3365; *muoz 3801.* — rôten Iw. 7230. — rüeren Iw. 2141. — rouben H. 1408. — rûmen Iw. 7052; E. 2790. 5002. Iw. 6931. — ruochen Iw. 5759. — *geruochen*, *wil* E. 8510; *sol* 130. — ruofen G. 2693; *hôre E. 5298.* 5459. Iw. 4952. — beruofen. — ruowen Iw. 5095; E. 5732; 3485; 2466; 908. — *geruowen*, *muoz* G. 3082; *lâze 1046.* — sagen, *mac Iw. 5034. 7429* und 6 mal; *wil E. 43. 5454. G. 1907. H. 486. 1340. Iw. 258. 5905* und 35 mal; *sol E. 4981. 7122. Iw. 924. 3686. 5677. 6321. 7601* und 7 mal; *muoz E. 9342* und 4 mal; 7138; *hôre H. 23* und 6 mal; E. 2135; *beginne E. 7058.* G. 3146 und 7 mal; E. 7524; *bite Iw. 2321* und 5 mal; E. 1572. 7483; Iw. 7266; G. 2261; Iw. 219. — *gesagen*, *mac* E. 75. *4300. 5161. Iw. 1038. 3223. 6945. 7144* (e); *kan E. 5001. 5572. 7481. 8328. 8454. G. 1028. 1130. 2468. 3043.* Iw. 2096. *3629. 3633. 4429. 5881. 5889. 8165*; *wil* E. 2135 (vgl. K. Weinholds germ. abh. heft 5 s. 120). *G. 2416. Iw. 798*; *tar E. 3145. 4248*; *beginne E. 8691*; *hôre Iw. 548.* — volsagen Iw. 187. — vol*gesagen*, *mac* H. 1037. — vürsagen. — widersagen. — schaden Iw. 6664; E. 3682. 4148; 3727; *tuon 1230.* 3935. G. 1509. *Iw. 636.* — geschaden, *mac E. 3921. Iw. 2939. 5020* (e); *kan 2638.* — schaffen E. 3783; *sol Iw. 5004*; 1596. — geschaffen, *geruoche Iw. 987*; *trûwe G. 1304.* — schamen, *mac E. 5468. Iw. 3187*; *kan 4965*; *wil 5499. 7430*; *muoz E. 5671. 7988.* G. 1494. Iw. 2968; *darf E. 4752.* — geschamen, *darf Iw. 2105.* — beschehen. — geschehen. — scheiden Iw. 5634. 6030; *sol* E. 2224. *4679. 6048*; *muoz* 705. 4386. 4825. 8489. *8873.* G. 45. 475. 480. 1274. 1966; E. 2358; *heize 3949*; Iw. 330. — bescheiden. — gescheiden (transit.), *mac Iw. 847. 7295*; *sol 8068.* — erscheinen. — schelten, *mac Iw. 214*; *sol 4969*; G. 1195; Iw. 5012. — geschirmen, *mac Iw. 6725.* — schiuften, *beginne Iw. 5966.* — schouwen, *mac* E. 312. *3196. 3620. 4187. 5278* (e). *6187.* 6432. 7164. *8280.* 8323. 10078. Iw. 1160. *3398. 3794. 5934*; G. 1942; *sol E. 7921.* Iw. 929. 1796; E. 1390. G. 2369; *getar E. 123*; *beginne* 1485. *3499*; 60. 649. Iw. 3724; E. 1156. *5129.* 5254. 9764. 9919. Iw. 6427. — beschouwen. — umbe schouwen. — beschrîben. — erschricken. — schrîen E. 5419. — verschulden. — schünden G. 231. — sehen, *mac* G. 3380. H. 101. Iw. 1021. 3046; *wil 1436.* 2238. *2598. 8031*; *sol E. 8674. H. 1266. 1108. Iw. 4343* und 6 mal; *muoz* 8 mal; E. 6599. 8765. 8835; G. 3225; *lâze H. 859* und 7 mal; Iw. 6933; 808; E. 5486. — ane sehen. — besehen. — ersehen. — *gesehen*, *mac E. 1769. 8949. G. 1753.* 3747. *H. 1285. Iw. 1207. 2118* (e). *6888*; *kan 5022* (negativer sinn); *wil* E. 4999. *9813. Iw. 1977.* 2229; *sol E. 4701. H. 1237*; *muoz* Iw. 4229. 6346; *geruoche* E. 4951; *lâze G. 1745.* — ane *gesehen*, *mac E. 7296*; *wil*

Iw. 751. — undersehen. — senden E. 23; 1140. H. 1467. Iw. 2175. 7919; 1814; G. 3450. — gesenden, *muoz E. 6697* (e). — vür setzen. — siehen G. 661. — *gesigen, mac Iw. 6965; wil G. 204* (e). — ane *gesigen, wil Iw. 4778; trûwe 4224.* — sigen E. 221. 5553. 9303. — sîn, *mac E. 517. 1576. 1794. 2306. 2761. 3554. 4329. 4772. 5127. 5805. 7293. 8025. G. 13. 535. 2385. 2862. H. 221. Iw. 626. 3908. 4033. 4499. 6454. 7746. 7861* und 19 mal; *wil E. 1364. 4520. G. 1631. H. 925* (e) und 5 mal; *sol E. 1355. 4426. 7192. 9441. 9693. H. 337. Iw. 3194* und 24 mal; *muoz Iw. 3968. 7789* und 18 mal; E. 9039; 9815; *wæne* usw. 9 mal; *lâze* 6mal; *heize* 7mal. — gesîn, *mac E. 5264. 6515. 6732.* — vorgesin, *mac E. 6847* (e). — singen, *mac E. 6464.* — versinnen. — sitzen Iw. 2267; *sihe* 11 mal; 7877. 8255. 9928. — an sitzen. — *gesitzen, sihe* E. 8925. — siuften G. 261. — slâfen Iw. 3512; *lâze H. 549*; E. 3952. 8578. 8591. G. 2830. H. 470. 515. Iw. 7482; E. 7078. Iw. 383. 5866. — slahen E. 3382; Iw. 4228; E. 3360; Iw. 6634; E. 2296. — entslîfen. — entsliezen. — versmâhen. — smiden E. 6087. — snîden, *getar* H. 1139. — sorgen Iw. 4737. 7413; *darf E. 1253. Iw. 1210.* — besorgen. — spehen G. 981; *beginne H. 1239*; E. 7079. — gespehen, *mac* E. 3331. — spiln Iw. 4872; G. 1116. — spotten Iw. 2455. — sprechen, *mac E. 3815.* H. 1439. *Iw. 270. 7380*; *wil E. 7607*; 3239. Iw. 7675; 846; *tar E. 3850*; *darf* 4199. *4373*; *bin bereit G. 32a. 621*; *hôre* H. 635. *830. 853*; E. 2712; Iw. 5479; E. 3098. 3963. — entsprechen. — *gesprechen, mac E. 4867. 5076*; *kan H. 892. Iw. 2264.* — versprechen. — bestæten. — stân G. 2564. Iw. 5181; *sol E. 3410. 6107* und 7 mal; *muoz* 4 mal; *sihe E. 6625. Iw. 6689* und 16 mal; E. 3725; *lâze* 8 mal; E. 6832. 7625. 8967. 8985. — abe stân. — bestân. — bîstân. — enstân. — *gestân, mac Iw. 5706*; *muoz* G. 3360. 3412. Iw. 4731; *lâze H. 663* (e). — ûf stân. — ûf *gestân, mac Iw. 3609.* — understân. — verstân. — stechen Iw. 3954; 206. — erstechen. — steln, *hilfe G. 492.* — sterben E. 8151; 3173. H. 564. 1513; 1135; *muoz* 581. *1258*; 623; E. 5870. H. 1292; 5243. — ersterben. — stiuren, *mac Iw. 1803.* — stôzen, *wil E. 9277.* — strâfen, *beginne E. 2523.* H. 550. — streben, *darf* (oder *tar?*) *E. 8470*; 4792. — strecken, *heize E. 1065.* — strîchen E. 5584; 5787. Iw. 1975. — an strîchen. — zesamne strîchen. — strîten, *mac Iw. 6989*; *kan 7. 6992*; 5746; 5135; E. 4237; 936; G. 1958; Iw. 6653. — erstrîten. — *gestrîten, mac E. 6427*; *trûwe Iw. 4656.* — sûmen, *wil E. 2789. G. 1560*; E. 5059; 5026; Iw. 5087. — suochen G. 3645; E. 6053; G. 3050; *darf E. 2991*; *beginne H. 1238* und 4 mal; *gân* usw. 6 mal; Iw. 4512. — ersuochen. — versuochen. — swæren, *sol H. 656.* — beswæren. — sweben E. 5177; 7652. G. 783. — gesweigen. —

swern E. 3898; Iw. 5740. — geswern, *mac E. 9209.* — swîgen Iw. 2503. — *geswîgen, kan G. 873; wil Iw. 5784* (e). — tagen G. 1980. — tihten Iw. 25. — toben, *beginne Iw. 1271.* — tœten Iw. 4487. E. 9347. — ertoeten. — toufen, *sol G. 569. 871.* — tragen E. 5532. G. 1076; H. 457. Iw. 7469; 1305; E. 6238; 3009; G. 2511. — betragen. — *getragen, mac Iw. 777.* — ûz *getragen, mac E. 8743. 9142.* — *angetragen, mac Iw. 6725.* — übertragen. — vertragen. — betrahten. — trîben, *mac E. 6499.* — ein trîben. — ûz trîben. — vertrîben. — triegen, *hilfe Iw. 2184*; E. 762; 3876. — triuten G. 205. — trœsten, *wil Iw. 4339; sol 1624; gân* usw. *E. 9921.* — *getroesten, mac E. 6398; kan G. 668.* — getroumen, *mac E. 8125* (a). — truoben E. 526. — trûren G. 279; 265. — *getrûwen, mac G. 2517; wil 27.* — tuon Iw. 2525; *wil* E. 6169. H. 1226. *Iw. 2588; sol* E. 1057. 4009. *4359.* G. 1158. *H. 1108.* Iw. 1944. 2223; E. 9504; 1473. Iw. 3411; G. 171; E. 2724. G. 2963; 2806. 3455. 9001. G. 1699. Iw. 775. — *getuon, mac* E. 498; *sihe 2041.* — missetuon. — turnieren E. 2542; Iw. 2803; E. 666; Iw. 2921. 3005; E. 2411. Iw. 3043. — twelen, *wil E. 1401. 7261*; 21. — twingen E. 4690; Iw. 5627; E. 9367. — betwingen. — getwingen, *mac Iw. 4143.* — üeben, *wil E. 5669* (a). — wachen G. 200; E. 3999. — wâgen, *mac* E. 8531. *8554; wil* G. 1859. *1885* (e). Iw. 551; E. 2840; 4971; Iw. 4317. — gewâgen, *wil* Iw. *6632.* — überwallen. — walten, *wil E. 7015.* 9845. G. 2540. Iw. 6531; *sol G. 47*; E. 523. 1467; 1822. — wandeln E. 2931. — verwandeln. — wanken G. 313. — bewarn. — bewæren. — warnen, *wil E. 1059.* — warten E. 8007. 9544; 6015; 9630. — gewarten, *muoz* E. 8666. — verwâzen. — bewegen. — erwegen. — gewegen. — geweichen. — weinen, *mac E. 5360; muoz Iw. 724; sihe* G. 61. 2224. 2231; E. 5865. G. 379; E. 9796. G. 2171. 2229. 2251. H. 1298; E. 9699; 5227. 5349. H. 1007. — geweinen, *lâze* H. 841. — erweln. — ûz weln. — wenen Iw. 3322. — gewenen, adjectiv H. 334. — wenden, *wil G. 1373* (a). *1465.* H. 839 881; Iw. 4174; E. 806. 855. G. 583; *ist gedâht E. 5985* (a). — bewenden. — erwenden. — gewenden, *kan G. 1443; mac* G. *1516* (e). — wenken E. 1351; Iw. 1375; *beginne E. 6643.* — entwenken. — wern E. 4569. H. 560. Iw. 5648. 5739. 7713; G. 25 a. Iw. 1005. 6068; 7713; *beginne G. 406.* — entwern. — erwern. — *gewern, mac Iw. 7206; wil 3806; sol* E. 1021. Iw. 220; *muoz* E. 3642. — werben E. 4578. — erwerben. — gewerben, *kan* Iw. 2772. — werden, *mac* E. 8032. *G. 1326. 2808. Iw. 7065; kan H. 905. Iw. 3180. 6808; wil* E. 4517. 9450; *sol* E. 7272. *7530.* 9062. H. 708. Iw. 7971; *muoz E. 9677* (e). Iw. 2169; E. 3136; 4928. 5929. — werren, *mac* G. 2234; *muoz* Iw. 5238. — *gewerren, mac E. 90. 4218. 4698. 4750. 6501.* G. 1302.

1905. 2026. 3144. H. 491. *908. 1062* (e). *1161.* Iw. 3544. *3753 4267*; *kan H. 1186*; *muoz E. 6487*; *vürhte* 8969; *lâze Iw. 224.* — wesen, *mac E. 266. 5901. G. 1362. 3223. H. 1343. Iw. 1761. 8059* und 7mal; *kan* G. 1814. Iw. 6397; *wil E. 4533* und 6mal; *sol E. 4960. Iw. 57. 729. 4602* und 18mal; *muoz E. 4546. H. 1314* und 8mal; *tar Iw. 1254*; *lâze E. 4515* und 4mal; *geschehen 9863.* — entwesen. — gewesen, *mac E. 8872.* — wetzen H. 1230. — entwîchen. — erwinden. — überwinden. — underwinden. — gewinnen. — ane gewinnen. — wider gewinnen. — wirden Iw. 2861. — *gewirden*, *kan* G. 1517. — verwischen. — wîsen G. 3173; E. 3643. — wîzen, *sol E. 6303.* — gewîzen, *kan Iw. 2093.* — wizzen, *mac E. 1596. 5999. 8095. Iw. 7840* und 2mal; *kan* G. 2784. 3055; *wil* 7mal; Iw. 7374; G. 2264; *lâze E. 5437* (e). *7947. Iw. 5450. 7754* und 13mal; G. 999. — wundern, *mac E. 5558. 8700. 9152*; 9436; G. 1456. — wünschen G. 2845. 2846. — wuofen, *hôre E. 5297.* — wurken Iw. 6191. 6197. — verwurken. — antwurten. — geantwurten, *mac E. 6284*; *kan Iw. 2973.* — verzagen. — zeigen G. 2282; E. 1826; 613. — erzeigen. — zellen, *mac E. 7456*; 2827; 1402. — zelten Iw. 5965. — *gezemen*, *mac* E. 6272. *7216. 7284. Iw. 6625*; *muoz* E. 5853. — missezemen. — ziehen, *wil H. 797*; *sol G. 872* und 3mal. — abe ziehen. — entziehen. — erziehen. — verzîhen. — volziehen. — zinsen Iw. 6649. — erziugen. — zoumen G. 1971. — zücken Iw. 1018. — zürnen Iw. 4593; *beginne E. 4536.* — gezürnen, *mac Iw. 864.* — zwîfeln E. 9316. — verzwîfeln.

Hierzu sind einige bemerkungen nötig.

1. Ob *ge-* steht oder nicht, auch andres, das die form der inf. angeht, ist kritisch mehrfach unsicher. Ich bin für Êrec Bechs ausgabe, für Grêgôrjus Pauls, für armen Heinrich Bechs und für Îwein Lachmanns gefolgt. G. 1428 *zu wol bewiegenn* handschrift E, Paul mit recht *gebiegen.* — E. 8601 liest Haupt in der 2. ausgabe *wol bringen* statt *vürbringen.* — E. 6681 *sîn getorste dâ niemen bîten* tilgt Haupt[2] das *ge.* Von 23 verbindungen des verbum *turren* mit dem inf. erscheint *ge-* weder am inf. noch vor *turren* nach den herausgebern nur 6mal und alle 6mal bieten es auch hier handschriften. Jene 6 stellen sind Iw. 3020 (*dou nendorstih* A, *do en turste ich* a, *done getorst ich* BDbcd), H. 1333 (Strassburger handschrift *daz engetürrent*, Heidelberger und Koloczaer *des entravt*), Iw. 5212 (*geturre umbe uns geraten* BF, *turre* AE, *geturre* Dbd, *geraten* E?F), E. 3850 (Ambraser handschrift *ich getar nit sprechende*), 5496 (*daz er sî getorste bestân*), Iw. 1254 (*ichn tar niht langer bî iu wesen* Ada, *getar* Bcd). — Ebenso lässt Haupt *ge* gegen die handschrift aus metrischen grün-

den weg bei *gedagen* E. 7006, Bech behält es bei; 44 dagegen bietet auch die handschrift nur *dagen*. — E. 6568 Haupt[2] *gedienen*, Haupt[1] und Bech *dienen*. — E. 1962 handschrift *diu kunden niht draben*, Haupt *rehte draben*. Hier würde sehr wol ein *gedraben* am orte sein. — G. 1517 Lachmann und Paul *gewirden*, Bech *gewürdern*. — G. 1360 hat Paul mit EG *geben*, Lachmann und Bech mit A *gegeben*. — Iw. 3162 *daz sich ein wîp niemer wol huoten ne kan*, Lachmann *behüeten kan*. Nicht besser *gehüeten?* vgl. 1103. — Iw. 1801 *clagen* ADd, *geclagen* BEabc. — E. 6444 Haupt *nun moht sis niht gelâzen*, handschrift *nu mohte sy doch nit*. *ge* ist zu streichen und *doch* zu behalten. *Lâzen* hat bei Hartmann nie *ge*. — Iw. 4777 *ligen* Aad, *geligen* DEb, *beligen* e; Lachmann wählt *ligen*. Doch ist wohl *geligen* das richtige. — Ebenso wol auch Iw. 4223, wo AEbd *ligen*, BDa *geligen* hat. — E. 3917 Bech *genemen* statt des überlieferten *nemen*. — Iw. 416 handschrift A *generen*, BD *nern*, c *erneren*, a *derneren*. Lachmann schreibt *genern*. — G. 1334 Paul mit GEp *geniezen*, Lachmann *niezen*, Bech *enbîzen*. — Zu Iw. 5522 *gesehen kan* oder *hân* vgl. Lachmann. — G. 3106 Paul *sehen*, Lachmann und Bech[1] *gesehen*. — G. 749 Paul *understân*, Lachmann und Bech[1] *undervân*. — G. 2224 Paul *weinen*, Lachmann, Bech mit A *geweinen*. — G. 1516 Paul *gewenden* mit AE, Lachmann, Bech[1] *genenden*, Bech[2] mit Ha *biwenden*. — E. 8969 Haupt[2] *werren*, Haupt[1] *herren*, Bech *gewerren*.

2. Die verba zu den inf. mit *ge-* der ersten art kann ich in finiten formen bei Hartmann in den epen mit *ge-* nicht finden, sondern nur ohne dasselbe. Findet sich der inf. einfach, so können auch einfache finite formen vorausgesezt werden. Aber auch die 12, welche im inf. stets *ge-* haben, zeigen sich fiuit nur ohne *ge-*: *arbeite* vermag ich finit bei Hartmann nicht zu belegen; *gebiege* (E. 464, particip); *drewe* (Iw. 5285. 6694), *ende* (*ende mich* Iw. 4796); *velsche* (Iw. 4134); *vreue* (Iw. 2670); *handele* (E. 5255. H. 1136. Iw. 3635); *geprüeven* spricht Benecke-Müller-Zarncke Hartmann irtümlich ganz ab, *prüeve* E. 1954; *raste* vermag ich finit bei Hartmann nicht zu belegen; *schirme* (Iw. 572); *troume* (Iw. 3530). Auch in den lexicis von Benecke-Müller-Zarncke und Lexer finde ich von den hier in rede stehenden verben nur die inf. mit *ge-* verbunden *gebringen*, *gevelschen*, *gejagen*, *gelougen*, *gerasten*, *geschirmen*, *gesîn*, *vorgesîn*, *gespehen*, *geantwurten*, *gezürnen*.

3. Für die verbindungen mit *ge-* der 2. art habe ich finite formen mit und ohne *ge-* zu belegen, doch ist es nicht für alle fälle nötig. Findet sich ein einfacher inf., so darf auch die finite einfache form als erwiesen betrachtet werden. *gebiete* Iw. 355; *gedenke* E. 7475;

gediene Iw. 3636; *gêre* Iw. 2560; *gevâhe* Iw. 3898; *gevalle* = accido, ohne *ge-* H. 256. G. 1113; *gevar* mit *ge* Iw. 4892; *gevrâge; gevriste* G. 3197; *vrume* ohne *ge-* Iw. 561, mit *ge-* 6665; *gevüege* Iw. 7652; *gehôre* Iw. 991; *gejustiere* E. 2639; *gelâze* Iw. 1332; *gelebe* Iw. 4490; *gelege* Iw. 2817; *geliebe* H. 348; *gelige* G. 388; *gelobe* Iw. 4581; *gemache* Iw. 1630; *gemêre* Iw. 3042; *genim* E. 1840. 3825; *genenne* Iw. 406; *geniete* selbst kann ich nicht belegen, sondern ausser dem inf. mit *ge-* nur das particip Iw. 7960. Benecke zu Îwein 5642 ist die stelle E. 9550 nachzutragen; *gepflige* Iw. 3283; *geprîse* Iw. 5473; *gerâte* (= gebe rat) 1633; *gereiche* E. 9091, von Müller aber in *gerieten* verbessert, sonst finde ich es citiert aus spec. eccl. 49, auch *reiche* kann ich nur aus andern autoren belegen Trist. 7192; *gerîte* E. 4257; *geriuwe* büchl. 1, 38; *geruoche* Iw. 4773; *geruowe* Iw. 3643; *gesage* Iw. 5693 (*volgesage*); *gesihe* Iw. 563 (*gesihe ane*); *gesige* Iw. 1957 (*gesige ane*); *gesitze* E. 775; *gespriche* Iw. 7674; *gestân* Iw. 5275 (*gestân ûf*); *gestrîte* 5899; *geswîge* E. 7023; *getrage* Iw. 4923 (*getrage ûz, an*); *getrœste* 420; *trûwe* ohne *ge-* 1496, mit *ge-* 5136; *getuon* E. 8292; *gewer* Iw. 6070; *gewirre* E. 476; *zim* ohne *ge-* Iw. 163, mit *ge-* 7996.

Über den gebrauch nun von *ge-* bei dem inf. in Hartmanns epen lassen sich folgende beobachtungen machen:

1. Wiewol ursprünglich *ge-* eine temporale bedeutung gehabt hat (K. Weinhold, alem. Gramm. s. 281) und sie, wofür H. Martens und das lexicon von Benecke-Müller-Zarncke beispiele bieten, am finiten verbum auch in mhd. zeit und speciell bei Hartmann noch hat, so zeigt sich dies doch in seiner verbindung mit dem inf. unmittelbar nicht.

a. Weder erhält durch seinen einfluss ein inf. logische vergangenheitsbedeutung, sei es relative oder absolute (vgl. K. Weinholds germ. Abh. heft 5 s. 157),

b. noch zeigt sich seine vergangenheitsbedeutung etwa in einer vorliebe für die verbindung mit inf. nach vergangenheitsformen, was man vielleicht nach J. Grimm, Gramm. II s. 844 (blos eine merkliche vorneigung der partikel zu dem praeteritum behaupte ich) erwarten könte. Es finden sich *ge-* von den 52 der ersten art, zu denen 84 stellen gehören, 51 nach einem praesens, 33 nach einem perfect, von den 53 der zweiten, zu denen 199 stellen gehören, 103 nach einem praesens, 96 nach einem perfect.

c. Noch auch scheint sie in einem dritten sinne durch, welchen J. Grimm (Gramm. I s. 850) erwog, mit recht aber ablehnte, wie auch L. Tobler l. c. s. 132 im gegensatz zu Wackernagel tut, dass etwa *ge-* durch die perfectnatur von *mac* und *kan* veranlasst sei. Den inf. mit *ge-* haben nämlich nicht blos nach sich *mac, kan, darf, tar,* die Grimm nent, *sol, wil,* die von Wackernagel nachgewiesen sind, sondern auch *lâze,* von dem es schon Tobler zeigt, *trûwe, ruoche, wæne, vürhte, sihe, hôre* und adjectiva. Die praeteritopraesentia als solche sind für stehn oder fehlen der partikel nicht entscheidend, wie schon Al. Reifferscheid, Zeitschr. f. d. phil. ergänzungsband s. 324 erkante, und man darf mit Benecke wtb. zu Îwein s. 84 [2] den wörtern *kan, mac* u. a. wol einen logischen, aber keinen grammatischen einfluss zugestehn.

2. Das syntactische *ge-* steht in Hartmanns epen in beiden arten seines gebrauches nach *mac, kan, sol, wil, muoz, trûwe, ruoche* und *lâze.* Ausserdem steht das syntactische *ge-* der ersten art nach *darf* und adjectiven, der zweiten nach *tar, sihe, hôre, wæne, vürhte, heize* und *beginne.*

Allerdings aber bestätigt sich auch hier wider die oft gemachte beobachtung, dass es in ganz überwiegendem masse für den inf. gerade nach *mac* und *kan* neigung zeigt. Es erscheinen von den 52 *ge-* der ersten art 28 ausschliesslich nach *mac,* 8 ausschliesslich nach *kan,* 2 nur nach *mac* und *kan* zugleich und von deren 84 stellen entfallen 51 für *mac,* 12 für *kan,* 5 für *sol,* 3 für *wil,* 3 für *muoz,* 4 für *darf,* 2 für *ruoche,* 1 für *trûwe,* 2 für *lâze,* 1 für ein adjectivum. Zieht man beide arten des syntactischen *ge-* gemeinsam in betracht, so verteilen sich die 283 stellen der 105 verben folgendermassen: nach *mac* 134, *kan* 58, *sol* 19, *wil* 22, *muoz* 19, *lâze* 7, *darf* 4, verben der wahrnehmung 3, *tar* 3, *trûwe* 4, *ruoche* 3, *wæne* 2, *vürhte* 1, *heize* 1, *beginne* 2 und einem adjectivum 1.

3. Überall scheint mir das syntactische *ge-* zum zwecke eines durch das interesse oder die persönliche beteiligung des subjectes an der handlung hervorgerufenen nachdruckes zu stehn, die kraft des verbum meist mit plastischer sinlichkeit zusammenfassend. Es berührt sich also die wirkung von *ge-* sehr nahe mit der des inf. der vergangenheit, aber nicht in seiner logischen, sondern in seiner blos ethischen verwendung (vgl. germ. abh. heft 5 s. 160), und in dieser einschränkung ist der vergleich zwischen beiden berechtigt (J. Grimm, Gramm. II s. 847, K. Weinhold, alem. Gramm. s. 281, id. mhd. Gramm. § 285, Benecke-Müller-Zarncke, mhd. Wörterb. I s. 490). Diese natur des *ge-* vor inf. bei Hartmann gibt sich zu erkennen in zwei umständen.

a. *ge-* erscheint sehr gern zugleich mit einer anzahl kleiner wörtchen, welche lediglich dem gedanken einen besonderen nachdruck zu verleihen bestimt sind. Diese wörtchen sind: *ie* (schon von Tobler s. 125 bemerkt), *iemer, immer mêre, iemen, noch, vil, harte vil, vaste, vil gerne, rehte, sêre, starke, benamen, næmelîchen, lîhte, schiere, genuoc.* Bezeichnend ist Iw. 7678 *swer daz rechen wolde, daz wir wîp gesprechen, der müese vil gerechen.* Über *gern* vgl. s. 4. 7. 8. *Wol* scheint nur dann neigung zu *ge-* zu zeigen, wenn es das affirmierende, = sehr wol, sicherlich, nicht, wenn es das nur potentiale, = vielleicht, ist. Ferner steht das praefix gern bei effectvoller stellung oder einem lebhafteren schwung oder auch wol überschwänglichkeit (z. b. Iw. 2650) oder algemeingiltigkeit des gedankens. Auch dieses zusammentreffen von *ge-* mit veralgemeinerndem *s-* hat bereits Tobler (s. 125) bemerkt. Ja selbst die verbindung mehrerer inf. oder mehrerer regierender verben als gleichfals den gedanken in gewissem masse veralgemeinernd scheint nicht ohne einfluss zu sein. Auch hat, wenn einer von zwei inf. *ge-* annimt, gewöhnlich es auch der andere bei sich. Iw. 4777 *er welle durch uns tôt ligen ode dem risen angesigen* (so Aad) wird besser mit DEb *geligen* zu schreiben sein, s. o. vgl. Iw. 6965 *möhten sî nû beide gesigen ode beide sigelôs geligen ode aber unverwâzen den strît beide lâzen* (*lâzen* hat nie *ge-*, über E. 6444 s. s. 312), G. 1905 *der im mohte wol dar an gevrumen unde gewerren*, ebenso E. 3145 *ob si imz torste gesagen oder solde gedagen;* dagegen freilich H. 1470 *biten und gebieten,* wo in *ge-* ein syntactisches *ge-* der zweiten art zu erkennen ist, nur in der bedeutung von imperare ist es bei dem worte *bieten* lexicalisch. Nicht beobachtet wird dieser gleichklang, wenn das eine nur ein lexicalisches ist (H. 1340 *geheizen und sagen*, G. 3788 *gedingen noch gern*), oder wenn der andere inf. bereits componiert ist (E. 8124 *engelten noch geniezen*, 7615 *erkennen und kunnen genennen*, H. 553 *verenden noch gebüezen,* ähnlich G. 27 *den er getrûwen solde und in bevelhen wolde*). Von besondrer kraft scheint die negation des gedankens (vgl. K. Weinhold, mhd. Gramm. § 285), namentlich wenn sie eine starke ist (*nie, nieman, niemer, niender, nie niht*). Bezeichnend ist G. 3793 *da ensol niemer an dehein sündiger man genemen bœsez bilde* gegenüber 3811 *dâ sol der sündige man ein sælic bilde nemen an.* Hierauf hat bereits Bernhardt, über die partikel *ga-* als hilfsmittel bei der gotischen conjugation, zeitschrift f. d. phil. II, 158 fgg. in bezug auf das gotische aufmerksam gemacht. Indess wird nicht sowol die negierung des gedankens an sich, was den oben genanten affirmierenden wörtchen gegenüber unverständlich wäre, als vielmehr der häufig mit ihr sich verbindende nachdruck und anteil des subjectes das wirkende sein, welcher in dem wunsche des positiven gegenteils, der furcht, dem warnenden tone usw. liegen kann, wie denn auch die nur scheinbare negation, die sich durch verdoppelung aufhebt (E. 4130. 4483. 6903. G. 998. Iw. 1901.

2829. 4638. 6337. 7226), so wie die in bedingenden sätzen nicht die gleiche wirkung hat (E. 2396. 4130. 6814. 6903. 9450. Iw. 1006. 1736. 1899. 2000. 3978. 7462. 7966) und wo in solchem falle doch *ge-* steht (Iw. 1899. 2229) wird vermutlich die negation nicht der grund zu seinem erscheinen sein. Erinnert sei hier, dass auch im lateinischen der conj. perf. als potentialis gern bei negativen gedanken und behauptungen steht, vgl. Heraeus zu Tac. hist. III, 28, 2. Daher scheint auch der positive wunsch von einfluss, vgl. *vorgesîn, geringen, gesenden.*

In dem verzeichnisse sind alle die stellen, an denen sich irgend einer der hier unter 3a genanten umstände findet, cursiv gedruckt und es erforderte eine objective darstellung der verhältnisse dies nicht blos für die stellen mit *ge-*, sondern auch für die, bei denen unter gleichen umständen *ge-* fehlt. Potentiales *wol* (z. b. Iw. 3005. 4325) und negationen der soeben genanten art sind dabei nicht berücksichtigt. Wo diese umstände nicht in einer sprachlichen form zur erscheinung kommen und subjectives ermessen unvermeidlich ist, habe ich algemeingiltigkeit des gedankens durch zugefügtes (*a*), anzunehmende emphase des ausdruckes jeder art (wunsch, furcht, drohung, mahnung u. a.) durch (*e*) bezeichnet.

Dieses zusammentreffen von *ge-* mit einem der erwähnten umstände findet in den 84 fällen der ersten syntactischen art 72mal statt. Die 12 fälle, in denen es nicht der fall ist, betreffen die verben: *gebiegen, gebüezen, gedagen* (2), *gevürdern, geleisten* (2), *geprüeven, gespehen, gewarten, gewenen, gewerben* nach *mac, kan, wil, muoz, ruoche* und einem adjectivum. Von diesen finden noch 9 unten ihre erledigung. Bei den 199 stellen der zweiten syntactischen art trift es 155mal zu. Die übrigen 44 stellen bedürfen in diesem falle keiner erklärung. Sie betreffen die verba *gebieten, gedenken* (2), *gêren, gevallen* (2), *gevristen, gevüegen* (3), *gelieben, geloben* (2), *genemen, genieten, gepflegen* (2), *gesagen* (2), *gerîten, geriuwen, geruochen* (2), *geruowen, gesehen* (6), *gesitzen, gestân* (3), *geswîgen, getuon, gewern* (3), *gewerren* (3), *gezemen* (2). Nun finden sich dieselben umstände zwar auch bei den einfachen verben, aber bei deren 1901 stellen nur 432mal bei den verben *alten* (2), *ânen, betten, beiten, bieten, biten* (6), *bîten* (4), *borgen, brechen* (3), *bringen* (2), *büezen* (2), *dagen* (4), *dienen, draben* (2), *dulden, enden, ezzen, vâhen* (5), *vallen, varn* (5), *vegen, vehten* (2), *vellen, vinden* (6), *vliehen* (3), *volgen* (4), *vrâgen* (3), *vristen, vüegen, vüeren, vürhten* (2), *gâhen* (2), *geben* (8), *gên* (9), *gern* (5), *hân* (16), *hazzen* (2), *heizen* (3), *heln, hœren* (2), *jagen* (2), *jehen* (4), *kêren* (3), *kiesen, klagen* (14), *komen* (16), *koufen, kratzen, krenken, künden* (2), *kunnen, lân* (16), *leben* (9), *ledegen, leiden* (2), *letzen, lîden, liegen, lîhen, liuten, loben* (3), *lœsen, loufen, lüsten* (2), *machen, merken* (2), *müden* (2), *neigen, nemen* (4), *nennen, nieten, prîsen* (2), *râten, rechen* (3), *reden, riemen, ringen, rîten* (7), *riuwen* (2), *ruofen, sagen* (20), *schaden* (2), *schaffen, schamen* (8), *scheiden* (4), *schelten* (2), *schiuften, schouwen* (13), *sehen* (8), *sîn* (37), *singen, slâfen, sorgen* (2), *spehen, sprechen* (10), *stân* (4), *steln, sterben, stiuren, stôzen, strafen, streben, strecken, strîten* (2), *sûmen* (2), *suochen* (2), *swæren, toben, toufen* (2), *trîben, triegen, træsten* (3), *tuon* (3), *twelen* (2), *üeben, wâgen* (2), *walten* (2), *warnen, weinen* (2), *wenden* (3), *wenken, wern, werden* (8), *wesen* (17), *wîzen, wizzen* (8), *wundern* (3), *wuofen, zellen, ziehen* (2), *zürnen.*

Von 1000 fällen zeigen also das syntactische *ge-* beider arten von jenen umständen begleitet 857 resp. 773, diese auftretend ohne *ge-* nur 227. Noch weiter treten die beiden einander gegenüberstehnden zahlen auseinander, wenn man bei den compositis die 9, welche aus andern gründen das *ge-* annehmen, bei den simplicibus die, welche an sich abneigung gegen das *ge-* zeigen (*sîn, wesen, werden, komen, vinden, hân, lân, wizzen, vürhten, dulden, gên* mit zusammen 136 stellen, s. u.), als der behauptung nicht widersprechend ansicht, was berechtigt ist. Es ergeben sich dann die zahlen 81, auf je tausend 964, für das syntactische *ge-* der ersten art, dagegen 296, auf je tausend 155, für die simplicia, für die auch der umstand noch angeführt sein mag, dass unter diesen 296 stellen 78 nur darum mitgezählt sind, weil mehrere inf. oder mehrere regierende verben verbunden sind, 69, weil sie eine einfache negation enthalten.

Ein zusammenhang des praefixes vor inf. mit den angegebenen umständen wird, selbst fals trotz peinlichster sorgfalt und mehrfach widerholter zählung in diesen aufstellungen einzelne irtümer enthalten sein solten, damit als erwiesen angesehen werden dürfen, wenngleich man nicht sagen darf, es werde durch dieselben hervorgerufen. Vielmehr verdanken beide in gleicher weise ihr vorhandensein derselben ursache, nämlich, dass ein gedanke mit besonderer kraft vom subject angeschaut und ausgesprochen wird. So ist denn meist eines des andern begleiter, ohne dass das auftreten eines jeden für sich ausgeschlossen wäre.

An sich kann hiernach der inf. eines jeden verbum und nach jedem verbum in die lage kommen sich mit *ge-* zu verstärken.

b. Doch äussert sich die sinlich plastische natur von *ge-* auch in der wahl der verba, zu welchen es mit vorliebe tritt, und zwar sowol des infinitiven als des finiten.

α. Des infinitiven, insofern es sich gern mit verben einer körperlichen tätigkeit verbindet und hier gewissermassen die naive freude an eigner oder anderer körperlicher kraft und tüchtigkeit: ge*arbeiten*, ge*leisten*, ge*schaffen*, *getragen*, ge*vehten*, *siege gelegen*, *gevarn*, ge*vüeren*, *geriten*, ge*jagen*, *gejustieren*, *gestrîten*, *gesigen*, geschicklichkeit, sorgfalt und genauigkeit: ge*biegen* (die schenkel), ge*wenden* *(daz ors)*, ge*prüeven*, ge*werben*, ge*warten*, ge*mâzen*, ge*hüeten*, eifer, energie oder heftigkeit: ge*würdern*, *gerâten*, ge*laden*, ge*rechen*, ge*helfen*, ge*twingen*, ge*büezen*, ge*zürnen*, ge*drewen*, ge*wâgen*, *getrœsten*, ge*vreun*, ge*klagen*, *gepflegen*, oder schärfe der sinlichen wahrnehmung ausdrückt: *gehôren*, *gesehen*, ge*spehen*. Die verben eines körperlichen beharrens (*geligen, gesitzen, gestân, geruowen*) haben alle auch finit *ge-*, vgl. Tobler s. 129. Auf der andern seite lässt sich eine gruppe verben erkennen, welche sich dem *ge-* abgeneigt zeigen. Schon Grimm, Gramm. II, s. 850 macht die beobachtung: *gewisse abstracta sîn, wesen, werden verweigern sich überall dem ge-*. II, s. 843 nent er als mit *ge-* ahd. nicht belegbar von uns angehnden verben noch *komen* und *vinden*. Man wird ihnen noch für Hartmanns epen und den inf. *wizzen*, *hân*, *lân* und vielleicht *gên* zugesellen müssen. Jene bemerkung Grimms behält ihren wert, auch wenn die von Scherer zu dieser stelle gesammelten beispiele von *gesîn* aus Hartmann noch durch weitere 4 *gesîn* und ein *gewesen* vermehrt werden. Überall sind sie von einem der oben besprochenen umstände gekenzeichnet und jedenfals gegenüber den 62 *wesen* und 127 *sîn* eine sehr kleine zahl. *Werden* nimt bei 19, *komen* bei 42, *vinden* bei 13, *wizzen* bei 35, *hân* bei 59, *lân* bei 113 und *gên* bei 44 fällen seines vorkommens nie *ge-* an. Ein *gekomen* finde ich nur bei Al. Reifferscheid, Zeitschr. f. d. phil. ergänzungsband s. 358 nachgewiesen. In derselben samlung ist auch eine grosse menge von *gesîn* und *gewesen* zu finden. Weitere fälle sind, zunächst solche, welche *wol*, negationen, *iemer* usw. bei sich haben, für *gesîn*: Salom. u. Markolf 509, 2; Eilh. Bearb. 5510; Trist. 14421. 14565. 18397; Wigal. 2375; Mai u. Beaflur, ed. Pfeiffer 3, 40. 5, 26; ebd. Koenig von Reussen: *daz ez wol âne sünde möhte gesîn, daz möhte wol gesîn, ez mac aber leider niht gesîn;* Bitterolf 247. 4364. 5268; Alph. 110, 4; Dietmar von Eist HMS 39, 24; Engelhard 4097. 271. — Für *gewesen:* Bitterolf 10130; Trist. 10487; Engelh. 1559. — Für *gewerden* Koenig Rother 223; Rennewart, bei Roth blatt 1 v. 38. Keiner solcher nebenumstände steht dem *ge-* zur seite in *gesîn:* Salm. u. Mark. 293, 5. 124, 5; Trist. 14452; Engelh. 4536; Flore 5970. — In *gewerden:* Hartmanns Glaube 71. Daher scheinen auch verba wie *dulden*, *vürhten ge-* nicht oft anzunehmen, wol dagegen wider *getuon* und *gemachen* sowie die begriflich diesen nahestehnden verba causativer bedeutung: *geweichen*, *gesweigen*, *gescheiden*, *geenden*. Zwar ruft es hier nicht die causative bedeutung hervor, wie Stalder s. 56 meint, diese liegt vielmehr auch in den einfachen verben (vgl. *leiden* von *lîden*, *neigen* von *nîgen*, *beizen* von *bîzen* ohne *ge-*), sondern es liebt es nur sich mit solchen verben zu verbinden, um die bei hervorrufung einer handlung oder eines zustandes vorhandene energie des subjects zu bezeichnen (vgl. auch Grimm, Gramm. II, s. 841).

β. Von den finiten verben findet sich der inf. mit syntactischem *ge-* nach *mac* 134mal von 563 verbindungen mit irgend einem inf., *kan* 58mal von 161, *sol* 19mal von 491, *wil* 22mal von 470, *muoz* 19mal von 358, *lâze* 7mal von 152, *darf* 4mal von 22, *sihe* und *hôre* 3mal von 173, *tar* 3mal von 23, *trûwe* 4mal von 14, *ruoche* (3), *wæne* (2), *vürhte* (1), zusammen 6mal von 62, verben des antreibens 1mal von 107, *beginne* 2mal von 213 und einem adjectivum 1mal von 8. Unter je tausend verbindungen mit irgend einem inf. dürfen also nach *kan* 360, *trûwe* 285, *mac* 238, *darf* 181, *tar* 130, *ruoche* usw. 96, *muoz* 52, *wil* 46, *sol* 38, *lâze* 46, *sihe* usw. 11 inf. mit syntactischen *ge-* angenommen werden.

Berücksichtigt man nur das syntactische *ge-* der ersten art und vergleicht es nur mit den einfachen verben, so stehn bei *kan* 12 *ge*-formen gegenüber 40 einfachen, *mac* 51 gegen 239, *ruoche* 2 gegen 39, *darf* 4 gegen 15, *lâze* 2 gegen 102, *sol* 5 gegen 326, *muoz* 3 gegen 224, *wil* 3 gegen 312, *trûwe* findet sich mit einem syntactischen *ge-* der ersten art nur einmal, mit einem simplex nie.

Wie man also auch die numerischen tatsachen zu einander in beziehung setzen mag, immer treten *mac* und *kan* als diejenigen hervor, welche für das *ge-* am inf. am günstigsten sind. Der grund kann nur in der bedeutung beider verba liegen und deren verwantschaft mit dem sonst hervortretenden charakter von *ge-*. Zwar gilt das nur für die ursprüngliche bedeutung, namentlich von *mac*, aber durch die sprachgewohnheit wirkte sie auch da in ähnlichem sinne, wo das verbum seine sinliche bedeutung geschwächt oder ganz verloren hatte. Bereits Grimm (Gramm. II, s. 850) schien es wahrscheinlich, dass der begriff des vermögens die vermittelung zwischen jenen verben und *ge*-bilde, nur dass er ihn mit dem der dauer und stetigkeit verknüpfte. Indess nicht blos diese eine idee, sondern auch andre, sofern sie nur gleichfals ein starkes interesse irgend einer art seitens des subjects enthalten, bewirken bei ihrem abhängigen inf. *ge-*. So zeigen alle nicht anderweitig componierten inf. nach *trûwen ge-*, weil es, fals positiv und mit *wol* verbunden, eine überzeugungsvolle zuversicht, fals negiert, eine ängstliche besorgnis in sich schliesst. Von 14 fällen zeigen 9 *ge-*, und zwar ein syntactisches *ge-* der ersten, 3 der zweiten art, 5 lexikalische. Die übrigen 5 sind anderweitig componiert (H. 193. 1166. Iw. 1640. 1496. 415) und es ist nicht zu übersehn, dass hier H. 1166 das *ge-* an *trûwen* selbst erscheint und Iw. 1640. 415 wenigstens mehrere handschriften es zeigen. Denn ähnliches können wir bei *turren* beobachten. Während es nämlich seiner bedeutung nach der verstärkung seines inf. durch *ge-* sehr günstig zu sein scheint, zeigt es von 23 fällen seines vorkommens mit einem inf. bei lezterem nur 3mal *ge-* (E. 3145, zweimal hat ausserdem auch *turren* selbst *ge-* E. 8443. 4248), aber in 12 fällen finden wir dafür das *ge-* bei *turren* selbst, und zwar vor einem anderweitig componierten inf. sowol E. 215. 5392. H. 114. 438. 1339, als vor einem einfachen E. 6681. 3010. 123. H. 1139. 1332. Iw. 4888. 7001. Bei den übrigen (E. 3850. 5496. H. 1333. Iw. 1254. 1853. 3020. 4325. 5212 vgl. s. 311) zeigen varianten das *ge-* bei *turren* oder dem inf. E. 8470 hat die handschrift *dorffte*, der Haupt folgt, Bech hat *entorste*. *Wænen* und *vürhten* stehn *trûwen* nahe. Bei *durfen* steht, fals sein inf. syntactisches *ge-* bei sich hat (nur *geschamen* und *geklagen*) starke negation. *Soln*, *müezen*, *wellen* haben ein syntactisches *ge-* der ersten art nur bei vorhandensein eines der fälle von 3a nach sich (nur E. 8666 *gewarten* anders, doch erklärt es sich bei diesem verbum aus seiner eignen bedeutung, vgl. s. 318). Nach *sihe* steht nur einmal ein syntactisches *ge-* der ersten art, und da waltet ein besonderer grund ob, G. 2224 *ich gesach auch nieman mêre geweinen alsô sêre*, das weinen als rückhaltslosen herzenserguss bezeichnend, Paul schreibt hier nur *weinen*, vgl. Tobler s. 127), ebensowenig ist dieses *ge-* nach *lâzen* durch das regierende verbum bedingt, sondern H. 841 *sô lâz ich iuch vil lîhte ein teil ê nâch mir geweinen* zeigt *geweinen* mit umständen aus 3a verbunden und G. 724 *enlic sin lîp nie grasten* wird das *ge-* wol wie in *gestân*, *gesitzen*, *geligen*, *geruowen*, *gewarten* zu beurteilen sein, was über die hier gesteckten grenzen hinaus liegt (vgl. Tobler s. 130).

Nie steht das syntactische *ge-* nach *tugen*, *wizzen*, zusammengesezten ausdrücken einer fähigkeit, verben der bewegung, nach *tuon*, *helfen*, bei dem noch nominalen und absoluten inf. Nie verbindet es sich ferner mit dem praepositionalen inf. (nur *ze gewenene* H. 334 nach einem adjectivum, wenigstens kann ich eine finite form von *gewenen* bei Hartmann nicht belegen), daher fehlt es nach den verben einer geäusserten absicht, wo ja der inf. meist, nach *geschehen*, beim frei finalen und frei consecutiven inf., wo er immer *ze* hat.

BRESLAU. S. V. MONSTERBERG.

ZUR TIROLISCHEN SAGENKUNDE.

I.

Die Kaiserchronik (M. v. 7071—7154) schildert uns die schlacht zwischen könig Severus und dem Baiernherzog Adelger und schliesst mit den versen:

Alse der kunic irslagen wart,
der herzoge stackete sînen scoft
zuo dem heselînen brunnen:
„daz lant hân ich gwunnen.
den Beiern ze êren.
die marke diene in immir mêre.

Über den „heselînen brunnen“ vgl. die anmerkungen M. Kschr. III, 815 fgg.

Ich schrieb in meinen Schildereien aus Tirol. Innsbruck 1877. S. 95: „Und seit jener zeit bildete jener brunnen die marke zwischen Wälschland und Baiern. Der genante brunnen ist ohne zweifel am Zigglerhofe zu suchen, der eine stunde von Brixen gegen Klausen an der gränze der bisthümer Trient und Brixen liegt.“ — Die deutsche gränze war längst in uralten zeiten weiter gegen süden vorgeschoben, aber der „heselin brunnen“ kann nur der Ziggel (cisterne) bei dem nach ihm benanten hofe sein. Nach der Kaiserchronik flohen die besiegten Römer südwärts, — nach dem grossen castelle Sabiona, nun Säben, in dessen nähe widerholt funde römischer münzen gemacht wurden. (Vgl. Der deutsche Antheil des Bisthums Trient von Ph. Neeb und Karl Atz. Bozen 1880. S. 16.)

Die erinnerung an diese sage hat sich noch im volke erhalten. In meiner samlung: „Sagen, Märchen und Gebräuche aus Tirol. Innsbruck 1859 s. 246. Nr. 438“ teilte ich mit: „Zwischen dem kloster Säben und dem Tinnabache liegt so viel geld vergraben, dass sieben saumesel es nicht leicht ertragen können. Es rührt von den heiden her, die bei dem annahen der christen ihr geld vergruben und schnell die flucht ergriffen.“ Unter den christen sind die Deutschen (Baiern), unter den heiden die Römer zweifelsohne gemeint. Auch wird erzählt: „Auf Säben hausten die heiden, da kamen die christen und wolten sie vertreiben und es wurde zwischen beiden furchtbar gekämpft. Erst um siebenuhr abends ward der streit entschieden und die heiden musten für immer Säben räumen. Zur erinnerung daran wird in Säben und Klausen noch um siebenuhr abends im winter geläutet.“ Der langandauernde kampf mahnt an „den sumerlangen tac“ der kaiserchronik. Das läuten um siebenuhr ist aber nichts anderes, als das anderswo übliche husläuten oder die weinglocke läuten. — Adam von Brandis *berichtet in „Tiroler Adlers immergrünendes Ehrenkränzel.“ Bozen 1678 s. 66, wie Nigrinus in dem buche: „Die von Natur wolverschanzte und fast unüberwindliche gefürstete Grafschaft Tyrol. Frankfurt 1703. S. 2, dass Attila mit seinen blutgierigen schaaren in das Pusterthal eingefallen und durch Tirol nach Italien gezogen sei. Auf dieser fahrt habe er das castell Säben, das festeste im ganzen lande, zerstört. Sagen von den Säbner schätzen teilte ich mit in meiner sagensamlung s. 218 nr. 380, s. 246 nr. 439.*

Als nachtrag gebe ich einige sagen, die ich professor P. Joh. Siller verdanke:

„Im Schlosse Garnstein (1 stunde von Säben entfernt) wohnten die heiden und konnten nicht vertrieben werden. Endlich schoss man von „Pabistboden“ auf sie herab, da mussten sie ausziehen.“

„Auf Säben sind sehr grosse schätze vergraben. Einst gieng eine bürgerin von Klausen hinauf, um die messe zu hören. Da lag am wege ein goldener pflug, den ein schwarzer zottiger hund bewachte. Da geriet sie in furcht und lief schnell zurück.“

„Ein anderes mal stieg ein mann frühmorgens nach Säben hinauf. Da fand er beim tor droben eine eiserne kiste. Er wollte sie aufheben, doch sie war zu schwer. Nun lief er fort, um hilfe zu suchen. Als er mit einem bauern zum tore zurüch kam, war die kiste spurlos verschwunden.“

Ähnliche schatzsagen werden vom nahen Villanderer berge erzählt, die wol mit dem ehemaligen bergsegen in beziehung stehen.

An den kampf um Säben und die dort vergrabenen schätze hat sich ein kleiner roman geknüpft. Adam von Brandis erzählt im genanten „Ehrenkränzel II, 131,“ dass 220 jahre vor Christi geburt Orostoges, herzog in Baiern und Schwaben, auf Säben sein hoflager gehabt und die den umliegenden völkern geraubten schätze dort vergraben habe. — J. Staffler schreibt in seinem werke „Das deutsche Tirol und Vorarlberg“ II, 972: „Säben ist in historischer beziehung einer der merkwürdigsten punkte unseres landes. Im Brixener archive izt die copie einer geschriebenen tafel, so ehemals bei dem heil. kreuze auf Säben aufbewahrt gewesen, mit der bestätigung ihrer richtigkeit versehen, hinterlegt. Dieser aufsatz erzählt das herkommen und die schicksale des schlosses und der stadt Säben vom jahre 220 vor Christi geburt bis zum jahre 868 nach Christi geburt auf eine recht possierliche weise“ und gibt dann einen kurzen auszug der fabel von „Arostages.“ Ich gebe hier die ganze erzählung nach einer handschrift des Innsbrucker statthaltereiarchives (Schatzarchiv. Lade 129. Tirol.), vier blätter, folio, papier, aus dem anfange des 15. jahrhunderts. Die diploma-

tisch genaue abschrift derselben verdanke ich dem herrn dr. Oswald Redlich.

Der priff wart gesant hertzog Leupold von Hildenprant Lapi von Florentz, der darnach von Florentzen in potschafft gesant wart zu demselben hertzogen, nach Cristi purt tausent iar zwayhundert jar vnd xxv jar.

Durchleuchter furst vnd gnediger herr! Ich han mit ewrm nigromantico die lant ewrs vettern des hertzogen von Kernden erfarn, so daz in der gegen zu Seben, nu Brixen genant, an manigen steten grozz schetz verporgen sein, der ein tail leicht funden sein vnd etwiviel mag man ir nach wol finden. Doch sein die grosten schetz vmb Seben mit der swartzen chunst den geisten entpholhen vnd vndertan, so daz si nimant finden mag an die swartzen chunst. Auch sein etleich schetz vmb Seben, die sunderlichen personen peschaffen sein, als die prophecie sagt hernach. Wie aber dem sei, daz umb Seben da nvͤr perg sein vnd nicht fruchtpar erd noch stet noch leut sein, so groz schetz verporgen sein, darvmb wil ich von Seben sagen aus den alten croniken, als man schreibt von den edlen Romern, die erslagen sein auff dem perg Portu, als mit warhait geschehen ist nach Cristi purt tausent jar hundert jar vnd lxı jar, da chaiser Fridreich mit den Dewtschen wider die Romer, der gar vil geslecht was, vacht pei dem perg Fortum vnd si all erslug, so daz manich geslecht der Romer gantz vnd gar vnderging vnd vil puch vertilget wurden, die da sagten von Seben, als die alten croniken auch sagent. Und pesunderleich fur Cristi purt zwayhundert jar vnd xx jar was ein haidennisch kunig gehaissen Arostoges ein kunig des gepirges, da von daz er in dem [pir]g[1] sazz auf Seben, die da hiessz die purg der sterkch, vnd reich vnd gar mechtig was. Er het auch auzzer dem gepirg vil lant vnd leut, doch sazz er zu Seben durch sicherhait willen, vnd sein land waren vmb vnd vmb vmb Seben aufwert vnd abwert, hinder sich vnd fur sich, wol tzwelff tagwed lang vnd prait. Er hat auch daz lant pei der Etsch, das lustig vnd fruchtpâr ist, da pflag er selber herr zů sein vnd niemant anders, vnd sein herschafft gieng vntz gen Ytalia. Er hat nvͤr ein tochter vnd zwen vetter, die waren ym lieb, die hiessen Elphasus vnd Gorisdonis, vnd het chainen son. Elphasum macht er zu herren vber perg vnd tal von Seben abwertz gein der sunnen vnderganckch, daz nvͤ Swaben haisset, vnd gein der mitternacht, daz nvͤ Pairn haisset, vnd Gorisdonem macht er zu herren vber perg vnd tal abwerts gein der sunnen aufgaug. Da nvͤ die Romer hetten petwungen vilnach die gantz werlt vnd hetten von allen landen ir

1) Durch einen brandfleck sind die ersten buchstaben des wortes ganz zerstört.

aptgoter zů Rŏm in dem tempel, da chart sich des chuniges der perg abtgot vmb vnd kart der Romer aptgot den rukch zů zaichen, daz er den Romern nicht wolt vndertan sein. Vnd die Romer verstůnden wol, daz si sein lant in dem pirg nicht zwingen mochten; da lichten sie zů yn sein zwen vetter vnd gaben des groz gab vnd verhiessen in daz kunigreich, daz sie irn vetter den kunig vnd Seben vnd das lant antwurten sulten den Romern. Da hetten die zwen vetter gedingen, sie wurden kunig, vnd chomen als des kuniges diener gein Seben gein hoffe mit gar vil volks, daz haimleich gewappent was, vnd slugen den kunig zů tod mit allen seinen diener klain vnd grozz. Nůr die tochter fingen si vnd antworten si vnd die purch zů Seben den Romern, so daz die Romer gewaltich wurden da selbs. Aber den grosten schatz, da von chain cronica sagt, als man schreibt, den nomen die zwen vettern, des was achthundert vnd lxvi sawm goldes vnd silber vnd edel gestain, vnd wolten des schatz niemant getrawen, weder in purgen nach in steten, vnd haben den an maniger stat umb Seben in den pergen verporgen vnd haben zaichen gemacht da pei, die niemant erkennen kůnd, den sie, vnd haben auch etleich schetz den geisten entpholhen mit nigromancia, daz si sullen der schetz hůtten. Da aber die zwen hertzogen inn wurden, daz in die Romer daz chunichreich nicht geben wolten, als si in versprochen hetten, da widersagten si den Romern vnd wolten mit in kriegen. Da was der Romer hauptman auf Seben vnd pracht zů einander groz volk vnd zoch auff die zwen herzogen vnd vertriben die vnd machet alle ir lant vndertan den Romern vnd suchte die verporgen schetz vnd fand ir nicht, vnd des kunigs tochter gab (fol. 2) er seinem sůn, der gewan mit ir xiii son an die tochter. Von iedem son wart ein geslecht, so daz Rom worden xiii geslecht der edlen Romer, die von Seben chomen waren, vnd werten so lang, vntz daz der streit geschach pey dem perg Fortum.

Und die Romer hetten Seben vnd daz lant inn, untz daz daz volkch von dewtschen landen mit den langen perten cham in welisch lant vnd gantz Ytalia petwang. Auch worden die Romer offt auz dem land getriben vnd chomen dann mit chrafft vnd gewunnen es hinwider vnd daz hat gewert manich zeyt. Auch zů zeiten des kaisers Octauiani, da Cristus geporn wart, da chomen die Romer fur Seben vnd zwungen das lant vnd machten es vndertan des kaisers camer, vnd darnach als cristenleicher glawb aufstůnd, da cham sant Cassian von Ymmel gein Seben vnd machet da ein pistum. Vnd daz hab ich ew geschriben, darumb daz ir dester sicherr seit der schetz, die vmb Seben verporgen sein, vnd daz es ew ein lust sey zů lesen vnd zů horen. Auch han die Romer vmb Seben, da man sie vertreib, vil schetz verporgen, wann si hetten geding, si sulten hinwider chomen. Auch hat man nach Cristi purt vil schetz da verporgen, die nicht funden sein. Aber umb die grossen schetz, die Elphasus vnd Gorisdonis da verporgen han, daz ist sicher ein gantz warhait, als ich mit ewrm nigromantico die rechten zaichen funden han, vnd sein auch grosse schetz an maniger stat in den pergen vnd in tal vnd sunderleich zwischen Insprukch vnd Brawnek, vnd die zaichen, zwischen den die schetz verporgen ligen, sein die pey Inspurk (!) ein auffgerekter stain mit puchstaben in latein gehawen pei den pe n[1] vnd genhalb Brawnek vier gehawen stain an puchstaben, die auffgerekcht sein, als in die vir end der werlt, pei einer offen strazz. Aber der perg pei Brixen, als man aufwert get vnd auch nach der twer wol ein dewtsch meil zwischen zwein wassern, daz ein get vil nach von dem vndergang der sunnen vnd daz ander von dem aufgang vnd umbflissen den perg, da sein vnsaglich schetz verporgen vnd der hütten die geist. Ez sein auch etleich schetz pesundern personen peschaffen, als hernach die prophecia spricht. Ob daz sulle sein auf dem perg oder anderswa, des weiz ich nicht fur war. etc.

Gnediger herre, ich wil euch schreiben von Tyrol, daz ewer vetter inne hat vntz gein Pern, als man in den alten Romischen Croniken findet geschriben von Tyrol, das emaln gein Seben gehort hat, als das kunig Arostoges vnd die Romer von alter haben inne gehabt vnd darnach die lant getailt wurden, da die mit den langen perten gein Ytalia chomen, da wurden hertzogen gesetzt zu Trient an der Etsch, die so lang blieben, vntz daz hertzog Ecim mit Carnutho dem kunig von Frankreich under Salurn vacht vnd ym oblag. Da wurden vil grosser schetz vmb Tyrol verporgen, der vil funden sein, wan es daselbs wol erpawen ist. Doch sein da nach etleich schetz, der die geist hütten, vnd etleich sein pesunderlichen personen peschaffen, als die prophecia sagt hernach. Wie aber die schetz von fremden lanten dar sein chomen, daz wil ich sagen, als die alt cronika sagt. Ir sult wissen, das nach Crist purt virhundert jar vnd lxii jar, da die mit den langen perten hetten einen kunig, hiezz Albuinus vnd het gantz Ytalia inne, den sein weip Rosimunt ze Pern verriet, daz er erslagen wart. Da nam das weip des kunigs schetz alle vnd furt die gein Rauenna. Auch was ein hertzog des kunigs vetter, der het des kunigs schetz vil inne, die er genomen hett von land vnd leuten, vnd da der kunig erslagen wart, do pesorgt der hertzog, im bleben die schetz nicht, vnd flochet si haimleich gein Tyrol vnd verparg si umb Tyrol; dar-

1) Durch einen brandfleck etwa 3 buchstaben zerstört, vielleicht zu ergänzen: pe[rge]n.

nach wart er gefangen vnd sult die schetz gezaigt han, da starb er in der fanknüsse, also plieben die schetz verporgen. Auch nach Crist purt sybenhundert jar, da in Campania gar vil trait wart vnd die leut gemenklich sturben, daz lutzel leut plieben leben, die da plieben die namen gůt vnd schetz mit in vnd chomen in daz pirg gein Tyrol, daz lant, daz ewr vetter hat, vnd verporgen die schetz haimleich in die perg an manche stat. Do waren si des luftes vnd der speise vngewonet vnd sturben ir das maist tail vnd die vberigen die machten zaichen an die stete der schetz vnd zogen haim vnd wolten wider chomen vnd chomen nicht, also plieben die schetz da. Darnach zů zeiten des (fol. 3.) Romischen kuniges Ludweig, der mit Karulo dem kunig von Frankrich streit vnd vacht, nach Crist purt achthůndert jar vnd lxı jar, da es pei Brixen drei tag vnd drei nacht plut regent, da nomen die von Brissen ir schetz vnd ir gut vnd flohen in das pirg, das in nahent was, vnd pegruben die schetz vnd machten warzaichen dar zů. Wie auch alle schetz in dem land plieben sein, das wer gar zů lang ze schreiben. Es ist aber ein gantz warhait, daz unsegleich grozz schetz in dem land verporgen sein; welt ir des ein warzeichen han, die wil ich ew ein ander mal schreiben. Auch wist, daz vil schetz in dem land sunderlich personen pehalten sein, als die prophecia hernach sagt. Doch wil ich da uon schreiben aus der cronica. Zů zeiten des kuniges der mit den langen perten, Adolat gehaissen, da er getauffet wart, da satzt sich Meiolan wider in, da legt er sich für Meyolan und mocht sein nicht gewinnen. Da wart im geweissaget, er vberwund nicht Meyolan, es chôm denn der rot adler vnd flug fur ym. Der adler wirt mit gewalt sein wonung setzen vber perg vnd tal nach den vier winden vnd nach den vier tailen der werlt. Darnach, wenn die mit den langen perten veriehen, des adler chint werden vergehen an dem andern geslecht, so werden dann die verporgen schetz geoffent in den landen den, die sich enthaltend vnder dem schatten der kint des adlers. Das wirt aber geschehen in den lesten zeiten, wenn grosz schand aufstat, das man gotes spottet, du wirst mit dem adler fur dem adler obligen. Darnach sach der kunig in dem slaff ein pannir mit dem roten adler fur im zihen gein Meyolan, da erwachet er vnd gedacht an die prophecie vnd desselben tages cham ein graff von Tyrol mit gutem volk vnd furt das pannir mit dem roten adler. Der kunig wart fro vnd trostet sich des adlers vnd zůch fur Meyolan vnd petwang die mit eren. Darnach zů zeiten der kunigin zů Lamparten, Todolina gehaissen, die iren man kunig Agisulum tauffen liezz, da wart groz red von dem adler vnd wart fried gemachet zwischen dem Romischen chaiser vnd dem kunig von Lamparten, da sant Gregorius pabst zů Rom was vnd sant Mauricius, vnd hett der kunigin si gesant das puch, das haisset dyalogorum. Das spricht von zwein veden, das si daz gelesen het, vnd si pettet in der chirchen, do kam ein stymm zů ir vnd sprach: schreib, der rot adler is diemůtig vnd wirt hochfertig, er wirt ausrekchen sein flog vber die hohen perg vnd wirt mit seinen claen zereissen die reichen vnd die gewaltigen, die hewͤser des herren wirt oed machen; er gewinnet vil kint vnd die pleiben nicht. Ein kint komt in die wonung des leon, als es sulle regniren, es regniret aber nicht, der leo wirt chomen als ein fuchs in das nest des adler vnd wil da rueben vnd wirt nicht finden nvͤr ein zeyt. Der adler wirt gesellet dem adler, mit dem adler wird der leo wuten und suchet wen er fressz. Ein plinder wirt lesen das puch dyalogorum, das puch wirt zergehen ein weil, darnach vber vier jar vnd sechs monad ein lamp wirt sterkch vnd chrafft an sich nemen vnd wirt wachsen vnd an sich nemen vnd wirt wachen vnd sich meren an reichtum vnd an eren. Der hirt des lams vnter dem leon aus dem nest des vergangen adler wirt furgen vber al erschrocken vnd wirt mer slaffen denn wachen. In den zeiten wirt ¯er haben die verporgen schetz, die nicht geoffent werden, denn in den zeiten, vntz das sein gelubd volpracht[1] wirt vnd daz er erheben will den vodern hirten des lams. So wirt das puch dyalogorum geoffent vnd daz hat die kunigin alles dem pabst sant Gregorio geschrieben vnd der antwurt ir also: Tochter, pis sted vnd glaub in got vnd pette in an vnd hoff in in vnd was ich dir geschriben han in dem puch dyalogorum, des gedenkch vnd cher dich nicht an zůchumftig wunderleich ding, nvͤr merkch an das gericht gotes, das niemant durchgrůnden mag. Doch nam sant Gregorius wunder, das im die kunigin geschriben het. Darnach wart ir geweissagt von Ermeramo dem insidel, der sprach so: Ich weker wil auffwekken, die vergangen sein von meinr schar. Ich wil züprechen den pogen des gewaltigen vnd wil furpringen mein lere, wenn die schanden end haben, die peschehen sullen. In den zeiten, so die widerwertigen (fol. 4) adler sich gesellent zu einander in den pergen des roten adlers, so komt von dem perg der perg ein mensch mit einem hirtenstab, dan werden die vnsegleich verporgen schetz in dem pirg vnd die werdent im geoffent noch der dritten purt. So wirt dann chomen der gerecht des herren als ein schein vnd das puch dyalogorum wirt wider lebendig. In den sachen mugt ir wol versten, das etleich schetz sunderlich personen pehalten vnd peschaffen sein in dem land Tyrol vnder dem roten adler. Doch wisset, daz ich vnd ewr nigromanticus an drein steten in ewrs vettern laut groz schetz, die ir wol

1) folgt ausgestrichen „werden.“

gehaben mugt mit ewrs vettern willen vnd mit vnderweisung ewrs nigromantici, als ich ew in einem andern quatern verschriben send vnd erpitt mich eẘ perait ze sein in ewrn dinsten nach allen ewrn wolgefallen.

Die prophecie ist geweissagt nach Cristi purt virhundert jar vnd lxii jar, als geschriben stat in einem alten puch an Meran zůe der pharr.

Als kunig Carnuthus von Frankreich von herzog Ecim von Trient vnder Salurn erslagen wart, als sant Ingenuin legend sagt, der bischolff auff Seben gewesen ist, da weissagt einer vnd sprach: Es komen erger zeit dann ee vnd ein volk wird sten wider daz ander, der frid wirt gen in das ellend, untz daz ein lamp vnd ein lempel den widerpringent. Darnach wird daz reich getailt vnd werden vil herren vnd kain furst wirt vber sie all, vntz das der rot adler kom von dem perg der perge, der wirt perg [und] tal demůtigen vnd nidern vnd wirt alle ding begreiffen mit seinen chlaen vnd setzt alle ding vnter sein flog vnd wirt frid setzen den landen. Der adler gewinnet vil kint, die pleiben nicht, die kint vergeen an dem andern geslecht, die vberigen der vergangen kint werden sich claiden mit einem leon ein weil vnd chumpt wider in sein nest. Der leo wird chomen als ein fuchs zů dem nest des vergangen adler vnd růbt da etlich zeit, doch pleibt er nicht vnd pringt auch nicht frucht. In den zeiten wirt er mit gewalt dem fremden verleichend die tempel der hailigen, wenn dann der rot adler mit dem adler, der im gleich ist, mit dem swartzen adler in dem nest des vergangen adlers gesellet werden, so wirt auffstan vor der dritten purt ein man voller streits vnd wirt regniren vnder dem vergangen adler, der gedorret het vnter dem leo, vnd wirt gewappent mit weissen strichen mit rotem vmbzogen. Der man wirt ein hirt des lams, das im wider ist, vnd noch der dritten purt werden im alle verporgen schetz, die sein, im peschaffen. Er wirt mechtig vnd reich vnd erber. Der wirt den unrechten adler vnd die hoffertig natur mit seinem hirtenstab zwingen vnd nidermachen, er wirt grozz ding tůn, er wirt auch in ern sein tage enden vnd nach zweinhůndert monad vnd xlvi monad wirt sein sůn herschen untz gein Rom vnd von der rechten seiten des manns wirt auffstan ein hirtt der schaffe, geziret mit einem starkchen rad, der wirt sein gesezze machen in der wonung des vnrechten adlers vnd die hůet des lams wirt im undertan vnd darnach verswindet des adlers gedechtnůsse.

Eine andere streng erzählende darstellung fand ich vor 30 jahren in einer miscellaneenhandschrift (papier 4°) aus dem 14. jhd. im Ferdinandeum zu Innsbruck, die ich leider nicht mehr auffinden konte.

GUFIDAUN. J. ZINGERLE.

ÜBER KÖRNER UND VERWANTE METRISCHE ERSCHEINUNGEN IN DER MITTELHOCHDEUTSCHEN LYRIK.

(Schluss.)

13. Meister Johannes Hadlaub (HMS H 279 II)
13str. 10zeil. aabccbdeed

Str. 4. 1 : 2 *mir* : *ir*, Str. 6. 1 : 2 *mir* : *ir*, Str. 3. 4 : 5 *mir* : *ir*,
„ 3. 8 : 9 *ir* : *mir*, „ 8. 7 : 10 *mir* : *ir*.
„ 1. 3 : 6 *gesîn* : *mîn*, Str. 9. 3 : 6 *schîn* : *sîn*,
„ 5. 7 : 10 *fîn* : *sîn*, „ 7. 1 : 2 *vürstîn* : *sîn*.
„ 3. 3 : 6 *getân* : *man*, „ 6. 3 : 6 *gehân* : *nan*,
„ 10. 3 : 6 *kan* : *gegân*, „ 4. 4 : 5 *wolgetân* : *ieman*,
„ 9. 7 : 10 *man* : *ergân*, „ 11. 1 : 2 *gân* : *behân*,
„ 12. 8 : 9 *gân* : *man*.
„ 8. 3 : 6 *bî* : *vrî*, Str. 13. 3 : 6 *sî* : *bî*,
„ 1. 8 : 9 *bî* : *sî*, „ 3. 1 : 2 *sî* : *vrî*.
„ 5. 8 : 9 *was* : *baz*, „ 10. 8 : 9 *haz* : *daz*,
„ 2. 7 : 10 *saz* : *baz*.
„ 8. 8 : 9 *gar* : *dar*, Str. 9. 8 : 9 *klâr* : *jâr*,
„ 2. 1 : 2 *dar* : *gar*, „ 12. 4 : 5 *rôsenvar* : *klâr*.
„ 7. 8 : 9 *Regensberger* : *ger*, Str. 13. 8 : 9 *ger* : *er*,
„ 6. 4 : 5 *her* : *ger*.
„ 10. 7 : 10 *mich* : *ich*, Str. 13. 7 : 10 *endelîch* : *Heinrîch*,
„ 2. 3 : 6 *mich* : *ich*, „ 7. 4 : 5 *lobelîch* : *Vriderîch*.
„ 1. 4 : 5 *ie* : *nie*, „ 4. 8 : 9 *gie* : *nie*,
„ 10. 1 : 2 *vie* : *nie*.
„ 2. 4 : 5 *zehant* : *geswant*, Str. 2. 8 : 9 *hant* : *bevant*,
„ 5. 3 : 6 *hant* : *bevant*.
„ 3. 7 : 10 *nôt* : *bôt*, Str. 6. 8 : 9 *bôt* : *nôt*.
„ 4. 3 : 6 *wol* : *vol*, „ 8. 1 : 2 *vol* : *wol*.
„ 9. 1 : 2 *iht* : *zuoversiht*, Str. 11. 8 : 9 *niht* : *geschiht*.
„ 12. 1 : 2 *wort* : *hort*, Str. 13. 4 : 5 *wort* : *hort*.

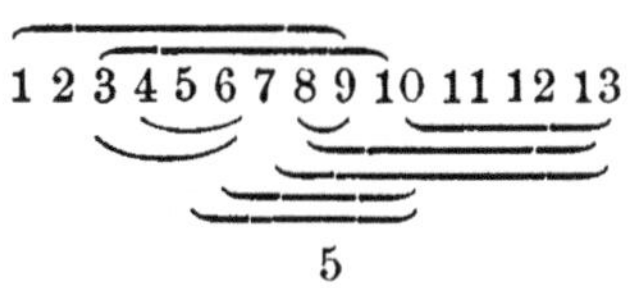

4 5
5 : 7 = 8 : 6 = 9 : 11, 2 : 10 = 8 : 3 = 3 : 6 = 9 : 12
10 1 3/6 10
4 : 9 = 3 : 8 = 7 : 13, 9 : 5 = 10 : 9 = 2 : 13

1 3/6 8
7 : 9 = 11 : 10 = 3 : 13 = 8 : 4

4
6 : 3 = 11 : 4 = 2 : 12 = 10 : 1

4 8
6 : 3 = 11 : 12 = 2 : 9 = 3 : 1 = 10 : 4 = 9 : 11

8 7
$3^a : 3^b$ = 4 : 13 = 12 : 9 = 6 : 13 = 1 : 4 = $2^a : 2^b$

8 3/6 3/6
13 : 1 = 10 : 12 = 5 : 2^b, 2 : 7 = 10 : 4 = 5 : 2^a.

b. Verbindung von II E c und IV.

1. Ulrich von Lichtensein (L 565, 25) 7str. 7zeil. a b a b b c c
   Str. 5. 6 : 7 *êre* : *mêre*, Str. 7. 6 : 7 *êre* : *lêre*,
   „ 2. 1 : 3 *êre* : *lêre*.
   „ 2. 2 : 4 : 5 *güete* : *behüete* : *hôchgemüete*,
   „ 7. 2 : 4 : 5 *hôchgemüete* : *güete* : *behüete*.
   „ 3. 2 : 4 : 5 *stæticlîchen* : *strîchen* : *rîchen*.
   „ 6. 2 : 4 : 5 *rîchen* : *gelîchen* : *endelîchen*.
   „ 2. 6 : 7 *schône* : *lône*, Str. 7. 1 : 3 *schône* : *lône*.
   „ 3. 6 : 7 *immer* : *nimmer*, Str. 5. 1 : 3 *immer* : *nimmer*.

1 2 3 4 5 6 7

5
2 : 7 = 7 : 2 = 5 : 3.

c. Verbindung von II E d und IV.

1. Meister Johannes Hadlaub (HMS II 278 I. B. L. LXXXVII 1) 7str. 12zeil. a b a b c b c b d e d e
   Str. 1. 10 : 12 *was* : *daz*, Str. 4. 10 : 12 *gehaz* : *daz*.
   „ 2. 2 : 4 : 6 : 8 *man* : *an* : *getân* : *entran*,
   „ 6. 2 : 4 : 6 : 8 *getân* : *stân* : *lobesan* : *hân*,
   „ 7. 2 : 4 : 6 : 8 *lân* : *hân* : *gewan* : *an*.
   „ 2. 5 : 7 *sêre* : *êre*, Str. 5. 1 : 3 *sêre* : *hêre*.
   „ 3. 1 : 3 *tæte* : *hæte*, „ 4. 5 : 7 *tæte* : *bæte*.
   „ 3. 5 : 7 *sinne* : *minne*, Str. 7. 1 : 3 *minne* : *sinne*.
   „ 1. 2 : 4 : 6 : 8 *gesîn* : *schîn* : *pilgrîn* : *mettîn*,
   „ 2. 10 : 12 *în* : *hin*.
   „ 4. 2 : 4 : 6 : 8 *ir* : *mir* : *verbir* : *gir*,
   „ 6. 10 : 12 *mir* : *zir*.

1 2 3 4 5 6 7

1 : 2 = 4 : 6, 2 : 5 = 4 : 3 = 3 : 7.

D. Verbindung von II F und IV.

a. Verbindung von II F a α und IV.

1. Reinmar (MF 187, 31 — 189, 4) 4 str. 13 zeil. a b c d a b c d e e f W f.

Burdach (a. a. o. s. 226) glaubt, dass das ursprüngliche gedicht aus 188, 31 als erster, 188, 5 als zweiter, 188, 18 als dritter strophe bestand, und dass 187, 31 dem ganzen liede als einleitungsstrophe vorausgeschickt sei. Ich halte diese vermutung für sehr annehmbar und glaube, dass dieselbe durch die im nachstehenden vermerkten strophenbindungen ihre bestätigung findet.

Str. 1. 4 : 8 *mac* : *tac*, Str. 4 (2). 4 : 8 *mac* : *tac*.
„ 1. 1 : 5 *nôt* : *gebôt*, „ 2 (3). 2 : 6 *nôt* : *gebôt*.
„ 1. 2 : 6 *klagen* : *tragen*, Str. 3 (4). 1 : 5 *gesagen* : *klagen*.
„ 4 (2). 1 : 5 *zît* : *strît*, „ 3 (4). 2 : 6 *zît* : *strît*.
1 : 3 = 4 : 1 = 2 : 4.

b. Verbindung von II F a β und IV.

1. Reinmar (MF 192, 25) 7 zeil. a b a b c W c
Str. 1. 2 : 4 *wil* : *spil*, Str. 3. 2 : 4 *vil* : *wil*.
„ 2. 5 : 7 *wîp* : *lîp*, „ 1. 6 *wîp*.
„ 3. 5 : 7 *man* : *kan*, „ 5. 6 *man*.
2 : 1 = 3 : 5.

2. Unter Neidhart (HN XXVII 9) 14 zeil. a a b W c d d b W c e f e f
Str. 2. 11 : 13 *belgelîn* : *mîn*, Str. 4. 11 : 13 *engerlîn* : *sîn*.
„ 1. 6 : 7 *zît* : *widerstrît*, „ 3. 11 : 13 *nît* : *gît*.
„ 1. 11 : 13 *alt* : *balt*, „ 5. 6 : 7 *gestalt* : *balt*.
1 : 3 = 5 : 1.

3. Der von Sachsendorf (HMS I 300 I) 9 zeil. a b c a b c d c d
Str. 2. 1 ; 4 *site* : *mite*, Str. 3. 1 : 4 *site* : *bite*.
„ 1. 2 : 5 *schîn* : *sîn*, „ 5. 7 : 9 *mîn* : *sîn*.
„ 3. 2 : 5 *gewar* : *bar*, „ 4. 7 : 9 *dâr* : *jâr*.
1 : 5 = 3 : 4.

4. Der Schenk von Limburg (HMS I 131 I) 13 zeil. a b c a b c d c d e f f f
Str. 3. 2 : 5 *singen* : *ringen*, Str. 5. 2 : 5 *twingen* : *dingen*.
„ 1. 11 : 12 : 13 *mîn* : *sîn* : *trœstærîn*,
„ 2. 3 : 6 *mîn* : *pîn*.
„ 1. 3 : 6 *zît* : *widerstrît*, Str. 5. 11 : 12 : 13 *zît* : *lît* : *sît*.
1 : 2 = 5 : 1.

5. Walther von Metze (HMS I 309 VII) 10 zeil. a b a b c d c d e e
Str. 2. 6 : 8 *tuot* : *behuot*, Str. 5. 6 : 8 *muot* : *guot*.
„ 1. 9 : 10 *ergân* : *wân*, „ 5. 1 : 3 *hân* : *lân*.
„ 2. 9 : 10 *vil* : *wil*, „ 3. 1 : 3 *vil* : *wil*.
1 : 5 = 3 : 2.

6. Der wilde Alexander (HMS II 366 III) 9zeil. ababcdcdc
Str. 1. 1 : 3 *wunneclîch : rîch,* Str. 4. 1 : 3 *rîch : wunneclîch.*
„ 1. 2 : 4 *wolgevar : bar,* Str. 4. 6 : 8 *rôsevar : bar : klâr.*
„ 3. 6 : 8 : 9 *brehen : jehen : gesehen,*
„ 5. 2 : 4 *brehen : sehen.*
1 : 4 = 5 : 3

7. Meister Johannes Hadlaub (HMS II 295 XXXII. B. L. LXXXVII 148)
b b e
8zeil. acacdded
Str. 4. 2 : 4 *mir : zir,* Str. 5. 2 : 4 *ir : mir.*
„ 1. 7 : 8^1 *schouwe : frouwe,* Str. 2. 1 : 3 *frouwe : ouwe.*
„ 2. 7 : 8^1 *geræte : sumerwæte,* Str. 5. 1 : 3 *tæte : erbæte.*
1 : 2 = 2 : 5.

8. Der Guter (HMS III 41 I, 1—5. B. L. LXXXIX 1)
10zeil. abcabcddee
Str. 2. 2 : 5 *vürspan : an,* Str. 3. 2 : 5 *an : gân.*
„ 1. 9 : 10 *mir : dir,* Str. 2. 3 : 6 *ir : dir.*
„ 4. 9 : 10 *werdikeit : geleit,* Str. 5. 3 : 6 *breit : leit.*
1 : 2 = 4 : 5.

c. Verbindung von II F a γ und IV.

1. Friedrich der Knecht (HMS II 169 II) 10zeil. aabccbdeed
Str. 1. 3 : 6 *sanc : lanc,* Str. 3. 3 : 6 *kranc : sanc.*
„ 3. 4 : 5 *guot : wol gemuot,* Str. 4. 8 : 9 *tuot : wol gemuot.*
„ 3. 8 : 9 *gemeit : streit,* Str. 6. 4 : 5 *gekleit : leit.*
„ 1. 1 : 2 *schîn : sîn,* Str. 6. 7 : 10 *vüezelîn : mîn.*
„ 5. 7 : 10 *reht : kneht,* „ 6. 1 : 2 *kneht : reht.*
1 : 6 = 6 : 5, 3 : 4 = 6 : 3.

2. In einem namenlosen HN s. 227—229 und B. L. XCVIII 475 mitgeteilten liede. 14zeil. abcdabcdeefgfg
Str. 2. abcdabcdbb, Str. 5 abcdabcdeefafa
Str. 1. 1 : 5 *gân : plân,* Str. 6. 1 : 5 *gegân : lân.*
„ 1. 9 : 10 *Ranz : tanz,* Str. 4. 2 : 6 *tanz : Ranz.*
„ 2. 2 : 6 *nam : Vrideman,* Str. 2. 9 : 10 *kam : Engelram.*
„ 3. 9 : 10 *Übelher : wer,* Str. 5. 2 : 6 *wer : Übelher.*
1 : 4 = $2^2 : 2^1$ = 3 : 5.

d. Verbindung von II F a δ und IV.

1. Walther von der Vogelweide (WL 88, 9)
12zeil. abWcWddaWcWb
Str. 2. 4 : 10 *guot : beswærest mînen muot,*
„ 7. 4 : 10 *guot : beswæren mînen muot.*

Str. 1. 4 : 10 *lieht* : *nieht*, Str. 2. 6 : 7 *lieht* : *nieht*.
„ 4. 6 : 7 *dir* : *mir*, Str. 5. 4 : 10 *mir* : *enbir*.
1 : 2 = 5 : 4.

2. Ulrich von Lichtenstein (L 426, 12) 4zeil. a a b b
Str. 4. 1 : 2 *hân* : *getân*, Str. 6. 1 : 2 *hân* : *undertân*.
„ 1. 1 : 2 *sîn* : *mîn*, „ 7. 3 : 4 *mîn* : *sîn*.
„ 3. 1 : 2 *muot* : *guot*, „ 6. 3 : 4 *gemuot* : *behuot*.
1 : 7 = 3 : 6.

3. Derselbe (L 515, 12) 6zeil. a b a b c c
Str. 1. 2 : 4 *mîn* : *dîn*, Str. 6. 2 : 4 *brüstelîn* : *mîn*.
„ 2. 2 : 4 *vil* : *spil*, „ 4. 5 : 6 *vil* : *wil*.
„ 3. 2 : 4 *guot* : *muot*, „ 6. 5 : 6 *guot* : *muot*.
„ 3. 5 : 6 *dir* : *mir*, „ 7. 2 : 4 *dir* : *mir*.
2 : 4 = 3 : 6 = 7 : 3.

4. Derselbe (L 560, 7) 6zeil. a b a b c c
Str. 5. 1 : 3 *missetât* : *lât*, Str. 7. 1 : 3 *lât* : *missetât*.
„ 1. 2 : 4 *rât* : *stât*, Str. 3. 5 : 6 *stât* : *hât*.
„ 3. 1 : 3 *kan* : *man*, „ 6. 5 : 6 *kān* : *lân*,
„ 7. 2 : 4 *kan* : *gewan*.
„ 1. 5 : 6 *gemuot* : *guot*, Str. 6. 2 : 4 *gemuot* : *guot*.
„ 2. 2 : 4 *wol* : *vol*, Str. 5. 5 : 6 *wol* : *sol*.
„ 4. 1 : 3 *wil* : *vil*, „ 5. 2 : 4 *wil* : *vil*.
„ 2. 1 : 3 *wîp* : *lîp*, „ 7. 5 : 6 *lîp* : *wîp*.
5 5
1 : 7 = 7 : 3 = 5 : 4, 3 : 7 = 6 : 3 = 7 : 2,
1 : 3 = 7 : 6 = 6 : 1 = 2 : 5.

c
5. Derselbe (L 571, 7) 7zeil. a b a b c d d
Str. 1. 2 : 4 *sehen* : *spehen*, Str. 4. 2 : 4 *sehen* : *jehen*,
„ 6. 6 : 7 *erspehen* : *jehen*.
„ 2. 2 : 4 *war* : *gar*, Str. 4. 6 : 7 *gar* : *ervar*,
„ 3. 1 : 3 *gar* : *jâr*.
„ 2. 6 : 7 *munt* : *kunt*, Str. 4. 1 : 3 *grunt* : *kunt*.
„ 5. 6 : 7 *lîp* : *wîp*, Str. 6. 1 : 3 *lîp* : *wîp*.
1
4 : 6 = 2 : 4, 4 : 3 = 2 : 4 = 5 : 6.

6. Derselbe (L 576, 5) 6zeil. a b a b c c
Str. 1. 2 : 4 *himmelrîch* : *wünneclîch*,
„ 4. 2 : 4 *himmelrîch* : *minneclîch*.
„ 3. 5 : 6 *lîp* : *wîp*, Str. 5. 2 : 4 *lîp* : *wîp*.
„ 4. 5 : 6 *gewan* : *getân*, Str. 6. 2 : 4 *hân* : *gan*.
3 : 5* = 4 : 6.

7. Derselbe (L 580, 15) 6zeil. a b a b c c
Str. 2. 5 : 6 *sô* : *hô*, Str. 7. 5 : 6 *alsô* : *vrô*.
„ 3. 2 : 4 *minnevar* : *dar*, Str. 4. 5 : 6 *dar* : *minnevar*.
„ 5. 2 : 4 *wol* : *vol*, Str. 6. 5 : 6 *wol* : *ensol*.
„ 5. 5 : 6 *gît* : *lît*, „ 7. 2 : 4 *gît* : *hôchgezît*.
3 : 4 = 5 : 6 = 7 : 5.

VII. Verbindung von III und IV.

A. Verbindung von III E und IV.

Ulrich von Lichtenstein (L 582, 4) 7str. 7zeil. a b a b c W c
Str. 2. 6 *minneclîchen*, Str. 6. 6 *minneclîchen*.
„ 6. 5 : 7 *sehen* : *geschehen*, Str. 7. 5 : 7 *geschehen* : *gejehen*.
„ 5. 2 : 4 *wîp* : *lîp*, Str. 6. 2 : 4 *wîp* : *lîp*,
„ 4. 5 : 7 *wîp* : *lîp*.
„ 1. 2 : 4 *wol* : *vol*, Str. 3. 5 : 7 *wol* : *sol*.

1 2 3 4 5 6 7
5
1 : 3 = 6 : 4

B. Verbindung von III F und IV.

Unter Neidhart von Reuenthal (HN XL, 7)
5str. 18zeil. a b a b c c d d e e f f W g g h h g
Str. 4. 13 *diernelîn*, Str. 5. 13 *diernelîn*, Str. 1. 5 : 6 *sîn* : *mîn*.
„ 1. 7 : 8 *habe* : *abe*, Str. 5. 7 : 8 *abe* : *knabe*.
„ 3. 13 *bal*, Str. 5. 5 : 6 *bal* : *val*.
„ 2. 13 *jagen*, Str. 4. 5 : 6 *bejagen* : *tragen*.

1 2 3 4 5
4
1 : 5 = 5 : 3 = 4 : 2.

Im algemeinen steht fest, dass die reflektierende lyrik aus Südfrankreich nach Deutschland gekommen ist. Die provenzalischen vorbilder wirkten nicht nur auf den inhalt der nachbildungen, sondern auch auf die form derselben ein. Mit einem teile der lezteren haben wir es zu tun, und unsere nächste aufgabe wird die sein festzustellen, inwieweit die gedichte der Troubadours für die von uns behandelten metrischen erscheinungen die vorbilder abgeben konten.

Bei den Provenzalen [1] ist es regel, wie die erste strophe gereimt worden, so in den entsprechenden zeilen aller folgenden strophen die gleichen reime sich widerholen zu lassen.

1) Ich gebe die folgenden bemerkungen über die in betracht kommenden formen der provenzalischen dichtung nach Bartsch „Die Reimkunst der Troubadours,“ Eberts Jahrbuch für romanische und englische Litteratur I, 171 fgg.

Daneben findet sich, wenn auch verhältnismässig selten, reimwechsel von strophe zu strophe. Freilich die erscheinung, welche in der deutschen lyrik regel geworden ist, dass die einzelnen strophen ihr reimsystem für sich haben, die übereinstimmung also nur in der gleichen gliederung und dem gleichen geschlecht der sonst ungleichen reime besteht, begegnet ausserordentlich selten. Fast überall in den gedichten, die reimwechsel zeigen, ist ein rest der durchreimung der strophen geblieben: ein teil der reime geht durch alle strophen hindurch, während die übrigen reime wechseln. So kehren bei Marcabrun (Mahn I, 48) dieselben reime von strophe zu strophe in zwei ihrerseits mit einander gebundenen zeilen (z. 3 und 6) wider. Widerkehr derselben reime in drei zeilen (z. 4. 6. und 8) begegnet in einem gedichte Aimerics von Belenoi (Mahn, Gedichte 101). Mehr beispiele der art bei Bartsch a. a. o. s. 173.

Ein bei weitem häufigerer fall ist, dass alle zwei strophen neue reime eintreten bei gewöhnlich gerader strophenzahl, z. b. Mahn I, 20 22. 29 (vgl. Bartsch a. a. o. s. 174).

In Peires von Auvergne Lied von der Nachtigall (Mahn I, 89—92) unterscheidet die erste hälfte, die sendung der nachtigall, sich durch die reime von dem zweiten teile, der antwort der geliebten. Ganz ebenso ist es in einem liede Marcabruns (Bartsch provenz. Lesebuch 55—57).

Bei Marcabrun (Mahn I, 50) ist der schlussreim des liedes durch den voraufgehenden refrain herbeigeführt.

Ein anderes Mittel, das die verbindung zwischen den einzelnen strophen herstelt, sind die körner. Diese sind von den Troubadours in mannigfaltigster weise verwant.

Ein korn findet sich recht häufig, seltener zwei, drei, vier usw. körner. Zuweilen tritt auch der fall ein, dass alle reime einer strophe körner sind (vgl. Bartsch a. a. o. s. 176 und die dort angeführten beispiele).

Die durchreimung sämtlicher strophen hat in der deutschen lyrik keine anwendung gefunden.

Widerkehr derselben reime von strophe zu strophe in zwei, drei oder vier ihrerseits mit einander gebundenen zeilen findet sich in den unter II A, II C, III A zusammengestelten beispielen.

Von Gottfried von Neifen besitzen wir ein vierstrophiges gedicht, in welchem alle zwei strophen neue reime eintreten (H D h 1).

Sonst tritt uns die widerkehr derselben reime auch hier nur in einzelnen ihrerseits mit einander gebundenen zeilen entgegen. Die hieher gehörenden gedichte weisen selten gerade strophenzahl auf. Nie folgen die gebundenen strophen in der weise auf einander, dass z. b. für ein vierstrophiges gedicht sich das schema a a b b ergäbe. Vielmehr sind in einem solchen falle die strophen in der verschiedenartigsten weise zusammengruppiert: in II D a C z. b. ist die schlussstrophe mit allen drei vorhergehenden gebunden: a b c $\overset{a/b}{c}$; II D f findet sich das schema a b a b, VI B c zeigt sich die liedform a b b a (vgl. im übrigen die beispiele). In mehreren gedichten sind zwei strophen durch eine grössere oder geringere anzahl der widerkehrenden reime gebunden als zwei andere. Zuweilen ist eine strophe mit zwei anderen, aber in verschiedener weise verknüpft. Oft nimt eine oder auch mehrere strophen an den bindungen nicht teil. Nicht selten begegnet die widerkehr derselben reime sogar nur in zwei strophen mehrstrophiger gedichte. Die zahl der zeilen, in denen sich dieselben reime finden, beträgt zwei, drei, vier und sechs (II D a — g, II E, H F, III D, III E, III F, VI B, VI C, VI D, VII A, VII B).

Was die körner anlangt, so treten uns fast nur gedichte entgegen, die e i n korn aufweisen (I A a, III A, V A).

Widerkehr desselben reims in je einer zeile, welche ihrerseits mit nachfolgendem oder vorausgehendem refrain gebunden ist findet sich in den beispielen unter I A b und III B.

In einem vierstrophigen gedichte Gottfrieds von Neifen haben je zwei strophen dasselbe korn (I C a).

In einem andern liede desselben verfassers, welches gleichfals vierstrophig ist, sind alle reime körner. Aber auch hier haben nicht alle, sondern nur je zwei strophen dieselben körner (I C b).

In einem fünfstrophigen gedicht Ulrichs von Lichtenstein sind in den $2^1/_2$ frauenstrophen alle reime körner, während die männerstrophen jede für sich einreimigkeit aufzeigen. Ähnlich sind die oben (s. 335) erwähnten lieder Peires von Auvergne und Marcabruns gebaut. (I C b 2).

Ferner gibt es einige mehr als dreistrophige gedichte, in welchen sich nur in einigen strophen körner finden. Die meisten von diesen gedichten enthalten ausserdem noch andere reimkünsteleien (I D, III D. E. F, V B, VII A. B).

Die unter I B mitgeteilten gedichte sind alle derartig gebaut, dass einer strophe das korn, welches die übrigen aufweisen, fehlt. Schon die anzahl der beispiele tritt dem gedanken, dass wir es mit einer blossen zufälligkeit zu tun haben, entgegen. Folgende erwägung aber scheint mir mit sicherheit darauf hinzudeuten, dass hier eine von den dichtern beabsichtigte kunstform vorliegt.

In der deutschen lyrik herscht das gesetz der dreiteiligkeit. Dieses finden wir bekantlich in dem bau der einzelnen strophen angewant. Es war nur ein natürlicher fortschritt, dass man, als man anfieng mehrstrophige lieder zu verfassen, die dreiteiligkeit auch auf das ganze lied übertrug. Diese dreiteiligkeit beruht zuweilen nur in der zahl der strophen (drei, fünf, sechs, sieben strophen), oft aber wird sie noch bestimter hervorgehoben durch die reimverbindung je zweier strophen. Dies zeigt sich am deutlichsten bei dreien, wo das reimverhältnis der strophen (2 + 1) dem der strophenglieder zunächst liegt.

Sehen wir uns die unter I B aufgeführten beispiele an, so finden wir, dass in fünf der dort erwähnten dreistrophigen lieder der lezten strophe das korn fehlt. Es tritt also die dreiteiligkeit klar zu tage. In dem gedichte II B 7 fehlt bei beobachtung der handschriftlichen strophenfolge der ersten strophe das korn, so dass sich darnach das umgekehrte verhältnis (1 + 2) ergeben würde. Aber wahrscheinlich ist die erste strophe ans ende zu stellen. I B 6 sind die fünf strophen nach dem schema 2 + 2 + 1 zu ordnen.

Ebenso deutlich tritt uns das prinzip der dreiteiligkeit des liedes in den beispielen entgegen, die unter II B (vgl. II C, III B. C, VI A) vereinigt sind. Wir haben hier mit einer ausnahme dreistrophige gedichte. Die bindung der betreffenden strophen wird durch die widerkehr derselben reime in je zwei oder drei oder vier ihrerseits mit einander gebundenen zeilen bewirkt. Die bindungen fehlen der schluss-, der mittel- oder der anfangsstrophe, so dass wir entweder das schema a a x oder a x a oder x a a haben. Das vierstrophige gedicht II B a α 20 weist das schema $\overset{a}{b}\ \overset{a}{b}$ b x auf.

Auch die meisten der unter II D zusammengestelten gedichte sind nach dem gesetze der dreiteiligkeit gebaut. Am klarsten tritt uns hier dasselbe in fünfstrophigen gedichten entgegen. Die strophe, welche sich nicht an den bindungen beteiligt, kann die zweite, dritte, vierte und fünfte sein. Die gebundenen strophen können einander unmittelbar folgen oder durch eine oder mehrere strophen von einander getrent sein. Die deutlichsten beispiele der erwähnten dreiteiligkeit liefern II D d 1: a a b b x,[1] II D a 13: a b a b x, II D a 1: a a x b b. II D a 3

1) Diese dreiteiligkeit des fünfstrophigen liedes findet ihre analogie in Walthers kunstvoller strophe 47, 16, welche aus zweimal zwei gleichen teilen besteht (16—18 = 19—21; 22—26 = 27—31), denen ein fünfter (32—35) folgt (vgl. Wilmanns a. a. o.^{2} s. 224).

zeigt das schema a b b x a, II D a 9: a x b a b, VI B a 1: a b a x b (vgl. im übrigen die beispiele).

Auch in vier-, sechs- und siebenstrophigen gedichten erkennen

b a

wir dieses gesetz, z. b. II D a 7: a a b x, 15: a b x b, 10: a b x c a c b,

c d

11: a b a d c x b.[1]

Sehr merkwürdig ist die metrische erscheinung, die uns in den unter IV gesammelten beispielen entgegentritt. Es sind dort die strophen paarweise durch widerholung derselben reime an verschiedenen strophenstellen dergestalt gebunden, dass durch diese bindungen die strophen zu einander in ein bestimtes verhältnis treten. An zufälligkeit ist auch hier nicht zu denken. Die nicht geringe anzahl der gedichte, welche hieher gehören, die verbindung dieser künstelei mit anderen (V. VI. VII), vor allem aber gedichte, wie die unter V B, VI C a 12 und 13 analysierten zeigen, dass wir es hier mit einer beabsichtigten kunstform zu tun haben.

Hinzukomt, dass diese art der strophenbindung auch in der dichtung anderer völker angetroffen wird.

Ich will nur im vorbeigehen an die sogenante malaische form erinnern, die von Chamisso bekaut gemacht ist.

Wichtiger ist, dass auch der provenzalischen und altfranzösischen dichtung diese künstelei nicht ganz fehlt.

Zunächst erinnere ich an ein gedicht Bernarts von Ventadour (Mahn I, 39, XXII). Dies gedicht besteht aus sechs strophen mit einem geleit. Das strophenschema ist abababab b. Alle zwei strophen tritt reimwechsel ein. Aber dies in der weise, dass die zweite gruppe (str. 3 und 4) den zweiten reim der ersten (str. 1 und 2), also den reim b, als ersten reim (a) aufweist. Dasselbe gilt von der dritten gruppe in ihrem verhältnis zur zweiten. Darnach verhält sich gruppe 1 : gruppe 2 = gruppe 2 : gruppe 3.[2]

Strophenbindungen, sowol durch widerkehr derselben reime in zwei resp. drei zeilen an denselben strophenstellen als auch durch die künstelei, von der hier die rede ist, finden sich bei Simons Dautin (Mätzner, altfranzösische Lieder XXII). Es verhalten sich hier

1 1

Str. 2 : Str. 3 = Str. 1 : Str 2. Str. 1 : Str. 3 = Str. 3 : Str. 2.

1) Bekantlich findet sich das gesetz der dreiteiligkeit des liedes ausserordentlich häufig in der altfranzösischen poesie angewant.

2) Eine ähnliche künstelei ist die ablösung der reime im Provenzalischen, die Bartsch a. a. o. s. 182 fgg. behandelt.

Verzeichnis der ausführlicher behandelten gedichte.

Albrecht von Johansdorf MF 94, 15: II D a 6.
Christian von Hamle HMS I 112 1 I. B. L. XXXII, 1: I B 7; HMS I 112 II. B. L XXXII, 34: I B 3.
Dietmar von Aist MF 34, 19—35, 15: II B a β 14; 37, 30—38, 31: II D a 15; 38, 32—39, 17: II B a ε 1; 39, 30—40, 10: II A a 7.
Friedrich von Hausen MF 45, 1—45, 36: II D f 1; 45, 37: II D a 8; 52, 37—53, 30 II D a 7.
Gottfried von Neifen 11, 6: I C b 1; 15, 6: VI B a 1; 27, 15: II D h 1; 29, 36: II F a β 26; 34, 26; I C a 1; 37, 2: II B a α 14.
Hartmann von Aue 205, 1—206, 9: IV B 1; 207, 11: H D a 5; 211, 35—212, 12: II A a 10.
Heinrich von Morungen MF 130, 31: II B a α 20.
Heinrich von Rugge MF 109, 36—110, 25; II C 1.
Heinrich von Veldeke MF 59, 23: I A a 6.
Hetzbold von Weissensee HMS II 25 VIII. B. L. XCIII 13: II B a α 17.
Hohenburg, von, HMS I 34 V. B. L. XIX, 25: II B a α 15; HMS I 34 VI: II B a β 15.
Konrad von Kirchberg HMS I 24 II. B. L. LXXXV, 33: I B 6.
Kraft von Toggenburg HMS I 21 III: II D a 1.
Otto von Botenlauben HMS I 27 III: II B a α 6.
Reinmar der Alte MF 152, 15 + s. 291 E 338: II A a 8; 154, 32: I A 8; 158, 1—30: II B a α 7; 164, 12—29: II A a 9; 166, 16—167, 30: III D 2; 176, 5: II F a α 5; 180, 1—27: II B a γ 5; 187, 31—189, 4: VI D a 1; 191, 7—33: II B b α 4.
Rubin HMS I 311 II: H D c 2.
Rudolf von Fenis MF 81, 30—82, 25: II F b β 1.
Tannhäuser HMS II 91 IX: II B a γ 2.
Ulrich von Gutenberg MF 77, 36: II D g 1.
Ulrich von Lichtenstein 443, 1: I C b 2; 563, 1: II D b 1.
Ulrich von Singenberg HMS I 290 IX. WR 222, 4: II B a γ 14.
Walther von der Vogelweide 36, 11: H E b 1; 45, 37: I B 1.

Inhalt.

Seite.
I. Gedichte, deren strophen durch körner gebunden sind 59
A. Gedichte, deren sämtliche strophen durch körner gebunden sind 59
a. Durch ein korn 59
b. Durch ein seinerseits mit einem refrain gebundenes korn 60
B. Gedichte, deren strophen mit ausnahme einer einzigen durch körner gebunden sind 61
C. Gedichte, deren sämtliche strophen zu je zweien durch verschiedene körner gebunden sind 65
a. Durch ein korn 65
b. Durch so viel körner als die strophe zeilen hat 66
D. Gedichte, in denen nur einige strophen durch körner gebunden sind 68
II. Gedichte, deren strophen dadurch gebunden sind, dass dieselben reime in mehreren ihrerseits mit einander gebundenen zeilen widerkehren 68

Seite.
A. Gedichte, deren sämtliche strophen gebunden sind ... 68
a. Durch widerkehr derselben reime in zwei zeilen ... 68
b. Durch widerkehr derselben reime in drei zeilen ... 70
c. Durch widerkehr derselben reime in vier zeilen ... 71
B. Gedichte, deren strophen mit ausnahme einer einzigen gebunden sind 71
a. Durch widerkehr derselben reime in zwei zeilen ... 71
α. Die schlussstrophe nimt an den bindungen nicht teil ... 71
β. Die zweite strophe nimt an den bindungen nicht teil ... 74
γ. Die erste strophe nimt an den bindungen nicht teil ... 77
δ. Verbindung von α und β ... 79
ε. Verbindung von α, β und γ ... 80
b. Durch widerkehr derselben reime in drei zeilen ... 80
α. Die schlussstrophe nimt an den bindungen nicht teil ... 80
β. Die zweite strophe nimt an den bindungen nicht teil ... 211
γ. Die erste strophe nimt an den bindungen nicht teil ... 212
c. Verbindung von a β und b β ... 212
d. Durch widerkehr derselben reime in vier zeilen ... 212
α. Die schlussstrophe nimt an den bindungen nicht teil ... 212
β. Die erste strophe nimt an den bindungen nicht teil ... 213
C. Verbindung von A und B ... 213
D. Gedichte, in denen entweder sämtliche strophen oder alle mit ausnahme einer einzigen zu je zweien oder dreien in verschiedener weise gebunden sind ... 213
a. Durch widerkehr derselben reime in zwei zeilen ... 213
b. Durch widerkehr derselben reime in drei zeilen ... 218
c. Verbindung von a und b ... 219
d. Durch widerkehr derselben reime in vier zeilen ... 220
e. Verbindung von a und d ... 220
f. Verbindung von b und d ... 220
g. Widerkehr derselben reime in je drei und sechs zeilen ... 221
h. Widerkehr derselben reime in allen zeilen ... 221
E. Fünf- und mehr als fünfstrophige gedichte, in denen nur einige, jedoch mehr als zwei strophen zu je zweien oder dreien in verschiedener weise gebunden sind ... 223
a. Durch widerkehr derselben reime in zwei zeilen ... 223
b. Durch widerkehr derselben reime in drei zeilen ... 226
c. Verbindung von a und b ... 227
d. Durch widerkehr derselben reime in je zwei und vier zeilen ... 227
F. Vier- und mehr als vierstrophige gedichte, in denen nur zwei strophen gebunden sind ... 227
a. Durch widerkehr derselben reime in zwei zeilen ... 227
α. In vierstrophigen gedichten ... 227
β. In fünfstrophigen gedichten ... 229
γ. In sechsstrophigen gedichten ... 232
δ. In siebenstrophigen gedichten ... 232
b. durch widerkehr derselben reime in drei zeilen ... 232
α. In vierstrophigen gedichten ... 232
β. In fünfstrophigen gedichten ... 233
γ. in sechsstrophigen gedichten ... 234

Seite.
c. Verbindung von a und b ... 234
d. Durch widerkehr derselben reime in vier zeilen ... 234
III. Verbindung von I und H ... 234
A. Verbindung von I A und II A ... 234
B. Verbindung von I A und II B ... 235
C. Verbindung von I B und H B ... 235
D. Verbindung von I D und II D ... 235
E. Verbindung von I D und II E ... 236
F. Verbindung von I D nnd II F ... 236
IV. Gedichte, deren strophen paarweise durch an verschiedenen strophenstellen widerholte reime dergestalt gebunden sind, dass durch diese bindungen die strophen zu einander in ein bestimtes verhältnis treten ... 237
A. Dreistrophige gedichte ... 237
B. Vierstrophige gedichte ... 237
C. Fünfstrophige gedichte ... 238
D. Sechsstrophige gedichte ... 240
E. Siebenstrophige gedichte ... 240
V. Verbindung von I und IV ... 241
A. Verbindung von I A und IV ... 241
B. Verbindung von I D und IV ... 241
VI. Verbindung von II und IV ... 242
A. Verbindung von II B und IV ... 242
B. Verbindung von II D und IV ... 243
a. Verbindung von II D a und IV ... 243
b. Verbindung von II D c und IV ... 244
c. Verbindung von II D e und IV ... 245
C. Verbindung von II E und IV ... 246
a. Verbindung von II E a und IV ... 246
b. Verbindung von H E c und IV ... 330
c. Verbindung von II E d und IV ... 330
D. Verbindung von II F und IV ... 331
a. Verbindung von H F a α und IV ... 331
b. Verbindung von II F a β und IV ... 331
c. Verbindung von II F a γ und IV ... 332
d. Verbindung von II F a δ und IV ... 332
VII. Verbindung von III und IV ... 334
A. Verbindung von III E und IV ... 334
B. Verbindung von III F und IV ... 334

LÜBECK. H. GISKE.

DAS VERBUM UND NOMEN IN NOTKERS ARISTOTELES.

Ebenso abgeschlossen und einheitlich wie im Boethius[1] und Capella[2] ist die sprache auch in den aristotelischen abhandlungen κατηγορίαι und περὶ ἑρμηνείας. Weder beim ablaut noch im wurzelauslaut zeigen die starken verba irgend welche verschiedenheit. Der stamauslaut der langsilbigen verba der 1. sw. conjugation ist im praet. auf gleiche weise behandelt. Eine ungleichheit findet sich überhaupt nur wider bei den kurzsilbigen verben dieser klasse, indem sie im praes. liquida teilweise verdoppeln. Die flexion des verbums zeigt ebenso wenig eine abweichung wie die tempusbildung. Volständig gleich ist auch die nominalflexion. Bei *grifel* und *himel* findet sich nur die bildungssilbe *-el-*; *fogel* und *wehsel* belegen daneben wie im Boethius und Capella auch *-al-*. In einzelnen fällen rührt dieser wechsel ohne zweifel von den schreibern her, welche die S. Galler Codices 818 und 825 copierten. B sezt *fogales* 418ᵇ 18,[3] *wehsal* 416ᵃ 16; 433ᵃ 29 gegenüber *fogeles, wehsel* in A. Meistens war aber *-al-* neben *-el-* bereits in der vorlage vorhanden, aus welcher die uns erhaltene volständige und die unvolständige abschrift der kategorien usw. stammen.

Beide stimmen in äusserlichkeiten und schreibfehlern zusammen: 386ᵃ 15 *vernumste* B, A *vernumste,* 397ᵃ 6 *æadem* B, A *æadem,* 398ᵃ 1 *sîehc* B, A *sîehc,* 415ᵃ 9 *scalhc* B, A *scalhc,* 389ᵃ 13 *hohso* B, A *h* ausgekrazt, 393ᵇ 22 *Sô* B, A *Sî* (*î* auf rasur von *o*) usw. Da aber weder B aus A, noch A aus B geschrieben sein kann,[4] so muss angenommen werden, dass beide unabhängige abschriften eines codex sind. Nur ist B ungleich sorgfältiger copiert als A.

Auch *ûe*, das in *trûege* 389ᵇ 22. 25. *trûegîn* 389ᵇ 21. *gnûege* 418ᵃ 13; 442ᵇ 32; 445ᵇ 28. *gnûegiu* 419ᵃ 17. *sûeziu* 424ᵇ 4. *sûezi* 436ᵃ 5. 30; 436ᵇ 22. *sûeze* 436ᵃ 5. 30. *gnûegta* 426ᵃ 20. *gebûezenne* 434ᵃ 9. *unspûete* 435ᵇ 13. *chûelin* 445ᵇ 11. *grûene* 449ᵃ

1) Das verbum und nomen in Notkers Boethius. Sitzungsberichte der Wiener Akademie. Bd. 109, s. 229 fgg.

2) Das verbum und nomen in Notkers Capella. Zeitschr. für deutsches Alterthum. Bd. 18.

3) Die citate beziehen sich immer auf den text bei H. Hattemer, Denkmahle des Mittelalters. St. Gallen 1844—1849. 3. bd. s. 377—526, den ich mit codex 818 [A] und codex 825 [B] der St. Galler stiftsbibliothek verglichen habe. Collationen derselben veröffentlichten E. Steinmeyer in der Zeitschr. f. d. a. 17, 474—503, P. Piper in der Zeitschr. f. d. ph. 13, 322—337.

4) Vgl. E. Steinmeyer in der Zeitschr. f. d. a. 17, 451.

12. — *gnûegiu* 419[b] 18 A. *sûeziu* 466[b] 24 A. *spûet* 491[b] 37 A. *stûende* 494[a] 25 A gesezt ist, sowie *û*, das in *brûchent* 398[b] 36. *rûra* 406[b] 13. *hûte* 414[b] 20. *rîhtûm* 449[a] 20. — *gnûgiu* 463[a] 29 A. *fûze* 465[a] 4 A. *gnûge* 466[b] 34 A begegnet, waren neben *ûo*, welches in analogen wörtern ausschliesslich gebraucht ist, bereits in der vorlage vorhanden. Sie würden sonst in B und A nicht immer an der gleichen stelle erscheinen. Dem originale waren aber beide fremd. Ebensowenig war *i*, welches in beiden handschriften in bildungs- und flexionssilben häufig für *e* geschrieben ist, im urtext vorhanden. Vielfach rührt es von den schreibern der S. Galler codices her, die dann mitunter von einander abweichen. Aber auch in der handschrift, welche den S. Galler copisten vorlag, war es bereits gesezt. Und lediglich durch das häufige vorkommen des irrationalen *i*, sowie durch das oft gesezte *ûe* scheidet sich die überlieferung der kategorien usw. von der des Boethius und Capella. Der hauptschreiber des Boethiuscodex 825 kent dieses *i* nur ganz vereinzelt. Geläufiger war es dem schreiber des blattes 88[ab], sowie dem copisten des metr. IX, libr. III im Züricher codex 121/462.[1] Auch der zweite schreiber der Capellahandschrift 872 gebraucht das *i* statt *e* nur äusserst selten. Der erste sezt es wol etwas häufiger, aber doch bei weitem nicht so oft,[2] wie diejenigen, welche die kategorienhandschriften herstelten. *ûe* kent der Capellacodex gar nicht, der Boethiuscodex sezt es einmal,[3] und einmal steht es auch in dem Boethiusbruchstück in der Züricher handschrift.[4]

Sonst ist vokalismus wie consonantismus völlig gleich überliefert. Selbst die eigentümlichkeiten, welche sich im Boethius und Capella finden, begegnen im Aristoteles wider. Wie dort geht *ûo* vor *h*, auf das ein vokal folgt, in *u* über: B *skuhe* 179[a] 36. C *geskuhe* 334[b] 4. — A *geskuhet* 446[a] 20. *î* wandelt sich vor gutturalem reibelaut in *îe*: B *lîehte* 33[b] 20; 47[a] 14; 58[a] 36; — 88[b] 21; — 129[a] 17; 134[b] 12; 169[b] 25; 194[a] 22; 205[a] 29; — 243[b] 36. *lîehti* 129[a] 16; 146[a] 15. C *lîehti* 357[b] 8. *lîehto* 364[b] 4. — A *lîcht* 421[b] 27. *lîchto* 486[a] 20; 503[b] 11. Ursprünglich langer vokal wird verkürzt, wenn auf denselben inlautendes *h* folgt: B *diho, spiho, ziho, faho* usw. C *diho, spiho, inblaho, faho* usw. — A *bediho, ziho, faho* usw.

Auch hinsichtlich der formen des verbums und nomens stimmen die handschriften des Boethius und Capella ausnahmslos mit denen des

1) S. Das verbum und nomen in Notkers Boethius. s. 246.
2) S. Das verbum und nomen in Notkers Capella.
3) *mûede* 214[a] 27.
4) *fûeret* 131[a] 3.

Aristoteles zusammen. In der wortbildung zeigt sich nirgends ein unterschied. Vielmehr finden sich für Boethius und Capella charakteristische bildungen auch wider im Aristoteles: B *langseim* 118^b 30; 185^a 16; 190^b 14; 234^a 2. *langseimi* 88^a 22. C *langseim* 292^a 10; 368^a 26. *langseimi* 274^a 18. — A *langseimi* 406^b 23 B.

Es ist selbstverständlich, dass sich die verschiedenen schreiber derselben darüber nicht verständigt haben können. Aber auch ihre mittelbaren und unmittelbaren vorgänger können diese einheit in lauten und formen nicht hergestelt haben. Die völlige und alseitige gleichheit, welche zwischen Boethius und Capella einerseits und Aristoteles anderseits herscht, muss also in den urtexten derselben ihren grund haben. In diesen müssen durchweg die gleichen laute und formen gestanden haben, und wo selbe in den erhaltenen copien nicht vorhanden sind, da haben die verschiedenen schreiber meist unwilkürlich, ihrem dialekte oder schreibgebrauche folgend, geändert.

So wenig aber wie durch laute und formen sind die drei werke durch den stil und wortvorrat geschieden. Sämtliche starken verba, welche in der übersetzung des Aristoteles vorkommen, begegnen auch in der verdeutschung des Boethius und Capella mit ausnahme von *bilgo (er-bilgo), billo, skrôto, fer-slîzo, ge-waho.*[1] Von den schwachen verben, welche im Aristoteles belegt sind, fehlen im Boethius und Capella nur: *ir-bleichên, er-blindên, chaltên, chûolo, fer-misso, sîechên, beskero, smeccho, trûrên.* Grösser ist die anzahl der substantiva und adjectiva des Aristoteles, welche im Boethius und Capella unbelegt sind: *azâse, bloh, bog, bruh, anaburte, chempfo (fûst-, chnuttel-chempfo), wider-cheta, darba, dolunga, elna, fald, fehtare, fîera, grammatih, leger, ge-leiche, under-merche, minnerunga, mutte, offenunga, porta, rîga, ringare, rog, sag, sinnelosi, skalta, skeitunga, ge-skirre, skrôt, sleifa, spalt, spreid, stollo, sundera, sunderigi, svarzi, warteda, er-worteni; anderlîh, â-bolgîg, wider-chetîg, chalo, diutisc, einlîh, drio-, zveio-elnîg, â-gezel, ge-nam, goreg, meistîg, olang, skîn, zuhtîg.*

Der hauptgrund, warum eine reihe von wörtern im Boethius und Capella gegenüber Aristoteles nicht gebraucht ist, liegt indes nicht in der deutschen übersetzung, sondern in dem lateinischen texte. Es

1) Dass hiebei jene simplicia des Aristoteles ebenso wenig in betracht kommen, welchen im Boethius oder Capella ein compositum gegenüber steht, als wie jene composita desselben, denen im Boethius oder Capella das simplex oder ein anderes compositum entspricht, ist selbstverständlich. Aber auch abstracta wie *chrumbi, eiferi* usw. können für Boethius und Capella nicht als unbekant gelten, da dort die ihnen zu grunde liegenden adj. *chrumb, eifer* usw. vorkommen.

finden sich nämlich in den kategorien namentlich zahlreiche substantiva und adjectiva, welche in folge des ganz anderen inhaltes in den werken de consolatione und de nuptiis nicht vorkommen: *accubitus* — *leger, bicubitus, tricubitus* — *drio-, zveio-elnîg, contradictio* — *widercheta, contradictorius* — *widerchetîg, contus* — *skalta, corruptio* — *warteda, erworteni, cubitus* — *elna, dementia* — *sinnelosi, deminutio* — *minnerunga, grammatica* — *grammatih, hircus* — *bog, linea* — *rîga, modius* — *mutte, sag, nigredo* — *svarzi, plica* — *fald, palestricus* — *ringare, pugillator* — *chempfo (chnuttel-, fûst-chempfo)*,[1] *quadratum* — *fîera, tunica* — *rog* usw. Und aus dem charakteristischen inhalte der kategorien erklärt sich auch, warum wir eine grosse zahl von verben, substantiven und adjectiveu überhaupt nur aus der übersetzung derselben kennen. Dass umgekehrt eine menge von wörtern, welche im Boethius und Capella vorkommen, im Aristoteles nicht belegt ist, folgt abgesehen von dem verschiedenen inhalte der drei werke schon aus dem ganz ungleichen umfange derselben.

Nicht selten sind ferner lateinische ausdrücke, welche gemeinsam im Boethius und Capella, sowie im Aristoteles begegnen, mit einem gemeinsamen deutschen widergegeben. Und die gleichen deutschen ausdrücke finden sich selbst in solchen fällen, in denen alle anderen ahd. quellen das betreffende lateinische wort anders widergeben. Im Boethius und Aristoteles ist *aequalis, inaequalis* mit *gemâze*, *ungemâze* (B 34^b 26 und A 411^b 19; 412^a 23; — 411^b 20; 412^a 24; 417^b 11. 12), *definitio* mit *nôtmez* (B 148^a 21; 149^a 1 und A 443^b 10. 15. 32), *definire* mit *gnôtmezôn* (B 56^a 31; 88^a 15 und A 406^b 28; 426^b 17), *superabundantia, affluentia* mit *urguse* (B 72^a 32 und A 457^a 26), *scientia, ignorantia, inscitia* mit *chunna, unchunna* (B 15^b 4 und A 433^a 16. 20; 433^b 6; — 417^a 18) übersezt. Im Capella und Aristoteles wird *par et impar* durch *gerad unde ungerad* (C 323^b 4; 325^a 22; — 322^b 30; 323^a 10; 325^a 21 und A 413^b 31; 448^a 28; — 413^b 31; 448^a 29), *vena* durch *ida* (C 266^a 24; 269^b 22 und A 401^b 2. 6) verdeutscht.

atahafto, ge-lubeda, ordena, dri-skôz, ge-spirre, unge-wândo kommen überhaupt nur im Boethius, Capella und Aristoteles vor. Eine anzahl anderer wörter ist nur im Boethius und Aristoteles oder nur im Capella und Aristoteles belegt. So: *int-ânôn, barlîcho, zvi-beine, ana-chomeni, chunna (un-chunna), nôt-folgîg, aba-gân, ur-guse, wihtelîh, ge-mâze, nôt-mez, ge-reichôn, sketer, zeigunga,* — *chunnîg, hirmo,*

1) Boethius 176^b 1: *fermahta er sih ringennes, sô hîez er gracce palestricator, fermahta er sih fehtennes mit demo chnuttele, sô hîez er pugil.*

ida, *name-lôs*, *ge-rad* (*unge-rad*), *rûora*, *un-spaltig*. Daraus, dass uns diese wörter anderwärts nicht überliefert sind, kann selbstverständlich nicht gefolgert werden, dass dieselben insgesamt sonst nicht gebraucht worden sind. Es ist aber dadurch wenigstens bewiesen, dass alle den übrigen ahd. denkmälern nicht so geläufig waren, wie Boethius und Aristoteles einerseits, sowie Capella und Aristoteles anderseits. Und dadurch werden sie zu einem charakteristischen merkmal für Boethius und Capella sowie für Aristoteles. Der nahe zusammenhang von Aristoteles und Capella wird auch durch: *ekka*, *liebsam*, *g-rehti*, *ana-*, *unana-sihtîg*, *wendîg* dargetan. Denn dass dieselben ausserdem noch in den psalmen begegnen, berührt das verhältnis von Capella und Aristoteles nicht. Es lässt sich daraus nur eine weitere beziehung beider zu den psalmen erkennen. Auch Boethius hat eine anzahl wörter mit den psalmen gemein. Und nicht bloss mit diesen berührt sich Aristoteles. *g-nôtmezôn* steht in der bedeutung *definire* nur im Boethius und Aristoteles. Das simplex *nôtmezôn* ist in demselben sinne auch *de syllogismis* gebraucht. *zeiga* steht sowol Boethius und Aristoteles, als auch *de syllog.* Ebendort steht *g-wissôn*, das wider im Capella und Aristoteles verwendet ist. Andere denkmäler kennen sie nicht.

Unbelegt ist sonst: *allelîh*, *obenahtîg*, *rerto*, *ge-trahtede*, die gleich anderen in übereinstimmung mit Aristoteles im Boethius und Capella einerseits, in den psalmen anderseits erscheinen. Nur aus diesen vier quellen sind die zusammensetzungen mit *-habîg* (*fast-habîg*. Boethius; *sloz-habîg*. Capella; *zesamine-habîg*. Aristoteles, Boethius, psalmen) bekant. Zahlreich sind, was anderwärts erörtert werden wird, die wörter, welche nur in den psalmen und im Aristoteles getroffen werden: *ana-burt*, *chaltên*, *chûolo*, *darba*, *dolunga*, *grammatih*, *gelirn*, *offenunga*, *porta*, *reccheda*, *reht-skuldîg*, *spalt*, *trûren* usw.

Dass aber in den drei übersetzungen gleiche ausdrücke häufig selbst für solche lateinische wörter gebraucht werden, welche alle übrigen ahd. quellen anders verdeutschen, ist nur möglich, wenn sie von einem gemeinsamen verfasser herrühren. Nur wenn alle drei den nämlichen autor hatten, können ferner widerholt solche wörter vorkommen, welche den anderen ahd. denkmälern wenigstens nicht geläufig waren. Der wortvorrat weist also die annahme zurück, dass verschiedene, gleichzeitig an demselben orte lebende und aus derselben gegend stammende personen sich der gleichen laute und formen bedienten. Vielmehr muss auch die gleichheit, welche die drei werke in dieser beziehung ausweisen, daraus erklärt werden, dass dieselbe person, welche Boethius und Capella verdeutschte, Aristoteles übertragen hat. [1]

VERBUM.

I.

Starke conjugation.

A. Tempusbildung.

1. Ablautende verba.

I. 1. *biro* (*ge-biro*), *bricho*, *chido* (*in-* [*en-*],[2] *wider-chido*), *chumo* (*be-*, *nâh-chumo*), *fligo*, *gibo* (*ge-gibo*), *izo*, *jiho* (*ge-jiho*), *liso*, *mizo*, *nimo* (*aba-*, *fer-*, *ge-*, *misse-*, *under-nimo*), *ge-niso*, *siho* (*ana-*, *ge-siho*), *ge-skiho*, *spricho* (*anage-*, *be-*, *ge-*, *zesamine-spricho*), *zimo*, *fer-ziro*, — *ligo* (*ge-ligo*), *sizzo*, — *bristo*.

2. praet. ind. sing. 1. 3. a: *chad*, *geskah*,[3] *sah*, *was*, — *sprah*.

3. praet. ind. plur., conj., 2. sing. *â*; belege s. unten.

4. part. perf. a) *o*: *anagesprochen*,[4] *besprochen*, *chomen*, *fernomen*, *geboren*, *gesprochen*, *undernomen*. Irrig mit ausfall des vokales: *ferzorn* 400ª 27. *geborn* 437ª29 B; s. unten; b) *e*: *gegeben*, *genesenêr*, *geskehen*, — *gelegeniu*. Von *gejiho* steht *gejegen* 394ᵇ 26.

5. Der vokal des präsensstammes wird mit ausnahme von *ligo*, *sizzo* im ind. plur. usw. gebrochen. Belege ergeben: *anasiho*, *biro*, *genimo*, *gesiho*, *geskiho*, *gibo*, *inchido*, *jiho*, *nimo*, *siho*, *spricho*. Von *chumo* steht *choment*, — *bechoment*, *nâhchomenten*.

II. 1. *bilgo* (*er-bilgo*), *billo*, *ge-*, *zesaminege-bindo*,[5] *birgo*, *gedringo*, *dvingo*, *findo* (*in-findo*), *gilto*, *be-*, *in-ginno*, *hillo* (*ge-*, *missehillo*), *ge-limfo*, *ringo*, *hina-rinno*, *skrindo*, *zûoge-slingo*,[6] *stincho*, *svummo*, *g-winno*,[7] *wirdo* (*ir-wirdo*),[8] *wirro*.

1) Ohne einen beweis beizubringen, sagt Wackernagel, Die verdienste der Schweizer um die deutsche litteratur. 26[14]: „Vom Boethius hat ein andrer die zwei ersten bücher übersezt, ein andrer die drei lezten und zugleich den Capella; wider ein andrer den Aristoteles."

2) *in-* = *int-* steht ausschliesslich bei: *in-chan*, *in-faho*, *in-faro*, *in-findo*, *in-fundenlîh*. Bei *in-chido* findet sich neben *in-* abgeschwächtes *en-*. *int-* begegnet nur bei *int-ânôn*.

3) *kescah* 437ª 21 A, B *kesah* schreibfehler.

4) *gesprochen* 441ᵇ 22 A, B *gesprogen* schreibfehler.

5) *zesaminebindit* 400ª 6 A, B *zesamenebendit* schreibfehler.

6) *zûgeslungen* 522ᵇ 2 A. *zûgeslungenis* 522ᵇ 9. 25 A schreibfehler.

7) Vor *w* fehlt das *e* der partikel stets bei: *g-winno*, *g-wis* (*g-wisser*, *g-wissist*, *g-wisso*, *g-wissôst*), *g-wisheit*, *g-wislîcho*, *g-wissôn*. — *ge-wis* 403ᵇ 29 408ᵇ 16. *ge-wissêr* 404ª 17. *ge-wissotên* 407ᵇ 16 gehören dem schreiber an.

8) Die vorsilbe *ir-* findet sich noch: *ir-bleichên*, *ze-ir-gango*, *ir-rôtên*,

2. praet. sing. 1. 3. a: *gelamf*, *ward*, — *fant.*

3. praet. ind. plur. usw. *u*; belege s. unten.

4. part. perf. a) *u*: *funden*,[1] *gebunden*, *gedrungen*, *ingunnen*, *zûogeslungen*. b) *o*: *erbolgen*, *worten*.

5. Im praes. ind. plur. usw. belegen: *billo*, *erwirdo*, *gehillo*, *wirdo* den vokal *e*. *werdet* 517ᵇ 19 A ist schreibfehler.

Ein verbum lässt *u* für *i* eintreten: *svummendez* 461ᵃ 38 A; 461ᵇ 9 A. Für *gwinnet* 380ᵃ 33 A sezt B *gvunnet*.

III. 1. *grîfo* (*be-*, *missc-*, *umbe-grîfo*), *lîdo*, *fer-mîdo*, *underrîzo*, *skîno*, *skrîbo* (*ge-skrîbo*), *fer-slîzo*, *fer-snîdo*, *strîto*, *svîno*, *trîbo*, *wîcho* und mit verkürztem wurzelvokal *be-diho*, *ziho* (*fure-*, *ge-ziho*).

2. praet. ind. sing. 1. 3. *ei*: *skreib*. — Vor *h* contrahiert in *ê*: *bedêh* 446ᵃ 28.

3. part. perf. *i*: *ferslizen*, *geskriben*, *underrizen*; *d* wandelt sich in *t*: *fersniten* 517ᵃ 28 A. *f* wird verdoppelt: *begriffen* 386ᵃ 11; 504ᵃ 14 A.

IV. 1. *chiuso*, *diuzo* (*ûz-diuzo*), *fliugo*, *liugo* (*ge-liugo*), *ferskiuzo*, *triugo* (*be-triugo*).

2. part. perf. *o*: *betrogen*, *gelogen*.

3. praes. ind. plur. usw. steht die brechung *îe*. Belege ergeben: *chiuso*, *diuzo*, *fliugo*, *liugo*, *triugo*. — *flîgen* 384ᵃ 5 und in A *chîsen* 512ᵃ 32. *ferskîzent* 461ᵇ 30. *flîgendez* 461ᵇ 9. *ûztîzen* 461ᵃ 33. — *liuge* 486ᵃ 7 sind schreibfehler.

V. 1. a) *er-*, *uber-hevo*, *skepfo*[2] (*fer-*, *ge-skepfo*); b) *faro* (*er-fer-*, *in-faro*), *lado* (*ana-lado*), *aba-*, *uber-slaho*, *trago* (*fer-trago*), *ge-waho*, *wahso*, — *stando* (*be-stando*).

2. praet. ind. sing. plur. usw. *ûo*: *fûor*, *gewûog*, *uberhûob*. Belege für den plur. s. unten. — *trûege* 389ᵇ 22. 25. *trûegîn* 389ᵇ 21. *stûende* 494ᵃ 25 A gehören dem schreiber an.

3. part. perf. *a*: *erfaren*, *erhavenez*, *ferskaffen*, *geskaffen*.[3] Mit ausfall des *e* der endung: *ferfarnên* 476ᵃ 22 A. — *fervarenen* 402ᵇ 24 ist schreibfehler.

4. *faro*, *trago* und comp. werden in der 2. und 3. praes. ind. sing. umgelautet; belege s. unten. *wahso* bleibt unumgelautet: *wahset* 463ᵃ 25. 35 A.

5. Neben *stando* besteht *stân*; s. unten.

ir-wirdo. In der regel steht *er*: *er-bilgo*, *er-blindên*, *er-faro*, *er-gango*, *er-hevo*, *er-wego*, *er-wendo*, *er-worteni*.

1) *funde* 499ᵃ 22 A schreibfehler

2) *skepfet* 419ᵇ 24. — *skeffenne* 486ᵃ 28 A.

3) *ferskafen* 487ᵇ 10 A. *geskaffen* 419ᵇ 25. 30 B, A *geskafen* schreibfehler.

2. Reduplicierende verba.

I. 1. *lâzo* (*fore-, ge-lâzo*), *râto* und mit verkürztem wurzelvokal: *faho* (*fer-, ge-, in-, misse-faho*).[1]

2. praet. ind. sing.: *forelîez*.

3. part. perf. *â: gelâzen, — gefangen, infangen*.

II. 1. *faldo, ge-fallo*,[2] *halto* (*ge-halto*), *spalto, — gango* (*er-, ze-, zeir-gango*).[3]

2. praet. ind. plur. usw.; belege s. unten.

3. part. perf. *a: gehalten, — ergangen, zegangen, zeirgangen*.

4. Neben *gango* besteht *gân;* formen s. unten.

III. 1. *heizo* (*ge-heizo*),[4] *skeido* (*ge-, under-skeido*).

2. praet. ind. sing.: *hîez*.

3. part. perf. *ei: geheizen, geskeiden, underskeiden*.

IV. 1. *loufo* (*dana-, fer-, zûo-loufo*),[5] *skrôto* (*fer-skrôto*), *stôzo*.

2. praet. ind. sing. *îe: stîez*.

3. part. perf. *ô: ferskrôten*.

B. Flexion.

1. Praesens.

1. Ind. 1) sing. 1. ps. *o: chido, fligo, forelâzo, gibo, heizo*.

2) 2. ps. *e-st: findest, sihest, sprichest, wirdest*. Ausschliesslich steht contrahiertes *chîst*. — *chidis* 390ª 18 gehört dem schreiber an.

3) 3. ps. *e-t: beginnet, begrîfet, bilget, biret, birget, brichet, bristet, chidet, chumet, danaloufet, dvinget, fahet, feret, ferfahet, fernimet, ferziret, findet, furezihet, gefallet, gehillet, gelimfet, gesihet, geskihet, gibet, giltet, gwinnet, heizet, infahet, inferet, infindet, irwirdet, izzet, jihet, lîdet, liget*,[6] *liuget, loufet, mizet, missegrîfet, missehillet, missenimet, nimet, ringet, sihet*,[7] *sizzet, skeidet, skepfet, skînet, skrindet, spaltet, sprichet, stôzet, treget, trîbet, triuget, wahset, wirdet, wirret, zesaminebindet, zesaminesprichet, zihet, zimet, zûoloufet*.

Contraction findet sich bei *chît, — inchît, widerchît; chîd* 392ᵇ 36; *hît* 447ᵇ 19 B verschrieben.

Neben *wirdet* steht *wirt*. *fert* 421ᵇ 9 A ist schreibfehler.

1) *inpfahen* 398ª 12 rührt vom schreiber her.
2) *kevallet* 419ᵇ 9 A, B *keuuallet* schreibfehler.
3) *zegengent* 424ª 9. *zegengent* 424ª 12 A, B *zeigengent* schreibfehler.
4) *heinzent* 436ᵇ 11 B schreibfehler.
5) *zûloufet* 470ᵇ 31 A schreibfehler.
6) *liget* 404ᵇ 2 A, B *lige* schreibfehler.
7) *sihet* 421ᵇ 27 B, A *siet* schreibfehler.

4) plur. 1. ps. *ê-n: chedên, heizên, infindên, sehên, sprechên, werdên.* [1]

5) 3. ps. *e-nt: analadent, bechoment, beginnent, chedent, choment, dîezent, ferskîezent, gebent, gehellent, geskehent, heizent, hellent, hinarinnent, inchedent, infarent, jehent, ligent, nement, ringent, sehent, skeident, skînent, sprechent, tragent, umbegrîfent, wahsent,* [2] *werdent, zegangent.*

2. Conj. 1) sing. 2. ps. *ê-st: chedêst.*

2) 3. ps. *e: beginne, bestande, chede, gefalle, geheize, gehelle, geskehe, heize, infinde, lige, lîege, neme, sehe, sizze, spreche, stande, stôze, strîte, svîne, trage, wahse, werde.*

3) plur. 1. ps. *ê-n: chedên, chîesên, fernemên, findên, heizên, jehên, râtên, sehên.*

4) 3. ps. *ê-n: beginnên, inchedên, infindên, ligên, sehên, skînên, standên, stôzên, werdên.*

3. Imp. sing. 2. ps.: *abanim, abaslag, chid, fald, fermîd, fernim, lis, missefah, nim, sih, skeid, sprih.*

4. Inf. *e-n: anawesen, beren, cheden, chîesen, erfaren, erheven, faren, fernemen, ferskepfen, fertragen, finden, flîegen, geben, gefallen, genemen, gesehen, geskehen, gezihen, grîfen, halten, heizen, infahen, irwerden, lesen, lîden, ligen, loufen, nemen, râten, sehen, sizzen, skînen, skrôten, sprechen, strîten, svînen, tragen, trîegen, uberheven, ûzdîezen, wahsen, werden, wesen, wîchen, zihen.*

5. Ger. a) *e-nne-s: gesehennes, loufennes, wesennes.* b) *e-nne: abanemenne,* [3] *berenne, chedenne, chîesenne, farenne, fernemenne, findenne, gebenne, jehenne, ligenne, sehenne, sizzenne, skepfenne, sprechenne, wahsenne, werdenne, wesenne.*

6. Part. a) unflektiert: *e-nd-;* 1) *gesehende, heizende, ladende, ligende, skeidende, wesende.* 2) *anasehendo, chedendo, grîfendo, jehendo, lîegendo, missenemendo, sehendo, sizzendo, skeidendo, sprechendo, stinchendo, tragendo.*

b) flektiert: *e-nt-; flîegendez, ligendêr, ligendên, ligendôn, svummendez* rühren vom schreiber her; s. unten. — *tragetên* 389ᵇ 36 B, *ferloufeten* 439ᵃ 17 A sind schreibfehler.

2. Praeteritum.

1. Ind. 1) plur. 1. ps. *e-n: wurten.* 2) 3. ps. *e-n: funden, wâren, wurten.*

1) Über die länge des *ê* s. verbum und nomen in Notkers Boethius. Sitzungsberichte der Wiener akademie. Bd. 109. s. 247.

2) *wahsint* 442ᵇ 14 B, A verschrieben *waz sint.*

3) *abagenemenne* 434ᵃ 10 B, A *abanemenne.*

2. Conj. 1) sing. 3. ps. *e*: *châde, châme, gewûoge, gienge, lâge, sprâche, stûonde, trûoge, wâre, wurte.* 2) plur. 3. ps. *î-n*: *châmîn, lâgîn, trûogîn, wârîn, wurtîn, zegîengîn.*

II.
Schwache conjugation.

A. Tempusbildung.

I. Conjugation.

a) Kurzsilbige verba.

1. Der suffixvokal ist im praes. nirgends erhalten. In folge des ausfalles ist liquida teilweise verdoppelt: ind. plur. 3. *werrent* 443ᵃ 19. inf. *geburren* 418ᵇ 34; 489ᵃ 28. ger. *zellenne* 445ᵃ 34. Einfache liquida steht: ind. sing. 3. *geburet* 489ᵃ 35; 510ᵇ 14. 24. 35; 511ᵃ 7. *weret* 442ᵃ 28.

Muta steht immer einfach; formen s. unten.

2. Im praet. ist der suffixvokal als *e* erhalten: *gehugeta, habeta, foresageta, sageta.*

3. Auch im part. perf. ist der vokal ausnahmslos vor dem suffix geblieben: a) *beskeret, erweget, fersaget, foregesaget, geleget, gesaget, gezelet, zesaminegeleget.* b) *beskeretêr, foregesageten, zesaminegelegetiu, zûolegetemo.* — *gezaltên* 407ᵃ 37 ist als langsilbig behandelt. Das contrahierte *zesaminegeleitero* 455ᵇ 31 A gehört dem schreiber an.

4. ind. plur. 1. *follehabeên* 434ᵇ 23 ist nach der 3. conj. flektiert. *habo* und die anderen comp. belegen nur die 1. Von *sago* (*fersago*) steht neben charakteristischen formen der 1. conj. aus der 3.: conj. sing. 3. *fersagee* 421ᵃ 36. plur. 3. *sageên* 508ᵃ 8. 24 A.

5. Verzeichnis der kurzsilbigen verba der 1. conj.: *ge-buro, chlebo, habo* (*ana-, be-,* [1. und 3. conj.] *folle-, ge-,*[1] *umbe-, zesamine-habo*), *ge-hugo, lego* (*ge-, zesamine-, zesaminege-, zûoge-, zûo-lego*),[2] [1. und 3. conj.] *sago* ([1. und 3. conj.] *fer-, forege-, fore-, ge-, hina-, wider- sago*), *be-skero, wego* (*er-wego*), *wero, zelo* (*ge-zelo*).

b) Langsilbige verba.

1. Bei allen lang- und mehrsilbigen verben ist der suffixvokal im praes. ausnahmslos geschwunden.

2. Im praet. tritt das suffix stets unmittelbar an den stamm. Von *sezzo* steht *saztôn* 514ᵇ 18. 20 A, von *dencho*: *dâhta* 422ᵇ 26, von *furderruccho*: *furderruhti* 391ᵃ 29.

1) *kehebit* 465ᵃ 9. 10 A rührt vom schreiber her.

2) *zûlegest* 469ᵃ 34 A; 472ᵃ 1 A. *zûleget* 454ᵃ 33 A. *zûlegêst* 471ᵃ 28 A; 474ᵃ 2 A. *zûlege* 497ᵃ 12 A. *zûgelegetemo* 463ᵃ 34 A schreibfehler.

3. Im part. perf. bleibt der vokal bestehen, wenn dasselbe unflectiert ist: *bechêret, beskîbet, bewendet, breitet, gagenstellet, geaberet, gediutet, gelougenet, genemmet, geouget, gesarewet, gesezzet, geskuhet, gestellet, geteilet, gezeichenet, ingagenstellet, umbebewendet, understupfet, zesaminegefûoget.* Von *gewurcho* steht *gewurchet* 499ᵇ 14 und *geworht* 423ᵇ 12. *geskuhen* 446ᵃ 20 (*en* auf rasur A) ist schreibfehler. Ebenso *gesazt* 415ᵇ 29, veranlasst durch das unmittelbar vorausgehende *kesazta.*

Ist es flektiert, so fält der vokal stets aus: *gagenchêrtên, gagenstaltûn, gelêrta, geûobto, gesazta, gezôhtêr, missechêrtiu, missesaztiu, svarztêr, zesamenegesaztên, — geworhte. — beskîpte* 435ᵃ 11 gehört dem schreiber an.

Nach liquida *m* steht als suffix *d: warmdêr.*

4. Verzeichnis der lang- und mehrsilbigen verba der 1. conj.: *ge-abero, beito, brenno, brûocho,*[1] *ge-bûozo,*[2] *be-chenno, chêro (be-, gagen-, misse-chêro), be-chnâo, chûolo,*[3] *dencho (be-dencho), diuto (ge-diuto), duncho, fûogo (zesamine-fûogo), furhto, be-gageno, zesamine-hefto, hengo, hirmo, hôro (ge-hôro), hûoto,*[4] *irro, jihto, leito, lêro (ge-lêro), ana-liuto, ge-loubo, lougeno (ge-lougeno), meino, fer-misso, nemmo (ge-nemmo),*[5] *g-nûogo,*[6] *ougo (ge-ougo), reccho, rerto, umberingo, ruccho (fer-, furder-, ge-, nider-, ûf-ruccho), ge-sarewo, sezzo (folle-, ge-, misse-, umbe-, zesaminege-sezzo), be-skîbo, ge-skuho, smeccho,*[7] *spûo, ge-, gagen-, ingagen-stello, uber-stepfo, stercho, understupfo, sûocho (be-sûocho), sverzo, teilo (ge-teilo), ûobo (ge-ûobo), wâno, warmo, ge-wâro,*[8] *be-, er-, umbebe-wendo, wurcho (ge-wurcho), antwurto, zano, zeicheno (be-, ge-zeicheno),*[9] *ge-zoho, zvîvelo.*

II. Conjugation.

1. Abschwächung des suffixvokales findet sich im praes. nirgends. Verkürzt ist derselbe im conj. und imp. sing.[10]

1) *brûchent* 398ᵇ 36 schreibfehler.

2) *gebûezenne* 434ᵃ 9 gehört dem schreiber an.

3) *chûelin* 445ᵇ 11 gehört dem schreiber an. 4) *hûte* 414ᵇ 20 schreibfehler.

5) *nemmên* 434ᵇ 29 B, A *nemên* schreibfehler.

6) *gnûegta* 426ᵃ 20. — Vor *n* ist das *e* der partikel stets ausgelassen bei: *g-nôto (g-nôtôr), g-nôtmezôn, g-nûoge, g-nûogo. — ge-nôtmezôt* 426ᵇ 17 gehört dem schreiber an. Vor *r* fehlt es bei: *g-recho, g-rehti.*

7) *smechendo* 424ᵃ 1 schreibfehler.

8) *gewârit* 487ᵃ 1 A. — *gevâren* 423ᵇ 4 schreibfehler.

9) *bezeichent* 446ᵃ 5 A schreibfehler. *pezeichenne* 468ᵃ 30 A; 469ᵇ 20 A schreibfehler. *bezechenent* 445ᵇ 4 A schreibfehler. *bezeizenet* 446ᵃ 19 B schreibfehler.

10) S. über die quantität des *ô*: verbum und nomen in Notkers Boethius. Sitzungsberichte der Wiener akademie. Bd. 109 s. 258.

2. Auch im praet. steht der erweiterungsvokal stets ungeschwächt.

3. Im part. perf. findet sich: a) *fertîligôt*, *geanafundôt*, *geanaleitôt*, *geanderlichôt*, *gefestenôt*, *gefettachôt*, *gemarchôt*, *gemêrôt*, *geminnerôt*, *genamôt*, *geoffenôt*, *geordenôt*, *gerûoderôt*, *geskafôt*, *geskidôt*, *gewehselôt*, *gezeigôt*, *gnôtmezôt*, *intânôt*, *undermarchôt*.

b) *fertîligotên*, *ferwehselôtero*, *geebenotiu*, *gefettachôta*, *geleidegotêr*, *gemarchôte*, *genamôte*, *gerûoderôtez*,[1] *geskidotiu*, *gewehselôtemo*, *gwissotôn*, *gezeigotiu*.

4. Verzeichnis der verba der 2. conj.: *ahtôn*, *anderlichôn* (*geanderlichôn*), *int-ânôn*, *bezerôn*, *bildôn*, *chorôn*, *chôsôn*, *choufôn*, *geebenôn*, *eiskôn*, *festenôn* (*ge-festenôn*), *ge-fettachôn*,[2] *geana-fundôn*, *gerôn*, *ge-leidegôn*, *geana-leitôn*, *machôn* (*ge-machôn*), *marchôn* (*ge-*, *under-marchôn*), *ge-mêrôn*, *gnôt-mezôn*,[3] *ge-minnerôn*, *ge-namôn*, *offenôn* (*ge-offenôn*), *ordenôn* (*ge-ordenôn*), *ortôn*, *ge-reichôn*, *ge-rûoderôn*, *sîechelôn*, *skafôn* (*ge-skafôn*), *skidôn* (*ge-skidôn*), *ge-statôn*, *strangôn*, *sveibôn*,[4] *tîligôn* (*fer-tîligôn*),[5] *wagôn* (*ir-wagôn*),[6] *wider-wallôn*,[7] *wehselôn* (*fer-*, *ge-wehselôn*),[8] *g-wissôn*,[9] *zeigôn* (*ge-zeigôn*), *zwîvelôn*.

III. Conjugation.

1. Im praes. ind. und im inf. steht vor der endung *ê*. Sonst ist der suffixvokal kurz.[10]

2. Auch im praet. erscheint nur *e*: *fersvîgeta*, *lebeta*.

3. Im unflectierten part. perf. steht langer vokal: *fersvîgêt*, *gelirnêt*. Im flektierten kurzer: *erblindetêr*, *gefrâgeten*, *gemâleto*.

4. Verzeichnis der verba der 3. conj.: *ir-bleichên*, *er-blindên*, *chaltên*, *darbên*, *dolên*, *folgên*, *frâgên* (*ge-frâgên*), [1. und 3. conj.] *folle-habên*, *haftên* (*zesamine-haftên*), *lebên*, *leibên*, *lîchên*, *lirnên* (*ge-lirnên*), *ge-mâlên*, *rôtên* (*er-rôtên*), [1. und 3. conj.] *sagên* ([1. und

1) *gerûoderôtiz* 419 b 2 B, A irrig *gerûoderôt*.

2) *gevettachôt* 418 b 29. *gevettachôta* 418 b 28. *gevettachôtis* 418 b 27. — *gevettachotêr* 418 b 13 B, A *gevetachotêr*.

3) S. 352. anm. 6.

4) *sveibôt* 410 b 16 A, B *sveibotôt* schreibfehler.

5) *fertîligôt* 515 a 14 A. *fertîligotên* 420 b 30; 421 a 24. — *tîlegônt* 394 a 17 A, B *tîgelônt* schreibfehler. *tîlegôt* 424 a 33. *tîlegônt* 422 a 20; 424 a 32 rühren vom schreiber her.

6) *irwagôt* 402 b 14 B, A *iro wagôt* schreibfehler.

7) *widerwallôt* 520 a 15 A; 520 b 8 A. *widerwallôn* 394 b 3 B, A *widerwalôn* schreibfehler.

8) *kewehselôtemo* 380 a 3. *kewehselôt* 396 b 28. 31; 433 b 9. *gewehselôtiz* 513 a 23 A. — *gewehsalôt* 476 b 23 A.

9) S. 347. anm. 7.

10) Sitz.-berichte der W. akad. bd. 109 s. 262.

3. conj.] *fer-sagên*), *sûechên*, *swarzên*, *svîgên* (*fer-svîgên*), *trûrên*, *warmên*, *werên*, *wîzên*, *wonên*.

B. Flexion.

1. Praesens.

I. Conjugation.

1. Ind. 1) sing. 1. ps. *o: fersago*, *furhto*, *habo*, *lêro*, *meino*, *sago*, *wâno*.

3) 2. ps. *e-st: fermissest*, *fûogest*, *habest*, *missechêrest*, *sezzest*, *sûochest*, *uberstepfest*, *zûolegest*.

3) 3. ps. *e-t: analiutet*, *begagenet*, *behabet*, *beitet*, *bechennet*, *bechnâet*, *besûochet*, *bezeichenet*, *brennet*, *chlebet*, *denchet*, *dunchet*, *erweget*, *ferrucchet*, *foresaget*, *fûoget*, *geburet*, *gehebet*, *gehôret*, *gerucchet*, *gewâret*, *habet*, *henget*, *hinasaget*, *hirmet*, *irret*, *leget*, *lêret*, *lougenet*, *meinet*, *missechêret*, *ouget*, *recchet*, *saget*, *sezzet*, *sûochet*, *wânet*, *weget*, *widersaget*, *wurchet*, *zesaminehabet*, *zesamineheftet*, *zûoleget*.

Über *spûet* 491 b 37 A s. unten.

4) plur. 1. ps. *ê-n:*[1] *bechennên*, *habên*, *nemmên*.

5) 3. ps. *e-nt: begagenent*, *behabent*, *bezeichenent*,[2] *brûochent*, *denchent*, *fersagent*, *geloubent*, *habent*, *irrent*, *lougenent*, *sagent*, *sezzent*, *teilent*, *umbehabent*, *umberingent*, *umbesezzent*, *ûobent*, *wânent*, *wurchent*, *zeichenent*, *zesaminehabent*, *zvîvelent*.

2. Conj. 1) sing. 2. ps. *ê-st: zûolegêst*.

2) 3. ps. *e: antwurte*, *bechenne*, *bedenche*, *bezeichene*, *chêre*,[3] *dunche*, *habe*, *lege*, *leite*, *meine*, *rerte*, *sage*, *zesaminehefte*, *zesaminelege*, *zûolege*.

3) plur. 1. ps. *ê-n: besûochên*, *follesezzên*, *sezzên*.

4) 3. ps. *ê-n: bezeichenên*, *ougên*, *wegên*.

3. Imp. sing. 2. ps. *e: fersage*, *habe*, *hûte*, *sezze*, *zesaminelege*.

4. Inf. *e-n: anahaben*, *bechennen*,[4] *begagenen*, *bezeichenen*, *brennen*, *chûolen*, *diuten*, *dunchen*, *fersagen*, *foresagen*, *geburren*, *genemmen*, *gerucchen*, *gesagen*, *geteilen*, *gewâren*, *gewurchen*, *haben*, *jihten*, *legen*, *lêren*, *lougenen*, *meinen*, *niderrucchen*, *rucchen*, *sagen*, *sterchen*, *teilen*, *ûfrucchen*, *wânen*, *warmen*, *wurchen*, *zeichenen*, *zesaminelegen*.

5. Ger. a) *e-nne-s: brennennes*. b) *e-nne: erwendenne*, *fersagenne*, *gebûozenne*, *habenne*, *lêrenne*, *lougenenne*, *rucchenne*, *sagenne*, *sezzenne*, *sûochenne*.

1) S. 350. anm. 1.
2) *bezeichenint* 408 b 19 A, B *bezeichenit* schreibfehler.
3) *chêre iz* 409 a 3 B, A *chêr iz* schreibfehler.
4) *pechennen* 407 b 9 A, B *pechenne* schreibfehler.

6. Part. a) unflektiert *e-nd-;* 1) *bezeichenende, habende, meinende, sagende.* 2) *hôrendo, lougenendo, meinendo, nemmendo, sagendo, smecchendo, sûochendo, zesaminelegendo.*

b) flektiert *e-nt-;* irrig *habendêr*; belege s. unten.

II. Conjugation.

1. Ind. 1) sing. 2. ps. *ô-st: zeigôst.*

2) 3. ps. *ô-t: ahtôt, anderlichôt, bezerôt, bildôt, festenôt, gemachôt, gereichôt, gerôt, gnôtmezôt, irwagôt, machôt, marchôt, offenôt ortôt, sveibôt, tîligôt, wagôt, wehselôt, widerwallôt, zeigôt, zvîvelôt.*

3) plur. 1. ps. *oê-n: chôsoên, zeigoên.*

4) 3. ps. *ô-nt: ahtônt, anderlichônt, eiskônt, geoffenônt, gestatônt, machônt, skafônt, skidônt, strangônt, tîligônt, wagônt, wehselônt, zeigônt, zvîvelônt.*

2. Conj. 1) plur. 1. ps. *oê-n: ordenoên, wehseloên.* 2) 3. ps. *oê-n: wehseloên.*

3. Inf. *ô-n: choufôn, festenôn, gezeigôn, machôn, sîechelôn, skafôn, skidôn, widerwallôn, zeigôn, zvîvelôn.*

4. Ger. *ô-nne: festenônne, zeigônne.*

5. Part. a) unflektiert *ô-nd-;* 1) *wehselônde.* 2) *chorôndo, festenôndo, wehselôndo, zeigôndo.* b) flektiert *ô-nt-;* formen s. unten.

III. Conjugation.

1. Ind. 1) sing. 3. ps. *ê-t: fersvîgêt, folgêt, frâgêt, gelirnêt, haftêt, irbleichêt, irrôtêt, lebêt, leibêt, lîchêt, werêt, wîzêt.* 2) plur. 1. ps. *eê-n: follehabeên.* 3) 3. ps. *ê-nt: darbênt, folgênt, haftênt, werênt, zesaminehaftênt.*

2. Conj. 1) sing. 3. ps. *ee: fersagee, folgee.* 2) plur. 3. ps. *eê-n: doleên, sageên, zesaminehafteên.*

3. Imp. sing. 2. ps. *e: lirne, lose.*

4. Inf. *ê-n: chaltên, darbên, dolên, folgên, haftên, sîechên, trûrên, warmên.*

5. Ger. a) *e-nne-s: dolennes, losennes.* b) *e-nne: frâgenne.*

6. Part. a) unflektiert *e-nd-: folgendo, frâgendo, swîgendo.* b) flektiert *e-nt-;* irtümlich steht *folgendûn, rôtendêr, zesaminehaftendôn* B. Stets *lebend-;* ausgenommen *lebenten* 448ª 23. *lebentemo* 458ª 19 A.

2. Praeteritum.

1. Das suffix erscheint in der 2. und 3. conj. sowie bei den kurzsilbigen verben der 1. conj. als *-t-;* die lang- und mehrsilbigen haben nach *n* stets *d: bezeichendi, wânda,* — *chondôn.*

2. Ind. 1) sing. 1. ps. *-ta:* I. conj.: *foresageta, teilta.* 2) 3. ps. *-ta:* I. conj.: *dâhta, gehugeta, gnûogta, habeta, lêrta, sageta, wânda, zanta, — bedorfta, mahta, solta, — wissa.* III. conj.: *fersvîgeta, lebeta.* 3) plur. 3. ps. *-tôn;* I. conj.: *saztôn, — chondôn, woltôn.*

3. Conj. 1) sing. 3. ps. *-ti:* I. conj.: *bezeichendi, fersageti, foresageti, furderruhti, habeti, sageti, — chondi, mahti, solti, — wissi.* II. conj. *macholi.* 2) plur. 3. ps. *-tîn:* I. conj.: *habetîn, — mahtîn, soltîn.*

III.
Einsilbige wurzeln.

1. *bin (aba-, ana-, uber-, widere-bin):* 1) praes. ind. sing. 3. *ist — aba-ist, uber-ist, wider-ist.* plur. 1. *birn.* 3. *sint — ana-sint.* conj. sing. 3. *sî — aba-sî, widere-sî.* plur. 3. *sîn.* inf. *sîn — ana-sîn, widere-sîn.* ger. *sînne.* Über inf. und part. aus der wurzel *was* s. oben. 2) praet. s. oben.

2. *tûon (ana-, be-, ge-, under-tûon):* 1) praes. ind. sing. 2. *tûost.* 3. *tûot — ge-tûot.* plur. 3. *tûont — ge-tûont.* conj. sing. 3. *tûe.* plur. 1. *tûên.* 3. *tûên.* inf. *tûon — ge-tûon.* ger. a) *tûonnes.* b) *tûonne. — tûennes* 517^a 12 A. *tûenne* 465^a 23 A. part. *ana-tûendo* 454^b 9 A. 2) praet. ind. sing. 3. *teta.* plur. 3. *tâten.* conj. sing. 3. *ge-tâte.* part. *be-tân, ge-tân, under-tân;* flektierte formen s. unten.

3. *stân (be-, fer-, fore-, ge-, ûf-stân):* ind. sing. 1. *fer-stân.* 3. *stât — be-stât, ûf-stât.* plur. 3. *stânt — be-stânt, ge-stânt.* inf. *stân — fer-stân.* ger. *stânne.* part. a) unflektiert 1) *stânde.* 2) *stândo.* b) flektiert: *fore-stând-; stânt-* 384^a 17; 416^b 23. 24. 25 schreibfehler.

4. *gân (aba-, ana-, durh-, mite-, nâh-, nider-, ûf-, umbe-, ze-gân):* ind. sing. 3. *gât — ana-gât, durh-gât, ûf-gât, umbe-gât, ze-gât.* plur. 3. *aba-gânt, durh-gânt, mite-gânt, umbe-gânt, ze-gânt.* inf. *gân — aba-gân, nider-gân, umbe-gân.* part. a) unflektiert: *gânde;* b) flektiert: *gând-;* verschrieben *gânt-* 499^b 23 A. — *gâend-* 401^b 3. 21; 461^a 37 A; 461^b 9 A. *mite-gâend-* 420^a 28; 420^b 29. *nâh-gâend-* 489^a 31 A.

Aus der unerweiterten wurzel ist auch gebildet *spûet* 491^b 37 A.

IV.
Praeteritopraesentia.

I. 1. *chan (fer-, in-chan):* 1) praes. ind. sing. 3. *chan.* conj. sing. 3. *in-chunne.* inf. *chunnen.* ger. *fer-chunnenne.* 2) praet. ind. plur. 3. *chondôn.* conj. sing. 3. *chondi.*

2. *be-darf:* praet. ind. sing. 3. *be-dorfta.*

3. *mag (ge-mag):* 1) praes. ind. sing. 2. *maht.* 3. *mag —*

ge-mag.[1] plur. 1. *mugen.* 3. *mugen* — *ge-mugen.* conj. sing. 3. *muge.* 2) praet. ind. sing. 3. *mahta.* conj. 3. *mahti.*[2] plur. 3. *mahtîn.*

4. *sol:* 1) praes. ind. sing. 1. *sol.* 2. *solt* 502^b 8 A; 510^a 11. 14 A; — *solst* 400^b 8; 425^a 29; 494^b 7 A rühren vom schreiber her. 3. *sol.* plur. 1. *sulen;* — *suln* 438^a 23; 504^b 14 A. 3. *sulen;* — *suln* 510^a 20 A. conj. sing. 3. *sule.* 2) praet. ind. sing. 3. *solta.* conj. sing. 3. *solti.* plur. 3. *soltîn.*

5. *muoz:* praes. ind. sing. 3. *mûoz.*

II. 1. *eig:* praes. ind. plur. 1. *eigen.* 3. *eigen.*

2. *weiz:* 1) praes. ind. sing. 3. *weiz.* plur. 1. *wizzen.* conj. sing. 2. *wizîst.* inf. *wizzen.* ger. *wizzenne.* 2) praet. ind. sing. 3. *wissa.* conj. sing. 3. *wissi.*

3. *wile:* 1) praes. ind. 1. *wile.* 2. *wile.* 3. *wile.* plur. 1. *wellên.* 3. *wellen.* conj. sing. 2. *wellêst.* 3. *welle.* plur. 3. *wellên.* 2) praet. ind. plur. 3 *woltôn.*

III. 1. *toug:* praes. ind. sing. 3. *toug.*

NOMEN.

Substantivum.

A. Vocalische declination.

I. Stämme auf a.

a. Masculina.

1. 1) Sing. gen. *e-s: berges, boumes, fettaches, fingeres, fogeles, himeles, mannes, reizes, ringes, sindes, sinnes, skalches, skefes, wânes, wehseles.* 2) dat. *e: berge, bloche, boume, fettache, gewalte, halse, himele, lougene, manne, morgene, reize, sinne, spalte, steine, strîte, stûole, stupfe, tage, umbechêre, unwehsale, urspringe, ûzlâze, wâne, wehsele.* Über *man* s. unten s. 363. 3) plur. nom. acc. *a: bûohstaba, fettacha, fingera, fogela, foregedancha, gedancha, lougena, ortstupfa, reiza, ringa, steina, teila, wâna, wehsela, wendelinga.* 4) gen. *o: gedancho, reizo, steino, wâno, wehselo.* 5) dat. *e-n: geheizen, skrôten, strîten, wânen.*

2. Verzeichnis der masculinen *a*-stämme: a) *berg, bloh, bog, boum, charl,*[3] *chêr (umbe-chêr), forege-, ge-dang, fald, fettah,*[4] *finger,*

1) *mag* 405^b 33 A, B *maht* schreibfehler.

2) *mahtî* 422^b 18 A, B *magtî* schreibfehler.

3) *charel* 465^b 2 A gehört dem schreiber an.

4) *fettah* 418^b 17. 27. *vettache* 418^b 29. Irtümlich *fetah* 418^a 32; 418^b 3; 421^b 17. *fetachis* 418^a 33. *fetacha* 418^b 18. — *vettah* 418^b 8 B, A *vetah.*

fogel,[1] *geisen*, *grisel*, *ana-habid*, *hals*, *ge-heiz*, *himel*, *hirz*, *hunt* (*mere-hunt*), *ûz-lâz*, *lib*, *lougen*, *man*, *morgen*, *reiz*, *rîhtûom*,[2] *ring*, *rog*,[3] *sin*, *sint*, *skalh*,[4] *under-skeid*, *skrôt*, *spalt*,[5] *spreid*, *ur-spring*, *bûoh-stab*, *stein*, *strih*, *strît*, *stûol*, *stupf* (*ort-stupf*), *tag*, [masc. neutr.] *teil*, *tôd*, *ge-walt*, *wân*, *weg*, *wehsel* (*hert-*, *stete-*, *un-wehsel*),[6] *wendeling*, *skef-wîg*, *wîn*, *ge-ziug*, *zvîvel*. b) Stämme auf *va*: *snê*: sing. dat. *snêwe*. c) Stämme auf *ia*: *fehtare*,[7] *grammaticharc*, *machare*,[8] *ringare*.[9]

1) Sing. nom.: *grammatichare*. 2) plur. nom.: *fehtara*, *machara*, *ringara*.

b. Neutra.

1) Sing. gen. *e-s*: *chornes*, *dinges*, *grammatiches*, *honanges*, *hûses*, *mezes*, *rehtes*, *rindes*, *rosses*, *skefes*, *teiles*, *tûoches*, *werches*, *zîtes*. 2) dat. *e*: *bande*, *bûoche*, *dinge*, *drioelnemeze*, *fazze*, *felde*, *fiure*, *grammatiche*, *gûote*, *holze*, *houbete*, *mâle*, *meze*, *mûote*, *rehte*, *rûodere*, *teile*, *unrehte*, *wâre*, *worte*, *zveioelnemeze*, *zîte*. — *rehto* 434ª 19 ist schreibfehler. Über *dorf*, *hûs*, *warthûs* s. 363. 3) plur. nom. acc.: *ding*, *houbet*, *mâl*, *skef*, *teil*, *tûoh*, *wort*, *zeichen*. 4) gen. *o*: *dingo*, *teilo*, *tîero*, *worto*. 5) dat. *e-n*: *bûochen*, *chornen*, *dingen*, *jâren*, *teilen*, *worten*.

2. Verzeichnis der neutralen *a*-stämme: a) *alter*, *arg*, *bant*, *bûoh*, *chorn* (*hirse-chorn*), *chrût*,[10] *ding*, *eigen*, *faz*, *feld*, *fiur*, *gold*, *grammatih*, *gûot*, *holz*, *honang*,[11] *houbet*, *hûs* (*wart-hûs*), *îs*, *jâr*, *lachen*, *leger*, *loub*, *mâl*, *mez* (*drioelne-*, *nôt-*, *un-*, *zveioelne-mez*), *mûot*, *ort*, *reht* (*un-reht*), *rint*, *ros*, *rûoder*, *sêr*, *silber*, *skef* (*rûoder-*, *skalt-skef*),[12] [masc. neutr.] *teil*, *tîer*, *tûoh*,[13] *ubel*, *wâr*, *wazer*, *welf*,

1) *fogeles* 418ª 32. *fogela* 418ᵇ 19. — *fogal* 418ª 33; 418ᵇ 9. *fogalis* 418ᵇ 4. 5. — *fogeles* 418ᵇ 18 A, B *fogales*.

2) *rîhtûm* 449ª 20.

3) *rogh* 464ᵇ 31 A; 482ª 19. 20 A.

4) *scalhc* 415ª 9.

5) *spalte* 401ᵇ 9 A, B *splalte* schreibfehler.

6) *wehsal* 462ᵇ 20 A; 464ª 17. 28. 32. 35 A; 464ᵇ 1 A; 472ᵇ 15 A. *wehsale* 464ª 7. 16 A. *wehsalo* 463ª 18 A. *wehsales* 462ª 24 A. *unwehsal* 464ª 16 A. *unwehsale* 464ª 32 A. *wehsal* 416ª 16 B; 433ª 29 B, A *wehsel*. Sonst *wehsel*. *welsel* 513ᵇ 19 A ist schreibfehler.

7) *rehtarra* 441ª 6 schreibfehler. 8) *macharra* 436ᵇ 17 schreibfehler.

9) *ringarra* 441ª 7 schreibfehler.

10) *chrûit* 388ª 34 schreibfehler.

11) *honang* 436ª 4. *honangis* 436ᵇ 22. *honang* 436ª 29 A, B *honag* schreibfehler.

12) *skaltskef* 419ª 24 A, B *skaltsef* schreibfehler.

13) *tûoches* 401ª 3 A, B *tûohis* schreibfehler.

werh (*jâr-werh*),[1] *wiht*, *wort*, *zeichen* (*sunder-zeichen*), [neutr., fem. *i*-stamm] *zît* (*un-zît*). b) Stämme auf *ia*: *azâse*, *bilde*, *ana-burte*, *ge-chôse*, *chunne*, *ende* (*un-ende*), *fingere*, *ana-genne*, *ur-guse*, *ge-leiche*, *ge-lîhnisse*, *ge-mâle*, *gemein-*, *under-merche*,[2] *mutte*, *ala-rihte*, *ge-ruste*, *ge-siune*, *ge-skeite*, *ge-skirre*, *gagen-stelle*, *stucche*, *ge-trahtede*, *wizze*, *ant-wurte*.

1) Sing. nom. acc.: *anaburte*, *anagenge*, *antwurte*, *azâse*, *bilde*, *chunne*, *fingere*, *gagenstelle*, *gelîhnisse*, *gemeinmerche*, *geruste*, *gesiune*, *geskeite*, *geskirre*, *mutte*, *undermerche*, *unende*, *urguse*, *wizze*. 2) gen.: *antwurtes*, *bildes*, *gesiunes*, *getrahtedes*. 3) dat.: *alarihte*, *bilde*, *ende*, *gechôse*, *gemâle*, *gesiune*. 4) plur. nom.: *gechôse*, *geleiche*, *gelîhnisse*, *undermerche*. 5) gen.: *stuccho*. 6) dat.: *enden*, *stucchen*.

II. Stämme auf i.

a. Masculina.

1. 1) Sing. gen. *e-s*: *sunes*. 2) dat. *e*: *aste*, *friste*, *lide*, *liste*, *umbegange*. 3) plur. nom. acc. *e*: *albize*, *durhgenge*,[3] *este*, *fûoze*, *lide*, *liste*, *slege*, *zene*. 4) gen. *o*: *liuto*. 5) dat. *e-n*: *anagengen*,[4] *bruchen*, *liden*, *liuten*.

2. *a* einsilbiger stämme wird im plur. umgelautet: *ast*, *slag*, *zan*.

3. Verzeichnis der masculinen *i*-stämme: *albiz*, *ast*, *bruh*, *ana-fang*,[5] *frost*, *ana-*, *durh-*, *umbe-gang*, *lid*, *list*, *liut*, *louft*, *sag*, *slag*, — *fûoz*,[6] *sun*, *zan*, — *sito*.

b. Feminina.

1. 1) Sing. gen. *e*: *gagensihte*, *gejihte*, *hûsstete*, *mêrheite*, *minnerheite*, *mitewiste*, *stete*, *unspûote*, *werlte*. 2) dat. *e*: *anaburte*, *begunste*, *ferte*, *fernumiste*, *geburte*, *gejihte*, *geskihte*, *gwisheite*, *mahte*, *mitewiste*, *nâhskrifte*, *nôte*, *samentwiste*, *selbwahste*, *sîechelheite*, *stete*, *suhte*, *tâte*, *tugede*, *unmahte*, *wârheite*, *wende*, *wizentheite*, *zuhte*. Über *naht* s. 363. 3) plur. nom. acc. *e*: *durfte*, *geburte*, *gejihte*, *geskihte*, *hende*, *mahte*, *skrifte*, *stete*, *tugede*, *wantstete*, *wende*. 4) dat. *e-n*: *âchusten*, *bruchen*, *geskihten*, *handen*, *mahten*, *steten*, *unskulden*.

2. *a* einsilbiger stämme wird mit ausnahme von *maht* (*un-maht*), *selb-wahst* im sing. gen. dat. und in allen casus des plur. umgelautet.

1) *werh* 406^b 9. — *werch* 459^b 9 A.

2) *kemeinmerche* 401^b 4. 18; — 402^b 25 A, B *kemeine merche* schreibfehler.

3) *durhkanga* 401^a 9; 401^b 8 rührt vom schreiber her.

4) *anagangen* 476^b 32 A schreibfehler.

5) *anarang* 402^b 26 B, A *anauuang* schreibfehler.

6) *fûze* 465^a 4 A schreibfehler.

Belege ergeben: *fart*, *stat* (*hûs-*, *want-stat*), *want*. — Ebenso *hant*, ausgenommen dat. plur. *handen* 470[b] 31 A.

3. Verzeichnis der femininen *i*-stämme: *ana-*, *fure-*, *ge-burt*, *chust* (*â-chust*), *durft*, *fart*, *frist*, *be-gunst*, *hant*, *hût*, *ge-jiht*, *maht* (*un-maht*), *mêr-heit*, *minnerheit*, *naht*, *nôt* (*un-nôt*), *fer-numist*,[1] *sie-chelheit*, *ana-*, *gagen-*, *ge-siht*, *ge-skaft*, *ge-skiht*, *skrift* (*nâh-skrift*), *un-skuld*, *spûot* (*un-spûot*),[2] *stat* (*hûs-*, *leger-*, *want-stat*), *suht*, *tât* (*ge-tât*), *tuged*, *ge-*, *selb-wahst*,[3] *want*, *wârheit*, *wât*, *werlt*,[4] *g-wis-heit*, *wist* (*mite-*, *sament-wist*), *wizentheit*, [neutr., fem. *i*-stamm] *zît*, *zuht*.

III. Stämme auf ô.

1. 1) Sing. nom. acc. *a*: *abesaga*, *anageheftеda*, *anasaga*, *be-chenneda*, *beskereda*, *bezeichennisseda*, *darba*, *dolunga*, *elna*, *erda*, *farewa*, *fersaga*, *ferstantnisseda*, *festenunga*, *fîera*, *furderruccheda*, *gebureda*, *gelirnunga*, *gestelleda*, *gesundeda*, *haba*, *herta*, *hizza*, *lêra*, *machunga*; *marcha*, *marchunga*, *mêrunga*, *minnerunga*, *reccheda*, *reda*, *rîga*, *rûora*, *sacha*, *saga*, *sêla*, *skaffunga*, *skama*, *skeitunga*, *skepfeda*, *skidunga*, *slahta*, *sleipfa*, *stata*, *stimma*, *strâza*, *sundera*, *stungeda*, *stunda*, *wala*, *warteda*, *widerchetunga*, *wîla*, *wîsa*, *zala*, *zeichenunga*, *zûobîetunga*. 2) gen. *o*: *bezeichennissedo*, *dolungo*, *erdo*, *festenungo*, *sêlo*, *slahto*, *strâzo*, *wago*, *zalo*. 3) dat. *o*: *anageheftedo*, *anewirtedo*, *beskeredo*, *bezeichennissedo*, *darbo*, *dolungo*, *ekko*, *erdo*, *farewo*, *fer-stantnissedo*, *festenungo*, *frâgo*, *gagenstelledo*, *gelubedo*, *gesundedo*, *habo*, *hizzo*, *leibo*, *lêro*, *marcho*, *mâzo*, *nǫtfolgungo*, *ordeno*, *porto*, *redo*, *sêlo*, *skamo*, *skidungo*, *strâzo*, *wago*, *widerchetungo*, *wîlo*, *zalo*. — *leibe* 507[b] 14; 510[b] 23. 25. 26. 27; 511[a] 6. 7 A ist schreibfehler. 4) plur. nom. acc. *â*: *anafallungâ*, *anafundedâ*, *analeitâ*, *bechen-nedâ*, *beskeredâ*, *chunnâ*, *dolungâ*, *farewâ*, *festenungâ*, *foresagâ*, *geburedâ*, *habâ*, *offenungâ*, *sagâ*, *sîtâ*, *skidungâ*, *sprâchâ*, *stimmâ*, *strâzâ*, *stungedâ*, *widerchetâ*, *widerchetungâ*, *zeigungâ*. 5) gen. *ô-n*: *elnôn*, *unchunnôn*.[5] 6) dat. *ô-n*: *chunnôn*, *dolungôn*, *farewôn*, *fromôn*, *geburedôn*, *habôn*, *halbôn*, *hertôn*, *lirnungôn*, *redôn*, *sagôn*, *sêlôn*, *skal-tôn*, *skamôn*, *stimmôn*, *strâzôn*, *wîlôn*, *wîsôn*.

2. Als *ô*- und *ôn*-stamm flektieren: 1) *saga*: sing. acc. *saga* 478[b] 8 A. plur. nom. acc. *sagâ* 477[a] 32 A; 477[b] 17 A; 525[a] 34 A. — sing. dat. *sagûn* 507[a] 16 A; 510[b] 2 A. acc. *sagûn* 477[b] 7 A;

1) *vernumist* 468[a] 1 A; 471[a] 20 A; 491[b] 27 A. *vernumiste* 466[b] 34 A; 467[a] 27 A. — *vernumste* 386[a] 15 schreibfehler.

2) *unspûete* 435[b] 13 schreibfehler. 3) *gewast* 464[b] 22 A schreibfehler.

4) *werlte* 410[b] 15 A, B *werelte*. — *werelte* 403[a] 32.

5) *unchunnôn* 417[a] 18 B, A *o* aus *u* corrigiert.

525^b 25 A. sing. nom. *saga;* plur. dat. *sagôn.* — *fore-saga* ist consonantisch (dat. sing. *foresagûn* 486^a 27. 29 A. acc. *foresagûn* 487^a 2 A; 489^a 31 A) und vokalisch (plur. nom. *foresagâ* 489^a 19) flektiert. *abe-*, *ana-*, *fer-saga* belegen keinen entscheidenden casus. 2) *wîsa:* sing. acc. *wîsa* 460^a 4 A. — dat. *wîsûn* 455^a 9 A. plur. dat. *wîsôn.* Adverbial erscheint auch die abgekürzte form *wîs.*

3. Verzeichnis der *ô*-stämme: a) *zûo-bîetunga*, *be-chenneda*, *ge-bureda*, *wider-cheta*,[1] *wider-chetunga*, *chunna* (*un-chunna*), *darba*, *dolunga*; *ekka*, *elna*, *erda*, *ana-fallunga*, *festenunga*, *fîera*, *nôt-folgunga*, *frâga*, *froma*, *ana-fundeda*, *haba*, *halba*, *anage-hefteda*,[2] *herta*, *hizza*, *leiba*, *ana-leita*, *lêra*, *lirnunga* (*ge-lirnunga*), *ge-lubeda*, *machunga*, *marcha*, *marchunga*, *mâza*, *mêrunga*, *minnerunga*, *offenunga*, *ordena*, *porta*, *reccheda*, *reda*, *rîga*, *furder-ruccheda*, *rûora*,[3] *sacha*, [*ô*-, *ôn*-stamm] *saga* (*abe-*, *ana-*, *fer-*, [*ô*-, *ôn*-stamm] *fore-saga*), *sêla*, *sîta*, *skaffunga*,[4] *skalta*, *skama*, *skeitunga*, *skepfeda*, *be-skereda*, *skidunga*, *slahta*, *sleipfa*, *sprâcha*, *fer-stantnisseda*, *stata*, *gagen-*, *ge-stelleda*, *stimma*, *strâza*, *stunda*, *stungeda*, *ge-sundeda*, *sundera*, *waga*, *wala*, *warteda*, *wîla*, *ane-wirteda*, [*ô*-, *ôn*-stamm] *wîsa*, *be-zeichennisseda*, *zeichenunga*, *zeigunga*.[5] b) Stämme auf *vô:* *farewa.*[6] c) Stämme auf *iô:* *alti*, *anderlichi*, *baldi*, *bitteri*, *bleichi*,[7] *blindi*, *breiti*, *chalti*, *misse-chêri*, *ana-chomeni*, *chrumbi*, *dicchi*, *eiferi*, *ferri*, *festi*, *zûo-fûogi*, *ganzi*, *grâwi* (*un-grâwi*), *halzi*, *heizi*, *hevi*, *hohi*,[8] *skrêge-hôri*, *langseimi*,[9] *ge-legeni*, *lengi*, *ge-*, *unge-lîchi*, *sinne-losi*, *lugi*, *lukki*, *micheli*, *mûotegi* (*zorn-mûotegi*), *ordenhaftigi*, *g-rehti*,[10] *sezzi*, *sîechi*, *un-sinnigi*, *skôni*, *slihti* (*feld-*, *obe-slihti*), *slimbi*, *starchi*, *stilli*, *sunderigi*, *ge-sundi*,[11] *sûozi*,[12] *svarzi*, *ûzenahtigi*, *selb-waltigi*, *warmi*, *wider-warti*, *wider-wartigi*, *weichi*, *wîolichi*,[13] *ung-wissi*, *wîzi*, *er-worteni*, *zvifalti.*

1) Sing. nom. acc. *i:* *anachomeni*, *anderlichi*, *bitteri*, *bleichi*, *blindi*, *chalti*, *chrumbi*, *dicchi*, *eiferi*, *erworteni*, *feldslihti*, *ferri*, *festi*,

1) *widercheta* 481^b 12 A. *widercheda* 506^b 4 A.

2) *anageheftedu* 415^b 4. *anageheftedo* 415^b 37. *anageheftedu* 415^b 35 B, A *anahefteda* schreibfehler.

3) *rûra* 406^b 13 rührt vom schreiber her.

4) *skafunga* 441^b 7 schreibfehler. 5) *zegunga* 491^a 12 A schreibfehler.

6) *varawa* 382^a 1. 2. *varawa* 437^b 2 B, A *varewa;* sonst *farewa.*

7) *bleichi* 437^b 13 A, B *plechi* schreibfehler. 8) *hôi* 404^a 14. 17.

9) *langseimi* 406^b 23 B, A *langsami* gehört dem schreiber an.

10) *erehti* 439^a 30 A, B irrig *rehti.*

11) *gesundi* 448^a 24 B, A *gesundedu.*

12) *sûozi* 435^b 24. — *sûezi* 436^a 5. 30; 436^b 22 gehören dem schreiber an.

13) *wîolichina* 439^a 16 B, A *wolichina* schreibfehler.

ganzi, *gelegeni*, *gesundi*, *grâwi*, *grehti*, *halzi*, *heizi*, *hevi*, *hohi*, *langseimi*, *lengi*, *lugi*, *lukki*, *micheli*, *missechêri*, *obeslihti*, *ordenhaftigi*, *selbwaltigi*, *sezzi*, *sîechi*, *sinnelosi*, *skôni*, *skrêgehôri*, *slihti*, *slimbi*, *stilli*, *sunderigi*, *sûozi*, *swarzi*, *ungelîchi*, *ungrâwi*, *ungwissi*, *ûzenahtigi*, *warmi*, *weichi*, *widerwarti*,[1] *widerwartigi*, *wîolichi*, *wîzi*, *zornmûotigi*, *zûofûogi*, *zvifalti*. 2) gen. *i*: *blindi*, *chalti*, *dicchi*, *festi*, *ganzi*, *heizi*, *hevi*, *hohi*, *slihti*, *sûozi*, *ungelîchi*, *widerwartigi*, *wîolichi*, *wîzi*. 3) dat. *i*: *alti*, *anderlichi*, *baldi*, *breiti*, *ganzi*, *gelîchi*, *hevi*, *lengi*, *obeslihti*, *sîechi*, *slihti*, *starchi*, *svarzi*, *warmi*, *widerwartigi*, *wîolichi*.

Plur. nom. *lugi* 521ᵇ 30 A.

Von *anachomeni*, *mûotegi*, *unsinnigi*, *wîolichi* steht: *anachominina* 433ᵇ 14. *mûotegina* 438ᵇ 33. *unsinnigina* 438ᵇ 22. *wîolichina* 438ᵃ 28; 439ᵃ 16.

B. Consonantische declination.

I. Stämme auf an.

a. Masculina.

1. 1) Sing. nom. *o*: *hêrro*, *hûfo*, *mennisko*, *namo*, *ohso*, *skado*, *skîmo*, *widersacho*, *willo*. 2) gen. *en*: *hêrren*, *lîchamen*, *mennisken*, *namen*, *zanderen*. 3) dat. *en*: *lîchamen*, *mennisken*, *mittemen*, *namen*, *willen*. 4) acc. *en*: *mennisken*, *mûotwillen*, *namen*, *willen*. 5) plur. nom. acc. *en*: *chempfen*, *chnuttelchempfen*, *fûstchempfen*, *geferten*, *loufen*, *mennisken*, *namen*, *stollen*, *strîmen*, *strîtloufen*, *unmennisken*. 6) dat. *ôn*: *menniskôn*, *strîmôn*.

2. Verzeichnis der maskulinen *an*-stämme: *chempfo* (*chnuttel*-, *fûst-chempfo*),[2] *ge-ferto*, *hêrro*, *hûfo*, *lîchamo*, *loufo* (*strît-loufo*),[3] *mennisko* (*un-mennisko*),[4] *mittemo*,[5] *namo*, *ohso*,[6] *widersacho*, *skadō*, *skîmo*, *stollo*, *strîmo*, *willo* (*mûot-willo*), *zandero*.

b. Neutra.

1) Sing. nom. *a*: *ouga*. 2) plur. nom. *en*: *ougen*.

II. Stämme auf ôn.

1. 1) Sing. nom. *a*: *foresaga*, *forhta*, *sunna*, *zeiga*, *zescwa*, *zîla*, *zunga*. 2) dat. *ûn*: *foresagûn*, *idûn*, *sagûn*, *sunnûn*, *winsterûn*, *zcsewûn*, *zungûn*. 3) acc. *ûn*: *chenûn*, *foresagûn*, *idûn*, *sagûn*, *wîsûn*.

1) *widerwartin* 394ᵃ 10 schreibfehler.
2) *chemphin* 440ᵇ 26. — *chnuttelchemfen* 435ᵃ 23. *fûstchemfen* 434ᵇ 30.
3) *loupfen* 440ᵇ 26. — *strîtloupfen* 434ᵇ 30; 435ᵃ 24.
4) *menisko* 501ᵇ 28 A. *mennsko* 482ᵇ 8 A schreibfehler.
5) *mittemin* 401ᵃ 16. *mittemen* 470ᵇ 30 A. *mittemin* 400ᵃ 27 A, B *mitemin*.
6) *hohso* 389ᵃ 13 B, A *h* ausgekrazt.

4) plur. nom. *ûn:* belegt durch das substantivisch gebrauchte *widerchetigûn* 478ᵇ 30 A. 5) dat. *ôn: forhtôn.*

2. Verzeichnis der *ôn*-stämme: *chena*, *forhta*, *ida*, *reba*, [*ô*-, *ôn*-stamm] *saga* (*fore-saga*), *sunna*, *winstera*, [*ô*-, *ôn*-stamm] *wîsa*, *zeiga*, *zesewa*, *zîla*, *zunga*.

III. Stämme auf tar.

1) Sing. nom. *fater*, — *mûoter*. 2) gen. *fater*. 3) dat. *mûoter*.

IV. Aus dem consonantischen stamme sind ferner gebildet:

Masc. sing. dat.: *man*. Neutr. sing. dat.: *hûs* (*wart-hûs*), *dorf*. Fem. sing. gen.: *burg*. dat.: *burg*, *naht*.

II.

Adjectivum.

A. Vocalische declination.

I. Stämme auf a.

Masculina und neutra.

1. 1) Sing. nom. masc. *ê-r: âbolgigêr*, *blindêr*, *driortêr*, *gefahsêr*, *fierortêr*, *gehaftêr*, *gwissêr*, *îligêr*, *langêr*, *luzzelêr*, *rehtêr*, *svarzêr*, *unrehtêr*, *wârêr*, *wîzêr*. part. perf.: *erblindetêr*, *fundenêr*, *gefettachotêr*, *geleidegotêr*, *genesenêr*, *gezôhtêr*, *svarztêr*, *warmdêr*, *wortenêr*.

2) nom. acc. neutr. *e-z: aleganzez*, *barez*, *chrumbez*, *dicchez*, *driskôzez*, *fîerskôzez*, *ganzez*, *gelîchez*, *gerehtez*, *langez*, *michelez*, *olangez*, *rûoez*, *sketerez*, *slehtez*, *unferslizenez*, *unferskrôtenez*, *unholez*, *unrehtez*, *wizelôsez*, *wîzez*. part. perf.: *erhavenez*, *gedrungenez*, *gesprochenez*, *gewehselôtez*.

3) gen. masc. neutr. *e-s: anaburtîges*, *anagehaftes*, *driskôzes*, *gelîches*, *habemahtîges*, *gûotes*, *gwisses*, *halblîches*, *luzzeles*, *svarzes*, *widerwartîges*, *ubeles*, *ungelîches*, *wîzes*, *zuhtîgez*. part. perf.: *gefettachôtes*, *gesaztes*, *zûogeslungenes*.

4) dat. masc. neutr. *e-mo: altemo*, *allelîchemo*, *baremo*, *bleichemo*, *dingolîchemo*, *drifaltemo*, *ebenemo*, *fornahtîgemo*, *ganzemo*, *gelîchemo*, *gûotemo*, *gwissemo*, *obenahtîgemo*, *rehtemo*, *rôtemo*, *slehtemo*, *svarzemo*, *unebenemo*, *unfertîligôtemo*, *unganzemo*, *ungegatemo*, *unlebendemo*, *unsvarzemo*, *wîzemo*, *zvifaltemo*. — *luzzelmo* 416ᵃ 36 gehört dem schreiber an. part. perf.: *gewehselôtemo*,[1] *missesaztemo*, *zûogelegetemo*.

1) *kewehselôtemo* 380ᵃ 3 A, B *kewehselôtomo* schreibfehler.

5) acc. masc. *e-n: allelîchen, blinden, gelîchen, gelirnîgen, gwissen, halben, luzzelen, tôten, ungelîchen, wâren, widerwartîgen, wîzen, zunelôsen.* part. perf.: *gesprochenen.*

6) plur. nom. masc. *e: bleiche, chunnîge, drisköze, ganze, rehte, sinnelôse, sunderîge, svarze, unganze, unrehte, zornmûotîge.* part. perf.: *fundene, genamôte, zegangene.*

7) nom. acc. neutr. *iu: bitteriu, ebengwissiu, eiferiu, gelîchiu, gesihtigiu, gesiunlichiu, houbetlosiu, infundenlichiu, luzzeliu, manignamigiu, meistigiu, micheliu, missenamigiu, slehtiu, sunderigiu,*[1] *ungehaftiu, ungeskidotiu, warmiu, widerwartigiu.* — *gelîchu* 438ᵇ 9 A schreibfehler. part. perf.: *chomeniu, gagenstaltiu, gelegeniu, geskidotiu, gesprocheniu, getâniu, gezeigotiu, missesaztiu, worteniu, zesaminegelegetiu.*

8) gen. masc. neutr. — fem. *e-ro: gelîchero, misselîchero, ungelîchero.* part. perf.: *gesprochenero, getânero, zesaminegelegetero.*

9) dat. masc. neutr. — fem. *ê-n: allelichên, altên, barên, chumftigên, einlichên, ganzên, genamdên, gegatên, gelîchên, gwissên, luzzelên, meistigên, misselichên, slehtên, stetigên, unlebendên, unligendên, wârên, widerwartigên, wirigên, zvîveligên.* part. perf.: *ergangenên, ferfarnên, fertîligotên, foregesagetên, gagenchêrtên, gegebenên, getânên, gwissotên, undertânên, wortenên, zegangenên, zesaminegelegetên.*

comp.: *ererên, niderên, oberên, underên.* superl.: *êristên.*

10) acc. masc. *e: ganze, unganze.*

II. Stämme auf ô.

Feminina.

1. 1) Sing. nom. *iu: chaltiu, gwissiu, langiu, rehtiu, slehtiu, ungewehsclotiu, wâriu.* part. perf.: *geebenotiu, gesleidcniu, wortcniu.*

2) dat. *e-ro: altero, gelîchero, slehtero, ungwissero.* part. perf.: *ferwehsclôtero, getânero.*

3) acc. *a: allelîcha, alta, anawalga, breita, êwîga, gelîcha, gwissa, michela, natûrlîcha, samelîcha, sunderîga, ungelîcha, wâra, widerwartîga, wîza.* part. perf.: *getâna.*

4) plur. nom. *e: churze, dolemachtîge, ebengewâre, gelîche, gwisse, mahtîge, misselîche, rehte, stetîge, ungebundene, ungemarchôte, widerwartîge, wirîge.* part. perf.: *geheizene, gemarchôte, getâne, wortene.*

5) acc. *e: lange, unebenlange, widerwartîge.* part. perf.: *geworhte.*

2. Verzeichnis der adjectivischen *a*- [*ô*-] stämme: a) [comp.] *after, allelîh* (*un-allelîh*), *alt* (*eben-alt*), [comp.] *alter,*[2] [comp.] *ander-*

1) A irrig *sunderîgo* 380ᵇ 18, das auch B geschrieben war.

2) *altera* 424ᵇ 14. 24; 458ᵇ 29. 34 A. *alteren* 424ᵇ 20. — *alterôra* 519ᵃ 23 A.

lichôr, *bar*, *beitîg*, [comp.] *bezer*,[1] *bitter*, *bleih*, *blint*, *â-bolgîg*, *breit*, *unge-bunden*, *ana-burtîg*, *chalt*, [comp.] *chalter*, *wider-chetîg*, [comp.] *chleiner*, *chrumb*, *chumftîg* (*un-chumftîg*),[2] *chunnîg*, [comp.] *chunnigôr*,[3] *chunt* (*ale-chunt*), *churz*, *dig*, *diutisc*, *drifalt*, *durft*, *eben* (*un-eben*), *eifer*, *eigen*, [superl.] *eigenhaftist*, *einlîh*, *einluzlîh*, *drio-*, *zveio-elnîg*,[4] [comp.] *êrer*, [superl.] *êrist*,[5] [superl.] *erchenôst*, [comp.] *êrhafter*, *êwîg*, *ge-fahs*, [superl.] *ferrist*, [comp.] *fester* [s. *feste*], *festenîg*, *nôt-*, *unge-folgîg*,[6] *forder*, [comp.] *forderôr*, *fornahtîg*, *in-fundenlîh*,[7] *ganz* (*ale-*, *un-ganz*),[8] [comp.] *ganzer*, *un-ganzer*, *ge-*, *unge-gat*, [superl.] *gengest* [s. *genge*], *â-gezel*, *goreg*, *gûot* (*un-gûot*), *zesamine-habîg*, *anage-*, *ge-*, *unge-haft*, *halb*, *halblîh*, *heiz*, [superl.] *hêrôst*, *eben-hevîg*, *himelisc*, *un-hol*, *houbetaht*, *îlîg*, *lang* (*eben-*, *uneben-lang*), *leideg*, [comp.] *lîeber*, *lîebsam*, *ge-*, *unge-lîh*, [comp.] *ge-*, *unge-lîcher*, [superl.] *ge-*, *unge-lîchest*,[9] *zîte-gelîh*, *dingo-*,[10] *gûote-*, *teile-*, *wihte-*, *zîte-lîh*, *ge-*, *unge-limflîh*, *ge-lirn*, *ge-lirnîg*, *hâr-*, *houbet-*, *lîbe-*, *name-*, *sinne-*, *wize-*, *zane-lôs*,[11] *lougenîg*, [comp.] *lukker* [s. *lukke*], *luzzel*, *ge-mah*, *mahtîg*[12] (*chunne-*, *dole-*,[13] *habe-*, *un-mahtîg*), *maht-lîh* (*un-mahtlîh*), *unge-marchôt*, [comp.] *unge-mâzer* [s. *unge-mâze*], *ge-meinlîh*,[14] *meistîg* (*al-meistîg*), *mêr*, [comp.] *mêrôr*, [superl.] *meist*, *michel* (*eben-*, *uneben-michel*), [comp.] *minner*, *misselîh*, *zorn-mûo-tîg*, [comp.] *naher*, *ge-nam*, *ein-*, *gelîh-*, *gemein-*, *maneg-*, *misse-*, *un-namîg*, [superl.] *namohaftest*, *forege-*, *ge-namt*,[15] *natûrlîh*, [comp.] *nider*, [superl.] *niderôst*, *ana-nemîg*, *obenahtîg*, [comp.] *ober*, [superl.]

1) *bezero* 427^{b} 22; 428^{a} 9. 12; 454^{a} 27 A. *pezera* 459^{b} 30 A. *pezeren* 427^{b} 24. 32. *bezzera* 395^{a} 14; 508^{a} 26 A. *bezero* 427^{b} 23 A; 428^{a} 2 A; — *pezerôra* 427^{b} 23 B; 428^{a} 2 B rührt vom schreiber her.

2) *unchumtîg* 484^{b} 29 A schreibfehler.

3) *chunnigôro* 443^{a} 29 A, B *chunnigero*.

4) *drioelnîg* 408^{b} 14. — *trielnîg* 385^{a} 4. *zveioelnîg* 408^{b} 14. — *zveielnîg* 385^{a} 4.

5) *êrrerûn* 497^{b} 15 A. *êrrên* 494^{b} 22 A schreibfehler.

6) *ingevolgîg* 518^{b} 20 A schreibfehler.

7) *infundenlichiu* 424^{b} 3 A, B *infundelichiu* schreibfehler.

8) *aleganziz* 412^{a} 33. — *alganzez* 487^{b} 20 A.

9) *ungolîchesten* 394^{a} 15 schreibfehler.

10) *dingolîh* 403^{a} 26; 472^{b} 29 A; 475^{b} 21 A. *dingolîchemo* 470^{b} 6 A; 523^{a} 6 A. *dingolîg* 449^{a} 2 B, A *dingelih*. *dingelîh* 379^{b} 20 A. *teilelîh* 439^{b} 29 A, B *telelîh* schreibfehler.

11) *zanelôs* 450^{a} 2. 15. 21; 454^{b} 33 A. *zanelôs* 450^{a} 16 A, B *zanolôs* schreibfehler.

12) *mahtîge* 517^{a} 36 A. *unmahtîg* 435^{b} 12 A, B *unmagtîg* schreibfehler.

13) *tolemachîge* 436^{b} 28 schreibfehler.

14) *kemeinlîh* 477^{a} 17 A. *kemeinliceh* 486^{a} 6 A schreibfehler.

15) *foregenamdôn* 444^{a} 6 B, A *forenamdôn*.

oberôst, *offen*, *olang*, *dri-*, *fîer-ort*, *ge-*, *unge-rad*, *un-redolîh*,[1] *reht*[2] (*g-*, *un-reht*), [comp.] *rehter*, *un-rehter*, [superl.] *un-rehtest*, *rôt*, *rûoh*,[3] *samolîh*,[4] [comp.] *seltsâner*, *sîch*,[5] *ana-*, *gagen-*, *ge-*, *unana-*, *wider-sihtîg*,[6] *sinnîg*, *ge-siunlîh*, *skadel*, *skamelîh*, *unge-skeiden*, *sketer*, *unge-skidôt*, *skîn*, *dri-*, *fîer-skôz*, *unfer-skrôten*, *skuldîg* (*reht-*, *un-skuldîg*),[7] *ge-slaht*, *sleht*, *unfer-slizen*, *un-spaltîg*, [comp.] *spûotîger*, *starh*, [comp.] *stâter*, *stetîg*,[8] *sunderîg*,[9] *svarz* (*un-svarz*), *unfer-tîligôt*, *tôt*, *ubel*, [comp.] *under*, [comp.] *underôr*, [superl.] *underôst*, [comp.] *ûzer*, [superl.] *ûzerôst*, *selb-wahsen*, *ana-walg*,[10] *wâr* (*ale-*, *ebenge-wâr*), [comp.] *wârer* [s. *ge-wâre*],[11] *warm*, [comp.] *warmer*, *wider-wart*, *wider-wartîg*, *unfer-*, *unge-wehselôt*, *welh*, *wendîg*, [comp.] *werder*, *winster*, *wirîg*, [comp.] *wirigôr*, [comp.] *wirser*, *eben-*, *g-*, *ung-wis*, [comp.] *g-wisser*, *ung-wisser*, [superl.] *g-wissist*, *ung-wissôt*, *wîz*, [comp.] *wîzer*, *ge-won*, *be-*, *umbe-zeichenlîh*,[12] *zîtîg* (*un-zîtîg*), *zorneg*, *zuhtîg*, *zvifalt*, [comp.] *zvifalter*, *un-zvifalter*, *zvîvelîg*, [comp.] *zvîvelîger*, — *frô*, *grâ* (*sat-grâ*), — *chalo*, *falo*, *salo*, *zeso*.

b) Stämme auf *ia [iô]*: *zvi-beine*, *bôse*, *umbe-châme*, *ant-chunde*, *ur-eiche*, *einluzze*, *feste* (*un-feste*), *genge*, *wîse-gerne*, *grûone*,[13] *ge-helle*, *herte* (*un-herte*), *un-lebende*,[14] *lîehte*,[15] *un-ligende*, *unge-limfe*,[16] *lukke*, *manegfalte*,[17] *ge-*, *unge-mâze*, *ge-*, *unge-meine*, *mitte*, *g-nûoge*,[18]

1) *unredelîh* 504ª 10 A schreibfehler. 2) *recter* 440ᵇ 6 B schreibfehler.

3) *rûoz* 439ᵇ 18; 440ª 12.

4) *samolîh* 483ᵇ 2 A; 484ª 15 A. *samelichôn* 436ª 33. *samelîcha* 437ª 19.

5) *sîeh* 409ᵇ 18; 433ᵇ 30; 435ª 18; 454ª 9 A; 456ª 2 A; 457ᵇ 35 A; *sîehc* 398ª 1 schreibfehler.

6) *widersihtîh* 480ª 25 A.

7) *unskuldîgen* 418ª 27 A, B *unskultîgen* schreibfehler.

8) *stestîge* 438ᵇ 22 B schreibfehler.

9) *sunderîgen* 380ᵇ 28. *sunderiga* 377ᵇ 16; 398ᵇ 10; 472ª 12 A. *sunderîge* 486ª 6 A. *sundrîgen* 477ª 25 A schreibfehler.

10) *anawolga* 471ª 19 A schreibfehler.

11) *wârriu* 460ᵇ 17 A. *wârra* 460ᵇ 7 A. *wârra* 460ᵇ 12 A; 482ᵇ 14 A. — *ale-wâr* 406ª 8; 501ᵇ 27 A. *al-wâr* 407ª 19.

12) *um-bezeichenlîh* 472ª 22 A; *um-* vor *b* für *un-*.

13) *crûene* 449ª 12 gehört dem schreiber an.

14) *unlebendên* 518ª 12 A. *unlebentemo* 458ª 19 A.

15) *lîeht* 421ᵇ 27 rührt vom schreiber her.

16) *ungelimfe* 485ª 21 A; 516ª 31 A. — *ungelimphiu* 501ᵇ 24 A. *ungelimphe* 502ᵇ 28 A.

17) *manigfalte* 433ª 5. — *manigfalt* 408ª 38 schreibfehler.

18) *cnûoge* 446ª 29. *gnûogez* 444ª 33. *cnûoge* 459ᵇ 35 A. *gnûogên* 488ª 2 A. *gnûogiu* 487ᵇ 5 A. *gnûogiu* 419ᵇ 18 B, A *cnûegiu*. *cnûogiz* 434ᵇ 21 B, A *cnûo|iz*. *gnûege* 418ª 13; 442ᵇ 32; 445ᵇ 28. *cnûegiu* 419ª 17. *gnûge* 466ᵇ 34 A. *gnûgiu* 463ª 29 A.

nuzze (*un-nuzze*), *in-sêle*, *semfte* (*un-semfte*),[1] *ebenlang-sîte*, *skône*, *ge-spirre*, *ge-sunde*,[2] *sûoze* (*un-sûoze*),[3] *gagen-werte*,[4] *ge-wâre* [s. *wâr*], *wîse*, *zviske*, — *faro* (*chrûog-*, *gold-faro*),[5] — *niwe*.

I. Stämme auf ia.

Masculina und neutra.

1) Sing. nom. masc. *ê-r*: *einluzzêr*, *gesundêr*, *inselêr*, *lukkêr*, *zviskêr*. part. praes.: *gândêr*, *gesehentêr*, *habentêr*, *ligentêr*, *rôtentêr*, *sizzentêr*, *svarzentêr*, *warmentêr*.

2) nom. acc. neutr. *e-z*: *einluzzez*, *festez*, *gnûogez*. part. praes.: *bezeichenentez*, *flîegentez*, *gâendez*, *habentez*, *svummentez*.

3) gen. masc. neutr. *e-s*: *ureiches*. part. praes.: *folgentes*, *ligentes*, *sizzentes*.

4) dat. masc. neutr. *e-mo*: *einluzzemo*, *hertemo*, *lukkemo*, *mittemo*, *unhertemo*, *unsûozemo*. part. praes.: *frâgentemo*, *gândemo*, *lebendemo*, *machôntemo*.

5) acc. masc. *e-n*: *gemeinen*, *niwen*, *ungemeinen*, *zvibeinen*. part. praes.: *antwurtenten*, *bellenten*, *râtenten*, *skidônten*.

6) plur. nom. acc. neutr. *iu*: *einluzziu*, *gemeiniu*, *gnûogiu*, *niwiu*, *sûoziu*, *ungelimfiu*. part. praes.: *stândiu*.

7) gen. masc. neutr. — fem. *e-ro*; part. praes.: *fersagentero*, *stândero*.

8) dat. masc. neutr. — fem. *ê-n*: *einluzzên*, *gagenwertên*, *gnûogên*, *mittên*, *zviskên*. part. praes.: *forestândên*, *habentên*, *lebendên*, *ligentên*, *mitegâendên*, *nâhgâendên*, *tragentên*.

II. Stämme auf iô.

1) Sing. nom. *iu*: *ebenlangsîtiu*, *festiu*, *lukkiu*, *unfestiu*. part. praes.: *sehentiu*, *uberslahentiu*, *wesentiu*.

2) dat. *e-ro*: *gemeinero*, *manigfaltero*. part. praes.: *bezeichenentero*, *jehentero*.

3) acc. *a*: *einluzza*, *festa*, *gagenwerta*, *gemeina*, *lukka*, *unfesta*, *ungemeina*. part. praes.: *bezeichenenta*, *gâenda*.

4) plur. nom. *e*; part. praes.: *wonente*.

1) *unsemfte* 426ª 9. — *unsenfte* 464ª 8 A schreibfehler.

2) *gesunde* 409ᵇ 18; 454ª 9 A; 456ª 3 A. — Irrig *gesunt* 398ª 2. Für *sîch alde gesunt* 435ª 18 B steht A irrig *sîch unde sîch*.

3) *sûoze* 472ᵇ 17 A; 522ª 11. 15 A. *sûeze* 436ª 5. 30. *sûeziu* 424ᵇ 4; 466ᵇ 24 A. — *unsûozemo* 522ª 10 A.

4) *gagenwertûn* 469ᵇ 32 A. *gagenwertên* 476ª 21 A; 482ᵇ 26 A. *kagenwerta* 402ᵇ 23 A, B *kagenwarta* schreibfehler.

5) *varo* 437ª 31 B, A *vare*.

B. Consonantische declination.

I. Stämme auf an.

Masculina und neutra.

1) Sing. nom. masc. *o: gûolo, slehto, wâro, widerwarto, wîzo.* part. perf.: *gcûobto.* comp.: *bezero, chunnigôro, ganzero, lukkero, rehtero, wirsero.* superl.: *unrehtesto.*

2) nom. acc. neutr. *a: allelîcha, anagehafta, gewona, gûola, habemahtîga, sunderîga, ubela, winstera, wîza, zuhtîga.* part. perf.: *gefellachôta, geheizena, gelêrta, gesazta, gesprochena, getâna.* comp.: *anderlichôra, altera, bezera, chaltera, chleinera, êrera, êrhaftera, gelîchera, gwissera, mêrôra, minnera, nahera, nidera, obera, rehtera, seltsânera, spûotîgera, undera, unganzera, ungelîchera, ungemâzera, ungwissera, unrehtera, unzvifaltera, wârera, warmera, wîzera, zvifaltera.* superl.: *eigenhaftista, erchenôsta, gengesta, gwissesta, namohaftesta.*

2) gen. masc. neutr. *en: allelîchen, habemahtîgen, halben, houbetahten, svarzen, ubelen, widerwarten, winsteren, zesewen.* part. perf.: *gelêrten, gerûoderôten.* comp.: *nideren, oberen.*

4) dat. masc. neutr. *en: allelîchen, chumftîgen, goregen, rehtskuldîgen, skuldîgen, slehten, underen, unskuldîgen, widerwartîgen.* part. perf.: *ferfarnen, gefrâgeten, gelêrten.* comp.: *êreren, nideren, oberen, underôren, wirseren.* superl.: *êristen, meisten.*

5) acc. masc. *en;* part. perf.: *gelêrten.* comp.: *bezeren, gewisseren.*

6) plur. nom. masc. *en: genammen, skuldîgen.* comp.: *lîeberen, werderen.*

7) nom. acc. neutr. *en: anasihtîgen, gagensihtîgen, genamden, genammen, himelisken, sunderîgen, unanasihtîgen, ungwissôten, widerwartîgen.* part. perf.: *foregesageten, gesprochenen, getânen, missesazten, zesaminegelegeten.* comp.: *alteren, êreren, forderôren, gelîcheren, oberen, ûzeren, zvîvelîgeren.* superl.: *erchenôsten, êristen, ferristen, oberôsten, underôsten, ungelîchesten.*

8) gen. masc. neutr. — fem. *ôn: allelichôn, chumftigôn, genamdôn, habemahtigôn, samelichôn, widerwartigôn.* part. perf.: *gwissotôn.* comp.: *êrerôn, oberôn, ûzerôn.*

9) acc. masc. *en: âgezelen.*

II. Stämme auf ôn.

Feminina.

1) Sing. nom. *a: ananemîga, bara, gemacha, wâra.* part. perf.: *getâna, underskeidena.* comp.: *altera, êrera, festera, fordera,*

forderôra, *gwissera*, *mêra*, *minnera*, *stâtera*, *wirigôra*. superl.: *éri-sta*, *gelîchista*, *hêrôsta*, *niderôsta*.

2) gen. *ûn;* comp.: *êrerûn*. superl.: *êristûn*.

3) dat. *ûn: allelichûn*. part. perf.: *gagenstaltûn*. comp.: *afte-rûn*, *êrerûn*. superl.: *erchenôstûn*, *êristûn*.

4) acc. *ûn: allelichûn*, *diutiskûn*, *unallelichûn*. part. perf.: *ge-sprochenûn*. comp.: *êrerûn*. superl.: *êristûn*.

5) plur. nom. *en*; comp.: *afteren*, *êreren*, *oberen*. superl.: *gen-gesten*. — *ûzerôstûn* 512^b 17 A ist schreibfehler, veranlasst durch die unmittelbar vorausgehenden *einûn* — *anderûn*.

I. Stämme auf ian.

Masculina und neutra.

1) Sing. nom. masc. *o: lukko*. part. praes.: *frâgento*, *jehento*, *lebendo*, *lougenento*, *stândo*, *widersagento*.

2) nom. acc. neutr. *a*: *gagenwerta*, *gemeina*, *mitta*.

3) gen. masc. neutr. *en: einluzzen*, *mitten*. part. praes.: *leben-den*, *stânden*.

4) dat. masc. *en;* part. praes.: *losenten*.

5) acc. masc. *en;* part. praes.: *sterchenten*.

6) plur. nom. masc. *en: wîsegernen*.

7) nom. acc. neutr. *en: einluzzen*, *gemeinen*, *niwen*. part. praes.: *lebenden*.

8) gen. masc. neutr. — fem. *ôn: einluzzôn*. part. praes.: *ligen-tôn*, *wesentôn*, *zesaminehaftentôn*.

II. Stämme auf iôn.

Feminina.

1) Sing. nom. *a: gemeina*, *mitta*, *unnuzza*. part. praes.: *fer-sagenta*, *sagenta*.

2) dat. *ûn: niwûn*. part. praes.: *folgentûn*, *sagentûn*.

3) acc. *ûn: gagenwertûn*.

4) plur. nom. *en;* part. praes.: *chomenten*, *ferloufenten*, *nâh-chomenten*.

PRAG. J. KELLE.

BERICHT ÜBER DIE VERHANDLUNGEN DER DEUTSCH-ROMANISCHEN SECTION DER XXXVIII. VERSAMLUNG DEUTSCHER PHILOLOGEN UND SCHULMÄNNER IN GIESSEN

vom 30. september bis 3. october 1885.

1. sitzung.

Die erste, constituierende sitzung der deutsch-romanischen section wurde mittwoch den 30. sept. mittags 12 uhr, nach schluss der ersten algemeinen sitzung, von dem im vorigen jahre zu Dessau gewählten ersten vorsitzenden, prof. dr. Braune-Giessen eröfnet. Das amt eines zweiten vorsitzenden hatte der ebenfals in Dessau gewählte prof. dr. Birch-Hirschfeld-Giessen übernommen. Zu schriftführern wählte die versamlung privatdocent dr. Schwan-Berlin und dr. Strack-Giessen. In das album der section zeichneten sich folgende 27 mitglieder ein:

Privatdocent dr. v. Bahder, Leipzig; prof. dr. Behaghel, Basel; E. Beintker, Anclam; dr. Bindewald, realgymnasiallehrer, Giessen; prof. dr. Birch-Hirschfeld, Giessen; cand. phil. Bonin, Giessen; prof. dr. Braune, Giessen; prof. dr. Freymond, Heidelberg; prof. dr. Kluge, Jena; prof. dr. Kölbing, Breslau; dr. Landmann, prof. am realgymnasium, Darmstadt; dr. F. Landmann, Leipzig; pfarrer Lindenborn, Odenhausen; dr. W. Mangold, oberlehrer, Berlin; prof. dr. Paul, Freiburg; prof. Pichler, Giessen; dr. L. Proescholdt, Homburg; cand. phil. Schilling, Giessen; privatdocent dr. Schwan, Berlin; prof. dr. G. Soldan, Basel; Spamer, reallehrer, Giessen; prof. dr. Stengel, Marburg; dr. A. Strack, Giessen; Theisen, reallehrer, Giessen; dr. G. Wenker, custos, Marburg; privatdocent dr. Wetz, Strassburg; dr. Zimmermann, archivar, Wolfenbüttel.

Nachdem dem vorschlage des ersten präsidenten entsprechend die tagesordnung für die folgenden sitzungen festgestelt worden war, wurde die sitzung geschlossen.

2. sitzung.

Die zweite sitzung wurde donnerstag den 1. october morgens 8 uhr eröfnet. Vor beginn der vorträge stelte der erste präsident den antrag, 30 mark von dem überschuss der kasse der section dem fonds für das Grimmdenkmal zu Hanau zu überweisen, sowie eine samlung zu demselben zwecke unter den mitgliedern zu veranstalten. Der antrag wurde genehmigt. Die samlung ergab die summe von 24 m. 40 pf. Darauf hält herr prof. dr. Birch-Hirschfeld-Giessen einen vortrag „über die bedeutung der Troubadours in Dantes göttlicher komödie.“ Dante stelt in seiner dichtung die geistigen Einwirkungen, welche die troubadourpoesie auf ihn ausgeübt hat, in der dichterischen fiction persönlicher begegnungen dar. Er erkante in den provenzalen dankbar seine lehrer, und als die hervorragendsten repräsentanten provenzalischer poesie führt er in die göttliche komödie vier troubadours ein: Bertran de Born (Inf. XVIII), Sordel, den Mantuaner (Purg. VI), Arnaut Daniel (Purg. XVI), Folquet von Marseille (Parad. IX). Dante lernte von diesen dichtern die patriotische schätzung der muttersprache. Aber auch der die provenzalische poesie beherschende geist und ihr inhalt hat Dantes ästhetisches urteil und seine dichterische richtung mit bestimt. Bertran de Born und Arnaut Daniel sind für Dante die repräsentanten zweier hauptaufgaben der dichtkunst, der Venus und der Virtus (vgl. de vulg. El. II, 2). An Sordel knüpft der dichter sein strafgericht über Florenz und die könige und fürsten der eignen zeit an. (Purg. VI, VII).

Folquet von Marseille wird passend die klage über die entartung der kirche in den mund gelegt. Auch der die liebeslyrik der provenzalen beherschende geist ist bedeutungsvoll für Dante geworden. Die Donna dello schermo in der Vita nuova, das unberücksichtlassen von Beatricens vermählung, die unterdrückung des namens sind alles dinge, die aus dem von den troubadours in ihrer liebeslyrik ausgebildeten conventionalismus stammen. Selbst Dantes vergötterung der geliebten hat ihre vorbilder bei den troubadours. — Eine diskussion schliesst sich an den vortrag nicht an.

Es folgt der vortrag des herrn dr. Wenker-Marburg „über das sprachatlasunternehmen." Der vortragende will zunächst kurz über die äusseren schicksale des sprachatlasunternehmens berichten, dann den inneren entwickelungsgang desselben darlegen und daran anknüpfend die aus der neuheit und eigenart der sache notwendig entspringenden schwierigkeiten entwickeln, die ein rechtes gedeihen des werkes bis heute nicht haben aufkommen lassen.

Im jahre 1876 machte dr. Wenker den ersten versuch von Düsseldorf aus, indem er sich an die volksschullehrer des betreffenden regierungsbezirks wante, um sich durch übersetzung vorgeschriebener hochdeutscher sätzchen in die mundart zahlreicher orte das material zur kartographischen darstellung einzelner dialekteigentümlichkeiten zu verschaffen. Im folgenden jahre wurde die samlung ausgedehnt auf die ganze Rheinprovinz nordwärts der Mosel und schliesslich auch auf die provinz Westfalen. Bis ende 1878 wurden die sehr interessanten ergebnisse in einem handschriftlich angefertigten „sprachatlas der Rheinprovinz nördlich der Mosel mit einschluss des kreises Siegen" zusammengestelt (ca. 1500 ortschaften). Dieser wurde der philosophischen fakultät zu Marburg vorgelegt, die den atlas nebst einem gutachten dem königl. preussischen cultusministerium einreichte. In folge davon, sowie eines sehr günstigen urteils der königl. preussischen akademie der wissenschaften über das unternehmen, wurde demselben die unterstützung der preussischen regierung zu teil und es dem vortragenden so ermöglicht, sein unternehmen über ganz Norddeutschland auszudehnen. Es wurden nun ca. 40000 gedruckte formulare versant, wovon ende 1880 etwa 30000 mit der mundartlichen übersetzung in den händen dr. Wenkers waren. Es begann nun die arbeit des controlierens, ordnens und einteilens, sowie die eigentliche verarbeitung, als deren resultat im herbst 1881 die ersten sechs kartenblätter im buchhandel erschienen. Das ganze unternehmen solte ca. 470 verschiedene blätter in 13 sectionen umfassen. Die erschienenen sechs blätter wurden von dem vortragenden dem preussischen cultusministerium eingereicht mit der bitte, ihm einen hilfsarbeiter zu bewilligen. Das ministerium holte von neuem das gutachten der akademie ein. Der verstorbene professor Müllenhoff unterzog das ganze einer scharfen kritik und stelte massgebende gesichtspunkte zu einer neuen, wesentlich verbesserten methode der kartographischen widergabe auf. Nach diesen gesichtspunkten muste das ganze material umgeordnet und neue grundkarten gezeichnet werden. Inzwischen war dr. Wenker auch eine summe zur anstellung eines hilfsarbeiters bewilligt und dieser im sommer 1884 in der person des herrn dr. Nörrenberg gefunden worden. Es wurde nun das gesamtgebiet nicht mehr wie anfänglich in 13 sectionen, sondern in zwei hälften abgeteilt, die eine westlich, die andere östlich vom 30. längegrade, und die sprachlichen erscheinungen solten nun nicht mehr systematisch, d. h. nach consonanten, vokalen, flexionen zusammengruppiert dargestelt werden, wodurch eine ganz verwirrende überladung der karten entstanden war, sondern es solte nun jedes wort getrent auf einem blatte erscheinen, sodass man mit einem blicke alle seine gestaltungen übersehen konte. — Inzwischen sind für die westliche hälfte 25 wörter aus dem material von ca. 16000 orten fertig ausgezogen und sechs davon in die neu angelegte grundkarte eingetragen worden. — Dies sind die äusseren schicksale des sprachatlas. Der vortragende wendet sich nun zur inneren geschichte des unternehmens.

Folgenschwer für die entwickelung desselben ist besonders der umstand geworden, dass während der verarbeitung des kolossalen materials sich bei dem vortragenden sowol, wie bei allen der sache näher stehenden eine fortschreitende neugestaltung der wissenschaftlichen ansichten vom wesen unserer dialektverhältnisse und von dem werte ihrer detailerforschung volzog.

Ursprünglich hatte der vortragende die mundarten seiner heimatprovinz in untersuchung gezogen, um eine anzahl wichtiger eigentümlichkeiten der dortigen dialekte schärfer als bisher abzugrenzen; dabei war noch die überzeugung leitend, diese charakteristika müsten ganz oder nahezu ganz einträchtiglich zusammengehn und so eine klare dialektgrenze ergeben, der zufolge jeder ort entweder dem einen oder dem anderen dialektgebiete zugewiesen werden könte. Dies stelte sich bald als ein irtum heraus. Die grenzen der vermeintlichen charakteristika liefen ihre eignen wege und kreuzten sich oft genug. Welches charakteristikum war nun eigentlich charakteristisch? — die consonanten, die vokale, oder die flexionsendungen? Je weiter die arbeit voran schritt, desto grösser wurde die verwirrung. Da volzog sich die erste durchgreifende umwandlung der alten vorstellung von dialektgrenzen. Sie muste aufgegeben werden gegen eine neue, und diese neue muste gesucht werden nicht auf dem beschränkten raume einer einzelnen provinz mit ihren speziellen sprachlichen verhältnissen, sondern auf einem breiten gebiete mit mannichfach wechselnden dialektgestaltungen. Diese methodische förderung wurde der antrieb zur ausdehnung des unternehmens über ganz Norddeutschland.

Bei der weiteren bearbeitung des materials begann eine weitere umgestaltung der ansichten des vortragenden vom zweck und wert des ganzen unternehnehmens sich durchzusetzen. Wenn früher der wunsch dialektgrenzen herzustellen den leitenden gesichtspunkt abgegeben hatte, so brach sich jezt die überzeugung bahn, dass eine methodisch umfassende betrachtung sprachlicher erscheinungen jede, auch die scheinbar planlos auftauchende, sporadisch sich entwickelnde umwandlung im vokalismus, in der formenbildung zu verfolgen, zu würdigen und zu verstehen suchen müsse. Nicht mehr nur die groben unterschiede festzustellen ist die aufgabe der dialektforschung, sondern, wenigstens rein sprachlich genommen, soll die dialektforschung darauf ausgehn, alle abstufungen der einzelnen laute oder formen gleichviel ob sie nur innerhalb eines stammesgebietes oder an der grenze zweier stämme, oder über mehrere stammesgebiete hin verbreitet sind, in ihrem sprachlichen werden und wachsen, in ihrer gegenseitigen bedingtheit darzulegen und wenn möglich zu verstehen und zu erklären. Und gerade dieser rein sprachlichen forschung eine höhere und wenn man so sagen darf, mikroskopisch genaue grundlage zu geben, ist die hauptaufgabe des sprachatlas.

Die geographische behandlung dialektischer erscheinungen hat einmal den zweck, die historisch-geographische erforschung unserer alten stammesverhältnisse wesentlich zu fördern, und dann die viel umfassendere aufgabe, der rein linguistischen, sprachgeschichtlichen forschung neues, zuverlässiges, methodisch festgestelltes und darum auch methodisch verwendbares material zu bieten.

Die frage, wie ein rein geographisch geordneter stoff einer geschichtlichen betrachtung dienlich werden kann, mag durch ein beispiel beantwortet werden. Die heutigen streng oberdeutschen mundarten, wie das ihnen zu grunde liegende althochdeutsche, haben vor zeiten einmal einen consonantenstand gehabt, welcher dem des heutigen englisch sehr ähnlich ist. Wir können auch sagen, dass in einer weniger zurückliegenden zeit jener consonantismus dem heutigen niederdeutschen und weiter der heutigen mitteldeutschen entwickelungsstufe geglichen habe. Dies ist ein klares beispiel, wie sich ein geographisches übereinander gleichzeitiger erscheinungen in ein historisches nacheinander gleichörtlicher entwickelungen umsetzen lässt. Dies verfahren nun, zu dem uns die tatsache berechtigt, dass sprachliche umwandlungen sich nicht auf allen teilen ihres gebiets, gleich energisch, gleich schnell durchsetzen, wird auf die im sprachatlas niedergelegten tatsachen ausgedehnte anwendung finden. Überall sehen wir zwischenstufen, übergänge zwischen weiter auseinanderliegende erscheinungen geschoben. So wird die in der Trierer gegend vorkommende umwandlung von *i* in *a*, z. b. *kand* für *kind* stufenweise vermittelt durch fast koncentrisch gelagerte zonen, in denen sich der reihe nach *i*, *e*, *ö*, *o*, *a* in diesen wörtern findet. Ebenso ist der mitteldeutsche übergang von *d* in *l* vermittelt durch das in vielen gegenden erscheinende *r*, z. b. *zeide*, *zeire*, *zeile* für hochdeutsch *zeiten*.

So liesse sich auf dem material des sprachatlas eine vergleichende dialektforschung aufbauen, die als ein teil der vergleichenden indogermanischen sprachforschung vor dieser den grossen vorteil voraus hat, dass sie mit lebendem, jeder detaillierten fragestellung zugänglichen material arbeitet. Die gesetze sprachlichen werdens und wandels lassen sich hier an der quelle studieren, und ihr studium wird reichen gewinn für jede sprachvergleichung bringen. Und gerade die germanische sprache, die von Ulfilas zeiten bis heute in einer reihe reich entwickelter bildungen vor uns liegt, eignet sich besonders zu einer solchen detaillierten dialektforschung. Allerdings ist dann die beschränkung des sprachatlasunternehmens auf Norddeutschland mehr als eine halbheit, ja, methodisch betrachtet, ein unding. Soll der sprachatlas seinen hauptzweck, eine einheitliche grundlage zu jener forschung zu geben, erfüllen, so muss er auch über Süddeutschland ausgedehnt werden, um so mehr, da unsre mundarten unaufhaltsam dem verfalle, der zersetzung durch das schriftdeutsche entgegengehn. Die dialektforschung kann heute noch mit lebendem material arbeiten: in einem menschenalter wird sie es nicht mehr können, wenigstens wird schon die nächste generation nicht mehr das gefühl einer in sich einheitlich entwickelten mundart besitzen, das heute noch bei unserer landbevölkerung wenigstens zu finden ist. Die innere sicherheit wird aus dem mundartlichen leben verschwunden sein, und eine wissenschaftliche erforschung der dialekte wird sich dann auf schwankendem boden bewegen und mit zweifelhaften tatsachen arbeiten. Es komt dazu, dass der sprachatlas keineswegs eine abschliessende arbeit sein wird. Es steht vielmehr zu hoffen, dass er zu fruchtbaren systematischen lokalforschungen anregen wird, die eine notwendige ergänzung zu ihm bilden werden. Auch diese arbeiten verlangen noch den festen bestand unserer mundarten als grundlage.

Solche erwägungen hatten den vortragenden veranlasst, in diesem frühjahr die ganze sache der königl. preussischen akademie der wissenschaften zu Berlin vorzulegen und ihr den plan zu entwickeln, dass man nunmehr Süddeutschland gleichfals heranziehen oder wenigstens die vollendung des norddeutschen teils beschleunigen möge, damit man in absehbarer zeit an Süddeutschland herantreten könne. Die akademie hat sich finanziell ausser stande erklärt, diesem plane beizutreten und zugleich für eine weitere unterstützung seitens des cultusministeriums eine einschränkung und verkürzung an der bereits begonnenen norddeutschen arbeit als bedingung hingestelt. Damit aber würde der organische zusammenhang zerstört werden, der die zahlreichen im material des vortragenden niedergelegten sprachlichen erscheinungen nach der planmässigen anlage der samlung zu einem festen, systematischen gefüge verbindet, und es wäre damit die wissenschaftliche verwendbarkeit der resultate in empfindlichster weise geschmälert. Der vortragende erklärt daher, nach wie vor auf seiner forderung bestehn zu müssen, dass das begonnene nicht auf halbem wege stehen gelassen oder gar verkümmert werde.

Welch hohen wert das ganze unternehmen hat, liesse sich veranschaulichen durch eine frage: was würden wir darum geben, wenn wir eine solche sprachliche samlung von ort zu ort aus der zeit Karls des Grossen besässen? Hunderte von rätseln, fragen und zweifeln wären durch sie mit einem schlage gelöst.

So erwächst aus der klaren einsicht, dass die genaue feststellung unserer heutigen mundarten vor ihrem gänzlichen verfall, für die kommenden jahrhunderte von unersetzlichem werte sein muss, dem vortragenden die pflicht, wider und wider mit seiner forderung hervorzutreten. Er hält fest an der hofnung, dass die deutsche wissenschaft mittel und wege finden werde, den begonnenen sprachatlas auf ganz Deutschland auszudehnen und ihn unverkürzt zur vollendung zu bringen, — auch er ein denkmal der einheit unseres volkes und unseres vaterlandes. —

Nach beendigung seines vortrages gewährte dr. Wenker durch vorzeigen von karten den mitgliedern der section einen interessanten einblick in das ganze unternehmen; insbesondere hatte die versamlung gelegenheit sich mit eignen augen von dem fortschritt, der gegenüber der ersten publikationsart, durch die neue methode der darstellung erreicht worden ist, zu überzeugen.

Hierauf ergriff herr prof. Braune das wort, um nochmals auf die wichtigkeit des unternehmens aufmerksam zu machen und zu betonen, wie wünschenswert es sei, dass das werk in der geplanten volständigen form, vor allem mit zuziehung von Süddeutschland, zur ausführung komme. Um dies zu ermöglichen, sei es wol das beste, sich an die reichsregierung zu wenden mit der bitte, das unternehmen zu unterstützen. — Hieran schloss sich eine kurze diskussion, an der sich die herren proff. Behaghel, Birch-Hirschfeld, Paul beteiligten. Auch dr. Wenker erklärte seine zustimmung zu dem von dem präsidenten gemachten vorschlag. Auf antrag des präsidenten wird sodann einstimmig von der section beschlossen:

1) Dass es wünschenswert sei, dass das werk in der von dr. Wenker geplanten volständigkeit zur ausführung komme.

2) Ein gesuch an das reichskanzleramt zu richten mit der bitte, das unternehmen zu unterstützen. Das präsidium wird mit der ausführung beauftragt.

3. sitzung.

Die dritte sitzung begann freitag den 2. octbr. morgens 8 uhr mit der mitteilung des vorsitzenden, dass Zürich zum nächsten versamlungsort bestimt sei. Auf seinen vorschlag hin wählte die section zu künftigen vorsitzenden die herren prof. dr. Tobler (I. vors.), prof. dr. Ulrich (II. vors.), beide in Zürich.

Hierauf ergriff herr prof. Kluge das wort zu einem vortrag „Über die principien in der entwickelung der wortbildungselemente.“

Die in Pauls „Principien der Sprachgeschichte“ niedergelegten algemeinen grundsätze sind bisher fast nur auf laut- und formenlehre angewendet worden. Aber die in lezter zeit vernachlässigte wortbildungslehre liefert weit zuverlässigeres material für das leben und wachsen der sprache als die germanischen flexionsendungen. Man kann innerhalb der entwickelungsgeschichte von suffixen klar den process verfolgen, wie ursprünglich funktionslose elemente eine funktion übernehmen und dann produktive suffixe werden. Jedes wortbildungselement von ausgesprochener funktion ist produktiv. Als beispiel hierfür führt der vortragende u. a. an: gr. *ἀριστερός*, lat. *sinister*, ahd. *winister*. Diese haben bei gleicher bedeutung ganz parallele bildung, die wahrscheinlich ursprünglich nur einem von ihnen oder einem gemeinschaftlichen prototyp zukam und durch übertragung sich fortpflanzte; im griechischen und lateinischen wurde sie noch auf dexter: *δεξιτερός* übertragen. Die gleichmässige bildung der germanischen benennungen der himmelsgegenden darf auf grund des namens der Visigoten kein hohes alter beanspruchen, ebenso wie parallelbegriffe, wie ags. *æfen : morgen*, engl. *evening — morning* nachweislich nicht von jeher gleiche endung gehabt haben. — Diese ansätze zur produktivität sind wertvoll als äusserungen des algemeinen gesetzes, wonach die wortbedeutung der eigentliche ausgangspunkt für die ausbreitung von suffixen ist. Grössere nach begriflichen gesichtspunkten gebildete wortgruppen werden meist auf dem einen oder dem anderen sprachgebiete durch ein bestimtes suffix charakterisiert. Es lässt sich diese produktivität der suffixform leicht an lehnsuffixen beobachten, z. b. zu mhd. *huffenier, brustenier, hersenier, lendenier, schinier, mûsenier,* waren grundtypen die entlehnten *visier, testier, barbier*, *spalier*. Im altgermanischen lassen sich feste suffixe für benennungen von krankheiten, münzen, bäumen, körben usw. konstatieren. — Die funktion spielt in der entwickelung der wortbildungselemente die hauptrolle, ein gesichtspunkt, der seither zu wenig zur geltung gekommen ist.

Ein anderes moment in der entwickelungsgeschichte der suffixe steht im zusammenhang mit der frage des suffixwechsels. Nirgends kann von beliebigem suffixwechsel die rede sein. Es ist in solchem falle zu untersuchen, ob nicht lautregeln zu störungen anlass gegeben haben wie z. b. in *peregrinus* zu *pilgrîm*, *himin* zu *himil*. Hier handelt es sich auch um unproduktive, leblose wortbildungselemente. — Den schluss des vortrags bildete der hinweis auf die mehrfach beobachtete erscheinung, dass der wortkörper zuweilen in kleinen gruppen dieselbe gestalt annimt, z. b. roman. *grevis-levis* (für lat. *gravis-levis*); ags. *hider and þider* (aus *hider and þæder*); ahd. *hâcko — krâcko*. —

Nach einer kurzen bemerkung des herrn prof. Behaghel, der sich in den hauptpunkten mit dem vortragenden einverstanden erklärt, erhält das wort herr prof. Stengel zu „Mitteilungen über Weigands briefwechsel." Dem vortragenden ist von Weigands tochter, frau oberlehrer dr. Flach in Wiesbaden der litterarische nachlass ihres vaters, soweit derselbe sich noch in ihren händen befand, anvertraut worden. Derselbe besteht zum grossen teil aus collegienheften, aus entwürfen von schon veröffentlichten arbeiten, aus vorträgen, welche Weigand in Giessen gehalten hat, aus verschiedenen collectaneen, aus einer anzahl altdeutscher pergamentblätter, vor allem aber aus einer samlung von an Weigand gerichteten briefen einer grossen anzahl von gelehrten, darunter sehr viele briefe noch lebender gelehrter, über die selbstverständlich hier keine mitteilung gemacht werden kann, obgleich sie recht wertvolles material für einen künftigen geschichtsschreiber der deutschen philologie während der lezten 40 jahre bieten. Von den verstorbenen correspondenten Weigands sind vor allen zu nennen die brüder Grimm. Es sind 44 briefe, die demnächst in der von dem vortragenden herausgegebenen samlung von Grimmbriefen an hessische freunde (bd. I von „Private und amtliche Beziehungen der Brüder Grimm zu Hessen." Marburg 1886. 2 bde.) volständig erscheinen werden, zugleich mit auszügen aus der übrigen correspondenz Weigands, soweit dieselbe auf die brüder Grimm bezug nimt. Veröffentlicht worden sind bereits von dem vortragenden die 6 briefe von Fr. Diez („Erinnerungsworte an Fr. Diez“, Marburg, 1883). Ausserdem liegen vor briefe von Ch. Creizenach in Frankfurt (8. 10. 64), Lorenz Diefenbach (ca. 80 briefe von 1837—72), Ph. Dieffenbach in Friedberg (28 briefe von 1841—58), Dietrich in Marburg (4 briefe von 1855—61), Gervinus (7 briefe von 1847—53), Grieshaber (4 briefe von 1846—50), v. d. Hagen (1 brief v. 26. 4. 42), M. Haupt (4 briefe von 1841—48), Heinrich Hoffmann v. Fallersleben (dickes pack briefe von 1851—72), Osk. Jänicke (6 briefe von 1871—73), Karajan (1 brief vom 2. 6. 50), Kehrein (4 briefe von 1846—72), Ad. v. Keller (8 briefe von 1846—72), K. Müllenhoff (35 briefe von 1850—76), Franz Pfeiffer (22 briefe von 1843—68), Rud. v. Raumer (5 briefe von 1870—74), Franz Roth (52 briefe von 1844—67), Heinr. Rückert (1 brief vom 16. 1. 51), D. Schiller (2 briefe vom 23. 10. 63 und 31. 5. 65), A. Schleicher (1 brief vom 13. 7. 60), J. A. Schmeller (9 briefe von 1841—52), Vilmar (21 briefe von 1843—67), W. Wackernagel (5 briefe von 1846—62), J. W. Wolf (11 briefe von 1850—53). Es ist der zweck dieser mitteilungen, einmal die nächstinteressierten auf die existenz dieser wichtigen briefsamlung hinzuweisen, und dann das augenmerk der collegen auf ähnliche briefsamlungen zu lenken, die, wenn die nachkommen nicht rechtzeitig belehrt werden, meist fast unretbar der vergessenheit anheim fallen, die aber, wenn sie sorgfältig geordnet und sicher aufbewahrt werden, für die geschichte der betreffenden wissenschaft eine im laufe der jahre immer wachsende bedeutung erlangen.

Nach einigen an den vortrag des herrn prof. Stengel sich anschliessenden bemerkungen des herrn realgymnasiallehrers dr. Bindewald-Giessen, geht die section über zum lezten punkte der tagesordnung, der besprechung der „gutachten über die von der Halleschen revisions-kommission herausgegebene probebibel, abgegeben von den in der deutsch-romanischen section der philologenversamlung zu Dessau gewählten kommission“ (Halle, Max Niemeyer 1885). — Exemplare dieser gutachten waren zwar an die sectionsmitglieder ausgeteilt worden, aber die wenigsten hatten während der bewegten festtage zeit gefunden sich mit dem gegenstand vertrauter zu machen, so dass von einer eingehenderen besprechung der gutachten von vornherein abstand genommen werden muste. Zu der verhandlung hatten sich auch einige theologen, meist professoren der universität Giessen eingefunden. Der präsident eröfnet die besprechung mit einem kurzen referat über die gutachten.

Auf der vorigjährigen philologenversamlung zu Dessau war auf antrag von herrn prof. Zacher-Halle zur prüfung der probebibel nach der sprachlichen seite eine kommission gewählt worden, bestehend aus den herren prof. dr. Paul-Freiburg, dr. M. Rieger-Darmstadt und archivrat dr. E. Wülcker-Weimar. Da nun die ansichten der drei kommissionsmitglieder zu weit auseinander gingen, als dass es möglich gewesen wäre, aus ihnen ein gemeinsames gutachten herzustellen, so legte jeder seine ansichten besonders dar. Besonders scharf gegenüber stehen sich die gutachten von Rieger und Paul. Während ersterer einen mehr konservativen standpunkt vertritt und meint, in der probebibel sei eher zu viel modernisiert, behauptet lezterer, um den text algemein verständlich zu machen, würde eine viel durchgreifendere modernisierung notwendig sein. — Von herrn prof. Zacher waren hierzu folgende thesen eingesaut worden, die nun zur vorlesung gelangten:

1) In Luthers deutscher bibel vereinigen sich zwei meisterleistungen ersten ranges, aber verschiedenen charakters und deshalb verschieden zu beurteilen:

a) Die übersetzung als solche, d. h. die möglichst getreue und richtige widergabe eines originalwerkes in einer fremden sprache. Für ihre zeit und die damaligen hilfsmittel ein meisterwerk, heute vielfacher berichtigung und verbesserung fähig. Für diesen teil seiner arbeit hat Luther den rat und die hilfe sachkundiger stets gern gesucht, angenommen, verwertet.

b) Die form, durch welche die Bibel gleichsam deutsches originalwerk geworden ist, was kein geringerer als Goethe sehr richtig erkant und gepriesen hat. Für diesen teil seiner arbeit hat sich Luther fremde einwirkung stets ausdrücklich verbeten.

2) Soll Luthers Bibel revidiert werden, so ergibt sich die erste grundfrage: soll sie Luthers Bibel bleiben oder nicht? Wenn nicht, so mache man eine ganz neue übersetzung, nach inhalt und form. Wenn ja, so ändere man in Luthers eigenem sinn und geist.

Daraus folgt:

3) In der übersetzung darf man nur das höchst sparsam und vorsichtig berichtigen, was Luther selbst unbedingt als richtiger und als notwendig anerkant haben würde, nämlich a) gröblich sinstörende fehler; b) wesentliche dogmatisch wichtige fehler. Alles andere ist für den blossen bibelleser *ἀδιάφορα*, muss also und kann auch ohne allen schaden stehen bleiben.

4) Die sprachliche form ist Luthers eigene originale schöpfung, so unantastbar wie Vossens Odyssee, Schlegels Shakespeareübersetzung. Richtiger mag man sich ausdrücken können, besser nun und nimmermehr. An diesem unvergleichlichen nationalen schatze sich mäkelnd zu vergreifen ist eine sünde wider den heiligen geist des deutschen volkes. Den Griechen ist es nie eingefallen, ihr nationalwerk, den Homer, zu modernisieren. Wollen wir nach 2000 jahren weniger weisheit, kunstsinn und geschmack, und poetisches verständnis beweisen als die alten Griechen? Die Bibel ein schulbuch zu nennen, ist geradezu albern; sie ist ein weltbuch, und Luthers deutsche überdies ein nationalschatz. Daher muss alles stehen bleiben, was irgend noch haltbar erscheint. Schwierigeres mag unter dem texte, oder im glossar, aufs kürzeste und treffendste erklärt werden. Die schule mag und soll mit nutzen und segen diejenigen partien lesen, die für sie geeignet sind. Der lehrer soll lernen, was dazu nötig ist; mag man ihm geeignete hilfsmittel dazu an die hand geben.

5) Unter allen umständen, und ganz unbedingt notwendig ist die germanistenversamlung dem dr. Frommann eine einstimmige ehrenerklärung schuldig und eine abwehr gegen seine ebenso unwissenden als anmassenden tadler. Dahin lautend:

a) Frommann ist ein treflicher kenner der deutschen sprache und ihrer mundarten, von alter zeit bis auf die gegenwart; hat es durch gedruckte leistungen glänzend bewiesen.

b) Er ist der beste kenner der sprache Luthers, in specie in dessen Bibel. War aufs beste dazu gerüstet, und am besten, vielleicht wol allein, dazu geeignet.

c) Er ist im principe richtig, im einzelnen höchst gewissenhaft, mit geschick, takt, geschmack verfahren. Wolte man etwas principiell aussetzen, so könte es höchstens sein, dass er sich unberechtigten forderungen gegenüber zu nachsichtig erwiesen hat. — Sind über manche einzelheiten manche etwas anderer meinung, so wird sich das ausgleichen lassen; in der hauptsache und im principe wird dadurch nichts geändert.

d) Nur wirkliche kenner sind berufen und befähigt über Luthers sprache und deren behandlung in der probebibel zu urteilen. Vorlaute, absprechende nichtkenner mögen sich getrösten mit dem sprüchlein des Apelles an den vorlauten, absprechenden schuster.

e) Frommann verdient für seine langjährige, unermüdliche, treue, kundige, weise arbeit die volle freudige anerkennung aller germanisten, aller freunde der vaterländischen sprache und litteratur, und den dank des gesamten deutschen volkes.

Herr prof. Paul richtete hierauf an die versamlung die frage, ob sie bereit sei eine bestimte ansicht in sachen der Bibelrevision auszusprechen? Die frage wurde einstimmig bejaht. Hierauf ergriff das wort herr prof. Stade-Giessen (theolog). Er habe mit grosser freude gefunden, dass die gutachten darin übereinstimten, dass die Probebibel inkonsequent sei. Mit besonderer genugtuung habe er das gutachten von Paul gelesen, der mit recht hervorgehoben habe, dass der gangbare Luthertext gar nicht mehr der alte Luthertext sei. Der vortragende wendet sich dann mit einigen worten gegen die thesen von Zacher: ein vernichtenderes urteil über die ganze revision sei nie ausgesprochen worden als diese thesen. Wenn es der kirche überhaupt nicht gestattet sei zu ändern, wenn sich Luther das so drastisch verbeten habe, dann sei diese revision auch nicht gestattet. Die ganze arbeit der revisionskommission sei mislungen. Vor allem sei daran schuld eine geschäftsordnung, die jedes vernünftige resultat von vornherein habe unmöglich machen müssen. Wirkliche sachkentnis sei in der kommission nicht zu worte gekommen. Die sprachliche gestalt der Probebibel sei verfehlt. Man solle nicht glauben, dem kind in der schule, dem volk sei etwas ehrwürdig deshalb, weil es in alter sprache vorgeführt werde. Diese bibel müsse die kirche und die theologie ablehnen; mit ihr könne man der gemeinde nicht entgegentreten. Die frage, ob überhaupt eine revision möglich sei, die die sprache durchgreifend ändere, lässt der vortragende unentschieden. Jedesfalls sei es kein unglück, wenn vor der hand die sache ins wasser falle.

Herr pfarrer Lindenborn verlangt, die Bibel möge sich mehr der heutigen sprache des volkes anschliessen, da sie doch von diesem verstanden werden solle. In der revidierten Bibel sei zu wenig geschehen in dieser hinsicht. — Herr prof. Harnack-Giessen (theolog) meint, es handle sich um drei punkte: 1) den urtext in gutem deutsch widerzugeben; 2) Luthers text möglichst zu erhalten; 3) ein verständliches buch zu liefern. Er fragt herrn prof. Paul, ob er es für möglich halte, diese drei aufgaben zu vereinigen, oder vielmehr meine, man solle einerseits den Luthertext genau nach der lezten ausgabe feststellen, andrerseits eine neue übersetzung geben, die sich in einigen punkten noch an Luther anschliesse. — Prof. Paul erklärt das leztere gemeint zu haben. Luthers text könne ja stilistisch vorbild sein, aber der unterschied der beiden übersetzungen müsse sofort zu tage treten. — Prof. Behaghel macht auf die schwierigkeiten der revision, besonders bei den briefen aufmerksam. — Prof. Gottschick-Giessen (theolog) hält drei bibelausgaben für notwendig: 1) eine streng historisch auf Luther zurückgehende Bibel; 2) eine durchaus in modernem deutsch gehaltene, dem sinn entsprechende übersetzung; 3) eine Bibel für den kirchlichen gebrauch, deren grundlage der Luthersche text bilden müsse.

An der weiteren debatte beteiligen sich noch die herren prof. Behaghel, pfarrer Lindenborn, prof. Paul, prof. Stade. — Bei der frage der abstimmung über die thesen von prof. Zacher erklärt dr. Strack, dass er dieselben billige, soweit sie sich mit dem gutachten Riegers deckten. Er könne überhaupt den principiellen auseinandersetzungen Riegers nur wort für wort beistimmen. — Auf antrag des vorsitzenden wird beschlossen, die Zacherschen thesen nicht zur abstimmung zu bringen. — Hierauf bringt prof. Paul folgende thesen zur verlesung:

Die sprachlichen abweichungen der Probebibel von dem Cansteinschen und den übrigen jezt verbreiteten texten der Lutherbibel bestehen

1) darin, dass die bisher durchgedrungene modernisirung der Lutherischen sprache, die hauptsächlich die sprachformen trift, zum teil durch zurückgreifen auf den alten text wider beseitigt ist;

2) darin, dass andrerseits in beschränktem masse eine weitergehende modernisierung vorgenommen ist, indem namentlich einige unverständlich gewordene wörter durch andere ersezt sind.

Die section erklärt nun:

1) in bezug auf den ersten punkt: die wiederherstellung bereits beseitigter archaismen ist zu misbilligen, und der text, wie er sich jezt festgestelt hat, nur insoweit an der hand der Lutherschen originalausgaben zu korrigieren, als sich bei der modernisierung fehler eingeschlichen haben;

2) in bezug auf den zweiten punkt: eine modernisierung, die sich in den grenzen der Probebibel hält, reicht bei weitem nicht aus, um den text algemein verständlich zu machen und hat daher keinen rechten zweck. Die forderung durchgängiger verständlichkeit lässt sich überhaupt ebensowenig, wie die durchgängiger richtigkeit der übersetzung mit der pietät gegen den Lutherschen text vereinigen. — Unter diesen umständen bleibt nichts übrig als folgendes:

1) der Luthersche text bleibt im wesentlichen in der gestalt, wie er sich jezt festgesezt hat, unangetastet und wird nach wie vor durch die Bibelgeselschaften verbreitet als ein hochbedeutsames werk unserer litteratur und als ein erbauungsbuch, welches man der grossen menge der evangelischen christen, die sich an dasselbe gewöhnt haben, nicht entziehen darf;

2) daneben tritt eine berichtigte übersetzung, für welche Luthers text nur insoweit massgebend sein darf, als dadurch der verständlichkeit ebensowenig wie der richtigkeit der übersetzung abbruch geschieht. Diese muss ebenso zugänglich gemacht werden wie jene.

An der sich hieran anschliessenden kurzen debatte beteiligen sich die herren: prof. Gottschick, prof. Paul, prof. Behaghel, dr. Wetz, prof. Birch-Hirschfeld, prof. Kölbing, pfarrer Lindenborn. Nach den ergebnissen der debatte hält es der vorsitzende nicht für opportun, über die Paulschen thesen ins gesamt abzustimmen, sondern es werde genügen die eine frage zu beantworten, die er folgendermassen formuliert: „Ist es wünschenswert, dass bei einer revision sprachliche altertümlichkeiten, welche in den verbreiteten ausgaben beseitigt sind, wider hergestelt werden?“ Nach einer kurzen geschäftsordnungsdebatte wird die frage von der versamlung verneint mit allen stimmen gegen die von dr. Strack, der sich der abstimmung enthält.

Der vorsitzende stelte nun den zweiten antrag: „Die versamlung nimt die gutachten der kommission und die thesen des herrn prof. Zacher mit dank zur kentnis, hält aber die sache für noch nicht spruchreif, um positive vorschläge zu machen.“ — Da die meisten sectionsmitglieder den wunsch hatten, sich auch noch über die frage der modernisierung auszusprechen, wurde zunächst dieser antrag mit allen gegen 5 stimmen abgelehnt. — Hierauf wurde über die zweite Paulsche these abgestimt, der herr prof. Behaghel folgende form gegeben hatte: „Soll zur erleichterung des verständnisses überhaupt modernisiert werden, so genügen die in der Probebibel vorgenommenen änderungen nicht.“ Der abstimmung enthielten sich die herren Bindewald, Birch-Hirschfeld, Freymond, Strack, Wetz. Von den übrigen 10 anwesenden mitgliedern der section wurde der antrag angenommen. Auch der vorher abgelehnte zweite antrag des vorsitzenden gelangte nun zu einstimmiger annahme. — Nachdem noch prof. Soldan dem präsidenten und den schriftführern den dank der section ausgesprochen hat, schliesst der erste vorsitzende mit einigen abschiedsworten die sitzung.

GIESSEN. A. STRACK.

MISCELLEN UND LITTERATUR.

Ein brief Lachmanns.

Mein verehrter Freund,

So geschwind widerspreche ich mir nicht. Sie werden | aber zugeben dass ein vollendetes werk gleich- | wohl fortgesetzt werden kann. Ich nehme an | 1) einen Dichter des jüngeren Titurel, der ihn viel- | leicht auch vollendet, d. h. mit der S. XXX angeführ- | ten Strophe da ihm einen Schluss gegeben hat wo | nach dem Parzival die Fabel aufhört.

2) einen Fortsetzer Albrecht, der das folgende angehängt hat.

3) einen Umarbeiter der im jüngern Titurel | ursprünglich unverändert gelassenen eschen- | bachischen Strophen.

Dass Herr R R Schulz den Parz. in 8 Bücher | theilt, ist nicht meine Schuld, auch nicht | seine: als er schrieb, war meine Aus- | gabe noch nicht heraus.

Der Ihrige

Lachmann

10. Mai 35.

Dieser brief Lachmanns, dessen mitteilung wir der güte des herrn prof. F. Kluge in Jena verdanken, befindet sich in einer erst neuerdings erworbenen Londoner handschrift (Egerton 2407), welche briefe aus den lezten jahrhunderten, von verschiedenen schreibern an verschiedene empfänger gerichtet, enthält, also doch wahrscheinlich wol von einem autographensamler zusammengestelt worden ist.

Lachmanns erste ausgabe Wolframs erschien 1833. Die erste ausgabe der übersetzung von A. Schulz (San-Marte) erschien 1836, und ihre vorrede ist datiert „Naumburg im Juli 1835,“ mithin später geschrieben als dieser brief Lachmanns. Dieser übersetzung liegt, nach der eigenen angabe des übersetzers, „der text der Lachmannschen ausgabe zum grunde,“ und Lachmanns abteilung des Parzival in sechszehn bücher war dem übersetzer wol bekaut; aber aus gründen, die er in der vorrede s. V angibt, hat er das gedicht hier in drei hauptteile von je drei büchern, also zusammen in neun bücher, zerlegt. Mithin muss sich die angabe

Lachmanns auf irgend eine frühere, irgendwo gedruckte äusserung des herrn reg.-rates A. Schulz (San-Marte) beziehen.

An wen der brief gerichtet ist, darüber gebricht leider jede angabe, und aus dem inhalte lässt sich ein fester anhalt für eine vermutung schwerlich gewinnen.

LEXIKALISCHES.

Erve, Erven, Unterven im Altkölnischen.

Die erbleihe ist ein vertrag, bei welchem der eigentümer eines grundstückes dasselbe einem andern überträgt und dieser, der beliehene, für sich und seine erben als besitzer des betreffenden grundstücks einen jährlichen zins verspricht. Der leiheherr behält sein eigentum und als inhalt desselben das recht auf zinsbezug. Der beliehene erhält die „gewere" am grundstück; er erscheint als der eigentliche vertreter des grundstücks und wird daher im grundbuche an dasselbe angeschreint. Das verhältnis der erbleihe wird ausgedrückt durch „jure hereditario habere, possidere" usw. oder „habere mansionem hereditariam." Hereditas ist altkölnisches *erve, ervgued* und bezeichnet zunächst das unbewegliche gut, den grundbesitz gegenüber dem beweglichen vermögen, der fahrenden habe, sodann auch rechte an unbeweglichen sachen, sowie rechte, die dingliche momente in sich schliessen, die reallasten. Gerade in dieser bedeutung komt hereditas *erve* häufig vor. Dieser bedeutung entsprechen dann die von *erve* abgeleiteten verba *erven, unterven* = mit einem unbeweglichen gute versehen oder desselben sich entäussern. Vgl. Hagens Reimkronik (Städte-Chroniken XII, 55) v. 1191:

hei wolde si erven unde goiden
dat si sich mit eme verbunden usw.

V. 5531: *is dat wir Kolne winnen*
ich soll uch alle erven da enbinnen

Weverslaicht v. 502:

mer kunden si't noch gewerven
dat si uch mochten entsetzen ind enterven.

Wie wenig *unterven* dem viel engern begriff des heutigen „enterben" entspricht zeigt eine urkunde von 1386 (Ennen Quellen V s. 527 nr. 369), wo Katharina von Cuesin und genossen dem hospital Ipperwald einen erbzins vom hause Mönfisch übertragen: *ind hain uns ind unse erven der vurschr. eicht guldene unterft ind dat vurschr. hospitail geerft.* Synon. damit ist *gueden* und *entgueden* oder *untgueden.*

Das ist also die algemeinere altkölnische bedeutung, die ich in dem wb. zu den chroniken XII—XIV gänzlich übersehen habe. Erst der für Altköln epochemachende längere aufsatz von dr. jur. Josef Gobbers aus Crefeld, zugleich doktordissertation: „Die Erbleihe und ihr verhältnis zum Rentenkauf im mittelalterlich. Köln des XII—XIV Jahrhunderts[1] (Weimar, Hofbuchdruckerei) hat mich des richtigen belehrt.

Daneben findet sich aber schon der engere begriff späterer zeit von *erven* c. dat. in Hagens Reimchronik v. 2883:

hei solde sin nist node verderven
unde it sinen kinden erven.

1) Die gen. abhandlung ist zu finden in der Zeitschrift der Savigny-Stiftung für Rechtsgeschichte IV. bd. Germanistische abteilung.

Zur sprache der Hamburger im vorigen jahrhundert.

Die sprache der Hamburger solte eigentlich plattdeutsch sein und die sprache, wenn man sie in der gewalt hat, ist nervös, angenehm und zum singen geschickt, hat ihre eigenen redensarten und eigenen schönheiten. Man hat hochzeitgedichte, die zum scherz in dieser sprache verfertigt sind und wahre meisterstücke heissen können: aber viele verstehen sie gar nicht und lernen sie nicht. Man redet hochdeutsch, aber in einem erbärmlichen dialekt; man sagt *maude* st. mode; *blift* st. bleibt; *Tschesus* st. Jesus; *bettken* st. bischen; *water* st. wasser; *gröte* st. grösse; *eten* et. essen; *tit* st. zeit. *Lat mick mit free. Win* st. wein usw. Französich und englisch lernen alle junge leute und zum teil von gar elenden sprachmeistern.

Vermischte bemerkungen auf zwei reisen durch Niedersachsen a. 1774/1775. Von Heinrich Sander, prof. am gymn. Illustre in Karlsruhe. Widmung s. schwäbischen reisen an mad. Grotian in Hamburg.

BONN. A. BIRLINGER.

Jahresbericht über die erscheinungen auf dem gebiete der germanischen philologie herausgegeben von der gesellschaft für deutsche philologie in Berlin. Sechster jahrgang. **1884.** Leipzig, verlag von Carl Reissner. 1885. IV, 418 s. 8°. m. 8.

Ein buch wie dieses ist nur in Deutschland möglich, wo der mann der wissenschaft, selbst wenn er mit irdischen glücksgütern so wenig gesegnet ist, dass er sich nur mühsam durchs leben ringt, doch im reinen interesse seiner wissenschaft und aus liebe zu derselben sich andauernden, anstrengenden wissenschaftlichen arbeiten unterzieht, ohne einen heller vergütung, geschweige belohnung, dafür zu erhalten, oder auch nur zu erwarten. Um so mehr haben wir allen grund zu dankbarer anerkennung der aufopferung jener männer, welche nun schon zum sechsten male uns einen jahresbericht über alle erscheinungen auf dem gebiete der deutschen philologie bis ins 16. jahrhundert hinein darbieten, während die meisten von ihnen durch verwaltung eines lehramtes an höheren schulen doch schon reichlich, und zum teil sogar überreichlich in anspruch genommen sind. Unbillig aber wäre es und undankbar, kleinlich zu bemängeln, dass dies oder das dem wunsche oder der ansicht des benutzers nicht ganz entspreche, und nach seiner meinung so oder so anders, besser und ihm genehmer gestaltet sein solle. Denn es ist doch wahrlich keine kleinigkeit, über 2000 nummern von büchern und aufsätzen derart durch-, oder doch wenigstens anzusehen, dass man gedrängteste auskunft über ihren inhalt, und etwa auch noch eine ansicht über ihre bedeutung oder ihren wert auszusprechen vermag: auch wenn solche arbeit sich unter mehrere verteilt.

Der 6. jahrgang, über das jahr 1884, bietet 2079 nummern und zerfält in 23 abteilungen, und zwar: 1. 2. Algemeine lexikographie und namenforschung; 3—5. Grammatisches; 6. Litteraturgeschichte; 7—10. Realien; 11. 12. 16. 19. 20. 21. Gotisch, skandinavisch, englisch, friesisch, niederländisch, mittellateinisch; 13. 14. 15. 17. 18. Ober- und niederdeutsch; 22. Geschichte der germanischen philologie; 23. Pädagogisches (deutsches und englisches für schulzwecke). Schliesslich folgen sorgfältige namen- und sachregister. Neu hinzugekommen in diesem jahrgange ist der 15., das 16. jahrhundert befassende abschnitt (nr. 1077—1290). Für lehrer wird von näherem interesse sein die lezte, die „pädagogische abteilung", reichend von s. 344 bis 394 (nr. 1775—2019). Recht zweckmässig ist, dass auch jedesmal die bereits anderwärts erschienenen recensionen und besprechungen des betreffenden buches oder aufsatzes angegeben werden. Die gesamte anordnung ist systematisch in bequemer übersichtlichkeit.

Da nun professor Ph. Strauch in Tübingen begonnen hat, im „Anzeiger für deutsches altertum und deutsche litteratur", (gehörend zu der von Haupt begründeten „Zeitschrift für deutsches altertum"), ein jährliches knappestgehaltenes verzeichnis der erscheinungen auf dem gebiete der neuhochdeutschen litteratur zu liefern, kann man jezt in diesen beiden bibliographien den gesamten jahresertrag auf dem gesamtgebiete der deutschen philologie bequem überschauen,' während gleichzeitig auch die nicht minder verdienstlichen übersichtlichen jahresverzeichnisse in der von prof. Bartsch herausgegebenen „Germania" ihren fortgang nehmen.

Gegen die früheren jahrgänge ist inhalt und umfang des sechsten beträchtlich angewachsen, und in folge dessen ist der ladenpreis auf 8 mark erhöht worden; auch jezt noch nicht zu hoch in anbetracht des gebotenen. Überdies gibt die redaction im „vorworte" bekant: „Wer seinen namen als mitglied der geselschaft zeichnet, erhält ihn bei pränumerierung von 6 mark portofrei zugesant. Für den preis von 6 mark sind auch jahrgang IV und V (1882. 1883) durch den unterzeichneten [K. Kinzel] zu beziehen."

Für den pfleger und den liebhaber deutscher sprache und litteratur ist dieser jahresbericht nachgrade fast unentbehrlich geworden. Und dass keine lehrerbibliothek der gymnasien und realschulen ihn anzuschaffen unterlasse, bleibt dringend zu wünschen. Wer durch jahrzehnte lange über verschiedene provinzen sich erstreckende erfahrung überreiche gelegenheit gehabt hat, zu gewahren, wie mangelhaft, ja wie schlecht und selbst elend die lehrerbibliotheken dieser anstalten zum teil ausgestattet und beschaffen, ja mitunter sogar verwaltet sind, der muss immer und immer wider darauf dringen, dass hier endlich wandel geschaft werde. Alles anzuschaffen, was im gebiete der auf den schulen gepflegten wissenschaften wichtiges und verdienstliches erscheint, das vermag freilich keine solche bibliothek. Aber den betreffenden lehrern muss doch die möglichkeit geboten werden, dass sie erfahren, was je auf ihren gebieten erschienen ist, und dass sie damit auf dem laufenden ihrer wissenschaft erhalten bleiben.

Den herausgebern aber wünschen wir beharlichen mut des ausdauerns und die wolberechtigte freude gedeihlichsten erfolges. Schliesslich bitten wir sie, ihr augenmerk wesentlich zu richten auf gedrängte, möglichst klare und möglichst objective angabe des inhaltes; mit eigenem urteile aber vorsichtig hauszuhalten, um es um so wirksamer aufzusparen für die in den speciellen bereich ihrer eigenen studien derart fallenden werke, dass sie aus volkommener beherschung des gegenstandes leicht und sicher ein richtiges, zutreffendes urteil darüber abgeben können.

Zuschriften in dieser angelegenheit sind zu richten an herrn gymnasiallehrer dr. Karl Kinzel, Friedenau bei Berlin.

HALLE, 24. DECEMBER 1885. J. ZACHER.

Deutsche Glossen in dem Vocabular Niger Abbas (Metzer hs. 293) von **M. Flohr.** Separat-Abdruck aus den Strassburger Studien. Strassburg. Verlag von Karl J. Trübner. 1885. 3 m.

Der verfasser veröffentlicht die deutschen glossen aus dem im 15. jahrhundert geschriebenen vokabular Niger Abbas, von denen schon Mone (Anzeiger für die Kunde teutscher Vorzeit, bd. V s. 234. 1836.) den anfag mitgeteilt hatte. Nach einer reihe dankenswerter bemerkungen über geschichte, zweck und quellen des glossars und hinweisen auf verwante handschriften bringt er die glossen zweimal zum abdruck, einmal numeriert in der reihenfolge, in welcher sie die handschrift bietet, und das andre mal in kategorien alphabetisch eingeordnet, ohne beifügung des lateinischen textes. Auf grund einer eingehenden untersuchung des lautbestandes der deutschen glossen komt der verfasser zu dem resultat, dass die gegend zwischen Metz und Strassburg als die heimat der handschrift anzunehmen sei, eine hypothese, welche durch die mitteilungen, die s. 2 fg. aus dem glossar gemacht werden, noch wesentlich bestärkt wird.

In bezug auf die benutzung von Ovids Amores in den klöstern des mittelalters hötte auf die bemerkungen verwiesen werden können, die Wattenbach (Geschichtsquellen, 4. aufl. Bd. I s. 264 fg.) über die benutzung der Ars amandi macht. Der verfasser würde dann die folgerung vermieden haben, welche er s. 7 aus der anführung eines verses der Amores zieht: „Solten alle derartige citate nicht selbst gewonnen, sondern aus andren handschriften (vielleicht dem Graecismus des Eberhard von Bethune, um den ich mich vergeblich bemüht habe) entnommen sein, so zeigen sie doch immerhin das interesse, welches der schreiber für sie gehabt hat.“

SONDERSHAUSEN, AM 8. DECEMBER 1885. GEORG ELLINGER.

Ullsperger, über den Modusgebrauch in mhd. Relativsätzen I. II. (Jahresbericht des k. k. Staatsgymnasiums.) Smichow 1884. 1885.

Die meisten und interessantesten fälle von relativsätzen sind behandelt, der schluss steht noch aus. Die reichhaltige samlung von beispielen auch für den indicativ bietet eine sehr dankenswerte ergänzung aller untersuchungen des mhd. conjunctivs, auch der von Bock (QF. 27). Dass der indicativ in vielen fällen stehn geblieben ist, für den man den conjunctiv erwarten könte, wird keinen verständigen überraschen; es konten eben feinheiten durch den conjunctiv ausgedrückt werden, auf die man in anderen fällen verzichtete. Die motivierung beider modi versucht Ullsperger überall scharfsinnig; vielleicht hätte sich manchmal eine einfachere fassung finden lassen. Ich würde alle fälle des conj. auf die optativische oder potentiale bedeutung zurückzuführen suchen, d. h. darauf, dass der satzinhalt als ein gewünschter oder bloss als möglich vorgestelter (beides vom sprechenden oder auch von einem anderen) bezeichnet werden soll. Auch vorgänge, an deren geschehen oder geschehensein der sprechende nicht zweifelt, kann er als bloss vorgestelt bezeichnen (dies ist § 5 c etwas weitschweifig ausgedrückt; vgl. § 18, wo mit recht diese auffassung für Walther 5, 27 geltend gemacht wird: *daz ûz dem worte erwahsen sî, daz ist von kindes sinnen vrî*); andererseits kann er eine handlung als einem subjecte im algemeinen zukommend im indicativ ausdrücken, auch wenn das wirkliche eintreten derselben erst gefordert oder gar verneint wird (§ 9 c: *wîset mich den pfat, der mich leitet an die stat,* nicht *leite,* wie man erwartet; § 22, 1: *enist dâ nieman, der in wert = wenn niemand da ist von den leuten, die ihnen wehren; und solche gibt es*).

Die einsicht in die mannigfaltigkeit des mhd. sprachgebrauches wird durch die arbeit gefördert. Es wäre zu wünschen, dass sie nach ihrer vollendung auch buchhändlerisch zugänglich würde.

BRESLAU. O. ERDMANN.

Halle a. S., Buchdruckerei des Waisenhauses.

EKKEHARDS „EXCERPTUM DE VITA ALEXANDRI MAGNI“ UND DIE HISTORIA DE PRELIIS.

Bekantlich enthält die Weltchronik des Ekkehard von Aura ein umfangreiches „Excerptum de vita Alexandri Magni“, über dessen stellung zu den übrigen bearbeitungen der Alexandersage die meinungen noch immer auseinander gehen. Die grundlage dieses excerpts bildet ersichtlich Leos' sog. „Historia de preliis“ nebst der „Epistola Alexandri ad Aristotelem de miraculis Indiae.“ Der herausgeber der Weltchronik (M. G. SS. VI), Waitz, der beide werke in der grossen Bamberger Sammelhandschrift E. III. 14 (B) vorfand, nahm ohne weiteres an, dass diese Ekkehards quelle gewesen sei, da Ekkehard offenbar auch andere stücke aus dieser handschrift benuzt hat. Man legte jedoch seiner behauptung kein gewicht bei, wol namentlich deswegen, weil die interpolierten texte der Historia de preliis, mit denen das excerpt mancherlei übereinstimmung zeigt, von ihm gar nicht in betracht gezogen sind. Vielmehr scheint die anschauung, dass Ekkehards bearbeitung nicht auf die Bamberger handschrift zurückgehe und folgerichtig, bei ihrem hohen alter, als ein wertvolles mittel zur widerherstellung der ursprünglichen gestalt der Historia de preliis zu gelten habe, neuerdings die herschende zu sein. Erst jüngst noch hat dieselbe in O. Zingerle (in dessen schrift „Die Quellen zum Alexander des Rudolf von Ems“) und G. Landgraf, dem herausgeber des Bamb. textes der H. d. p., vertreter gefunden. Bei der wichtigkeit der frage für die textkritik der H. d. p., deren ergebnisse ihrerseits wider für die kritik der zahlreichen ma. Alexandergedichte bedeutung haben, ist eine ausführliche untersuchung wol nicht überflüssig.

Dass sich Ekkehard eine zeit lang in Bamberg aufhielt und dort an seiner chronik schrieb, hat Waitz (s. 2) mit ziemlicher sicherheit nachgewiesen. Dass die handschrift E. III. 14 der kgl. bibliothek zu Bamberg bereits im mittelalter in Bamberg aufbewahrt wurde, lässt eine notiz vermuten, die mit schriftzügen des 12. — 13. jahrhunderts auf dem lezten blatt eingetragen ist: „m. m. dei gratia decanus maioris babenbergensis ecclesie.“ Um dieselbe zeit werden in einem bücherverzeichnis der Bamberger-dombibliothek (Oken, Isis bd. XXII s. 1237; vgl. Jäck, Beschr. d. öff. Bibl. zu Bamb. bd. II s. XLII fg.) nach einander aufgeführt: „Eutropii gentilis historia romana. Historia romana a Paulo digesta." In rücksicht auf jenen eintrag dürfen wir wol annehmen, dass in diesen worten eine bezeichnung unserer handschrift steckt. Denn diese begint mit dem briefe, in welchem Paulus Diaconus seine bearbeitung des Eutrop der herzogin Athelberga widmet und seine erweiterung des ursprünglichen textes damit begründet, dass der herzogin an Eutrop misfallen habe „quia quasi homo gentilis nullam commemorationem fecit de diuina historia"; und diesem briefe wird sodann die Epitome des Aurelius Victor in einer weise angereiht, als sei dies die versprochene bearbeitung, daher auch von anderer hand die überschrift „ystor. Rom. a Paulo digesta" hinzugefügt ist (vgl. Arch. IX s. 675).[1] Die handschrift gehörte also jedenfals im mittelalter der Bamberger dombibliothek, und wurde dieser wol durch ihren begründer, kaiser Heinrich II, geschenkt, der auch in Italien — daher stamt die handschrift unzweifelhaft — bücher erwarb (Jäck a. a. o. s. II), und aus dessen stiftung die mehrzahl der älteren stücke, „deren meiste einen italienischen charakter haben" (a. a. o. s. III), herrühren mag.

Die handschrift war somit vermutlich für Ekkehard sehr bequem zu erreichen. Hat er sie nun auch benüzt? Er hat von den werken, die in derselben enthalten sind, eine ganze reihe für seine chronik verwertet, und zwar haben ihm einige derselben in einem eigentümlich veränderten texte vorgelegen, welcher — ein erzeugnis unteritalischer bearbeiter — nirgends sonst als in dieser handschrift überliefert ist.[2] Waitz hat dies (s. 5) an einem beispiel dargetan. Es genüge hier ein beliebiges weiteres anzuführen:

Paul. hist. Langob. II, 6.	B 144ᵇ.	Ekk. 143, 44 fgg.
Alboin vero ad Italiam cum Langobardis profectu-rus ab amicis suis ve-tulis, Saxonibus, auxi-lium petiit, quatenus spa-tiosam Italiam cum plu-ribus possessurus in-traret. Ad quem Sa-xones plus quam vi-	Alboin petiit adiutorium uetulis saxonibus ami-cis suis. ut spaciosam italiam cum multis in-trarent. cui saxones plus quam cum uigin-ti milibus iuncti sunt. cum mulieribus et filiis suis. et secundum eius uo-	Alboin igitur petiit auxi-lium ab antiquis Saxo-nibus amicis suis, ut spaciosam Italiam intra-ret cum multis. Cui Saxones plus quam cum 20000 iuncti sunt et secundum eius vo-luntatem cum uxoribus

1) In dem bücherverzeichnis sind die worte „historia romana" offenbar irtümlich widerholt, und es solte eigentlich heissen: „Eutr. gent. hist. rom. a. P. d." — Eine umarbeitung der hist. Rom. des Paulus steht in B Fol. 24^a—65^d, ist aber bei der änderung des textes und dem fehlen des titels nicht ohne weiteres als solche erkenbar.

2) Nur im cod. Vatican. 1984 findet sich ähnliches; vgl. Waitz, Arch. IX, s. 682 fg.

ginti milia virorum cum uxoribus simul et parvulis, ut cum eo ad Itatiam pergerent, iuxta eius voluntatem venerunt.	luntatem intranerunt cum eo italiam.	et filiis Italiam cum eo intraverunt.

Demnach ist wol sicher, dass die handschrift in Ekkehards händen war; und also lag ihm auch der Bamberger text der H. d. p. und der Ep. vor, denn die beschaffenheit der handschrift zeigt unzweifelhaft, dass die verschiedenen teile derselben bereits am orte ihrer entstehung ein zusammengehöriges ganzes bildeten.

Hat nun Ekkehard, wie von sonstigen stücken der handschrift, auch von der H. d. p. und Ep. gebrauch gemacht? Eine vergleichung derselben mit dem Excerpt weist nicht nur eine bedeutende übereinstimmung im wortlaut auf, sondern ergibt überdies, dass sich der gesamte inhalt des Exc. aus diesen beiden abschnitten herleiten lässt, mit alleiniger ausnahme folgender zusätze: E. 62, 13 fg. (Nectanebus,) qui regis Persarum Artaxersis, qui et Memnon dictus est, fuit contemporaneus: aus Hieron. chron., wo Nect. unter diesem Perserkönig zuerst erwähnt wird; E. 62, 17 Cumque regnaret (Nect.) annis decem et octo: aus der angabe des Hier., dass Nect. 18 jahre regiert habe; E. 66, 35 invenitque ibi matrem Darii et uxorem eandemque sororem et duas filias eius statt B 205[c] I. i. m. D. et uxorem et filios eius (ebenso 67, 54. 59. 60; 68, 1 „filios" in „filias" geändert): aus Oros. III, 16, 9; E. 69, 44—47 Cum Poro — restituit: aus Oros. III, 19, 3. 4; E. 70, 13—27 Deinde Adrestas — urbem expugnavit: aus Oros. III, 19, 4—11; E. 73, 7 fg. Halestris — excitata: aus Or. III, 18, 5; E. 75, 12—20 Post peragratam — rumorem: aus Oros. III, 19, 2. 1; 20, 1—3; E. 75, 54 (Ptholomeus) filius Lagi: aus Hier.; E. 75, 56 fg. regni-regnavit: berechnet aus Hier.: „Al. obtinuit Babylonem interfecto Dario, in quo Persarum regnum destructum est. Al. regnum Asiae anno regni sui VII occupat et tenet omnia annis XII."[1] — Orosius und Hieronymus sind aber hauptquellen Ekkehards für die alte geschichte, so dass nicht auffallen kann, wenn sie auch in dieser partie gelegentlich herangezogen werden.

1) Die ausserdem bei Waitz angeführten, nicht zum ursprünglichen texte Ekkehards gehörigen zusätze der Gothaer handschrift stammen aus Jul. Valer. Epitome: 68, 61—69 = Epit. II, 21; 75, 63—69 = Epit. III, 35. — Die angabe „vocavitque eundem caballum bucefalum" (E. 63, 22) ist nicht aus einer andern quelle entnommen, wie Waitz meint. Der name des pferds wird in B bei anderer gelegenheit dreimal erwähnt und ist danach hier passend eingefügt; nur hat Ekkehard die griechische endung (Acc. bucefalon B 211[d]) in die lateinische verwandelt.

Erklärt sich demnach der inhalt von Ekkehards Excerpt volständig aus den büchern, deren benützung durch Ekkehard feststeht, so dürfte es fast überflüssig erscheinen, sich nach andern quellen dafür umzusehen. Doch mögen gewisse übereinstimmungen zwischen dem Exc. und den interpolierten texten der H. d. p. immerhin die frage offen lassen: könte nicht Ekkehard zu demselben inhalt auf anderm wege gelangt sein und aus irgend einem grunde einen andern text der H. d. p. anstatt des Bamberger oder neben demselben verwertet haben?

Um die unwahrscheinlichkeit eines solchen verhältnisses klar zu legen, wird es nötig sein auf die handschriften der H. d. p. einen blick zu werfen. Der ursprüngliche text der H. d. p. ist uns einzig in B in ziemlich unveränderter gestalt erhalten. Handschriften dieser textform werden überhaupt nur sehr wenige existiert haben, da die barbarische sprache und die trockene, dürftige, mehrfach auch unklare art der darstellung der verbreitung im wege stehn muste. Vom vorhandensein eines zweiten solchen textes in Deutschland findet sich keine spur. Ein unerweiterter text liegt ausserdem nur noch im cod. lat. Mon. 23489 (M) vor. Dass dieser aus einer direkten bearbeitung der Bamberger H. d. p. (M*) abgeleitet ist, habe ich schon früher (in meiner abhandlung über die quellen zu Rudolfs Alexander vgl. ztschr. bd. 16 s. 124) kurz darzulegen versucht. Einige beweise werden sich ferner gelegentlich unten ergeben. Diesen beiden texten gegenüber steht die grosse masse der erweiterten, welche — soweit sie mir bekaut sind — sämtlich auf eine spätestens im 12. jahrhundert in Italien verfasste bearbeitung der H. d. p. (I*) zurückgehn. Diese hat durch besserungen und zusätze Leos werk zu dem beliebten unterhaltungsbuche umgeschaffen, als welches uns dasselbe seit dem 12. jahrhundert in der litteratur entgegentritt. Sie ist uns in drei verschiedenen recensionen überliefert: Zu der ersten (I_1), welche I* am reinsten bewahrt hat, gehört u. a. — um auf texte hinzuweisen, die durch den druck bequem zugänglich gemacht sind — die von O. Zingerle (in der angeführten schrift) herausgegebene Grazer handschrift und die Utrechter drucke (diese jedoch nicht ihrem ganzen inhalte nach); zu der zweiten (I_2), der litterarhistorisch wichtigsten, in welcher zwar der wortlaut von I* im ganzen beibehalten, aber die komposition durch abänderung der reihenfolge der begebenheiten und durch bedeutende, namentlich aus Orosius eingefügte zusätze umgestaltet ist: die Oxforder handschrift Gagniers (teilweise abgedruckt in dessen ausgabe des Joseph. Gorionides) und Zingerles Seitenstetter handschrift — beides geringwertige vertreter der gruppe; zu der dritten (I_3), einer späten umarbeitung, welche den ursprünglichen inhalt mit mässigen erweiterungen in gezierter und schwülstiger sprache widergibt: Kinzels Berliner handschrift (vgl. dessen programmbeilage „Zwei recensionen der Vita Al. Magni" usw. Berlin 1884) und die Strassburger drucke. Eine genauere besprechung und begründung dieser verhältnisse sei mir gestattet hier beiseite zu lassen und dafür auf meine ausgabe der H. d. p. zu verweisen, deren ersten teil ich bald hoffe veröffentlichen zu können.

Lässt sich nun annehmen, dass Ekkehard M oder eine handschrift der klasse I* benüzt habe?

M selbst zunächst kann von Ekkehard nicht gebraucht sein, denn die handschrift ist frühestens in der zweiten hälfte des 12. jahrhunderts entstanden. Wol aber wäre denkbar, dass ihm die originalbearbeitung M* vorgelegen hätte, welche in der abschrift M trotz mehrerer flüchtigkeitsfehler offenbar doch ziemlich getreu überliefert ist. Allerdings könte diese quelle nur für das in betracht kommen, was Ekkehard aus der eigentlichen H. d. p. entnommen hat, und man müste für die zusätze, die aus der Ep. stammen, nach einer zweiten quelle suchen. Vergleicht man jedoch die stellen, in welchen M* von B abweicht, mit den entsprechenden des Excerpts, so zeigt sich dieses M* gegenüber im ganzen dergestalt mit B im einklang, dass von einer herleitung desselben aus M* nicht die rede sein kann. Fassen wir — um das verhältnis an einer beliebigen stelle zu prüfen — E. 62, 28—36 neben B 194^{cd} und M 4^{b} 5^{a} ins auge. Hier hat zwar Ekkehard so gut wie der verfasser von M* in dem satze „in somnis uidebis illum et in ipso somno concumbit tecum" die form „concumbit" in rücksicht auf „uidebis" in „concumbet", und in dem ausdruck „fecitque incantationem olimpiadis" den undeutlichen gen. obiect. in „olimpiadi" verwandelt. Aber bei sonstigen divergenzen zwischen B und M* stimt Ekkehard zu B: largitur diuitias in omnibus B — l. d. omnibus E. — l. d. hominibus M; habens in fronte cornua B — h . . . . i. f. c. E. — h. in capite coronam M; in ipso somno B E. — i. i. somnio M; euellens herbas et triturans ea tollens sucum B — evellensque herbas et exprimens sucum E. — e. h. et trit. tulit secum M; faciamus aliquod arbitrium B E. — f. a. experimentum M; recipe cubiculum B E. — intra c. M. Ähnlich zeigt sich das textverhältnis durch das ganze stück. Zur erklärung der fälle, in welchen Ekkehard zu M gegen B steht, reicht völlig die erwägung aus, dass hier zwei deutsche bearbeiter des 12. jahrhunderts dieselbe aufgabe zu lösen hatten, einen in der singulären italiänischen latinität des 10. jahrhunderts verfassten, überdies durch unklare kürze des ausdrucks schwer verständlichen text für ihre zeit- und landesgenossen zurecht zu machen. Beide führen zunächst die gewöhnliche orthographie des

12. jahrhunderts ein: so poledrus st. polletrus, nichil st. nihil; 62, 15 = M 3[b] concham st. concam (ch st. c sogar in eigennamen: Zachora 65, 28 = M 12[b] st. Zacora); 72, 66 = M 30[a] insecuntur st. insequuntur; 71, 15 = M 25[b] cocodrilli st. corcodilli; 72, 42 = M 29[a] bruniam st. broniam. Beide begegnen sich aber begreiflicherweise auch sonst mehrfach in ihren änderungen, mögen diese nun die beseitigung fehlerhafter oder ungewöhnlicher formen und ausdrücke, oder die glättung von stil und sprache, oder die besserung unklarer und verderbter stellen bezwecken. Von fällen dieser art sind bemerkenswert: B 194[d] percussit eam in utero; E. 62, 37 p. manu illius uterum; M 5[a] p. uterum eius (so auch die Innsbr. hs. von I_1; aber I* = B). — B 194[d] taliter suasa est olimpiadis adulterando se ab homine; E. 62, 39 fg. = M 5[a] t. persuasa Ol. [E.: Olimpiades] adulterata est a. h. — B 196[a] quare uoluisti te intermittere de cęlestibus clementis; E. 63, 8 und M 6[b] intromittere st. interm. — B 198[d] canes multum latrantes nullum affectum faciunt; E. 64, 19. M. 10[a] c. m. l. n. effectum faciunt (M: habeut); ähnlich I*: canis, qui m. l., n. effectum facit. — B 199[a] werden in bezug auf Darius kurz nacheinander die ausdrücke gebraucht: „lucente una cum persidis diis“ und „fulgis una cum persidis —“ sc. „diis“, was der schreiber von B aus versehen ausgelassen hat, während es E. (64, 31) und der verfasser von M* (M 10[b]) natürlich leicht aus dem ersten ausdruck ergänzen konten. Auch I* hat diis. — B 200[a] non ascendat cor tuum talia facere; E. 64, 60 = M 11[b] u. a. in cor usw. B. 203[c] cogitemus de saluatione nostra. et [st. ut] non .... paruitas illis crescat. et magnitudo nostra despiciat. E. 65, 61 fg. ne forte parvitas illius crescat e. m. n. deficiat. M 16[a] et non ... p. illorum crescit e. m. n. deficit. — B. 204[a] stelt Oxiather seinem bruder Darius den Al. als muster hin: „Quia ille sic facit sicut tu (.) quando uult pugnare cum aliquo homine. satrapes. et principes mittit ut pugnent cum eo. Per semet ipsum uadit. et pugnat“ usw. Selbstverständlich fehlt (zweimal) „non“, das sich denn sowol bei E. 65, 64 als in M 16[a] und I* findet. — B 205[d] Rex alexander dario regi. superbiam et elationem suę uacuę glorię odio habuerunt dii; E. 66, 50 und M 18[a] st. „suę“: „tuę.“ — B 206[d] iste fluuius ... prenimio gelu coagulat se; E. 67, 7 Hic f. p. frigore congelatur; M. 19[a] i. f... p. g. congelatur. — B 209[d] a modo persarum gens atque macedones efficiantur in unum regnum; E. 68, 25. M 22[b] a. p. g. (g. p.: E.) et macedonum efficiatur unum regnum (r. u.: M). — B 211[d] Non decet imperatori sic in uacuum perdere uictorialem populum suum; E. 69, 34. M 24[b] N. d. imperatorem sic in vanum p. v. [v. fehlt E.] p. s. — Für „offertio“ setzen

E. und M regelmässig „oblatio“, für „apocrisarius“: „apocrisiarius.“ — Endlich drei stellen, in welchen E. und der verfasser von M* auf dieselbe weise ihre vorlage misverstanden haben: B 195[c] äussert sich Philipp über den eben geborenen Alexander: nutriatur in memoriam (= εἰς μνήμην τοῦ τελευτήσαντός μου παιδός Ps. Call.) quasi proprius sit meus filius et quasi sit ille qui mortuus est mihi ex alia uxore.“ Da die angabe, zu wessen andenken das kind aufgezogen werden soll, nicht, wie zu erwarten wäre, bei „memoriam“ steht, so übersahen Ekkehard (62, 60) und der verfasser von M* (M 6[a]) die versteckte beziehung und dachten bei „in memoriam“ zunächst an den vater des kindes: daher sezt ersterer nach „memoriam“ „mei“ ein (so auch jüngere, zu I_1 gehörige texte, während ältere zeigen, dass I* das ursprüngliche bewahrt hatte), lezterer „meam.“ — B 210[c], fatigatus est una cum militibus suis. quietiam (= ὥστε, wie öfter in B) omnes principes sui dicebant sic“ usw. änderten E. (68, 46) und der verfasser von M* (M 23[a]), die nicht wusten, was „qui etiam“ hier heissen solte, auf dem einfachsten wege, indem sie „principes sui“ (M auch „etiam“, E. „sic“) wegliessen. — B 217[a] endlich betet Alexander zu Juppiter „recipe me tercium mortalem“, was beiden bearbeitern (wie leider auch mir bei einer früheren gelegenheit) sinlos erschien, während man bei genauerer vergleichung von Ps. Call. III, 30 findet, dass gemeint ist: als den dritten, nachdem bereits Herakles und Dionysos unter die götter aufgenommen wurden. E. 70, 40 und M 30[b] bringen beide die hübsche konjektur „recipe (E.: suscipe) me tecum immortalem“ — auffallend genug; aber komt nicht jezt noch oft vor, dass zwei bearbeiter desselben textes unabhängig von einander einen solchen einfall haben? Und dass es weder Ekkehard noch dem verfasser von M* an der fähigkeit zu einer solchen emendation fehlte, beweisen uns beide durch mehrere proben. — Alles dies genügt unter den hier gegebenen verhältnissen nicht, um, bei dem sonstigen auseinandergehen beider bearbeitungen, eine benützung von M* durch Ekkehard glaublich zu machen.

Ein ähnliches resultat bringt die vergleichung mit I*. Auch diesem texte gegenüber steht Ekkehard von anfang bis zu ende so entschieden auf der seite von B, dass sich bestimt sagen lässt: unter den beiden texten I* und B kann nur lezterer dem Excerpt als grundlage gedient haben. Die fälle, in welchen Ekkehard gemeinsam mit I* von B abweicht, sind aus einem ähnlichen gesichtspunkte zu beurteilen, wie oben die anklänge an M*. Die texte der Historia de preliis und der Ep., auf welche der verfasser von I* seine bearbeitung gründete, waren unzweifelhaft — den nachweis werde ich in der ausgabe der

Historia de preliis zu bringen versuchen — mit den in B überlieferten im wesentlichen identisch. Der verfasser von I* hat nun zwar, als landsmann Leos, an manchem keinen anstoss genommen, was Ekkehard und M* ändern musten, aber er fand doch in der sprache, im stil, und namentlich auch in der komposition (die nur M* in ihrer ganzen ungeniessbarkeit belassen hat) sehr viel zu bessern, und es ist ganz natürlich, dass er dabei mit Ekkehard mehrfach übereinkomt.

Um das textverhältnis anschaulich darzustellen, greifen wir aus dem Excerpt aufs geratewol drei stellen heraus — etwa von 6 zu 6 seiten nach Waitzs ausgabe jeweils die ersten sätze — und vergleichen diese mit den entsprechenden in I* und B:

E. 63, 1. 2. Qui computans dixit: Cogitatio illius munda est erga te; sol enim respicit in quandam stellam separantem desiderium suum. Alexander vero tunc ibi erat. Qui ubi hoc audivit, dixit: Pater, hae stellae, quas tu computas, apparent in coelo?	B 195 d (H. d. p.) Cępit computare. et dixit. cogitatio illius erga te munda est. Sol itaque respicit in quandam stellam. separando desiderium suum. alexander tunc ibi erat. et ubi hoc audiuit dixit. pater. hę stellę. quas tu computas. parent in cęlo.	I* (vgl. Zing. s. 138) Nectanebus hec audiens cepit computare et dixit regine: „Cogitatio illius erga te munda est.“ Sol itaque respiciebat in quandam stellam separando ab ea desiderium suum. Audiens autem hec Alexander dixit illi: „Pater, hec stella, quam computas, paret in celo?“
E. 69, 1. 2. Post aliquantos dies in finibus Indiae obviaverunt Alexandro legati Pori regis deferentes ei epistolam continentem hunc modum:	B 210 d (H. d. p.) Et post aliquantos dies. uenerunt in finibus indie. et obuiauerunt ei missi deferentes ei epistolam a rege poro continentem ita.	I* (vgl. Zing. s. 201) Exinde amoto exercitu uenerunt in Indiam Phasiacen mense Iulio deficiente; et obuiauerunt ei missi Pori regis deferentes ei epistolam continentem ita:
E. 75, 2—5. Erant autem in eodem flumine feminae capiliatae, quae cum viderint extraneos homines in ipso flumine natantes, apprehendunt illos, et aut suffocant illos in eodem flumine, aut trahunt eos inter cannas riparum, et quia ipsae sunt nimium formosae, faciunt illos secum tam diu concumbere, quousque sine anima remaneant, aut nolentes pre nimia ira occidunt.	B 235 b (Ep. ad Ar.) Erant in eodem flumine feminę capillatę. istę quando uidebant extraneos homines natare in ipso flumine. appręhendentes illos. aut suffocabant in ipso flumine. aut trahebant eos inter ipsas cannas. et quia erant nimium formosę. aut per nimiam iram occidebant illos. aut tantum faciebant illos secum concumbere. quo usque sine anima remanerent.	I* (vgl. Zing. s. 251) Et erant in eodem flumine mulieres speciose nimis habentes capillos multos et longos usque ad talos. Iste mulieres si uidebant homines extraneos natare in ipso flumine, apprehendebant illos et aut suffocabant illos in ipso flumine, aut trahebant eos in ipso arundineto et tam diu faciebant eos secum concumbere, quousque sine anima remanerent.

Prüfen wir nun von jenen besonderen übereinstimmungen zwischen dem Excerpt und I* was irgend berücksichtigung zu verdienen scheint.

Zunächst zusammentreffen in änderungen des ausdrucks, wie: B 193[d] uenit macedoniam. sedensque [part. in der geltung des verb. finit., wie häufig bei Leo] palam diuinando omnibus usw.; E. 62, 21 divinabatur, I* diuinabat st. diuinando. — B 196[b] ut cum quando blanditur domino suo canis. sic et ille blandiebat alexandro; E. 63, 21 sicut canis blandiri solet d. s., s. i. blandiebatur A.; I* sicut quando blanditur c. d. s., s. et i. blandiebatur A. — B 196[d] E 63, 39. I* recipe (accipe E.) a me de priori (prima E. I*) mea pugna uictorialem coronam. — B 198[c] Sciscitatus est — de statu et posicione alexandri. ostenderunt ei depictam imaginem al.; E. 64, 6 de statura eius; I* de aspectu et statura Al. — B 199[d] 200[a] si hoc (sementem papaueris) mensurare potueris. pro certo mensurabitur populus meus; E. 64, 59 und I* in rücksicht auf „populus": s. h. (ergo hanc E.) numerare p., p. c. (scias, quia I*) numerabitur p. m. — B 205[a] Posuitque in eam (bactram) solium suum. - et subiugauit sibi omnes alias ciuitates. Da unklar ist, was für „sonstigee" städte gemeint sein sollen, so ändert E. 66, 36: omnes circumpositas civ., I*: o. ciu. que erant in circuitu eius. — B 206[d] fluuius (coagulatus) ..... dissoluit se; E. 67, 8. I* dissolvitur. — B 209[b] sagt Darius zu denen, die ihn ermorden wollen: „si me occiditis. et uenerit alexander ..... uindictam faciet his qui me occiderint." E. 68, 14 fg. und I* deutlicher: vi. fac. [E.: f. v.] in vos. — B 211[c] elefanti ... tendentes rostra sua. E. 69, 28 extendentes promoscidas suas, id est rostra sua; I* t. promoscides suas; „promoscides" aus Ep. (B 232[b]) uidemus multitudinem elefantorum. tendentes promoscides contra nos.

Übereinstimmung in änderungen rücksichtlich des inhalts, und zwar erstlich fälle, in welchen die kürze des ursprünglichen textes zur erweiterung und verdeutlichung aufforderte: B 199[d] wirft Darius Alexander vor: „uadis pugnando et dissipando ciuitates." F. 64, 56 sezt „meas" hinzu, I* „nostras." — B 200[b] erwähnt Alexander in einem brief an Darius, er sende ihm hiermit pfeffer als zeichen der tapferkeit seines heeres, worauf fortgefahren wird: uocauit al. apocrisarios darii. deditque illis epistolam. et dimisit eos. Den bearbeitern schien dies, in rücksicht auf jene angabe, unvolständig, und E. 64, 70 ergänzt zu „epistolam": „cum parvo pipere", I*: „et piper pariter et dona optima." — Um über die zahl seiner truppen zu täuschen lässt Alexander staub aufwirbeln: B 206[c] hoc ingenium fecit sapientissimus al. euellens erbas ramosque usw. Diese in der klassischen latinität so gewöhnliche art der breviloquenz erregte hier anstoss: E. 66, 68 iussit milites suos evellere herbas usw.; I* precepit mil. suis, ut usw. — B 209^{a} verspricht Darius dem Porus: „Caballus uero bucefalon. et imperiale paramentum. tuum sit.“ E. 68, 6 und I* fügen nach „paramentum“ „Alexandri“ ein. — B 214^{c} Viditque excelsas arbores. portantes poma grandia ut cedrus. habentes et botros uuę magnos ualde klingt, als solten auch die weintrauben als früchte der hohen bäume bezeichnet werden. E. 72, 6 und I* setzen daher „uites“ hinzu. — Dahin mag man auch die erweiterung des zweiten satzes rechnen. Nachdem zuvor gesagt war, dass sich die Ägypter in der magischen kunst auszeichneten, und dann mit „Dicunt autem de Nectanebo“ auf deren könig die rede kam, erwartet man, dass von jenem algemeinen satze nun auf diesen speciell anwendung gemacht werde, und empfindet die fortsetzung, wie sie B 193^{c} bietet, „quomodo subito hostes sicut nubes uenissent super eum“, als eine härte. Daher fährt E. 62, 14 fort: (Quorum rex Nectanebus) .... magicae artis erat peritus, ita ut, cum super eum hostes venirent usw.; I*: (Dicunt autem de Nectanebo rege eorum,) quod fuisset homo ingeniosus et peritus in astrologia et mathematica et magicis uirtutibus plenus. — Ferner fälle, in welchen, gegenüber einem wirklichen oder scheinbaren textverderbnis der Bamb. hs., Ekkehard durch korrektur, I* durch korrektur oder gemäss seiner vorlage eine abweichende lesart bietet: B 200^{bc} cum tanta uelocitate fugierunt (Amonta cum reliquis). quia nec darium inuenerunt apocrisarii (korr. aus apocrisarios) qui portauerunt ei piper et epistolam alexandri. Dass hier „quia nec“ aus „qui ante“ (qui, und quia in B öfter = ut consec.) entstelt ist — welche entstellung dann weiter die verkehrte änderung von „apocrisarios“ zur folge hatte — war für Ekkehard bei berücksichtigung des erforderlichen sinnes um so leichter zu erkennen, da a von qui getrent, mehr nach nec hin steht und ec te sehr ähnlich sieht. Für das ungewöhnliche konsekutive quia (qui) sezten Ekkehard und der verfasser von I* quod ein: E. 65, 5 tanta velocitate fugit in Persidam, quod ante Darium invenit apocrisiarios; I* cum tanta celeritate fugiit, quod ante Darium inuenit ipsos missos usw. (Dagegen M*, dessen verfasser den fehler nicht herausfand: quod preuenerunt nuntios alexandri). — Alexander hat sich verkleidet in das hoflager des Darius geschlichen und wird von den Persern angerufen: B 207^{a} „Interrogaverunt eum. respondit. apocrisarius regis alexandri sum.“ Dann erblickt ihn Darius. „Interrogavitque eum. quis es tu?“ worauf dieselbe antwort erfolgt. Die erste frage ist in B ausgefallen. Die ergänzung war von selbst gegeben: E. 67, 12 quis esset; I* Quis es tu? — Ebenso natürlich ist die ausfüllung der lücke B 209^{d} Plorabant enim perses non tantum pro morte [Darii E. 68, 29. I*; fehlt B].

quantum pro pietate alexandri (als Alexander den sarg des Darius tragen half). — Sehr leicht auch die besserung von B 210[d] et istos solus uici. et ubicumque iero facere pugnam cum barbaris superando illos. E. 68, 53 und I*: superabo illos. — Verfehlte änderungen: B 196[b] quadraginta dena milia (= τεσσαράκοντα μυριάδας) aureorum solidorum; E. 63, 25 und I*: quadraginta milia. — B 213[b] Iste arbores ferebant fructus odoriferos. Precepique quibusdam hominibus meis ut tollerent ex liquore ipsarum arborum (Ps. Call. σπόγγοις ἐκλέγεσθαι τὰ τούτων δάκρυα). Den bearbeitern erschien „liquore", namentlich in rücksicht auf den vorhergehenden satz, fehlerhaft; auch lassen sie Alexander, wie sonst regel ist, an soldaten seinen auftrag erteilen: E. 71, 31 Precepit autem Al. militibus quibusdam, ut tollerent de fructibus ipsis; I* precepit cuidam militi suo, ut tolleret ex fructu ipsarum arborum. — B 215[d] erzählt Alexander von seinem aufenthalt in der göttergrotte. Er wird zuerst von einem gotte angeredet, der sich ihm auf die frage „quis es tu domine?" als Sesonchosis zu erkennen gibt. Weiter vordringend erblickt er wider einen gott, „et dixit mihi. quid est hoc? (= οἶδάς με τίς εἰμί; Ps. Call.) adiungens. natiuitas sum ego deorum." An dem unklaren „quid est hoc?" haben begreiflicherweise beide bearbeiter anstoss genommen und lassen statt dessen Alexander die frage widerholen, die er an den ersten gott richtete: E. 72, 49 cui dixit: „Quis es, domine?" Qui ait: „Nativitas" usw.; I* et dixit illi Al.: „Quis es tu, domine?" Et ille dixit: „Ego sum origo" usw.

Dazu kommen noch die bereits erwähnten korrekturen, in denen mit Ekkehard neben I* auch M* übereinstimt.

Während aber der verfasser von M* den text nur im einzelnen veränderte, haben Ekkehard und der verfasser von I* auch die kompositiou umgestaltet. Vor allem versahen beide den ursprünglichen bericht der H. d. p. mit zusätzen aus der Ep. Dass Ekkehard diesen erweiterten bericht nicht etwa aus I* entlehnte, vielmehr neben dem unerweiterten text der H. d. p. die Ep. ad Ar. gesondert vor sich hatte, folgt aus mehreren umständen ganz evident. So gibt Ekkehard die abenteuer am bitteren flusse und am süsswassersee, in deren schilderung der in der H. d. p. enthaltene brief Alexanders an Aristoteles mit der Ep. konkurriert, erst 71, 3—16 nach der H. d. p. (B 212[c]—213[a]), dann 73, 19—57 nach der Ep. (B 230[a]—231[b]), während der verfasser von I* beide stücke zu einer einheitlichen darstellung verschmolzen hat. S. 69 vergleicht Ekkehard die angabe der H. d. p., dass Porus von Alexander getötet worden sei, mit der entgegenstehenden des Orosius, und fährt dann z. 47 fort: „Haec autem diversitas etiam in epistolis, quae ipsius Alexandri dicuntur ad magistrum suum Aristotelem, reperitur, quae si ipsius sunt, diversa sibi sentiunt." An einer stelle nämlich (in der H. d. p. B 215[b]) erwähnt Candacis, dass Porus durch Alexander gefallen sei, an einer andern (in der Ep. B 231[cd], von E. 51—64 ausführlich mitgeteilt) heisst es, Alexander habe mit Porus freundschaft geschlossen. Die erstere stelle aber erscheint nur in B (und M) als bestandteil eines briefes an Aristoteles, die leztere ist weder in I* enthalten noch eignet sie sich überhaupt zur interpolation der H. d. p., da sie mit derselben in widerspruch steht — stamt also sicher aus der selbständigen Epistola. Auf dieselbe beruft sich Ekkehard auch 70, 61 mit den worten „ut ipse magistro suo Aristoteli scribit" für eine angabe, deren herleitung aus einem briefe an Aristoteles in I* nicht erkenbar ist. Dazu komt das verhältnis der texte, welches auch in diesen abschnitten beweist, dass Ekkehard wol aus B, nicht aber aus I* geschöpft haben kann. Man vergleiche dafür das dritte der oben angeführten beispiele (E. 75, 2—5).

Durch die zusätze aus Orosius ferner trift Ekkehard teilweise mit I_2 zusammen. Wir sahen bereits, dass er dieselben unmittelbar vom schriftsteller entnommen hat. Überdies bringt er auch solche stellen aus Orosius, die bei I_2 fehlen, wie die erwähnte notiz über Porus: E. 69, 44—47 = Or. III, 19, 3. 4.

Ebensowenig von belang ist die übereinstimmung zwischen Ekkehard und I* in kürzungen. Ekkehards arbeit ist ja, schon seiner eigenen bezeichnung nach, ein excerpt, und wenn sich unter dem vielen, was er auslässt, auch manches findet, was andere bearbeiter gleichfals auslassen, so wird man derartigen kongruenzen von vorne herein kein grosses gewicht beilegen. Solche gemeinsame auslassungen finden sich auf dem gebiete der eigentlichen H. d. p. nur wenige, da deren meist knappe darstellung eher zur erweiterung als zur kürzung aufforderte, der verfasser von I* daher in der regel nur das übergieng, was ihm unverständlich oder unpassend vorkam. Wir führen an was irgend der erwähnung wert erscheint: B 195[c] sagt Philipp von Bucephalus „in hoc caballo significabitur signum siue bonum siue malum"; von E. 63, 15 und I* als sinlos weggelassen. — B 201[b] n i h i l l o c u t i s u n t ei (Alexandro) sed armati sunt ex eis quattuor milia ... atque d i x e r u n t. alexander usw.´scheint einen widerspruch zu enthalten. E. 65, 31 und I* fehlt nihil — sed. — B 204[c] Relecta filippus ępistola c o g n o u i t c o n t r a r i e t a t e m s u a m et dixit. Das unklare „cogu. contr. s.", ein misverständnis von *ἀναγνοὺς καθ' ἑαυτὸν εἶπεν* (Ps. Call. II, 8) fehlt E. 66, 8 und I*. — Nach der schlacht am flusse Stranga wirft sich Darius verzweifelnd zu boden, „dura trahens suspiria. q u i a p e rdidit tantam multitudinem hominum" (B 208[a]) und beklagt sein schicksal. Da sich der inhalt seiner klagen nur auf seine furchtbare demütigung, nicht auf den untergang seiner truppen bezieht, so streichen E. 67, 47 und I* quia — hominum. — B 208[c] erwidert Alexander dem Parmenius, der ihm rät dem Darius gegen die versprochenen schätze seine angehörigen zurückzugeben: „tollo ego has diuitias (soll heissen: diese schätze gewinne ich ohnehin). sed miror. si darius per datum uult recolligere matrem" usw. E. 67, 58 und I* beseitigen tollo — sed als unpassend, da es auf den ersten blick zu bedeuten scheint: ich nehme die schätze an. — Alexander hat Darius am flusse Stranga geschlagen und befindet sich noch in dieser gegend. Darius hat in seinem palast seine niederlage betrauert und fordert nun (B 209[a]) Porus auf, ihm nach den kaspischen toren zu hilfe zu kommen. Alexander erfährt dies „et abiit mydiam." Es wird ihm gemeldet, Darius rücke nach den kaspischen toren: „statim al. cępit ire illuc." Darauf aber wird Darius in seinem palaste ermordet, zu welchem Alexander durch überschreitung des Stranga gelangt (B 209[b]); beide scheinen also ihren aufenthaltsort vorher nicht verändert zu haben. Demnach lassen E. 68, 81 und I* „et ab. myd." weg, sowie alles, was sich hier auf den zug nach den kaspischen toren bezieht. — B 216[d] sagt der zeichendeuter zu Alexander in betreff der misgeburt, die seinen bevorstehenden tod ankündigt: „Ex qua re plora homines. quia pro te factum est hoc signum"; ein dunkeler ausdruck, den E. 70, 39 und I* übergehen. — B 212[c] komt Alexander an einen fluss, in dessen mitte eine stadt liegt. „Barcellę erant in ipso fluuio." Mehrere soldaten versuchen den fluss zu durchschwimmen, werden aber von flusspferden verschlungen. Den bearbeitern fält die angabe auf, dass schiffe vorhanden gewesen seien, während doch die leute hinüberschwimmen musten. E. 71, 4 und I* tilgen daher Barc. — fluuio. — B 216[b] Per unum quemque annum celebramus festiuitatem iouis et in festo (st. ioui et ifesto = *Διὶ καὶ Ἡφαίστῳ*) celebramus ipsas festiuitates per triginta dies. E. (72, 62) und der verfasser von I* erkanten das verderbnis nicht und strichen et — festiuitates als tautologie. — Das verderbte „per unam quamque feminam dabimus amnades quinque excepto quod eis fecerimus" (B 216[c]) umschreibt E. 73, 5 durch „donabimus singulas", I* durch „dona optima illis faciemus." — Eine erheblichere zusammenziehung des inhalts der H. d. p. zeigt sich bei I* nur im lezten abschnitte, der von Alexanders tod handelt, und noch mehr ist bei Ekkehard gegen den schluss hin eile ersichtlich. Namentlich fehlt E. (s. 75) wie I*: die angabe, dass sich Yolus für seinen mordanschlag genossen warb (B 218[b]), die besprechung des Cassander mit den übrigen verschworenen (B 218^{c}) — 'diese beiden stellen wol deshalb, weil in der einen Yolus, in der andern Cassander als anstifter der verschörung erscheint —, die verabredung zwischen Perdica und Ptolomeus (B 218^{d}), die der verfasser von I* nicht gebrauchen konte, weil er dem Perdica eine ehrenvollere rolle zugedacht hatte (in I* erneut Alexander auf wunsch der soldaten den Perdica zum reichsverweser), endlich die etwas unklare schilderung, wie die soldaten einzeln von Alexander abschied nehmen (B 219^{a}). — Den bericht der Ep. dagegen kürzt der verfasser von I* fast noch stärker als Ekkehard. Denn solte ein einigermassen gleichartiger charakter der darstellung durch das ganze werk erzielt werden, so liess sich die behaglich breite erzählung der Ep. nicht ohne eine solche veränderung in die rasch fortschreitende handlung der H. d. p. einfügen. Obwol nun auch bei dieser gelegenheit die selbständigkeit beider bearbeiter klar hervortritt, indem der eine dieses, der andere jenes streicht und beibehält, so komt es doch natürlich auch vor, dass beide dieselben sätze ihrer vorlage entbehrlich finden. Eine aufzählung solcher fälle wird man uns nach dem vorher erwähnten hoffentlich erlassen.

Die anordnung des auf diese weise gewonnenen und gesichteten stoffes war für die bearbeiter eine weitere gemeinsame aufgabe, die sie aber in durchaus verschiedener weise lösen. Von vereinzelten übereinstimmungen in der umstellung grösserer abschnitte sind hervorzuheben: Die erzählung von der ankunft des Bucephalus (B 195^{cd}. E. 63, 14—16) haben beide mit der von Alexanders berühmtem ritte (B 196^{ab}. E. 63, 16 fgg.), die von der verschwörung gegen Alexander (B 217^{a}. E. 75, 20—27) mit der von seiner vergiftung (B 218^{b} fgg. E. 75, 27 fgg.) je zu éinem stücke vereinigt. Die stärke des indischen heeres fügen sie aus der Ep. (B 228^{d}) da ein, wo die H. d. p. (B 211^{c}) durch eine kurze bemerkung über die menge seiner soldaten und elephanten darauf hinleitet (E. 69, 22 fgg.). Den zug, den die Ep. (229^{a}—231^{b}) Alexander zwischen seinem ersten und zweiten zusammentreffen mit Porus unternehmen lässt, berichten sie (E. 73, 9 fgg.) nach dem briefwechsel mit den amazonen (B 216^{a-c}); ein zufälliges zusammentreffen inmitten einer völlig abweichenden reihenfolge der begebenheiten. Alexanders testament (E. 75, 43 fgg.) führen sie naturgemäss bei der stelle an, wo der sterbende Alexander seinem notar befiehlt es niederzuschreiben (B 218^{d}), während es in B (217^{ab}) an unpassendem orte, vor Alexanders vergiftung, untergebracht ist. — Auch da kommen Ekkehard und I* gelegentlich zusammen, wo es gilt durch umstellung einzelner sätze den gedankengang klarer oder die schilderung wirkungsvoller zu machen, ein mittel, das der verfasser von I* häufig, Ekkehard ziemlich selten anwendet. So ist B 218[a] bei der darstellung der luftfahrt Alexanders von der höhe, die Alexander erreichte („tantam altitudinem — girans ea“), erst nachträglich die rede, nachdem bereits der sturz des verwegenen erwähnt war. E. 70, 52 fgg. und I* geben das abenteuer nach der zeitlichen ordnung. — B 214[a] zählt Candacis in ihrem briefe erst geschenke auf, die sie Alexander sende, dann solche für den gott Ammon, worauf abermals geschenke für Alexander folgen. Bei E. 71, 52 fgg. und I* nent sie erst die geschenke für Ammon, dann sämtliche für Alexander. — B 214[d] hat Alexander den palast der Candacis besichtigt; „et miratus sum.“ Am andern tag zeigt ihm Candacis die wunderbarsten gemächer, schliesslich eine bewegliche kammer, die von elephanten gezogen wird. Hier war Alexanders bewunderung besser am platze. Ekkehard und I* tilgen daher oben „et m. s.“ und fügen entsprechendes nach dem zulezt geschilderten ein: E. 72, 15 Haec videns Alexander miratus est; I* Alexander uero in hoc facto cepit obstupescere nimisque mirari. — Im brief der amazonen an Alexander steht der satz „Quod tollere a nobis nil inuenies“ B 216[a] ausser allem zusammenhang. E. 72, 70 und I* stellen ihn dahin, wo er allein passend erscheint: in den schluss, wo Alexander darauf hingewiesen wird, dass ihm ein kampf gegen die amazonen in keinem falle gewinn bringen könne.

Eine zweckmässige anordnung der abschnitte war aber nicht durchführbar, ohne dass erst noch eine andere veränderung mit dem grundtext vorgenommen worden wäre. Ein beträchtlicher teil des stoffes war in drei grossen briefen Alexanders gegeben, von welchen zwei gleichzeitige, stellenweise sogar dieselben ereignisse behandeln. Um daraus eine zusammenhängende erzählung zu bilden musten die bearbeiter diese stücke ihrer briefform entkleiden, wodurch natürlich der ursprüngliche charakter der H. d. p. noch mehr verwischt wurde, und zwischen dem Exc. und I* eine weitere ähnlichkeit entstand.

Wir sehen, dass sich alle diese kongruenzen des Excerpts und der bearbeitung I* auch ohne die annahme eines abhängigkeitsverhältnisses ungezwungen erklären. Dagegen wäre umgekehrt völlig unverständlich, warum Ekkehard, wenn er den glatten, ausführlichen bericht von I* besessen hätte, diesen nur zur besserung einzelner stellen gebraucht, und sich damit geplagt haben solte, den fehlerhaften stil und die kahle darstellung des nicht interpolierten textes mühsam umzuarbeiten, anstatt einfach den interpolierten zur grundlage seiner Alexandergeschichte zu machen.

Wenn somit weder M* noch eine der von I* stammenden bearbeitungen Ekkehards quelle war, so kennen wir demnach keinen text, aus dem Ekkehards Excerpt abgeleitet sein könte, ausser dem der Bamberger hs.

Dass nun Ekkehard dieser in der tat den stoff zu seinem excerpte verdankt, wird endlich durch eine reihe von fällen bestätigt, in welchen dasselbe durch fehler von B beeinflusst erscheint. Dabei ist interessant zu beobachten, wie sich der verfasser von M* gegenüber denselben stellen verhalten hat, wodurch sich weitere beweise dafür ergeben, dass sich auch dieser direkt auf B stützt.

B 197^{b} Vnde eleuatus pausania. in audatia introiuit palatium eius. Die interpunktion gehört natürlich nach audatia. E. 63, 56 fg. Pausania vero putans eum mortuum, elevatus est, intransque palatium cum audacia abstraxit usw.; M 8^{b} V. e. p. cum audatia intr. Dagegen I*: Pro hoc itaque facto eleuatus est Paus. in audatia et intr. — B 199^{a} tu qui es parens solis et resides in throno mithere (st. mithre). In „mithere“ steht der erste strich des m den beiden andern, m aber den übrigen buchstaben des wortes etwas ferner, so dass die züge „in“ zu bedeuten scheinen, was einem späteren korrektor veranlassung gab, das vermeintliche „in ithere“ zu „in ethere“ zu ändern. Daher E. 64, 31 resides in throno velut in aethere; M 10^{b} r. i. thr. in ethere. Aber I* r. i. th. Mithre (so scheint der verfasser von I* geschrieben zu haben; in den mir bekanten handschriften ist die form teils ausgelassen, teils verstümmelt: mirhree, mirre, mitre, mirithiadis) — B 199^{c} Nos quia (st. qui) adiutores dicti sumus imperii. necesse est ut queramus uestram saluationem (d. h.: dass wir bei euch rettung suchen; vgl. Ps. Call. Ἐν τάχει οὖν ἐλθὲ μετὰ δυνάμεως πολλῆς ἵνα μὴ λάφυρα γενώμεθα). M 11^{a} fast ebenso. E. 64, 48 fg. Quia vero nos dicitis imperii adiutores, nec e. u. v. quer. salutem. I*: Etenim nos, quos adiutores dicitis uestri imp., nec. e. u. q. uestrum adiutorium. — B 204^{d} sagt der arzt Philippus zu Alexander bezüglich des verläumders, der ihm schuld gegeben hatte, er sei von Darius bestochen den könig zu töten: „fac uenire ipsum hominem ... quia ipse noluit (st. uoluit) me tibi talia facere.“ E. 66, 11 quia me tibi talia pro salute tua facere ipse noluit. Dagegen M 17^{a} richtig geändert: q. i. uoluit m. t. t. f. .. I* q. ille monuit me t. t. f. — B 207^{a} apochrisarius sum. regis alexandri. missus ad te. dicens tibi. quia (st. qui) moram facit exire preliari in campo cum inimicis suis. timidus est. atque pauidus. E. 67, 14 A. s. r. A. m. nunciare tibi, quia moram facit in campo exspectans te. M 19^{b} A. s. a. m. a. t. d. t. quia moram facis .... timidus es a. p. I* Misit me rex Alex. ad te dicens: Ut quid moram facis ut timidus homo exire preliari in campo cum inimicis tuis? — B 210^{d} persides isti contrarii sunt mihi et uobis. Ebenso E. 68, 51. Dagegen M 23^{b} und I*: perses. — Auch durch beibehaltung auffälliger inkonsequenzen der schreibung verrät Ekkehard seine vorlage: turnare 64, 10 = B 198^c (M 10^a terminare, I* tornare) neben tornans 63, 19 = B 196^b, tornauit 69, 38 = B 212^a, tornare 72, 23 entsprechend tornaui B 215^a; Clytomagus 65, 38 neben Clytomachus 65, 39 und 42 genau nach den entsprechenden stellen in B 201^d. 202^a, nur mit einsetzung von y st. i, wie häufig bei Ekkehard in eigennamen (M 13^b überall clito magus; die lesarten der klasse I* gehen auseinander).

Da somit Ekkehard sicher die Bamberger handschrift vor sich gehabt und stark benüzt hat, da sein „Excerptum de vita Alexandri Magni" ausser ein paar zusätzen aus den hauptquellen seiner chronik nichts enthält, was sich nicht aus der Bamberger handschrift herleiten liesse, da vielmehr unter allen uns bekanten texten nur der Bamberger dem Excerpt als grundlage gedient haben kann, da sich endlich im Excerpt mehrere charakteristische fehler der Bamberger handschrift widerfinden: so wird man nun wohl nicht länger bezweifeln mögen, dass Ekkehards Excerpt eine direkte bearbeitung der Bamberger Historia de preliis und Epistola ad Ar. darstelt und demnach für die ermittelung der ursprünglichen form der H. d. p. keinerlei wert besizt.

Immerhin mag die art, wie Ekkehard dieses werk aus den vorlagen zusammengesezt hat, in ergänzung des bereits oben besprochenen zum schluss noch eine kurze zusammenhängende betrachtung verdienen.

Nachdem s. 61 fg. aus den quellen, deren sich Ekkehard für diese partie der alten geschichte hauptsächlich bedient, eine übersicht über die taten Alexanders gegeben ist, wird s. 62 fortgefahren: „Sed quia idem Alexander multa mire peregisse legitur, quae scire multi delectantur, libet de vita eius aliqua summatim decerpere, quibus delectationi querentium utcumque valeam satisfacere." Darauf folgt dann s. 62—75 das Excerpt, welches der verfasser in zwei teile zerlegt: einen glaubwürdig historischen und einen abenteuerlichen, für dessen wahrheit er nicht einstehen mag. In dem ersteren wird (62, 13 —70, 13) in engem anschluss an B 193^c—212^c der inhalt der H. d. p. bis dahin nacherzählt, wo der grosse brief Alexanders an Aristoteles beginnt. Eingefügt ist nichts ausser den oben erwähnten angaben des Hieronymus über Nectanebus, der korrektur aus Orosius über die familie des Darius, dem bericht des Orosius über den krieg mit Porus und einem dritten bericht über denselben gegenstand nach der Epist. B 231^{cd}. Am schlusse wird (dem weitermarsch vom lande der Oxydraces) 70, 13 — 27 ein stück über Alexanders lezte kriege in Indien aus Oros. III,

1) Die angabe, zu der Waitz s. 61 bemerkt: „haec verba nescio ubi Ekk. invenerit" stamt aus Joseph. ant. XI, 8.

19, 4—11 angereiht. — Ungleich freier gestaltet ist der zweite teil „de mirabilibus rebus, quas Alexander vidisse dicitur“, welchem Ekkehard folgende vorsichtige einleitung vorausschickt: „In his ergo itineribus quae et quanta pertulerit et quam miranda conspexerit, ipse, ut fertur, ad matrem suam Olympiadem et magistrum suum Aristotilem scribit, de quibus aliqua ob delectationem noticiae rerum mirabilium breviando perstringimus, ceterum veritatem ipsarum rerum iudicio legentium relinquimus.“ Die auffallende anordnung der abenteuer beruht offenbar zunächst auf den anfangsworten des lezten briefes an Olympias (B 217[c]): „Quantum facimus (st. fecimus) a principio usque dum uenissemus asiam significatum est tibi. Iterum notum sit tibi quantum fecimus in antea (= nachher). A babilonia cepi ire coadunato populo meo“ usw. Ekkehard schloss hieraus, das in diesem briefe geschilderte müsse bald nach Alexanders ankunft in Asien geschehen sein, und wies deshalb diesen ereignissen ihren platz vor denen der briefe an Aristoteles an, in welchen die unterwerfung Persiens und der tod des Darius bereits als bekaut vorausgesezt wird. Eine noch frühere stelle schien ihm aber der erzählung von der misgeburt in Babylon (B 216[d]) zu gebühren. Indem nämlich hier der schreiber von B oder seiner vorlage, wie öfter, gedankenlos die erste person für die dritte einsezte, entstand folgender unsinn: „Vidi ibi et alia miracula quę scribo olimpiadi matri meę cum essem in babilonia ante quam exissem de hoc seculo uidi mulierem quę genuit filium.“ usw. (so ohne interpunktion). Ekkehard suchte den fehler irrigerweise in „de hoc seculo“ und besserte in rücksicht auf „cum essem in babilonia“ und den 217[c] erwähnten auszug aus Babylon: „Scribit itaque ad matrem suam, quia cum adhuc in Babylonia [esset, fehlt bei Waitz] priusquam egrederetur de terra illa, erat ibi mulier quaedam, quae peperit filium“ usw. Er eröfnet damit seinen bericht (70, 32—40), weil die B 217[c] fgg. erzählten abenteuer erst mit dem auszug aus Babylon beginnen, und schliesst daran (70, 41—60) den abmarsch von Babylon und den weiteren inhalt des briefes an Olympias nach B 217[d] 218[a]. Dann kommen die wundergeschichten der briefe an Aristoteles und zwar zunächst (70, 61—71, 3) der anfang der erzählung in der Ep. ad Ar. bis zum schluss der schilderung des palastes des Porus nach B 228[c d] 229[a]. Weil es aber in der Ep. weiter heisst „et perueni ad portas caspias“, so muste hier erst der inhalt des in der H. d. p. mitgeteilten briefes an Aristoteles eingeschoben werden, indem dessen ereignisse „postquam cepimus ire ad caspias portas“ (B 212[c]) geschehen sein sollen. So folgt 71, 3—73, 7 eine fortlaufende erzählung nach der H. d. p. (B 212[c]—216[c]) vom anfang des grossen briefes an Aristoteles bis zum schluss der verhandlungen mit den Amazonen. Nach einfügung einer kurzen notiz über die amazonenkönigin Halestris (73, 7 fgg.) aus Or. III, 18, 5 nimt Ekkehard den faden der Ep. wider auf und schildert (73, 9 — 57) nach B 229^{a} — 231^{b} die abenteuer bei den caspischen toren. Den sodann in der Ep. (B 231^{cd}) gegebenen bericht, wie Porus von Alexander zum zweiten mal besiegt wird, später aber mit ihm freundschaft schliesst und ihn zu den säulen des Liber und Hercules geleitet, hatte Ekkehard (69, 51 — 64) bereits an der stelle vorweg genommen, wo er an der hand der H. d. p. zur erwähnung des kampfes mit Porus gelangt war. Er überspringt also hier diese partie und gibt 73, 58 — 75, 12 nach B 232^{a} — 235^{c} einen auszug aus dem ganzen rest der Ep., wobei er sich rücksichtlich der reihenfolge der begebenheiten dieser durchaus anschliesst. Darauf werden wider einige stücke aus Orosius eingefügt: 75, 12 — 15 = Or. III, 19, 2 die eroberung eines steilen felsens; 15 fg. = Or. III, 19, 1 der zug nach Nysa und die eroberung der dädalischen berge und des reiches der Cleophylis; 17 — 20 = Or. III, 20, 1 — 3 die rückkehr nach Babylon. Endlich folgt 75, 20 — 55 eine zusammenhängende darstellung der verschwörung gegen Alexander, seiner vergiftung und seines todes nach der H. d. p. B 217^{ab}, 218^{b} — 219^{b}. Das ganze beschliessen die angaben des Hieronymus über Alexanders lebenszeit und regierungsdauer.

Diese art der komposition unterscheidet sich wesentlich von derjenigen, die wir in der bearbeitung I* treffen. Der verfasser von I* hat sich mit seinen vorlagen eingehend beschäftigt und sucht dieselben zu einem wirklich einheitlichen, in sich zusammenhängenden ganzen zu verarbeiten, wobei er freilich bisweilen in geschmacklose künstelei verfält. Ekkehard, in dessen weltchronik die geschichte Alexanders nur die untergeordnete rolle einer episode spielt, macht sich nicht soviel mühe, sondern begnügt sich im algemeinen damit, sein material der zeitfolge nach in grossen stücken bequem zusammenzustellen. Wo dieser lange partien seiner vorlage ohne unterbrechung widergibt, hat sich jener alles sorgsam zergliedert und bringt die einzelnen abschnitte hier und dort unter, wo sie ihm am passendsten erscheinen. So ist z. b. der inhalt des stückes 71, 3 — 73, 7 = B 212^{c} — 216^{c} bei I* an vier verschiedenen stellen verteilt. Dies würde, da nichts in I* auf die ursprüngliche reihenfolge hindeutet, schon für sich allein beweisen, dass Ekkehard seinem Excerpt nicht I* zu grunde gelegt haben kann.

Eine übersicht über die kürzungen, die Ekkehard mit dem stoff der H. d. p. und Ep. vorgenommen hat, möchte hier zuviel raum beanspruchen. Am stärksten zusammengezogen sind Alexanders feldzüge in

Italien, Afrika, Syrien und Griechenland, sowie der schluss der H. d. p., namentlich das stück zwischen dem ersten bericht über die verschwörung und dem brief an Olympias (B 217[a—c]). — In der auffassung des textes zeigt Ekkehard den geübten blick, den eine ausgedehnte lektüre zu verleihen pflegt. Nur selten begegnet ihm ein misverständnis, und das meist in fällen, wo ein solches sehr verzeihlich erscheint. Bemerkenswert sind namentlich die irtümer: 62, 26 aus B 194[b], 62, 33 aus B 194[c], 62, 42 aus B 194[d], 63, 17 aus B 196[a] (wo summam zu lesen ist).

Die sonstigen sachlichen abweichungen Ekkehards von der H. d. p. und Ep. beziehen sich grösstenteils auf die form der namen. Diese haben in B vielfach ein seltsames aussehen, auch wenn sie nicht durch schreiber entstelt sind, da Leo die formen seiner vorlage öfters nach der griechischen aussprache seiner zeit, bisweilen mit beibehaltung der griechischen casusendung widergab und die lateinische flexion nicht richtig zu handhaben wuste. Ekkehard suchte da zu bessern; manchmal freilich recht verkehrt: z. b. 65, 29 Heraclius st. Iracli, 65, 35 Delphum st. delfim; einiges wol aus andern quellen, wie Hammon st. Ammon nach Orosius. — Von andern korrekturen erwähnen wir: 65, 11 „decem et septena milia" st. „dec. et septem dena milia" (B 200[c]); 68, 46 „transiens flumina invadosa" st. „inaquosa" (B 210[c]); 71, 11 „Venerunt et homines silvatici habentes sex digitos in manibus et pedibus" st. „hab. sex manus" (B 212[d]); 75, 45 „gubernator Aegypti" (st. „uestri" = der Macedonier B 217[b]) Ptolomeus erit. — Auf blosser flüchtigkeit beruhen differenzen wie 69, 23: „4000 octingentae quadrigae" st. „quattuordecim mil. oct." (B 228[d]); 73, 50 „quinquaginta" (st. „quinq. et duos" B 231[a]) conculcavit. Für manches trift vielleicht die schuld den herausgeber oder den setzer; so 72, 69 ad ipsos [montes fehlt, vgl. B 216[c]] exiemus obviam tibi; vgl. auch 70, 32 wo „esset" ausgelassen, 70, 10, wo „fuerit" st. „fiunt" zu lesen ist. Doch zeigt 73, 42, dass dergleichen versehen auch in Ekkehards autograph vorkommen.

Der gesamteindruck des Excerpts ist kein ungünstiger. Es hält die mitte zwischen der dürftigen kürze der echten und der übermässigen breite der erweiterten H. d. p. Von der lezteren unterscheidet es sich nach unserm geschmack namentlich vorteilhaft durch das fehlen des langweiligen briefwechsels zwischen Alexander und Dindimus, den Ekkehard ebenfals aus B hätte entnehmen können. Was freilich planmässigkeit der komposition und klarheit der darstellung anlangt, so verdient die bearbeitung I* entschieden den vorzug, den ihr das mittelalter so unbedingt einräumte. Dass aber auch Ekkehards werk des beifals nicht völlig entbehrte, dürfen wir aus der verbreitung schliessen, die das Excerpt als selbständiges stück aus dem zusammenhang der chronik] losgelöst in einer ganzen anzahl von handschriften gefunden hat.

DONAUESCHINGEN, NOV. 1885. AD. AUSFELD.

EICHEN.

Eichen. „probare, mensurare, visieren" ist zunächst aus *îchen,* schweizerisch *îcha* „den keltereid schwören", *îchta* „eichen", nd. *iken,* nnl. *ijken* hervorgegangen. *îchen* aber entsprang, wie M. Heyne im DWB. 4^2, 2032 gezeigt hat, aus *ichten* oder *îchten* (osterländisch und hessisch), woneben in Hessen auch die gunierte form *eichten* (wie *eich* neben *ich*) üblich ist.

Aber der älteste a. a. o. aus Freiburg im Breisgau (Schreibers Urkundenbuch 1, 82) beigebrachte, dem jahre 1275 angehörende beleg des verbums ist *ähtin: ellü mas und ellü gewäge dü stant in der vier und zwenzigon gewalt eins ielichen dinges, und swenne si die gemazont und geähtint, so sun si sü eime empfelhen, swem sü went* (wollen), *und swer mit minre oder merre maze oder gewäge koufit oder verkoufit, der begat düpstal.* Dass dieses oberdeutsche *ähtin* mit dem ausschliesslich niederdeutschen und mitteldeutschen *echt* nichts gemein hat, hat Heyne a. a. o. mit recht bemerkt, ohne jedoch eine weitere erklärung daran zu knüpfen. Und doch wird *ähtin* schwerlich etwas anderes sein als reinmhd. *ahten* „nachrechnen, anschlagen, schätzen." Der unechte umlaut *ä* (vgl. Weinhold al. gr. § 12) verdünte sich weiterhin zu *i* und *î* (vgl. al. gr. § 21) und rief die formen *ichten, îchten* hervor, aus denen mit ausfall des *t* die formen *ichen, îchen,* zulezt *eichen* entsprangen. Diefenbach gloss. lat. germ. 436^a s. v. *pinta* verzeichnet *eichmaß*, *ichmaiß*, *ichtmaß, echtmaß. achtmaß.*

Der ausfall des *t* liesse sich dadurch erklären, dass der stamm von *ahten* auf *t* auslautet, mithin praesens und perfectum des verbums formell zusammenfielen. War *ahten* einmal zu *ichten*, *îchten* geworden, hatte sich an diese neuen verba der begriff des amtlichen eichens geheftet, so konten die neben dem inf. wol am häufigsten gebrauchten, wenn auch nicht belegten, in der flexion gekürzten formen *ge-icht, ge-îcht* = mhd. *geaht* für *geahtet* als part. perf. von verbis angesehen werden, deren inf. *ichen*, *îchen* zu lauten habe.

MARBURG, 30. DEC. 1885. K. LUCAE.

DRAMEN UND DRAMATIKER DES SECHZEHNTEN JAHRHUNDERTS.[1]

1. Das drama von Heli und seinen zwei söhnen.

Die geschichte des hohenpriesters Heli und seiner beiden söhne ist, soviel ich sehe, dreimal dramatisch bearbeitet worden. Die erste bearbeitung von 1548 war bis jezt nur aus Gottsched Nöthiger Vorrath 2, 208 bekant (vgl. Goedeke Grundriss II², 381 nr. 268), die zweite ist von Hans Sachs (1553), die dritte von 1559, welche Johann Lauterbach verfasst hat, ist noch gänzlich unbekant.

1. Die erste dramatische bearbeitung, deren verfasser nicht genant werden kann, erschien unter folgendem titel:

Ein schöne Tra | gedi von Heli dē | Hohenpriester, vnd zwey | seinen Sünen, gezogen | auß dem ersten buch | Samuelis. | Allen frommen Eltern | vnnd jungen kindern zu | nütz, lehr, vnd warnung. | Nürmberg. | M. D. XLVIII. Am ende: Gedrückt zu Nürmberg, | durch Johañ vom Berg, | Vnnd Vlrich Newber, | Wonhafft auff dem ne- | wenbaw bey der | Kalckhütten. | M. D. xlviij. 38 bl. 8⁰. — In Weimar. Mit roter schrift die 1. 2. 3. (zur hälfte) 7. 8. 9. und 11. zeile des titels.

. Es treten im ganzen 14 personen auf. Die poetische vorrede (bl. 2ᵇ) geht von der betrachtung aus, dass die jugend an allen orten schwöre, fluche und gott lästere. · Das sei eine folge mangelhafter erziehung, und da es unchristlich sei, so sei dieses spiel gemacht, um christliche zucht und sitte zu lehren:

Das yeder hab sich selbs in acht,
Vnd thue was seinem ampt zughor'
Der Vatter seine kinder lehr,
Lass von jm sehen alles guts
So werdens auch desselben muths,
Vnd weyss sie auff die tugend frey,
Das kind den Eltern gehorsam sey,
Vnd nem jr lehr gar willig an
So wirt auss jm ein Biderman.

Argumentum bl. 4a. Zur strafe für ihre vergehen kommen auf einen tag Heli un̄d seine söhne Hophni und Phineas um; ersterer bricht beim fallen vom stuhl den hals, leztere fallen im kampf gegen die Philister, des Phineas weib stirbt bei der geburt eines sohnes.

1) Vgl. Archiv für Litteraturgeschichte X, 145 fgg.

I, 1. Heli sezt seine söhne zu hohenpriestern ein und ermahnt sie treulich am gesetze gottes festzuhalten. Die söhne versprechen die ermahnungen zu befolgen, zumal da sie ihr vater stets liebevoll und nachsichtig behandelt habe.

2. Eleaser, der nachbar, klagt in einem gebet zu gott über die sündhaftigkeit der menschen.

Der menschen laster, sünd, vnd schand
Die yetzt hond gnommen vber hand,
Vnglaub, der geytz, vnd vnkeuschheyt
Die hoffart, neyd, betriegligheit,
Es ist kein traw bey jung vnd alt,
Man helt kein recht, man lebt mit gwalt — —
Die fleyschlich glüst vnd böss begierd
Hond nahet all diss welt verfürt,
Es lebet yederman im sauss
Was will zu letzten werden drauss?

3. Der nachbar Jacob komt dazu. Er klagt, dass Helis söhne, die zu hohenpriestern gemacht seien, gottlose menschen seien und nur unglück über Israel bringen würden. Sie seien in ihrer jugend nicht genug gestraft worden.

El. Es wird kein kind von jm selb gut
Es straff es denn des vatters rut.
Jac. Glaubt mir, wo ist ein frommer man
Da kan man fromme kinder han,
Gleich wie die Herrn in einem rath,
So sind die Burger in der Stadt
Vnd wie man mag ein Fürsten hon
Also sind auch die vnterthon,
Vnd wie der Vatter ist im hauss
So wirdet auch ein gsind darauss,
Ewig wee müssen die eltern hon
Die jre kind vngestraffet lon.

Die jugend müsse scharfe zucht kennen lernen:

Man zärtle nit mit keinem kind,
Vnnd straffs vmb sein verschuldung gschwind.

Jacob spricht dann weiter über die erziehung der jugend. Zunächst müsse der vater die kinder unterweisen, dann müsse ein gottesfürchtiger lehrmeister eintreten.

Denn von jugent auff ists menschen hertz
Zum Bösen gneygt, sag ich on schertz.

Helis söhne könten als warnendes beispiel dienen. Heli habe keinen ernst bei der erziehung seiner söhne gezeigt, deshalb seien sie verzogene kinder,

Sie trachten nit was böss, was gut,
Was yedem gfelt, das selb er thut.

II, 1. Helis söhne fordern ihren knecht Syr auf, von den opferstücken die besten auszusuchen und für sie zu entfernen.

2. Heli richtet neue ermahnungen an seine söhne:

Richts opffer auss, dient ewerem Got
Gantz fleyssigklich, wie jr denn solt,
Vnd fliecht die sünd so fast vnd fehrn
Alss ob es gifftig nattern wehrn.

Die kinderschuhe hätten sie abgelegt, und müsten bedenken, dass sie nun männer seien.

3. Syr hat dem befehl seiner herren gemäss die besten opferstücke entwendet und freut sich, dass er wie seine herren sich den bauch mit essen und trinken anfülle. Er weiss, dass diese ein schlechtes beispiel geben.

Des Gottesdienst sie gar nit achten,
Nur alzeit nach der bauchfüll trachten.
Forn leuten stellends sich so fein,
Daheimen sind sie voller wein.
Vnd wenn jr einr auff gassen kombt,
Du hieltest jn für helg vnd fromm.

4. Die söhne spotten über des vaters mahnungen:

Sein zucht ist yetzt an vns verlorn,
Ist Lappenwerck, macht sich zum thorn.
Vnd hindert vnser freuden fast
Er last vns weder rw noch rast.

Sie wünschen seinen tod herbei, damit sie noch unabhängiger und freier leben können. Nachdem sich beide von der bühne entfernt haben, komt Syr in trunkenem zustande.

Botz fassnacht ich bin eben vol,
Mein fuss mich nit mehr tragen wol,
Mein zung hangt mir am gumen an,
Ich bin ein voller geckelman.
Wie kombts, nu trinck ich oft mee wein
Vnd dunck mich darnach nüchtern sein?
Es ist kein necker wein gewesen
Er ist freylich zu Francken gelesn.

Nun hab ich vber sechs becher vol
Nit aussgetruncken, weiss ich wol.

5. Der fromme Joachim ist voll heiligen ingrims über das gottlose leben der söhne seines nachbars Heli.

Mit deiner straff Herr bleib nit auss,
Schick schweffel, bech, ins Helis hauss,
Verbrenn mit fewr diss schentlich gschlecht
Drumm, das man fürhin an dich gedecht.
Diss gsinds lass niemands vberbleiben,
Was geht vnd steht von mann vnd weiben. — —
Denn Gótt der Herr richt böss vnd frumm,
Die Gottloss sein, die kommen vmb,
Ob sie wol leben hie in zeyt,
Das man sie lobt für fromme leut.

Alle schuld treffe den vater, der seine kinder nicht in strenger zucht gehalten habe.

Weh dem, der seiner kind verschont,
Vnd strafft sie nit, soss vnrecht thond.

III, 1. Joachim begibt sich in früher morgenstunde zu Heli und berichtet ihm über das schändliche leben seiner söhne. Die strafe werde nachfolgen, wie sie Chore, Dathan und Abiron getroffen habe, die mit 250 mann von der erde lebend verschlungen seien.

Wer teglich schlemmerey ist treibn,
Muss all sein tag ein betler bleibn.
Denn brassler, hurer und weinschleich,
Die werden warlich selten reych. — —
Eim frommen gibt Got weyssheit und kunst,
Dem sünder all plag vnd vngunst.

Heli verspricht seine söhne über ihr gottloses leben zur rede zu stellen.

2. Heli warnt seine söhne vor dem strafgericht gottes.

Hört mich allein, nembt war der zeit,
Mein sün, vom vbel fliehen weit
Alss von vergifft, bald kombt der Herr
Wenn nyemand meint, fert er daher,
Sein gäher zorn schnell vberfelt,
Sein weg sind gar in still gestelt,
In kurzer zeit bringt euch sein rach,
In trawrn, in leid vnd vngemach.

Phineas erklärt, dass der vater falsch berichtet sei, auch sei er ein „vil zu glaubisch man.“

Ich lob gleich solchs nit sehr an dir,
Bist gar zkindisch, auch gehstu schier
Yetzt mit dem einen fuss im grab,
Als der nit lang zu leben hab,
Vnd last dich lose leut anredn,
Dast vns feind werdest allen bedn?

Zulezt versprechen sie nach pflicht und gewissen handeln zu wollen.

3. Der prophet Theander (in der bibel der mann gottes) verkündet Heli das strafgericht gottes.

4. Gott verkündet Samuel die strafe Helis, und so soll es allen eltern ergehen, die ihre kinder schlecht erziehen.

So will ich mit allen eltern schaffn,
Die jre kind nit seyen straffn.
Auch will ich von der väter hendn,
All jrer kind sünd vnd schandn
Erforschen: hie mit vngefell,
Oder dort mit ewiger hell.
Ein grewel hab ich an vätern lind,
Die nicht zeytlich ziehen jr kind.
Die hinlessigen will ich rechen,
Mit meiner hand den halss abbrechen.

Samuel teilt dem Heli auf dessen wunsch die worte gottes mit. Heli ergibt sich in sein schicksal.

Gott thue was jn geduncket recht,
Er ist der Herr, ich bin sein knecht.
Ich will jm gern sein vnterthon,
Er schaff mit mir wie ers wöll hon.
Kein hoffnung denen weg zeigt an,
Die in leid vnd betrübniss stan.

IV, 1. Heli fordert seine söhne auf, die bundeslade vor der hand der Philister zu retten. Beide sind entschlossen den kampf mit den Philistern siegreich zu bestehen.

2. Heli, des sieges gewiss, ruft das volk auf zum streit gegen den feind und zu vertrauen auf gott.

Last vns zu Gott im himel schreyen,
Das er vns wöll erbarmd verleyen,
Vnd wöll an seinen bund gedenckn,
Den er vnsern vätern thet schenckn.

3. Jacob fürchtet die niederlage Israels.

V, 1. Ein bote verkündet die völlige niederlage Israels, es seien 30000 mann gefallen, auch die lade sei genommen, er sei der einzige, der der schlacht entronnen sei. Israel könne nur in der zuversicht auf gott erstarken.

O Got, du kanst allein abwendn
Diss leyd: vnd von der feinde hendn
Erretten, auch den burgern gebn
Frid: das sie mögen lenger lebn.

2. Helis schwiegertochter Sunffraw (im personenverzeichnis einfach: Helis Junckfraw) ist in sorge wegen des lebens ihres mannes.

Entweder ist mein man gestorbn,
Oder das hör im krieg flüchtig wordn.

3. Der bote berichtet Heli über den unglücklichen ausgang der schlacht, auch über den untergang seiner söhne im heldenmütigen kampfe. Heli erkent, dass Theanders weissagung erfült ist.

Theander hat wol weyssgesagt
Das ich, mein sun, auff einen tag
Ein schendlichs tod solten vmbkommen
Vonr lad des Herrn hab ich nit vernomen,
Was kan ich nu jetzt anfangen,
Israels heyl ist gar vergangen.
Wehe mir, hilff Got mir alten man.

Er fält vom stuhl und bricht den hals. Seine schwiegertochter stirbt bei der geburt eines sohnes. Die hebamme beklagt den fall des hauses Heli.

Also beweyset blinde tück,
Das stoltz vnd vbermütig glück.
Wer dem glück traut der ist ein thor,
Vnd vnglücks wert: hüt euch daruor. —
Wir dürffen nichts mer weiters hoffen
Es hat vns Gottes rach getroffen.

In der „Conclusio“ wird eine ermahnung an die väter gerichtet, ihre kinder in der furcht gottes und zu seiner ehre zu erziehen, sie um des fluchens, spottens, stehlens, lügens und spielens willen zu strafen. Die schlussworte lauten:

Dz sey euch zu einr warnung gmacht,
Ich bit, habt ewer kinder acht.
Weyst sie auff Gots forcht, erberkeyt,
Auff zucht, auff scham, bescheidenheit.
Damit sie fürn ein ehrlich lebn,
So wirt euch Got die seligkeyt gebn. Amen.

Dann folgt noch eine sentenz aus Seneca: Vbi non est pudor, nec cura iuris, sanctitas, pietas, instabile regnum est.

Hört wo man helt die scham für schlecht,
Kein sorg ist das man handle recht,
Kein heiligung, kein forcht des Herrn,
Kein glaub dz reich wirt nit lang wern.

Aus den mitgeteilten proben ist der geringe wert des dramas ersichtlich. Der versbau ist meist hart und ungeschickt. Nicht selten erscheinen weibliche reime. Das wort „drat“ = schnell, das Valten Voith u. a. oft anwenden, komt nur einmal vor:

Das vnser sach all wol gerad,
Vnd wir bed wider kommen drat.

Aus dem Luther-liede „Aus tiefer Noth schrei ich zu dir“ ist entlehnt:

Er leydts wohin ers haben will,
Sein hand zu helffen hat kein zil. (IV, 1.)

2. Die zweite bearbeitung ist die von Hans Sachs.

Tragedia mit 14 personen. Der priester Eli mit sein ungeraten söhnen. Hat fünff actus. Keller X, 241—261.

Sie ist vom 27. august 1553 datiert. Der „Ehrenhold“ leitet das drama ein, indem er die quelle und den inhalt kurz angibt.

Friedt, gnadt und hail sey euch gemein,
Allen, so hie versamelt sein,
Von erbarn herrn und züchting frawen,
So da wöllen hören und schawen
Ein tragedi, wellicher sumb
Steht in dem ersten buch regum!

Dies scheint nun freilich ein irtum. Nicht im ersten buch der Könige, sondern im ersten buche Samuelis ist die geschichte von Eli erzählt. Indes klärt sich der irtum dadurch auf, dass in der früheren zeit vier bücher der Könige gezählt wurden, von denen die beiden ersten später als die zwei bücher Samuelis bezeichnet wurden.

I. Elkana und Hanna beschliessen ihren sohn Samuel in das haus des herrn zu Silo zu bringen und begeben sich auf die reise. Eli fordert seine söhne Hophni und Pinehas auf, zum feste das haus gottes zuzurüsten und den opferaltar bereit zu halten. Hophni erklärt, das fest sei erst morgen, Pinehas schmäht den vater.

Der alt redt in der aberwitz.
Er ist wunderlich. Lass uns gehn!
Ihm gehn villeicht erst auf die zän.
Er treibet gleich sein alte weiss.

Eli segnet Samuel, der von seinen eltern ihm zum opferdienst gebracht ist, für sein amt ein.

II. Elis söhne ergehen sich in lästerungen über das speisopfer des herrn, das ihnen den bauch fülle und kurzweil, freude und guten mut verschaffe.

Die zeit ist kurtz; wer sich hie thut
Versaumen, hat der schaden zwen.
Wer weiss, wie es dort ist zu gehn,
Ob dorten sey freudt oder leidt?
Ich weiss ie keinen unser zeit,
Der uns sagt und wer widerkommen.

Wer lange faste und bete, sagt Hophni, leide ebensowol schande und schaden, als wer mit sünden beschwert sei.

Drum lass uns nur mit heuchlerey
Ein schein machen mit gleissnerey
Und mit den sachen still umbgehn,
Das es der pöfl nit thu verstehn,
Das wir nit wern unwerdt bey in!

Ihr vater würde, wenn er ihr unlauteres treiben erführe, doch nur mit dem fuchsschwanze streichen, wie er es denn bisher getan habe.

Da keren wir uns wenig an,
Weisen im wol darzu die feigen.
So ist er fro, das er sol schweigen,
Wenn wir in mit stützing honworten
Von uns weisen an solchen orten.

Eli wirft seinen söhnen ihr ungöttliches leben vor.

Wer wider ein menschen sünden thut,
Das kan schlichten der richter gut.
Wer aber sündet wider Gott,
Fräventlich zerbricht sein gebot,
Wer kan die selben sünde schlichten?
Ir lieben söhn, thut das mit nichten,
Das euch nit eins der Herre straff!

Diese worte entsprechen dem bibeltext 1. Sam. 2, 25. Der verfasser des anonymen spieles von 1548 hat denselben in folgende worte gefasst:

Denn wenn ein man schwerlicher sünd
Wider ein man, bald gnad er find.
Sündigt aber einr wider Got,
Auch handelt wider sein gebot,
Wer will da bitten für den man?
Auss ists, wo er nit gnad mag han.

Hophni erwidert auf Elis rede, er habe zu seiner zeit nicht also übel haus gehalten, in sehr unehrerbietiger weise:

Schaw mir nur einer zu dem alten!
Wie rein dunckt er sich in den sachen!
Du hast nit allzeit küchlin bachen,
Vorauss in deinen jungen tagen. — —
So lass uns beid auch ungefrett!
In der jugendt es als hin geht.

Pinchas macht dem vater vorwürfe, dass er sie früher nicht schärfer gezüchtigt habe.

Schweig, vatter, und bleib nur mit rhu!
Wolst, das wir hetten besser tugendt,
So müst uns haben in der jugendt
Nicht so mutwillig haben zogen
Und bass gebucket und gebogen,
Uns brochen unsern eignen willn.
Du sachst uns aber zu durch brilln.
Nun wolst uns gern habn gelachsen.
So sindt der ruthen wir entwachsen,
Nemen kein straff mehr von dir an.

Als die söhne sich entfernen, klagt Eli über die mangelhafte erziehung, die jene von ihm erhalten haben.

III. Des propheten strafrede. Gebet Elis, in welchem er von neuem bekent, dass er seine vaterpflicht nicht gewissenhaft erfült habe.

Weil sie noch jung zu ziehen warn,
Dacht ich: Die witz kombt nit vor jarn;
Sie werden mit der zeit auff erden
Selber witzig und fromb werden.
Liess sie also mutwillig wandern
Von einem laster zu dem andern.

Nun ruft gott den Samuel. Dieser hält Eli für den rufenden:

Herr, hie bin ich; was wilt du mein?
Mir hat gerüfft die stimme dein.

Aber Eli erwidert:

Ich hab dir nit gerüffet sider.
Geh hin, mein sohn, und leg dich nider!

Verkündigung des göttlichen strafgerichtes durch Samuel.

IV. Ein bote begehrt von Eli die absendung der bundeslade an die im kampfe mit den Philistern begriffenen Israeliten, von denen schon viertausend gefallen seien. Eli fordert seine söhne auf, die bundeslade in das lager zu tragen. Als diese sich weigern, widerholt er seine aufforderung.

Weil das volck der laden begert,
Soll wirs nit lassen ungewerdt,
Wann darinn erzeigt Gott sein krafft,
Dardurch auch vor wurdt sieghafft
Josua, da mans vmb Jericho trug,
Die mawer fiel, den feind man schlug.
Derhalben zweivelt nit an Gott!
Wann er kan helffen wol auss not.
Wer im gelaubet und vertraut,
Derselbig auff ein felsen baut
Und bleibt von feinden unerlegen.

Endlich entschliessen sich die söhne, aber Pinehas kann seinen spott nicht zurückhalten.

So ziech wir mit dahin all zwen,
Thun mit der ladu spaciern gehn,
Gleich wie die katz mit irn jungen!
Wir müssens thon, wol halb bezwungen.
Ich hab warlich kein glauben drau.

V. Zwei kriegsleute der Philister, Gasa und Thimnat, besorgen, dass ihrem volke der sieg entzogen werde, wenn die bundeslade in das lager der Israeliten gebracht wird.

Wir Philister sindt allesandt
Ob der Ebreer gross frolocken
Verzaget worden und erschrocken,
Uns ist entphalben gleich das hertz.

Aber dennoch wollen sie den kampf wagen. Gasa fordert seinen genossen auf, mutig in die reihen der feinde einzudringen. Ihr gott Dagon werde sie nicht verlassen.

Lauff, lauff! verzeuch nit in den sachu!
Lauff, lauff! botz wunnen willn, lauff!
Der feind hauffen zeucht schon herauff.

„Sie lauffen beide eylendt auss“ sagt die bühnenanweisung. Dann komt Eli mit Samuel und Saffra, seiner schnur, sezt sich und klagt:

Mir ist umbgeben gleich mein hertz
Mit angst und wehmütigem schmertz.
Förcht, unserm volck gescheeh etwas.

Da komt ein kriegsmann, Ariel, der aus dem heer entflohen ist, und berichtet, dass 30000 Israeliten erschlagen, dass auch Elis söhne getötet und dass die bundeslade geraubt sei. „Eli felt hinter sich vom stuhl zu todt. Saffra, die schnur, schlecht ihr hendt ob dem kopff zusam“ und stimt klagen über das so mächtig hereingebrochene unglück an.

So ist die herrligkeit dahin
Von Israel, darumb ich bin
Betrübet auch biss in den todt.
Ich muss gebären in der not,
Icabodt sol heissen der sohn,
Den ich ietzt wirt gebären thon,
Dieweil hin ist in diser zeit
Von Israel die herrligkeyt.
On trost wirdt ich auch sterben werden
Und begraben unter die erden.
Gott gsegn euch alle, so noch leben!
Jetzt wirt ich gleich dem todt gegeben.

Sie geht traurig ab. Samuel sieht das unglück Elis und seiner söhne als ein strafgericht gottes an.

Der ehrenhold beschliesst das spiel mit der bemerkung, dass dasselbe zwei lehren enthalte. Erstlich solle man die kinder in der jugend wol auferziehen.

Straff dein sohn! er stirbt nit daran,
Wann er wirdt klug und weiss darvon,
Wann es treibet die ruth mit schmertzen
Die thorheit auss dess kindes hertzen. — —
Wer seinem kindt die ruten spart,
Der hasst sein kindt nach feindes art.

Die andere lehre bezieht sich auf den wandel der priesterschaft; dieser müsse vorbildlich sein, denn der gemeine haufen richte sich nach dem priester. Die gotteslade bedeute das wort gottes, das einem ganzen volke genommen werde, wenn es wie die priester mit sünde und lastern behaftet sei.

Nun, zu für kommen solchem schaden,
Soll ein priester mit wort und leben
Dem gmein volck gut exempel geben,
Das es beide durch werck und wort
Das volck ziech besser an dem ort,
Das lieb und glaub wider auffwachs
Und Gottes ehre, wünscht H. Sachs.

Wie fast in allen biblischen dramen, so hält sich Hans Sachs auch in diesem an den wortlaut der bibel. Danach ist die dramatische entwickelung der handlung einfach, aber durchaus nicht tadelnswert. Wir rechnen die tragoedie von Eli und seinen zwei söhnen zu den besseren dramen des Nürnberger meisters.

3. Das dritte, noch unbekante drama erschien unter folgendem titel:

Heli. | Ein grausam er- | schrecklich' Tragedia, Inn | diser letzten gefehrlichen zeyt, Allen | Gotsförchtigen Christlichen Eltern, zu ei- | ner trewen warnung, rechtschaffen Kin- | derzucht an zu richten, vnnd zu erhalten, | auß dem ersten buch Samuelis be- | schriben, Durch Johann Laut- | terbach, Kay. Gekrön- | ten Poeten. | Ecclesiast. vij. | Hast du Kinder, so zeuch sie, vnd bew- | ge jren hals von jugent auff, vnd verweh- | ne sie nicht. | M. D. LIX. — Am ende: Gedruckt zu Nürmberg, | durch Valentin | Neuber. | 56 bl. 8°. — In Heidelberg.

Der verfasser widmet sein stück in einer „zu Oringaw (d. i. Öhringen), 1559. Den 17. Aprilis" datierten vorrede „der wolgeboren Edlen Greffin, Frawen Anna, Geborne vonn Solmis, Greffin von Hohenlohe, Frawen zu Langenberg, meiner Gnedigen Prawen" als ein schwaches zeichen seiner dankbarkeit für die woltaten, die ihm und seiner hausfrau durch die gräfin erwiesen sind. Den anlass zur abfassung seiner tragödie habe die wahrnehmung gegeben, dass der christlichen kinderzucht nur geringe aufmerksamkeit gewidmet werde. Das schreckliche urteil Helis habe er in eine deutsche tragödie gestelt, damit jeder, der nicht der lateinischen sprache kundig sei, sie lesen möchte, wenn er auch wisse, dass „etliche Momi vnd nachreder" dies tadeln würden. Joh. Lautterbach, der sich kaiserlich gekrönter dichter nent, war zuvor informator im hause des grafen von Hohenlohe und scheint zur zeit der abfassung seines dramas pfarrer in Öhringen[1] gewesen zu sein.

Die verteilung des stoffes auf fünf acte geschieht ziemlich in derselben weise wie in dem anonymen stücke; die personenzahl ist um den teufel Philocreus, die engel Michael und Gabriel vermehrt. Auch tritt noch ein dritter nachbar auf.

Der prologus gibt den uns schon bekanten anlass zur abfassung des stückes an, dann folgt in 10 zeilen das Argumentum Tragediae. Jedem acte geht ein Argumentum voraus.

1) Öhringen, der hauptort der ehemaligen grafschaft Hohenlohe-Öhringen, in Würtemberg gelegen. 1744 wurde das gräfliche haus Hohenlohe in den reichsfürstenstand erhoben. Mit dem in der widmung genanten Langenberg ist Langenburg in Würtemberg gemeint.

I, 1. Gebet Helis. Der knecht Sannio wird aufgefordert die söhne zu rufen.

2. Sannio trift die söhne Helis und fordert sie auf zum vater zu kommen. Als er ihnen mitteilt, dass sie zu priestern gemacht werden solten, sprechen sie ihre freude aus.

Der botschafft solt du wol geniessen
Denn dirs zum guten sol entspriessen.

3. Philocreus wird von den söhnen zur gastung geladen.

Nach meinem wuntsch geht mir die sachen
Vmbs maul wil ichs jn süsse machen
Ob ich darnach schon gall ein streich
Ligt nit vil dran, gilt alles gleich
Die fisch gehören in mein Reuse
Wer mit den Katzn jagt fengt meuse.

4. Helis ermahnung zu treuer verwaltung des den söhnen übertragenen amtes. Feierliche einweihung der söhne in ihr amt durch darreichung des kleides, des gesetzes, des priesterschmuckes, des gürtels und des friedenskusses.

Im namen des Almechtign Gott
Den Abrahm, Isac, Jacob hot
Geehret, dem wir auch beweysen
Die gbürlich ehr, mit lob und preysen,
Salb ich euch yetz zu seiner Ehr
Das jr euch fleist ye mer vnd mehr,
Vnd thu euch kundt nach altem recht
Das jr yetzund seyt Gottes Knecht,
Der geb euch glück zu disem staudt
Das sein nam durch euch werdt bekandt.

5. Die söhne bereden sich über das auszurichtende gastmahl, zu dem sie das opferfleisch nehmen wollen.

6. Die engel Gabriel und Michael beten für das wol der söhne.

II, 1. Die söhne stiften Sannio an, das opferfleisch zu stehlen.

2. Heli ist erfreut über den frommen wandel seiner söhne.

3. Sannio hat den befehl der söhne ausgeführt.

Ich henck den Mantel nach dem windt
Nun wil ich sehen wo sie sindt
Wil jn zurichten ein gut gloch
Vnd darnach weytters fragen noch.

4. Die söhne spotten über die milde und lindigkeit ihres vaters.

Ophni. Er wescht ein peltz, er wird genarret
Denn er hatt viel zu lang geharret

Ja, alte leute lass ich dallen
Gemeinigklich ists bey jn allen.
Pinehas. Zeyt bringt Rosn, wölln wol klug werden
Spat Saat kommt auch mit raht auff erden. — —
Ophni. Er ist so gar ein lautter Kindt
Lest sich narren gleich wer er blindt
Merckt nit das wir nach vnser art
Von stro jm machen einen bart.

5. Saunio meldet den herren, dass das mahl bereit ist. Seine trunkenheit entschuldigt er mit des feuers hitze, die ihm zum kopf gestiegen sei.

6. Zwei nachbarn Isachar und Ruben klagen über den übeln wandel der söhne Helis. Die schuld trage der vater.

Der Vatter ist jn gar zu leyss
Sein straff sie halten für schertzweyss
Das für vnd für lebt in seim mut
Ein böses kindt thut selden gut
Drumb wer wil frumme kinder kriegen
Muss jn den Hals bey zeiten biegen,
Nicht machen sich durch vbersehen
Der Süudt theylhafftig so geschehen
Alt hundt sindt sunst böss bendig zmachen.

Isachar bittet seinen freund, er möchte ihn lehren, wie man ein kind recht erziehe. Dieser weist ihn an den alten Lamech.

7. Lamech erfült die bitte Rubens und spricht über die rechte kindererziehung. Zuerst müsse das kind gottesfurcht kennen lernen dann müsse es durch unterricht zum fleiss angehalten werden.

Müssiggang hat bösen nachklang
Vnd ist der Tugent vndergang
Drumb sich das er durch erbt vorkummen
Der Laster die gewaltig summen
Als sauffen, spilen, tauschen, liegen
Auch bulen, stelen vnd betriegen.

Isachar schliesst die belehrung mit einem dankgebet.

III, 1. Joseph beschliesst Heli über seiner söhne gottloses leben aufzuklären.

2. Sein bericht wird von Heli mit verwunderung aufgenommen.

3. Heli macht seinen söhnen vorhaltungen, diese leugnen aber jede übeltat.

Es ist erstuncken und erlogen
Wer leichtlich glaubet wird betrogen.

Er warnt sie vor dem strafgericht, das über Chore, Dathan und Abyran gekommen ist.

4. Die söhne freuen sich, dass sie Helis zorn beschwichtigt haben, und begeben sich von neuem zum spiel.

5. Theander verkündet Heli das strafgericht gottes.

6. Heli lobt Samuels frömmigkeit.

7. Jehovah redet mit Samuel von Helis untergang.

Ich wil rechen die missethat
Das er sein Sün nicht zogen hat
Vnd sawer zu den Sündt gesehen
Die teglich von jn ist geschehen
Die Eltern die den willen lassen
Den Kindern, will ich all der massen
Also heimsuchen, weil sie sein
Ein vrsach, das die gnade mein
Muthwillig wird veracht vnd gspot
Vnd halten nichts von mir dem Gott
Sie leben teglich hin inn windt
Besudeln sich mit schand vnd sündt
Drümb dörffen sie gedencken nicht
Das er sol bleyben vngericht
Ir blut will greulich fordern ich
Hie zeitlich vnd dort ewigklich.

8. Samuels dankgebet für die gute erziehung, die ihm seine mutter gegeben.

IV, 1. Philocreus schmiedet neue pläne, um die söhne Helis zu verderben.

2. Heli fordert seine söhne auf, in den kampf gegen die Philister zu ziehen.

3. Die söhne rüsten sich zum kampf. Pinehas beschliesst von seiner frau abschied zu nehmen.

4. Lamech zweifelt, dass Israel siegreich aus dem kampf hervorgeht, weil es sein vertrauen nicht auf gott setze.

V, 1. Ruben, Isachar und Joseph sehnen sich nach nachrichten über den verlauf des krieges.

2. Biniaminites bringt böse botschaft aus der schlacht.

3. Heli und Sostrata, seine schwiegertochter, schliessen aus dem lärm auf der strasse, dass ein unglück geschehen ist.

4. Sannio fordert den boten auf, seinem herrn bericht abzustatten.

5. Biniaminites berichtet Heli das unglück des heeres und den tod seiner söhne. Sostrata klagt über den verlust ihres mannes.

Ach wee meim grossen hertzen leyd
Das mir mein lieber man ist gstorben
Vnd schendtlich in dem Krieg verdorben
Ach wie soll jmmer mir geschehen
Ich hab jn zu dem letzten gsehen.

Heli fält tot vom stuhle. Alle beklagen das ende Elis. Biniaminites sagt:

Allein kein vnglück pflegt zu sein
Es dringt allzeyt mit hauffen ein
So gschicht yetzt auch, Nu Gott der weyss
Warumb er vns so machet heiss.

Sie tragen den toten Heli ins haus.

6. Lamech erfährt vom boten das ende Helis.

7. Sophrona, die hebamme, berichtet das ende von Helis schwiegertochter. Ruben schliesst mit einer mahnung:

Drum last vns bessern unser leben
Vnd bitten, Gott wird gnade geben
So wir allein auff jn vertrawen
Vnd sunst auff keine hülffe bawen
Das hoffen wir durch seinen Samen.

Epilogus redet noch einmal ausführlich von der rechten kinderzucht. Wenn diese recht geübt wird,

So wird euch denn in disem leben
Gott reichlich seinen segen geben
Vnd darnach durch sein lieben Son
Endtlich die ewig frewd zu lohn,
Das helff vns die Dreyfaltigkeyt
Der sey Lob Preyss inn Ewigkeyt.
Amen.

Die diction in Lauterbachs stück erscheint weniger hart als in dem ersten; dass das stück des anonymus benuzt worden ist, dürfte nicht unwahrscheinlich sein, obgleich wörtliche übereinstimmungen nicht vorhanden sind. Es finden sich nur einige anklänge, z. b.

Anonymus.	Lautterbach.
I, 1.	I, 3.
Hört zu jr aller liebste kind	Mein lieben Sün da hört mir zu
Meins alters trost und beste freund.	Was ich euch beiden sagen thu
Jr secht das ich bin alt und kranck	Ihr secht, ich bin nit viel gesundt
Auch schwach vnd zitternd einher gang	Geh auff der gruben alle stundt
Kein krafft ist mehr in meinem leib	Nimm an gesicht an weyssheit ab

Weyss nit wie lang auff erd ich bleyb.	An krafft vnd glidern nicht vil hab
Mein ghör vnd mein gesicht ist blöd	Mir legt auch ab mein gantz gehör
Auff diser welt hab ich kein freud.	So plaget mich der husten sehr.
Weil ich den Gotsdienst nit vermag	Weil ich so vnuermüglich bin
So setz ich euch auff disen tag	So merkt, ich wil euch nicht verhälen
Zu Hohenpriestern meine kind	Mit allem Gottesdienst befälhen.
Denn jr dazu erwelet sind,	
I, 3.	II, 6.
Ich weiss nit wz meim nachbarn bricht	Sich was ist das mein Nachbaur dort
Das er so mit den henden ficht.	Bey sich so trawrig redt vil wort?
Ich wil besehen vnd zu jm gan	Wil mit jm reden, zu jm gehn
Mein nachbar Jacob wz ligt euch an?	Hör Ruben, hör, bleib stille stehn
Das jr bekümmert also schreyt	Was trawrest du? was ist dein klag?
Vor forcht vnd sorg so trawrig seydt?	
Weyl jr mich fragt so will ich frey	Ach lieber Nachbaur dir ichs sag
Mein nachbaur, sagen was mir sey,	Des Heli Sün seind Priester worden
Vnd sag euch das mit grosser klag	Vnd halten solten jren orden
Denn Helis son auff disen tag	Thun nichts denn nur den schlemmer singen
Zu Hohenpriestern sind gemacht	Ja allen vntugent nach ringen
Die doch auff gots forcht hond kein acht	Jetzt han si wider ir geloch
I, 3.	Nicht vil dem ampt thun fragen noch.
Ein gelerten meyster man jm such	
Der gots forcht hab, nit sey verrucht,	II, 7.
Stellst oft eim nach, bedaurt dich nicht	Lest man die Vögel, hund vnd thier
Der hund vnd vogel, die ross abricht.	Erziehn mit ernst vnd grossem begier
Also wölst dich nicht bedauren lon	Warum wolt nicht an seinem Son
Das dein kind mög ein meyster hon	Ein Vatter das auch lassen thon
Der jm in thugent wol vor gaht	Was ist ein heimgezogen Kindt
In zucht und lehr sein achtung hat.	Denn bey den leuten wie ein Rindt?[1]
I, 3.	II, 6.
Er straffts, doch auff ein ander weyss,	Der Vatter ist ja gar zu leyss
Sein straffung ist gar vil zu leyss.	Sein straff sie halten für scherzweyss.
III, 1.	III, 2.
Es mag wol etwas sein daran,	Es kan so gleich nit alles sein
Doch hond sie es leicht nicht alss gethan.	Gleub nicht was sagt der Nachbaur mein
Wie er von sagt, wol ists mir schwer,	Ist schon etwas, so ists doch nicht
Das ich solchs von meim nachbar hör,	Wie eben er mich hat bericht

1) Die beiden lezten verse sind aus Hans Ackermanns Verlornem sohn v. 473 und 474 entlehnt (Stuttg. Litt. Verein nr. 170).

Das hab ich mich nit mercken lon, Das mir auff jn hab zoren thon.	Vnd ob michs wol seer hatt verdrossen Hab ichs mich doch nicht merken lassen
III, 2.	III, 3.
Dergleichen auch mit den weyben Seit jr schantlich sachen treiben. Auch seit jr tag vnd nacht vol, Steht euch denn solchs priester wol?	Ir pflegt mit den weyben Das euch nit zimbt vnzucht zu treyben Seyt voll vnd toll, lebt lästerlich Daran das Volck seer ergert sich.
V, 2.	V, 3.
Was ists, das yederman so wider Laufft hin vnd her, jetzt auf jetzt nider?	Was mag doch wol sein für ein Lermen Das auff der gass die leut so schwermen?
Ich weyss nit was für vngefell, Was leyd, was forcht mich ein ist kommen, Der schreck hat mir all kraft genommen.	Ich bin erschreckt und ist mir wee Es deucht mich nicht das recht zu geh Gar böss gedancken falln mir ein.
V, 3.	V, 5.
Bringt mir dieweil ein sessel her, Ich kan nit steen, es wirt mir schwer, Biss das der bot hierher wer gon.	Gar kraffloss fül ich mich vnd kranck Kan nicht wol stehn hol mir ein banck Wil an die thür mich setzen her Biss mir der man bring dise mär.
Ich kan jn gentzlich sehen nicht, Denn mir an meinem gsicht bricht. Heyst doch den man herzu mir gon.	So tunckel sein die augen mein Das ich nicht wol gesehen kan Weiss mir wo ist der frembde man.

Die übereinstimmung der reden Theanders (auch bei Lautterbach heisst der mann gottes so) und Jehovahs lassen sich auf die benutzung des bibeltextes (1. Sam. 2 und 3) zurückführen. Die eigentliche dramatisierung des stoffes jedoch gehört dem anonymus; schon dieser umstand muss uns veranlassen, seiner arbeit vor der seines nachfolgers den vorzug zu geben.

Eine lateinische bearbeitung des stoffes lieferte Georg Calaminus (Röhrig), professor am gymnasium zu Linz: Helis, Comoedia sacra, Argentor. 1591. (Goedeke Grundriss II², 142 nr. 59 A. Jundt, Die dramatischen Aufführungen im Gymnasium zu Strassburg, Strassb. 1881, s. 23, anm. 2. In der Allg. deutschen Biographie III, 692 wird nur seine tragödie „Rodolphottocarus“ genant.)

2. Matthäus Scharschmid.

Von diesem dramatiker nent Goedeke Grundriss II², 370 zwei dramen, von denen das eine nur dem titel nach aus Cless und Gottscheds Vorrath bekaut geworden ist. Wir fügen diesen beiden ein drittes noch unbekantes drama hinzu, dessen stoff nicht der bibel entnommen ist.

Matthäus Scharschmid, vicarius zu S. Nicolai in Zeitz, liess seine dramen, nachdem zwei von ihnen zuvor öfter aufgeführt waren, sämtlich im jahre 1589 erscheinen. In der vorrede zum drama von den sieben Martyrern heisst es von ihm, dass er jezt über etliche und vierzig jahre im stifte gelebt habe. Von seinen lebensumständen habe ich nichts weiter in erfahrung bringen können, als dass er noch im jahre 1603 als vicar in Zeitz lebte, denn als solcher wird er in einer über der tür der (damals erbauten) gottesackerkirche befindlichen inschrift genant. Er scheint auch die aufführung der sechs dramen in Zeitz, die in den jahren 1579—1583 statfand, veranlasst zu haben (Neue Mitteilungen des Thür.-Sächs. Vereins XVI, 432).

1. Das erste drama erschien unter folgendem titel:

Comoedia. | Von des König | schen Son, der kranck lag zu | Capernaum, Vnd durch Chri | stum wider gesund worden etc. | Johan. 4. | (Bild: Christus und der königische.) Reimweise gestellet, | Durch | Mathaeum Scharschmid. | Psalm 55. | Wirff dein anligen auff den HERRN, der | wird dich versorgen, Vnd wird den Gerechten nicht ewiglich in vnruge lassen. — Am ende: Gedruckt zu Eißleben, bey | Vrban Glaubisch, im jahr, | M. D. LXXXIX. 75 Bl. 8°. In Heidelberg. Nach Goedeke nr. 208 in Berlin und Breslau.

Auf der kehrseite des titelblattes widmet der verfasser dem leser folgende worte:

Lectori.

So jemand wird gefallen nicht,
Was ich hiemit hab bracht ans Licht,
Derselbig mag was bessers tichtn,
Es lest sich leicht einander richtn,
Wer ist? der es kan machen all,
Das es eim jeden wolgefall.
Sticht dich mein Arbeit in die Augn,
So wasch ein Tuch aus scharffer Laugn,
Vnd lass dir drauff nach deim gefalln,
Ein bessers für die Nase walln,
Was ich gemacht, bitt lass mirs stan,
Ich hab hiebey mein bestes gthan,
Vnd Gottes Ehr gesucht allein,
Der wird auch wol mein Schützer sein.

Die widmung gilt den bürgermeistern und dem rat der stadt Pegau. In der vorrede („Gegeben in Zeit [so!] den dritten Februarij,

Anno 1589. Matthaeus Scharschmid Vicarius in dem Reformirten Stifft daselbs.") werden die comödien und tragödien als ein mittel bezeichnet, durch welches die menschen zur erkentnis gottes, zum glauben, zur liebe, zur geduld, hoffnung und andern tugenden angereizt und vom unglauben, ungeduld, zauberischem und abergläubischem vertrauen, vermessenheit, sicherheit und andern lastern abgehalten werden sollen. Nachdem das vorliegende drama dreimal agieret und öffentlich in Zeitz gespielet worden ist, hat sich der verfasser auf antreiben und vermahnen guter leute veranlasst gesehen, dasselbe in druck ausgehen zu lassen.

Ausser prolog, argumentum, den argumenten der 5 acte und dem epilog zählt das stück 32 personen. Um den an sich wenig umfangreichen biblischen stoff dramatisch zu gestalten, hat Scharschmid eine menge beiwerk geschaffen, das oft sogar ausser zusammenhang mit dem stücke selbst steht. Die handlung schlept sich mühsam durch 5 acte. Dennoch zeigt der verfasser eine gewisse gewantheit in der erfindung.

Der prolog kündigt ein spiel an, das nicht ein gegenstand des lachens sein soll,

Denn wer nur schalckheit hören wil,
Find er im Schimpff vnd Ernst gar viel,
In Euln Spiegl vnd Rolln Wagn,
Die sich mit vielen Schnacken plagn,
Vnd doch der Seelen rathen nicht,
Sind nur zu Fleischeslust gericht,

sondern das den glauben zu stärken bestimt ist.

I. Die krankheit des sohnes.

1. Regulus, der königische, rühmt sich seiner klugheit und list, die er in der ausübung seines amtes anwendet.

Wer Gelt wil han, muss triegerey
Gebrauchen offt gar mancherley,
Practik vnd Renck, gross listigkeit,
Welchs man jtzt helt für Erbarkeit,
Amts Rechnung kan ich stellen fein,
Vnd geb ir einen solchen schein,
Ein X schreib ich offt für ein V
So nimpt die Summ gewaltig zu.

Sein weib entdeckt, dass der sohn seine rede gehört hat.

Das dich S. Küris marter rhür,
Ist denn der Knab jtzt eben hier,
Mochsts du mir denn nicht wincken balt

Vnd mich in solcher red auffhalt,
Ich wolt es wol vermentelt han.

2. Sohn gesteht, dass er den vater behorcht habe, um von ihm zu lernen, auf welche weise auch er zu reichtum und ansehen kommen könne.

3. Satan beschliesst des Regulus hochmut zu dämpfen, indem er seinen liebsten sohn auf das krankenlager wirft.

4. Sohn, der sich aus dem hause geschlichen hat, um zu spielen, fält im ringkampf mit den beiden söhnen des nachbars so unglücklich, dass er nicht im stande ist sich vom boden zu erheben.

5. Regulus vermisst seinen sohn und sendet Davus, einen seiner knechte, aus, ihn zu suchen. Dieser findet Dromo, den knecht des nachbars, und teilt ihm seinen auftrag mit.

Meins Herren Son ist gangen aus
Vnd sich geschleuffet aus dem Haus,
Den sol ich suchen, zu Hause führn,
Ist das nicht schier Sanct Veltens kühru,
Er leuft teglich der Schalckheit nach,
Dis bringt mir offt gros vngemach.

Endlich finden ihn beide halbtot liegen. Dromo läuft in Regulus' haus, um zu melden, dass der sohn gefunden ist.

6. Auf Dromos nachricht begeben sich die eltern zu ihrem sohne und erfahren das unglück desselben.

7. Der zweite knecht Geta wird zum arzt geschickt.

II. Vergebliche versuche, den kranken sohn zu heilen.

1. Arzt und apotheker sprechen über die verschiedenen arten von krankheiten und über die mittel sie zu heilen.

2. Regulus erwartet sehnlichst den arzt.

3. Arzt findet den knaben im fieber liegen und verordnet ein „Cristier.“

4. Die mutter unterhandelt mit einer wahrsagerin, die den knaben von seiner krankheit befreien will.

5. Bauernscene. Zwei ehepare kehren aus der stadt nach hause zurück.

6. Als Regulus keine besserung in dem zustande seines sohnes wahrnimt, schickt er zur wahrsagerin.

7. Die wahrsagerin gibt gegen bezahlung ihr pulver zur heilung des kranken sohnes.

III. Regulus erfährt von der ankunft Jesu und beschliesst ihn um hilfe zu bitten.

1. Jesus unterredet sich mit seinen jüngern. Joh. 4, 32 lautet:

Ich hab ein Speiss zu essen doch,
Daruon jr jtzt nicht wisset noch.
v. 34. Mein Speiss ist, das ich thu zu hand
Den Willen des, der mich gesand
Vnd kürtzlich auch vollend sein Werck.
v. 35—38. Vier Monat sind, so kömpt die zeit
Der Ernd, das man anfeht vnd schneid,
Seht in das Feld, das liebe Korn
Ist zu der Ernd schon weislich wordn,
Wer schneid wird seinen Lohn empfahn
Vnd Frücht zum ewign Leben han,
Auff das da sey ein gleiche Frewd,
Dem der da scet vnd der da schneid.
Es ist ja war, vnd daran leits,
Ein ander seet, ein ander schneids,
Zu schneiden hab ich euch gesandt,
Daran jr doch kein Hand gewandt,
Denn andere gearbeit han,
Der stät jr jtzt versorget dann.
Jtzt seid jr Herrn, bald aber Knecht,
Geschicht euch demnach also recht.

2. Ein Samariter teilt dem Probus das gespräch Jesu mit der Samariterin am Jacobsbrunnen mit. Auch tadelt er die jetzige kleidertracht.

3. Regulus sieht ein, dass ihn gott um seines abfals willen strafe, und gelobt besserung.

4. Der schulmeister Jairus weist Regulus auf den in Cana weilenden Jesus hin, der so eben auf einer hochzeit wasser in wein verwandelt habe.

5. Regulus teilt seiner frau seinen entschluss mit, Jesum um hilfe anzusprechen.

6. Sathan wütet darüber, dass sein plan vereitelt wird.

IV. Regulus bittet Jesum um die errettung seines sohnes von der tödlichen krankheit.

1. Probus klagt gegen seinen knecht Dromo über die kränkungen, die er von seinem bösen weibe Staphyla erfahre.

2. Sathan will die zwietracht zwischen den eheleuten schüren und den weibern die herschaft über die männer zuwenden.

3. Die wahrsagerin wird von der mutter des kranken knaben als betrügerin entlarvt.

4. Die zänkische Staphyla stelt ihren mann zur rede.

5. Der priester wird zu dem kranken knaben gerufen. Kirchner und totengräber freuen sich, dass ein begräbnis in aussicht steht.

6. Regulus bittet Jesum, er möge seinen sohn heilen.

Ach Jhesu jtzt erbarm dich mein,
Lass dir mein Sohn anglegen sein,
Ach kom hinnab, eh denn er stirbt,
Hilff jm, eh er im Tod verdirbt.

Zuerst wird er abgewiesen; als er aber seine bitte erneuert und seinen glauben bekent, sagt Jesus:

Wolan, weil du bestendig bist,
Im Glauben nu zu aller frist,
Vnd dein Vertrawen steht zu mir
Allein, so wil ich helffen dir,
Auch weil dein Sünd dir hertzlich leid,
Soltu bekommen gut bescheid,
Geh hin, ich sag dein Sohn der lebt,
Seht, das jr Gott die Ehre gebt.

V. Regulus findet seinen sohn gesund und dankt gott.

1. Die mutter verkündet voller freude dem Probus und dem priester, dass ihr sohn plötzlich gesund geworden sei. Alle sprechen ihre verwunderung aus.

2. Sathan bedauert, dass Probus von Jesu gehört und auf ihn aufmerksam gemacht hat.

3. Die mutter schickt ihrem manne zwei knechte mit der frohen botschaft entgegen.

4. Die knechte verkünden Regulus die genesung des sohnes.

5. Regulus begrüsst seinen sohn; er verspricht ihn zu gottes ehre zu erziehen.

6. Narr spottet über den totengräber, der nun um sein so sicheres geld gekommen ist.

Epilog spricht die ermahnung aus, die vier lehren, die das spiel enthalte, zu beachten: 1) wie uns und unsre kinder gott straft, wenn wir in sünd und schande leben, 2) wie man sich in krankheit, trübsal und gefahr zu benehmen habe, 3) wie Jesus zum heile der menschheit gesant sei, 4) wie wir, wenn uns geholfen, dankbar sein müssen.

Scharschmid fand einen nachfolger in Johannes Bertesius aus Kammerforst, rector zu Thamsbrück, der im jahre 1606 folgendes spiel veröffentlichte:

Regvlvs. Comoedia: Ein schön Geistliches Spiel, aus dem Euangelio Johannis am 4. Capitel. Von dem Königischen, des Sohn kranck lag zu Capernaum. Johannes Bertesius, Cammerforstensis, Thuringus, Gebessert, vnd mit Personen gemehret. Anno M. DC. VI. — Am ende: Leipzig, Gedruckt vnd verlegt, bey Nicol Nerlich. Im Jahr 1606. 8°. — Maltzahn Deutscher Bücherschatz I, 1153. Goedeke II², 373, nr. 223. Scherer in der Allgem. deutschen Biographie II, 512.

Dass dieses stück nach Scharschmid bearbeitet ist, möchte man aus dem titel schliessen: er trägt den namen des königischen, wie er bei Scharschmid heisst.

2. Das zweite drama hat folgenden titel:

Tragoedia, | Von den sieben | Martyrern vnd jrer Mut- | ter, Wie dieselbige vmb des Gesetz | Mosis willen vom Könige Antiocho dem | Edlen erbermlich gemartert, vnd der König | hernach durch ein schrecklich Ende von | Gott grewlich ist gestrafft wor- | den, aus dem 2. Mac- | cab. 7. | Einfeltig in deutsche gebun- | dene Reden gestellet vnd verfasset, | durch, | Matthaeum Scharschmid Vi- | carien im Stifft Zeitz. | Mit einer Vorrede M. Lucae | Martini Pfarherrn in der Key- | serlichen Reichsstad Nort- | hausen. | Matth. 10. | Wer biß an das Ende beharret, der | wird selig. — Am ende: Gedruckt zu Eiszle- | ben, durch Vrban Gau- | bisch, Im Jahr, M. D. LXXXIX. 86 Bl. 8⁰. — In Heidelberg. Bis jezt nur aus Cless 2, 96 und Gottscheds Vorrath 1, 123 dem titel nach bekant. Vgl. Goedeke a. a. o. nr. 207.

Auf der kehrseite des titelblatts befinden sich dieselben worte, wie im ersten drama, doch mit der überschrift: Autor ad Zoilum. Dann folgt die vorrede des pastors M. Lucas Martini, des schwagers des verfassers, datiert „Northausen den 21. Apprilis Anno 1589.“ Gewidmet ist das stück „den Ehrwirdigen Edlen, Gestrengen, Ehrenvesten, Achtbarn vnd Hochgelarten Herren Probst, Dechand, Seniorn, vnd dem gantzen Capitulo der Stifftkirchen im Bisthumb Merseburg.“ Scharschmid hat, wie der pastor Martini in der vorrede sagt, die vorliegende tragödie vor jahren publice agirt, dann auf anraten mehrerer freunde dem druck übergeben. Die dedication geschehe nicht allein mit erlaubnis der verfassers, welcher ihn freundlich um eine vorrede ersucht, sondern auch „aus betrachtung vielfeltiger gutthaten, welche jme in seiner jugend, vnd seinen lieben eltern, nu vber etliche vnd viertzig Jahr in diesem hochlöblichen Stifft widerfahren“ seien.

Das stück enthält 5 acte; es treten ausser prolog, argumentum und epilog 36 personen auf.

Der prolog redet vom zweck dieses spieles.

Nu handelt dieses spiel allein,
Wenn Christen in verfolgung sein,
Wie sie ob jrem Gsetz vnd Glaubn,
Jr Fleisch vnd Blut solln gar beteubn,
Das sie viel lieber willig sterbn,
Die Seligkeit nur zu ererbn,
Eh sie vom rechten Glauben weichn,
Der selig macht die Armn vnd Reichn,
Durch Christum, wie wir glauben frey,
Das Er der rechte Heyland sey.

I, 1. Antiochus, König von Syrien, hat die regierung angetreten und wünscht durch grausame taten berühmt zu werden.

Ich will mir einen Namen machn
Durch Krieg vnd sonst auch andre sachn,
Das man so lang die Welt mag stan,
Von mir sol gnug zu sagen han,
Allein mir mangelt nu fast Geld,
Welchs denn auch klagt die gantze Welt,

Jason verspricht ihm, wenn er ihn an stelle des Onias, seines bruders, zum hohenpriester mache, 590 centner silber aus dem tempel zu Jerusalem zu geben. Die aussicht auf das geld lässt den könig den wunsch Jasons gern erfüllen.

2. Jason freut sich seines neuen amtes. Sathan trauert über die feindschaft, die zwischen brüdern herscht.

3. Jason vertreibt seinen bruder Onias aus dem hohenpriesteramt.

4. Die trabanten Clemens und Sebulon klagen über Jason, der sein amt nun schon drittehalb jahr so gar tyrannisch verwalte.

5. Auch Portius, ein bauer, klagt über Jasons regiment.

6. Der schösser Menelaus bringt dem könig in Jasons auftrag eine summe geldes und da er verspricht noch 300 centner mehr geben zu wollen als Jason, so übergibt ihm der könig das hohenpriestertum.

7. Der könig, im begriff gegen die Tharser und Mallotter zu ziehen, sezt Andronicus zum stathalter ein.

II, 1. Andronicus ersticht den Onias.

2. Zwei Juden, Salomon und Phrygellus, beklagen die freveltat des Andronicus.

3. Sathan freut sich, dass Andronicus bald in seine hände fallen wird.

4. Der könig übergibt Andronicus dem henker.

Gnad hin Gnad her, wer Menschenblut
Also wie du vergiessen thut,
Der soll das seine auch vergiessn,
Solch Recht solltu auch nu geniessn,
Sih Nickel, kom vnd greiff jn an,
Den Buben vnd heilosen Man.

III, 1. Judas Maccabäus berichtet dem bauer Hermann von der gräulichen eroberung Jerusalems durch den könig Antiochus, wobei in zwei tagen 80000 menschen erschlagen sind und der ganze tempelschatz, dessen wert sich auf 1800 centner silber belief, geraubt ist.

2. Der könig Antiochus gibt den befehl, die Juden zur übertretung ihrer gesetze zu zwingen, selbst unter anwendung von gewaltmassregeln. Der hauptmann Sostratus und der hofrat Haman werden mit der ausführung des befehls beauftragt.

3. Satan beklagt das geschick der Juden.

4. Die Juden Salomon und Phrygellus sind bereit lieber ihr leben zu lassen als wider das gebot des Moses schweinefleisch zu essen.

5. Die räte des königs berichten diesem über die ausführung seines befehles. Dem Juden Eleasar wird schweinefleisch in den mund gesteckt, aber er weigert sich dasselbe zu essen und wird vom stadtknecht abgeführt. Eleasars gebet:

O Gott, dir nichts verborgen ist,
Du weist das ich dem Tod gar fein
Jetzund wolt leicht entgangen sein,
Wo ich gewolt, der Seele nach,
Leid ich gar gerne diese Schmach,
Vmb Gottes willn, ich fahr dahin,
Getrost ist mir mein Herz und Sinn.

Dem judenweib, das sich mit seinen sieben söhnen ebenfals weigert das gesetz zu übertreten, soll noch bis zum andern tage frist gegeben werden.

IV, 1. Der henker Nickel rüstet sich zu dem blutgericht, das an den sieben märtyrern volzogen werden soll.

2. Verhör des neunzigjährigen Adam vor dem könig und seinen räten. Da er sich weigert, so befiehlt der könig seinen tod.

Sich, nim zuerst den alten Man,
Für jn hinein zum Fewer bald,
Vnd wenn dasselb ist wol bestalt,
So haw jm ab sein Füss vnd Hend,
Sein Zung jm in seim Halss verschend.

Vnd wenn du jn zerstümmelt hast,
So wirff hernach den klugen Gast
Noch lebend in die Pfann hinein
Vnd lass jn also braten fein.
Die andern lass auch mit dir gahn,
Das sie solch Marter schawen an,
Doch bring sie, wenn gestorben er,
Alsbald zu vns dann wieder her.

3. Verurteilung der mutter nebst fünf söhnen. Nur die mutter wird noch verschont. Alle gehen mit gläubiger zuversicht in den tod. Andreas sagt:

O du verfluchter Mensch hör ebn,
Du nimpst mir wol das zeitlich Lebn,
Doch wird der Herr Gott aller Welt,
Dem diss mit nichten wolgefellt,
Zum ewigen vns aufferweckn,
Die wir vmbs Gesetz die Hels darreckn.

4. Der jüngste der brüder, Daniel, wird mit seiner mutter Salomona ebenfals zum tode geführt. Er prophezeit vor seinem ende dem grausamen und gottlosen könige seinen untergang.

Hergegen solt gestrafet werdn
Du König hie auff dieser Erdn
Nach Gottes Urteil, Macht vnd Gwald,
Ein zeit ist dir schon angestald,
Wie du mit deinem Hochmut hast
Verdienet, du verfluchter Gast.

Voll begeisterung sagt die mutter:

Sie nemen vns nur diesen Leib,
Drümb sieng mein Son: Lass fahrn dahin,
Sie haben des keineñ gewin,
Das Reich Gottes muss vns doch bleibn.

5. Der henker Nickel und sein knecht Georg beschliessen nach volbrachtem werk sich einen guten tag zu machen.

6. Judas Maccabäus beredet mit Salomon und Phrygellus einen aufstand.

V, 1. Die räte des königs werden von dem königlichen boten Mnestäus über die plötzliche erkrankung des königs berichtet. Betrübt über die niederlage des heeres in Medien habe der könig den Juden rache geschworen, er wolle aus Jerusalem eine totengrube machen, aber kaum habe er das wort gesprochen, so sei er in eine unbeschreibliche schwäche verfallen.

2. Der könig bittet gott um befreiung von seiner plage, er verspricht freilassung der Juden von allem zins und die widerherstellung des tempels, ja sogar den übertritt zum judentum. Vor seinem ende sezt er seinen sohn Antiochus zum nachfolger ein.

3. Der bauer Fortius wünscht, dass dem könig durch einen arzt geholfen werde.

4. Der arzt Hans Sichdichfür preist seine kunst. Der bauer Hermann lässt sich ein' mittel geben, durch welches seine alte frau wider jung wird.

5. Die beiden senftenträger Boas und Zebedeus verweigern den dienst, weil des königs krankheit ekelerregend sei.

6. Die königin beklagt den tod ihres gemahls.

Da war kein hülff, wie sehr er schrie,
Sein Seufftzen Gott erhöret nie,
Weil ers gespart biss an sein End,
Vnd nur getrawt auff Menschen Hend,
Muss er also die Straff auch han,
Denn Gott ein Zech wol borgen kan,
Vnd ist kein Mensch so hoch gesessn,
Dem Er nicht könd sein Theil abmessn.

Die räte, welche den könig zu jenen übeltaten veranlasst haben, entlässt sie.

7. Dankgebet des Judas Maccabäus für die befreiung der Juden von dem könig Antiochus.

Drumb weil das Spiel also nu aus,
So geht jr andern auch zu Hauss,
Doch wart, die Lern mit vns betracht,
Habt darnach all eine gute Nacht.
  Wem aber nach dem Begräbnis gach,
Biss morgen hie wol warten mag,
Wird er damit denn nicht betrogn,
So sag er frey, das ich gelogn.

Epilog stelt folgende lehren auf: 1) brüder sollen in eintracht leben, 2) der Christ soll nicht vom rechten wege weichen, auch wenn er das leben verlieren wird:

Viel besser ist das Elend baun,
Als falscher Ler vnd Glauben trawn.

3) Christen, die um der wahrheit willen verfolgt werden, soll man nicht ferner plagen und mit list und betrug des lebens berauben. Der schluss lautet:

Diss merckt in kürtz aus diesem Spiel,
Wer sonsten etwas lernen wil,
Der denck jm ferner nach zu Hauss,
Man kans jetzt nicht alls legen aus,
Wir hans fast schier zu lang gemacht,
Ich wündsch euch alln ein gute Nacht.

Mit diesen lezten worten spricht der verfasser es selbst aus: mit einer ermüdenden breite hat er gearbeitet; die personen, um die es sich handelt, treten zum ersten male im dritten act auf; der erste und zweite act sind mit grausamen handlungen des königs Antiochus ausgefült.

Gern lässt Scharschmid seine helden fluchen; Sanct Veltin spielt dabei eine hervorragende rolle.

I, 3. Das dich Sanct Veltins leiden[1] schend.
5. Magst gleich Sanct Veltinss sichten han.
II, 4. Das dich Sanct Veltins sichtig schend.
III, 1. Sönst dörfft ich wol Sanct Velten kriegn.
5. Ey ist das nicht Sanct Veltens Kührn.
IV, 2. Wenn es auch gleich Sanct Velten wer.
V, 5. Solstu auch gleich pox Sichtig han,
Dazu Sanct Veltens Kranckheit schier.

Dafür heisst es III, 5:

Box Marter, recht bringt den herfür,
Das jn Sanct Kührens Leiden rhür.

Ähnlich sagt Regulus in dem vorigen drama (I, 1):

Das dich S. Küris[2] marter rhür.

Sprichwörter finden sich nicht selten.

III, 1. Drümb man im Sprichwort also spricht,
Das wer da wil beyn Wölffen sein,
Der muss mit heulen, lalln vnd schreyn.
5. Muss ist ein böses Kraut,
Kost manchem schon sein Leib vnd Haut.
IV, 3. Der Apffel felt vom Stam nicht fern,
Das Kalb schlecht nach der Kuh auch gern.
V, 6. Dieweil das Sprichwort also heist:
Ein Krö die ander selden peist,
Es müst ein kalter Winter sein,
Das ein Wolff schluckt den andern ein.

1) Falsucht, epilepsie.

2) D. i. Quirinus, der hauptheilige des ehemaligen klosters Tegernsee. Schmeller-Frommann[2] 1, 1284. 1396. Vilmar, Idiotikon von Kurhessen s. 219.

Bauerneinfalt beweist folgender dialog zwischen Judas und Hermann (III, 1):

Judas. Ach Gott, meinstu das Bossen sein,
Hertz aller liebster Bawer mein,
Wo bistu her? hastus vernommn?
Hermann. Ich bin von meiner Mutter kommn,
Wenn ich euch recht berichten sol.
Judas. Du schöner Narr, das weis ich wol,
Ich frog aus welchem Dorff jr seid?
Ob es auch weit von hinnen leit?

3. Während den eben angeführten dramen Scharschmids biblische stoffe zu grunde liegen, steht das dritte nur in losem zusammenhange mit der bibel, indem es das schändliche leben eines buhlerischen geistlichen in Franken als warnendes beispiel für die übertreter des sechsten gebotes hinstelt. Damit stelt es sich in die reihe der dramen jener zeit, welche meist alle entweder auf einer biblischen grundlage ruhen oder doch einen religiösen stoff behandeln.

Der titel dieses noch unbekanten dramas lautet:

Ein kurtzweilig Spiel | Von einem Bepsti- | schen Pfaffen im Land zu | Francken, wie es demselbigen vber | der Bulerey, mit eines Wintzers Weib, | so vbel ergangen, Aus dem Nachtbüchlein | gezogen, vnd in Reimen gefas- | set, Durch | Mattheum Scharschmid (Bild: pfaffe und winzer.) — Am ende: Gedruckt zu Eißleben, durch Vrban | Gaubisch, Im Jahr, 1589. 24 Bl. (Das lezte leer.) 8⁰. — In Heidelberg.

Die widmung gilt „dem Erbarn, Achtbarn, vnd Wolweisen Herrn Johan Schmieden, Stadrichtern zu Pegaw, Meinem günstigen Herrn vnd Förderer.“ In der vorrede mit dem schlussdatum „Zeitz, den 14. Aprilis, Anno 89“ erwähnt der verfasser, dass das gegenwärtige spiel nicht als ein märchen oder eine fabel von ihm erdacht worden sei, sondern dass er den inhalt aus dem Nachtbüchlein genommen habe, in welchem es von wort zu wort beschrieben stehe (vgl. Archiv f. Litt.-gesch. XI, 554 u. 628). Es ist des Leipziger schriftgiessers Valentin Schumann Nachtbüchlein, eine samlung von seltsamen und kurzweiligen geschichten, welche um 1559 erschien, gemeint. Vgl. Goedeke II^2, 469 nr. 7. Er habe, sagt Scharschmid weiter, die erzählung in deutsche reime gebracht, nicht um damit jemanden heimlich anzustechen, sondern um ein beispiel zu geben, wie es allen denen zu ergehen pflege, die wider das sechste gebot mit worten oder werken handelten; denn gott lasse keine sünde ungestraft hingehen, sondern mache die täter, wenn sie auch noch so verdeckt und gescheit zu handeln dächten, hie und da zu schanden und verhöhne sie.

Im ganzen treten 11 personen auf. Die handlung wird auf fünf acte verteilt. Der inhalt ist folgender: Ein pfaffe wird von liebe zur frau eines winzers entzündet. Sie teilt ihrem manne mit, dass der pfaff bei einem besuche mit ihr habe buhlschaft treiben wollen, sie habe ihn abgewiesen, aber ihm versprochen, ihn ein ander mal sprechen zu wollen. Der winzer verabredet mit seiner frau einen plan, der zum verderben des pfaffen führt. Dieser wird nämlich von der winzerin zu einem besuch eingeladen; er folgt der einladung und als er eben im bade sich befindet, komt der winzer. Der pfaffe flüchtet sich in ein mit federn angefültes fass, das der winzer dem edelmann zum verkauf anbietet, mit dem bemerken, es sei ein böser geist darin. Das fass wird geöfnet und heraus komt der pfaffe in der gestalt eines federhaus. Auf diese weise wird er entlarvt, seines amtes entsezt und zu einer geldstrafe verurteilt.

Als nebenpersonen wirken Hans Narr (Prologus) und Claus Narr (Argumentum), ferner die köchin des pfarrers, der knecht des edelmanns, ein nachbar Sathan und Epilogus.

Der Epilog erwähnt noch einmal den zweck des spieles, die bestrafung der unzucht und des ehebruchs.

Am schluss befindet sich eine L. M. G. unterzeichnete gereimte „Commendatio huius poëmatis“:

Wer seine Reim fein künstlich stelt,
Fürwar bald allem Volk gefelt,
Dazu gehört: recht disponirn,
Die Sachen auch wol diuidirn,
Wol achtung geben auff den Sinn,
Was der Poet wil leren drin:
Für schimpff nicht ernst, für ernst den schimpff
Einmeng, denn das bringt vngelimpff.
Ein jedes sol sein ort behaltn,
So könn die Reim mit Ehren altn.

3. Esther.

Der von Thomas Naogeorgus 1543 verfasste Hamanus hat, wie ich bereits im Archiv X, 154 bemerkte, drei deutsche übersetzungen erlebt, und zwar von Johannes Chryseus (1546), Johannes Mercurius und Johannes Posthius (c. 1570, handschriftlich in Heidelberg, s. Goedeke II², 235 nr. 24) und von Damian Lindtner (1607). Ich werde jezt die erste und die lezte dieser übertragungen besprechen.

1. Der titel der ersteren lautet:

Haman. || Die schöne vnd seer trö- | stlich Histori Hester, Spielweis | aus dem Latein in Deutsche | Rheim gebracht, Durch | Johannem Chryseum. | (Holzschnitt.) Am schluss: Gedruckt zu Wittem- | berg, Durch Veit | Creutzer. | M. D. XLVI. 88 Bl. 8°. — In Weimar und Wolfenbüttel.

Von den lebensumständen des Johannes Chryseus wissen wir nur wenig zu sagen. Dass er der Johannes Chryseus Frauenstadtensis ist, der sich am 18. märz 1545 in das album der Wittenberger universität eingezeichnet hat (Alb. Acad. Viteb. s. 222), dürfte sehr wahrscheinlich sein, obwol er dann nicht eigentlich des studiums halber nach Wittenberg gegangen sein wird, sondern möglicherweise um den druck seines ersten dramas zu überwachen. Dasselbe erschien 1545 bei Veit Creutzer in Wittenberg, ebendaselbst erschien im folgenden jahre auch das oben genante drama. Die vorreden beider dramen sind aus Allendorf datiert, die des ersten vom 24. juni 1544, die des zweiten vom 25. januar 1546. Ob dieses Allendorf dasselbe Allendorf in Hessen ist, in welchem Burkhart Waldis geboren wurde, ist nicht bekant. Übrigens folgt aus der angabe des ortes, dass Chryseus 1544 bereits eine selbständige stellung einnahm; vielleicht war er prediger in Allendorf. Dass leute, die schon in amt und würden standen, doch noch einmal die universität bezogen, gehörte nicht zu den seltenheiten.

Des Chryseus litterarische stellung haben Palm (Rebhuns Dramen s. 118) und Scherer (Allg. deutsche Biographie IV, 253) dahin bestimt, dass er der form nach unter dem einflusse von Paul Rebhun steht, dem gehalt nach diesen bei weitem übertrift und entschieden als schüler des Thomas Naogeorg zu bezeichnen ist. Dies leztere wird daraus geschlossen, dass er Naogeorgs Hamanus übersezte, was aber nicht ins gewicht fält, weil er von seinem vorbild nur den stoff entlehnt hat. Überhaupt beruht die beurteilung des Chryseus durch Palm und Scherer nur auf dem ersten drama desselben, dem „Hoffteuffel“, in welchem die geschichte von Daniel in der löwengrube dramatisiert worden ist. Dieses drama ist deshalb so bedeutend, weil es die reiche teufelslitteratur des 16. jahrhunderts im gefolge gehabt hat, wobei übrigens nicht ausser acht zu lassen ist, dass diese auf eine erbauliche unterhaltung abzielende litteratur in prosa bearbeitet ist. Chryseus diente, wie Goedeke s. 402, 366 bemerkt, wider dem Franciscus Omichius in seiner Comödia von Dionysii Syracusani und Damonis und Pythiae Brüderschaft als quelle.

Während Chryseus den „Hoffteuffel“ den herzögen von Sachsen widmete, ist das zweite dem herrn Hans von Tölck, ritter usw.

gewidmet (Datum Allendorf am Tag Conversionis Pauli [25. januar] Anno Domini usw. xlvi). Trotz der verläumdungen, die auch Thomas Naogeorg mit seinem „Hamanus“ erfahren habe, habe er doch, sagt er in der widmung, und zwar mit vorwissen des autors diese tragödie transferieren wollen, um zu zeigen, wie gott allezeit seine kirche wider des teufels gewalt über aller menschen verstand und hilfe nicht allein erhalte, sondern auch zu ehren setze und erhebe, dagegen die feinde stürze und vertilge. Seine „deutsche translation oder dolmetschung“ widmet er seinem gönner, von dem er weiss, dass „die darin taxierten laster bei seinem christlichen gemüt, adelig und recht rittermässiger tugend“ ebenso von ihm verabscheut werden als von dem frommen, weisen und getreuen Carsenas.

Am schluss des argumentes erwähnt der verfasser, dass man es nicht allen recht machen könne, aber ob auch viel naseweise menschen über sein spiel richten würden und zu tadeln und zu spotten wüsten, so kehre er sich doch nicht daran, mögen sie erst selbst etwas besseres auf den plan bringen.

I, 1. Mardachai und Cyrinus, sein knecht. An Vasthis stelle sei Esther getreten, Haman sei zu hohen ehren gekommen und werde die Juden unterdrücken, doch

Es geh nun drübr, gleich wie es wol,
Jedoch vns dieses trösten sol,
Das als geschicht vmb Gottes wort,
Vns sol nicht schrecken brand, schwert noch mort.

2. Philarches und Polytlas wünschen Haman zu sprechen. Carcharophon, der torwart, legt ihnen schwierigkeiten in den weg; aber obgleich er bestechlich ist, geben sie ihm doch nichts, „auch nicht ein Egrisch hellerlein.“

3. Carphologus, ein „Jaherr“, und Physotas, ein „Federleser“, schmeicheln dem Haman und melden ihm, dass Mardachai ihm die gebührende ehre versage.

4. Philarches ersucht Haman, ihm beim könig die erledigte stathalterschaftsstelle in Babylon zu erwirken. Polytlas bittet Haman um beistand in seinem streit mit dem schösser zu Babylon, der ihm alle seine güter geraubt und ihn vier monate lang gefänglich eingezogen habe. Dem ersten wird die bitte abgeschlagen. Die stelle erhält Hamans schmeichler Carphologus. Von dem zweiten sagt er:

Wie ich doch hör, fürwar ich schatz,
Du seist ein rechte hader Katz,

und ermahnt ihn zum frieden mit dem bemerken, dass der schösser ein ehrlicher mann sei. Polytlas erwidert:

Kein Krä der andern (wie man sagt
Vnd ich wol merck) die augn aushackt.

5. Mardachai weigert sich vor Haman sich zu neigen. Haman ist erzürnt.

Das Jupiter in dieser stundt
Sampt allen Göttern auserkorn
Mus jn vertilgn jn grimms zorn. — —
Wüst nicht wozu mir sonst nütz wer
Des Königs gunst vnd allr genies,
Wenn ich den Jüdn mich fatzen lies.

6. Mardachai fürchtet Hamans zorn nicht.

Las komen wie es komen kan,
Wolns mit gedult als nemen an,
Gott lebet noch, drumb sey getrost,
Er hat die sein wol mehr erlost,
Er kan vns retten vnd beschützn
Vor Hamans gwalt, stoltzirn vnd trutzn.

7. Haman billigt den rat des Carphologus, die Juden um Mardachais willen auszurotten.

8. Der kanzler Charsenas warnt den könig Artaxerxes vergeblich vor Haman. Dieser erlangt vom könig den befehl zur ausrottung der Juden.

9. Auf Hamans anlass wählen seine beiden ratgeber durchs los den 14. tag des 12. monats als den zur ausrottung der Juden bestimten tag.

II, 1. Philarches und Polytlas beschliessen ihre sache nochmals vor den tron zu bringen.

2. Mardachai bestärkt sie in ihrem beschluss, obwol er bei Hamans feindlicher stimmung einen glücklichen ausgang nicht erwartet.

3. Cyrinus verkündet Mardachai das gegen die Juden erlassene edict.

— — Sie sollen werdn
Gantz ausgeroth von dieser Erdn,
Jr Gut, Vermügn, jr Hab vnd Gelt
Sol Sackman sein denn aller Welt,
Damit hinfort schönr Fried nicht mehr
Zurött werd, wie geschehn bisher
Von juen ist.

Polytlas tröstet den jammernden Mardachai.

Kein wolfart, gluck· noch herligkeit
So gros nicht ist, es kan zur Zeit

Betrübet werdn vnd widerumbn
Kan auch nach vnfal glück wol kumn.

4. Carphologus sieht Mardachai kommen.

5. Mardachais klage. Er bittet Hatach, der königin kämmerer, diese für die zurücknahme des edicts zu gewinnen. Mardachais gebet.

Darumb o Gott, gib itzt dein gnad
Der Königin, erhalt sie, Herr,
Des Königs hertz zu beker
Mit gnad vnd gunst, auff das jr ehr
Nicht geh zu grund, zu schanden wer
Vnser heil vnd trost, so zu dir ist
Allein, o Gott, zu dieser frist.

6. Haman weist die bitsteller Philarches und Polytlas nochmals ab.

7. Mardachais gebet.

Chorlied (Lob des frommen).

Weil Erbarkeit
Zu dieser zeit
So gantz gar leid zu poden:
Was lust müssn han
Die Leut dauon?
Die Welt recht so thun loben.

16 strophen zu je 3 reimparen (4- und 7silbiger jambus).

Schluss: Was ich itzt klag, | Das ist am tag, | Keinr wird es euch verneinen. | Drumb fromer Man, | Las nur dauon, | Du darffst es nicht vermeinen, |

Das dir die Welt | Dein trew vergelt, | Mit billigkeit ergetze. | Ins Teuffels Reich | Gschied dir kein gleich, | Auff Gott Dein Hoffnung setze.

III, 1. Esthers gebet.

Ach heiligr Gott, gedenck daran,
Was du vor zusag hast gethan
Den Vetern aln vor souiel jarn,
Die Ehr Deins Namens thu bewarn,
In vnsr not, Herr, Herr, vns rett,
Gib mir itzt mut in meiner red,
Aus vnserm tod, o Gott, vns reis,
Das kund auch werd den Heidn Dein preis.

2. Phylarches und Polytlas beschliessen unverrichteter sache in die heimat zurückzureisen.

3. Hatach ermahnt die königin mit starkem herzen vor den könig zu treten.

Weil grossen Herrn sehr wider ist
Die trawrich gstalt, bekümert hertz,
So bergt auffs höchst itzt ewren schmertz,
Stelt euch gantz frölich guter ding,
Das als an euch was mit sich bring
Ein ansehn, gunst vnd fröligkeit,
Denn weder Gott noch hohe Leut,
Auch sonst kein ehrlich weiser Man
Die Eudrisch [1] putzen lieben kan.

4. In jambischen fünffüsslern. Charsenas warnt den könig widerum vor Haman.

Darum sag ich, Herr König, itzund euch,
Das Haman weder euch noch ewrem Reich
Zu Ehrn dient mit seiner weis vnd Rath,
Ein offner feind thut euch kaum grössern schad,
Erwecket gegen euch des Volcks vngunst,
Wie denn die Klag im Land sind nicht vmbsonst.

Esther ladet den könig zur mahlzeit ein und bittet zu gestatten, dass auch Haman an der mahlzeit teilnehme.

5. Harbona ladet Haman zur mahlzeit ein. Haman weist Philarches und Polytlas nochmals ab.

6. In jambischen fünffüsslern. Der könig widerspricht den warnungen des kanzlers Charsenas.

Hie Charsena, siehst was doch für ein Man
Vnsr Haman sey, aus dem mans achten kan,
Das jn die Königin selbst helt so werd,
Sein zu eim Gast vor andern alln begert,
Nur du allein weist viel auff jn zu scheltn,
Liebr, las bey dir vnsr vrteil auch was gelten.

IV, 1. Carphologus hat sich für sein neues amt pferde gekauft.

2. Haman zankt mit seiner frau Zares.

3. Er berichtet seinen beiden freunden von dem mahle bei Esther. Er hat eine neue einladung erhalten. Er zürnt dem Mardachai.

Der Teuflisch Jüd verharret noch
Auff seiner altn verachtung hart,
Stundt noch nicht auff zu dieser fart,
Er rhürt sich nicht der lose Man,

1) enterisch?

Blickt mich nur nach der seiten an
Aussm sack mit grumpff'nem angesicht.

Physolas rät dem Haman, Mardachai zu werfen

In Thurm, dasr in sein eigen schlam
Erfaulen müst, so hett jr fried
Vnd weren all seins hochmuts quied.

Carphologus empfiehlt die strafe des aufhängens am galgen. Haman ordnet die aufrichtung des galgens an.

4. Carphologus sagt dem knecht Syrus, dass der galgen für Mardachai bestimt ist.

V. Der 5. act hat nicht weniger als 14 scenen. In diesen wird die belohnung Mardachais und die bestrafung Hamans geschildert. Der könig hat nun endlich Hamans „practict falsche Tück“ erkant und sezt Mardachai an Hamans stelle. Auch seine ratgeber werden bestraft. Mardachai

Weis, das sie es antrieffelt[1] han,
Das so Haman widr vns hat than.

Desgleichen trift den Carcharophon harte strafe, denn

Er zant die Leut gar hesslich an,
Die doch zu Hoff zu schicken han.

Die beiden Babylonier habe Haman mit ihren gesuchen lange hingehalten:

Die habn in dreyen tagen nie
Von Haman antwort mügn erlangn,
Droth wöls an Beume lassen hangn
Wenn sie jn fürder sprechen an.

Der könig klagt:

Wie hab ich mir in meiner schos
Ernert ein Schlang so gifftig böss!

Die metrischen neuerungen hat Chryseus von Paul Rebhun gelernt. Er hat wie dieser jeder scene das metrische schema übergeschrieben. Neben dem jambischen vierfüssler gebraucht er in zwei scenen (III, 4 und 6) den jambischen fünffüssler. Jeder act schliesst mit einem chor. Der erste mit 8- und 7silbigem jambicus:

Es ist gros schand zu aller frist
Das man es noch sol sagen,
Ein Mensch des andern Teuffel ist,
Thut jn am meisten plagen.

Den chor des 2. actes haben wir schon erwähnt. Das in diesem angewante metrum findet sich teilweise auch im chor des 4. actes:

1) Grimm wb. 1, 506 driefeln = drieseln. Schmeller-Frommann[2] 1, 652.

Kein glück nicht ist
Sowol vergwist,
Kan sich verkern,
So kan auch vnglück besser werdn.

Es sind 4- und 8silbige jambische verse. Im 3. und 5. act ist der trochaicus angewant, und zwar im 3. der 7silbige:

Horet zu jr tollen Leut,
Die jr itzt in dieser zeit
Allem guten widerstrebt,
Schlechts auff andr Leut vnglück lebt. — —
Ob nu gleich viel zeit vergeht,
Gotts gericht doch stille steht,
Wartet ewr mit schwerer pein,
Denn Got wil selbst Richter sein.

Der chor des 5. actes besteht aus 6 strophen zu je 2 reimparen (11- und 7silbiger trochaicus), wobei die lezte zeile sich in jeder strophe widerholt.

Hie nembt war jr gwaltigen gottlosen leut,
Was euch mit sich bringen thu ewr sicherheit,
Sambt curn thun, nichts denn nur schand, den ewigen tod,
Welt aber spricht: es hat kein not.

2. Damian Lindtners drama erschien unter folgendem titel: Newe | TRAGOEDIA | Von der Königin Esther, | vnd Haman. | AVs der Bibel ge- | nommen, darinnen der | Vngehorsam vnd Straffe, der stoltzen | vnd halsstarrigen Weiber, dagegen der Demü- | tigen Glück vnnd Wolfahrt an- | gezeiget wird. | Item, | Es werden hierinnen gestrafft die Ver- | leumbdungen, vnd falschen Aufflagungen, vnd | Tyranney der Gewaltigen, vnnd wird zu ei- | nem frommen Leben, vnd zur Gottes- | furcht vermanet. | Aus der gedruckten Lateinischen Tra- | goedien, welche vor etlichen Jahren Thomas | Naogeorgus geschrieben, jetzo in gut | Deutsch vbersetzt, durch Damia- | num Lindtnerum. | Lustig vnd nützlich zu spielen | vnd zu lesen. | Gedruckt im Jahr, 1607. 157 pag. ss. 8⁰. — In Weimar.

S. 1 und 2 findet sich die lateinische widmung des Thomas Naogeorg an den sächsischen hofrat Caspar v. Teutleben. Dann folgt s. 3—8 Lindtners vorrede „an den günstigen leser“, unterzeichnet mit „Damianus Lindtner der Elter.“ Sowol hier als auf dem titel findet sich keine ortsangabe, so dass wir nicht erfahren, wo Lindtner gelebt hat, noch wo sein stück gedruckt worden ist. In der vorrede sagt er, die geistlichen lesen jezt lieber comödien als die evangelien, die frauen hörten lieber die poeterei und die gedichte des Horaz an als die lehren des weisen Salomo, und seien belesener im Ovid und in bulenbüchern als in den briefen des Paulus. Selbst während der predigt würden weltliche geschichtschreiber, wie Lucian und noch ärgere bücher gelesen. Ob das christlich getan sei, gebe er verständigen leuten zu erachten. Die vorliegende tragödie sei nicht aus heidnischen autoren, sondern aus der heil. schrift genommen; damit wolle er einen weg zeigen, wie man die geistlichen geschichten lesen, anhören und agieren sehen könne. Über die einführung eines narren und einer närrin, wodurch bisweilen etwas lächerliches mit unterlaufe, wolle sich niemand wundern. In deutscher sprache habe er seine tragödie, die zuerst einer comödie ähnlicher sehe als einer tragödie, verfasst, weil in den theatern oder spielplätzen dieser landen meistenteils deutsche zuhörer erschienen, doch sei dadurch dem nutzen und der frucht der lateinischen tragödien und comödien nichts genommen. Die summa seiner tragödie sei diese, dass durch der königin Esther hilfe und rat das volk gottes von dem bevorstehenden blutbad errettet worden sei, wie denn heutiges tages fürstliche personen diesem beispiel folgen sollen. An Hamans beispiel solle man sich hüten lernen, dass nicht etwa eine solche tragödie lebendig mit einem gespielt werde.

Dem prolog folgt das personenverzeichnis, das 33 personen aufführt, daneben treten aber noch königs-knaben oder leibjungen, jäger und knechte, hoffrauen, zunftmägde aus dem frauenzimmer usw. auf. Auch ein leimstengler[1] tritt auf.

Leimstengler, stell dein Leimenstang,
Vnd vns einmal was newes fang,
Das seltzam ist und fremder Tracht,
Welchs dient zur Hoffart, Stoltz vnd Pracht.
Die Welt wil jmmer seltzams habn,
Kom fang was, wollns gen Hofe tragn,
Da muss es alles Wilpret sein
Vnd köstlich Ding dem Herren mein.

Am schluss eines jeden der fünf acte befinden sich rhythmische chorgesänge. Der des ersten actes begint so:

Weltlich gesein
Ist lobenswerth,
Unrechter schein
Beschwert die Erd,

1) Vgl. Archiv X, 576 fgg.

Gefellt Gott nicht,
Ist Menschen zuwiedr,
Hat sein Gericht,
Schlegts Volck darniedr.

Wie ungeschickt sich der verfasser in der dramatisierung seines stoffes zeigt, wie fern ihm die beobachtung der aristotelischen einheiten liegt, möge die erste scene des zweiten actes beweisen. Hier schickt der könig Artaxerxes den Perserfürst Charsena zur königin Vasthi ab, um sie zu hofe zu laden. Charsena führt den auftrag aus, indem er Vasthi auffordert vor dem könige zu erscheinen. Sie weigert sich. Da erneuert des königs kämmerer Harbona die aufforderung. Vasthi weigert sich von neuem. Auch die hofdamen der königin raten ihr vergeblich, dem befehle des königs nachzukommen. Harbona erhält darauf von der königin den auftrag, ihm zu melden, dass sie fest entschlossen sei nicht zu erscheinen. Kaum hat Harbona erklärt, dass er diesen auftrag ausführen würde, so meldet er auch schon dem könig die weigerung der königin.

Ebenso wenig entspricht es den forderungen der einheit der zeit, dass Lindtner die Vasthi nach ihrer entfernung vom hofe in ein kloster gehen lässt.

Ich wil nur in ein Kloster gehn,
Mich nicht mehr in der Welt umbsehn.
Bey Nonnen wil ich Geistlich lebn
Vnd embsig nach dem Himel strebn,
Wenn ich gleich muss im Closter sterbn,
Mein Tugend lesst mich nicht verderbn. — —
O Römer Vesta, Vasthi kömpt
Zu dir ins Klösterlich Elend,
Da wil ich leben keusch vnd rein,
So lang kein Münch wird bey mir sein.
Vnterm Kutten steckt viel falscher schein,
Vnterm Schleir ists auch nicht alles rein.

Ein weiterer misgriff ist der, dass die hauptperson der ganzen handlung, Esther, erst im 4. act zum ersten male erscheint, sowie der, dass der 5. act im verhältnis zu den anderen acten eine übermässige ausdehnung erfahren hat, indem er 78 seiten, also die hälfte des ganzen stückes, einnimt.

IV, 1 wird Esther vom könig empfangen.

Abr du solst mir die Juno sein,
Du solst die liebe Atossa sein,
Hadassa berümbt im Geschlechte mein,

Du solst mein Lebn vnd Hertze sein,
Mein Hoffnung, Frewd vnd Heyl allein,
Meins Reiches Kron vnd höchste Zier,
Allein zu dir steht mein Begir.

Sie fragt ihren vormund Mardocheus um rat, ob sie des königs gemahlin werden soll. Er sagt ihr:

Doch seht euch für,
Vntrew ist allzeit vor der Thür — —
Doch kömpt die Sache von Gott her
Vnd gschieht gar nicht ohn gefehr,
Vnd ist nicht nur aus Menschen Raht,
So nempt was Gott bescheret hat.

In Hamans umgebung befinden sich drei schmarotzer und tellerlecker, welche Mardocheus zwingen wollen, vor Haman das knie zu beugen. V, 4 sagt der eine derselben, Carphologus:

Steh auff du Klotz, fall auf die Knie
Vorm Vicerex, der steht allhie,
Vnd bet ihn an als Sonn vnd Gott,
Du wirst sonst komn in Noth und Todt. — —
Du bist des Königs gefangner Knecht,
Der dich gar tödten kan mit recht,
Vnd wilst seim Gbott gehorchen nicht,
Welchs doch ein Perser frey verricht.
Ich dörfft dir bald die Augen auskratzn,
Was bringstu vns für lose Fratzn
Vom Jüden Gott, seim Dienst vnd Ehr,
Steh auff, bett an vnd dich nicht wehr.

Esthers Gebet (V, 7) gehört zu den wenigen guten partien des stückes:

Herr, du allein bist unser Gott,
Steh bey mir in der höchsten Noth,
Wenn ich zum Könige tret hinein,
Das mirs nicht gelt das Leben mein
Vnd mein Volk durch Vorbitt errett.
Vom Tod vnd vnerschrocken red usw.

Den schluss macht (V, 12) Mardocheus.

Ihr Jüden lieben Brüder mein,
Kompt mit mir, Gott zu danken heim.
Es trawert auch kein Persich Man
Vm den so schedlichen Haman.

Gesegn euch Gott, Zuseher gut,
Fürcht Gott vnd jederman recht thut.

Nach den mitgeteilten proben nehmen wir keinen anstand, Valten Voiths Esther vom jahre 1537, über welche wir im Archiv X, 147 fgg. berichtet haben (s. den neudruck im Stuttg. Litt. Verein n. 170), vor der Lindtnerschen unbedingt den vorzug zu geben.

WILHELMSHAVEN. HUGO HOLSTEIN.

DER BEGRIFF DER KIUSCHE BEI WOLFRAM VON ESCHENBACH.

Bei dem versuche, klarheit zu schaffen über Wolframs auffassung und beurteilung der Antikonie-episode (Parz. bch. VIII), blieb ich widerholt an dem worte *kiusche* haften, ohne dass ich im stande war, über seine bedeutung in den betreffenden versen zu voller sicherheit zu gelangen. Meine untersuchung aller stellen, in welchen sich das wort bei dem dichter findet (ich hoffe, dass mir keine entgangen ist), erlaube ich mir im folgenden vorzulegen, in der hofnung, durch diese beschränkung einen nicht unbrauchbaren beitrag zur feststellung des alglatten begrifs und zur interpretation Wolframs zu liefern, und in der überzeugung, dass noch manche solche arbeit nötig sein wird, ehe wir zu richtigem verständnis der sitlichen anschauungen des dichters kommen.

A. *kiusche* vom manne.

kiusche mit seine ableitungen komt vom manne gebraucht im Parzival etwa 26 mal, 4 mal im Titurel, 10 mal im Willehalm vor. Es bedeutet zunächst die enthaltsamkeit, mässigkeit im essen und trinken:

1) Der Gral gewährt speise und trank, so viel jeder mag: Parz. 238, 28 *dâ het der kiusche und der vrâz alle glîche genuoc.* — Trevrezent heisst Pz. 459, 22. 472, 12. 493, 9 *der kiusche.* Die bedeutung ist nur festzustellen aus Pz. 452, 15 fgg.

der kiusche Trevrizent dâ saz,
der manegen mântac übel gaz:
als tet er gar die wochen.
er hete gar versprochen
môraz, wîn und ouch dez prôt.
sîn kiusche im dennoch mêr gebôt,
der spîse het er keinen muot,

vische noch fleisch, swaz trüege bluot.
sus stuont sîn heileclîchez lebn.

. . . .

27 *mit vaste er grôzen kumber leit:*
sîn kiusche gein den tievel streit.

Zweifellos ist das wort hier zunächst vom fasten zu verstehen, wenn sich auch nicht leugnen lässt, dass dann im weiteren sinne überhaupt sein enthaltsames, asketisches, heiliges leben gemeint ist.

Von dieser engsten präcisesten bedeutung des wortes führt nun ein doppelter weg: dieser zu dem sinn „zurückhaltung usw. im betragen“; jener zu der bedeutung „innerlich massvolles wesen, reinheit des herzens.“

2) Es ist ein bekantes darstellungsmittel Wolframs, durch die zusammenstellung entgegengesezter begriffe zu wirken. Wie er mit dem positiven worte das verneinte gegenteil zusammenstelt, habe ich in dieser ztschr. 5, 12 fgg. gezeigt. Hier stossen wir auf eine andre eigentümlichkeit, nämlich die gegensätze zu paren; und dadurch wird es möglich, die nähere bedeutung des wortes *kiusche* festzustellen.

Der wolf ist ein frecher, begehrlicher geselle; daher sagt Wolfr. Wilh. 129, 14 *ein wolf mit alsô kiuschen siten in die schâfes stîge siht als dô der margrâve sach.* Hieran reiht sich Pz. 737, 20:

hie wellnt einander vâren
die mit kiusche lember wâren
unt lewen an der vrecheit.

Also: sie waren zwar kühn zum kampfe, aber doch auch *kiusch*, zurückhaltend, wo es sich gehörte; und so hätten sie hier sein sollen, wo sie *umb unschulde striten*, d. h. ohne genügenden grund.

Das aber sind die eigenschaften, die jeder echte ritter haben muss, so tritt es uns in folgenden stellen entgegen: Pz. 5, 22 *der kiusche und der vreche Gahmuret.* Parzival heisst *der kiusche vrävel man* 437, 12, als er aus versehen gewafnet an Sigunens klause geritten war und dies beschämt erkante. Pz. 823, 24 *Anfortas manlîch bî kiuschem herzen was.* Wh. 253, 29 Vivianz heisst *der clâre süeze kiusche vrebel.* In demselben sinne wird auch der sonst nicht näher bekante knappe Iwanet genant Pz. 159, 17 *kiusche unde stolz.*

Auch auf frauen findet diese bedeutung anwendung, wie wir unten zeigen werden. So ist zu verstehen Pz. 26, 15, wo Belakane den Isenhart rühmt: *er was noch kiuscher denne ein wîp: vrecheit unt ellen truoc sîn lîp.* — Schwierigkeit macht mir die hierher gehörende stelle Wh. 153, 15: „wenn er je tapfer war, im dienst der frauen freude oder not empfieng, *an sînem manlîchem sinne was doch diu kiusche zuht betrogen.* Heisst das: er war nur *manlîch,* aber nicht *kiusche?* Ein tadel soll hier nicht ausgesprochen werden, wie die folgenden worte lehren.

Noch mit andern gegensätzen wird *kiusche* zusammengestelt. So mit *hôchvart* Pz. 472, 16. Parzival sagt: wird der Gral dem tapfern ritter zu teil, so muss ihn gott mir geben. Darauf erwidert Trevrizent:

ir müest aldâ vor hôchvart
mit senften willen sîn bewart.
iuch verleit lîht iwer jugent
daz ir der kiusche bræchet tugent.
hôchvart ie seic unde viel.

Anfortas hat auch in solcher *hôchvart minne gegert ûzerhalp der kiusche sinne* Pz. 472, 30. *kiusche* wird auch von den frauen verlangt, welche sich dem Graldienst weihen; wir kommen darauf unten zurück. Hier könte man nun an eine ganz algemeine bedeutung des wortes denken im anschluss an Pz. 473, 1—4, wo von den Gralrittern nur verlangt wird: *bewart sîn vor lôsheit; diemuot ie hôchvart überstreit.* Aber die richtige erklärung folgt 478, 13: ein *grâles hêrre* durfte nur *minne gern als diu schrift* (inschrift am Gral) *in wert.* Anfortas hatte diese vorschrift übertreten und nach eignem gutdünken eine geliebte gewählt (*kôs im eine friundîn des in dûht* 478, 19). *kiusche* ist also hier zurückhaltung des eignen willens, unterordnung unter die Gralgesetze, demut (vgl. Pz. 479, 2), gehorsam. Ebenso sind also aufzufassen Pz. 493, 24 *sô suln sîn* (*des grâles*) *rîter hüeten mit kiuschec-lîchen güeten.* 454, 28 *kiuschlîchiu zuht.* 455, 8 *ein volc daz der kiusche sich bewæge.* Tit. 7, 1 *des grâles hêrre muoz sîn kiusche unde reine.*

Ferner mit *zorn:* Wh. 276, 13 *daz starke trinken überstreit sîn kiusche zuht unt lêrt in zorn.* So von Rennewart, von dem Gyburc Wh. 272, 18 sagt: *er hât ouch kiuschlîche zuht: man mac in ziehn als ein maget,* indem sie seine bescheidene zurückhaltung im gegensatz zu seinem sonstigen ungestüm meint. In demselben sinne Wh. 190, 1. Dem Rennewart wird von den soldaten im übermut der zuber mit wasser umgestossen: *daz vertruoc er als ein kiuschiu* (schüchterne) *maget.* Als es zum zweiten male geschieht, heisst es Wh. 190, 11: *dâ von im kiusche ein teil zesleif,* indem er einen knappen gegen eine steinerne säule schleuderte, dass er zerbarst.

In einen gegensatz zu *kiusche* tritt auch *vrô.* Die Gralbotin begrüsst Parzival 781, 12 *nû wis kiusche unt dâ bî vrô,* d. h. halte dich bei der fülle des glückes, das ich dir jezt verkündige.

So bezeichnet also *kiusche* das masshalten in wort, gebärde und tat, wie es erhelt aus Pz. 465, 16:

sît rede und werke niht sô frî:
wan der sîn leit sô richet,
daz er unkiusche sprichet,
von des lône tuon i'u kunt usw.

wol mit hinweis darauf, dass sich Parzival (472, 16) von gott lossagte. Gott erlöste uns aus der hölle, doch *die unkiuschen liez er dinne* 465, 30

In diese kategorie dürfen wir vermutlich auch folgende stellen rechnen, aus denen sich eine nähere bedeutung nicht entwickeln lässt: Tit. 123, 2 von Schionatulander: *sîn edelkeit, sîn kiusche.* Wh. 87, 18 Willehalm reitet gegen Tesereiz, beide werden gerühmt: *dâ was manheit gein ellen komn und diu milte gein der güete, kiusche und hôchgemüete, mit triwen zuht ze bêder sît.* Aus Heinrichs von Narbon Frucht (Vivianz) *was erblüet kiusche, milte, manheit, zuht* Wh. 167, 22. Unklar ist mir Wh. 157, 7: „Deine Werdekeit hat noch nie Schande erlitten; *wem liez diu kiuschlîche zuht?* Heisst das: wem hat *diu* sc. *werdekeit* ihre *kiusche zuht* überlassen, d. h. wohin ist dieselbe gekommen?

3) Kann sich also die mässigung und zurückhaltung auf alle äusserungen der rede, gebärde und tat beziehen, so findet sie ihre feinsten beziehungen in der gesinnung. Den übergang von jenem zu diesem bildet eine stelle, wo es deutlich mit hinweis auf das *magetuom* angewant ist. So braucht es Trevrezent Parz. 458, 9 von sich selbst. Er sagt v. 2 zu Parzival, er *trüege fluht noh magetuom* (er sei weder ein feigling noch ein junggeselle) und spricht zuerst von seiner tapferkeit v. 3—6; dann geht er v. 7 zur minne über und sagt:

etswenne ich sündebærn gedanc
gein der kiusche parrierte.
mîn lebn ich dar ûf zierte,
daz mir genâde tæte ein wîp.

d. h. seine *kiusche* war durchsezt (s. unten s. 456) *mit sündebærn gedanc,* mit gedanken, die auf minnegenuss gerichtet waren. Dies ist die einzige stelle, wo es vom manne im sinne unsrer keuschheit gebraucht wird. In den folgenden wird man ihm nur die algemeine bedeutung „reinheit des herzens“ zuweisen. Ich lasse die stellen der reihe nach folgen:

Pz. 113, 26 wer Christi zürnen gering achtet, führt seine sache schlecht, *swie kiuscher sî und wære.*

451, 5 Parzival, von dem pilger Kahenis am karfreitag zurechtgewiesen, trent sich von ihm und den seinen: *dem rict sîn manlîchiu zuht kiusch und erbarmunge.*

462, 4 Trevrezent zu Parzival: *sagt mir mit kiuschen witzen, wie der zorn sich an gevienc, dâ von got iwern haz enpfienc.*

466, 28 Gott prüft die gedanken: *des kiuschen got geruochet; owê der brœden werke dol.* Man beachte den gegensatz.

502, 21 ist schwierig: der priester darf die hostie anrühren (das allerheiligste); *swelch priester sich hât sô bewart, daz er dem (dem hœhesten pfande?) kiusche kan gegeben, wie möht der heileclîcher lebn?* Also: der priester ist der heiligste mann, wenn er mit seinem heiligen amte ein reines leben zu verbinden weiss.

Tit. 4, 1 *mîn sælde, mîn kiusche, mit sinnen mîn stæte* rühmt der alte Titurel. Man beachte die parung mit *stæte*, wie gleich darnach 5, 2: *ich weiz wol, swen wîpliez lachen enphœhet, daz imêre kiusche unde stætekeit dem herzen næhet. diu zwei kunnen sich dâ niht gevirren, wan mit dem tôde al eine.*

Wh. 4, 4 heisst es von sanct Willehalm: *du hâst und hetest werdekeit, helfære, dô dîn kiusche erstreit mit diemuot vor der hœhsten hant, daz si dir helfe tet erkant.*

Zweifelhaft könte Pz. 743, 21 sein: *mit rehter kiusche erworben kint ich wæn diu smannes sælde sint.* Doch sind die worte wol vom manne zu verstehen: er erlangt durch seine reine gesinnung (?) kinder, d. h. in einer ehe, wo wahrhafte herzliche liebe waltet.

B. *kiusche* von der frau.

Wir haben die stellen vorausgeschickt, in welchen das wort vom manne gebraucht wird, weil sich selbstverständlich dort die bedeutung leichter feststellen liess als hier. Von der frau wird es im Parz. etwa 35 mal, im Tit. 4 mal, im Wh. 4 mal gebraucht, wobei mir aufgefallen ist, dass es im XI.—XIII. buche des Parz. nicht vorkomt.

Für die unter A 1 angeführte bedeutung findet sich kein beispiel.

2) Oben s. 448 ist schon auf diese verwendung hingewiesen. Die jungfrauen, welche Parzival bei Gurnemanz im bade pflegen, heissen Pz. 167, 2 *kiusche unde balt* mit bezug auf die bedenkliche situation, welche den jungen mann sogar veranlasst, sich von ihnen beim aufstehen aus dem bade das laken nicht umgeben zu lassen, wozu sie trotz ihrer massvollen zurückhaltung (*kiusche*) bereit (*balt*) sind.

Pz. 365, 17. 21. Meljanz hatte von Obie für seinen dienst der minne lohn gefordert (345, 29). Sie hatte es ihm, als noch zu früh, aufbrausend versagt (345, 30 fg.). Dies nent Wolfram: *ir kiusche wart gein zorne balt* und *sus flaht ir kiusche sich in zorn.* Es liegt hier sehr nahe an zurückhaltung in geschlechtlicher beziehung zu denken. Aber die analogie der oben angeführten stellen zeigt, dass lediglich der gegensatz *kiusche* — *zorn* zu urgieren ist: sie, die sonst so massvoll in ihrer weiblichen scheu war, liess sich zum zorn fortreissen. Anders werden wir es in der gleich folgenden stelle 367, 27 aufzufassen haben, was hier wegen des inneren zusammenhangs vorweg genommen werden muss. Der vater Lippaut klagt, Meljanz greife ihn nur an, weil er keinen sohn habe; doch er sei es zufrieden: trage seine tochter auch kein schwert, *ir wer ist anders als wert* (ihre verteidigung ist sonst ebenso gut): *si erwirbt im* (dem vater) *kiuscheklîche einen sun,* d. h. also grade durch ihr betragen, das sie veranlasste, den minnegehrenden scheinbar abzuweisen.

Wh. 250, 19 *wir haben iuch unverzagetlîch funden, daz man Olyvier noch Ruolant nie genendeclîcher vant, unt ist ouch daz mit kiuschen siten.* Sie haben Gyburc entschlossen gefunden und dabei doch *kiusche.*

Tit. 110, 3 *dô kunde ir kiusche niht verdecken die lieplîchen liebe in ir herzen:* trotz ihrer schüchternen zurückhaltung sah man ihre liebe.

Pz. 824, 7 *si mit rehter kiusche warp, al menschlîch gir an ir verdarp.* Sie wolte nur den zum manne nehmen, den gott ihr zuwies.

3) Dass *kiusche* im algemeinsten sinne *der wîplîchen güete* „reinheit des herzens“ bedeutet, wird durch einige stellen sicher, in welchen Wolfram nach einer ihm eigenen manier einen kurzen unklaren, oder algemeinen und dadurch undeutlichen ausdruck durch einen zusatz zu praecisieren sucht, wie es sehr instructiv Wh. 247, 29 zeigt. Gyburc ermahnt ihre frauen vor dem mahle, sich gut zu benehmen. „Sezt sich ein ritter neben euch,

dem sult ir die gebærde gebn,
daz iwer kiusche im sî bekant.
bî vriundîn vriunt ie ellen vant:
diu wîplîche güete
gît dem man hôch gemüete.

Also: „zeigt eure reine, edle gesinnung, hochgemut wird ein man nur, wo er bei einer frau weibliche tüchtigkeit findet.“

Pz. 252, 16 Sigune rühmt von ihrer muhme Herzeloide: *wîplîcher kiusche ein bluome ist si, geliutert âne tôu.* Hier wird *kiusche* deutlich genug durch das wort „geläutert“ näher bestimt.

Pz. 260, 8 heisst es von Jeschute: *wîplîcher kiusche lobes kranz truoc si mit armüete: si pflac der wâren güete* ist erläuterung von *kiusche* und der gegensatz *valsch.*

Demgemäss kann man auch wagen Pz. 332, 12 beide begriffe zu identificieren, wo Parzival dem Gawan ein weib wünscht, *an der du kiusche hâst bekant unt wîplîche güete.*

Und ebenso werden nun auch im algemeinsten sinne die stellen zu interpretieren sein, wo das wort auf Antikonie angewendet wird, der nach Wolframs darstellung gewiss niemand „keuschheit“ nachrühmen wird. Ihr wird Pz. 404, 27 *wîplîch êre* und freisein von *valsch* zugesprochen: *dâ mite ir kiusche prîs erwarp,* d. h. also: dadurch zeichnete sich ihre weibliche tugend aus. Pz. 409, 14 heisst es in bezug darauf, dass Antikonie dem ritter im kampf mutig beigestanden: kämpft eine frau in waffen,

diu hât ir rehts vergezzen,
sol man ir kiusche mezzen,
sine tuoz dan durch ir triuwe.

Also: waffen zu tragen steht einer frau nicht zu, es entspricht nicht ihrer weiblichkeit. *kiusche* ist hier = *wîplîch reht*, was einer frau erlaubt ist. — Das gegenteil von *kiusche, reine, wîplîchiu güete, êre* scheint *valscheit.* Daher wird Antikonie 413, 2 genant *vor valscheit diu vrîe.* Sie sagt 414, 23: der schild der frau, auf dem ihre *werdekeit* beruht, ist *guot gebærde und kiuscher site, den zwein wont vil stæte mite;* also: „edle weiblichkeit und der entsprechendes betragen“ (*gebærde*). Diesem scheint also unkeuschheit in unserm sinne, gewährung des minnegenusses, nachdem man sich eine zeit lang gesträubt (vgl. Pz. 406, 6 und 407, 7), unter umständen nicht zu widersprechen, sondern nur *valscheit*, *unstæte.* So ist es auch wol zu verstehen, wenn Wolfram Pz. 427, 6 *die kiuschen unt diu süezen Antikonîen* lobt und hinzusezt: *vor valscheit die vrîen.* Hier erkent man wider die bedeutung des wortes aus dem gegensatz, nach der stilistischen eigentümlichkeit des dichters, der dem positiven ausdruck gern das verneinte gegenteil zur erläuterung hinzufügt.

Pz. 235, 28 wo wir gegen Lachmann mit den andern handschriften beider klassen lesen:

wol *m u o s e i r* *kiusche sîn bewart*
d i u *sîn (des grâles) ze rehte solde pflegn:*
d i u *muose valsches sich bewegn.*

ist ebenfals *kiusche* und *valsch* entgegengestelt.

Pz. 477, 12 Trevrezent sagt von Tschoysianen, Sigunens mutter:

ir wîplîch herze was sô guot,
ein arke für unkiusche fluot.
ein magt, mîn swester, pfligt noch site,

sô daz ir volget kiusche mite.
Repanse de schoye pfligt des grâles.

Tit. 33, 4 in unechter strophe von der jungen Sigune *diu kiusche junge reine*; sie heisst 83, 3 *sîn kiusche âmîe.*

Tit. 149, 2 Clauditte: *der gap kiusche unde ir güet ze lône des vrömden lop und ouch der si bekande.*

Auf dieselbe bedeutung werden wir durch diejenigen stellen geführt, in welchen der dichter innere und äussere schönheit in einen gewissen gegensatz stellt, wie

Pz. 809, 13 Repanse de schoye, von der sich der Gral allein tragen liess: *ir herzen was vil kiusche bî, ir vel des blickes flôrî.*

Pz. 176, 12 *Liâzen lîp was minneclîch, dar zuo der wâren kiusche rîch.*

Tit. 105, 4 *Sigûn diu sigehaft ûf dem wal, dâ man welt magede kiusche unde ir süeze.*

Pz. 732, 3 *nû dâhte aber Parzivâl an sîn wîp die lieht gemâl und an ir kiuschen süeze.* Vgl. 742, 28, wo Condwiramur ebenfals *diu kiusche lieht gemâl* genant wird. (441, 10 sagt Parzival von ihr: *ich sen mich nâch ir kiuschen zuht*).

An andern stellen verbindet er dagegen die gesinnung mit einem ihr entsprechenden betragen. Auf Wh. 247, 29 haben wir schon s. 452 hingewiesen. In demselben sinne ist aufzufassen Pz. 819, 24, wo Anfortas zu Feirefiz sagt: *ir füeret hinne ein edel wîp: diu gît ze dienste iu kiuschen lîp mit guoten wîplîchen siten*, wo widerum die synonyma *kiusche* und *wîplîche güete* zu beachten sind.

Ist es uns gelungen, aus diesen stellen die algemeinste bedeutung für das wort *kiusche* zu eruieren, so dürfen wir dieselbe auch für die folgenden in anspruch nehmen:

Pz. 3, 2 Ein weib soll wissen, an wen sie ihre minne und *werdekeit* wendet, *sô daz si niht geriuwe ir kiusche und ir triuwe.*

Pz. 28, 9. Von Belakanen, die eben gestanden hat: *ich enwart nie wîp deheines man*, sagt Wolfram: obgleich sie heidin war, weiblicherer sinn kam nie in weibes herz: *ir kiusche was ein reiner touf*, d. h. die reinheit ihrer gesinnung ersezte gewissermassen die christliche taufe. Es kann hier nicht „zurückhaltung" heissen, es kann auch nicht an ihre jungfräulichkeit gedacht sein; denn nach ihrer vermählung heisst sie 90, 22 *in reiner art ein süeze wîp. ir werdiu kiusche mir den lîp nâch ir minne jâmers mant.*

Pz. 103, 5 Herzeloide kehrt ihr herz an gutes können (*guote kunst*), gelobt wurde *ir kiusche was für prîs erkant.*

Pz. 87, 8 Amflîse, welche dem Gahmuret ihre minne bieten lässt, heisst *kiusche unde wîse.*

Pz. 446, 20 Die töchter des pilgers am karfreitag tragen auch pilgergewand. *daz riet in kiusches herzen rât, si giengen alle barfuoz.* Über diese töchter wird von Trevrezent gesagt 457, 16: *nie kiuscher fruht von liebe wart geborn.*

Pz. 734, 12 *wie von Pelrapeir diu künegîn ir kiuschen wîplîchen sin behielt.*

Pz. 800, 6 *Schoysiân sîn kiuschez wîp.*

Wh. 154, 22 von Alyze: *man möht ûf eine wunden ir kiusche hân gebunden.*

Wh. 280, 2. Gyburc und der markgraf pflegen der minne: *Gyburc mit kiuscher güete sô nâhe an sîne brust sich want.*

Es bleibt uns nun noch übrig, die aufmerksamkeit auf diejenigen stellen zu richten, in welchen das wort unsrem begriff der keuschheit nahe komt. Während *scham* das algemeinere ist und in bezug auf jede empfindung sitlichen unrechts gebraucht wird, scheint *kiusche* die zurückhaltung, welche durch das kühne verhalten des mannes in geschlechtlicher beziehung bedingt ist.

Pz. 131, 3 heisst es von Jeschute, als der kindische Parzival über sie herfält: *diu süeze kiusche unsamfte erschrac, dô der knappe an ir arme lac. mit schame ... sprach si: wer hât mich entêret.*

Pz. 192, 3. Condwiramur durch belagerung geängstigt komt in der nacht an Parzivals bett: *ez prach niht wîplîchiu zil: mit stæte kiusche truoc diu magt.* Die stelle ist interessant, weil sie den übergang zeigt von der algemeinen bedeutung (edle weibliche gesinnung; *wîplîchez zil* = *wîplîchiu güete*) zu der besonderen des keuschen verhaltens. Dass hier eine hindeutung auf unkeusches verlangen beabsichtigt war, wird aus dem folgenden klar, wo Wolfram hervorhebt: *si gienc niht nâch sölher minne diu sölhen namen reizet, der meide wîp heizet.*

Instructiv, aber schwer zu interpretieren ist die folgende stelle 201, 27, die ich volständig hersetze: Parzival in Condwiramurs Arm.

201, 21 *er lac mit sölhen fuogen,*
des nu niht wil genuogen
mangiu wîp, der in sô tuot.
daz si durch arbeitlîchen muot
ir zuht sus parrierent
und sich dergegen zierent!
vor gesten sint se an kiuschen siten:

ir herzen wille hât versniten
swaz mac an den gebærden sîn.
ir friunt si heinlîchen pîn
202 *füegent mit ir zarte.*
des mâze ie sich bewarte,
der getriwe stæte man
wol friwendinne schônen kan.
er denket, als ez lîht ist wâr:
„ich hân gedienet mîniu jâr
nâch lône disem wîbe;
diu hât mîme lîbe
erboten trôst: nu lige ich hie.
des hete mich genüeget ie,
ob ich mit mîner blôzen hant
müese rüeren ir gewant.
ob ich nu gîtes gerte,
untriwe es für mich werte.
solt ich si arbeiten,
unser beider laster breiten?
vor slâfe süeziu mære
sint frouwen site gebære.“

Also: Parzivals zurückhaltung (*mit sölhen fuogen*, schicklichem betragen) würde vielen frauen nicht genügen. Was sind das für frauen? v. 24—27 solche, deren anständiges betragen (*zuht*) durchsezt[1] ist mit *arbeitlîchem muot*, doch äusserlich unmerkbar: da sind sie demgegenüber geschmückt (26). In der auffassung von *arbeitlîchem muot* trete ich der algemeinen (wie es scheint) W. Müller im mhd. wb. entlehnten erklärung entgegen. Wenn sich die dort aufgestelte und auch von Lexer recipierte bedeutung von *arbeitlîch* als „beflissen zu quälen“ nur auf diese einzige stelle stüzt, so kann sie schwerlich aufrecht erhalten werden, ebenso wenig wie die mhd. wb. III, 876 allein für unsre stelle angenommene erklärung von v. 26 *sich zieren* „die spröde spielen wie nhd.“ (so auch Bartsch). Müller erklärt I, 53: „nur um den geliebten zu quälen aus vermeinter anständigkeit bald die gnädige, bald die spröde, die beleidigte spielen.“ Dies gibt im zusammenhang keinen sinn; *arbeitlîch* heisst, was *arebeit* (not, qual) in sich hat und wird, wie es scheint, nur von sachen gebraucht. Wolfram meint also: viele frauen würden pein leiden bei so zurückhaltendem wesen des geliebten.

1) Über *parrieren* siehe meine abhandlung in dieser ztschr. V, 20. Zu der anmerkung daselbst füge: „dort fehlt für bunte kleider das citat Wig. 187, 39 *geteilet gel unde rôt.* Vgl. mhd. wb. III, 25. *undersnîden* Wh. v. Wenden 1620.“

Äusserlich zeigen sie das freilich nicht, was in ihrem herzen lebt, nämlich die begierde. Diesen sinn lehren die folgenden zeilen, auf deren interpretation es hier ankomt v. 27—29: vor fremden benehmen sie sich *kiusche* und zeigen in ihrem wesen nicht ihres herzens lust. Hier ist also der sinn von *kiusche* klar: *zuht* v. 25 und *kiusche site* v. 27 stehen gegenüber dem *arbeitlîchen muot* und *herzen wille;* innerlich leiden sie qual und verlangen nach vollem genuss, äusserlich (v. 28) zeigen sie es nicht, sondern *zierent sich.* Wir kommen also grade zum entgegengesezten sinn von Müller. Wie weit sich dieser in der auffassung der stelle verirt hat, zeigt die erklärung des folgenden 201, 30 fgg. im mhd. wb. III, 851 „*manegiu wîp — ir friunt si heinlîchen pîn füegent mit ir zarte* durch den angenommenen schein einer liebe, die von sinlichem genusse durchaus nichts wissen will.“ Wolfram dagegen sagt: solche frauen bereiten ihrem geliebten heimliche pein mit ihrer liebe, wenn er nämlich ein so rücksichtsvoller mann ist, wie ihn der dichter 202, 1 fg. schildert.

Was die sitliche auffassung betrift, die in dieser auseinandersetzung zu tage tritt, so kann man vielleicht zweifeln, ob Wolfram wirklich hier im ernst das ausspricht, was er für sein ideal hält oder ob er hier nur dem reiz der vorliegenden situation nachgibt, verlockt, durch die erweiterung derselben zu einer algemeinen betrachtung die hörer reizvoll zu unterhalten. In den zusammenhang passt die situation vorzüglich: dass der tumbe Parzival mit seinem reinen kindlichen gemüt, plötzlich durch seine kühne rittertat in die arme einer königin geworfen, in zurückhaltender schüchternheit, von seinem glücke schon genug erfült, den minnegenuss verschmäht — das ist eine psychologisch feine erfindung. Dass aber die veralgemeinerung der sache, wie sie aus des dichters erörterung 201, 22—202, 18 folgt, wirklich der ritterlichen geselschaft seiner zeit conform ist, davon kann man sich schwer überzeugen. Wenigstens muss man sich, um eine richtige anschauung zu gewinnen, immer das gegenbild gegenwärtig halten, das Wolfram nachher in Gawans verhalten gegen Antikonie zeichnet, ohne ein wort der misbilligung.

Pz. 264, 9. Jeschute, die vorher im algemeinen sinne *kiusche* genant war, wird es hier im speciellen. Ihr gemahl glaubt sie von Parzival *genôtzogt* (v. 3), *unt daz si geunêret het ir kiusche unde ir prîs mit einem andern amîs.* Der algemeine ausdruck *wîplîcher sin* geht v. 6 voraus.

Pz. 526, 5 in verbindung mit *magetuom.* Urjâns hatte eine jungfrau mit gewalt (*nâch sînem willen âne ir danc*) geschändet: *ir hête genomen ir kiuscheclîchen magetuom der nie was in ir dienst komen.*

Er wird auf das härteste angeklagt, *sît daz ir wære ein roup genomn, der nimmer möhte wider komn, ir magetuom kiusche reine* 527, 11.

Zum schluss stelle ich die von mir behandelten stellen zu leichterer orientierung zusammen:

Parzival:

3, 2	s. 454	401, 27	s. 453	472, 12	s. 447
5, 22	„ 448	409, 14	„ 453	472, 16	„ 449
26, 15	„ 448	414, 23	„ 453	472, 30	„ 449
28, 9	„ 454	427, 6	„ 453	477, 12	„ 453
87, 8	„ 455	437, 12	„ 448	493, 9	„ 447
90, 22	„ 454	441, 10	„ 454	493, 24	„ 449
103, 5	„ 454	446, 20	„ 455	502, 21	„ 451
113, 26	„ 450	451, 5	„ 451	526, 5	„ 457
131, 3	„ 455	452, 15	„ 447	527, 11	„ 458
167, 2	„ 451	452, 20	„ 447	732, 3	„ 454
176, 12	„ 454	452, 28	„ 448	734, 12	„ 455
192, 3	„ 455	454, 28	„ 449	737, 20	„ 448
201, 27	„ 455	455, 8	„ 449	742, 28	„ 454
235, 28	„ 453	457, 16	„ 455	743, 21	„ 451
238, 28	„ 447	458, 9	„ 450	781, 12	„ 449
252, 16	„ 452	459, 22	„ 447	800, 6	„ 455
260, 8	„ 452	462, 4	„ 451	809, 13	„ 454
264, 9	„ 457	465, 16	„ 450	819, 24	„ 454
332, 12	„ 453	465, 30	„ 450	823, 24	„ 448
365, 17. 21	„ 451	466, 28	„ 451	824, 7	„ 452
367, 27	„ 452				

Titurel:

4, 1	s. 451	33, 4	s. 454	123, 2	s. 450
5, 2	„ 451	105, 4	„ 454	149, 2	„ 454
7, 1	„ 449	110, 3	„ 452		

Willehalm:

4, 4	s. 451	157, 7	s. 450	253, 29	s, 448
87, 18	„ 450	167, 22	„ 450	272, 18	„ 449
129, 14	„ 448	190, 1. 11	„ 449	276, 13	„ 449
153, 15	„ 448	247, 29	„ 452	280, 2	„ 455
154, 22	„ 455	250, 19	„ 452		

FRIEDENAU BEI BERLIN, SEPT. 1885. KARL KINZEL.

ZU DEN LUZERNER DORFSPIELEN.

Über die Luzerner dorfspiele der Schmidlinschen samlung hat Lütolf im Geschichtsfreund eine trefliche arbeit veröffentlicht. Seither sind aber wider frische handschriften entdeckt worden, die eine kurze erwähnung ebenfals verdienen. Ich werde bei der besprechung das hauptaugenmerk auf die technische seite richten, dabei aber auch auf das sprachliche einige blicke werfen. Ich habe auch das spiel von Au, das zwar ausserkantonal, aufgenommen, einmal da es ziemlich verwanter natur ist, und dann weil es doch nicht angehen würde, ihm eine specielle arbeit zu widmen. Folgendes sind diese spiele, in chronologischer ordnung aufgezählt:

I.

Karsamstagprozession in Ruswil. Ein auszug hievon findet sich im Geschichtsfreund, mitgeteilt von Bölsterlin. Die handschrift im pfarrarchiv Ruswil.

Sabatho Sancto, Omnia secundum Rubricas. Cantatur | Officium in Choro. Horâ nonâ noctis dato Signō | fit processio cum Sacrosancto, et quidem sub silentio | per circuitum Coemeterij. Sacerdos cum SSo. stans ad- | portam tertia vice eam pede pulsat dextro nihil dicens. sed

Lucifer intra Ecclesiae portam

(II) *Wer klopfet an, an diser Porth,*
So Vngestümb, der Mach sich forth,
Troll sich hinweg flux Vnd angentz[1]
Man gibt hier Niemand Audienz.

Sacerdos Dicit.

Attollite portas vestras Principes infernales, et | introibit Rex Gloriæ.

Lucifer. Respondet.

Vmbsonst Klopft dißer König an,
Kein Stadt noch platz soll Er hie han,
In Vnserem Reich ist alß ein Herr,
Der Aller-gröste Lucifer.

Processio prosequitur, et Sacerdos stans ante portam | iterum Maiorem clausam, pulsat eam, ut prius, dice.[1]

Lucifer.

Wer Klopfet an Zum Andern Mohl
Der sich Von Hiñen Machen soll,
Die Porten die Verschlossen seind
Diß Reich ist nur für Vnsere Fründ,

1) Ich habe an der interpunktion und den wenigen schreibfehlern nichts geändert.

(III) *Hollen Hollen all Höllisch Tracht,*
Macht Eüch Herfür Mitt gantzer Macht,
Dan Vnser Reich steht in gefahr
Gott Sabaoth Ist Selbst darfor.

Sacerdos.

| *Attollite portas vestras Principes infernales* | *& in troibit Rex Gloriæ.*

Lucifer.

Mach dich hinweg bhänd vnvertrossen
Eß ist vor dir die thür Verschlossen
Verschantzt vor dir Ist vnser Reich.
Mitt spodt darumb von Hinnen weich.

| *Processio prosequitur tertia vice, Et Sacerdos ante por-* | *tam eandem miorem* (!) *stans pede pulsat eam ut supra.*

Lucifer.

Waß Hast Mit Vnß O großer Godt,
Du König der Ehren Sabaoth,
In Vnser Reich wirst nicht gehn ein
Der höllisch gwalt wird dir zue wider sein.

Sacerdos.

Attollite portas vestras Principes Infernales, et | *Introibit Rex Gloriæ.*

Lucifer.

Weh Vnserem Reich Weh Vnseren sachen!
Die höllisch Porth fangt an Zue Krachen,
Die Porthen der Göttlichen Macht,
Hatt Vnsere porthen schon offen gmacht,
Weh Vnserem Reich in Ewigkeith
Vberwunden hat Vnß Götteß Barmhertzigkeith.

His peractis Sacerdos intrat Ecclesiam, et scola- | *res cantant Regina coelj: Sacerdos autem stat ante* | *summum altare cum Venerabilj adversùs populum* | *et incipit alta voce cantare. Christ Ist Erstanden u.* | *Et quidem omnes et singulas strophas incipit:* | *His de cantatis datur Benedictio absque Cantu, et* | *ponit Sacerdos Venerabile ante Tabernaculum:* | *Dein Organaedus*[1] *incipit: Te Deum Laudamus:* | *Sub quo SS: mum thurificatur, atque hoc cantato can-* | *tantur Laudes, Regina Coeli cum Oratione. Demum* | *cum SS: mo datur Benedictio, ante et post Benedictionem* | *fit in censio, cantando: Sit nomen Dominj Benedictum* | *alleluia. Chorus, Ex hoc nunc et usque in Sæculum* | *alleluia. Sacerdos. Adiutorium nostrum in nomine* | *Dominj*

1) Der gegenwärtige Luzerner staatskalender schreibt *Organoedus.*

Alleluia: chorus. Qui fecit Cœlum et ter- | ram alleluia. Sacerdos: Oremus, Benedictio Dei etc. Et cum | SSo. facit tantum Simplicem Crucem super populum.

Niedergeschrieben durch den pfarrer Alphons Räber 1701 oder 1702. Diese prozession wird noch heute abgehalten, allein ohne diese ceremonien, bloss mit stillen gebeten. Über ähnliche prozessionen berichtet der Geschichtsfreund 17, 127 u. 128, wo aber Hergiswil statt Hildisrieden zu lesen ist.

II.

Das spiel heisst bald fastnachtsspiel, bald heilige komödie, bald Tirolerspiel. Es umfasst circa 1000 verse, verfasser ist der pfarrer Schuhmacher in Rotenburg. Es solte den 24. und 25. febr. 1743 über die bühne gehen, die censur verbot aber die aufführung trotz des vorspieles. Das staatsarchiv von Luzern bewahrt sowol den entwurf C als auch mehrfache reinschriften R. Für die erforschung der sprache, des witzes, der reminiscenzen, meinungen, gebräuche unseres volkes dürfte dieses spiel wol eine der besten quellen sein. Es figuriert darin der grosse Alexander, es figuriert Ronceval, vor dem tode wird St. Johannes segen getrunken, zur abwehr eines übels nach Appel oder gar Compostella eine walfahrt unternommen. Von grosser stärke heisst es: so stark wie der ochse auf der Engelweihe, womit man Cysats Vierwaldstättersee 157 vergleichen möge. GVA, der seine rolle im himmel aufgibt, sagt:

ja es ist mär gangä wie sant Dorothe mit den langä füeßä
ih hab unuerichter sachä wider abä müeßä

Ein auch jezt noch sehr beliebtes kindersprüchlein lautet aber:

Eusi Jumpfere Dorethe
Mit de lange Füesse,
Ist sibe Johr im Himel g'si
Do hed si wider abe müesse.

Personen:

Pfiffer. Tambur.
Spihlgraf der Alt und der Neu, zugleich souffleur.
Gott Vodä der Alt = GVA.
Gott Vodä der Neu = GVN.
Sant Michel = SM.
Cherubindle = CH (ist stumm). *Dodt.*
Maribab s' teufels groß mutter ihre schwester.
schwösterle der Maribab.
Abraham. Isack.

Das spiel zerfält in das vorspiel, den prolog oder *vortrab*, das eigentliche spiel bestehend aus sechs scenen, wovon die zweite das interludium, und den epilog oder die abdankung. Das vorspiel will dartun, man wolle in dieser aufführung ja nicht heilige sachen verspotten, man habe den stoff auch nicht aus der bibel genommen, sondern von einem in Tirol befindlichen gemälde, auf welchem dargestelt, *wie Isac von seinem Vatter Abraham mit Einem Kugel-rohr solle erschoßen werden, von Einem Engell aber, so von oben herab Waßer zu gießet verhinderet worden.* Man wolle also bloss die manier der Tiroler geiseln:

Tiroler gattig
welche auf einander geth, wie ä baura Pratig[1]
wo bald roths, bald schwartzeß gschribä
wo d' feyrtäg s' Nägel abhauwä, und s— mist aus führä
wunderlich durch einander tribä.

Im prologe fordert der spielgraf die zuschauer auf, sich ruhig zu verhalten.

seits still wie nä mauß
sonst heißts buger[2] *marschier nauß.*

Darauf pfeift er den schauspielern, diese kommen und werden dem publikum vorgestelt, z. b.:

dort ist der lebendig Todt mit der sichel
sey Baroggen ist vom weggäßer Michel.[3]

Jede scene wird eingeleitet durch eine ansprache des spielgrafen, welcher die materie der scene darlegt und auf die personen derselben aufmerksam macht, z. b. vor der dritten scene:

Nur der gutt Isaac thuet mih erbarmä
Er wird Jetz auh komä mit ämä Korb under den armä.

In der ersten Scen.

GVA tritt auf:

Jetz will ich mit dem Abrham ä rauperey[4] *anfangä*

Er ruft den SM, niemand erscheint. GVA wird böse.

weis bim strohl[5] *nit, was ich soll ahebä.*

Auf widerholtes rufen erscheint endlich SM, entschuldigt sich aber, er könne nicht zu diensten stehen, da er wegen zahnschmerzen das zimmer hüten müsse. GVA solle das CH verwenden. Dass es stumm, sei gerade ein vorteil.

er kan dih nur desto minder verrathä.

1) Kalender. 2) Frz. bougre. 3) Vom handelsmann Michael aus Weggis. 4) Einen streich spielen. 5) Blitz.

GVA gibt nun dem CH den auftrag, einen spritzkrug bei den klosterfrauen zu holen.

Dernach wan der Abram sein sohn wihl uerschießä
so muest waßer auf d zünd pfannen abägießä.

In der 2. Scen.

Das interludium. Wegen dem ausgestandenen ärger will GVA seine rolle abgeben. Der spielgraf ist zwar darüber sehr ungehalten,

das wird ä im Todt bett recht ängstä
dort werde dä rupfä die höllische wohlhängstä.[1]

Indess ruft er doch alle schauspieler herbei, diese wählen SM als neuen GV. Dem alten GV wird auf der bühne das kostüm ausgezogen und dem neuen GV angelegt.

In der 3. Scen.

Abraham tritt auf mit einem kugelmodell, er flent und krazt im haar, weil er kugeln giessen muss, den Isac zu erschiessen, ist er ihm ja so lieb:

ih gäbä nit um hundert dürbyrä.[2]

Isaac komt mit einem korb, worin verschiedene leckerbissen, die ihm der *sant Niklauß gschleickt.*[3] Er bietet dem vater davon an,

Isaac: *Vattä schauw dä doch, schau!*
Abraham: *ô du guettä tauderlau!*
Isaac: *Vattä nim doch auh ä zöpfle.*
Abraham: *ô du arms Tröpfli!*

GVN komt und fragt teilnehmend, was fehle, er wolle gerne helfen. Abraham:

Ach! gott geb där die Ewig Cron,
'aber ih sorg din Versprechä sey lähr!

GVN sieht selber ein, dass da nichts zu machen, da GVA Isaks tod schon anbefohlen. Zwar versucht Abraham noch alle möglichen mittel, er verspricht eine *wohlfart auf Appel oder Compastell.* Er bietet ihm einen *byrä tatsch.*[4] Ferner:

so nim̄ doch ä spannisch brödige frau
oder ä züriläküechige[5] *sauw.*

Aber trotz dieser anerbietungen, trotz der klagen Abrahams:

es ist ja sünd und schad um das schön Kind,
in alleß kan sich dä Herbets[6] *lecker schickä*
er kan schon bürstä bindä, und schue flickä.

ist nichts mehr zu machen.

1) Waldameisen. 2) Gedörte birnen. 3) Mhd. *sleichen.* 4) Kuchen. 5) Aus Zürcher lebkuchen. 6) Euphemistisch statt Herrgotts, als verstärkung.

GVN *Ih kan mei wort nimä zruck schluckhä*
habs schon laßä in d schafhauser Zeitung[1] *druckä*
der Isaac könne sich nit freüwä
das er noch ä mahl ghör dä gugger schreyä.[2]

Doch will er ein einsehen tun. Zum entgelt soll Abraham so viele nachkommen erhalten

als auf allä stroh Tächeren Ziegel stein.

4. Scen.

Abraham ist zufrieden, ein *dintä tügel*[3] wird herbeigebracht, die sache schriftlich abzumachen. Abraham reicht GVN den kalender, um das datum hinzusetzen, allein GVN entschuldigt sich.

GVN: *Ih kan nit drucks läse,*
bin nur 3 Jahr hofgeiß[4] *gwese*

Abraham: *so will ihh gugä, was heüt sey:*
Es ist der 40. Wintermonat ins Rüttimanß buchdrukerey.[5]

Endlich ist alles in ordnung, Abraham lobt GVN:

de hast dih ghaltä wienä Thäll

Die geschenke werden eingepackt, und man geht den Isac suchen.

Der spielgraf macht auf den inhalt der kommenden scene aufmerksam:

es wird mit dem Isaac miserabel steh.
absonderlich wird der abram barmherzig berzä.[6]

Zu der 5. Scen.

Isaac bekomt das sogenante henkermahl. Der tod holt einen tisch, Maribab wird ausgeschickt, beim senn eine *Nydle*[7] zu stehlen. Darauf sezt man sich, Maribab bekomt den ehrenplatz.

Dem Frauwezifer ghört alzeit d' ehr,
und Wans nur d' stäckä damä wer.

Man führt allerlei tischgespräche, z. b. über die mutter der Maribab. Abraham sagt

Ih hab dei Muetterle noh gar wohl kent,
mä hat sie nur s' Lisi Poßert[8] *gnent.*

Es geht hoch her, besonders nach C. Nach C gibt es streit um die Nydel, der Maribab taucht man den kopf in die schüssel. Was übrig bleibt, streicht Abraham dem CR in den mund. Darauf Isac:

ietz mag ih erleydä zsterbä.

1) Damals berühmteste zeitung. 2) Lütolfs sagen 354. 3) Gefäss. 4) Schüler in der hofschule in Luzern. 5) Anspielung auf einen druckfehler in einem kalender aus Rüttimanns druckerei. 6) Stöhnen. 7) Ein topf voll rahm. 8) Berüchtigte hexe in Zug.

Nun gibts noch einen tanz. Maribab spielt die leier:

Lustig Isaac fang nur a springä
mei riesterment[1] *wird bald eins Klingä.*

Das schwesterchen der Maribab komt herein und tanzt mit Isaac. Wie der tanz aus, verabschiedet sich Isaac von seiner tänzerin:

ietz Trinele zäpf dih,
der Tantz ist auß sonst Kläpf dih.[2]
Nun hat mein junges Leben än End.

Der tod bringt noch most herbei zum abschiedstrunk für Isac:

Da Isaac Kanst noh sant Johans segen drinckä.

Man trinkt auf das wol des Isac, Maribab ruft:

Es gilt, der Isaac soll lebä.

GVN nimt eine so grosse portion zu sich, dass der tod meint, er sei ein *putsch*[3] *Juncker.*

Nun komt der abschied. Maribab wird *halobä*[4] tituliert und einfach fortgejagt. Nach C reicht ihr schwesterchen dem Isaac *s schmutz händle.* GVN:

fort mit derä Cremoni
machts es wie der Herr Hanß roni
wir müeßä 'd' sach ä wenig zamä zieh.

In der 6. Scen.

GVN befiehlt, wie sehr passend dem tod:

Du dodt setz ietz den Isaac aufs holtz
und halt än aufrecht, wie nä boltz,
ich aber will von weitem zue schauwä
es ist dem rostigä schmök scheit nit recht z trauwä.

Unterdessen geht CH in die wolken hinauf und schüttet wasser auf den *Zünd tägel.* Isaac ist gerettet, alles freut sich, nur nicht der tod.

Jetz wollmä gantz langsam̄ in d Kirchä springä)
und dortä den tinggeß, tanggeß singä
drauf gehn mär in eins aus s— abrams hääßrä
bis zum nacht eßä könn mär einß keiserc[5]

Abraham: *hiemit seidt ihr alle freündtlich eingladä.*

Man geht zur kirche, GVN wird in einer tragbahre hingebracht:

bin Müed, mag nim̄a geh
ih lauf mih halbet·z— reh.[6]

1) Instrument. 2) Jezt noch beliebtes kindersprüchlein. zäpf dich = mach dich davon. kläpfe = beohrfeigen. 3) Obstwein. 4) Kuh, abscheuliches weib. 5) Ein kartenspiel. 6) Mhd. *rê, rêwes.*

C und R weichen wenig von einander ab, z. b.:
GVA will seine rolle nicht mehr weiter spielen.

C. *ich hab gschworä segs noh ä mahl*
ä so käm ih föllig in runtzifahl [1]

R. *Ih hab heilig gschwohrä,*
wan ihs nit halt so streck mär d' ohrä.

Bei der ansprache des spielgrafen nach dem interludium hat C folgende verse, die in R nicht aufgenommen sind:

recht thol geth wider alles auß einander
wir könnes schier gar wie dä groß Alexander. [2]

Kostüm. Über das kostüm geben folgende verse einige auskunft:

groß mutter gib mär du dei Kappä hüllä
und du dodt gib mir dei haar trüllä
und du abram gib dei huet.

Statt *haar trüllä* sagt C *haar Lappä.* Ferner: *gott Vodä*
ä barth mues er haben, und ä 3 eggigä schein.

Ferner hat GV eine perrücke, einen mantel, eine weltkugel. Von SM heisst es, das publikum könne ihn an seiner *rüstig* wol erkennen. MB trägt eine leier über dem rücken, der tod trägt eine sichel, Abraham hat ein wams (nach C) mit zwei verlängerungen. Isaac wird mit *der rothen Kappen auf dem Haupt* und dem kreuz in der hand auf den scheiterhaufen gesezt.

Musik und gesang. *Die Music ist kurtz aber guth. Selbige bestehet in drey Liederen. In dem Ersten bedauret gott Vodä die jetzige Mode Zeit.*

Das andere ist Ein weynacht Lied, in welchem dem Lieben Christ kindelein Ein gotten und göttj aus Erkisen wird.

Das dritte Lied wird von Einem stum̄ gebohrnen Engel gesungen, und handlet von Eitelkeit der schlottermilch [3] *und Fusterli.* [4]

Jedes geth in seiner Melodi, und wan Es aus ist, so hat Es Ein End.

Das erste lied wird gesungen am ende der dritten scene, das zweite in der fünften, das dritte am anfang der sechsten.

Die musik war höchst wahrscheinlich vertreten durch einen tromler und einen pfeifer. Dieses sind wenigstens die personen des vorspiels. Ferner sagt der spielgraf, wie er die schauspieler dem publikum vorstelt:

1) Figürlich für: verderben. 2) Der grosse Alexander figuriert auch in andern redensarten. 3) Saure milch. 4) Geschäzte milchspeise.

Das ist ä Musicant
er schlagt trümä recht galant
Wan ä— Scen auß ist, so wird är drumä
und alzeit uorsagä, waß werd kommä.

Dieser lezte vers bezieht sich darauf, dass nach dem interludium der tromler die stelle des spielgrafen übernimt. Ferner heisst es am schluss, GVN lasse sich in einer tragbahre unter trommeln und pfeifen heimbringen. Ebenso sagt der tambur am ende des vorspiels zum pfeifer:

drum, wan der tambur trumel rührt,
so pfeif du bis weilä, das s— unter den zahnä kiert.

Das dritte lied.

hinacht ist nüwi Jahr aben zuoch daß heilig | Christ kindly vom himell här ab der lieb | hatß gesegnet vor war got gäb Eüch allen | Ein säligß nüw Jahr, wer muoß deß kindliß | göty sein Johaneß muoß der teüfer sein | daß heillig Christ kindlin von himell herab | der lieb got hatß gesegnet vür wahr got gäb | Euch allen Ein seligß 'nüß Jahr, | wer muoß deß kindliß goten sein die | heillig Jungffrauw sant Cathrin, | daß heillig krist kindlin vom himell | härab der lieb got hatß gesegnet vor | wahr got gäb Eüch Ein seligß nüß Jahr, | währ vnß daß kindlin nie geboren so | währid mir alle samen verloren | daß heillig Christ kindlin von himell | her ab der liebgot hatß gesegnet vur wahr got gäb Euch allen Ein seligß nüß Jahr
von mir stathalter Johan Ruodolf wäber von Rotenburg
den 22 tag horner 1743.

Ein paar notizen über dieses spiel finden sich in Balthasars Denkwürdigkeiten und in Liebenaus altem Luzern.

III.

Die handschrift, 45 blätter umfassend, die seite zu 24 zeilen, befindet sich im kloster Engelberg, eine kopie davon im pfarrarchiv Au. Der titel lautet: *Vnsers Heylands Jesu Christi Bitteren Leidens vnd Sterbenß Lebhaft, vndt Anmüthige vorstellung In Einem Geistlichen Traur spihl auf den Heiligen Charfreytag Gehalten in der Pfarrkirchen zu Auw A°. 1757. Verfaßet von R. P. Wolffgang Iten in Auw.*

Das spiel zerfält in drei *handlungen*, die *handlungen* in auftritte, voraus geht der von einem engel gesprochene prolog, zulezt komt der epilog.

I. handlung.

1. Christus, Johannes und Petrus. Christus gibt den auftrag das osterlamm zu bereiten, Johannes und Petrus gehen ab. 2. Chri-

stus und Maria. Abschied. 3. Die vier pharisäer Raban, Subath, Achias und Schebett beraten sich wider Christum. Darauf eine sittenlehre von einem engel gesprochen. 4. Der grosse rat im hause des Kaiphas. Kaiphas, Pralli, Molli, Spahi und die vier pharisäer. 5. Judas und die vorigen. Der verrat. 6. Christus und die drei jünger am ölberg. Die todesangst, der tröstende engel, der schlaf der jünger. 7. Christus wird gefangen. Christus, die drei jünger, Judas, Rabbi, Ali, Muffti, Lami, Suffti, Effendi. Textprobe:

Ali. *Ihr gsellen greift Ihr zu waffen,*
Macht Ihne fest, sonst möcht man unß straffen.
Muffti. *Man bind Ihn ohne gnad*
dan längsten Ers verdienet hat.
Lami. *Man weiß schon, wer du bist*
Ein Betrieger vnd voller list.
Effendi. *Jetz bist Einmahl in vnsrem gwaldt*
solst nit drauß komen mehr so bald
Suffti. *Der soll unß gwüß nit mehr Entgehn*
mit seiner sach vor gricht bald stehn.
Rabbi. *kom nur ietz här du leüth Betrieger*
landes stöhrer, vnd leüth verführer.
Ali. *Kom̄, kom̄ nur gschwind du großer Praller*
bist doch nit wehrt Ein fauler Haller
Muffti. *fort, fort schwartzkünstler ohne gnad*
must ietz vor vnsren hochen rath.
Lami. *hast unß lang gnug betrogen*
vnd weiß nit was daher gelogen.
Effendi. *Nur fort mit dir dem Creützweeg zu*
Verstöhrer der allgmeinen ruh.
Suffti. *Marschier du brecher vnsers gsatz*
du ghörst nur auff den galgen platz.

Daran schliesst sich ein engelgesang.

II. handlung.

1. Christus, der vorher bei Annas gewesen, wird vor Kaiphas geführt und hier von den juden des todes schuldig befunden. Die sache muss aber noch vor Pilatus gebracht werden. 2. Judas wirft das geld dem Kaiphas auf den tisch. Er erhängt sich. Zwei teufel holen ihn. Eine sittenlehre. 3. Christus vor Pilatus. Pilatus will ihn nicht zum tode verurteilen, überliefert ihn aber der geislung und krönung. Die juden gehen murrend ab. 4. Maria und Johannes. Maria klagt:

O Traurige stunden, o schmertzliche Zeit!
Mein hertz fast versinckt in kum̄er vnd leid.
kein trost ich mehr hab, kein Einzige freüd
Ich muß noch verschmachten vor Traurigkeit.
Ach Soñ, vnd sternen traurt alle mit mir.

Johannes sucht sie zu trösten. Sie werden einig, Jesum aufzusuchen. 5. Geislung Christi. Zuerst geiseln ihn Rabbi und Ali. Wie diese ermüdet, kommen Muffti und Effendi:

laß mich ietz auch hinder den gsell här,
vnd Einß zu hacken auf den bär.

Zum dritten kommen Lami und Suffti:

Laßt mich ietz auch zu mit meinen Seil
will Ihm auch geben meinen theil.

Wie endlich alle ermüdet sind und Christus an der säule ohnmächtig niedersinkt, komt doch noch Suffti:

Von dannen ich nit Ehnder weich
Er muß noch haben Einen streich.

Jezt werden drei strophen eines trauerliedes gesungen, darauf treten Maria und Johannes auf, sehen Christus, Maria fält in ohnmacht, die vierte strophe wird gesungen. 6. Pharisäer und älteste halten rat über den ankauf des ackers für die 30 silberlinge. 7. Die dornenkrönung. Krönungslied.

III. handlung.

1. Pharisäer und älteste verschwören sich noch einmal. Wir wären zaghafte *lätfeigen,*[1] rufen sie aus, könten wir die verurteilung Christi nicht durchsetzen. 2. Pilatus fält wider willen das endurteil. 3. Die hölle, Lucifer, Beelzebub, Astaroth, ist wegen des urteils teils in freuden, teils in sorgen. 4. *Die Crcütz schleiffung.* (Die Veronika figuriert nicht.) Ein trauerlied. 5. Die kreuzigung. Christus wird ans kreuz genagelt:

Rabbi. *Auß mit dem Kleid, rüst dich zum Todt*
hast geßen heüt daß letste Brodt.
Muffti. *Daß Kleid dir nit mehr daugen thut*
bist gnug bekleidt mit deinem Blut.

Die juden verspotten Christum. 6. Maria und Johannes unter dem kreuz. Christus stirbt. 7. Eröfnung der seite Christi.

Aus einigen randbemerkungen, besonders seite 20 b, 23 a, 24 b, 36 b geht wol mit gewisheit hervor, dass, wenigstens in der II. und III. handlung, die bühne in zwei abteilungen geteilt war, vordergrund

1) Lexer unter let-vüezic.

und hintergrund, durch einen vorhang gegen einander vorschliessbar. Kaiphas und Pilatus befinden sich im hintergrund, ebenda geislung und krönung. Im vordergrund spielt z. b. II, 1. In II. 2 wirft Judas im hintergrund dem Kaiphas das geld zu, darauf geht er in den vordergrund, der eben erwähnte vorhang fält, und die erhängung des Judas findet nun im vordergrunde statt. In II, 3 ist dieser vorhang niedergelassen, im vordergrund toben die juden und verlangen Christi verurteilung. Der vorhang wird aufgezogen,[1] Pilatus, dann Christus sind im hintergrund. Pilatus tritt in den vordergrund, unterhandelt mit den juden über Christus, darauf geht er wider in den hintergrund, der vorhang fält,[2] die juden murren im vordergrunde.

IV.

Die handschrift ist im besitze des herrn pfarrers M. Estermann, der sie mit V aufgefunden. Sie umfasst 33 blatt, die seite hat im durchschnitt 24 zeilen. Am ende steht: *Geschrieben Joseph habermacher im Jahr 1770.* Der titel lautet: *Die vom stärbenden welt heilland besigte Hölly.* Das spiel zerfält in drei *handlungen*, die *handlungen* in *eingänge.* Es sind ziemlich viele gesänge und sprüche eingeflochten, es komt auch vor, dass ein gesprochener monolog in einen kurzen gesang ausgeht. Die dialektbeimischung ist sehr gering, die bearbeitung überhaupt wenig volkstümlich gehalten.

Vor stellente persohnen.

Theander — — — — *der sohn Gottes.*
Erostes — — — — *die Liebe.*
Phobosindus — — — *die Forcht.*
Brodosia — — — — — *die mönschliche sell.*
Gnomia — — — — *die Vernunft.*
Scotarchus — — — *der finsternußen Fürst.*
Ethnosius — — — *die heiden schaft.*
Cosmianus — — — — *die welt.*
Creastes — — — — *das Fleisch.*
Misondes — — — *der haß* } *das Juden thum.*
Bascanius — — — *der neid* }
Ormenus — — *bie böse begird.*
Astasius — — *die vnbeständige buoßferdigkeit* (Judas).
Metaneus — — *daß reüw müötige heiden thum.*

In der ersten handlung klagt Scotarchus über seinen fall. Aus rache will er die Brodosia mit ins verderben reissen. Seine höllischen

1) Seite 23a. 2) Seite 24b zwischen der zweit- und drituntersten zeile.

verbündeten, Misondes, Cosmianus, Creastes, Bascanius sind ihm bei seinen plänen behilflich. Wirklich gelingt es ihnen, sie ins gefängnis zu führen, worüber Guomia in verzweiflung gerät. Theander tröstet sie, er wolle Brodosia befreien. Dem ob seiner verschiedenen missetaten sehr niedergeschlagenen Astasius spricht Theander mut zu und führt ihn mit sich zum abendmahl. Erostes und Phobosindus sind hierüber voll besorgnis und warnen den Theander. In der zweiten handlung wird Theander von dem wankelmütigen Astasius verraten, Brodosia wird wider ertapt, nachdem sie vorher von Gnomia und Erostes befreit worden war, und zu Scotarchus geführt, der sie zum tode durch gift verurteilt. In der dritten handlung wird Brodosia vergiftet, Ethnosius verurteilt den Theander nur aus furcht vor Misondes und Bascanius. Theander wird gegeiselt, gekrönt, getötet. Erostes macht die tote Brodosia durch des Theanders blut wider lebendig. Textprobe:

II, 11. Scotarchus, Ormenus, Cosmianus.

Der fürst.
ach hate sy ein blitz auf Ihrer flucht erschlagen
auf welcher ban ist sy ford.
bös begird.
mein küng ob sy schon nit giengen, sonder fiugen
sy haben noch kein gleich, kein frondes rich bezogen.
der fürst.
man eille dan behänd, mit leichter manschaft nach
er schröcklich gined[1] *meine rach*
man wird sy auf kollen weltzen
mit ver nistem (?) ertz, in feür kesllen schmeltzen
ged fördered eüch, ich weis das eüer hurdigkeit
sy bekombt vnd sy sy noch so weid.

Über die einrichtung der bühne ist nur eine notiz da, handlung I, 1. Scotarchus sizt angefesselt in einem feurigen abgrund, von anderen höllischen geistern umgeben. Später treten diese leztern aus dem feuer, um über die teufelskleider ein anderes, nicht auffallendes kostüm anzuziehen, damit sie unerkant ihre pläne volführen können. Vergleiche damit „Technik der Luzerner Heiligenspiele II“ unter Kostüm in Herrigs Archiv.

V.

S. Catarina Jungfrau marterin.

Die handschrift, 29 blatt, die seite 20—24 zeilen, wurde von herrn pfarrer M. Estermann in einem bauernhofe in Rickenbach, einem

1) biare.

dörfchen an der nordgrenze des kantons, aufgefunden. Die mündliche tradition in Rickenbach besagt, das spiel sei von einem leinweber verfasst und vor 100 jahren aufgeführt worden, eine zeitangabe, welcher die schriftzüge entsprechen. Das spiel ist ein echtes, reines, ziemlich kunstloses bauernspiel:

fründ vnd find al gros vnd klein
Aus Threüer lieb sol geEhret sein
die aus liebe zu vns komen
von vns vnglehrten zu vernämen
wir stamen här vom buren gschlächt
vnd stellen vns als Threüe knächt.

Die dialektbeimischung ist nicht so bedeutend wie bei II und VI, doch sind namentlich von wichtigkeit sonst in ältern denkmälern schwer zu belegende formen wie *Vergaust* = vergunst, misgunst, *gspeist* = gespenst. Es sind einige beziehungen zu dem volksliede von der hl. Katharina (Lütolf, Sagen 542) vorhanden, z. b.

Volkslied: *Das Rad das ließ er tribe*
Der hl. Jungfrau St. Kathri ihre Liib verschnide
Unser spiel: *das man sy kan thriben*
sy zerfätzen vnd zerschniden.

Das spiel zerfält in drei *handlungen*, die handlungen in auftritte. Voraus geht *einladung* und prolog, zulezt komt der epilog. Aus der einladung verdient vor allem beachtung, dass auch die grenznachbaren, die anderer konfession, herzlich wilkommen geheissen werden.

Die nachbaren aus dem bärner biet
nänd wir in acht aus Threü vnd lieb.

In der ersten handlung ist ein interludium, 5 seiten, eingeschoben, in dem zuerst teufel, dann engel und teufel auftreten. Dieses steht zum spiel in losem zusammenhang und ist mehr algemein moralisierenden inhalts. Die teils reflektierenden, teils den connex vermittelnden lieder werden von engeln oder von schäfern gesungen. Sie sind in *vorstellungen*, d. h. strophen abgeteilt. Der inhalt der drei handlungen:

Erster Theill ein Gang die geburt vnd aufer Zucht Catarina.

Die zwüte handlung wie Catarina Gelebt bis zur marter vnd wie sy die 50 Redner überwunden zu Christo bekert.

die drite Handlung wie Catarina keisery[1] *bekert vnd des keisers kriegs öberist porfiryus mit sinen 2 hundert saldaten*[2] *hieruf sy*

1) Der artikel *d* dem *k* von *keisery* assimiliert.
2) Das erste *a* wie in *kalatse* frühstücken aus it. *colazione*.

der keiser alle piniget vnd ent hauten lasen (Samt Katharina und der kaiserin).

Eine textprobe, das erste auftreten der teufel beim interludium:

1 *kombt al här Ihr deufels gsind*
der hagel schlagt vnd stost der wind
ein doner keil hat mich geschlagen
in thöl[1] *hinein mit pfärt vnd wagen*
drum gebt wol acht auf disen List
ein neüwe sach ist an gericht
das die Ehleüth auf jene gstalten
die kinder lehren vnd im Zaum halten
wie das mägtly vom bärg sinen
sy solden sich spieglen an diser Catrinen
2 *geist spricht*
O gfrores übel wie wollen wir das an keren
3 *geist*
bsind eüch drüber wir wends[2] *er wehren*
4 *geist spricht*
die kinder fast an allen orten
lehrend geilheit ohne schroten! —
das theüre kärdlen[3] *vnd luoder läben*
zu diser gwonheit wir sy threiben
bis wir ein gantzes buoch voll schreiben
Der Cobido[4] *spricht*
drum gschwind in alle länder fard
Ihr teufel al kein müöh nit spart.

Über die einrichtung der bühne gibt die handschrift wenig auskunft. Es ist ein turm da, in welchen Katharina gespert wird, und wo ihr der tröstende engel erscheint. Der kaiser sizt *im* tron, um ihn her stehen die redner. Die marter mit dem rad wird auf offener bühne vorgenommen, das rad zerspringt und erschlägt eine grosse zahl von heiden. Die enthauptungen finden hinter einem vorhang statt.[5]

VI.

Das original liegt im Pfeffikon. Eine genaue abschrift besizt herr ständerat Herzog in Bero-Münster. Ich folge hier der abschrift.

Stalder Id. I, 448 sagt: Giritze[6] = Moos [= Kibitz-moor] schnakige Fassnachtspiele zum Trotz alter, besonders verhasster Mäd-

1) Die hölle. 2) wollen es. 3) Karten spielen. 4) Cupido. 5) Ergibt sich aus s. 49 mitte. 6) Das wort wird in der heutigen mundart bald *giritse*, bald *gérétse*, bald *grétse*, bald *grötse* ausgesprochen. Über die bedeutung des simplex siehe Lütolf, Sagen 566.

chen unter wildem Gelärm getrieben. Vielleicht lässt sich auch die notiz über das Moosfahren, Geschichtsfreund 17, 129, hieherziehen. Über die mythische bedeutung der Giritzenmoosfahrt berichten Lütolf und Rochholtz [Schweizersagen aus dem Aargau 2, 44. 47]. Während die heutige mundart nur das kompositum Giritzenmoos kent, findet sich in unserm stück auch Gritzenhus und das simplex plural Gritzen. Von bedeutung ist auch das verbum schweben in folgendem verse:

Ihr müßt allzeit einsam leben,
Mit den Gritzen schweben.

Zuerst tritt auf *der große Schwyzer mit einer Halbarten* und spricht den prolog:

Hochgeehrteste, wertheste Fründ!
Die ihr hier zugegen sind!
hier haben wir ein Faßnachtspiel,
Bedeutet aber gar nicht viel.

Nachher komt der hanswurst und zeigt kurz die materie des spieles an. Darauf ein gesang in 6 strophen, worin die *Wittligen*[1] *und Gesellen* aufgefordert werden, unter den alten Gritzenmoosjungfern zu freien, die ja so viele vorzüge vor den jüngern haben, z. b.:

Kein Puder braucht ihr Hoor.

Darauf tritt der Gritzenmoosvater auf und empfiehlt seine töchterschaar, die auf einem wagen angefahren ist. Er führt sich ein als alten mann:

Ich alter Vater des Gritzenmoos,
Mir kurzet der Siñ und schwachet der Blos.[2]

Auf seine lobpreisungen komt der *Joggel*:[3]

Herr Gritzenmosvater, i mußt di fragen
I sett es Mensch[4] *ha ab dim Wagen.*

Zwar: *möchti 's Mensch au nid löthig*[5]

Erfreut befiehlt der Gritzenmoosvater dem *Spetter*,[6] er solle einige von den töchtern vom wagen herunterheben. Alle drängen sich vor, jede will die erste sein. Der *Spetter* mahnt sie zur ruhe, nimt eine um die andere und stelt sie deṁ Joggeli vor:

Spetter: *do chund*[7] *jetzt Eine, wie g'fallter die?*
Joggeli: *die macht mer z' fürchte, i will glaub*[8] *flieh.*
Spetter: *do chund jetzt eine, du wirst die nid welle,*
I will sie grad nebe-n-use[9] *stelle.*

1) Witwer. 2) Atem. 3) Jakob. 4) Nicht im schlimmen sinn. 5) pur, ohne beigabe. 6) Stelvertreter, markthelfer besonders bei fuhrleuten. 7) komt. 8) glaube ich. 9) auf die seite.

Aber do chund jetzt eine, die wird der's preie,[1]
Wenn sie Grüns überchund, aber erst im Meien.[2]

Joggeli: *Ich mag die nid, pack nur wieder ie,*
Weñ sie jetzt wüst ist, wie wird sie de im Meie sie?

Die jungfern, *Trudte*, *Grite*, *Trine*, *Idde*, *Vroni*, *Zuse*[3] rühmen nun dem Joggeli ihre vortreflichen eigenschaften, Joggeli ist beinahe gerührt, da komt der kupler, der verspricht ihm anderswo eine partie: *Sie hed tusig Gulde verfallnigs Guet.*

Joggeli lässt die Gritzenmoosjungfern stehen, alle weinen bitterlich. *Resel*[4] komt daher:

Was hend die Meitle z' thue so,
Wie weñ sie wette[5] *vo Siñe cho.*[6]

Züse klagt nun über die schlechtigkeit des Joggeli, der ein wahrer *Hagel*[7] sei. Resel hat mitleid, er wäre geneigt, die Züsi *zu wiben*,[8] fragt aber auch nach der aussteuer. Der Gritzenmoosvater verspricht allerlei: *Ich will ich* (?) *no öppis Kleiderigs*[9] *übercho*[10]
Es Häfeli Brügelholz, Liebest Hut, B'schnideselköpf[11]
und ähnliches. Bald wäre auch der Resel gerührt, da komt wider der kupler: *Du müßtesti jo schäme, wo d' hi kämist,*
Weñ du so ne alte Kratte[12] *nähmist.*

Resel geht, die jungfern geraten in solche verzweiflung, dass der vater einschreiten muss:

Wend ihr, daß Buebe chömid[13] *zue,*
So münder ordli ränggele[14] *thue.*

Jezt folgt ein wetgesang zwischen schäfer und jäger, ersterer ist für, lezterer gegen die alten jungfern. Darauf der Spetter:

Komet ihr Grüsligen[15] *jetzt do zue,*
Ich g' hei[16] *ech wieder ufen Wagen ue.*
Ihr g' sehnd jo scho, daß Euch niemer will.

Da komt zur rechten zeit noch der hanswurst dazwischen mit gutem trost, er wisse noch einen, es sei zwar ein *Buggel*.[17] Die jungfern sind *watz*, d. h. voll ungeduldiger freude, der buckel habe nichts zu bedeuten. Der buckelige komt, betrachtet die jungfern, ist aber keineswegs entzückt:

1) bereichen, d. h. zutreffen, passen. 2) Im mai, beim grünfutter wird das vieh schön und glatt. Das schöne geschlecht wird im groben spass *jope-fē*, vieh in der joppe, genant. 3) Gertrud, Grete, Katharina, Ida, Veronica, Susanna. 4) Andreas. 5) wolten. 6) kommen. 7) schlimmer kerl. 8) zur frau nehmen. 9) etwas kleidernes = einige kleider. 10) hier = herschaffen. 11) ? 12) mürrische person. 13) Wolt ihr, dass buben herkommen. 14) so müsst ihr euch zierlich bewegen. 15) mhd. *griuslich.* 16) ich schmeisse. 17) ein buckliger.

Die ist glaub voll Lüs u. hed e Rifenkopf,[1]
Und es Mul hed sie, wie ne Wageschopf[2]
Das ist Eine, die allzit lätschet,[3]
Viel Brañtwi suuft u. dubak chätschet.[4]
Sie hed e füürige Nase, rothe Auge,
Wenn die Eim g'fiel, wär's nid e Taube.[5]
Ist das die best vom ganzn Spiel?
Züpfli hed sie wie Müsestiel.[6]

Voll abscheu geht der bucklige weg. Der feldarzt aus Schlaraffenland tritt auf und verspricht, alle alten jungfern wider jung zu machen. Der vater traut aber der geschichte nicht:

Weñ er öppis chöñt, so hätt' er deheime z' thue.

Zum teil könne er, der vater, ja selber kurieren, so wisse er trefliche mittel gegen das saure gesicht, z. b. faustpulver, das eingeweide einer mistgabel, *rätschige Abfluk*[7] usw. Das alles wolle er nun mit ihnen probieren.

Jetzt ist's fertig, packit wieder i
Mer wend witers go, do ist's vorbi.

Darauf ein gesang über das tema:

Ihr alte Jungfere! es ist vergebens,
Alles Bitten ist umsonst.

Der grosse Schwyzer spricht noch den epilog.

Verschieden ist die Gritzenmoosfahrt, wie sie noch vor 40 jahren in Bero-Münster aufgeführt wurde. Eine viertelstunde von Bero-Münster liegt ein feld, Gritzenmoos genant. An einem der fastnachttage fährt ein phantastisch ausgeschmückter wagen in den flecken hinein. Auf demselben befindet sich der kommandant, sechs söhne des Mars begleiten den wagen. Da und dort sind in den häusern junge burschen versteckt, als alte jungfern verkleidet. Vor diesen häusern hält der wagen, auf befehl des kommandanten tritt der herold vor die türe des betreffenden hauses und ruft laut den namen einer wirklich lebenden misbeliebten alten jungfer, sie solle herauskommen, sie müsse aufs Giritzenmoos. Nichts rührt sich. Da werden zwei krieger abgeschickt. Diese schleppen den als alte jungfer verkleideten burschen heraus. Trotz des heftigen sträubens wird er auf den wagen gebracht, darauf ein anderer, und so weiter, bis der wagen völlig angefült ist. Die alten jungfern weinen und jammern, sie seien noch jung, können

1) rife = grind. 2) Wagenschuppen. 3) Das maul verziehen. 4) Auf grobe weise kauen. 5) sondern ein blinder. 6) Rattenschwanz. 7) Abfall beim hanfbrechen.

noch wol einen mann bekommen, lieber sterben, als aufs Giritzenmoos. Der kommandant mahnt sie zur ruhe und schlägt mit einem stabe unter sie. So werden sie unter fröhlichem gelärm der begleitenden zuschauer auf das oben erwähnte Giritzenmoos gebracht und dort abgeladen.

LUZERN. RENWARD BRANDSTETTER.

ZU CHRISTIAN UND FRIEDRICH LEOPOLD VON STOLBERGS JUGENDGEDICHTEN.

Die verbindung der jungen Stolbergs mit Johann Arnold Ebert, der das hier mitzuteilende material seine erhaltung verdankt,[1] ward eingeleitet durch die mutter der grafen, Charlotte Friederike Christiane, geb. gräfin zu Castell-Remlingen (5. IX. 1722 — 20. XII. 1773), welche mit Ebert seit einer begegnung in seiner vaterstadt Hamburg, im sommer 1760, in korrespondenz stand. Eine schwärmerische verehrerin Youngs, welcher bei ihrem sohne Magnus Ernst Christian (geb. 1. XII. 1760) durch Eberts vermittelung zum gevatter gebeten ward, schloss die pietistisch-empfindsame frau mit dem liebenswürdigen übersetzer der „Night-thoughts“ enge freundschaft. Die Kopenhagener freunde, voran Klopstock und J. A. Cramer, welcher der gräfin ein schönes denkmal sezte,[2] vermittelten. So vereinigen sich Cramer und frau, Klopstock und die gräfin zu einem (undatierten) kollektivbriefe; Klopstock schreibt [ungedr.]: „Wenn Sie Sich erbitten lassen zu kommen, mein lieber E. so nehme ich Sie hiermit zum voraus in Besiz. Sie sollen in Lingbye in meiner ehmaligen Stube wohnen, und unter meinem ehmaligen Schatten Ihre Weisheit ausleeren. Ja, so soll es seyn. Ich will Sie für Geld nach Belieben fahren lassen; und denke etwas Baarschaft mit Ihnen zu verdienen. Nach Hirschholm und Kockethal sollen Sie theuer verkauft werden. Denn dort hat man Sie vorigen Sommer viel zu oft gehabt. In Bernstorf allein geb ich Sie umsonst. *A propos* Sie thäten nicht übel wenn Sie je eher je lieber Ihren zweyten Theil der Nachtgedanken an den Herrn Geh. R. Bernstorf schickten. Ihr Kl.“ — und die gräfin fügt bei: „Er *abusirt*

1) Ms. nov. 616. 4° der herzogl. bibl. zu Wolfenbüttel. Der grössere teil des Ebertschen nachlasses befindet sich im besitz der familie Vieweg zu Braunschweig.

2) Wandsbecker Bothe 1774 nr. 6. Dienstags, den 11. Januar. — Auch Hamburg. Neue Zeitung 11. Jan. 1774 und Gött. M. A. 1775, s. 69 fgg. Vgl. Redlich, Die poet. Beiträge usw. s. 42.

von Ihrer Gutheit, dass er Sie an ein *monstrum* oder dergl. vergleicht, dies müssen Sie schlechterdings übel nehmen. Solte es aber dazu kommen, so verkauffe ich alles was ich habe, um Sie zu sehen. Übrigens bitte wohl zu bemerken dass es nicht aus *generositaet* geschieht dass er Sie in B. umsonst will sehen lassen, Sie wissen dass er daselbst zu Haus ist."

Die zuneigung des erfahrenen freundes und dichters suchte die gräfin, die nach Bernstorffs sturze von ihrem gute Rondstedt nach Altona übersiedelte, auch ihren söhnen zu sichern. Unter berufung auf seiner freundin wink wanten sich die beiden ältesten kurz vor ihrem abgange von der universität Halle, am 4. resp. 7. IX. 72, an Ebert, der eben in Hamburg weilte, und baten um seine freundschaft. Eberts gewinnende antwort, sein empfehlungsschreiben an Boie, das die grafen in den Hain einführte, der an Klopstocks geburtstag (2. VII. 73) auch auf Eberts gesundheit trank,[1] vermehrten den wunsch nach persönlicher bekantschaft, welche auf der anfang april 1773 gemeinsam mit C. Fr. Cramer angetretenen ferienreise in Braunschweig erfolgte. Schon hier scheint wenigstens Christian Stolberg dem feinsinnigen älteren freunde gewiesen zu haben, was vorzüglich der lezte winter in Göttingen an poetischen früchten gereift hatte. Aus Altona überschicken dann beide ihre jugendversuche. Christian schreibt (28. IV. 73): „Sie, mein Liebster Herr Ebert, haben von einigen kleinen Versuchen in der Dichtkunst von mir, so sehr gütig geurtheilt, dass ich es wage, Ihnen noch einige Versuche zu überschicken. Wie würden Sie mich erfreuen, und aufmuntern, wenn Sie die Güte haben wolten, mir scharfe Kritiken darüber zu machen!" und Fritz: „Ich bin so kühn mein theurester Herr Ebert! Ihnen einige Verse von mir zu schicken. Ich unterwerfe sie ganz Ihrem Urtheile, o wie würden Sie mich erfreuen wenn Sie mir scharfe Kritiquen darüber machten!"

Von diesen gedichten liegen neun handschriftlich den briefen bei, darunter vier von Christian (An Bürger und ungedruckt: An Clauswitz, Elegie an die Grafen Reventlow, An seine Mutter) und fünf von Friedrich Leopold (Die Ruhe, Der Abend Stern, Der Harz, An meine kranke Schwester Sophia Magdalena und ungedruckt: An seine Mutter), zum teil in Halle und Göttingen, zum teil erst um ostern 1773 in Altona entstanden. Da schon die ersten drucke im Götting. M. A. von 1774 beträchtliche veränderungen zeigen, besonders charakteristisch in den lezten strophen des „Harzes" und der ersten der „Ruhe", ohne dass Eberts einwirkung nachzuweisen wäre, folgt hier zunächst eine

1) Vgl. Voss, Briefe 1, 145. Weinhold, Boie s. 52.

collation der manuscripte (*M*) mit den drucken im Götting. M. A. (*A*) und in den „Gedichten der Brüder Christian und Friedrich Leopold Grafen zu Stolberg. Herausgegeben von Heinrich Christian Boie.“ Leipzig 1779. (*B*) auf grund der „Gesammelten Werke“ 1827. bd. I (*W*).

I. Der Harz. W I, s. 5—7. B s. 8—10. A 1774 s. 175—177. Der Harz. Auf dem Harze gemacht. M

v. 1. Cheruscien! M 2. nervichten A nervigten M 3. freyeren M 4. Dann A Als M 6. *vor* Einfalt *gestrichen*: ernste M 7. Klippen, A

9. lächelt dir goldener M 10. Seegen, schüttet sich aus in der Genügsamkeit M 11. Frohgeöfnetem Schoosse, M 12. Die M

13. in M 16. zackigten M

strophe 5 und 6 in M *vertauscht.* 17. deinen A 19. Eber M

26. moossigten M 28. Flucht! AM

30. wann des Bardiets Orkan A 31. Edelthaten der Vorzeit A 32. Und die himmlische Freyheit pries. A

37. Biedergeschlechts sklavische Brut verbarg A

strophe 8—11 lauten in M:

Deinen dichtrischen Hain liebt die Begeisterung,
Felsen hallten umher wenn der melodische
Barde Thaten der Väter,
Und die himmlische Freiheit sang.
Ist nicht Herman dein Sohn? Sturm war sein Arm! sein Schwerdt
Gab uns Freiheit u: Sieg! Graun wie die Todten Gruft
Sendet, schreckte den Römer
Wenn ihm Herman entgegen zog.
Herman welchen der Arm kalter Vergessenheit
Hüllte danklos in Nacht, bis ihn dein grösserer
Sohn, mit mächtiger Leyer,
Sang im Liede der Ewigkeit.
Klopstock! ewigen Ruhm werden Aeonen ihm
Tönen, Klopstock ist dein! jauchze Cheruscia!
Gross in Schlachten der Freiheit!
Gross in ewiger Lieder Hall!

II. Die Ruhe. W I, s. 2—4. B s. 5—7. A 1774 s. 205—207 M

2. ob sich der Bischof Roms BA der hieerarchische M 3. Despotisch aufbläh (bläh' A) oder knechtisch BA Despot sich aufbläh' oder feige M 4. Lecke die Ferse den Burboniden; BA Lecke den Fusstritt des Burboniden; M

5. junger Oktavius B Caesar Oktavius A 6. Das Volk M 8. fremde Provinzen theilen, M
10. Geweihte M 12. Räuber A Höllen Geschwader der Styx ihm sandte. M
14. und um M
17. süsse Ruhe! süsse Gespielinn, komm, A 18. führe A 20. Dir nur u: lächelnder Weisheit widmet, M
22. ihm der Ocean A 23. Noch lächelt AM
26. Ekel und Schlummer A kalte Zufriedenheit M 27. Giebt sie, gewandten Blicks, mit Wünschen M 28. gestöret. A Oft unterbrochen u: oft mit Furcht, ihm. M
29. Thäler A führen, wann AM 32. Rosen. M
34. voller Empfindungen, AM 36. Festliches AM
37. sanftren M

III. An den Abendstern. W I, s. 10 fg. B s. 14 fg. Der Abend Stern. M
3. farbigten M
6. Waizenhalme (B) der Thau, bald aber schwanden sie, M
10. gleich mir M
12. stralende B
13. blaue Gewand *corr. aus* goldene Netz M

IV. An meine Schwester Sophie Magdalene in ihrer Todeskrankheit. W I, s. 25 fg. B s. 28 fg. An meine kranke Schwester Sophia Magdalena. M abweichend nur in schreibung und interpunktion.

V. An Bürger. W I, s. 8 fg. B s. 11 fg. A 1774 s. 209 fg. M
4. mit Tigers B [so auch in dem Schmiederschen nachdrucke, Karlsruhe 1794 — druckfehler, da der glykoneus an zweiter stelle einen daktylus erfordert.]
7. hungriger A
11. Du, unnennbar dem Volk, A
14. Klage! A Seufzen! M der Furie, A 15. Erbarmung: AM 16. Scheucht — fort! A
17. seligen Tags, da die Gerechtigkeit A 18. Noch mit stralender Stirn weilte bey Mana's Volk, A war M 19. Noch, von Eichen umschaurt, mit in A unter dem M 20. Kreise silberner Väter A Kreiss' ehrwürdiger Greise M
23. Erfahrung, und du, Erbe Teutonia's, A Teutoniens, M 24. Tugend, lehrtest A
30. Drüden M 32. Locken A

Es folgen die bisher ungedruckten gedichte, treu nach der hs., zuerst das von Friedrich Leopold von Stolberg, ohne überschrift, von Christians hand geschrieben:

Muse wenn je der Empfindungen Fülle der hohen Begeistrung
Becher dir reichte, dir je Liebe die Saiten gestimmt;
O so entlocke der Leyer melodische zärtliche Töne,
Töne zärtlich und sanft, wie mein Gefühl sie dich lehrt!
Zwar dich schreckt die furchtbare Nähe der hohen Siona
Die den Messias sang, die sein Weltgericht sang!
Aber ob auch der Adler, mit lüsternem Auge die Sonne
Trincket, streben nicht auch Kinder der Büsche empor?
Lange dürst' ich umsonst der besten Geliebtesten Mutter
Ganz zu sagen wie hoch immer mein Herz für sie schlägt.
Wag' o Muse den Schwung! auf Fittigen hebt dich die Liebe!
Dass nicht gauckle dein[1] Flug hält dich die Ehrfurcht zurück!
Liebe mit Ehrfurcht vereint! sie tief wie des Oceans Tiefe,
Jene hoh und entflammt Mittags-Sonne wie du!
Siehe die Sprache verlässt das Gefühl, der Odem entgeht ihr,
Keichende bleibe zurück! schwinge Gefühl dich empor.
Friedrich Leopold Stolberg.

Auf demselben quartblatt steht von Christians hand, ebenfals ohne überschrift:

Welcher blähende Stolz, welche Verwegenheit
Dih erhabne, dih höchste der Musen, die
Klopstocks himlische Harfe
Und nur diese allein beseelt,
Dih zu flehen herab, von der mich blendenden
Von der schwindelnden Höh' Muse zu senken dih,
Schwachen irdischen Saiten,
Zu entlocken die Töne der
Sanften Rührungen: denn wisse des Liedes Zweck
Welches Sprösslingen gleich, unter dem Schatten der
Ceder Libanon aufkeimt;
Hör' ihn Muse den hohen Zweck,
Und begeistre mich! O lange schon klopfet mir
Mein empfindendes Herz, und ich vermag es nicht,
Auszusagen der Mutter,
Ihr der besten, der zärtlichsten

1) Zuerst: der.

Aller Mütter, wie mit zärtlichem Ungestüm
Meine Seele Sie liebt; inniger, feuriger,
Ach viel heftiger, stärcker
Als wie selber ich liebe mich!
Wie die Wange mir glüht, Wonne mir trübt den[1] Blik,
Wenn den festlichen ganz, wenn den erquickensten [sic]
Der Gedanken ich denke,
Beste Mutter dein Sohn bin ich!
Singe Muse ihr Lob, du nur allein vermagst
Sie zu singen, du kenst jede Erhabenheit,
Jede höhere Tugend
Welche Sie nur allein verkennt. [sic]
Doch wass wagest du? Nein singe Sie Muse nicht,
Ihr bescheidener Blick, siehst du ihn, siehst du ihn?
Der gebietet zu schweigen,
Schweigend Muse verehre Sie!

Christian Stolberg.

Auf dem gleichen oktavbogen mit „An Bürger", also wol auch anfang 1773 in Göttingen entstanden, steht von Christians hand folgende ode:

An Clauswitz.[2]

Dir ertöne mein Lied, Erster dem innige
Freundschaft sich mir entschlich, welchem mein jugentlich
Herz voll ahndender Wonne .
In der ersten Umarmung schlug!
O nun ist er bewährt, unserer Herzen Bund,
Sechzehn Sommer, am Strahl, reift' er der wärmenden
Sonne, welcher kein Wölkchen
Je den heiteren Blik getrübt.
Ewig segnet den Tag, ewig mein volleres
Überfliessendes Herz, als du, mit sichrer Hand
Meiner wankenden Kindheit
Schwache Tritte zu leiten kamst.
Wenn ich klimme zum Ziel, dem der geprüfteren
Tugend Lorbeer entkeimt, wenn ich geschärftern Bliks
Dring'-ins Heiligthum hoher
Weisheit welche den Pöbel scheucht:

1) Hs. der.

2) Seit 1757 hofmeister der jungen grafen, in Kloster Berge und auf dem pädagogium zu Halle gebildet.

Wenn den heissesten Durst, Durst nach Unsterblichkeit
Der im Busen mir glüht, löschet Kastalia
Wenn den Kranz ich mir winde
Zeitverhöhnenden Amaranths:
Dir, dir glühet alsdann, dir auch ertönt mein Dank,
Dass zum Ziele du mich führtest, ins Heiligthum,
Dass des ewigen Kranzes
Blüte finden du mich gelehrt!
Deine Saiten hinab glitt in die Seele mir
Süsser Wehmuth Gefühl, glittet ihr Erstlinge
Hoher Freuden mit denen
Ihren Feyrer die Muse krönt.
Nun ach! ruhen sie stumm, tönen der Freuden mir
Keine fürder — O Freund höre der Freunde Flehn,
Ach entlocke der Leyer
Wieder sanfter Gesänge Ton,
Wie sie vormals erklang: sanft wie der Abend thau,
Wie des säuselnden Wests kühlende Wehungen,
Sanft wie Silber des Mondes
Das den lispelnden Bach erhellt.

Zum schluss, ebenfals vor ostern 1773 entstanden,[1] auf einem quartblatte von Christian Stolberg geschrieben:

Elegie

An die Grafen Reventlow.

Ach! ich täuschte mich oft, und sann in goldenen Stunden
Meinen rauheren Pfad mir mit der Rose zu streun,
Aemsig pflückt' ich sie ab, und froh des lachenden Weges
Ging mein eilender Fuss über den Blüten dahin.

Ich bethörter! ist nicht mit Dornen jede bewafnet?
Und enttr äufelten nicht blutige Tropfen dem Fuss?
Auch du, zucktest, auch du! o schönste Rose des Lebens
Freundschafft gegen mein Herz deinen tückischen Dorn!
Ach erspäh'te mein forschender Blick, die besten der Freunde

1) Die grafen Cajus und Friedrich Reventlow, immatrikuliert am 16. X. 1769, verliessen Göttingen zu ostern 1773. Auch Fritz Stolberg besang ihren abschied: er schreibt an Puletchen (14. VI. 73): „Hier sind einige Zeilen, die ich an den ältesten Reventlow den Tag vor seiner Abreise machte.“ (Janssen, Stolberg 1877. I, 26.)

Himlische Freunde, wie Gott selten sie Sterblichen gab,
Ach erspäh't' ich sie nur, dass bald das eiserne Schicksal
Sie ergriffe, sie bald risse vom Herzen mir weg?

Dunkel trübt sich mein Geist, und zwo melancholische Thränen
Wie die Liebe sie weint, weinen die Wangen hinab;
Euch, ihr fernen Geliebten, euch weint die eine, die andre
Euch, ihr lieben die bald nicht mein Auge mehr sieht!
Schon schon rückt sie heran, die grause Stunde der Trennung,
Schon schon eilen hinweg, Theure Geliebte von mir.
Ach! ihr scheidet von mir, ihr edlen Jünglinge, scheidet
Reventlowe! von mir, eurem Getreuen hinweg!
Innig liebt euch mein Herz, und ewig liebt es euch, Zeuge
Sey du, ahndend Gefühl späterer Zärtlichkeit mir!
Weise floh't ihr die Schaar der albernen Jünglinge, flohet
Jede gaukelnde Lust welche der Seele zu klein:
Euren eigenen Pfad erwähltet ihr muthig, er führet
Heiterer Weisheit euch zu, heiterer Tugend euch zu!
Ach ihr scheidet von mir, ihr edlen Jünglinge, scheidet
Reventlowe! von mir, eurem Getreuen, hinweg!
Näher nah't sie die Stunde des Scheidens! aber es schimmert
Meinem Auge von fern, tröstender Hofnungen Schein;
Wieder find' ich euch einst, O! Freund' am baltischen Ufer
Und dann knüpfet das Band fester und fester sich zu.

Was sonst von dichtungen in dem langjährigen briefwechsel an Ebert übersant wurde, so die „Hesperiden meinem Freunde Ebert gewiedmet" von der italienischen reise 1792 (Werke IX, 332 fgg.), chöre aus dem „Otanes", der „Anfang des fünften Gesangs der Zukunft" [1] oder die gedichte an Elise v. d. Recke (Werke I, 414. 416) nach dem zusammentreffen mit dieser und Ebert in Dresden (sommer 1784), bietet zu geringfügige abweichungen, als dass ihre mitteilung sich lohnte.

1) Vgl. Arch. f. Lit.-gesch. XIII, 82 fgg. — Fritz Stolberg übersendet die ersten 29 verse aus Eutin am 6. VI. 1782 mit den worten: „An der Zukunft arbeite ich Ruckweise wie ein *Volkan*. Ich schicke Ihnen hier den Anfang des fünften Gesangs in welchem ich ganz Amerika frey gemacht habe."

WOLFENBÜTTEL. CARL SCHÜDDEKOPF.

ZU THOMAS NAOGEORGS GEBURTSORT.

Thomas Naogeorg nimt unter den tendenzdramatikern der reformationszeit wol die erste stelle ein. Als seinen geburtsort bezeichnet Goedeke sowol in der ersten auflage des Grundrisses (I, 134 nr. 18) als auch in der zweiten (II, 134 nr. 10 und s. 333) Hubelschmeiss bei Straubing. Goedekes angabe kann sich nur auf Freytag Adparatus litterarius II, 1011 (Lips. 1753) stützen, wo es heisst: „Thomas Naogeorgus sive Kirchmayr, quem alii Neubauer vocant, et Tobias Schmidius in Chronico cygneo I, 373 fundamento nescimus quo Thomam Hubelschmeiser adpellatum esse scribit, Straubingae in Bavaria inferiore anno 1511 natus“ usw. In der von Freytag angezogenen chronik der stadt Zwickau von Tob. Schmidt heisst es: „... wie denn die armen Leute im Papsttum noch nicht anders meinen, davon Thomas Naogeorgus, sonsten eigentlich Heubelschmeisser genant“ usw. Hieran erinnert Naogeorgs biograph Am Ende in der „Nachricht von Thomä Naogeorgi Leben und Schriften“ (in G. Th. Strobels Miscellaneen literarischen Inhalts. Nürnb. 1780. 3, 111), wo es heisst: „Noch einen andern Namen führt er von dem Orte seiner Geburt. Da heisst er Heubelschmeisser oder Hubelschmeisser. Ungeachtet er sich selbst und andere ihn Straubingensem nennen, so war er doch eigentlich nicht von Straubingen selbst, sondern von einem ziemlich unbekannten, nicht weit davon gelegenen Orte, das Hubelschmeiss heisst, von welchem er diesen Namen bisweilen geführt haben mag. Es ist aber solches von einigen ganz falsch verstanden worden. In Tob. Schmidts Zwickauischer Chronik soll stehen, dass Naogeorgus sonst Heubelschmeisser heisse, wie Schlegel im Leben Spalatins S. 3 meldet. Dies erzählt J. A. Wimmer in seinem lateinischen Leben des Kanzlers Gregorius Pontanus. Altenburg 1730, S. 25 ganz verkehrt: Thomas Heubelschmeisser, a patria Naogeorgus.“

Am Ende vermutet also die existenz eines in der nähe von Straubing belegenen ortes Hubelschmeiss, welcher ihm als die geburtsstätte des dichters gilt. Die von mir angestelten nachforschungen haben ergeben, dass ein ort dieses namens nicht vorhanden ist; wol aber dürfte das örtchen den namen „Hundsschweif“ geführt haben, woraus durch irrige abschrift oder irrigen druck jene entstelte lesart entstanden sein wird. Gegenwärtig heisst nämlich ein zwischen Kirchroth und Zeitldorn in einer entfernung von etwa 10 km von Straubing an der nach Regensburg am linken ufer der Donau führenden distriktsstrasse gelegener weiler Hundsschwanz (vgl. die generalstabskarte). Die karte von Apian (1579) nent diesen ort Hündshofen.

Will man hiernach die bezeichnung Hubelschmeisser oder Heubelschmeisser auf den geburtsort Naogeorgs zurückführen, so wird man eine erklärung zu geben kaum im stande sein, da der ort Hubelschmeiss nicht existiert; auch das zurückgehen auf Hundsschweif oder Hundsschwanz lässt sich nicht rechtfertigen. Die zuerst von Schmidt gebrachte benennung Heubelschmeisser müste demnach eine dem lateinischen namen Naogeorgus entsprechende deutsche benennung sein, lässt aber eine passende erklärung nicht zu.

Unter diesen umständen erscheint es mir notwendig andere quellen aufzusuchen, welche über den geburtsort Naogeorgs aufschluss geben. Die am nächsten liegende und sicherste dürfte diejenige sein, die aus seinen eigenen schriften schöpft. Nun beweisen die titel einer anzahl seiner zahlreichen schriften, dass Naogeorg aus Straubing stamte. Seine dramen: Pammachius (1538), Mercator (1540), Incendia (1541), Hamanus (1543), Hieremias (1551) tragen auf dem titel die worte: autore Thoma Naogeorgo Straubingensi. Ebenso die übertragungen dieser dramen: Pammachius .. beschrieben im latein zu Wittemberg durch Thomas Kirchmeyern von Straubingen und jüngst verteutschet; der Mordbrand ... durch Thomam Kirchmeyern von Straubingen, ebenso der Kaufmann. Aber nicht blos in den dramen, sondern auch in andern schriften nent er sich Straubingensis, so in den Agriculturae sacrae libri V, die Freytag II, 1008 anführt, in seinen Adnotationes in primam d. Johannis epistolam (1544), im carmen de bello Germanico (1548), in der lateinischen übersetzung des Sophokleischen Ajax und Philoktetes, in dem gedicht de componendis discordiis religionis (1559), Synesii epistolae (1558), die alle bei Strobel 3, 144. 146. 148. 149 angeführt werden.

Diesen zeugnissen schliesst sich ein anderes historisches zeugnis an. Es ist nämlich erwiesen, dass Straubing schon sehr früh sich der reformation anschloss und um die mitte des 16. jahrhunderts fast ganz der lutherischen lehre ergeben war, und aus Ed. Wimmers darstellung „Wirkung der Reformation in Straubing im 16. Jahrhundert“ (Sammelblätter zur Geschichte der Stadt Straubing) geht hervor, dass zu Straubing gerade damals eine ratsbürgerliche familie Kirchmayr blühte, der der dichter und dramatiker sicher angehörte. Diese familie ist erst im anfange des 17. jahrhunderts erloschen.

Es dürfte hiernach zur genüge bewiesen sein, dass Thomas Naogeorg (Kirchmayr) aus Straubing und nicht aus Hubelschmeiss bei Straubing stamt.

WILHELMSHAVEN. HUGO HOLSTEIN.

ZU PARZIVAL 29, 9 fg.

K. Bartsch hat in seiner ausgabe zu den versen:

dar nâch hiez sie schenken sân:
getorste sie, daz wær' verlân.
ez müete sie deiz niht beleip,
wand ez die rîter ie vertreip,
die gerne sprâchen wider diu wîp.

die anmerkung zu 29, 9 „schenken, wein und andere getränke einschenken: zur bewilkomnung“ und zu 29, 12: „es war für ihn das zeichen, an den aufbruch zu denken, dem ersten besuche ein ende zu machen.“ Diese erklärung passt nicht, denn dabei wirft: *getorste sie, daz wær verlân* auf Belakane ein schiefes licht, als ob sie den wilkomtrunk nicht gern gespendet hätte. Es ist hier nicht von einem tranke zur bewilkomnung, sondern von einem abschiedstrunke, scheidetrunke erst nach der unterredung die sprache.

Ich möchte hier an das „schenken“ in Meleranz erinnern 8698:

môraz klâret unde wîn
wart dâ geschenket vollelîch.
diu edel küniginne rîch,
dô daz schenken geschach,
dô stuont si ûf unde sprach:
„herre, nâch iuwer arbeit
sult ir ruowen usw.

Vgl. auch Lohengrin str. 184. 185.

Diese sitte lebt noch in manchen tälern Tirols fort. Zu guter lezt, zum schlusse der unterredung wird ein trunk geboten. Eine ähnliche gepflogenheit berichtet J. Ph. Fallmerayer Fragmente II, 315 aus dem Oriente: „In ganz gleichen zwischenräumen werden erfrischungen gereicht, scherbet, backwerk, süsses usw. Endlich wird ein albanischer grosser apfel von vorzüglichem aroma mit messer und handtuch jedem der sitzenden besonders in einem teller auf den schoss gelegt, zum schlusse aber noch einmal kaffee herum gegeben, was in mohamedanischen abendgeselschaften das zeichen zum aufbruch ist.“

GUFIDAUN. J. ZINGERLE.

SELBSTBIOGRAPHIE DES JOHANNES NASUS.

Durch die bemerkung K. Gödekes (Grundriss I. aufl. s. 385): „Es ist auffallende vernachlässigung, dass von katholischer seite diesem polemiker bisher noch keine aufmerksamkeit gewidmet wurde", veröffentlichte ich einen kleinen aufsatz über J. Nasus im „Anzeiger für Kunde der deutschen Vorzeit VI, nr. 9." Im jahre 1859 wurde P. Johann B. Schöpf, der als professor am gymnasium in Bozen wirkte, beauftragt, eine abhandlung für das gymnasialprogramm des schuljahres 1859/60 zu schreiben. Er wante sich an mich mit der frage, welches thema ich ihm empfehlen würde. Ich schlug J. Nasus vor — und im juni 1860 erschien seine fleissig gearbeitete schrift: „Johannes Nasus, Franziskaner und Weihbischof von Brixen.[1] (1534—1590). Ihm stand ein reiches material zu gebote, und widerholt konte er die selbstbiographie seines berühmten längst verstorbenen mitbruders erwähnen, z. b. s. 6. 9. 45. 47. Allein das kurze curriculum vitae, das Nasus selbst aufgezeichnet, ist bisher ungedruckt. Durch die güte meines schülers P. Linus Fehr konte ich einsicht und abschrift von der aufzeichnung des J. Nasus nehmen. Unter den reliquien des Nasus, die im Franziskanerkloster zu Innsbruck aufbewahrt werden, findet sich ein kleines lateinisches gebetbüchlein auf pergament (kleinstes format), zierlich geschrieben, 224 blätter. Bl. 155—158 incl. enthält die biographie, die ich in diplomatischer abschrift gebe. Auf dem innern deckel der rückseite steht:

„Wer dieses büchlein ungefar
Verloren fint, der merck fürwar,
Daz solches F. Joann Nass,
Wolbekanten predigers, was,
Der bit freuntlich durch Gottes Ehrn,
Das man ims wol widerkern:
Keins drinckelts wirt er sich beschwern.
1580."

Ego frater Joannes Nasus: gratia dei me preveniente, natus sum in mundum, opido eltman, ducatus franconic, honestis parentibus, patre valentino naso,[2] *matre magdalena schumanin, legittimo thoro, anno 1534, 19. marcii; anno 1546, Didici prope bambergam artem*

1) Schöpfs aufsatz, der im buchhandel nicht zu haben ist, kann von der direction des Franciscaner-gymnasiums in Bozen bezogen werden, wo noch einige exemplare vorrätig sind.

2) *naso* am aussenrande nachgetragen.

vestiariam, qua et victum quesiui eam exercendo ferme. 6. annis. Porro 1552 monachii ex lectione cuiusdam libeli de imitatione christi conmotus ingressus sum ordinem sancti Francisci Guardiano schmilkouero, Ministro henrico roch, quem ordinem professus sum anno revoluto in festo Mariae de Niue[1] *vel s. dominici. aug. 5.*[2] *anno 53.*[3] *— 1557 ordinatus sum sacerdos*[4] *fraisinge ab subfraganeo osbaldo Fischer, quem papa Julius III episcopum ordinauerat; ab eodem episcopo omnes ordines acceperam. Cantaui primitias in festo annuntiationis marie. — Anno 1559 ex monaco ingelstadium mutatus publicis lectionibus operam nauaui, in album studiosorum debito iuramento insertus. — Anno 1560 in capitulo seflinge super festo exaltationis s. crucis renunciatus sum praedicator conuentus ingelstadiensis. — Anno 1566, dum predicarem straubinge et deus sua misericordia totum opidum in gremium romane ecclesie reducerat. Motu proprio pii 5. admonente illust. cardinali clementi monil., quodam ordinis fratrum mi. generali creatus sum. S. A. C. — Anno 1571, dum Rome generali capitulo custos prouincie argentine intereram, predicaui Romae*[5] *et vivo oraculo plura preuilegia reportaui. Generalibus ministris aloisio puteo et christophoro de cape. fon. Ab isto posteriore institutus sum commis(sarius) super tres proui(ncias) et conventum oeniponti 1572. — Ea occasione adscitus ab serenis. archi. ferdinandi Oenipontum, cuius et predicator aulicus, ab inde etiam brixinensis cathedralis ecclesie.*

A papa Greg(orio) XIII. designatus commis(sarius) anno. 1578. et pro his omnibus acerbissime a meis filiis spiritalibus et fratribus acusatus sum anno 1579 in géneral(i) cap(itulo) parisiensi, sed iniquitas mentita est sibi: Authore teste R. P. frater francisco[6] *Gonzaga, Generamendicanti: Sotio fratre bernardinuo*[7] *canetano.*

Deinde ascitus fui ad suffraganeatum Brixinensem a R^mo in christo domino Jo. Thoma principe Episcopo Brixine etc. designatus et confirmatus Episcopus Bellinensis a papa Gre(gorio) 13., consecratus Brixine in Ecclesia S. Catherine anno 1580 a supradicto principe consecratore, Dominica post Exalt. S. Crucis 18. sep. Deus det suam gratiam ad multos annos multorumque hominum salutem. Amen.

Rot geschrieben ist der beisatz: *mort: 1590. 16 May in Sero oeniponti.*

1) *Mar. de* auf rasur nachgetragen. *Niue* am aussenrande.
2) *5* corrigiert aus *2.* 3) *3* corrigiert aus *2.*
4) *sacerdos* corrigiert aus *sacerdotem.*
5) *Romae* am aussenrande nachgetragen.
6) *francisco* corrigiert aus *franciscum.*
7) *bernardinuo* corrigiert aus *bernardinum.*

In neuester Zeit hat dr. Joseph Hirn im werke: „Erzherzog Ferdinand II. von Tirol. Geschichte seiner Regierung und Länder. I. Band. Innsbruck, Wagner 1885“ s. 247—262 das wirken des J. Nas in Tirol besprochen. Unrichtig ist es, wenn jüngst feuilletonisten Nasus als Tiroler bezeichneten, denn er ist erst im jahre 1571, also in einem alter von 37 jahren nach Tirol gekommen.

GUFIDAUN. IGNAZ ZINGERLE.

FREIBERGER BRUCHSTÜCK VON JEROSCHINS CHRONIK.

In den zwei bänden einer ausgabe der werke des Joh. Chrysostomus in der Freiberger gymnasialbibliothek (cl. II. fol. 39. 40) fanden sich, wie mein kollege herr dr. Heydenreich bei einer durchsicht bemerkte, als vorsatzblätter ein- und zum teil unter die papierdecke des holzdeckels untergeklebt vier pergamentstreifen, die nach ihrer ablösung sich als die zusammengehörigen hälften zweier blätter herausstelten; und zwar sind es bruchstücke einer handschrift der Kronike von Pruzinlant des Nicolaus von Jeroschin. Sie enthalten in 8 spalten von je 32 zeilen die verse 21,252 bis mit 21,504 (nach Strehlkes zählung).

Die beschaffenheit der bruchstücke brachte auf die vermutung, dass sie derselben handschrift angehören, von welcher die Berliner bibliothek ein halbes blatt besitzt Ms. germ. fol. 725, das Strehlke in seiner einleitung (s. 301) als B anführt und kurz beschreibt. Eine durch die freundlichkeit der Berliner bibliothek, die das blatt hierhersante, ermöglichte vergleichung ergab die richtigkeit dieser vermutung. Das Berliner blatt stimt in grösse, schrift, zeilenzahl und orthographischen eigentümlichkeiten volkommen mit den Freiberger bruchstücken überein; es ist auch genau so verwendet gewesen, wie der mit leimresten behaftete deutlich sichtbare bruch in der mitte beweist. Leider ist keine nachricht darüber vorhanden, wie das Berliner blatt in den besitz Hoffmanns von Fallersleben, aus dessen bibliothek es in die Berliner übergieng, gekommen ist.

Die „trefliche handschrift“, wie Strehlke sie nent, stamt etwa vom ende des XIV. jahrhunderts und steht der ältesten und besten handschrift der kronike, der Stuttgarter, ziemlich nahe. Die Freiberger bruchstücke bieten daher wenig abweichungen vom Strehlkeschen text, dem ja die Stuttgarter handschrift (S) hauptsächlich zu grunde liegt. An orthographischen eigentümlichkeiten ist zu bemerken das häufig vorkommende *y* für *i*, teils langes, teils kurzes; die media *g*, *d* am ende des wortes, sogar der zeile statt der tenuis c, *t;* c für *z* im anlaut (*cil, cit*); dialektisch das fast durchgängige *i* statt des tonlosen *e*, noch häufiger als schon Strehlkes text gibt. Bemerkenswerte varianten sind nur: 21285 *gemenge* (Strehlke *getwenge*) und in der überschrift nach 21287: *ein groz wundir* (Strehlke *ein wundir*). In folgenden fällen stimt unsere handschrift mit den von Strehlke angeführten lesarten von S überein: Bei 21267: *do di andern drizig man* hat S *do si di;* ebenso unsere handschrift, nur ist das überflüssige *si* von späterer hand gestrichen. 21278 Strehlke *niman,* S *nimant.* Freib. bruchst. *nymant.* 21305 Strehlke *misilsucht*, S und Freib. bruchst. *mesilsucht.* 21341 Strehlke *dâ,* S und Freib. bruchst. *dar.* 21356 Strehlke *vunften*, S *vumfzen,* Freib. bruchst. *vunfzen.* 21473 Strehlke *unde,* S und Freib. bruchst. *und.*

Dagegen stimt in folgenden stellen, wo Strehlke abweichungen von S bemerkt, unsere handschrift nicht mit S-überein: 21315 Strehlke *herze liber;* ebenso Freib. bruchstück; S *herre liber.* 21347 Strehlke und Freib. bruchst. zweimal *vorwar,* S nur einmal. 21342 Strehlke und Freib. bruchst. *vorswundin,* S *vorsundin.* 21356 Strehlke und Freib. bruchst. *alemania,* S *alamania.*

Vielleicht finden sich von der handschrift, die wenigstens zu einem grossen teil vom buchbinder verarbeitet worden zu sein scheint, noch anderweit bruchstücke vor.

FREIBERG I. S. RACHEL.

MISCELLEN UND LITTERATUR.

Lexikographische nachträge zu bd. XVI. XVII.

Zeitschrift XVI, 99: Lorenz Krummer. K. L. machen heisst wenn jemand ungeschickt und bäurisch tanzt oder auf gleiche art verbeugungen macht. Unterpfalz. Klein. Provinz. Wb. I, 261. Loronz ein bäurischer bückling. Harzgegend. Ebenda 285.

Ztschr. XVI, 376: Judenspiess, Raiffspiess. Das spahren ist mir angeboren, meine ahnherrn, sagt man, wären getaufte juden gewesen, von denen hab ich den Judenspiess ererbt; kans nunmehro nicht ändern, was ich nur erwuchern kann, das unterlass ich nicht. Quasi Vero Der Hinckende Bot Hat sich wol sive Novellae Politico — Morales —. 1714 s. 59. Alem. 13, 134. — Klein im Provinz. Wb. I, 215 bringt es aus Augsburg, wo es sich allerdings volkstümlich erhalten zu haben scheint. Dann sein abrichter (springlehrer) Wolhinam sagt: solche Sprüng woren nichts werd, noch etwas nutz im Krieg Sondern in eim zulauff sprang er vber ein graben, an eim Reiffspiss schwang er sich vber alle Pfitzen usw. Fischart Garg. 1580, s. 346.

Ztschr. XVI, 98: Beigeschirer. XVII, 233: Pakschiren. So gehn wir vmb vmbschantzen, Prasson, rasen, dantzen, mummen, stummen, prummen, rennen, fechten, ringen, stechen, Bagschiren mit der Trummen usw. Garg. 90. „Ich bin nicht gesessen inn der Versamlung der Spötter vnd Bettschirern" wird die bekante stelle des AT citiert in M. Maruli VI Bücher von Gedachtnuss würdiger Reden und Thaten deutsch v. Hermann Baumgarten. 1602. Dilingen. Es ist vorher von denen die rede, die mit scherzreden und gelechter aufwarten, bübische leichtfertigkeit usw. M. Höfers Wb. II, 304: packschierig oder packschierlich in der gemeinen und scherzhaften sprechart eine geschmeidige, possierliche person, die sich in die geselschaft wol zu schicken glaubt. A. v. Klein Provinz. Wb. II, 42: packschierli sehr artig, niedlich, munter. Es wird aber nur von kindern gesagt. Österreich. Baiern. Blumauer in s. gedichte „Der evangelische Bauernjunge in der kathol. Kirche":

Vorn da stund a mächtiger Mann
Hat's Hemmet über d'Hosen an;
Der kuuts recht bagschierli machen
(vom messelesenden priester).

Höfer weist Adelungs erklärung ab und beruft sich auf Mich. Denis Lesefrüchte, wo „beygeschirrig" stehe, also an unsere form oben als älter müsse man sich halten.

Ztschr. XVI, 99 (und 98: Bandglas) Passen: Lud er gemeinlich gern zu ihm erlich wolbesoffene Schlucker seiner Nachbauren, mit denen nam ers an in allen Pässen vnd Süffen, wie mans jhm bracht. Garg. 332.

Ztschr. XVII, 230: Duchet ist eine sehr dicke, mit pflaumfedern oder eiderdunen (österreichisch Eitertom) gefütterte bettdecke, deren man sich im winter zu bedienen pflegt. Klein, Provinzialwörterb. 1792 I, 92. — 236. Vippern. A. v. Klein gibt es als echt bairisch an: fibern, zittern. Er hat das ding angefibert, mit aller anstrengung seiner nerven betrachtet. I, 112.

Ztschr. XVII, 232: Knocken ist auch in dem bei Aperger c. 1630 erschienenen Veridicus Germanus (kath. parteischrift) zu lesen: unser Herr Gott fragte mehr darnach, (dunkte ihn) wann ein Papist ein Vatter vnser an die Wand schreibe, als wann er mit allen seinen Pfarrkindern den gantzen Tag auff den Knyen knocket. (Volständiger titel Alem. 13, 188.)

Ztschr. XVII, 235: Siemann (und XVI, 100 Sicke): noch Siman (schilt) weil man einen sinnschen schafnäsigen Delphinen vnd den Mörschwein Näsigen Schafen vnd den Weiberbeherschten Gaucheyerbrütlern also ruffet? Garg. 207. Hornkönig, Hornemann, Herr sie man, Hanrey. Curuca. Haubtschlüssel der Teutschen und Italiänischen Sprache. Augsb. 1648 s. 340. Lessing hat im wb. zu Logaus sinngedichten (Hempel, 12. teil) s. 281: Weibling vir uxoris oder wie es unsere Vorfahren gleichfalls nannten ein Siemann.

Ztschr. XVII, 447: Schalaundecke. Bei Fischart Garg. 137: Leilach, Bettgewand, Tischtücher, Teppich, Vmbheng, Schalaunen, Decken, Ziechen usw.

Ztschr. XVII, 229: Baselmann. Da macht er ihm ein Spanisch Baselosmanos vnd sprach usw. Garg. 453.

Ztschr. XVII, 444: Momper. Klein, Provinz. Wb. II, 19: momber, der vormund. Momberschaft vormundschaft. Saarwerden.

Zum deutschen wörterbuche.

Hampelmann spöttisch für celebrierenden priester in M. Joh. Hachenburgs büchlein vom Sacrament, vor 1600: Man findet ihrer auch die zur Zeit der Consecration und Ausstheilung wie die Hampelmänner und grobe Stockfisch ihre Filtz oder Baret auff ihren Häupteren nicht anders kleben haben, als wären sie ihnen auff den Grind gepicht oder mit einem Trabnagel angehefftet. S. 40. J. Münch 1617. (Controversschrift.) Münster.

Junker: Juncker wird in Lendisch L. (Innländische Meissnische und Leipziger Orth und Gegenden anzeiget) zwar, fast läppischer weise, einer genandt, welcher newlicher zeit ein Bräutigam mit einer worden, wenn es gleich nur ein Baurenknecht oder Handtwerks Gesell wer, so man zu Nürnberg die heyrath (heiret) nennet: mein heyrath — so sagen sie: mein Juncker, mein Hochzeiter, sponsus, neonymphus. Haubtschlüssel der Teutschen und Italiänischen Sprache dass ist vollständiges Wortbuch usw. per Giouanni Alemanni Sassone. Augspurg Aperger 1648. Sp. 356[b].

BONN. A. BIRLINGER.

Nachtrag zu XVIII. 380.

Die oben s. 380 unerledigt gebliebene äusserung in Lachmanns briefe bezieht sich auf „Parcival im Auszuge mitgetheilt von San-Marte. Magdeburg, Coentz. 1833.“ Lachmanns erste ausgabe erschien in demselben jahre 1833, und die vorrede ist unterzeichnet 3. merz 1833, aber die vorrede von San-Martes auszuge ist unterzeichnet 1. november 1832. Demnach ist dieses buch San-Martes (R.-R. A. Schulz) vor Lachmanns erster ausgabe erschienen, und der auszug selbst beruht auf der ausgabe in Christoph Heinr. Müllers Sammlung deutscher gedichte aus dem XII., XIII. und XIV. jahrhundert. Berlin 1784. 4°. J. Z.

Die Vita Alexandri Magni des Archipresbyters Leo (Historia de preliis). Nach der Bamberger und ältesten Münchener Handschrift zum erstenmal herausgegeben von Dr. **Gustav Landgraf.** Erlangen, Deichert. 1885. 140 s. 8°. 3 m.

Nachdem vor einem jahre durch O. Zingerle einige interpolierte texte der Historia de preliis mitgeteilt wurden, ist jezt eine bearbeitung des unerweiterten textes erschienen, welche, im gegensatz zu der erstgenanten publication, auf die geltung einer kritischen ausgabe anspruch macht. Der verfasser derselben, dr. Landgraf, hatte dafür an material zur verfügung: die bekanten beiden einzigen handschriften des unerweiterten textes, die Bamberger (B) und den cod. lat. Monac. 23489 (M), ferner für die interpolierten texte Zingerles druck und die alten drucke von Strassburg und Utrecht. Bezüglich der wichtigsten kritischen frage, welche stellung der Bamberger und Münchener handschrift zuzuweisen sei, schliesst sich Landgraf meiner auffassung an, die ich seinerzeit in meiner abhandlung über Rudolfs Alexander zu begründen versuchte: dass der Bamberger text nach form und inhalt der ursprünglichen gestalt der H. d. p. sehr nahe steht, der Münchener aus dem Bamberger abgeleitet, also für die kritik wertlos ist; nur hält Landgraf M für eine direkte abschrift von B, während ich aus mehreren gründen indirekte ableitung annehme, ein unterschied, auf den es hier nicht ankomt. Daraus folgt der von

Landgraf richtig aufgestelte grundsatz, dass einzig der wortlaut von B die gewähr der echtheit hat und so weit als möglich beibehalten werden muss. Aus B allein aber lässt sich die ursprüngliche form der H. d. p. nicht ermitteln, da der text dieser handschrift, trotz seines hohen wertes, bereits durch manche fehler und auslassungen verderbt ist. Es müssen also die interpolierten texte hinzugezogen werden, deren selbständige bedeutung sich daraus ergibt, dass sie widerholt unabhängig von B mit Pseudo-Callisthenes übereinstimmen. Um aber diese richtig verwenden zu können, muss man natürlich feststellen, wie sie sich zu dem unerweiterten texte und unter einander verhalten. Landgraf hat mit seinem geringen material auf die lösung dieser frage gänzlich verzichtet, und das ist die erste grosse lücke seiner forschung. Nach meinen untersuchungen, über welche ich in meiner ausgabe der Historia de preliis rechenschaft ablegen werde, gehen alle erweiterten texte, soweit ich sie kenne, auf eine und dieselbe bearbeitung der H. d. p. zurück, deren vorlage dem in B überlieferten texte sehr nahe verwandt war. Der gang des kritischen verfahrens muss also, meiner ansicht nach, der sein, dass man zunächst durch vergleichung der verschiedenen recensionen des interpolierten textes die lesart der ursprünglichen bearbeitung (die ich mit I* bezeichne) ausfindig macht, hierauf durch vergleichung derselben mit B die lesart der vorlage des verfassers von I* zu gewinnen sucht, sodann auf die schreibung des gemeinsamen archetypus zurückschliesst und diese endlich durch vergleichung mit Ps. Call. und sonstige erwägungen auf ihre echtheit prüft. So lichtet sich das chaos der varianten, und man gelangt, zu klaren und sicheren ergebnissen über den ursprünglichen text Leos. Landgraf ist nicht so zu werke gegangen, und daraus erklären sich mehrere seiner fehler.

Zunächst ist das von ihm s. 20 behauptete „grundgesetz“, dass die ursprüngliche lesart bewahrt sei, wo B mit einer der interpolierten handschriften übereinstimt, keineswegs richtig, und fehler wie baculo statt poculo (τὴν κύλικα Ps. Call.) B 196[d] müssen beseitigt werden, wenn sie sich auch in allen handschriften finden. Ein satz, in welchem sich Landgraf hierüber ausspricht, zeigt überhaupt eine seltsame unklarheit der auffassung. Er sagt s. 21: „Fehler, die entweder der urhandschrift der Historia bereits eigen, wie z. b. baculum st. poculum 196[d] oder auf die von Leo abgeschriebene vorlage zurückzugehen scheinen, wie z. b. die ..... verschreibung von ὄρη und ὅρια, die B 216[b] zu der übersetzung ad montes statt ad fines geführt hat .... schien es nicht ratsam im texte zu bessern.“ Zwei so grundverschiedene dinge kann man doch nicht auf éine stufe stellen. Unrichtige lesarten, die sich nur aus der verderbnis eines lateinischen wortes erklären, bereits der urhandschrift zuweisen heisst annehmen, dass sich Leo bei der abfassung seines werks gedankenlos verschrieben und sein werk herausgegeben habe, ohne solche schreibfehler zu bessern — eine voraussetzung, zu der uns doch gar nichts berechtigt. Dagegen ausdrücke, die auf fehler der griechischen vorlage zurückdeuten, erproben sich selbstverständlich gerade dadurch als die echte schreibung Leos, und sie zu ändern wäre nicht nur „nicht ratsam“, sondern ein verstoss gegen die ersten regeln der kritik.

Sodann zeigen sich die mängel von Landgrafs voruntersuchung in dem gebrauche, den er von den interpolierten texten macht. Widerholt glaubt er in einer einzelnen solchen bearbeitung die ursprüngliche lesart erhalten zu sehen, während die vergleichung der übrigen dartut, dass die lesart von I* anders lautete, also der vermeintlich echte ausdruck lediglich die konjektur eines schreibers ist. So soll z. b. s. 40, 16 aus dem Utrechter druck „sollicite“ eingesezt werden; aber I* hatte, so gut als B, das ganz richtige „sol itaque“, das nur Landgraf, wie auch seine interpunktion andeutet, nicht recht verstanden hat. (Dass ich mich früher für die änderung „solitoque“ entschieden hätte, ist ein irtum Landgrafs.) Im algemeinen übt jedoch der herausgeber die vorsicht, nur mit solchen lesarten zu operieren, in welchen die Grazer und Seitenstetter handschrift, welche verschiedenen recensionen angehören, übereinstimmen. Und wenn er dabei mit richtiger methode verfahren wäre, so hätte er, bei der guten überlieferung, die B bietet, und der verhältnismässig geringen zahl der fälle, in denen eine verwertung der interpolierten handschriften nötig wird, trotz seiner mangelhaften kentnis des handschriftenverhältnisses einen leidlichen text herstellen können. Aber so wie Landgraf die interpolierten handschriften vielfach verwendet, dürfen interpolierte handschriften überhaupt niemals verwendet werden. Wer, wie Landgraf häufig tut, eine schwierigkeit kurzerhand dadurch beseitigt, dass er die dunkele lesart einer handschrift des originals durch die bequem verständliche einer überarbeitung ersezt, wird zwar einen glatt lesbaren text hervorbringen, aber gewiss nicht den ursprünglichen des schriftstellers. Ein beispiel mag die art seiner kritik erläutern. Der satz s. 65, 13—18 lautet in B 201[bc]: Prȩcepit iterum duo milia militibus suis ut cum securibus (et) u e c t e s f e r r e o s rumperent fundamenta muri quas construxit a n s i o n o s e t z i t h u. Et aliis quadringentis precepit ut irent cum ardentibus facculis et incenderent portas ciuitatis. et alia tria milia ordinauit ut percuterent murum cum u e r b i c i b u s. Landgraf korrigiert zunächst nach den interpolierten handschriften: „et vectibus ferreis.“ Aber dass bei einer präposition neben einander zwei verschiedene casus stehen, ist in der latinität, die hier als massgebend gelten muss, gar nichts unerhörtes und komt auch bei Leo noch sonst vor. Er schreibt ferner im anschluss an die interpolierten handschriften (nur mit beibehaltung des i = η) „Amphion et Zithus.“ Aber die formen von B sind ersichtlich griechische genitive (= *Ἀμφίονος καὶ Ζήθου*), also, abgesehen von der kleinen entstellung ansíonos aus ãfíonos, sicher echt. Leo nahm nach seiner art die namen in der casusform unverändert herüber, wie er z. b. anderswo aus dem genitiv *Κανδάκης* einen nominativ Candacis, aus dem accusativ *Λοκρούς* einen nom. Locrus macht. Mit „uerbicibus“ endlich weiss Landgraf nichts anzufangen. Hätte er sich überlegt, wie oft in der unteritalischen latinität u und b wechseln, so würde ihm wol das bekante wort vervex, der schöps, eingefallen sein, und er würde bei Du Cange die notiz „berbices = arietes, machinae bellicae“ gefunden haben. So ändert er noch das ganz richtige „uerbicibus“ mit den interpolierten handschriften zu „arietibus“, worauf schliesslich das charakteristische gepräge des ursprünglichen ausdrucks fast völlig verwischt ist. — Dieser gebrauch der interpolierten texte geht so weit, dass bisweilen sogar ganze sätze daraus ohne genügende berechtigung eingefügt werden. S. 84, 5 fg. z. b. hat der verfasser von I* dem drohenden schluss eines briefes, mit dem Alexander ein hochmütiges schreiben des Darius beantwortet „Caue itaque et habeto mentem in te“ die begründung hinzugesezt: „quia certissime uenio ad te, ut loquar tecum“, welche sich den vorhergehenden worten „Habeo spem intrandi ad te“ passend anschliesst. Obwol sich nun bei Ps. Call. nichts findet, was diesem zusatze entspräche, und man nur das zuvor angeführte schreiben des Darius zu vergleichen braucht, um zu erkennen, dass derselbe aus den worten „cogitas u e n i r e propo nos, u t l o q u a r i s n o b i s c u m“ gemacht ist, so nimt ihn Landgraf dennoch in seinen text auf mit der bemerkung: „Die .... lesart ... scheint der ursprünglichen fassung anzugehören, da sie an die worte habeo spem intr. ad te anknüpft.“ Mit demselben rechte könte man mehr als die hälfte aller interpolationen dem echten texte zuweisen, denn das ist doch eben die art eines geschickten bearbeiters, dass er nicht planlos erweitert, sondern irgend eine in der vorlage gegebene andeutung benutzt und ausführt. — So hat denn Landgraf durch seine heranziehung der interpolierten texte zwar manchen fehler von B richtig beseitigt, manche lücke glücklich ausgefült — aber im ganzen buchstäblich mehr stellen verdorben als gebessert.

Ausser den aus I* abgeleiteten bearbeitungen hat der herausgeber zur ermittelung der ursprünglichen gestalt der H d. p. auch Ekkehards „Excerptum de vita Alexandri Magni“ verwenden wollen. Dass dieses eine direkte bearbeitung des Bamberger textes, also für die kritik der H. d. p. unbrauchbar ist, hoffe ich kürzlich in dieser zeitschrift nachgewiesen zu haben. Jedenfals ist nicht zu billigen, dass Landgraf, nachdem er s. 12 selbst gesagt hat, die frage bedürfe noch einer eingehenden untersuchung, dann ohne eine solche vorgenommen zu haben lesarten aus dem Excerpt in seinen text einsezt, auch s. 21 versichert: „Ekkehards Excerptum und Lamprechts Alexandreis waren des öfteren zur richtigstellung förderlich.“ Was Lamprechts gedicht betrift, so finde ich unter den stellen, für welche sich Landgraf auf dasselbe beruft, keine einzige, in der unsere kentnis dadurch über das ergebnis der lateinischen handschriften hinaus gefördert würde. Die vermeintlich ursprünglicheren lesarten des Excerpts aber sind in wirklichkeit konjekturen Ekkehards, und zwar zum teil verfehlte, wie s. 43, 9 iacentes summitates.

Wo die handschriften und bearbeitungen im stiche lassen, bietet die vergleichung mit Pseudo-Callisthenes ein wichtiges mittel der emendation, das Landgraf mit mehr geschick und glück zu gebrauchen weiss, als das handschriftliche material. Eine hübsche konjektur ist z. b. s. 69, 3 clam Alexandro (= λαθὼν τὸν Ἀλ. Ps. Call.) statt cum Al.; ganz unzweifelhaft auch s. 51, 5 reprehendit st. apprehendit, was in den text hätte aufgenommen werden sollen. Auch sind mehrere schwierigkeiten aus Ps. Call. richtig erklärt, so z. b. s. 66 der name Stisichorus. Aber gerade bei einigen recht dunkelen stellen, wie s. 51, 18—20, s. 72, 9 fg., s. 126, 5 fg., s. 134, 1, bleibt die erklärung aus. Überhaupt werden gegen das ende hin, wo sich die zweifel häufen, die anmerkungen umgekehrt immer spärlicher. Das schwierigste problem, die verwirrung der schlusspartien, hat Landgraf gar nicht zu lösen versucht.

Wo der herausgeber freie änderungen der überlieferung für nötig gehalten hat, kann man nur selten mit ihm übereinstimmen. Er ändert öfters voreilig ohne sich die lesart der handschrift erst recht zu überlegen — ich nenne hier nur sein „tentaverunt“ s. 65, 2 —, und seine änderungen verfahren zum teil so gewaltsam, dass man fragen mag, ob ihm die konsequenzen der stellung, die er selbst dem Bamberger texte einräumt, genügend klar geworden sind. In bedenklicher weise operiert er namentlich einigemal mit umstellungen. S. 76, 2 fgg. (wo an der gegebenen wortstellung gar nichts zu ändern, sondern nur in der vorhergehenden zeile statt „et“ „ut“ zu schreiben ist) wird ein satz förmlich zerpflückt.

Nicht wenige von Landgrafs verkehrten änderungen sind lediglich durch seine unzureichende kentnis des sprachgebrauchs hervorgerufen. Sein algemeines urteil über Leos sprache ist zwar ganz richtig, und was ihm nach s. 20 als erstes gesetz der kritik galt: die eigentümlichen formen und strukturen von B „so lange unangetastet beizubehalten, als dieselben durch gleiche oder ähnliche beispiele der sinkenden latinität oder durch analogieschlüsse irgendwie gerechtfertigt werden konten“ verdient gewiss vollen beifall. Was hat aber nun Landgraf getan, um zu erfahren, was seinem schriftsteller erlaubt sei und was nicht? Kaum erheblich mehr, wie es scheint, als dass er Rönschs „Itala und Vulgata“ durchging. Dieses werk findet sich sehr häufig citiert, andere, wie Diezs Grammatik, Koffmane, Aufsätze aus Zeitschriften, daneben nur vereinzelt. So vortreflich nun auch jene handbücher sind, so solte doch niemand meinen, sich damit allein für die edition eines schriftstellers ausrüsten zu können. Vielmehr ist es für einen herausgeber der Historia de preliis ganz unerlässlich, sich in die italiänisch-lateinische litteratur des 10. jahrhunderts einzuarbeiten, was sich freilich nicht so im vorbeigehen abmachen lässt. Landgraf hat sich das erspart, und glaubt nun vieles ändern zu müssen, was gerade zu den echten eigentümlichkeiten dieser latinität gehört. Im gefühl seiner unsicherheit geschiebt es ihm auch, dass er eine auffallende erscheinung ziellos das einemal ändert, das anderemal beibehält. So wird s. 33, 8 auditus sum (= ἤκουσα Ps. Call. A) in aktivem sinne belassen — s. 129, 13 uictus es in demselben gebrauche korrigiert, s. 42, 8 dubitauit eum dimittere in foueam (= ἐν τῷ βόθρῳ Ps. Call.) belassen — s. 111, 23 occidi in ignem und s. 121, 6 modo huc esse uideris (wo obendrein interpolierte texte mit der ursprünglichen lesart von B übereinstimmen) korrigiert, s. 95, 21 reuocans in memoria tua korrigiert — s. 102, 25 uenerunt in finibus Indiae, s. 41, 6 sequere me ... in campo, s. 87, 11 pergas tu ibi und zahlreiche andere derartige ausdrücke belassen.

In diesen fällen liegt der fehler im ändern. Ein anderesmal hat Landgraf umgekehrt verderbtes beibehalten, wo ihm eine genauere kentnis der sprache die richtige lesart gezeigt hätte. So muss z. b. s. 39, 11 in dem satze „oculi eius non similabantur ad alterum“ statt „alterum“ mit M geschrieben werden „alterutrum“, was im mittellateinischen, speciell auch in der Vulgata, öfters als pronomen reciprocum gebraucht wird. — Überhaupt harren noch viele stellen der besserung.

Der mangel selbständiger beschäftigung mit der unteritalischen litteratur tritt endlich auch in der orthographie hervor. Während der herausgeber s. 21 den löblichen grundsatz ausspricht: „Schreibungen, die aus historischen oder sprachlichen gründen dem ursprünglichen texte Leos eigentümlich zu sein schienen, ... musten unangetastet bleiben“, hat er tatsächlich die meisten abweichungen von der jetzigen schulorthographie beseitigt, darunter auch so charakteristisches wie die verwendung des *h* im anlaut und den wechsel zwischen *u* und *b*. Freilich geht er auch dabei ohne konsequenz zu werke, und dinge, die in der regel von ihm geändert werden, sind manchmal auch wider aus versehen beibehalten, wie z. b. das *i* des namens Olimpiadis. Besonders unangenehm berühren halbkorrigierte formen wie Ephaestio, Phenix, porphiretico, Phrigiae.

Auf einzelne unrichtigkeiten in den anmerkungen will ich hier nicht weiter eingehen. Der auffallendste irtum findet sich s. 35: dass der text des Josephus Gorionides mit geringen abweichungen zur handschrift P[a] der H. d. p. stimme, während dies natürlich vom Oxforder text der H. d. p. gilt, den Gagnier in seiner ausgabe des Jos. Gorionides mitteilt, und mit dem sich Landgraf als herausgeber der H. d. p. doch hätte bekant machen sollen.

Nun zum schluss noch ein wichtiger punkt: die zuverlässigkeit des herausgebers gegenüber der handschriftlichen überlieferung. Um diese zu prüfen, habe ich die ausgabe mit meiner abschrift der Bamberger H. d. p. verglichen, für deren genauigkeit ich nach widerholter kollation bestimt glaube einstehen zu dürfen. Das resultat war leider ein überraschend ungünstiges. Landgrafs text enthält über fünfzig falsche lesarten, wobei rein orthographische differenzen und ersichtliche druckfehler nicht mitgerechnet sind. Es ist gewiss unrecht einem herausgeber sogleich oberflächlichkeit vorzuwerfen, wenn er sich in seinen kollationen ein parmal geirt hat. Aber eine solche anzahl von fehlern in einem stücke so mässigen umfanges und gegenüber einer so leicht lesbaren handschrift geht doch wol über das erlaubte mass hinaus. Gleich im prolog finden sich auf einer seite drei derartige versehen: s. 28 z. 7 fehlt nach „Joseppum" „uero", z. 10 steht „constituit" statt „instituit", z. 11 „praedicatus" statt „predictus." Widerholt sind wörter ausgelassen. B 200[d] ist Landgraf in dem satze „antea uoluissem fieri discipulus homeri. quam habere laudem quam habuit achilles" (s. 63, 5 fg.) von dem ersten quam auf das zweite geraten und sucht dann das verderbnis, das er selbst geschaffen hat, durch eine ziemlich abenteuerliche konjektur zu heilen. Dazu komt noch eine reihe unrichtiger lesarten in den varianten.

Kurz, wir erkennen in Landgrafs buch gerne an, was anerkennung verdient: dass seine gesamtvorstellung von der beschaffenheit des ursprünglichen textes der H. d. p. in der hauptsache eine richtige ist, und dass auch im einzelnen mehrere stellen von ihm gebessert und richtig erklärt sind. Aber Landgraf hat seine aufgabe zu leicht genommen. Allen schwierigen und zeitraubenden untersuchungen ist er aus dem wege gegangen, und so fehlte ihm die unentbehrliche grundlage, eine genaue kentnis der überlieferung und des sprachgebrauchs. Auch da, wo ihn diese mängel nicht hemten, wäre gewiss manches anders ausgefallen, wenn er sich mehr zeit zu ruhiger überlegung gegönt hätte. So wie das werk vorliegt entspricht es schwerlich den anforderungen, die an eine kritische edition gestelt werden müssen.

DONAUESCHINGEN, 15. JAN. 1886. AD. AUSFELD.

August Hettler, Schillers Dramen. Eine Bibliographie nebst einem Verzeichniss der Ausgaben sämmtlicher Werke Schillers. Berlin 1885. W. Wellnitz. VI, 57 s. 8°. 3 m.

Nachdem Unflad in seinem wüsten buche „Die Schiller-Literatur in Deutschland" (München, selbstverlag, 1878) neben dem chronologisch geordneten verzeichnis der gesamtausgaben die einzelausgaben und erläuterungsschriften in ganz äusserlicher alphabetischer reihenfolge aufgezählt hatte (die lateinische übersetzung des spazierganges steht danach z. b. weit getrent vom gedichte selbst unter „ambulatio"!), teilte Wackernell in dieser zeitschrift 1882, XIII, 90—121. 254—256 seine reichen ergänzungen aus praktischen gründen zwar noch in der von Unflad beliebten ordnung mit, deutete aber am schluss der ersten nachlese die allein zweckmässige, in einer neuen bibliographie zu befolgende einrichtung an. Offenbar nach den von Wackernell aufgestelten gesichtspunkten hat es nun Hettler unternommen, die litteratur über die dramen Schillers zu verzeichnen; er hat dabei nicht bloss die ausgaben und selbständig erschienenen abhandlungen berücksichtigt, sondern auch die in zeitschriften und sammelwerken zerstreuten heranzuziehen versucht.

Leider ist, um es gleich von vornherein rückhaltlos auszusprechen, die ausführung eine völlig ungenügende. Die uns hier für den preis von 3 mark auf nicht ganz 57 seiten splendiden drucks gebotene bibliographie ist so unvolständig in der zusammenstellung der litteratur, so ungenau in den angaben, dass jeder käufer das buch enttäuscht aus der hand legen wird.

Ich greife beispielsweise gleich die litteraturnachweise über das an den anfang gestelte drama, die braut von Messina, heraus. Hettler führt nicht einmal die einzeln erschienenen arbeiten über dies drama volständig an. Er kent z. b. nicht J. G. Rönnefahrt, Blätter aus der Naturgeschichte der Menschheit, zweites Blatt: Schillers Br. v. M. Leipzig, Dyk, o. j. 95 ss. (wie er auch das „vierte blatt" über Maria Stuart, ebda, 136 ss. bei nr. 395 nicht anführt); er kent nicht Isaac Flagg, an analysis of Schillers tragedy, d. Br. v. M., after Aristoteles' poetic. Inaug.-Diss. Göttingen 1871, 43 ss.; er kent nicht M. Krafft, Schillers Br. v. M. für Schule und Haus erklärt. Cassel, Kay 1881, 156 ss. — Man sucht vergebens Jos. Pohl, Zur Kritik von Goethes Faust, seiner Ballade Mignon und Schillers Br. v. M. Progr. d. Progymn. zu Linz a/Rh. 1884 (zu der lesart „dem Gesunden“ v. 401), oder Fried. Überwegs wertvolle abhandlung über die schicksalsidee in Schillers dichtung und reflexion, in Gelzers protestantischen monatsblättern 1864, XXIII, 154—169 (falsch citiert in dem jüngst von Brasch herausgegebenen werke desselben verfassers „Schiller als Historiker und Philosoph s. 179), oder G. Hauffs ausführungen: Schillerstudien 1880 s. 129—154, oder Düntzers aufsatz über den Klausner in Schnorrs Archiv 1875, IV, 79—83, oder F. Dingelstedts wichtige dramaturgische bemerkungen in Rodenbergs Deutscher Rundschau XVIII, 1879, 461—464; oder die untersuchung über das verhältnis von Schillers darstellung der landschaft und des volkscharakters zur wirklichkeit in der Augsburger Allg. Ztg. 1881, nr. 306. 307, beilage; selbst die umfassende charakteristik „Schiller als dichter der br. v. M.“ von Walther Bormann in den von Otto Sievers herausgegebenen Akademischen Blättern 1884, s. 672—715 ist ihm unbekant geblieben!! Neben solchen lücken überraschen die genauen recensionen-nachweise zu nr. 73; nur schade, dass die recensionen alle aus den jahren 1869—71, das buch, aus dem sie angeführt werden, aus dem jahre 1879 ist — jeder errät sofort, dass sie in dem buche selbst mit bezug auf eine frühere publication des betreffenden aufsatzes angeführt sind. Und so ist es in der tat: Liebrecht hatte denselben zuerst in Lemckes Jahrb. für roman. u. engl. Lit. X, 1869, 331—338 veröffentlicht; zu dem neuen abdruck (1879) in dem sammelband „Zur Volkskunde“ fügt er selber s. 480 eine aufzählung und besprechung jener beurteilungen hinzu. — Von Bulthaupt (nr. 72) kent Hettler nur die Dramaturgischen Skizzen, dagegen nicht die gegen jenen ersten entwurf bedeutend erweiterte, weitverbreitete „Dramaturgie der Classiker“, wo über die Br. v. M. I, 297—321 gehandelt ist. — Bei nr. 62 wird die seitenzahl von Rösslers programm falsch bestimt: es sind 26, nicht 36 s.

Die litteratur über die Br. v. M. umfasst bei Hettler nr. 59—79. Unter diesen 21 angaben dreizehn, resp. wenn man das fehlen von Überwegs und Hauffs aufsätzen lieber beim algemeinen teil der bibliographie s. 13 (zu nr. 23) in anrechnung bringen will, elf lücken oder fehler — ich glaube, das ist ein procentsatz, wie er in bibliographien glücklicherweise selten ist. Und dabei können meine bemerkungen noch nicht einmal den anspruch auf volständigkeit erheben; ich bin überzeugt, wer systematischer zu Schiller gesammelt hat und nicht so gänzlich auf seine eigne bibliothek angewiesen ist, wird noch manches nachzutragen haben.

Mancher mag vielleicht solche fehler, wie falsche angabe der seitenzahlen, verzeihlich finden; ich selber würde, obgleich man in bibliographien von so geringem umfang genauigkeit auch in solchen dingen wünscht, das versehen kaum erwähnt haben, wenn es bloss druck- oder schreibfehler wäre — aber leider hat es für Hettlers arbeit quellenkritischen wert! Hettler hat nämlich diese angabe, wie auch sonst öfter, gänzlich uncontrolliert, aus Wackernell a. a. o. s. 256 abgeschrieben. So schreibt er diesem seinem vorgänger — der eingestandenermassen gar keine wissenschaftliche bibliographie, sondern nur vorarbeiten zu einer solchen liefern wolte und unter seinen quellen deshalb ganz offen in erster linie buchhändlerkataloge nent — auch nr. 23 bei der abhandlung von Noelting die seitenzahl

33 statt 19 nach, und wenn er bei nr. 462 von Boxbergers programm gar keine seitenzahl nent, so geschieht dies einfach, weil auch Wackernell s. 108 darüber schweigt (es sind 22).

Auch dass er die angeführte abhandlung Düntzers nicht nent, ist bezeichnend für seine art zu sammeln; sie steht in einer zeitschrift, die der verfasser sonst excerpiert zu haben scheint, warum vergass er sie? Sehr einfach: der verfasser hat sich die für die ausarbeitung einer so speciellen bibliographie unumgängliche und leichteste aufgabe, die einschlägige litteratur aus den fachzeitschriften zu registrieren, noch leichter gemacht, er führt meist nur solche arbeiten auf, denen man schon im register die zugehörigkeit ansehen kann; Düntzers aufsatz aber hat unglücklicherweise den unbestimten titel: „Zu Schiller“ und Hettler fand es nicht der mühe wert, ihn sich anzusehen. Aus demselben grunde sucht man mehrere andere artikel aus Schnorrs Archiv vergebens, z. b. Brosin, anklänge an Virgil bei Schiller VIII, 518—533 (beispiele namentlich aus den dramen), Boxberger, Sch. u. Siegwart IV, 494—500 (mit bezug auf Spiegelbergs erzählung von der plünderung des klosters, das brutale auftreten des präsidenten bei Miller) usw. Ja selbst ausführungen in dieser zeitschrift, deren beziehung schon im titel kentlich gemacht war, hat er bei seiner flüchtigen art vergessen; ich nenne R. Boxberger, Lessings dramat. stil in Schillers nachahmung IV, 252—259. Bindel, zur Jgfr. v. Orl. XI, 454.

Auch die Ztschr. f. d. phil. wird von ihm excerpiert; dass er dabei das versteckte referat von Elsters vortrag über Don Carlos auf der Dessauer philologenversamlung — welches ausführlicher ist als das in den „Verhandlungen“ s. 165—66, die Hettler natürlich auch nicht anführt — nicht gefunden hat, kann niemand wunder nehmen (ob der vortrag selbst inzwischen erschienen ist, weiss ich nicht). — Die zweite abteilung der Jahrb. f. class. phil. u. paed. erscheint ebenfals gelegentlich citiert, doch ist sie mit derselben flüchtigkeit benuzt; es fehlt z. b. Mickwitz, zu Fiesco II, 17 („papierne Krone“) 1873. II, 387. — Das Goethe-Jahrbuch, die (Münchener) Allgemeine Zeitung, welche seit jahren regelmässige mitteilungen zur Schiller-litteratur bringt, scheint Hettler kaum angesehen zu haben.

Vollends, dass er auf etwas entlegenere beiträge zur forschung über die dramen geachtet hätte, darf man nicht erwarten; sucht man doch selbst ein buch, wie das von Otto Brahm über das ritterdrama (QF. XL), in dem eine fülle von litterarhistorischen beziehungen der dramen Schillers nachgewiesen, besonders aber wertvolle beobachtungen über den stil und die composition der jugenddramen niedergelegt sind, hier vergebens.

Völlig planlos ist überhaupt die zusammenstellung der algemeinen litteratur über die dramen s. 12—13. Wol wird nr. 14 Roessels programm der aufnahme würdig befunden (es stand ja bei Wackernell!), dagegen die „Prolegomena zu Schillers Dramen“ von R. Boxberger, Progr. der realschule in Erfurt 1874, 10 s. nicht, ebenso nr. 24 Reupers skizze, dagegen weder die schrift von O. Brosin über Schillers verb. zu dem publikum seiner zeit, noch Brauns bekantes dreibändiges sammelwerk. Und warum der verfasser dann nicht auch überhaupt aesthetische und litterarhistorische werke, in denen Schillers dramen eine gesonderte und eingehende besprechung finden, hier aufführte, ist nicht abzusehen. Meines erachtens gehörten die bekanten bücher von Freytag, Carriere, Hettner, Bayer, Klaar und so viele andere ähnliche teils in dieses capitel, teils unter die bibliographie der einzelnen dramen mit genauer angabe der betreffenden abschnitte; oder, wenn er von diesen algemeineren werken absehen wolte, so durfte er doch so specielle analysen, wie sie z. b. Kuno Fischer in „Schillers Selbstbekenntnisse“ von den Räubern und Don Carlos, in „Schiller als Komiker“ von einer ganzen reihe von charakteren gibt, keineswegs übergehen; auch die scharfe kritik namentlich des Wallenstein, daneben der Maria Stuart in Otto Ludwigs Shakespeare-Studien, gehört unbedingt in eine bibliographie der dramen Schillers, schon weil sie ein wichtiges stadium in der beurteilung derselben bezeichnet. Und — si parva licet componere magnis — hat die gutgemeinte, freilich auf sehr naiven aesthetischen anschauungen beruhende analyse der Maria Stuart in Goerths „Einführung in das Studium der Dichtkunst II. Das Studium der dramatischen Kunst s. 41—77“ nicht ebensogut ein recht hier angeführt zu werden, wie die besprechungen einzelner dramen bei Bulthaupt und Roetscher? Von lezterem hätte übrigens Hettler ebenso, wie ich dies oben schon für Bulthaupt erwähnte, auch die neueren samlungen seiner dramaturgischen abhandlungen berücksichtigen sollen.

Ich breche ab, denn es ist sonst schwer ein ende zu finden: es fehlt eben überall an planmässigkeit und volständigkeit der samlungen.

Nur ein paar worte glaube ich noch über das verzeichnis der drucke der dramen hinzufügen zu müssen. Was sich Hettler bei diesem teil seiner bibliographie eigentlich gedacht hat, weiss ich nicht. Von der acribie, die hier absolute voraussetzung ist, hat er keine ahnung; er gibt die titel so an, wie sie schon ein buchhändlerkatalog bietet, ja man muss sagen, dass er hier von den antiquarischen catalogen jeder bedeutenderen buchhandlung hätte lernen können. — Schon der gleichmässige antiquadruck ist selbstverständlich bei solchen arbeiten grundsätzlich auszuschliessen. Bei den drucken der Jungfr. v. O. findet auch Hettler für gut, bei nr. 214. 215 die art der typen anzugeben; wie ist es aber bei den Ungerschen drucken 209. 210. 212? Wie steht es überhaupt mit 215; bei wem erschienen? — Wenn man sich eine vorstellung von der flüchtigkeit von Hettlers titelangaben machen will, so schlage man das verzeichnis der drucke der Räuber auf — sie bilden ja den besten prüfstein; z. b. 412: in statt von, Acten st. Akten, Zweite st. Zwote; ähnlich 413. Einen hinweis auf A. Cohns abdruck des unterdrückten bogens B der ersten ausgabe, in Schnorrs Archiv IX, 277—296 hat Hettler ebenso wenig für nötig befunden, wie einen solchen auf die neudrucke der unterdrückten vorrede. (Dagegen war es natürlich viel nötiger, die Reclamsche ausgabe zu registrieren!) · Vollends über die abweichungen, die sich bei exemplaren der Räuber, der Jungfrau, die von demselben satz abgezogen sind, finden, wird gar nichts bemerkt; auch sonst das verhältnis der drucke zu einander nur gelegentlich und flüchtig angegeben.

Endlich will ich noch kurz bemerken, dass auch das verzeichnis der übersetzungen, bearbeitungen usw. überall die empfindlichsten lücken aufweist. — Gesamtübersetzungen, wie z. b. die bekante Hachettesche, werden überhaupt nicht angeführt. Wie unbewandert der verfasser auf diesem gebiete ist, mag man schon daraus ersehen, dass er vom Wallenstein weder die freie französische bearbeitung von Benjamin Constant, Genf 1809, noch die englische übersetzung, Edinburgh 1827 kent, obwol über beide doch sogar urteile Goethes vorliegen (vgl. W. v. Biedermann, Goethe-Forschungen, Frankfurt a/M. 1879 s. 3—4. — Goethes WW, XXIX, 704. Hempel). — La Martelière wird nicht genant, obgleich über seine bearbeitungen Schillerscher dramen ein besonderes programm von H. Doberenz erschienen ist (Löbau 1883). — Neuere französische übersetzungen, u. a. auch die für die schule berechneten wörtlichen, dann vor allem jene ausgaben mit einleitung und commentar, wie sie seit dem kriege so vielfach (z. b. bei Garnier, Hachette, Delalain) herausgekommen sind, werden gänzlich vermisst. Hettler nent überhaupt fast nur ältere übersetzungen (aber auch diese ganz unvolständig); anscheinend hat er sich nicht die mühe gegeben, hier über Wurzbachs Schillerbuch hinauszugehn und selbständig zu sammeln; sein verhältnis zu der lezteren quelle näher zu bestimmen, schien mir nicht der mühe wert.

Der verfasser verheisst uns in seinem buche noch andere bibliographien, z. b. über den Tasso und die Iphigenie. Wir können ihm nach der vorliegenden probe nur dringend raten, uns mit weiteren machwerken dieser art zu verschonen! — Ungenauigkeiten, irtümer, lücken in der bibliographie einer gesamt-litteratur wird jeder billig denkende entschuldigen; anders ist schon der masstab, den man bei einer so speciellen bibliographie, wie die vorliegende ist, anwendet; aber eine solche unkentnis, solche nachlässigkeiten, wie sie der verfasser auf schritt und tritt bekundet, sind unter allen umständen unverzeihlich. — Schliesslich kann ich den wunsch nicht unterdrücken, dass die manier des verfassers, blosse fragmente von special-bibliographien zu veröffentlichen, keine nachahmung finden möge. Die werke eines dichters hängen meist so eng zusammen, dass die litteraturangaben über dieselben sich oft gar nicht trennen lassen, zum mindesten sezt eine solche bibliographie über einzelne dichtungen eine genaue bibliographie der algemeinen werke über den dichter voraus. Wie äusserlich ist z. b. Hettlers scheidung, wenn er Hinrichs, Schillers dichtungen in ihren historischen beziehungen usw. erwähnt (weil zufällig der zweite teil als „dramatischer“ besonders bezeichnet ist), Hoffmeisters grosses werk aber nicht, obwol hier die besprechungen der einzelnen dramen zu selbständigen abhandlungen erwachsen sind.

SCHULPFORTE. GUSTAV KETTNER.

Ein deutsches Handwerker-Spiel nach einer handschriftlichen Überlieferung aus dem Königlichen Staatsarchiv zu Posen herausgegeben von Professor Dr. **Richard Jonas**, Oberlehrer am Königl. Friedrich Wilhelms-Gymnasium zu Posen. Posen 1885. 53 s. 8. M. 1,50.

Gern haben wir von der stiftung einer historischen geselschaft in Posen kentnis genommen, welche sich die aufgabe stelt die geschichte der provinz zu erforschen und namentlich diejenigen denkmäler ans licht zu ziehen, aus denen der nachweis erhelt, dass die provinz Posen eine menge deutscher elemente enthält, die dieselbe zu einem echt deutschen gebiete unseres vaterlandes machen. Das vorliegende handwerkerspiel ist ein separatabdruck aus der zeitschrift der historischen geselschaft zu Posen. Der herausgeber wurde auf die im staatsarchiv zu Posen befindliche handschrift aufmerksam gemacht und hat dieselbe unverändert zum abdruck gebracht. In der einleitung unterrichtet er den leser über die zeit der abfassung des spieles. Er bemerkt mit recht, dass dasselbe nicht erst im jahre 1753 abgefasst ist und dass die angegebene zahl sich auf das jahr einer aufführung bezieht. Vielmehr muss die abfassung in die dem ende des 30jährigen krieges unmittelbar folgende zeit fallen, worauf auch die schriftzüge weisen. Die handschrift dieses spieles — offenbar eines depositionsspieles (vgl. das von K. Th. Gaedertz in den Akademischen Blättern 1883 herausgegebene depositionsspiel) — fand sich unter den akten der innung der lohgerber, welche mit den posamentierern lange zeit zu einer innung vereinigt waren. Die orthographie ist die der zweiten hälfte des 17. jahrhunderts, jene wunderliche schreibung, an der der herausgeber festgehalten hat, ohne zu bedenken, dass dadurch dem leser alle freude an diesem „zeugnis deutschen geistes und deutscher anschauung" geraubt wird. Dazu komt, dass die schreibweise des 17. jahrhunderts ohne historischen wert ist, denn sie ist das erzeugnis der grösten wilkür und niemand wird jezt Opitz' und Gryphius' werke in der schreibweise der originaldrucke herausgeben. Ebenso verhält es sich mit der interpunktion, die herr Jonas ebenfals unverändert aufgenommen hat. „Wir haben alles so gelassen, wie es das manuscript bietet, damit sich der leser ein möglichst genaues und volständiges bild von demselben machen kann", mit diesen worten schliesst die einleitung. Das ist nun freilich sehr bequem, aber den forderungen der wissenschaft nicht entsprechend. Der herausgeber eines litterarischen werkes, mag es dem 17. oder einem andern jahrhundert angehören, hat, wenn er seine aufgabe zur genüge lösen will, mehr zu tun; er hat vor allem einen lesbaren text zu liefern, er hat das recht verbesserungen vorzunehmen und in anmerkungen sich darüber auszusprechen, aber herr Jonas hat sowol für textkritik als für die metrik so gut als nichts getan, obwol jede seite reichlich dazu gelegenheit bot und die erforderlichen besserungen vielfach auf platter hand lagen. Nur auf die erklärung des textes hat er fleiss verwant, indem er eine reihe von anmerkungen geliefert hat, aber er trift nicht immer das richtige. Wir geben zu, dass manches rätselhaft bleibt, weil in der handschrift verderbt, aber wir möchten doch, indem wir der aufforderung des herausgebers nachkommen, einige verbesserungen in vorschlag bringen. Wir könten unsere bemerkungen nach gruppen ordnen, indem wir die auf metrik, textveränderung und erklärung bezüglichen zusammenstellen, aber wir halten es für besser bei unserm vorhaben der reihenfolge der verse zu folgen. V. 3 und 4. Kranz sowie das auf- und niedersteigen scheinen mir termini technici des tanzes zu sein. Auch firlefanz bedeutet tanz, s. Grimms Wb. s. v. — 9 ist am ende zu lesen: „treten her", entsprechend v. 10: mich, und das nicht ongefähr = von ungefähr, zufällig. — 15 lies: „sein tun und sein ganzes dichten ist allein dahin gestelt", denn v. 16 komt der reim „geld." — 22 l. am ende „hie." — 24 spant das gefieder wol = passt auf, vgl. Grimm Wb. s. v. — 25 l.: „nach würd und stand geehrte herrn, matronen und jungfrauen." — 29 l. eh'. — in v. 33 u. 34 fehlt nach wollen und dulden je ein fuss. — 43 l. der berg st. den berg. — 49 geteilt. — 51 Bezalel — 67 welt- und auch geistliche — 68 gmeine mann — 72 sein gemahl — 75 bedeutet: ohne durch grenzen eingeengt, bedrängt zu sein — 83 l. Athen — 85 „Denn Philomela kann aldort die porten (d. i. borten) weissen" — 87—90 enthalten eine unerklärte historische anspielung — 93 vielleicht nachruhm? — 100 den st. dem — 101 die klugen Syrer — 102 wer nach — 103 die seidensticker auch, die sammt- und atlasmacher — 105 die knöpfe- und damast-, taft-, zeug- und spitzenmacher — 113 und in all denen sachen — 114 erfahrn — 118 Aurora, teils — 121 compangen (?), franzen, quast und aller arten band — 122 zweifel (?) schluss (?) und eine hohle schnur — 124 mit laubwerk, spiegeln und lessieren (?) — 133 Napolis, Campanien — 136 der edlen borten kunst — 139 wie die — 151 lacht — 154 wer feblet, muss denken (vgl. 163) und komt in gefahr — 155 eur knecht — 157 „sparet den wind" ist wol ein grober witz — 159 schweinsbraten und wanst — 160 was ist er für stands — 162 und sprichet uns hohn — 163 so denket ihr herzchen und kennet mich nicht — 168 und hölzernen kann — 171 und 172 amt : stamt — 173 nichtes — 174 so stell ich euch allen drei jünglinge für — 178 bacchanten = lehrlinge, die frei gesprochen werden sollen — 179 Zieps und Kallis bezeichnen nach Perlbach in der deutschen Lz. 1885 nr. 41 die süd- und nordgrenze Polens — 181 doch seht — 182 drum spar ich in der jugend die müh und den lohn — 199 an leib und gemüt — der grobe halunke steckt noch im geblüt — 204 dem herren herführen — 206 behaun — 207 die äst — 209 u. 210 und uns deponieren, so können wir künftig als recht und vernünftig gesellen passieren — 212 so lang als wir leiben — 213 soll euer ruhm bleiben — 215 von golde bereiten — 216 dass wir es volführen, die stühle beschreiten — 217 so schmerzlich sehnlich fiebet — 218 so heftig bei ihr blähet — 222 ihr lang geöhrtes volk und schwärmende vaganten — 224 und dero compagnie jetzund vor augen geht — 228 und kämet nimmermehr zur rechten jugendbahn — 230 woher das deponiern — 231 so soll euch widerfahrn — 237 den grossen Alexander — 245 u. 247 bezieht Perlbach die worte Aponi und Basilius auf den athenischen Archon eponymos und den Basileus; ich möchte für Aponi lieber „dem Apollini" lesen — 246 so wurd es zu Athen — 267 u. 268 sind zu einem verse zu vereinigen: „Das sprichwort bleibet wahr: verstand komt nicht vor (st. von) jahren" — 279 nun habe ich — 284 erholen sich an meim geschlecht — 285 ich aber steh hier mit dem beil — 297 nimt mich in acht = sorgt für mich — 302 dem vierten mangelts überall — 306 wo doch der lezte sei hinkommen — 307 so viel ich mir vor wenig tagen — 313 vergilt — 314 vor ein meister schilt — 316 als wär ich bestellet — 325 gleich wenn die arbeit ist volführt (vgl. 323 gebührt) — 328 denn arbeiten ist mein begehr — 332 und zeigt mir euren groben sohn — 339 Pressburg — 340 Augs-, Philipps-, Strass- und Regensburg — 341 in Böhmen, Sachsen, Meissnerland — 345 geziert? (st. gerühmt) vgl. 346 aufgeführt — 358 doch hats der meister nicht benant — 363 du wirst mich mit verschonen — 380 ihr seid toll — 387 das lass ich mir nicht sein entgegen — 397 geld ist die losung — 399 bezahlen, ja das ist mein freund — 405 und führt ein haufen lose wort — 406 hacket — 408 ein zunftgesessner mann — 411 viel wenger — 430 gelach = gelage — 432 solch spiel hat keinem noch geglückt — 458 wie ein querle — 461 wärs aber zum gemenge kommen — 465 solte bei vogel nicht an crepitus zu denken sein? — 466 ihr wisst wann er entflogen ist — 474 ach meister, ach wie hungert mich — 480 weil ich solch hungr und durst muss leiden — 484 halt gute wacht (: acht v. 482) — 485 es ist verletzlich — 488 butzen, putzen s. Grimm Wb. 2, 593, 7 — 493 und schreitet drüber — 506 auf den — 518 das meiste brot zuführet — 522 dem kanns nicht übel gehen — 527 rauth richtig = räude — 531 den auch — 547 warum ihr Kickerling, s. Grimm Wb. 5, 662 — 549 an den ich vorgedacht — 552 hier liegt die edle kunst begraben — 555 warum liegt jetzund denn die ganze welt nicht krank? — 560 ein zahnarzt, oculist, landstörzer und bruchschneider — 567 denn eh man sichs versieht — 572 der herr Mercurius, Emplastrum, Melelote — 575 der mich zu hilfe rufet, wo man mit not behaft — 576 und Cataplasma machen — 577 Vesicadoria und pillen mancher art — 580 du weisser entia, du hochbelobtes mittel — 583 gar nächst vor kurzer zeit — 584 bisamknopf = bisampillen — 589 auch die ihr bärte tragt, fünfviertel ellen lang — 591 = bliebe ich länger bei euch, so würde ich euch zur stunden auch fast von qual und bang helfen; der schluss lautet: von qual und bang (: ellen lang v. 589) — 592 krankert ist eine veraltete fluchformel, s. Grimm Wb. 5, 2040 — 594 bei ihn'n — 601 dergleichen pack — 602 an der schelle (: zu boden fälle v. 604) — 607 und körnre — 608 warmer bruder ist der ausdruck für einen päderasten — 614 kunstnärsches — 623 hülse und kern bezeichnen wertlose schale und gewinn — 632 wohnt — 636 schliff — 637 so hatt — 641 nach der ture (tour?) = einen nach dem andern — in der bühnenweisung zu 642 mociriren = mokieren — 642 seht doch — 645 bringt — 648 warum wird denn dann balbiert — 656 und sehe was hier wird gemisst = vermisst — 660 der herre — 669 zähnchen — der mit v. 680 beginnende auftritt bildet eine unmotivierte episode — 682 gelernt — 688 und bin in ihrer schul — 728 ein fünfjährig hut = ein fünf jahr alter, schäbiger hut — 730 kammeratig, bei Grimm 5, 98 kameradlich — 735 bekomm — 780 Pankratius und Pamphilius sind volkstümliche namen von karten — 786 die rede von Vielfröhlich fehlt; wie vordacht = vorher geplant; denn erwähnt ist vorher nichts — 789 nun könnet — 799 zuerst sollt ihr vor allen dingen — 802 gern singen — 804 vermessentlich nicht schwörn noch fluchen — 818 umschauen erinnert an einen handwerksbrauch, s. v. 820 — 819 denn — 839 befleissigt euch — 842 wenn ihr das habt, zieht solches an — 851 zum trutzen — 860 wenig genütz und grossen stank — 861 pfuscher sind leute, die nichts ordentliches verstehen — die erklärung zu 874 passt nicht in den zusammenhang — 895 das leid von mir, von keinem mehr — 896 denn schmach bringt dir sonst schlechte ehr — 907 unsrer kunst ehr und gab — 912 der feiern will allzeit — 915 heut bin ich — 920 so bin ich ja derselbe mann — 922 ihr herrn — 926 lacht auch, erzeigt euch wolgemut — 927 so klingt es noch einmal so gut — 945 dein geist sei dreimal hoch erhoben und gepriesen — 951 ist unsrer andrer ruhm — 953 wir singen und springen und freuen uns hier — 954 unser andre — 961 merkt es.

Vielleicht tragen unsere vorschläge dazu bei, herrn Jonas zu einer zweiten ausgabe seines spieles zu veranlassen.

WILHELMSHAVEN. HUGO HOLSTEIN.

I. SACHREGISTER.

Alceste, deutsches puppenspiel, s. dieses.
Alexandersage s. Ekkehard.
altfranzösisch: prosaroman v. Tristan u. Isolde, algemeines 81—83. verfasser Luce du Gast 84. enthält lyrische stücke, lais 84 fg. fortsetzer des Luce: Helis de Borron 84 fg. klassificierung der handschriften 85 fgg. verhältnis des Tristan Christians v. Troyes zu dem des Luce du Gast 87. doppelte bearbeitung des lezteren durch Helis de Borron 87—92. verhältnis der ersten redaction zu ihrer vorlage 92 fg. — die zweite bearbeitung kann nicht von Helis herrühren 94 fg. sein 2. werk ist der Palamedes 95. — provençalische bearbeitung der historie von der schönen Magelone s. dieses. — Troubadours in der metrik vorbilder der minnesinger 334—38. — einfluss derselben auf Dantes göttliche comoedie 370 fg.
althochdeutsch: übereinstimmung der sprache in Notkers Boethius, Capella u. Aristoteles: verbum 347—57. nomen 357—69.
altnordisch: corpus poeticum boreale, inhaltsangabe 95—105. textkritische behandlung 105—111; höhere kritik: die Helgetrilogie und der angebliche Helgidichter 112—119. d. angebliche verfasser der Lokasenna, Skirnismál, des Harbardsliedes 119 fgg. d. sogen. balladendichter 121. chronologie der Eddalieder 121 fg. stellung der nordischen sagas zu d. germanischen heldensage 122. metrisches 122 fg. strophische gliederung u. langzeile in den Eddaliedern 124—27.
Aurelio Aureli: seine Antigona delusa d'Alceste in Deutschland nachgeahmt 258.
Bamberger handschrift der Historia de preliis u. Epistola Alexandri ad Arist. schon seit begründung der bibliothek in Bamberg 385 fg. ausgabe v. Landgraf 493. — quelle für Ekkehards excerptum s. diesen.
Bertesius, Joh., sein drama Regulus nachahmung des Matth. Scharschmid 428 fg. vgl. drama.
bibelübersetzung Luthers: gutachten über die Hallesche probebibel 376—80.
Blum, Michael, buchdrucker in Leipzig 193.

Borron, Helis de, fortsetzer des altfranzösischen Tristan s. altfranzösisch.
briefwechsel Weigands 375 fg.
Calaminus, Georg, seine latein. bearbeitung des dramas Heli u. seine söhne 423.
Christians v. Troyes Tristan s. altfranzösisch.
corpus poeticum boreale s. altnordisch.
Dante, beeinflusst von den Troubadours 370 fg.
dialekte: graphische darstellung der dialektischen verschiedenheiten durch einen sprachatlas 371—74.
drama: dramatische bearbeitung der historie von der schönen Magelone siehe dieses. — volksdrama des 17. und 18. jahrhunderts s. puppenspiele. — drama des 16. jahrhunderts: Heli und seine zwei söhne von einem unbekanten verfasser 406—12. bearbeitet von Hans Sachs 412—17. von Joh. Lautterbach 417—21. dessen verhältnis zu dem anonymus 421—23. lat. bearbeitung durch Georg Calaminus 423. — Matthaeus Scharschmids dramen: von des königschen sohn, der krank lag usw. 424—28. nachgeahmt in Joh. Bertesius Regulus 428 fg.; von den 7 Martyrern u. jrer Mutter 429—35. von einem Bepstischen Pfaffen usw., entnommen dem nachtbüchlein des Valentin Schumann, bisher unbekant 435 fg. — des Thomas Naogeorgus Hamanus deutsch von Joh. Chryseus 436—443. abhängig von Paul Rebhun 437. 442. — Damian Lindtners: Esther und Haman 443—47. — Luzerner dorfspiele: karsamstagsprocession, niedergeschrieben durch pfarr. Alfons Räber 459 fgg.; fastnachtsspiel (heil. komödie, Tyrolerspiel) vom pfarr. Schuhmacher in Rotenburg 461—67; charfreitagsspiel des Wolfgang Ilen 467—470; die vom stärbenden welt heiland besigte Hölly 470 fg. S. Catarina Jungfrau marterin 471 fgg.; fastnachtsspiel (Giritze) 473—77.
Eddalieder s. altnordisch.
Ekkehards v. Aura excerptum de vita Alexandri ist eine direkte bearbeitung des Bamb. textes der Historia de prel. und der Epistula Alexandri 385—88. 400 fg. hat keine von den übrigen handschriften benuzt 388—96. art der composition 401 fgg. kürzungen, abweichungen 404 fg.
Epistula Alexandri ad Aristotelem s. Ekkehard.
fastnachtsspiele s. Luzerner dorfspiele.
formenlehre Notkers im Aristoteles s. althochdeutsch.
Gast, Luce du, verfasser des ältesten französischen prosaromans s. altfranz.
Gigas' empfehlung des dramas von der schönen Magelone 193 fg.
grammatik s. mittel- u. althochdeutsch.
Handwerkerspiel 502.
Hartmann v. Aue s. mittelhochdeutsch.
Helgetrilogie s. altnord.
Historia de preliis quelle für Ekkehards excerptum de vita Alexandri 385 fg. vgl. Bamberger hs. und Ekkehard.
Jeroschin, bruchstück 490.
Iffland u. seine schriften usw. nicht von Dennecker sondern v. Duncker 128.
Ilen, Wolfgang, s. Luzerner dorfspiele.
indogermanisch: principien in der entwickelung der wortbildungselemente 374 fg.
infinitiv s. mittelhochdeutsch.
Körners vorschlag einer änderung im Wallenstein Schillers 54 fg.
körner als kunstausdruck der meistersinger 57 anm. 1. — nachweis der k. in der mittelhochdeutschen lyrik s. metrik.
lais, lyrische stücke im altfranz. Tristan s. altfranz.
Lautterbachs, Joh., drama: Heli 417—21. verhältnis zu dem anonymen drama Heli u. seine 2 söhne 421—23. vgl. drama.
Luthers bibelübersetzung: gutachten über die Hallesche probebibel 376—80.
Luzerner dorfspiele s. drama.
Magelone: historie von der schönen M.: übertragen von Veit Warbeck aus dem französischen 186 fg. provenzalische bearbeitung von Bernard de Treviez 187. von Petrarca ebda; bearbeitung in Schumanns nachtbüchlein 187 fg. Veit Warbecks übersetzung und Spalatins sendbrief dazu an frau v. Einsiedel 188—91. Warbecks lebensgeschichte 191—93. dramat. bearbeitung v. j. 1539. gedruckt bei Mich. Blume 193. empfohlen durch Joh. Gigas 193 fg. inhalt des stücks 193—203. 2. ausgabe von 1540 203—205. bearbeitung des stoffes durch Hans Sachs als erzählung 205 fg. als drama 206 fg. bearbeitung des Sebastian Wild 207—10.
meistersinger (körner) 57 anm.
metrik: altnordische s. dieses. — mittelhochdeutsche: körner 57 fgg. nachweis derselben bei den minnesingern 57—80. 210—49. 329—34. die dichtung der Troubadours vorbild in dieser beziehung 334—38.
minnesinger, technik 58. körner 57 fg.
mittelhochdeutsche metrik s. dieses u. körner. — mittelh. syntax: infinitiv nach wellen u. den verb. praete-

ritopraesentia in den epen Hartmanns von Aue 1—54. 144—85. 301—20. wellen mit finalem inf. 4—13. mit inf. der richtung 13—17. (entwicklung der bedeutung des inf. 17 fg. 27 fg.) wellen mit appositivem inf. 17—27. umschreibt das fut. 19 fg. den conjunctiv 20—25. bezeichnet die handlung als dem interesse des subj. nahestehend 25—27. — verba praeteritopraesentia: mugen bedeutung, construction 28—54. bedeutet: eine möglichkeit haben 29—46. anlass, grund, gelegenheit haben 47—54. kunnen 144—47. soln 147—68. mit inf. der richtung 148—56. fälle, in denen die bloss umschreibende function unentschieden 156—60. mit appositivem inf. 160—68. müezen in der bedeutung eines verbums des geschehens 169—73. bedeutet einen zwang oder eine notwendigkeit 173—82. durfen 182 fg. turren 183 fg. tugen 184. wizzen 184 fg. praefix ge- beim inf. 301—20.
Naogeorgus' beiname u. geburtsort 485. — Haman deutsch bearbeitet von Joh. Chryseus 436—43. vgl. drama.
Nasus, selbstbiographie 488.
Notkers Boethius, Capella, Aristoteles stimmen in der sprache überein 342—347. vgl. ahd.
Palamedes des Helis de Boron s. altfranz.
Petrarcas bearbeitung der historie von der schönen Magelone 187.
probebibel: gutachten über die Hallesche pr. 376—81.
provenzalisch s. altfranz. u. Troubadours.
puppenkomödien s. puppenspiele.
puppenspiele: Don Juan enthält eine nachbildung von: Viel Lärm um nichts 257. Alceste, zusammenhang mit der Antigona delusa d'Alceste des Aurelio Aureli 258. zeit der abfassung 258 fg. anklänge an andere puppenspiele 259.
Räber, Alfons s. Luzerner dorfspiele.
roman: altfranzösischer prosaroman s. altfranz.
Säben, kloster, sagen vom s. Tyroler sagen.
Sachs, Hans: bearbeitungen der historie von der schönen Magelone 205—207. drama: der priester Eli mit seinen ungeratenen söhnen 412—17.
sagen, Tyroler s. dieses.
Scharschmids, Matthaeus, dramen: von des königschen sohn, der kranck lag usw. 424—28. nachgeahmt von Joh. Bertesius im Regulus 428 fg. von den 7 Martyrern usw. 429—35. bisher unbekantes: von einem Bepstischen Pfaffen usw. entnommen Schumanns nachtbüchlein 435 fg.
Schiller, Wallensteins tod: gründe der streichung des Buttlerschen monologs IV, 8 54 fg. die Braut von Messina abhängig von Wielands Alceste 254—256. bibliographie d. dramen 498.
Schuhmacher, pfarrer s. Luzerner dorfspiele.
Schumanns, Valentin, nachtbüchlein s. Magelone und Scharschmid.
Spalatins sendbrief zu Veit Warbecks Magelone s. diese.
sprachvergleichung s. indogermanisch.
Stolberg: gedichte der brüder St.: collation der manuscripte mit dem druck im Göttinger Musenalmanach 479 fg. ungedruckte gedichte 481—84.
Treviez, Bernard de, provenzalische bearbeitung der historie von der schönen Magelone 187.
Tristan u. Isolde, altfranzösischer prosaroman s. altfranz.
Troubadours in der metrik vorbilder der minnesinger 334—38. ihr einfluss auf Dantes göttliche comoedie 370 fg.
Tyroler sagen (kloster Säben) 321—28.
Volksbücher, deutsche, s. Magelone.
Warbeck, Veit, bearbeitet die französische Magelone 186—210 s. dieses.
Weigands briefwechsel 375 fg.
Wielands Alceste vorbild für Schillers Braut von Messina 254—56.
Wilds, Seb., drama von der schönen Magelone 207—10.
wortbildungslehre: über principien in der entwicklung der wortbildungselemente 374 fg.

II. VERZEICHNIS DER BESPROCHENEN STELLEN.

Tacitus, Germania
c. XIII, XIV s. 131—43.
Snorra Edda I 250, 4^4 s. 110.
Helr. Brynh. 6^{1-4} s. 110 fg.
Atlm. 65^6 s. 111.
Völuspá $23^{7.8}$ s. 111.
Wolfram v. Eschenbach, Parzival 89, 9. s. 487. — stellenregister s. 458.

III. WORTREGISTER.

Lateinisch.

aggregari s. 134.
dignatio s. 130—32. s. 141 fg.
probatus s. 135 fg.
rubor s. 137.

Mittelhochdeutsch.

bedeutung u. construction von durfen, kunnen, müezen, mugen, soln, tugen, turren, wellen, wizzen, s. wortregister unter mittelhochdeutsch.
kiusche s. 447—58.

Alemannisch.

absluk s. 476 anm. 7.
b'schneideselköpf s. 475 anm. 11.
berzä s. 464 anm. 6.
blos s. 474 anm. 2.
buger s. 462 anm. 2.
buggel s. 475 anm. 17.
chätschen s. 476 anm. 4.
cho s. 475 anm. 6.
chund s. 474 anm. 7.
cobido s. 473 anm. 4.
dürbyrä s. 463 anm. 2.
fusterli s. 466 anm. 4.
ginen s. 471 anm. 1.
giritse s. 473 anm. 6.
glaub s. 474 anm. 8.
greic s. 475 anm. 1.
grüslich s. 475 anm. 15.
hagel s. 475 anm. 7.
hei s. 475 anm. 16.
hofgeiss s. 464 anm. 4.
Joggel s. 474 anm. 3.
kärdlen s. 473 anm. 3.
keisere s. 465 anm. 5.
kläpf dih s. 465 anm. 2.
kleiderigs s. 475 anm. 9.
kratte s. 475 anm. 12.
lätfeigen s. 469 anm. 1.
lätschen s. 476 anm. 3.
Lisi Popert s. 464 anm. 8.
löthig s. 474 anm. 5.
mensch s. 474 anm. 4.
Michel Weggässer s. 462 anm. 3.
müsestiel s. 476 anm. 6.
Nydle s. 464 anm. 7.
Pratig s. 462 anm. 1.
putsch s. 465 anm. 3.
räuggele s. 475 anm. 14.
rauperey s. 462 anm. 4.
refe s. 476 anm. 1.
reh s. 465 anm. 6.
riesterment s. 464 anm. 1.
runtzifahl s. 466 anm. 1.
saldaten s. 472 anm. 2.
salobä s. 465 anm. 4.
schleiken s. 463 anm. 3.
schlottermilch s. 466 anm. 3.
speller s. 474 anm. 6.
strohl s. 462 anm. 5.
tägel s. 464 anm. 3.
tatsch s. 463 anm. 4.
thöl s. 473 anm. 1.
übercho s 475 anm. 10.
use s. 474 anm. 9.
wageschopf s. 476 anm. 2.
wends s. 473 anm. 2.
wette s. 475 anm. 5.
wiben s. 475 anm. 8.
wittligen s. 474 anm. 1.
wohlhängstä s. 463 anm. 1.
zäpf dih s. 465 anm. 2.
zürilaküechige s. 463 anm. 5.

Neuhochdeutsch.

baselmann s. 492.
beigeschirer usw. s. 492.
duchet s. 492.
hampelmann s. 493.
judenspiess s. 491.
junker s. 493.
knocken s. 492.
Lorenz, krummer s. 491.
momper s. 492.
passen s. 492.
schalaundecke s. 492.
siemann s. 492.
vippern s. 492.

Halle a. S., Buchdruckerei des Waisenhauses.

Lightning Source UK Ltd.
Milton Keynes UK
UKHW021336231118
332790UK00010B/1361/P

9 780266 391265